中华古籍保护

第三批國家珍貴古籍名録圖録

第三册

中國國家圖書館
中國國家古籍保護中心 編

國家圖書館出版社

第三册目録

第三批國家珍貴古籍名録圖録

漢文珍貴古籍名録

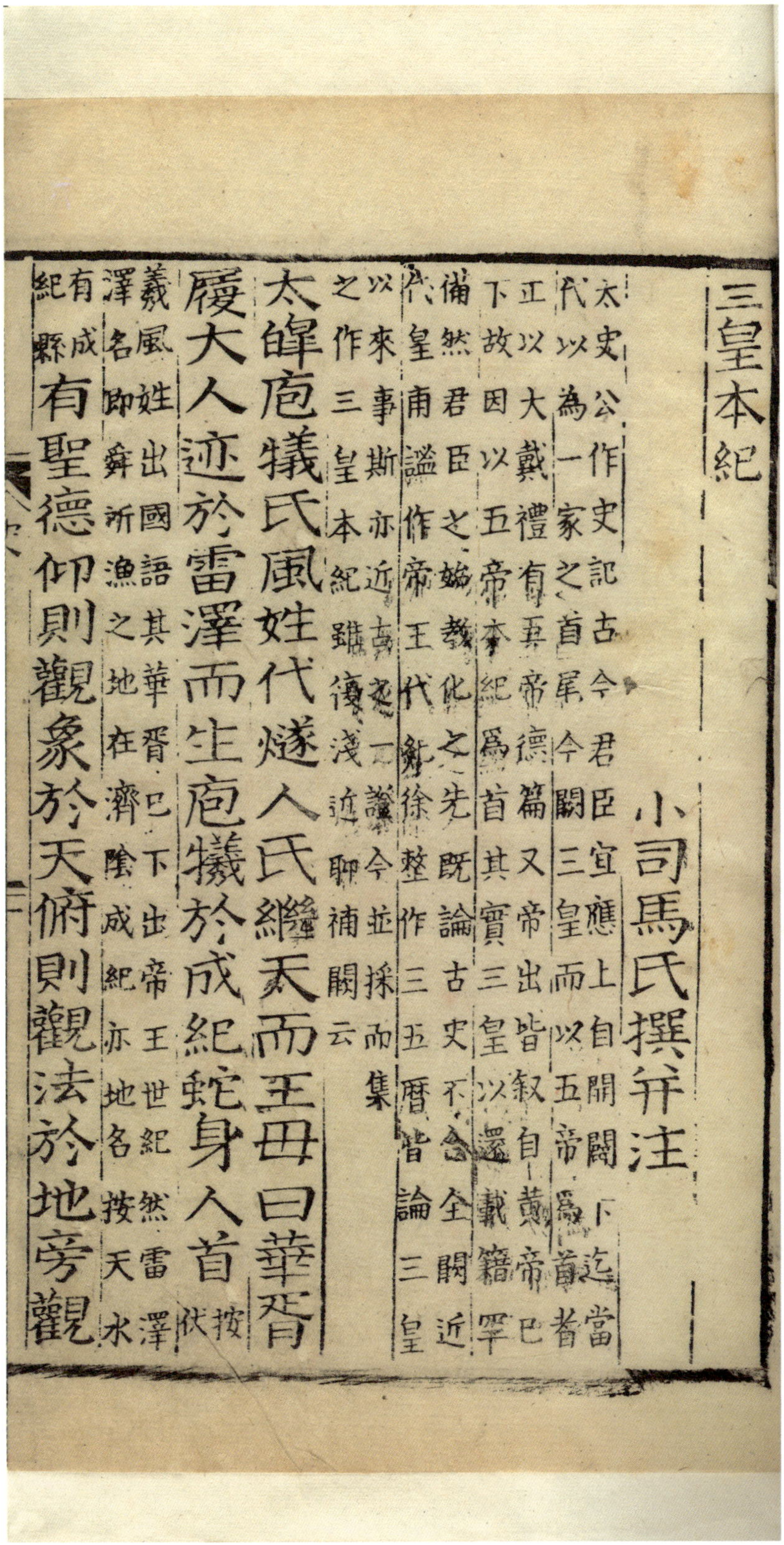

07472 史記一百三十卷 （漢）司馬遷撰 （南朝宋）裴駰集解 明正德十年（1515）白鹿洞書院刻本（卷三十一至三十六抄配）

匡高21.7厘米，廣15.4厘米。半葉十行，行十九字，小字雙行同，白口，四周單邊。北京大學圖書館藏。

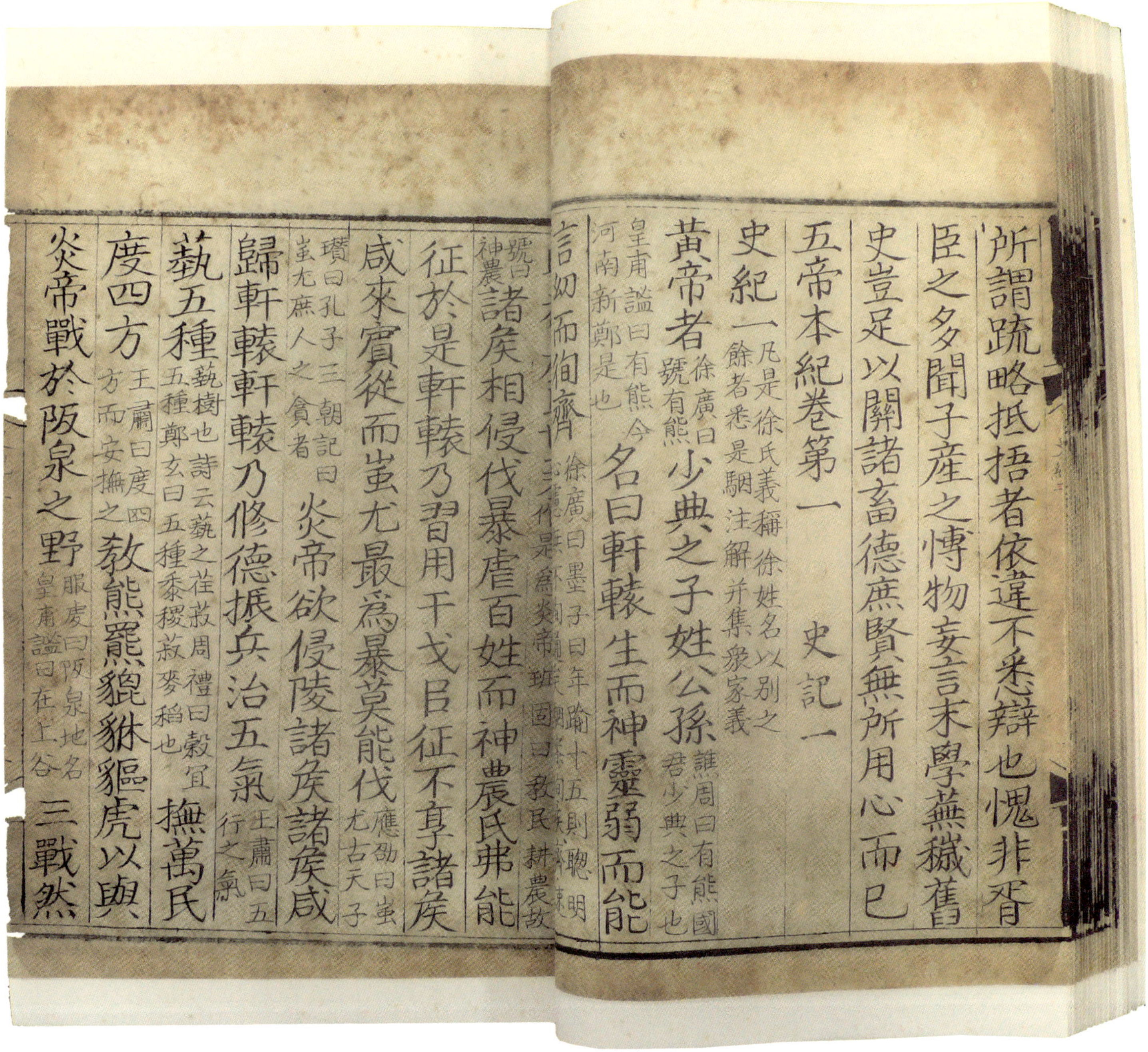

07473 史記一百三十卷 （漢）司馬遷撰 （南朝宋）裴駰集解 明影抄宋紹興淮南路轉運司刻本

匡高22.4厘米，廣17.9厘米。半葉九行，行十六字，小字雙行二十字，黑口，四周雙邊。有“雙鑑樓”、“忠謨讀書”、“藏園”、“雙鑑樓藏書印”、“傅增湘”、“江安傅增湘沅叔珍藏”等印。傅增湘跋。山西博物院藏，存一百九卷。

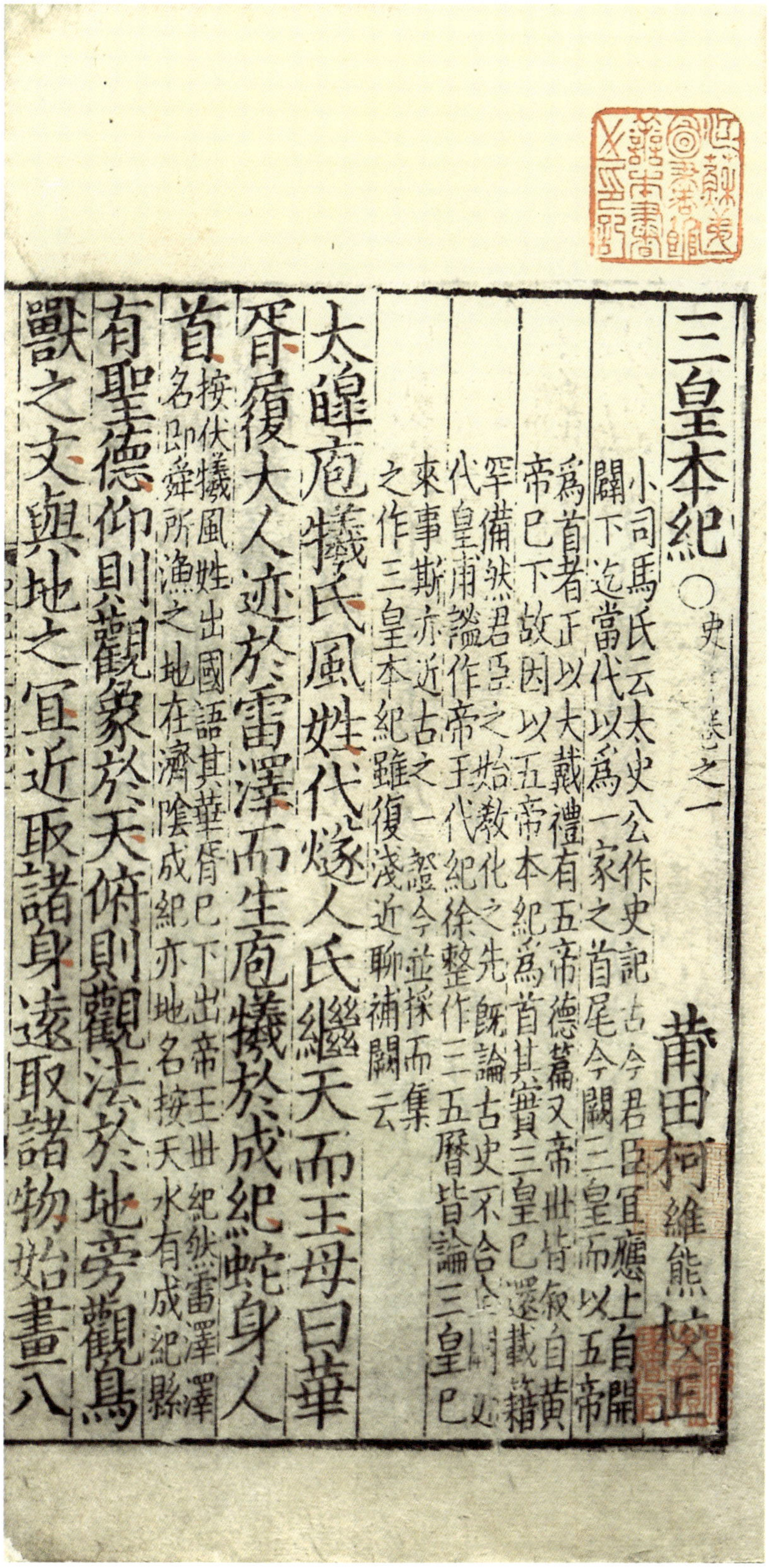
三皇本紀　○史記卷之一　莆田柯維熊校正
小司馬氏云太史公作史記古今君臣宜應上自開闢下迄當代以爲一家之首尾今闕三皇而以五帝爲首者正以大戴禮有五帝德篇又帝繫皆敘自黃帝已下故因以五帝本紀爲首其實三皇已還載籍罕備然君臣之始教化之先既論古史不合全闕近代皇甫謐作帝王代紀徐整作三五曆皆論三皇已來事斯亦近古之一證今並採而集之作三皇本紀雖復淺近聊補闕云
太皞庖犧氏風姓代燧人氏繼天而王母曰華胥履大人迹於雷澤而生庖犧於成紀蛇身人首按伏犧風姓出國語其華胥已下出帝王世紀然雷澤澤名即舜所漁之地在濟陰成紀亦地名按天水有成紀縣有聖德仰則觀象於天俯則觀法於地旁觀鳥獸之文與地之宜近取諸身遠取諸物始畫八

07474-07477　史記一百三十卷　（漢）司馬遷撰　（南朝宋）裴駰集解　（唐）司馬貞索隱　（唐）張守節正義　明嘉靖四年（1525）汪諒刻本

匡高19.9厘米，廣13.1厘米。半葉十行，行十八字，小字雙行二十三字，白口，左右雙邊。黑龍江省圖書館藏，包背裝；吉林市圖書館藏，有“煙客”、“ 王時敏印”、“天禄琳琅”、“乾隆御覽之寶”等印；上海師範大學圖書館藏，有“自怡軒收藏印”、“方炯私印”、“錢印志征”等印；南京圖書館藏，丁丙跋。

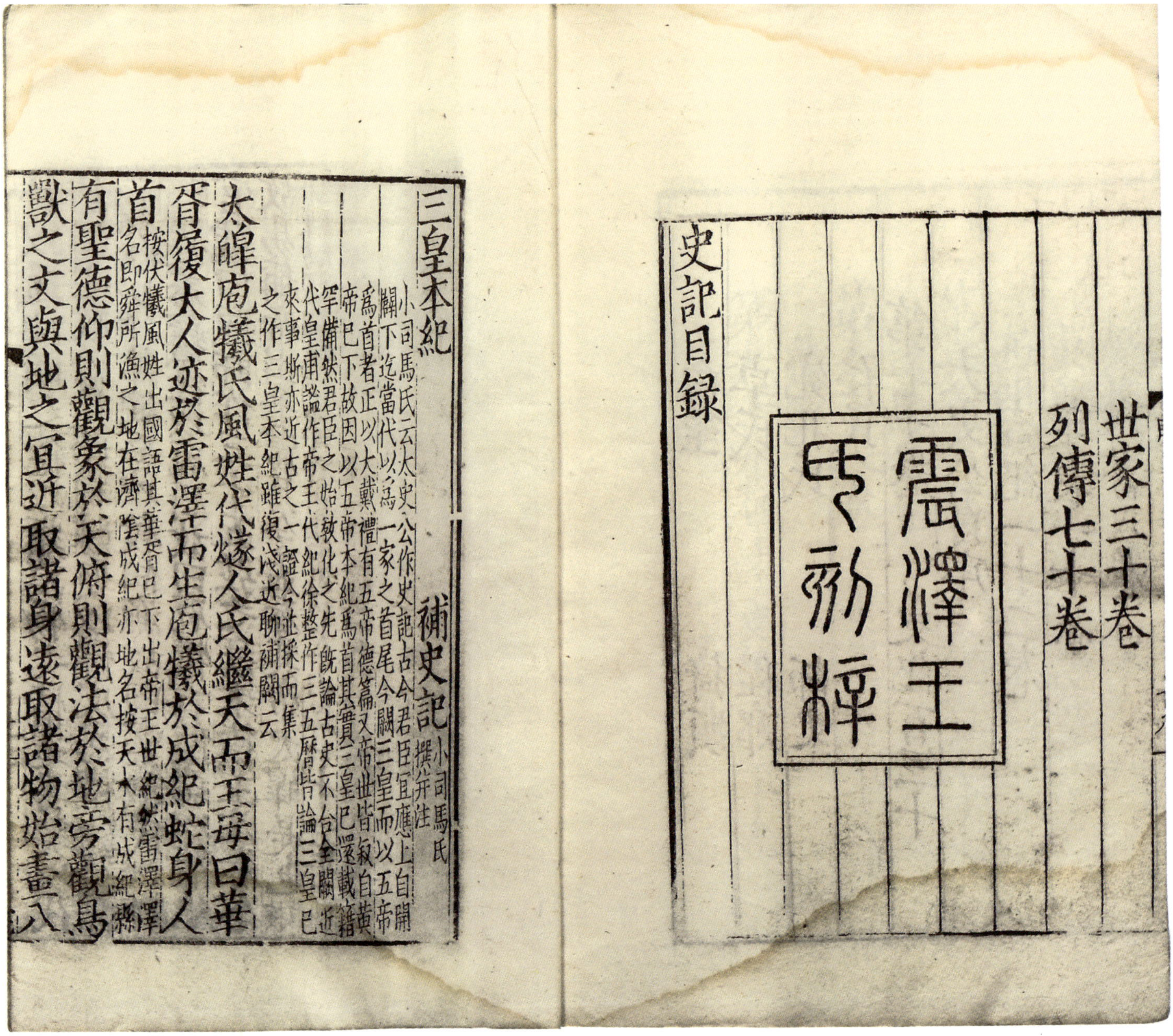

07478–07483 史記一百三十卷 （漢）司馬遷撰 （南朝宋）裴駰集解 （唐）司馬貞索隱 （唐）張守節正義 明嘉靖四至六年（1525–1527）王延喆刻本

匡高20.4厘米，廣13厘米。半葉十行，行十八字，小字雙行二十三字，白口，左右雙邊。南京圖書館藏；吉林大學圖書館藏，有“大雲燼余”印；山東省圖書館藏；石家莊市圖書館藏，有“莫友芝圖書印”、“曾在周叔弢處”、“于印省吾”等印；內蒙古社會科學院圖書館藏；北京師範大學圖書館藏，有“鄒鐘和印”、“樂生”、“夢澤鑒賞”、“津門王鳳岡鳳篁館收藏印”等印，鄒道沂批校。

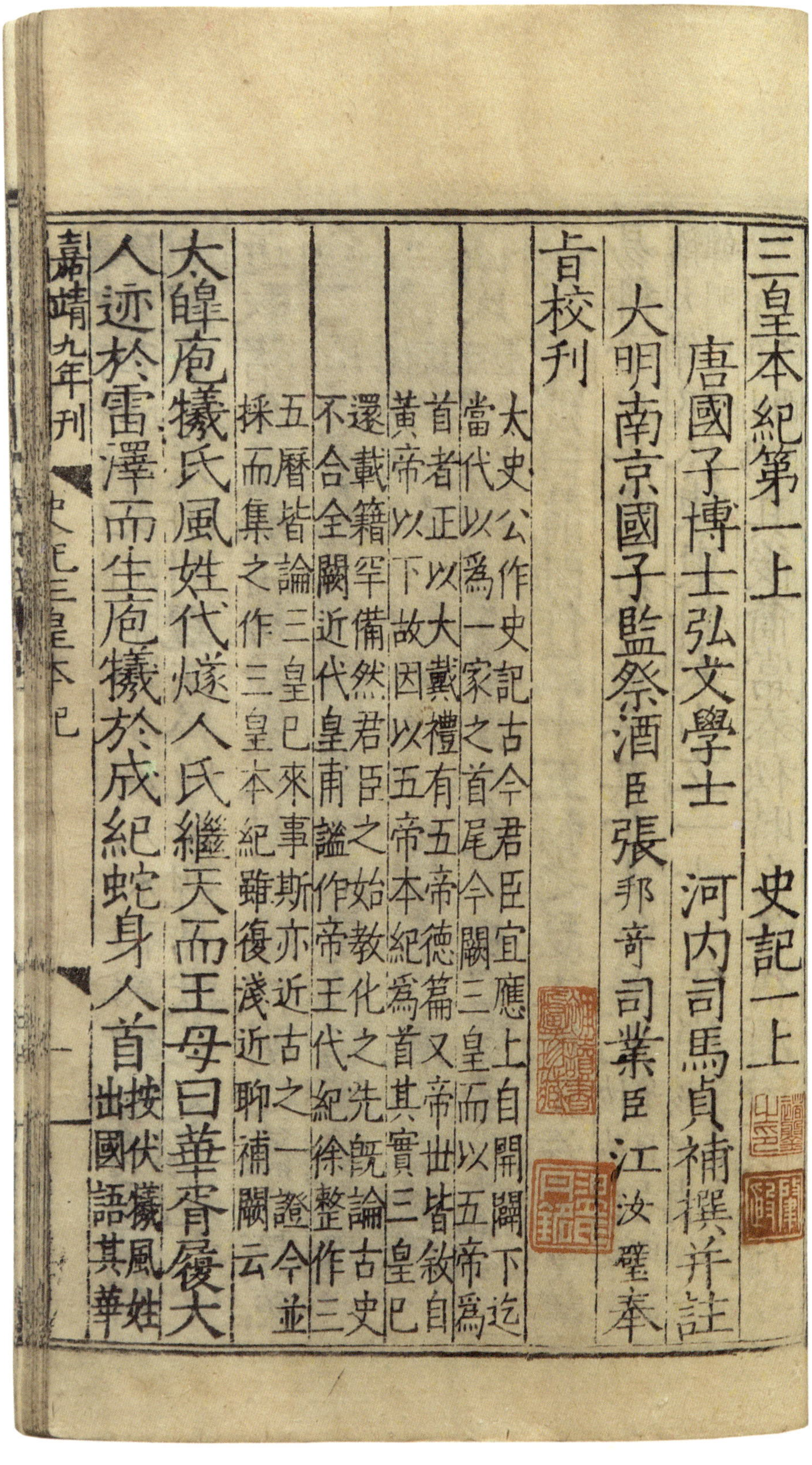

07484-07487 史記一百三十卷 （漢）司馬遷撰 （南朝宋）裴駰集解 （唐）司馬貞索隱 （唐）張守節正義 明嘉靖八至九年（1529-1530）南京國子監刻本

匡高22.3厘米，廣15.3厘米。半葉十行，行二十一字，小字雙行同，細黑口，四周雙邊。華南師範大學圖書館、天津圖書館、西安碑林博物館、南京圖書館藏。

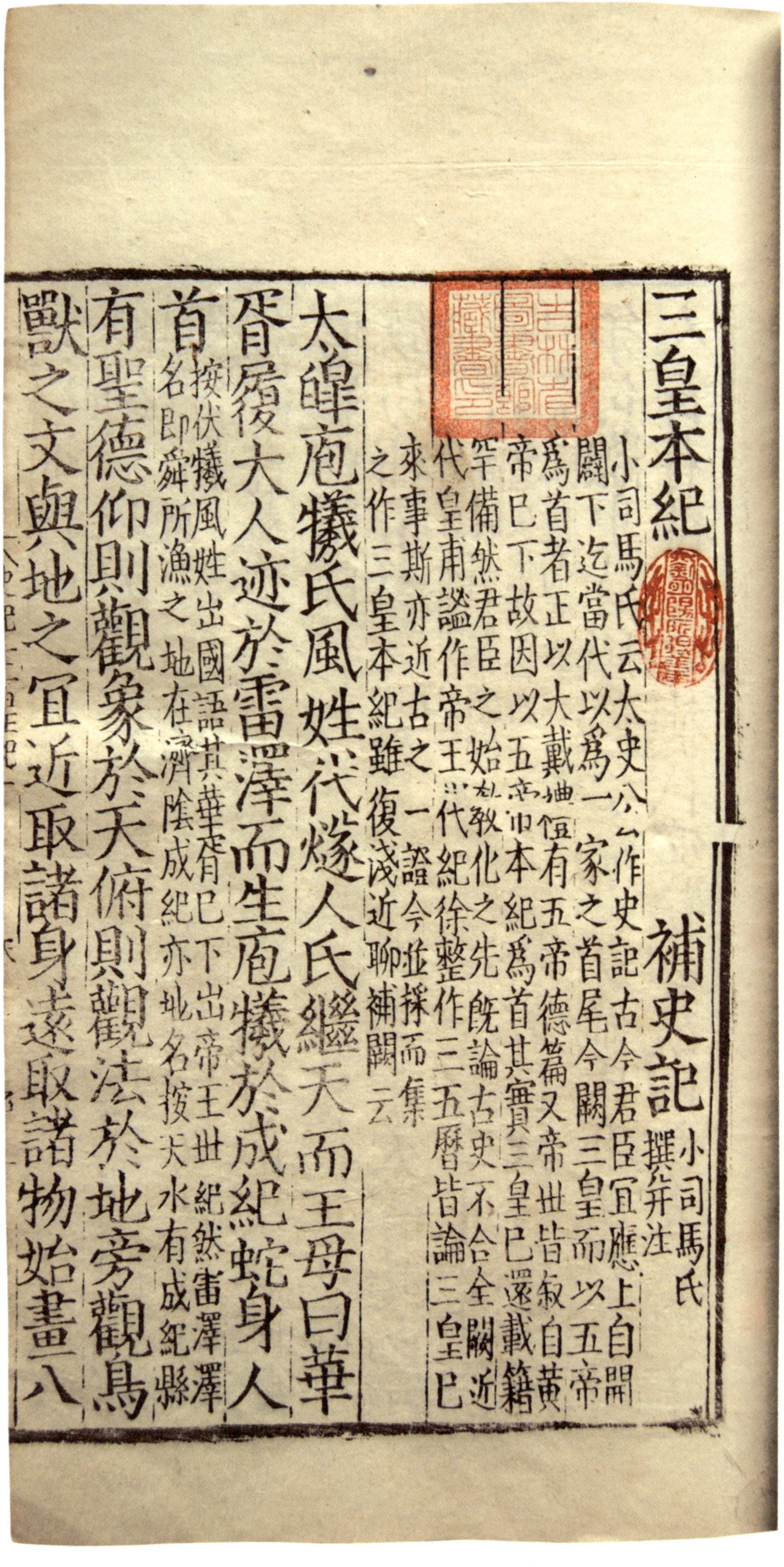
三皇本紀　補史記　小司馬氏撰并注
小司馬氏云太史公作史記古今君臣宜應上自開闢下迄當代以爲一家之首尾今闕三皇而以五帝爲首者正以大戴禮有五帝德篇又帝世皆叙自黄帝已下故因以五帝本紀爲首其實三皇已還載籍罕備然君臣之始教化之先旣論古史不合全闕近代皇甫謐作帝王代紀徐整作三五曆皆論三皇已來事斯亦近古之一證今並採而集之作三皇本紀雖復淺近聊補闕云
太皞庖犧氏風姓代燧人氏繼天而王母曰華胥履大人迹於雷澤而生庖犧於成紀蛇身人首按伏犧風姓出國語其華胥已下出帝王世紀然雷澤名即舜所漁之地在濟陰成紀亦地名按天水有成紀縣有聖德仰則觀象於天俯則觀法於地旁觀鳥獸之文與地之宜近取諸身遠取諸物始畫八

07488-07491　史記一百三十卷　（漢）司馬遷撰　（南朝宋）裴駰集解　（唐）司馬貞索隱　（唐）張守節正義　明嘉靖十三年（1534）秦藩朱惟焯刻二十九年（1550）重修本

匡高20.7厘米，廣12.7厘米。半葉十行，行十八字，小字雙行二十三字，白口，左右雙邊。吉林省圖書館藏，有“研理樓劉氏藏”、“劉明陽王靜宜夫婦讀書之印”等印；南京圖書館藏；四川大學圖書館藏，有“槐里高日牧庋臧圖書”等印；河北大學圖書館藏，李宗侗批校。

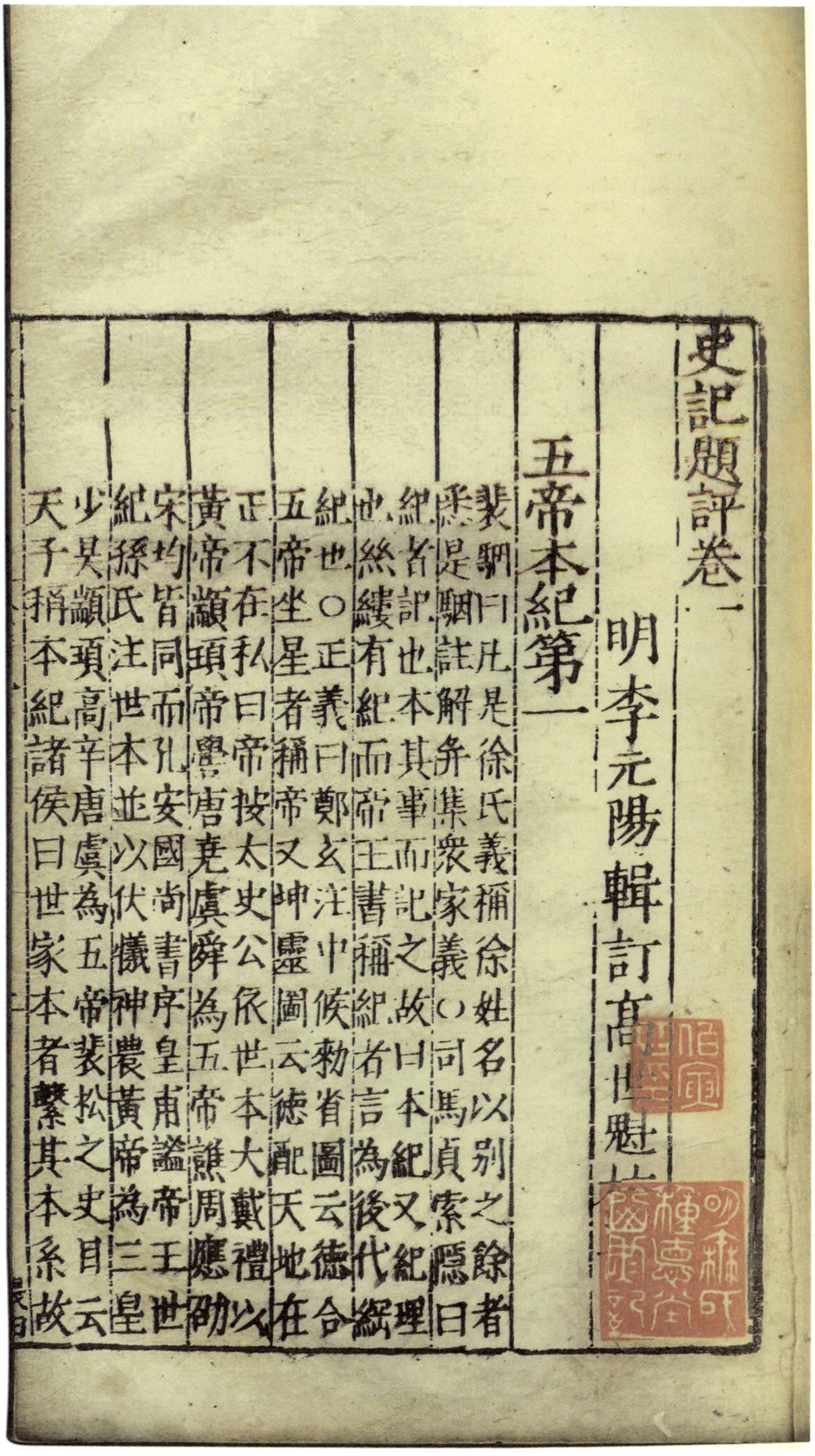

史記題評卷一

明李元陽輯訂高世魁校

五帝本紀第一

裴駰曰凡是徐氏義稱徐姓名以別之餘者悉是駰註解并集衆家義○司馬貞索隱曰紀者記也本其事而記之故曰本紀又紀理也絲縷有紀而帝王書稱紀者言為後代綱紀也○正義曰鄭玄注中候勑省圖云德合五帝坐星者稱帝又坤靈圖云德配天地在正不在私曰帝按太史公依世本大戴禮以黃帝顓頊帝嚳唐堯虞舜為五帝譙周應劭宋均皆同而孔安國尚書序皇甫謐帝王世紀孫氏注世本並以伏犧神農黃帝為三皇少昊顓頊高辛唐虞為五帝裴松之史目云天子稱本紀諸侯曰世家本者繫其本系故

07492 史記題評一百三十卷 （明）楊慎　李元陽輯　明嘉靖十六年（1537）胡有恆、胡瑞刻本

匡高18厘米，廣12.7厘米。半葉九行，行二十字，小字雙行同，白口，左右雙邊。浙江大學圖書館藏。

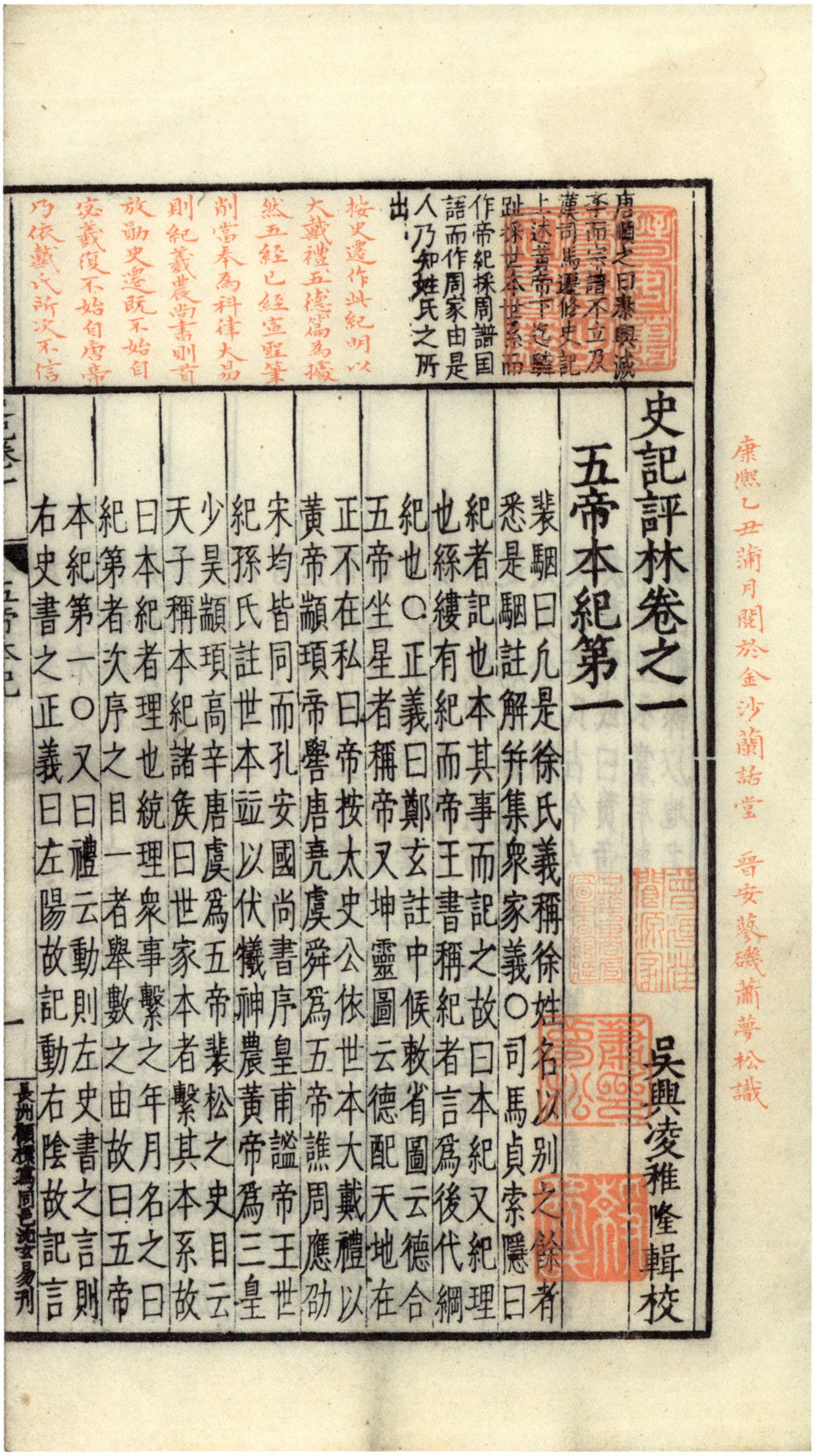
史記評林卷之一
五帝本紀第一
吳興凌稚隆輯校
裴駰曰凡是徐氏義稱徐姓名以別之餘者悉是駰註解幷集衆家義○司馬貞索隱曰紀者記也本其事而記之故曰本紀又紀理也絲縷有紀而帝王書稱紀者言爲後代綱紀也○正義曰鄭玄註中候敕省圖云德合五帝坐星者稱帝又坤靈圖云德配天地在正不在私曰帝按太史公依世本大戴禮以黄帝顓頊帝嚳唐堯虞舜爲五帝譙周應劭宋均皆同而孔安國尚書序皇甫謐帝王世紀孫氏註世本竝以伏犧神農黄帝爲三皇少昊顓頊高辛唐虞爲五帝裴松之史目云天子稱本紀諸侯曰世家本者繫其本系故曰本紀者理也統理衆事繫之年月名之曰紀第者次序之目一者舉數之由故曰五帝本紀第一○又曰禮云動則左史書之言則右史書之正義曰左陽故記動右陰故記言
康熙乙丑蒲月閱於金沙蘭話堂　晉安蕭夢松識

07493 史記評林一百三十卷 （明）凌稚隆輯　明萬曆二至四年（1574-1576）凌稚隆刻本

匡高24.8厘米，廣14.9厘米。半葉十行，行十九字，小字雙行同，白口，左右雙邊。有“晉安蕭夢亭手定書籍”、“夢松”等印。蕭夢松批並跋。上海辭書出版社藏。

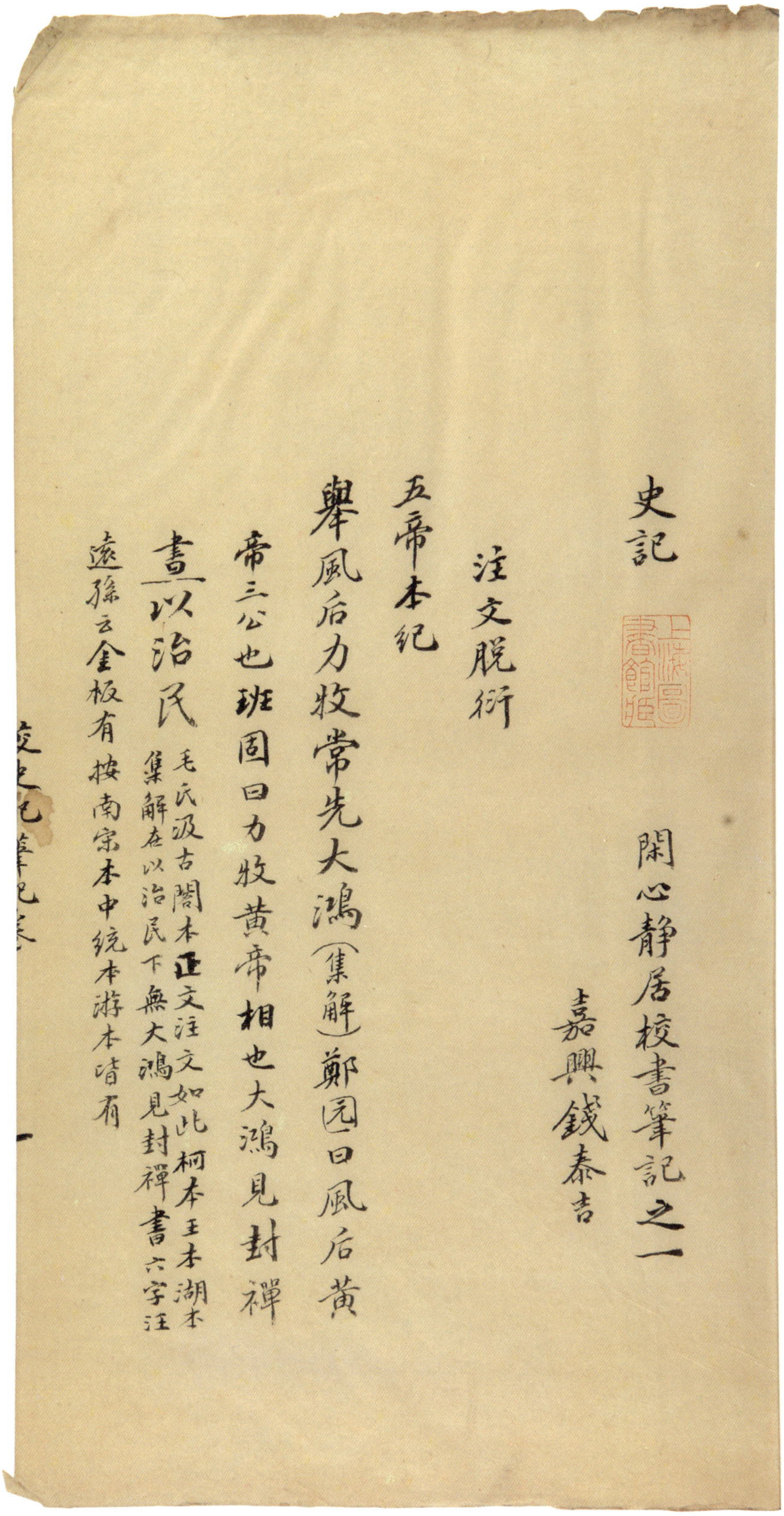
史記
閑心靜居校書筆記之一
嘉興錢泰吉
上海圖書館藏
注文脫衍
五帝本紀
舉風后力牧常先大鴻（集解）鄭玄曰風后黃
帝三公也班固曰力牧黃帝相也大鴻見封禪
書以治民 毛氏汲古閣本正文注文如此柯本王本湖本
集解在以治民下無大鴻見封禪書六字注
遂孫云金板有按南宋本中統本游本皆有

07494 閑心靜居校書筆記二卷 （清）錢泰吉撰　手稿本

行字不等。上海圖書館藏。

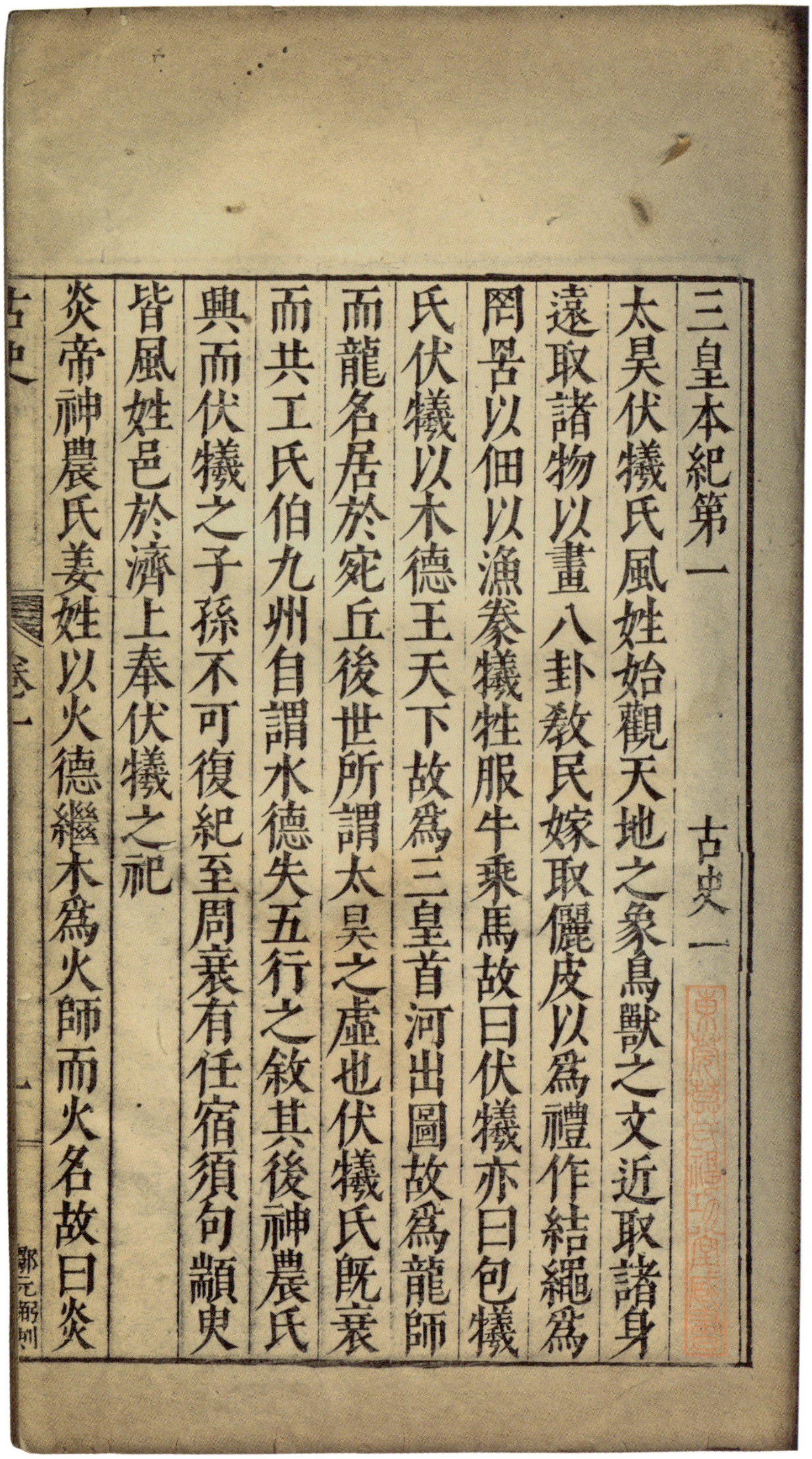

三皇本紀第一　　古史一
太昊伏犧氏風姓始觀天地之象鳥獸之文近取諸身遠取諸物以畫八卦敎民嫁取儷皮以爲禮作結繩爲罔罟以佃以漁豢犧牲服牛乘馬故曰伏犧亦曰包犧氏伏犧以木德王天下故爲三皇首河出圖故爲龍師而龍名居於宛丘後世所謂太昊之虛也伏犧氏既衰而共工氏伯九州自謂水德失五行之敘其後神農氏興而伏犧之子孫不可復紀至周衰有任宿須句顓臾皆風姓邑於濟上奉伏犧之祀
炎帝神農氏姜姓以火德繼木爲火師而火名故曰炎

古史　卷一　一　鄒元韶刻

07495　古史六十卷　（宋）蘇轍撰　明萬曆刻本

匡高22.2厘米，廣15.1厘米。半葉十行，行二十一字，小字雙行同，白口，左右雙邊。有“晉安徐興公家藏書”、“東漢傳經之家”、“天一”、“東莞莫氏福功堂藏書”、“王貴忱印”等印。胡承珙批校並跋，莫伯驥跋。廣州圖書館藏，存六卷。

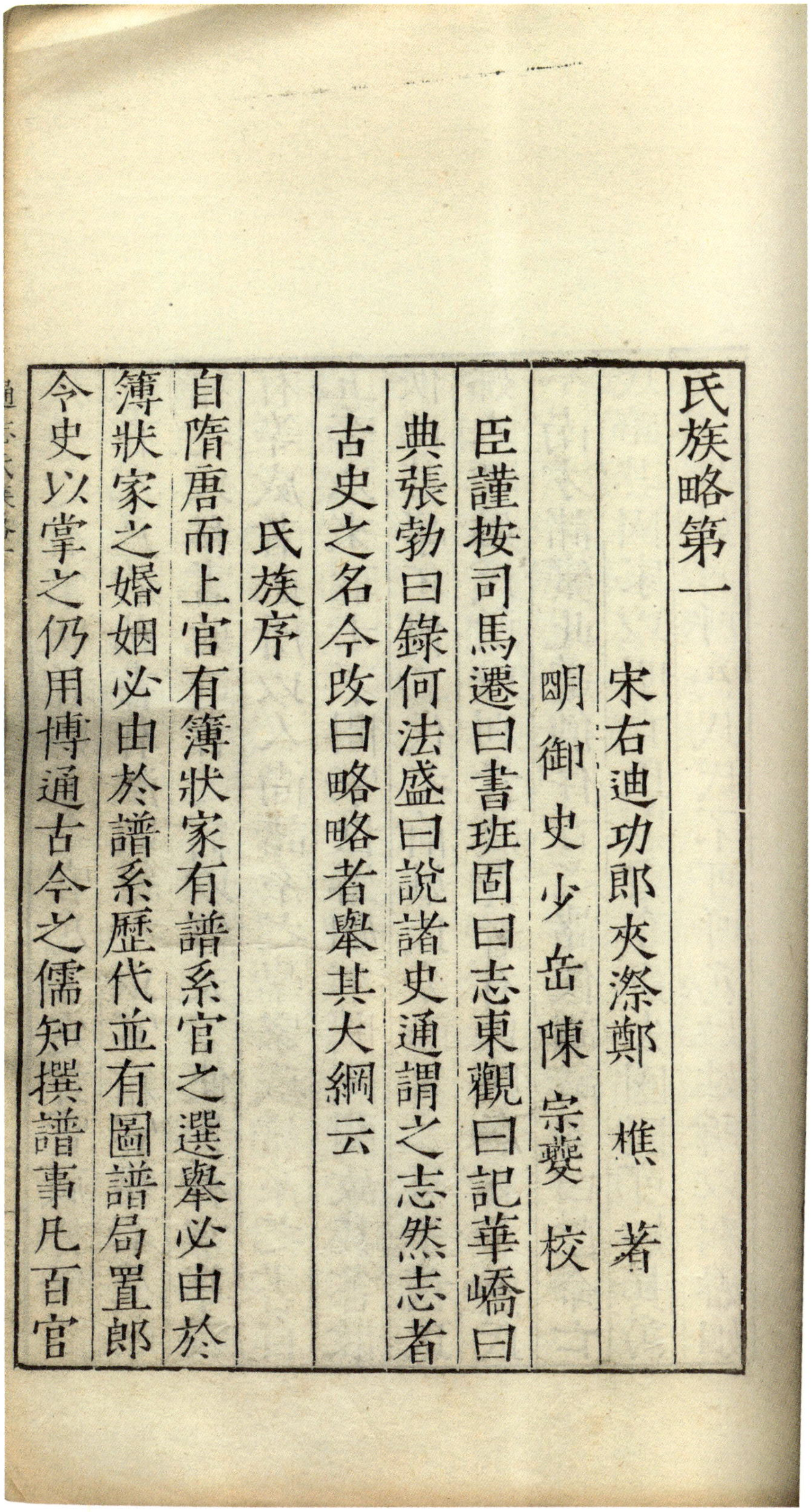
氏族略第一
宋右迪功郎夾漈鄭　樵　著
明御史少岳陳宗夔　校
臣謹按司馬遷曰書班固曰志東觀曰記華嶠曰
典張勃曰錄何法盛曰說諸史通謂之志然志者
古史之名今改曰略略者舉其大綱云
氏族序
自隋唐而上官有簿狀家有譜系官之選舉必由於
簿狀家之婚姻必由於譜系歷代並有圖譜局置郎
令史以掌之仍用博通古今之儒知撰譜事凡百官

07496 通志略五十二卷　（宋）鄭樵撰　明嘉靖二十九年（1550）陳宗夔等刻本

匡高18.8厘米，廣13.5厘米。半葉十行，行二十字，小字雙行同，白口，四周單邊。有“鋤經樓藏書印”等印。北京師範大學圖書館藏。

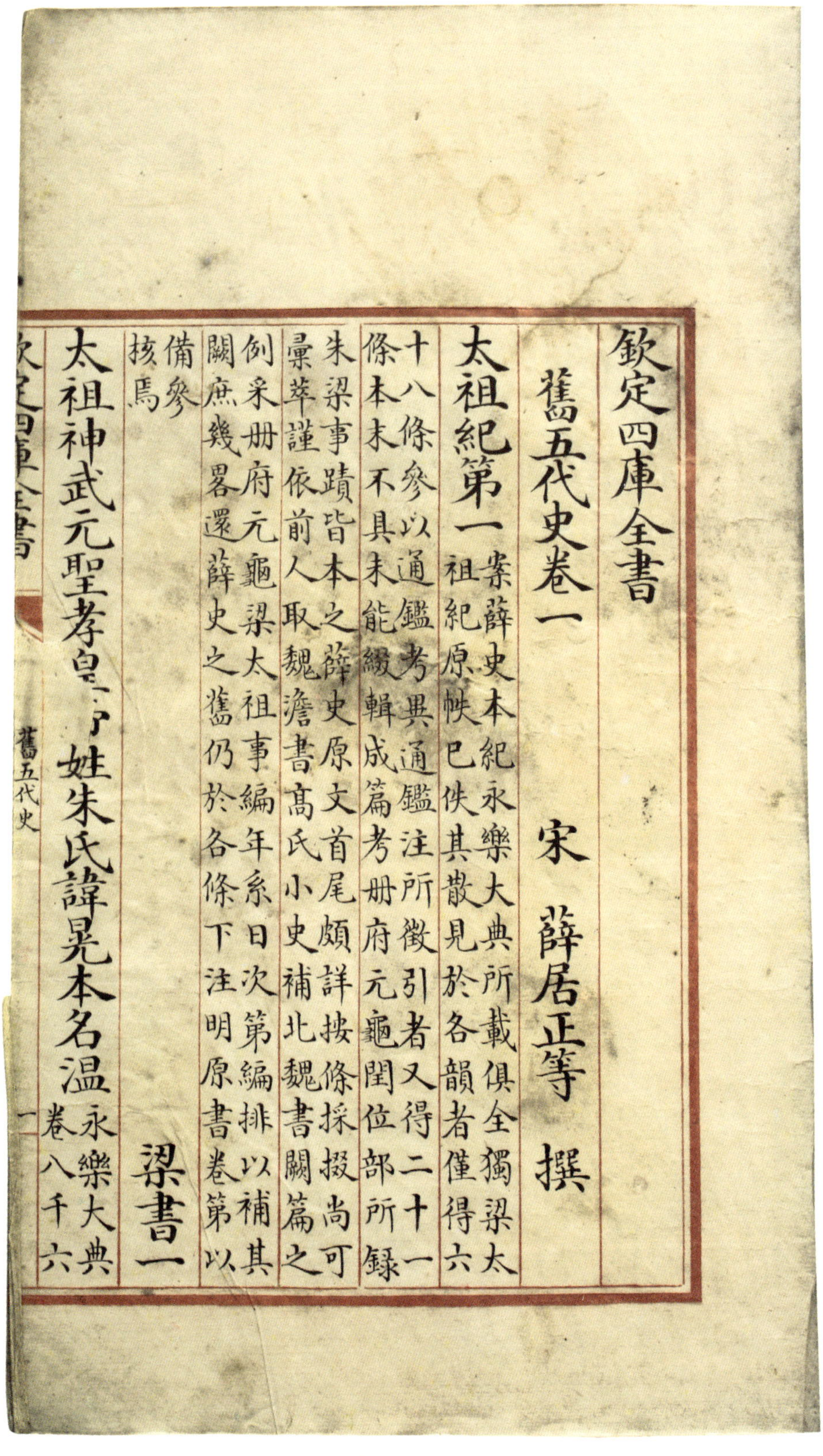

欽定四庫全書

舊五代史卷一　　宋　薛居正等　撰

太祖紀第一 案薛史本紀永樂大典所載俱全獨梁太祖紀原帙已佚其散見於各韻者僅得六十八條參以通鑑考異通鑑注所徵引者又得二十一條本末不具未能綴輯成篇考冊府元龜閏位部所録朱梁事蹟皆本之薛史原文首尾頗詳按條採掇尚可彙萃謹依前人取魏澹書高氏小史補北魏書闕篇之例采冊府元龜梁太祖事編年系日次第編排以補其闕庶幾畧還薛史之舊仍於各條下注明原書卷第以備參核焉

梁書一

太祖神武元聖孝皇帝姓朱氏諱晃本名温 永樂大典卷八千六

欽定四庫全書　舊五代史　一

07497　舊五代史一百五十卷目録二卷　（宋）薛居正等撰　（清）邵晉涵等輯　清乾隆翰林院抄本

匡高22.8厘米，廣15.5厘米。半葉八行，行二十一字，小字雙行同，白口，紅格，四周雙邊。江西省圖書館藏。

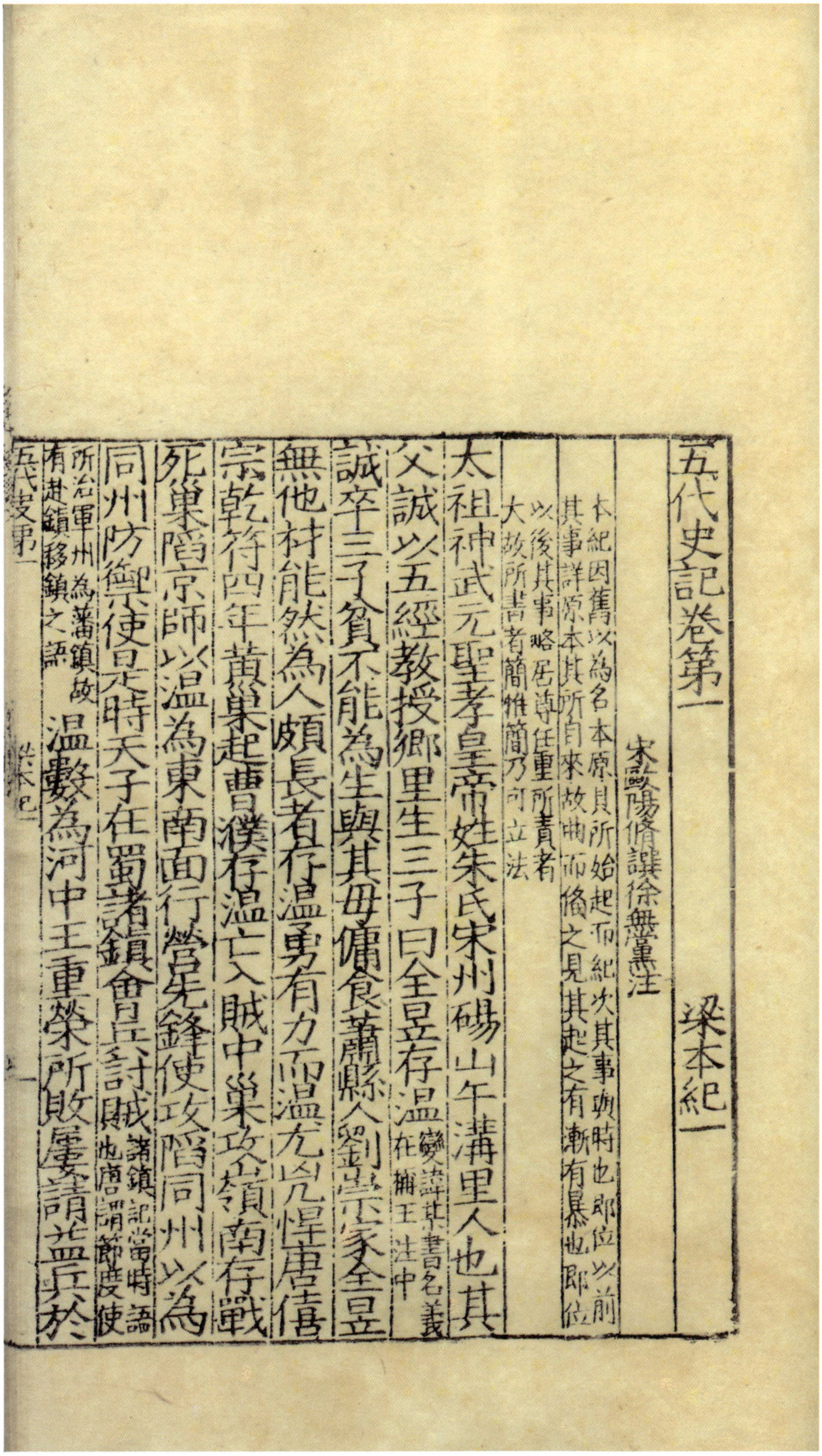

五代史記卷第一　梁本紀一

宋歐陽脩撰　徐無黨注

本紀因舊以為名本原其所始起而紀次其事與時也即位以前其事詳原本其所自來故曲而備之見其起之有漸有暴也即位以後其事略居尊任重所責者大故所書者簡惟簡乃可立法

太祖神武元聖孝皇帝姓朱氏宋州碭山午溝里人也其父誠以五經教授鄉里生三子曰全昱存溫變諱其書名義在補王注中誠卒三子貧不能為生與其母傭食蕭縣人劉崇家全昱無他材能然為人頗長者存溫勇有力而溫尤兇悍唐僖宗乾符四年黃巢起曹濮存溫亡入賊中巢攻嶺南存戰死巢陷京師以溫為東南面行營先鋒使攻陷同州以為同州防禦使是時天子在蜀諸鎮會兵討賊諸鎮記當時語也唐謂節度使所治軍州為藩鎮故有州鎮移鎮之語溫數為河中王重榮所敗屢請益兵於

五代史第一　本紀一

07498、07499　五代史記七十四卷　（宋）歐陽修撰　（宋）徐無黨注　明嘉靖汪文盛等刻本

匡高17.2厘米，廣13.2厘米。半葉十二行，行二十二字，小字雙行二十七字，白口，四周單邊。北京師範大學圖書館藏，有“飽看芙蓉六六峰”、“龍眠畫裡住三年”等印；吉林大學圖書館藏。

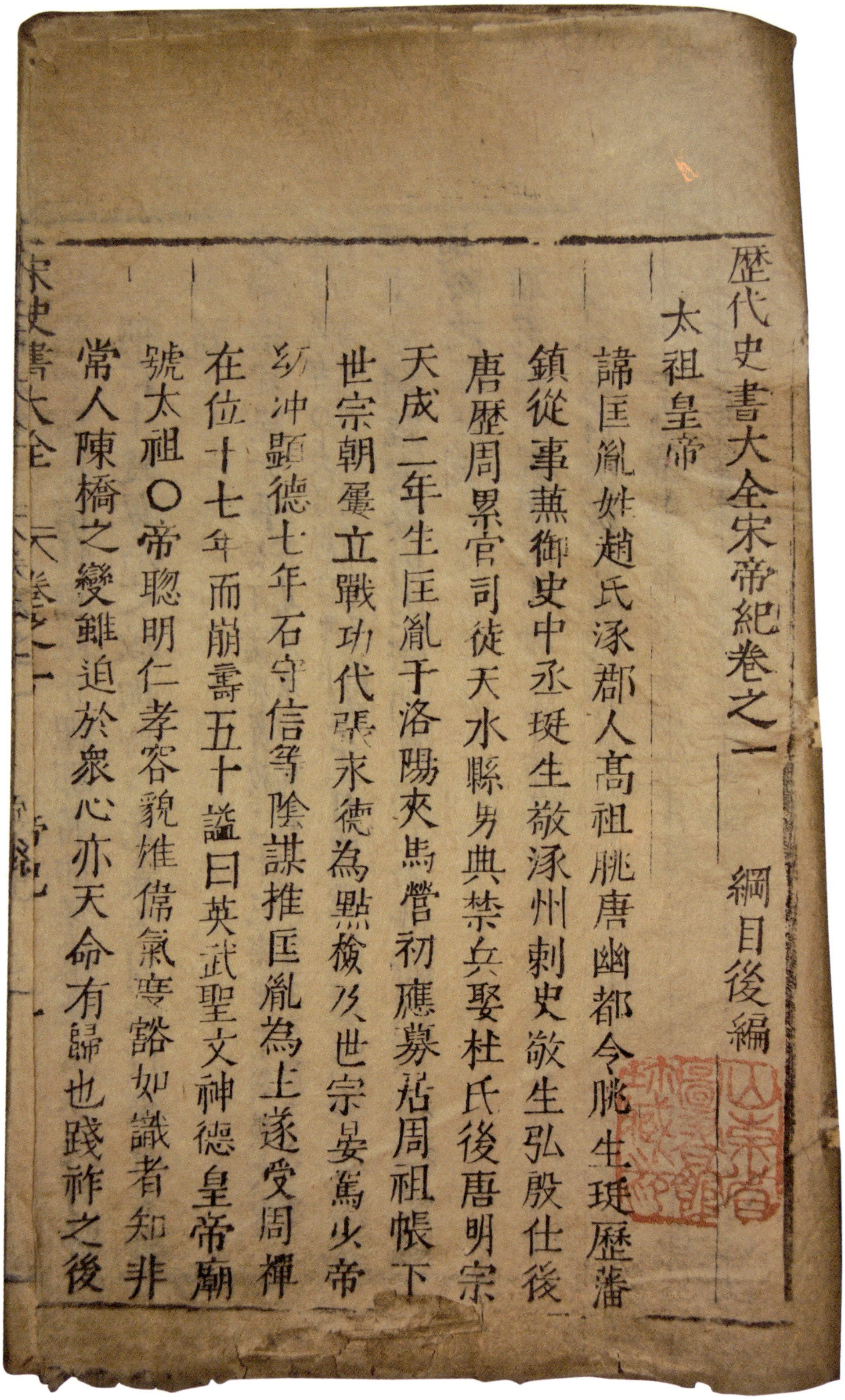
歷代史書大全宋帝紀卷之一　綱目後編
太祖皇帝
諱匡胤姓趙氏涿郡人高祖朓唐幽都令朓生珽歷藩鎮從事兼御史中丞珽生敬涿州刺史敬生弘殷仕後唐歷周累官司徒天水縣男典禁兵娶杜氏後唐明宗天成二年生匡胤于洛陽夾馬營初應募居周祖帳下世宗朝屢立戰功代張永德為點檢及世宗晏駕少帝幼冲顯德七年石守信等陰謀推匡胤為上遂受周禪在位十七年而崩壽五十謚曰英武聖文神德皇帝廟號太祖〇帝聰明仁孝容貌雄偉氣度豁如識者知非常人陳橋之變雖迫於衆心亦天命有歸也踐祚之後

07500 歷代史書大全□□卷　明活字印本

匡高22.8厘米，廣16.5厘米。半葉十一行，行二十三字，白口，四周單邊。山東省圖書館藏，存二十二卷。

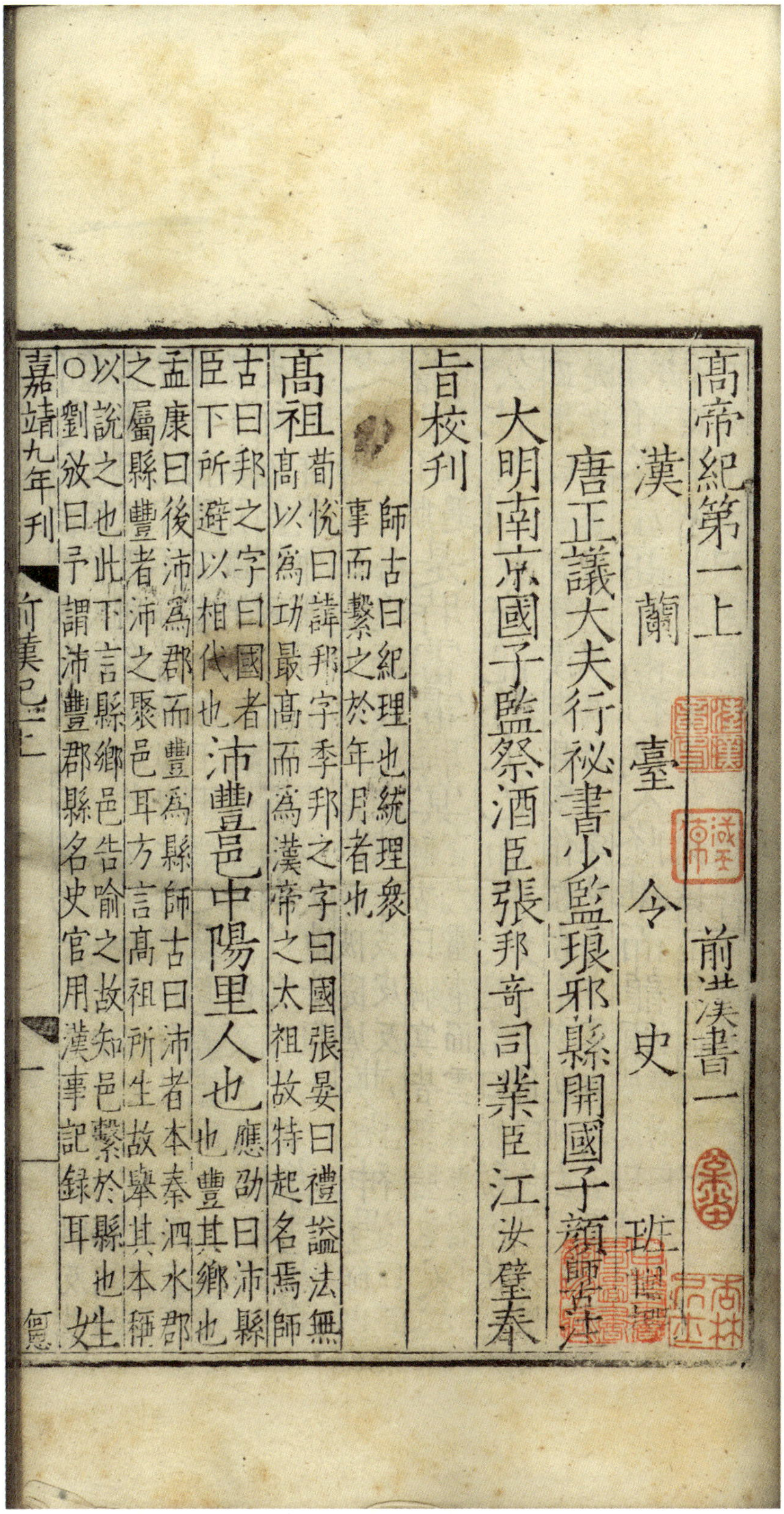
高帝紀第一上　　前漢書一
漢　蘭　臺　令　史　班固撰
唐正議大夫行祕書少監琅邪縣開國子顏師古注
大明南京國子監祭酒臣張邦奇司業臣江汝璧奉
旨校刊
師古曰紀理也統理衆事而繫之於年月者也
高祖荀悅曰諱邦字季邦之字曰國張晏曰禮謚法無高以爲功最高而爲漢帝之太祖故特起名焉師古曰邦之字曰國者臣下所避以相代也
沛豐邑中陽里人也應劭曰沛縣也豐其鄉也孟康曰後沛爲郡而豐爲縣師古曰沛者本秦泗水郡之屬縣豐者沛之聚邑耳方言高祖所生故舉其本稱以説之也此下言縣鄉邑告喻之故知邑繫於縣也○劉攽曰予謂沛豐郡縣名史官用漢事記録耳
姓
嘉靖九年刊　前漢紀一上　一

07501–07506 前漢書一百卷　（漢）班固撰　（唐）顔師古注　明嘉靖八至九年（1529–1530）南京國子監刻本

匡高22厘米，廣15.5厘米。半葉十行，行二十一字，小字雙行同，白口，四周雙邊。東北師範大學圖書館、吉林省圖書館藏；上海辭書出版社藏，有“盱眙王錫元蘭生收藏經籍金石文字記”、“王鐸”、“學斯”、“孫宗彝印”、“越國王孫”、“思永堂藏書”、“汪燦之印”、“汪謙之印”等印；蘇州大學圖書館、浙江圖書館藏；吉林省圖書館藏，吳騫批校。

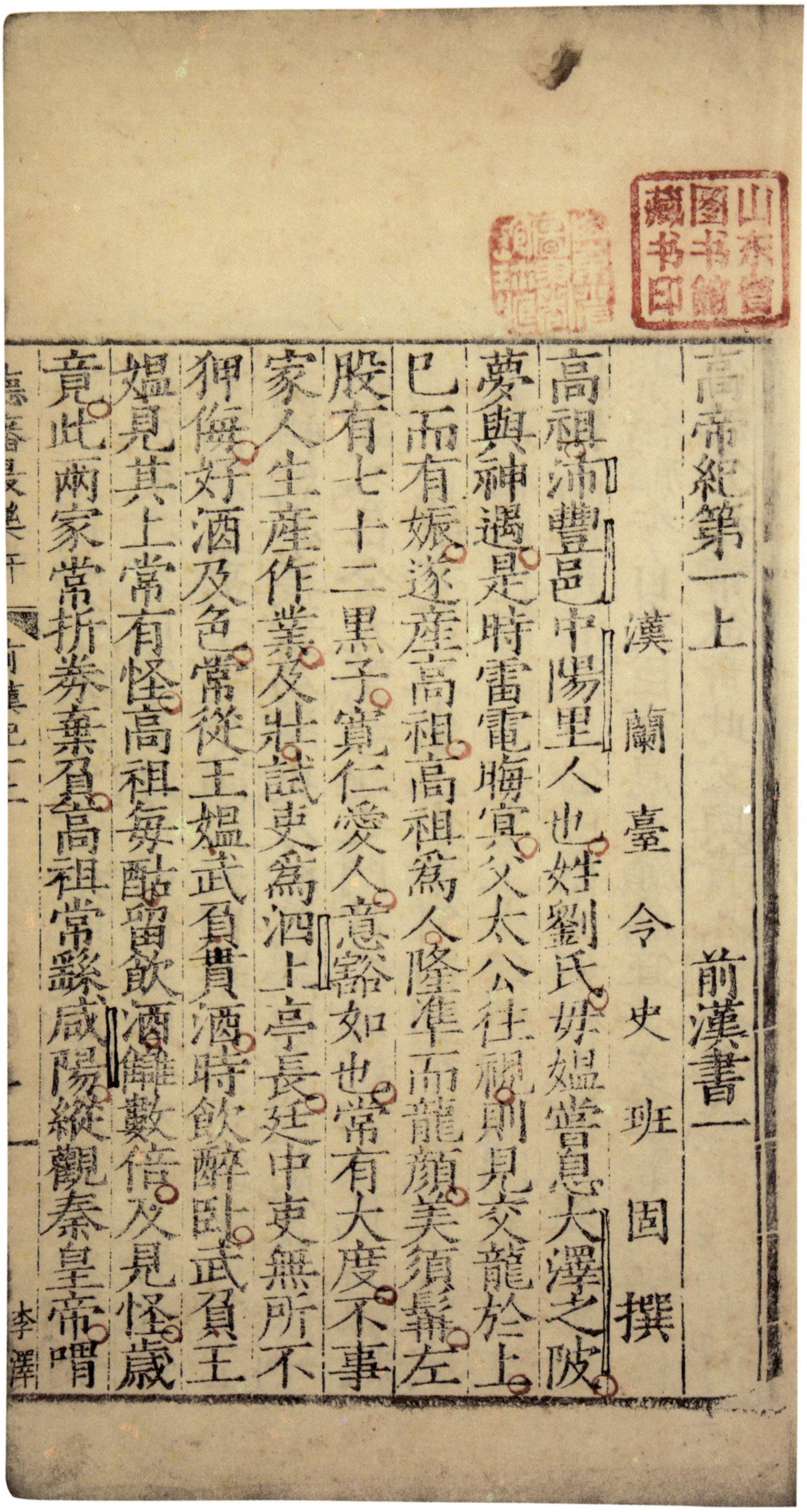
山東省圖書館藏書印
高帝紀第一上　前漢書一
漢　蘭臺令史班固撰
高祖沛豐邑中陽里人也姓劉氏母媪嘗息大澤之陂
夢與神遇是時雷電晦冥父太公往視則見交龍於上
已而有娠遂産高祖高祖爲人隆準而龍顔美須髯左
股有七十二黑子寬仁愛人意豁如也常有大度不事
家人生産作業及壯試吏爲泗上亭長廷中吏無所不
狎侮好酒及色常從王媪武負貰酒時飲醉卧武負王
媪見其上常有怪高祖每酤留飲酒讎數倍及見怪歲
竟此兩家常折券棄責高祖常繇咸陽縱觀秦皇帝喟
德藩最樂軒　前漢紀一　一　李澤

07507–07511　前漢書一百卷　（漢）班固撰　（唐）顔師古注　明德藩最樂軒刻本

匡高20.1厘米，廣14.5厘米。半葉十行，行二十一字，小字雙行同，白口，左右雙邊。南開大學圖書館藏；山東省圖書館藏，有“青蓮館”、“白霖嚴氏家藏”等印；山東省圖書館藏；吉林大學圖書館藏，有“巴陵方氏碧琳琅館珍藏古刻善本之印”、“方家書庫”、“巴陵方氏功惠桃槁甫印”、“碧琳琅館珍藏”等印；南京圖書館藏，卷一至五配清抄本。

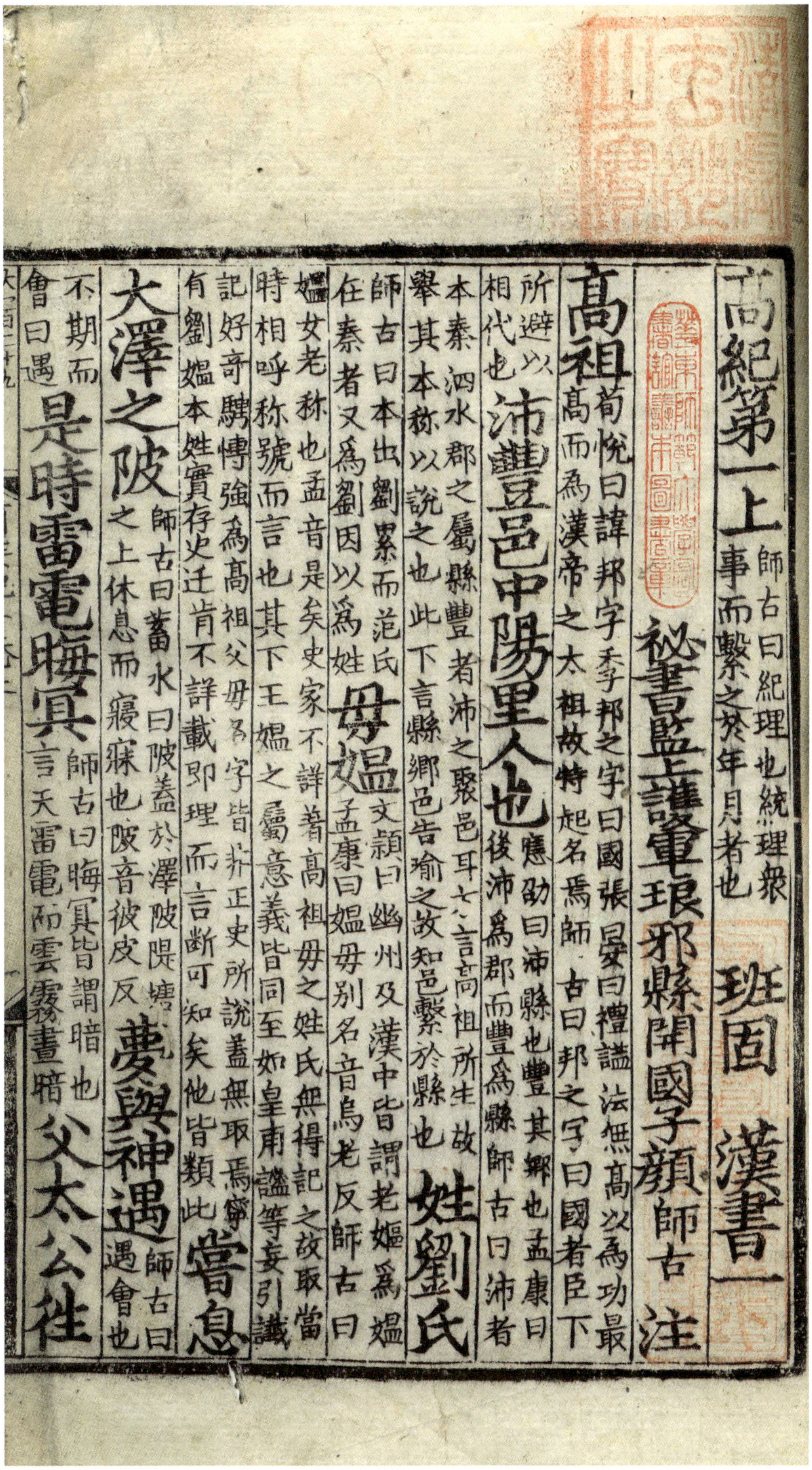
高紀第一上 師古曰紀理也統理衆事而繫之於年月者也 班固 漢書一
秘書監上護軍琅邪縣開國子顔師古注
高祖 荀悦曰諱邦字季邦之字曰國張晏曰禮謚法無高以爲功最高而爲漢帝之太祖故特起名焉師古曰邦之字曰國者臣下
所避以相代也 沛豐邑中陽里人也 應劭曰沛縣也豐其鄉也孟康曰後沛爲郡而豐爲縣師古曰沛者
本秦泗水郡之屬縣豐者沛之聚邑耳亡言高祖所生故舉其本稱以説之也此下言縣鄉邑告喻之故知邑繫於縣也 姓劉氏
師古曰本出劉累而范氏在秦者又爲劉因以爲姓 母媪 文穎曰幽州及漢中皆謂老嫗爲媪孟康曰媪母別名音烏老反師古曰
媪女老稱也孟音是矣史家不詳著高祖母之姓氏無得記之故取當時相呼稱號而言也其下王媪之屬意義皆同至如皇甫謐等妄引讖
記好奇騁博強爲高祖父母名字皆非正史所説蓋無取焉寧有劉媪本姓實存史迁肯不詳載即理而言斷可知矣他皆類此 嘗息
大澤之陂 師古曰蓄水曰陂蓋於澤陂隄塘之上休息而寢寐也陂音彼皮反 夢與神遇 師古曰遇會也
不期而會曰遇 是時雷電晦冥 師古曰晦冥皆謂暗也言天雷電而雲霧晝暗 父太公往

07512、07513 漢書一百卷 （漢）班固撰 （唐）顔師古注 明正統八至十年（1443–1445）刻本

匡高21.1厘米，廣15.1厘米。半葉十行，行十九字，小字雙行二十七字，黑口，四周雙邊。華東師範大學圖書館藏；吉林省圖書館藏，有抄配。

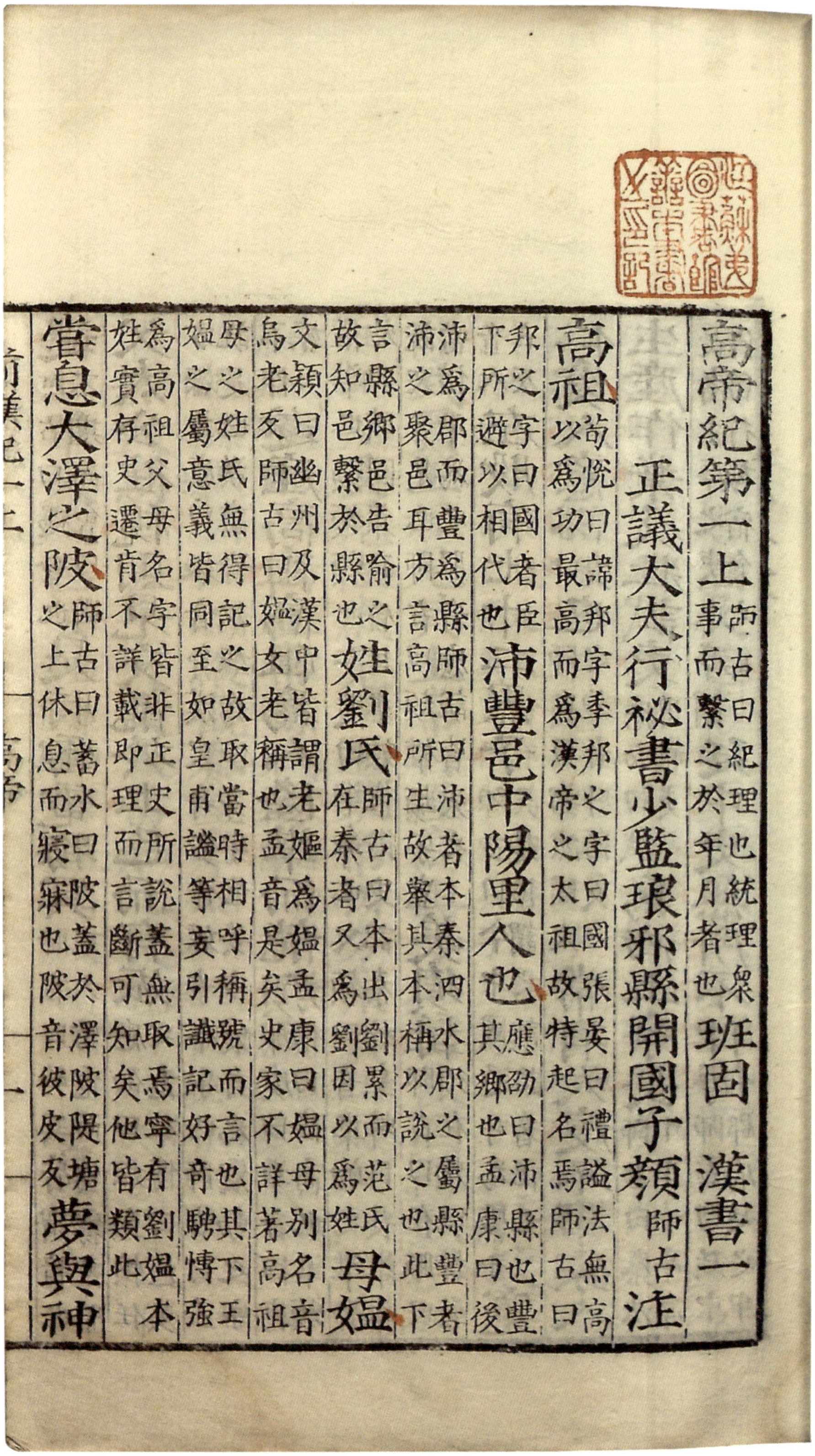

高帝紀第一上 師古曰紀理也統理衆事而繫之於年月者也 班固 漢書一
正議大夫行祕書少監琅邪縣開國子顏師古注
高祖 荀悅曰諱邦字季邦之字曰國張晏曰禮謚法無高以爲功最高而爲漢帝之太祖故特起名焉師古曰邦之字曰國者臣下所避以相代也 沛豐邑中陽里人也 應劭曰沛縣也豐其鄉也孟康曰後沛爲郡而豐爲縣師古曰沛者本秦泗水郡之屬縣豐者沛之聚邑耳方言高祖所生故舉其本稱以說之也此下言縣鄉邑告諭之故知邑繫於縣也 姓劉氏 師古曰本出劉累而范氏在秦者又爲劉因以爲姓 母媼 文穎曰幽州及漢中皆謂老嫗爲媼孟康曰媼母別名音烏老反師古曰媼女老稱也孟音是矣史家不詳著高祖母之姓氏無得記之故取當時相呼稱號而言也其下王媼之屬意義皆同至如皇甫謐等妄引讖記好奇騁博強爲高祖父母名字皆非正史所說蓋無取焉寧有劉媼本姓實存史遷肯不詳載即理而言斷可知矣他皆類此 嘗息大澤之陂 師古曰蓄水曰陂蓋於澤陂隄塘之上休息而寢寐也陂音彼皮反 夢與神
前漢紀一上　高帝　一

07514-07516 漢書一百卷 （漢）班固撰 （唐）顏師古注 明刻嘉靖十六年（1537）廣東崇正書院重修本

匡高19.5厘米，廣14.2厘米。半葉十行，行二十二字，小字雙行同，白口，四周單邊。吉林大學圖書館藏，有“大雲燼余”印，朱元長、金榜點校，羅振玉跋，存九十五卷；江西省圖書館藏，存九十二卷；南京圖書館藏，丁丙跋，丁立中跋並録孫星衍題識。

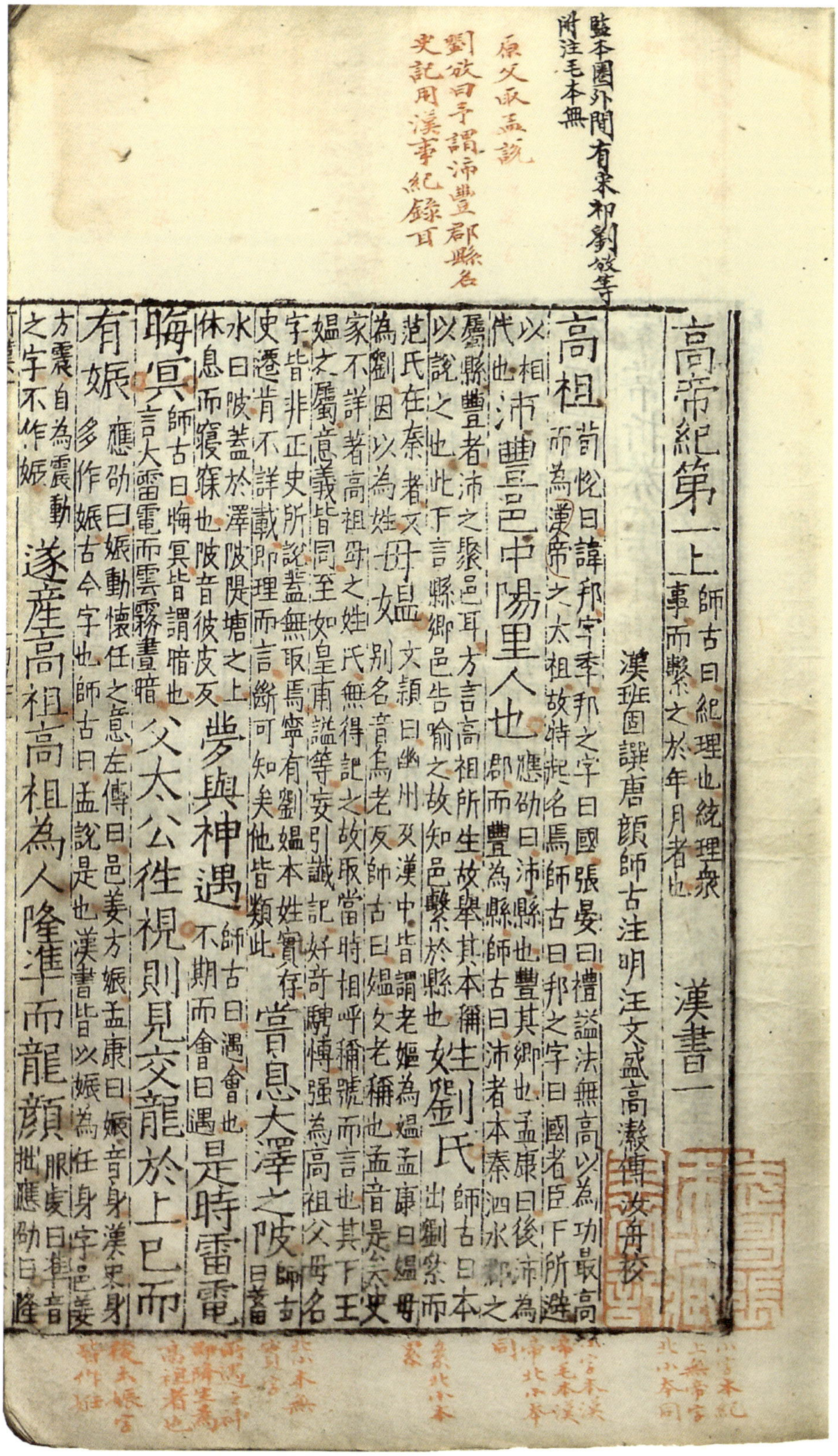

07517-07521 漢書一百卷 （漢）班固撰 （唐）顔師古注 明嘉靖汪文盛等刻本

匡高18.9厘米，廣13.4厘米。半葉十二行，行二十二字，小字雙行二十八字，白口，左右雙邊。南京圖書館藏，卷四十六至五十二配清抄本，佚名録何焯批校並跋；山東省博物館藏，何焯校，存二卷；天津圖書館藏，為二十八年（1549）周采等重修本；山東省博物館藏，為二十八年（1549）周采等重修本，姚輿批校，黄丕烈跋；南京圖書館藏，為二十八年（1549）周采等重修本，丁丙跋。

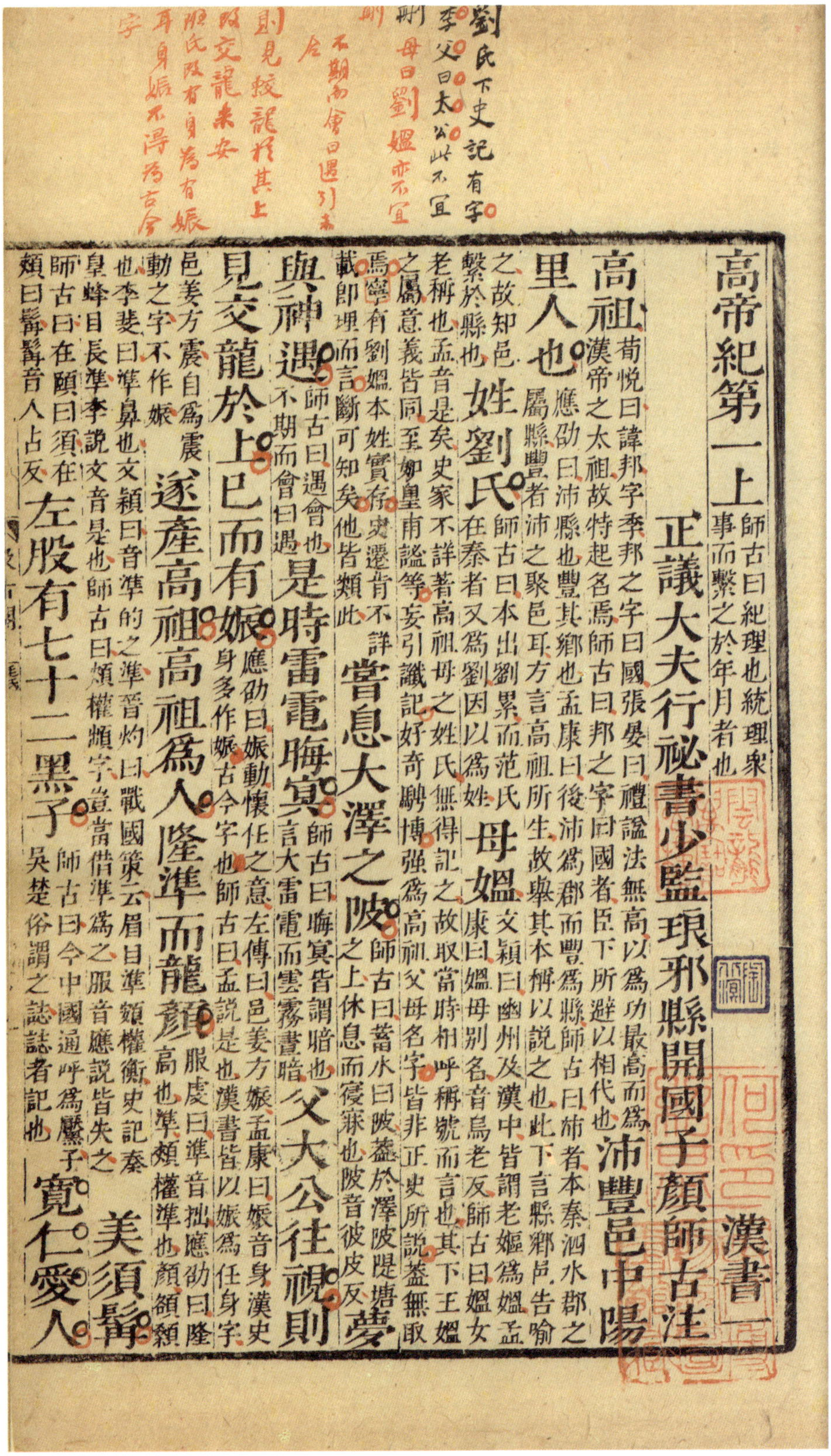

07522 漢書一百卷 （漢）班固撰 （唐）顏師古注 明崇禎十五年（1642）毛氏汲古閣刻本

匡高21.8厘米，廣15.4厘米。半葉十二行，行二十五字，小字雙行三十七字，白口，左右雙邊。何紹基批校。故宫博物院藏。

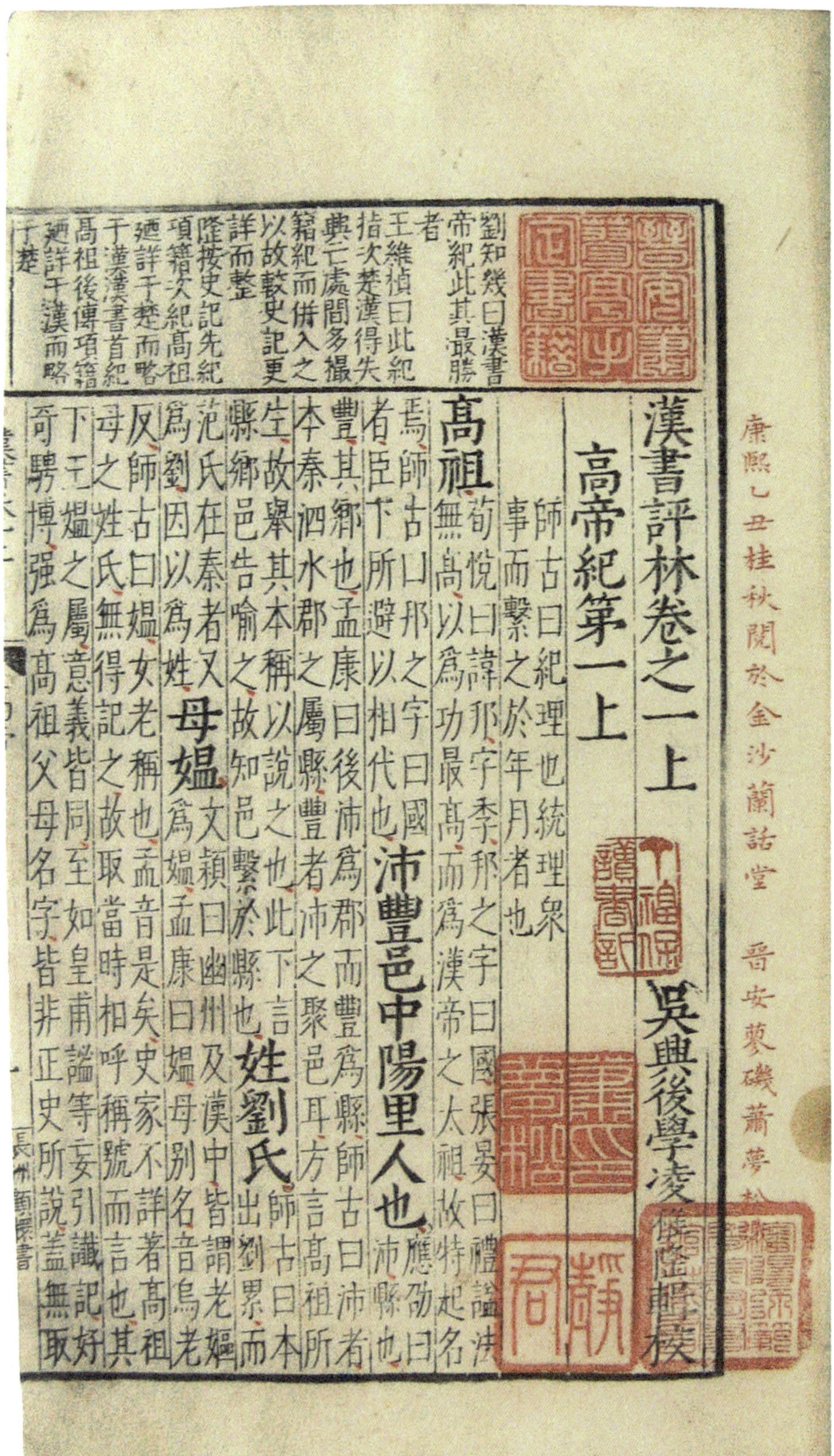

07523 漢書評林一百卷 （明）凌稚隆輯　明萬曆九年（1581）吳興凌稚隆刻本（有抄配）

匡高24.1厘米，廣14.7厘米。半葉十行，行二十字，小字雙行同，白口，左右雙邊。有“丁福保讀書記”、“蕭夢松印”、“靜君”、“晉安蕭夢亭手定書籍”等印。蕭夢松題識。瀋陽師範大學圖書館藏。

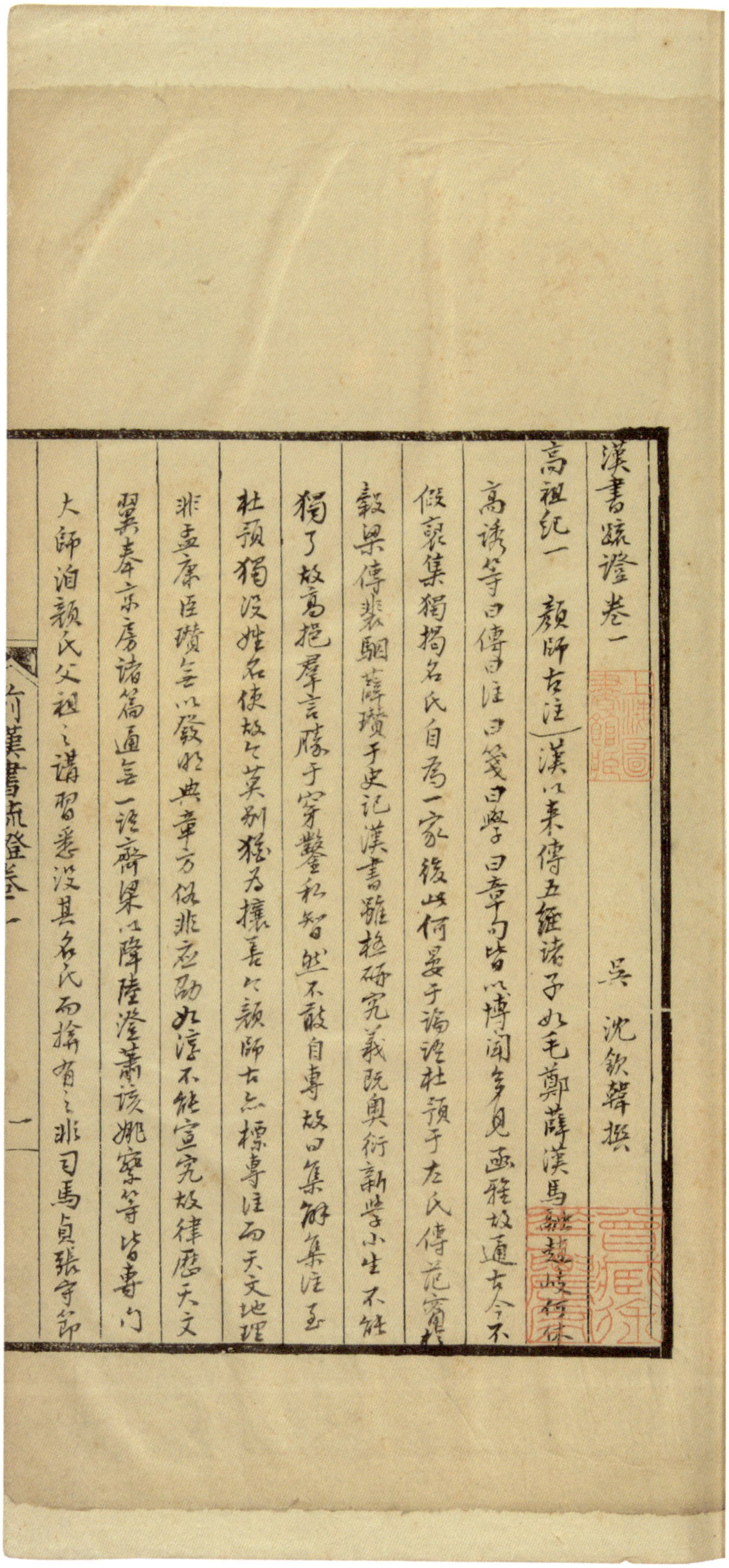
漢書疏證卷一　吳　沈欽韓撰
高祖紀一　顔師古注　漢以來傳五經諸子如毛鄭薛漢馬融趙岐杜林
高誘等曰傳曰注曰箋曰學曰章句皆以博聞多見函雅故通古今不
假衰集獨揭名氏自為一家後此何晏于論語杜預于左氏傳范甯于
穀梁傳裴駰薛瓚于史記漢書雖極研究義既奥衍新學小生不能
獨了故為挹羣言隊于穿鑿私智然不敢自專故曰集解集注至
杜預獨没姓名使故之莫别猶為攘善之顔師古亦標專注而天文地理
非盡康臣瓚無以發明典章方俗非應劭如淳不能宣究故律歷天文
翼奉京房諸篇逼無一語齊梁以降陸澄蕭該姚察等皆專門
大師洎顔氏父祖之講習悉没其名氏而掩有之非司馬貞張守節
前漢書疏證卷一　一

07524 漢書疏證二十卷後漢書疏證二十卷 （清）沈欽韓撰　手稿本

匡高19.1厘米，廣12.7厘米。半葉十行，行字不等，白口，左右雙邊。有"寧國縣儒學記"、"吳雲平齋曾讀一過"、"曾藏徐華農家"等印。上海圖書館藏。

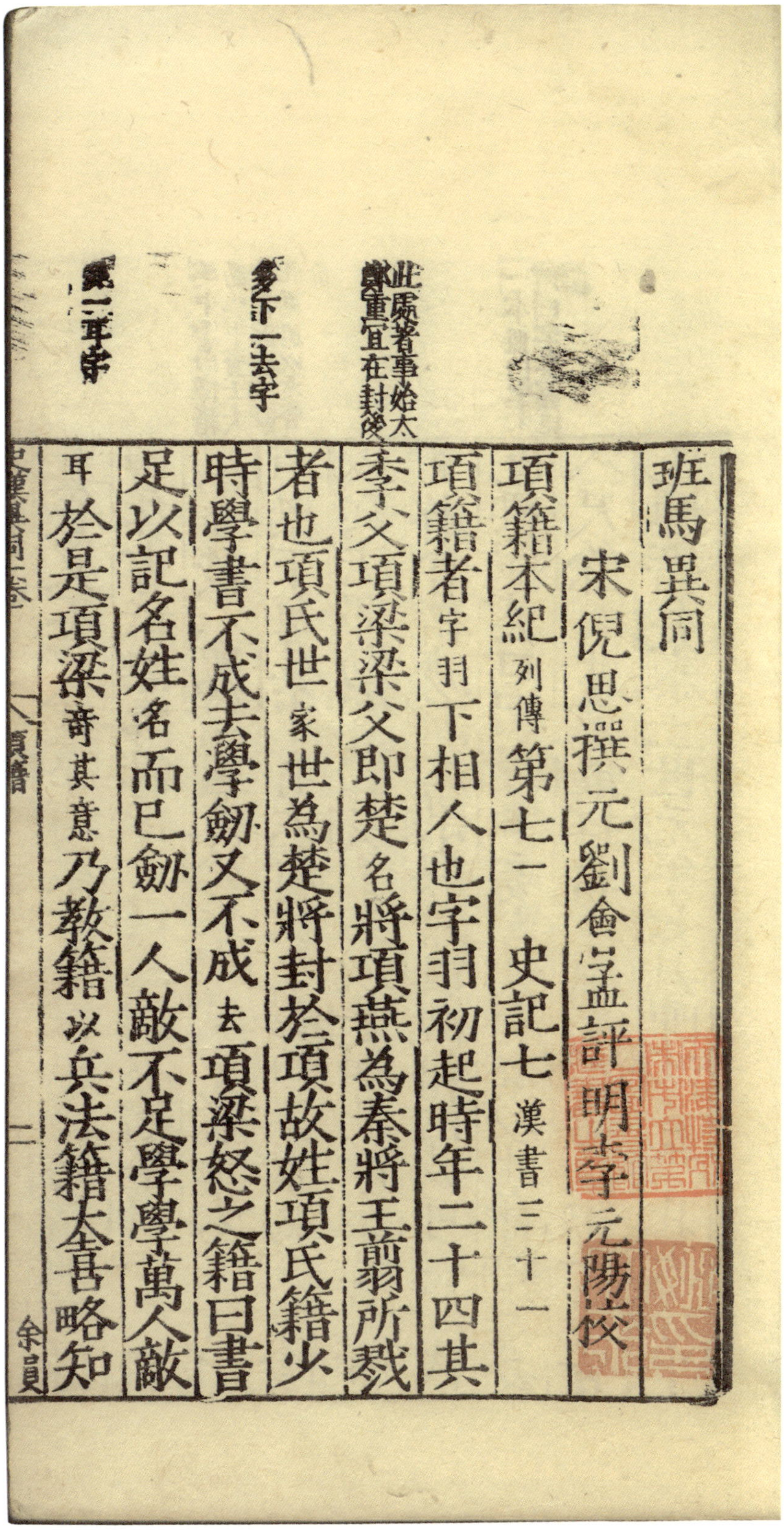

07525-07527 班馬異同三十五卷 （宋）倪思撰 （宋）劉辰翁評 明嘉靖十六年（1537）李元陽刻本

匡高17.1厘米，廣12.9厘米。半葉九行，行十九字，白口，左右雙邊。天津圖書館、浙江大學圖書館、湖北省圖書館藏。

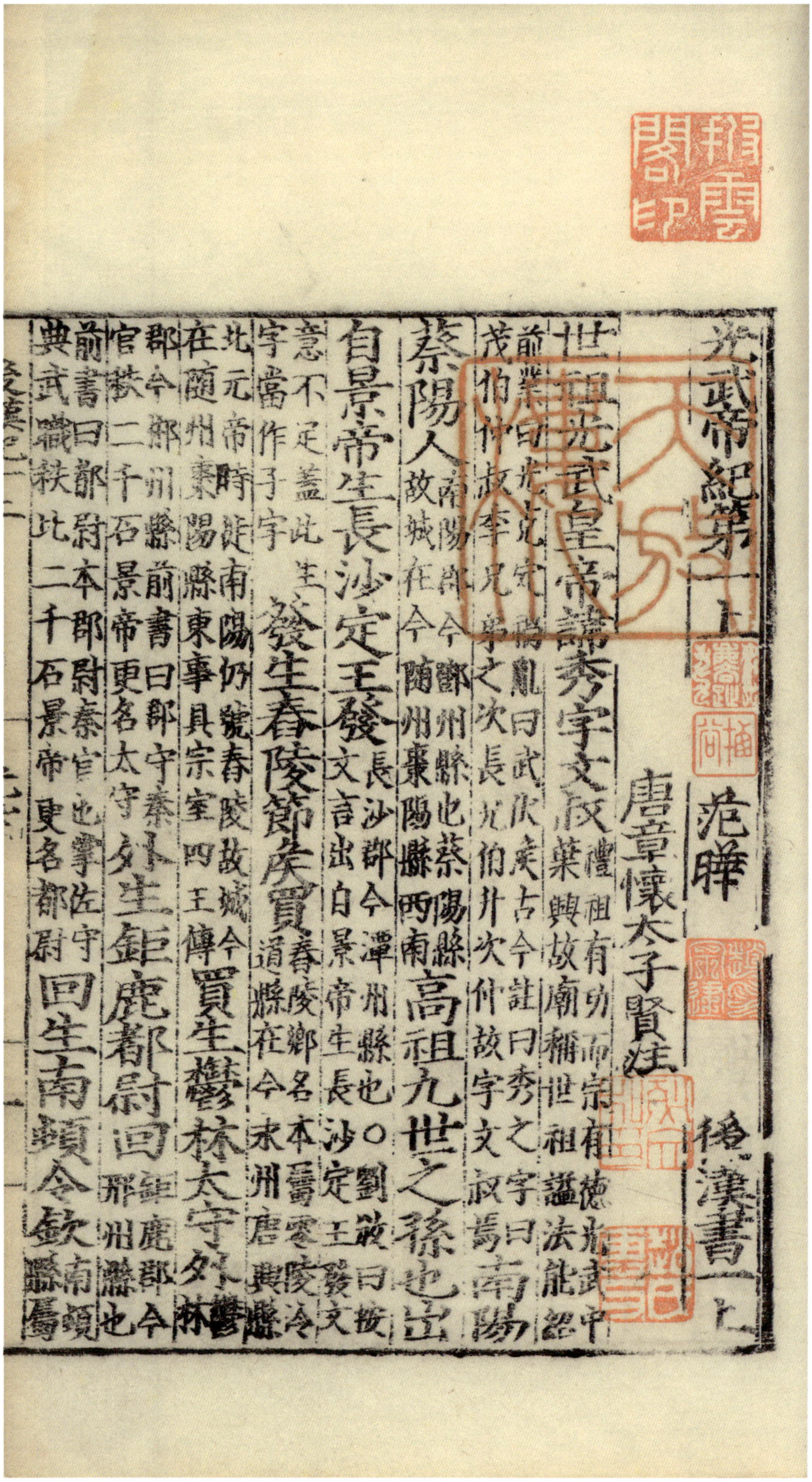

光武帝紀第一上　范曄　後漢書一上
唐章懷太子賢注
世祖光武皇帝諱秀字文叔禮祖有功而宗有德光武中葉興故廟稱世祖謚法能紹前業曰光克定禍亂曰武伏侯古今注曰秀之字曰茂伯仲叔季兄弟之次長兄伯升次仲故字文叔焉南陽蔡陽人南陽郡今鄧州縣也蔡陽縣故城在今隨州棗陽縣西南高祖九世之孫也出自景帝生長沙定王發長沙郡今潭州縣也○劉攽曰按文言出自景帝生長沙定王發文意不足蓋此生字當作子字發生舂陵節侯買舂陵鄉名本屬零陵冷道縣在今永州唐興縣北元帝時徙南陽仍號舂陵故城今在隨州棗陽縣東事具宗室四王傳買生鬱林太守外鬱林郡今鬱州縣前書曰郡守秦官秩二千石景帝更名太守外生鉅鹿都尉回鉅鹿郡今邢州縣也前書曰郡尉本郡尉秦官也掌佐守典武職秩比二千石景帝更名都尉回生南頓令欽南頓縣屬

07528 後漢書九十卷 （南朝宋）范曄撰 （唐）李賢注 **志三十卷** （晉）司馬彪撰 （梁）劉昭注　明刻嘉靖十六年（1537）廣東崇正書院重修本

匡高19.1厘米，廣14厘米。半葉十行，行二十二字，小字雙行同，白口，左右雙邊。天津圖書館藏。

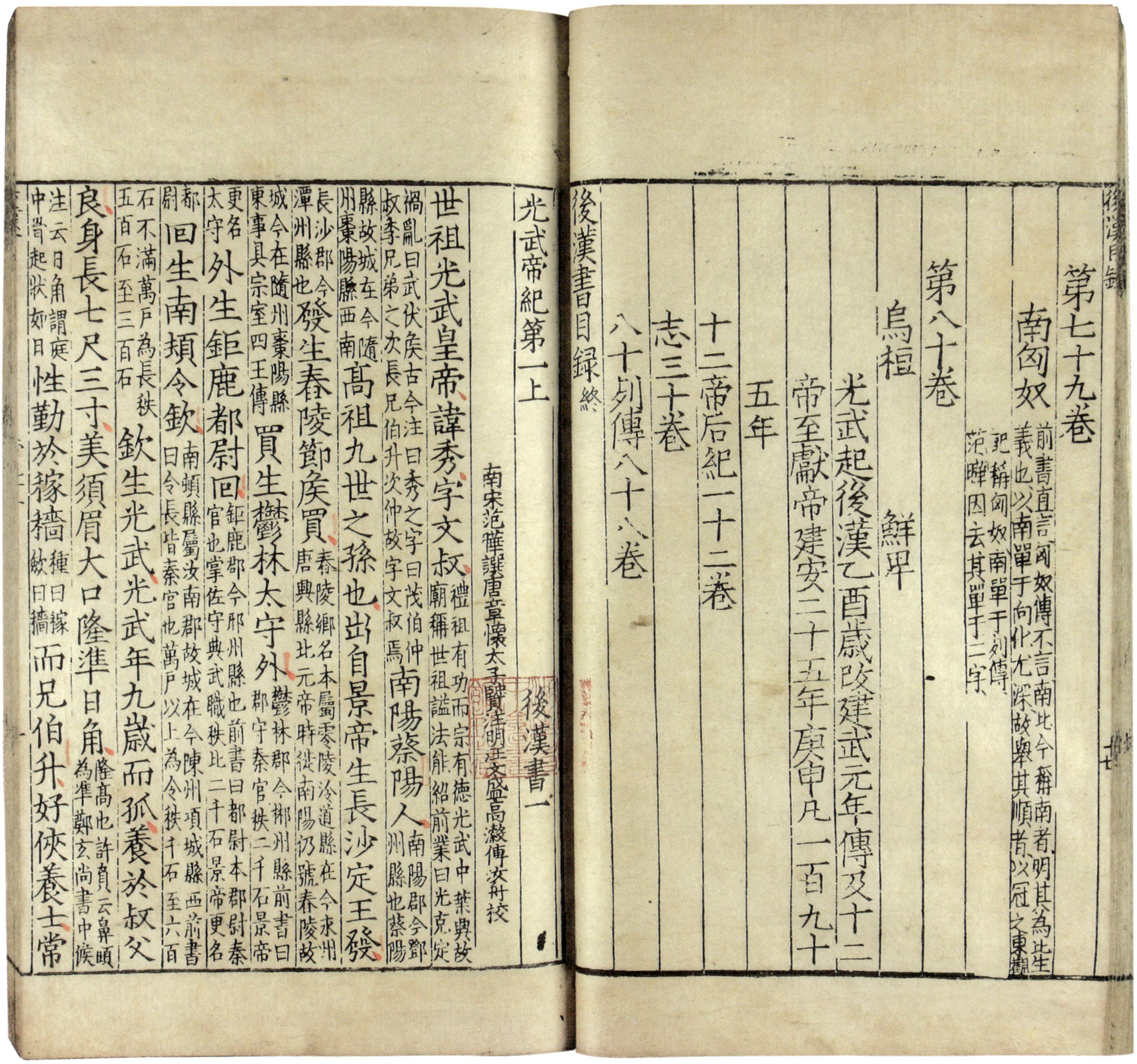

07529-07534 後漢書九十卷 （南朝宋）范曄撰 （唐）李賢注 **志三十卷** （晉）司馬彪撰 （梁）劉昭注 明嘉靖汪文盛等刻本

匡高19厘米，廣13厘米。半葉十二行，行二十二字，小字雙行二十八字，白口，左右雙邊。湖南圖書館藏，有“荊州田氏藏書之印”、“島田氏圖書記”等印；浙江圖書館藏；南京圖書館藏，丁丙跋；華東師範大學圖書館藏，有“杭州王氏九峰舊廬藏書之章”等印，鄧邦述跋；吉林大學圖書館、天津圖書館藏，為二十八年（1549）周采等重修本 。

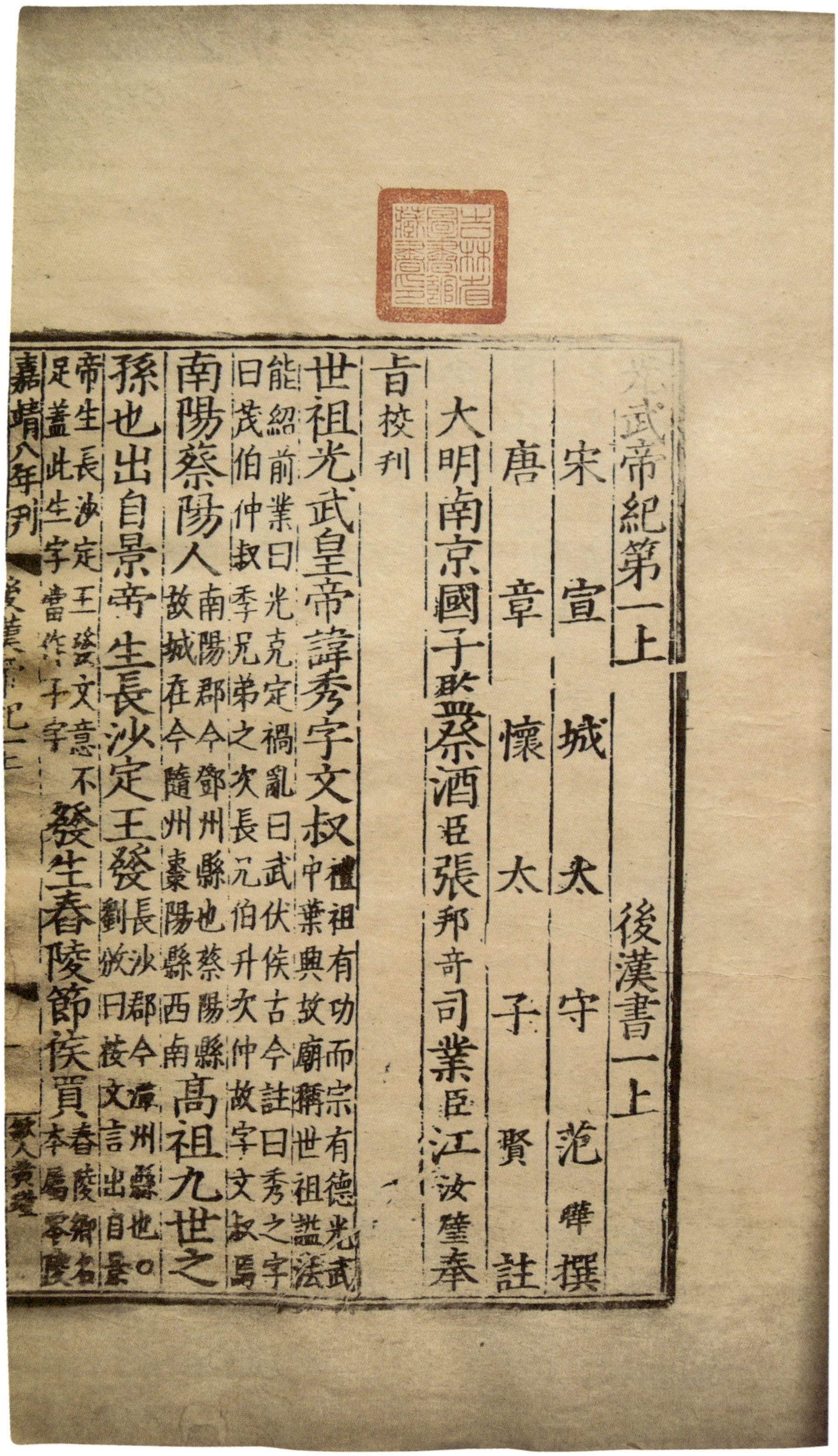
光武帝紀第一上　後漢書一上
宋　宣城太守范　曄撰
唐　章懷太子賢註
大明南京國子監祭酒臣張邦奇司業臣江汝璧奉
旨校刊
世祖光武皇帝諱秀字文叔禮祖有功而宗有德光武中興故廟稱世祖謚法
能紹前業曰光克定禍亂曰武伏侯古今註曰秀之字
曰茂伯仲叔季兄弟之次長兄伯升次仲故字文叔焉
南陽蔡陽人南陽郡今鄧州縣也蔡陽縣故城在今隨州棗陽縣西南高祖九世之
孫也出自景帝生長沙定王發長沙郡今潭州縣也劉攽曰按文言出自[illegible]
帝生長沙定王發文意不足蓋此生字當作于字
發生舂陵節侯買舂陵鄉名本屬零陵
嘉靖八年刊　後漢紀一上　歙人黃瑩

07535–07537　後漢書九十卷　（南朝宋）范曄撰　（唐）李賢注　**志三十卷**　（晉）司馬彪撰　（梁）劉昭注　明嘉靖七至九年（1528–1530）南京國子監刻本

匡高21.5厘米，廣15.5厘米。半葉十行，行二十一字，細黑口，四周雙邊。東北師範大學圖書館、河南省圖書館、吉林省圖書館藏。

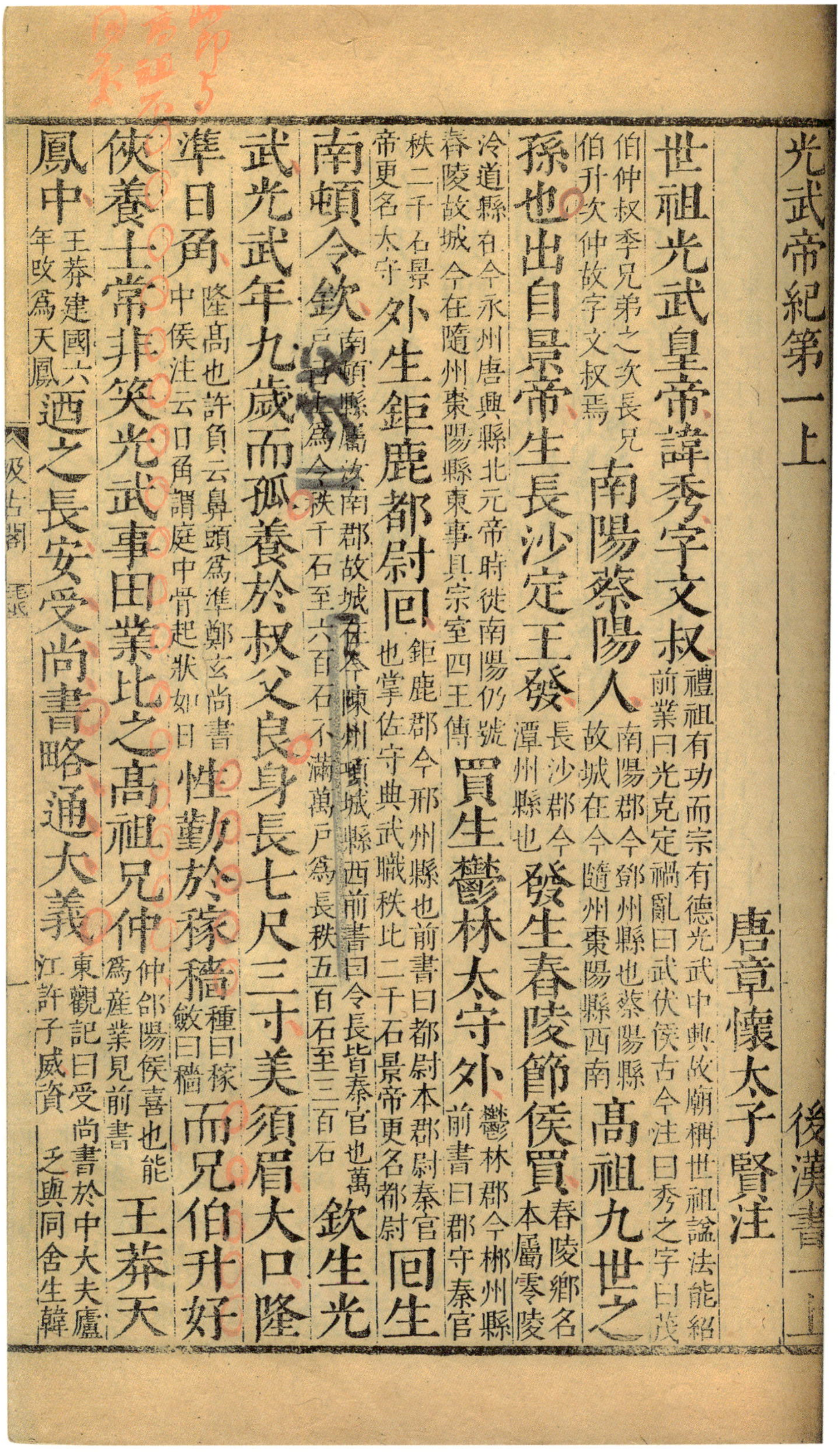

光武帝紀第一上　　後漢書一

唐章懷太子賢注

世祖光武皇帝諱秀字文叔禮祖有功而宗有德光武中興故廟稱世祖謚法能紹前業曰光克定禍亂曰武伏侯古今注曰秀之字曰茂伯仲叔季兄弟之次長兄伯升次仲故字文叔焉南陽蔡陽人南陽郡今鄧州縣也蔡陽縣故城在今隨州棗陽縣西南高祖九世之孫也出自景帝生長沙定王發長沙郡今潭州縣也發生春陵節侯買春陵鄉名本屬零陵泠道縣在今永州唐興縣北元帝時徙南陽仍號春陵故城今在隨州棗陽縣東事具宗室四王傳買生鬱林太守外鬱林郡今郴州縣前書曰郡守秦官秩二千石景帝更名太守外生鉅鹿都尉回鉅鹿郡今邢州縣也前書曰都尉本郡尉秦官也掌佐守典武職秩比二千石景帝更名都尉回生南頓令欽南頓縣屬汝南郡故城在今陳州項城縣西前書曰令長皆秦官也萬戶已上爲令秩千石至六百石不滿萬戶爲長秩五百石至三百石欽生光武光武年九歲而孤養於叔父良身長七尺三寸美須眉大口隆準日角隆高也許負云鼻頭爲準鄭玄尚書中候注云日角謂庭中骨起狀如日性勤於稼穡種曰稼斂曰穡而兄伯升好俠養士常非笑光武事田業比之高祖兄仲仲郃陽侯喜也能爲産業見前書王莽天鳳中王莽建國六年改爲天鳳迺之長安受尚書略通大義東觀記曰受尚書於中大夫廬江許子威資乏之與同舍生韓

汲古閣　毛氏

07538、07539　後漢書九十卷（南朝宋）范曄撰（唐）李賢注　**志三十卷**（晉）司馬彪撰（梁）劉昭注　明崇禎十六年（1643）毛氏汲古閣刻本

匡高21.9厘米，廣15.2厘米。半葉十二行，行二十五字，小字雙行三十七字，白口，左右雙邊。武漢大學圖書館藏，何紹基批點；青海省圖書館藏，有“研樵手校”、“研樵氏”、“研樵讀過”等印，董文渙校跋，存一百十三卷。

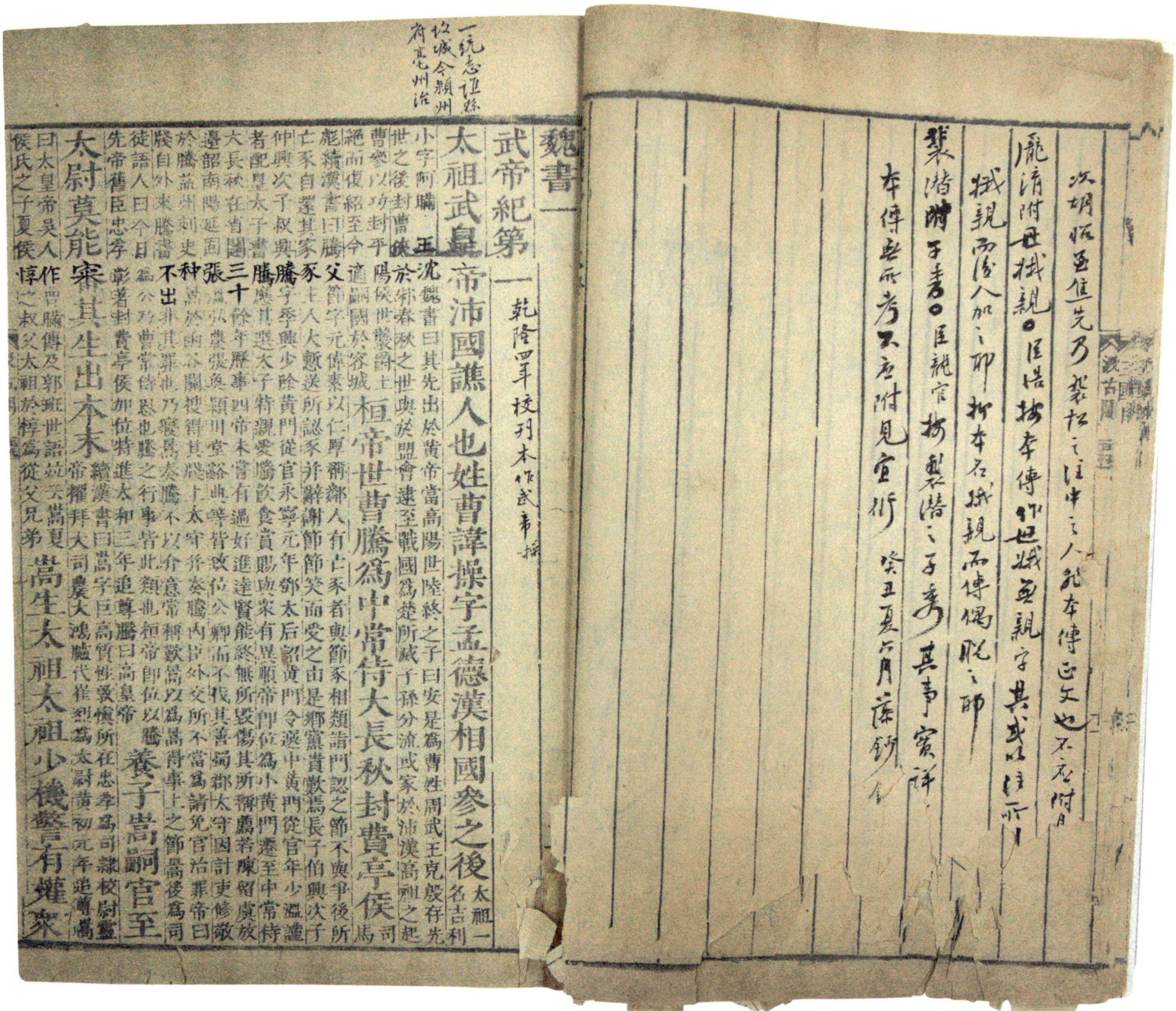

07540 三國志六十五卷 （晉）陳壽撰 （南朝宋）裴松之注 明崇禎十七年（1644）毛氏汲古閣刻本

匡高21.2厘米，廣15厘米。半葉十二行，行二十五字，小字雙行三十七字，白口，左右雙邊。祁雋藻批校。陝西師範大學圖書館藏。

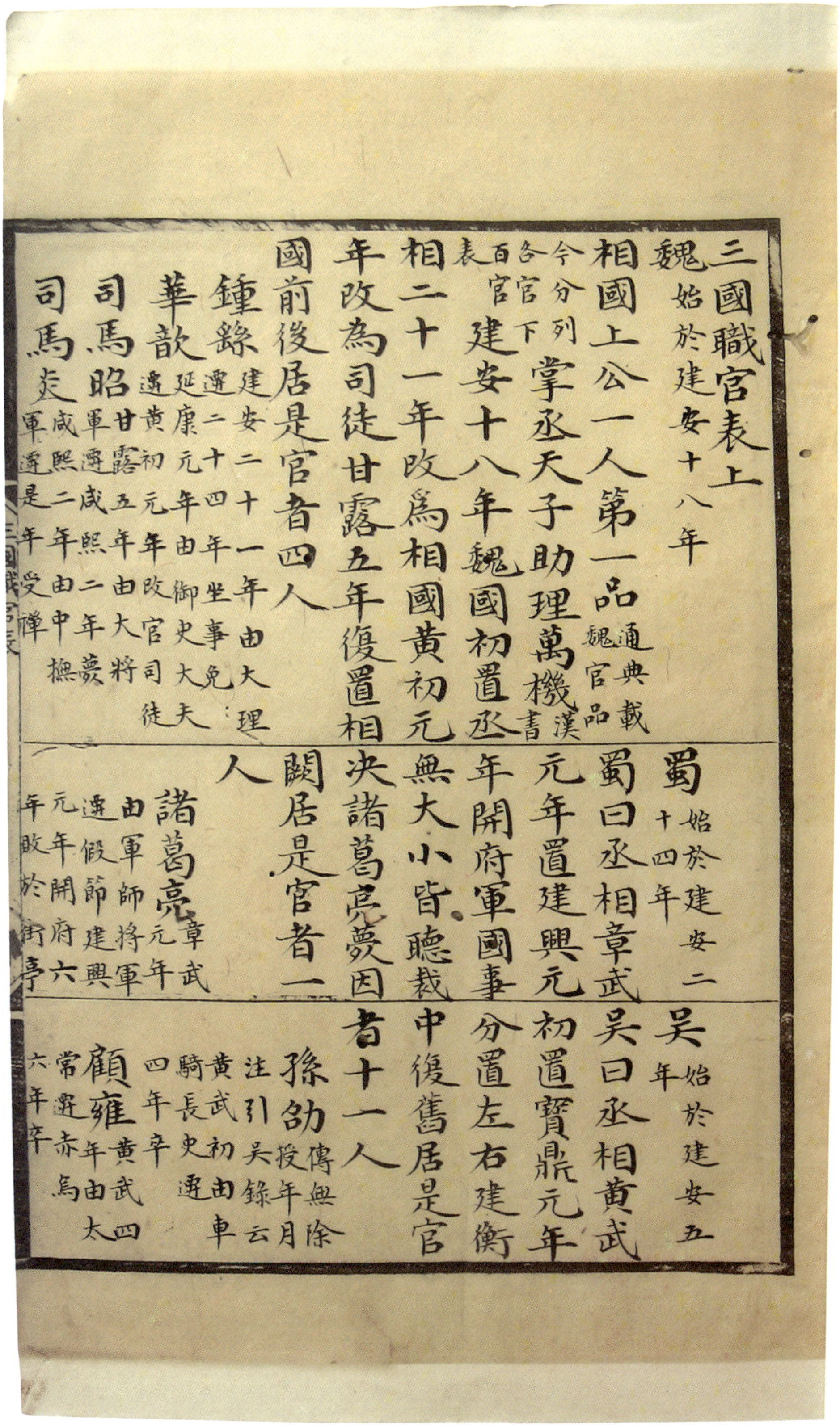

三國職官表上

魏 始於建安十八年

相國上公一人第一品 通典載魏官品今分列各官下

掌丞天子助理萬機 漢書百官表

建安十八年魏國初置丞相二十一年改爲相國黃初元年改爲司徒甘露五年復置相國前後居是官者四人

鍾繇 建安二十一年由大理遷二十四年坐事免

華歆 延康元年由御史大夫遷黃初元年改官司徒

司馬昭 甘露五年由大將軍遷咸熙二年薨

司馬炎 咸熙二年由中撫軍遷是年受禪

蜀 始於建安二十四年

蜀曰丞相章武元年置建興元年開府軍國事無大小皆聽裁決諸葛亮薨因闕居是官者一人

諸葛亮 章武元年由軍師將軍遷假節建興元年開府六年敗於街亭

吳 始於建安五年

吳曰丞相黃武初置寶鼎元年分置左右建衡中復舊居是官者十一人

孫劭 傳無除授年月注引吳錄云黃武初由車騎長史遷四年卒

顧雍 黃武四年由太常遷赤烏六年卒

07541 三國職官表三卷 （清）洪飴孫撰　稿本

江蘇省常熟市圖書館藏。

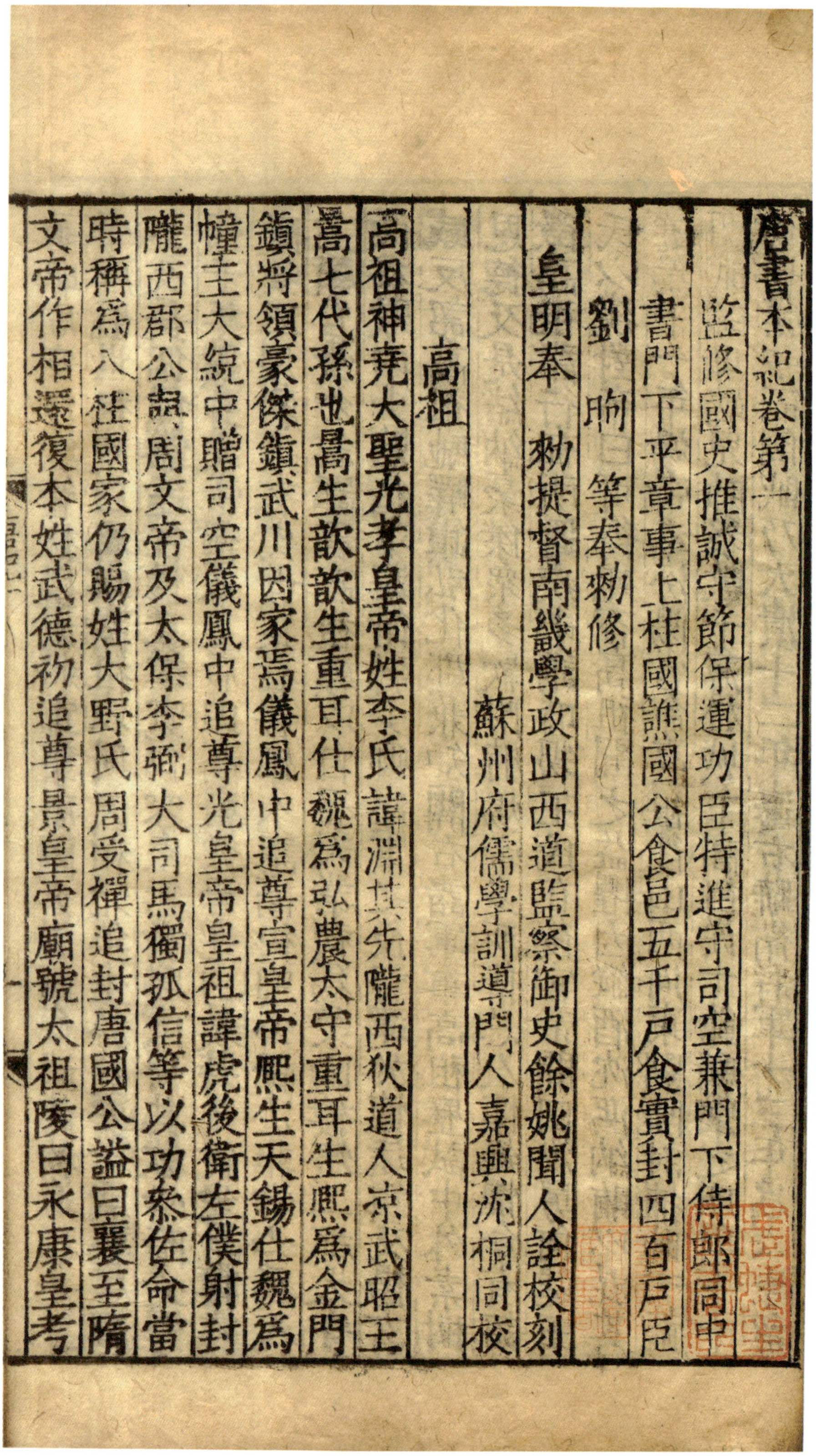

唐書本紀卷第一

監修國史推誠守節保運功臣特進守司空兼門下侍郎同中

書門下平章事上柱國譙國公食邑五千戶食實封四百戶臣

劉昫等奉勅修

皇明奉 勅提督南畿學政山西道監察御史餘姚聞人詮校刻

蘇州府儒學訓導門人嘉興沈桐同校

高祖

高祖神堯大聖光孝皇帝姓李氏諱淵其先隴西狄道人涼武昭王暠七代孫也暠生歆歆生重耳仕魏爲弘農太守重耳生熙熙爲金門鎮將領豪傑鎮武川因家焉儀鳳中追尊宣皇帝熙生天錫仕魏爲幢主大統中贈司空儀鳳中追尊光皇帝皇祖諱虎後魏左僕射封隴西郡公與周文帝及太保李弼大司馬獨孤信等以功參佐命當時稱爲八柱國家仍賜姓大野氏周受禪追封唐國公謚曰襄至隋文帝作相還復本姓武德初追尊景皇帝廟號太祖陵曰永康皇考

07542-07546 唐書二百卷 （後晉）劉昫等撰　明嘉靖十八年（1539）聞人詮刻本

匡高21.2厘米，廣15厘米。半葉十四行，行二十六字，白口，左右雙邊。吉林大學圖書館藏，有“查禮之印”、“宛平查氏藏書印”等印；吉林市圖書館藏，有“坦園藏書”、“石倉藏書之印”、“豫章曹氏”、“北平翁方綱藏書印”、“顧廣圻印批校藏書”、“閩中玉亭林氏藏書印記”等印；浙江大學圖書館、南京大學圖書館藏；南京圖書館藏，卷一百四十五至一百四十八抄配。

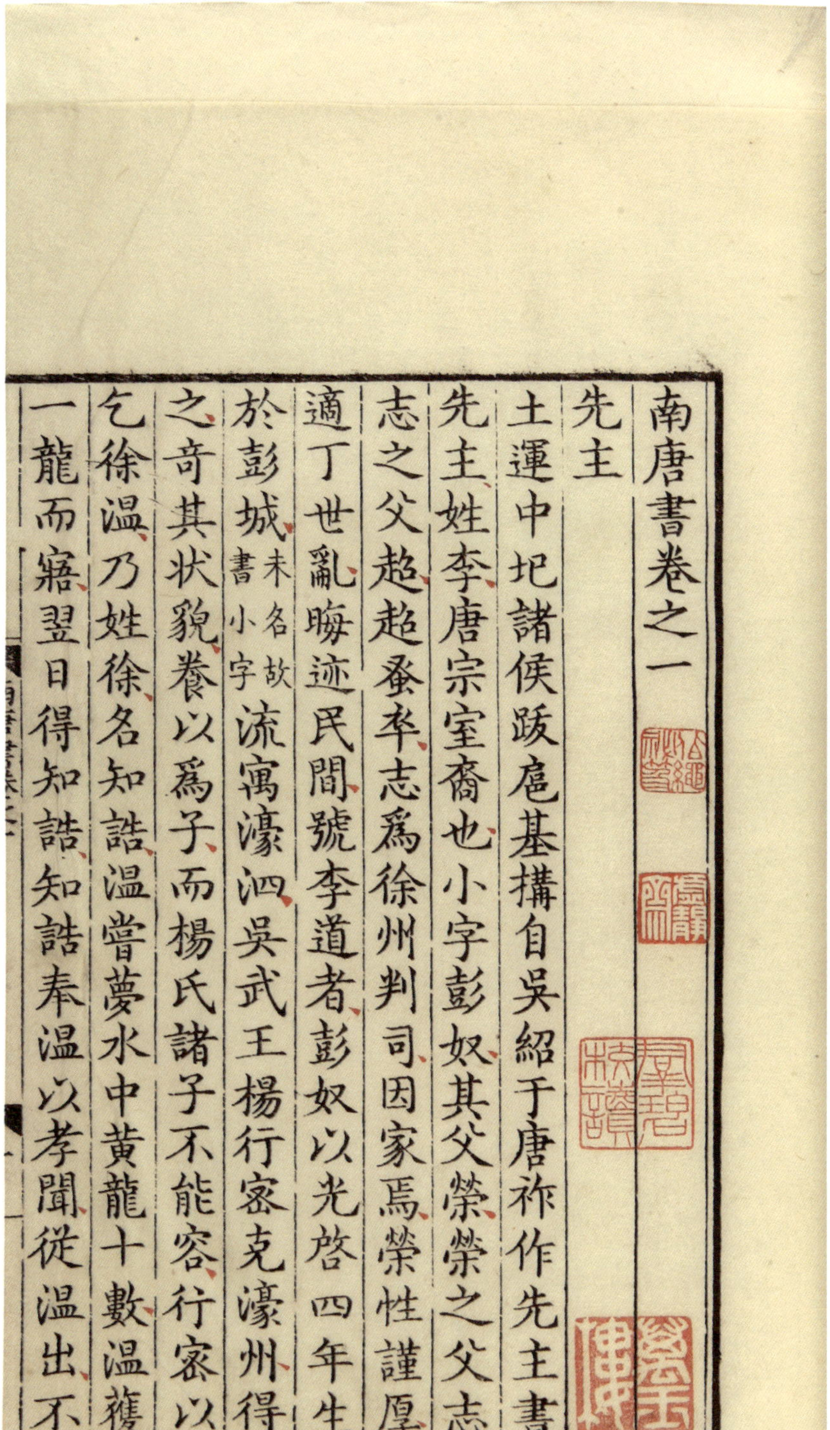

南唐書卷之一

先主

土運中圯諸侯跋扈基搆自吳紹于唐祚作先主書

先主姓李唐宗室裔也小字彭奴其父榮榮之父志志之父超超蚤卒志爲徐州判司因家焉榮性謹厚適丁世亂晦迹民間號李道者彭奴以光啓四年生於彭城未名故書小字流寓濠泗吳武王楊行密克濠州得之奇其狀貌養以爲子而楊氏諸子不能容行密以乞徐溫乃姓徐名知誥溫嘗夢水中黄龍十數溫獲一龍而寤翌日得知誥知誥奉溫以孝聞從溫出不

07547-07554 南唐書三十卷 （宋）馬令撰　明嘉靖二十九年（1550）顧汝達刻本

匡高18.9厘米，廣12.5厘米。半葉十行，行二十字，小字雙行同，白口，左右雙邊。北京師範大學圖書館藏，有“君山遺品”、“君山修史在韓”、“馬毅”、“萬玉樓”等印；華東師範大學圖書館藏；吉林大學圖書館藏，有“皇二子”、“祝昭聲章”、“李文駒藏書印”、“漢鹿齋金石書畫印”、“稺萇過眼等印記”等印；吉林省圖書館藏，“孫印星衍”、“伯淵家藏”、“張政審定”等印；天津圖書館、南京圖書館藏；國家圖書館藏，鄧邦述跋；南京圖書館藏，為重修本，葉恭煥跋。

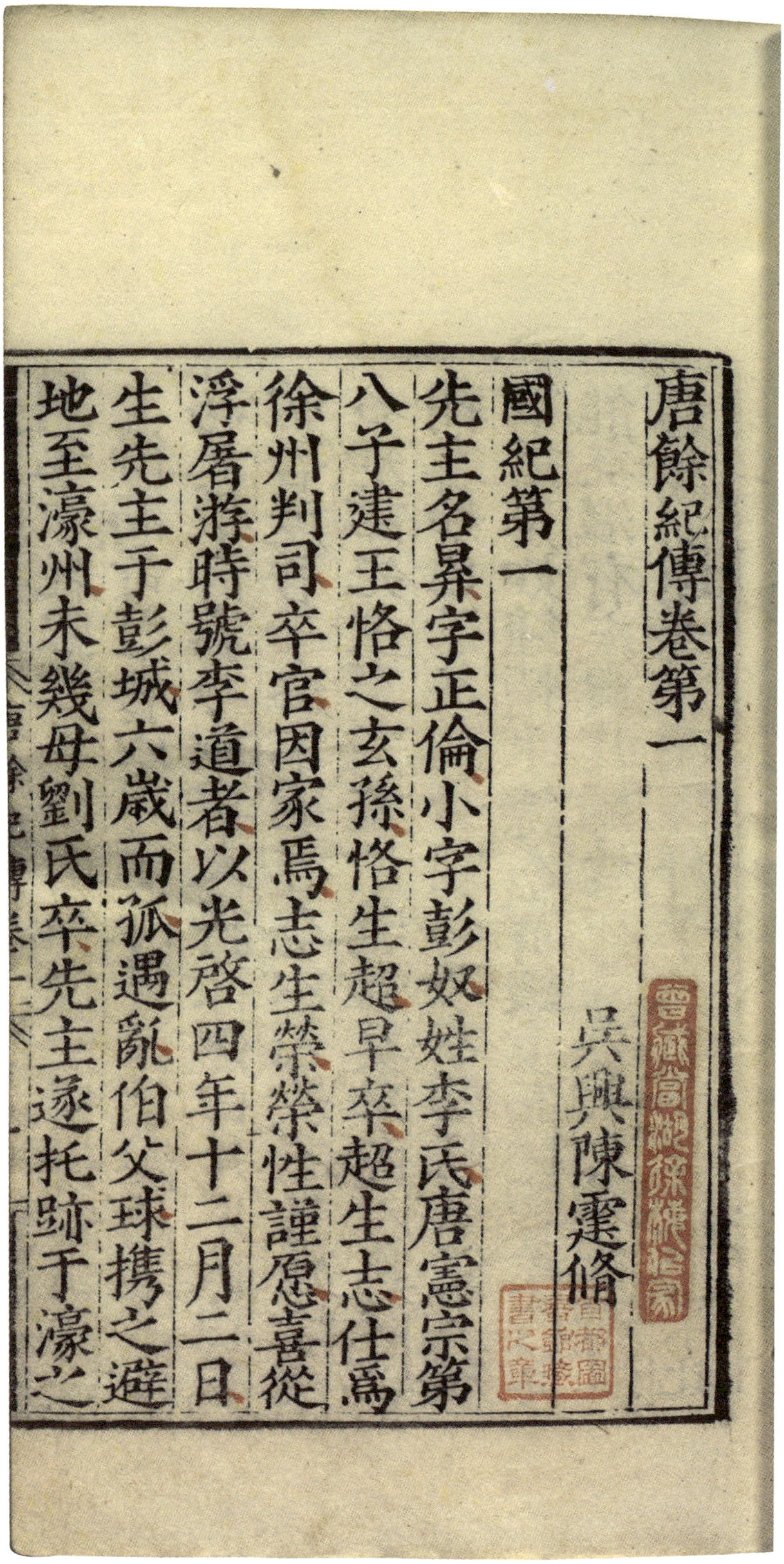

唐餘紀傳卷第一

吳興陳霆脩

國紀第一

先主名昪字正倫小字彭奴姓李氏唐憲宗第八子建王恪之玄孫恪生超早卒超生志仕爲徐州判司卒官因家焉志生榮榮性謹愿喜從浮屠游時號李道者以光啓四年十二月二日生先主于彭城六歲而孤遇亂伯父球携之避地至濠州未幾母劉氏卒先主遂托跡于濠之

07555 唐餘紀傳十八卷 （明）陳霆撰　明嘉靖二十三年（1544）馮煥刻本

匡高18.3厘米，廣12.2厘米。半葉九行，行十八字，黑口，四周雙邊。有"曾藏當湖徐梅昭家"、"北平孔德學校之章"等印。首都圖書館藏。

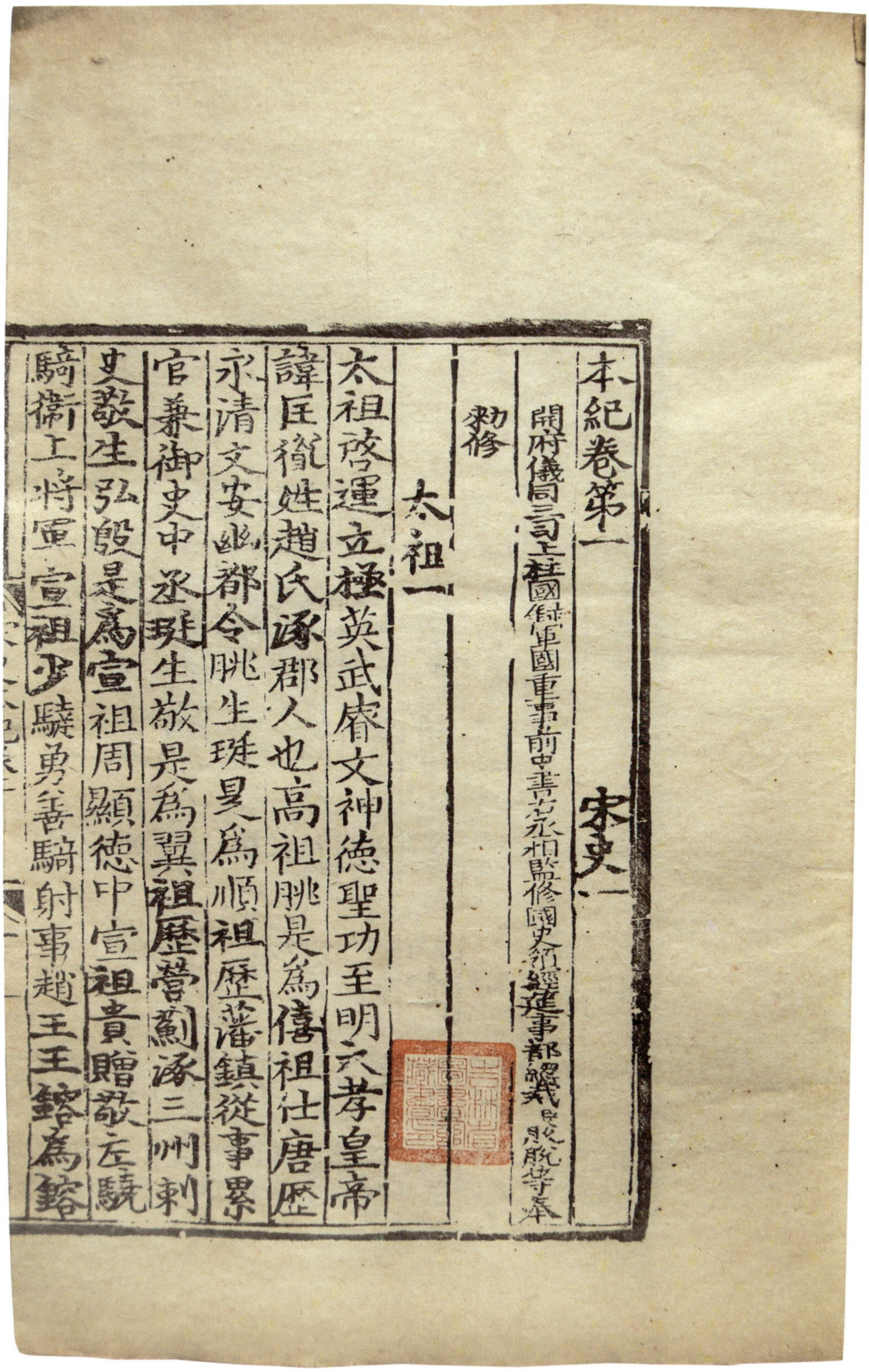
本紀卷第一　　宋史一
開府儀同三司上柱國錄軍國重事前中書右丞相監修國史領經筵事都總裁臣脫脫等奉
勑修
太祖一
太祖啓運立極英武睿文神德聖功至明大孝皇帝
諱匡胤姓趙氏涿郡人也高祖朓是為僖祖仕唐歷
永清文安幽都令朓生珽是為順祖歷藩鎮從事累
官兼御史中丞珽生敬是為翼祖歷營薊涿三州刺
史敬生弘殷是為宣祖周顯德中宣祖貴贈敬左驍
騎衛上將軍宣祖少驍勇善騎射事趙王王鎔為鎔

07556-07559　宋史四百九十六卷目録三卷　（元）脱脱等撰　明成化七至十六年（1471-1480）朱英刻嘉靖南京國子監遞修本

匡高21.7厘米，廣15.3厘米。半葉十行，行二十字，黑口，四周雙邊。武漢大學圖書館藏，卷一百十一至一百十六抄配，存四百六十一卷；安徽師範大學圖書館藏，為嘉靖萬曆南京國子監遞修本，有“翁之繕印”、“蘭茞”等印；吉林省圖書館藏，為嘉靖萬曆南京國子監遞修本；内蒙古社會科學院圖書館藏，為嘉靖萬曆南京國子監遞修本，存四百九十七卷。

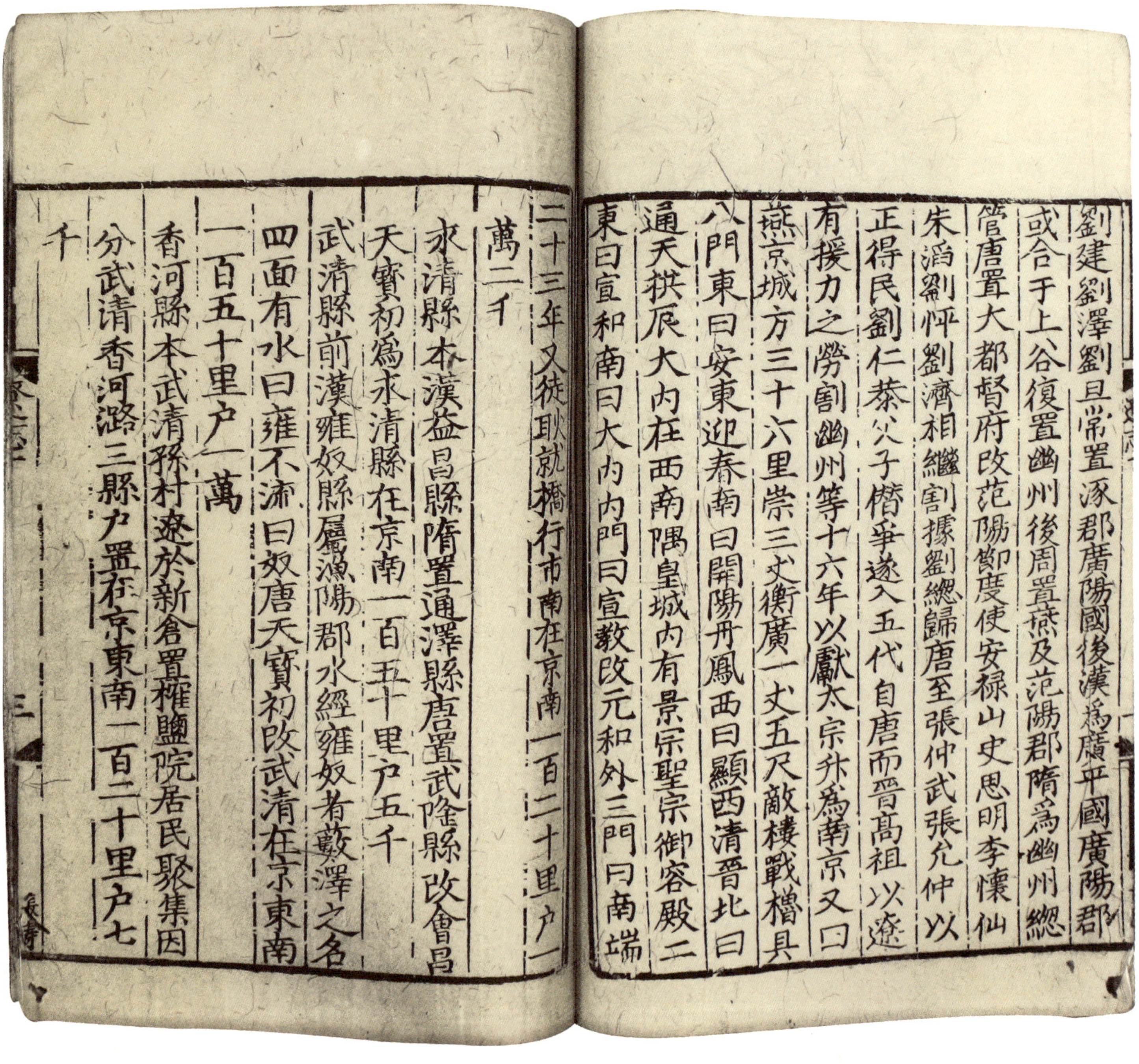
劉建劉澤劉旦常置涿郡廣陽國後漢爲廣平國廣陽郡或合于上谷復置幽州後周置燕及范陽郡隋爲幽州總管唐置大都督府改范陽節度使安禄山史思明李懷仙朱滔劉怦劉濟相繼割據劉總歸唐至張仲武張允伸以正得民劉仁恭父子僭爭遂入五代自唐而晉高祖以遼有援力之勞割幽州等十六年以獻太宗升爲南京又曰燕京城方三十六里崇三丈衡廣一丈五尺敵樓戰櫓具八門東曰安東迎春南曰開陽丹鳳西曰顯西清晉北曰通天拱辰大内在西南隅皇城内有景宗聖宗御容殿二東曰宣和南曰大内内門曰宣教改元和外三門曰南端

二十三年又徙耿就橋行市南在京南一百二十里户一萬二千

永清縣本漢益昌縣隋置通澤縣唐置武隆縣改會昌天寶初爲永清縣在京南一百五十里户五千

武清縣前漢雍奴縣屬漁陽郡水經雍奴者藪澤之名四面有水曰雍不流曰奴唐天寶初改武清在京東南一百五十里户一萬

香河縣本武清孫村遼於新倉置榷鹽院居民聚集因分武清香河潞三縣户置在京東南一百二十里户七千

07560 遼史一百十六卷 （元）脫脫等撰　明初刻本

匡高21.4厘米，廣15.7厘米。半葉十行，行二十二字，黑口，左右雙邊。有“雙鑑樓藏書印”等印。山西博物院藏，存十六卷。

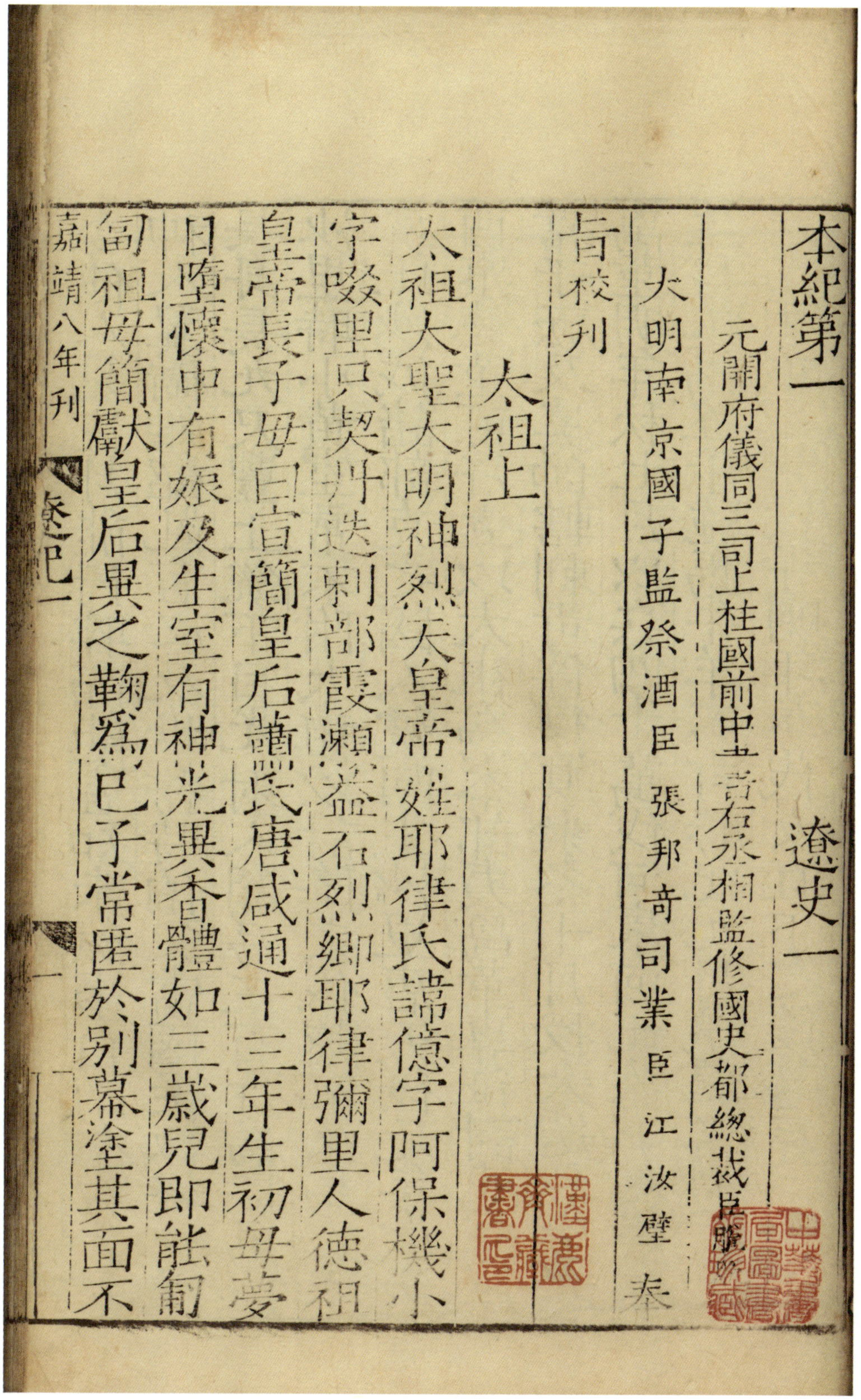
本紀第一　　遼史一
元開府儀同三司上柱國前中書右丞相監修國史都總裁臣脫脫
大明南京國子監祭酒臣張邦奇司業臣江汝璧奉
旨校刊
太祖上
太祖大聖大明神烈天皇帝姓耶律氏諱億字阿保機小
字啜里只契丹迭剌部霞瀨益石烈鄉耶律彌里人德祖
皇帝長子母曰宣簡皇后蕭氏唐咸通十三年生初母夢
日墮懷中有娠及生室有神光異香體如三歲兒即能匍
匐祖母簡獻皇后異之鞠爲己子常匿於別幕塗其面不
嘉靖八年刊　遼紀一　一

07561–07570　遼史一百十六卷　（元）脫脫等撰　明嘉靖八年（1529）南京國子監刻本

匡高21.7厘米，廣16.1厘米。半葉十行，行二十二字，細黑口，左右雙邊。北京師範大學圖書館藏，有“文清家世”、“蘇州常熟象山精舍至樂主人河南行御史陳家原習之印”等印；河南省圖書館、吉林省圖書館藏二部、南京圖書館藏；上海辭書出版社藏，有“盱眙王錫元蘭生收藏經籍金石文字記”等印；浙江圖書館、内蒙古社會科學院圖書館、武漢大學圖書館藏；中山大學圖書館藏，為明清遞修本，有“番禺陳氏東塾藏書印”、“王濱”等印，陳澧批點。

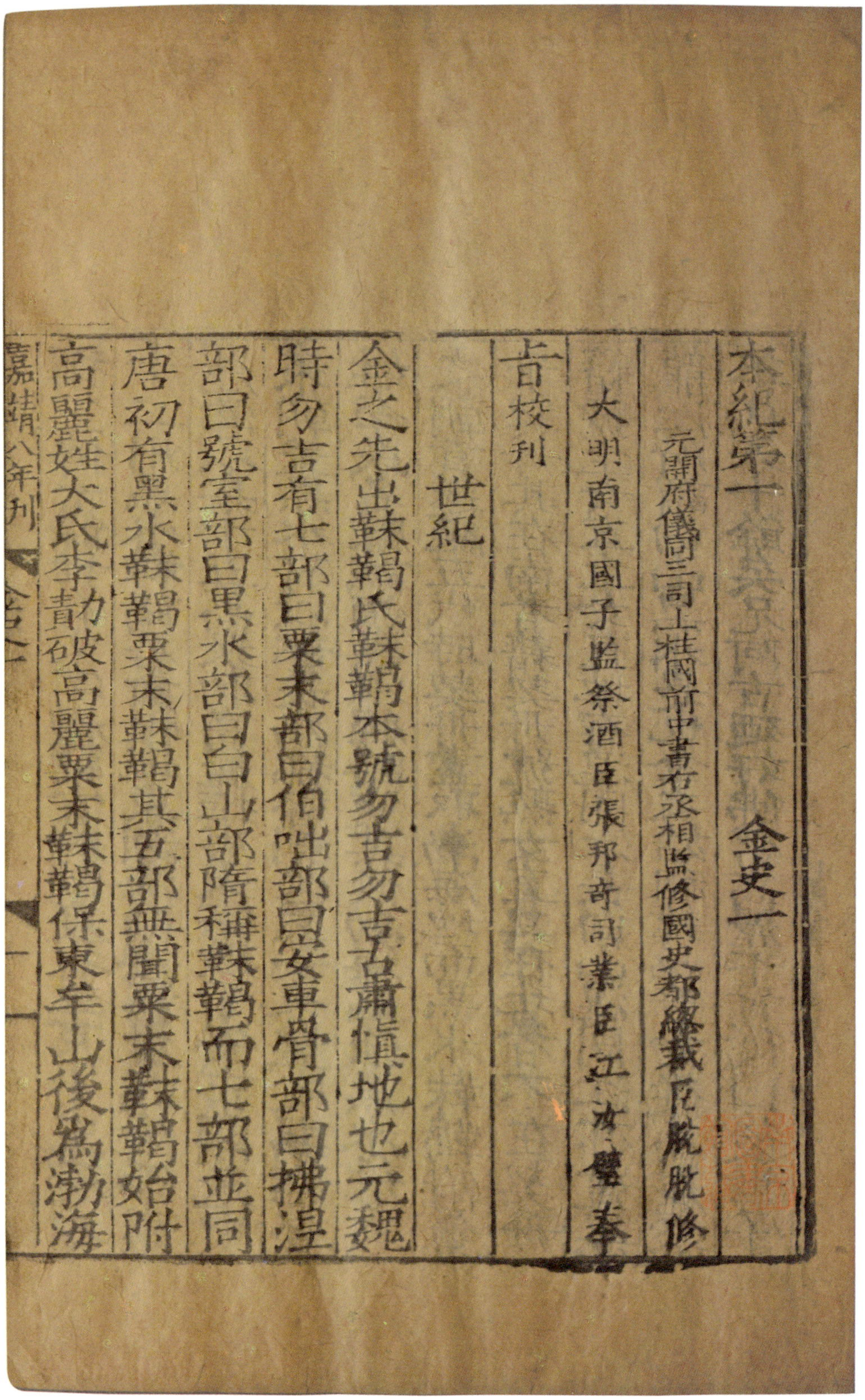
本紀第一　金史一
元開府儀同三司上柱國前中書右丞相監修國史都總裁臣脫脫修
大明南京國子監祭酒臣張邦奇司業臣江汝璧奉
旨校刊
世紀
金之先出靺鞨氏靺鞨本號勿吉勿吉古肅慎地也元魏
時勿吉有七部曰粟末部曰伯咄部曰安車骨部曰拂涅
部曰號室部曰黑水部曰白山部隋稱靺鞨而七部並同
唐初有黑水靺鞨粟末靺鞨其五部無聞粟末靺鞨始附
高麗姓大氏李勣破高麗粟末靺鞨保東牟山後爲渤海
嘉靖八年刊

07571–07578　金史一百三十五卷目録二卷　（元）脫脫等撰　明嘉靖八年（1529）南京國子監刻本

匡高21.3厘米，廣16.3厘米。半葉十行，行二十二字，細黑口，左右雙邊。武漢大學圖書館、合肥工業大學圖書館、吉林省圖書館、南京圖書館、浙江圖書館、内蒙古社會科學院圖書館、青島市圖書館藏；皖西學院圖書館藏，為萬曆遞修本。

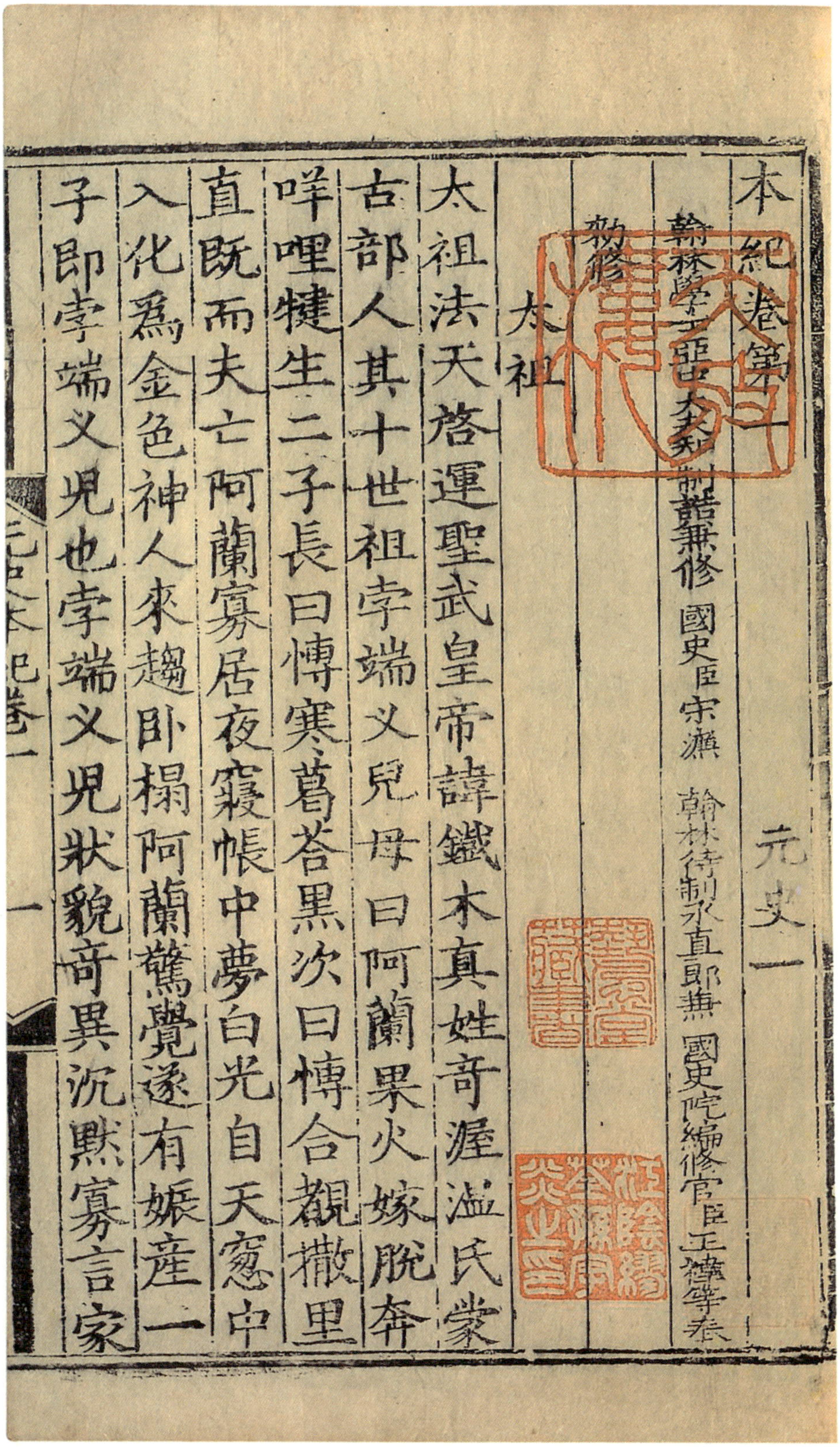

本紀卷第一　元史一
翰林學士亞中大夫知制誥兼修國史臣宋濂　翰林待制承直郎兼國史院編修官臣王禕等奉
勑修
太祖
太祖法天啓運聖武皇帝諱鐵木真姓奇渥溫氏蒙
古部人其十世祖孛端叉兒母曰阿蘭果火嫁脫奔
咩哩犍生二子長曰博寒葛荅黑次曰博合覩撒里
直既而夫亡阿蘭寡居夜寢帳中夢白光自天窻中
入化爲金色神人來趨臥榻阿蘭驚覺遂有娠產一
子即孛端叉兒也孛端叉兒狀貌奇異沉默寡言家
元史本紀卷一　一

07579–07586 元史二百十卷目録二卷（明）宋濂等撰　明洪武三年（1370）内府刻嘉靖九至十年（1530–1531）南京國子監遞修本

匡高25.9厘米，廣17厘米。半葉十行，行二十字，黑口，四周雙邊。北京師範大學圖書館藏，有“周元美印”、“蟄庵”等印；復旦大學圖書館藏，有“惕甫”等印；廣東省立中山圖書館藏；吉林大學圖書館藏，有“湘陰郭氏調元藏書藉”等印；吉林省圖書館、重慶圖書館藏；河南省圖書館藏，為嘉靖萬曆南京國子監遞修本；南京圖書館藏，為嘉靖萬曆南京國子監遞修本，有抄配，丁丙跋。

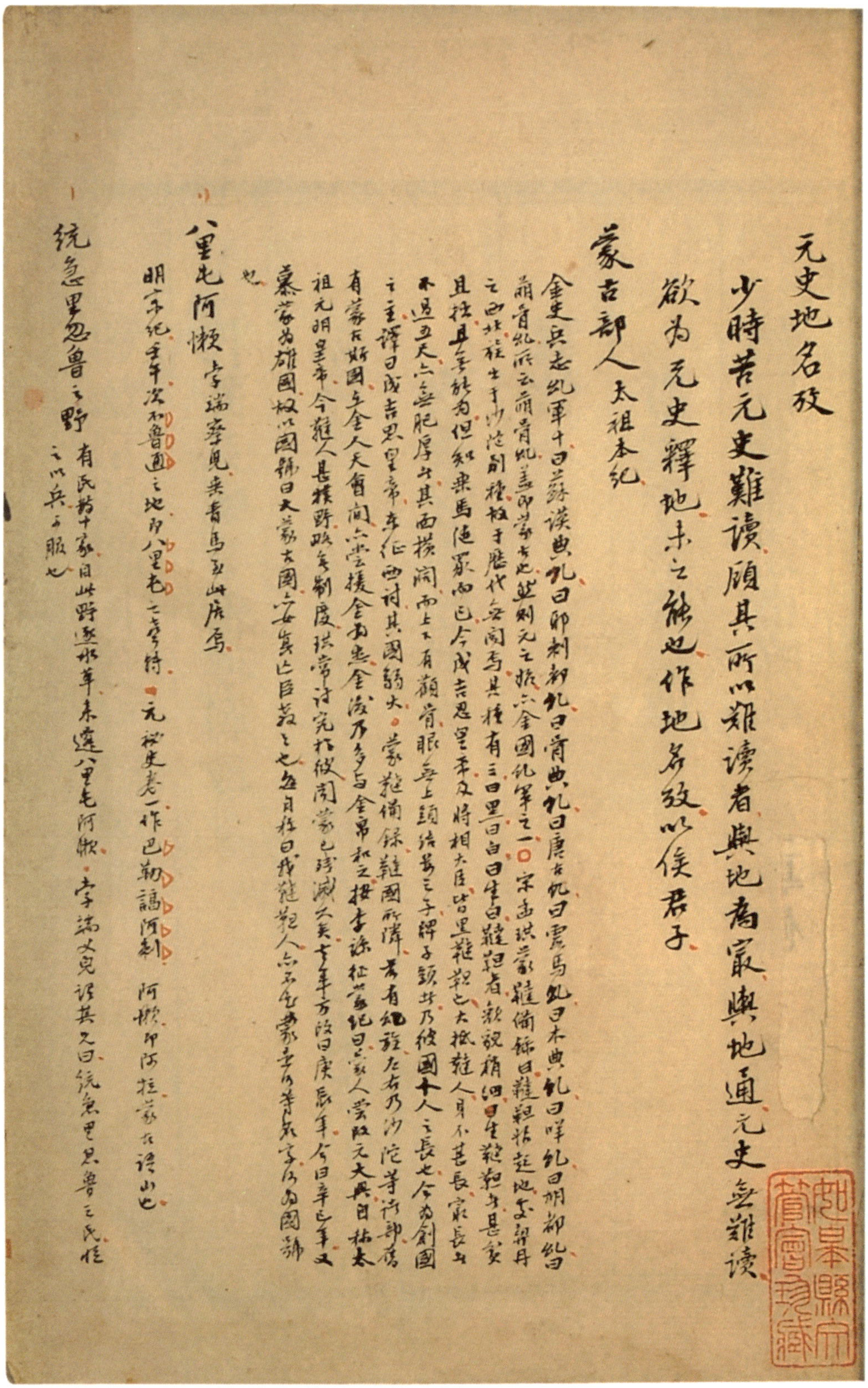
元史地名攷
少時苦元史難讀顧其所以難讀者與地爲最與地通元史無難讀
欲爲元史釋地未之能也作地名攷以俟君子
蒙古部人 太祖本紀
八里屯阿懶
統急里忽魯之野

07587 元史地名攷不分卷 （清）李文田撰　稿本

冒廣生跋。江蘇省如皋市圖書館藏。

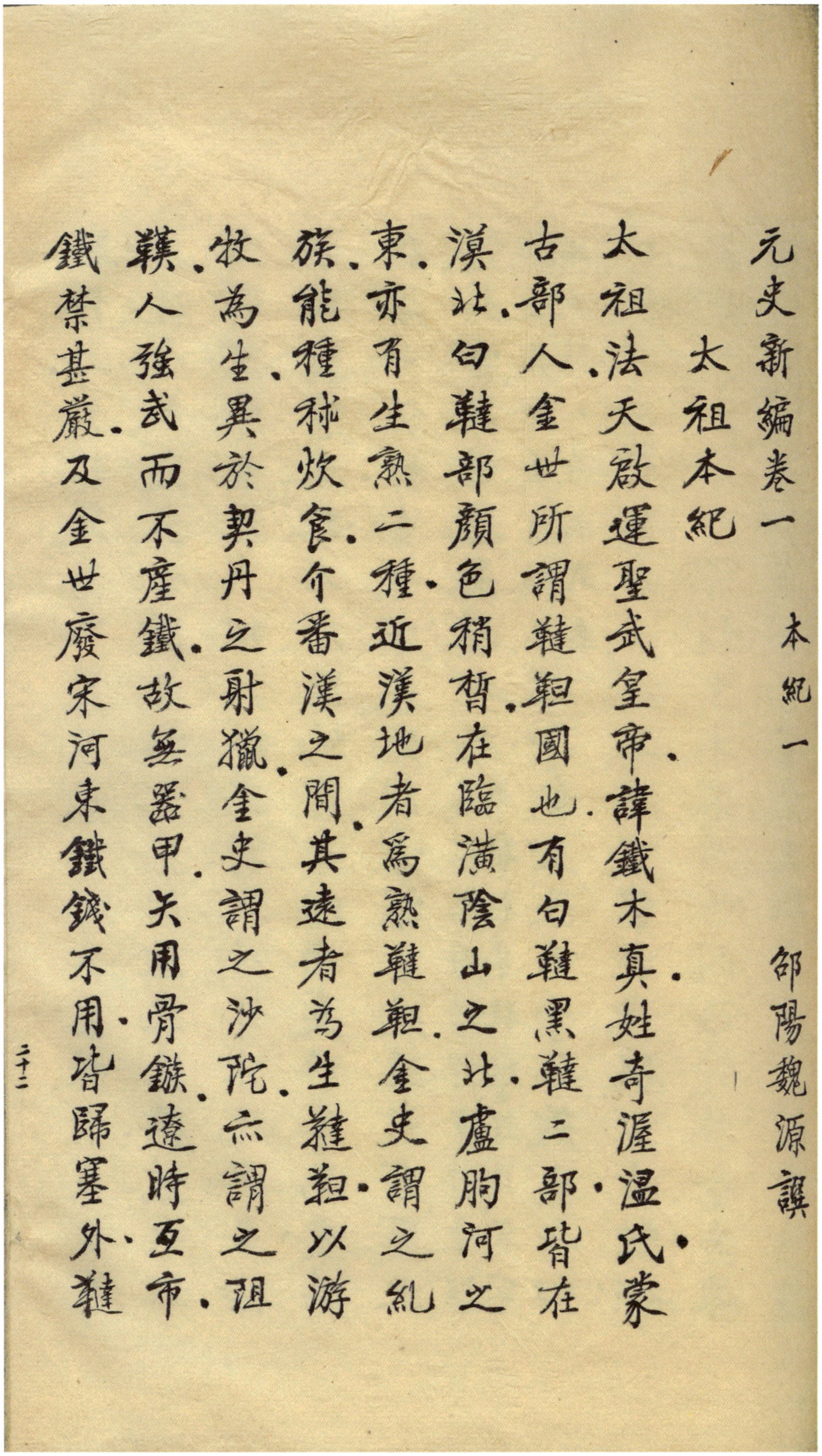
元史新編卷一　本紀一　邵陽魏源譔
太祖本紀
太祖法天啟運聖武皇帝諱鐵木真姓奇渥溫氏蒙古部人金世所謂韃靼國也有白韃黑韃二部皆在漠北白韃靼部顔色稍晳在臨潢陰山之北盧朐河之東亦有生熟二種近漢地者爲熟韃靼金史謂之糺族能種秫炊食介番漢之間其遠者爲生韃靼以游牧爲生異於契丹之射獵金史謂之沙陀亦謂之阻轐人強武而不產鐵故無器甲矢用骨鏃遼時互市鐵禁甚嚴及金世廢宋河東鐵錢不用皆歸塞外韃
二十二

07588 元史新編不分卷　（清）魏源撰　清抄本

半葉十行，行字不等。王先謙批校。武漢大學圖書館藏。

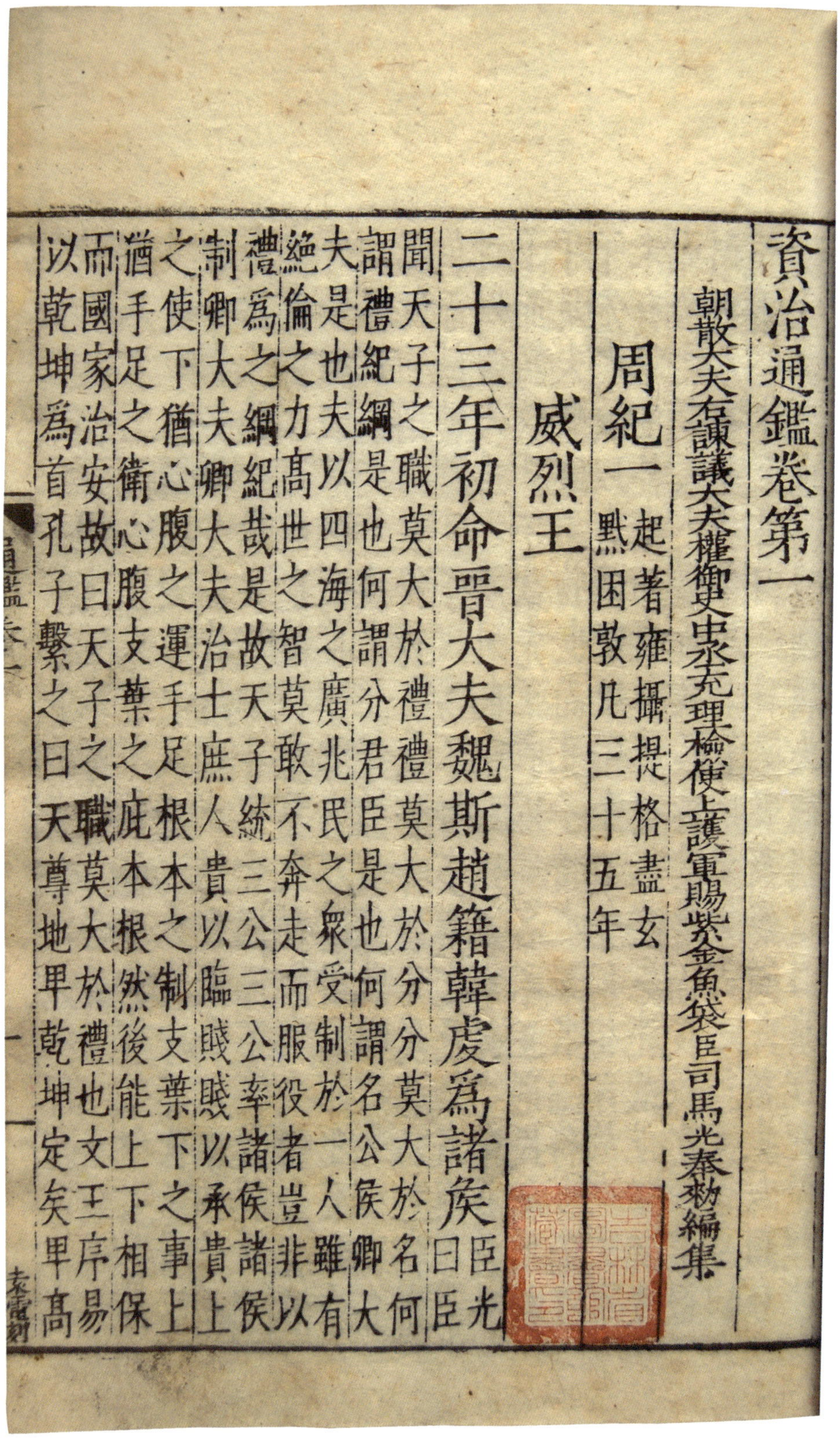
資治通鑑卷第一
朝散大夫右諫議大夫權御史中丞充理檢使上護軍賜紫金魚袋臣司馬光奉勑編集
周紀一 起著雍攝提格盡玄黓困敦凡三十五年
威烈王
二十三年初命晉大夫魏斯趙籍韓虔爲諸侯 臣光曰臣聞天子之職莫大於禮禮莫大於分分莫大於名何謂禮紀綱是也何謂分君臣是也何謂名公侯卿大夫是也夫以四海之廣兆民之衆受制於一人雖有絶倫之力高世之智莫敢不奔走而服役者豈非以禮爲之綱紀哉是故天子統三公三公率諸侯諸侯制卿大夫卿大夫治士庶人貴以臨賤賤以承貴上之使下猶心腹之運手足根本之制支葉下之事上猶手足之衛心腹支葉之庇本根然後能上下相保而國家治安故曰天子之職莫大於禮也文王序易以乾坤爲首孔子繫之曰天尊地卑乾坤定矣卑高

07589-07595 資治通鑑二百九十四卷 （宋）司馬光撰　明嘉靖二十三至二十四年（1544-1545）孔天胤刻本

匡高21.1厘米，廣15.5厘米。半葉十行，行二十字，小字雙行同，白口，左右雙邊。北京師範大學圖書館藏，有“趙氏元方”、“曾在趙元方家”等印；合肥工業大學圖書館、吉林省圖書館藏；北京師範大學圖書館藏，有抄配，有“賀黄公藏書印”、“俞森之印”、“黄紹齋家珍藏”、“五福堂收藏明版善本書”等印；雲南省圖書館藏，卷二百二十七至二百三十四抄配；江蘇省常熟市圖書館、山東省圖書館藏，為萬曆十四年蘇濬重修本。

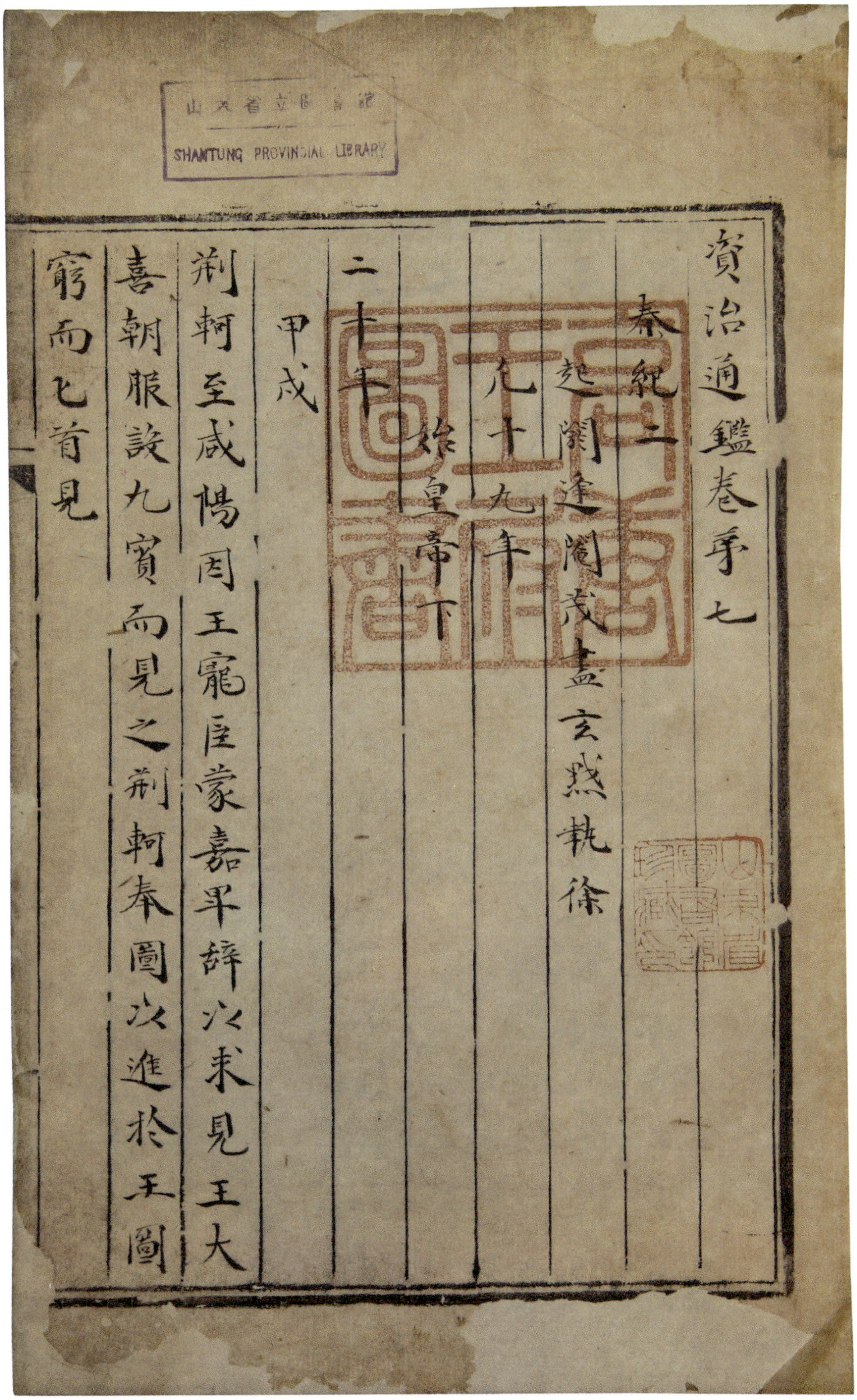
SHANTUNG PROVINCIAL LIBRARY
資治通鑑卷第七
秦紀二
起閼逢閹茂盡玄黓執徐
凡十九年
始皇帝下
二十年
甲戌
荆軻至咸陽因王寵臣蒙嘉卑辭以求見王大
喜朝服設九賓而見之荆軻奉圖以進於王圖
窮而匕首見

07596 資治通鑑二百九十四卷 （宋）司馬光撰 （元）胡三省音注 明抄本（卷一至六配清抄本）

匡高20.2厘米，廣14.8厘米。半葉十行，行十八字，白口，四周雙邊。山東省圖書館藏。

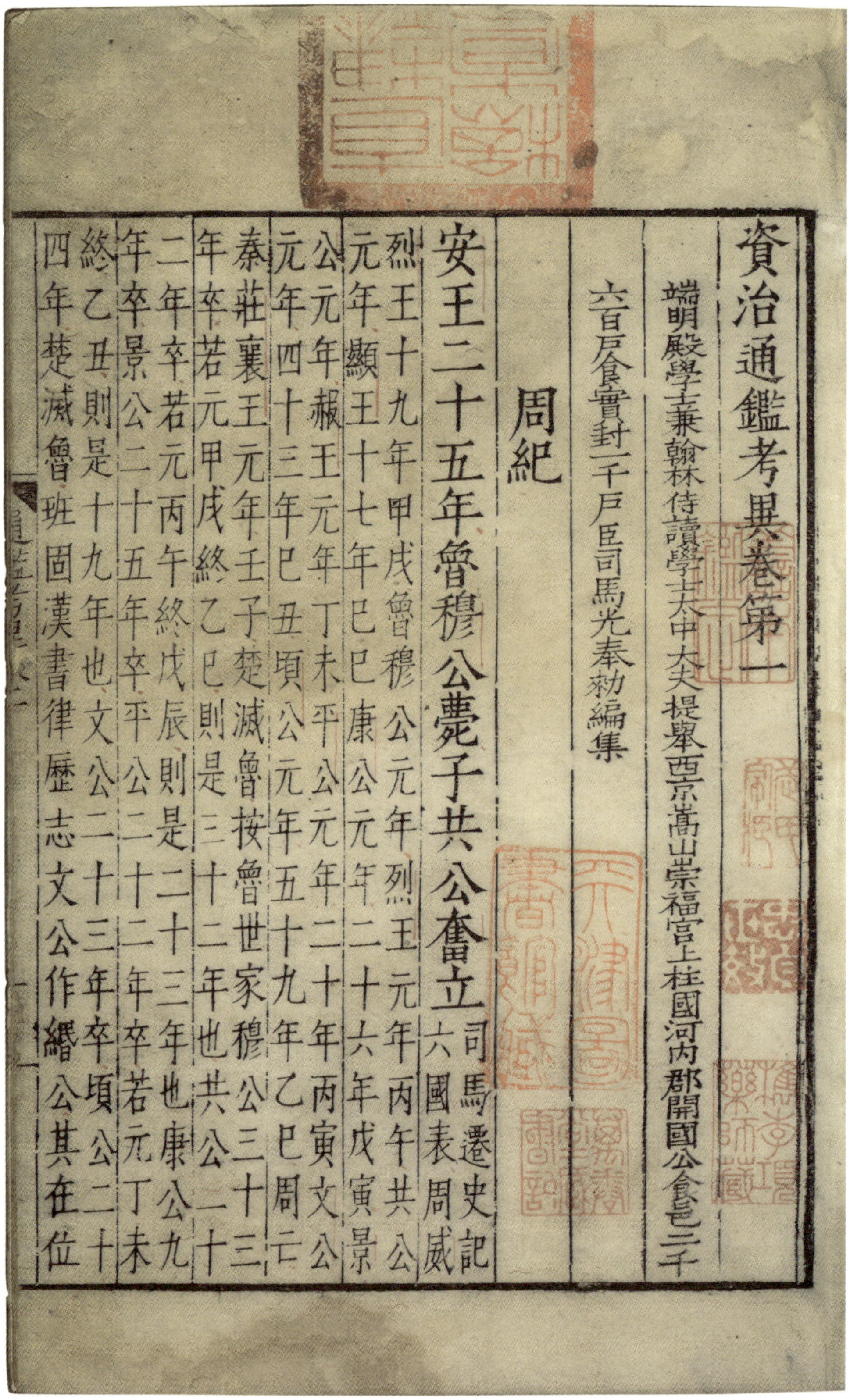
資治通鑑考異卷第一
端明殿學士兼翰林侍讀學士太中大夫提舉西京嵩山崇福宮上柱國河內郡開國公食邑二千
六百戶食實封一千戶臣司馬光奉敕編集
周紀
安王二十五年魯穆公薨子共公奮立
司馬遷史記六國表周威烈王十九年甲戌魯穆公元年丙午共公元年顯王十七年己巳康公元年二十六年戊寅景公元年赧王元年丁未平公元年二十年丙寅文公元年四十三年己丑頃公元年五十九年乙巳周亡秦莊襄王元年壬子楚滅魯按魯世家穆公三十三年卒若元甲戌終乙巳則是三十二年也共公二十二年卒若元丙午終戊辰則是二十三年也康公九年卒景公二十五年卒平公二十二年卒若元丁未終乙丑則是十九年也文公二十三年卒頃公二十四年楚滅魯班固漢書律歷志文公作緡公其在位

07597-07600 資治通鑑考異三十卷 （宋）司馬光撰　明嘉靖二十三至二十四年（1544-1545）孔天胤刻本

匡高20.6厘米，廣15.3厘米。半葉十行，行二十字，小字雙行同，白口，左右雙邊。合肥工業大學圖書館、天津圖書館、雲南省圖書館藏；浙江大學圖書館藏，存二十七卷。

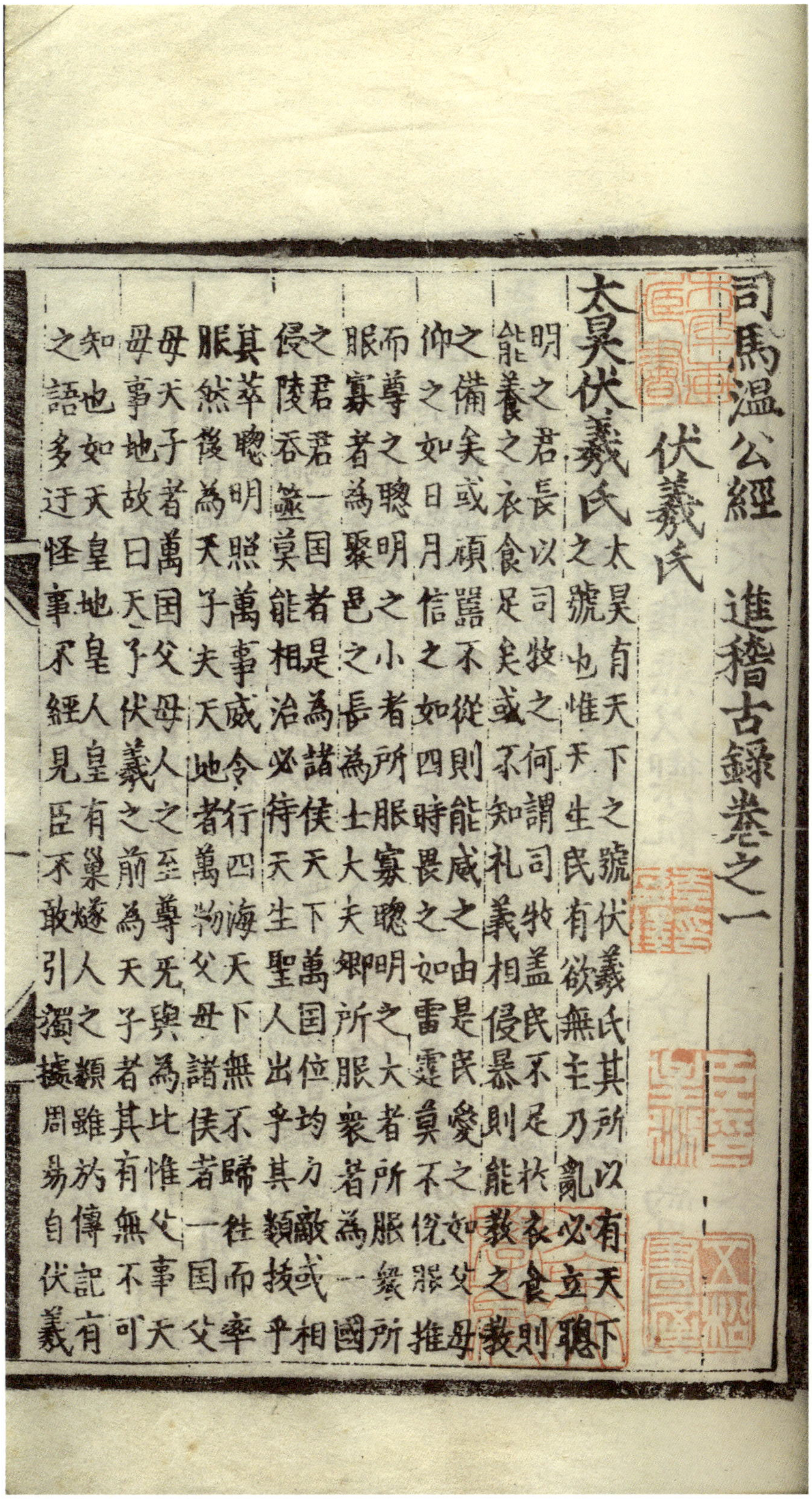
司馬溫公經進稽古録卷之一
伏羲氏
太昊伏羲氏
太昊有天下之號伏羲氏其所以有天下
之號也惟天生民有欲無主乃亂必立聰
明之君長以司牧之何謂司牧蓋民不足於衣食則
能養之衣食足矣或不知禮義相侵暴則能教之義
之備矣或頑嚚不從則能感之由是民愛之如父母
仰之如日月信之如四時畏之如雷霆莫不悅服推
而尊之聰明之小者所服寡聰明之大者所服衆所
服寡者為聚邑之長為士大夫卿所服衆者為一國
之君君一国者是為諸侯天下萬国位均力敵或相
侵陵吞噬莫能相治必待天生聖人出乎其類拔乎
其萃聰明照萬事威令行四海天下無不歸往而率
服然後為天子夫天地者萬物父母諸侯者一国父
母天子者萬国父母人之至尊无與為比惟父事天
母事地故曰天子伏羲之前為天子者其有無不可
知也如天皇地皇人皇有巢燧人之類雖於傳記有
之語多迂怪事不經見臣不敢引獨據周易自伏羲

07601-07603 司馬溫公經進稽古録二十卷 （宋）司馬光撰　明弘治十四年（1501）楊璋刻本

匡高21.3厘米，廣15.2厘米。半葉十行，行二十一字，小字雙行同，黑口，四周雙邊。北京大學圖書館藏，有“雪晴齋藏書記”，“臨海洪頤煊過眼”，“臣印星衍”，“五松書屋”，“古潭州袁臥學廬收藏”，“麐嘉館印”，“李印盛鐸”等印；浙江大學圖書館藏，有抄配；國家圖書館藏，葉萬、黃丕烈、袁克文跋。

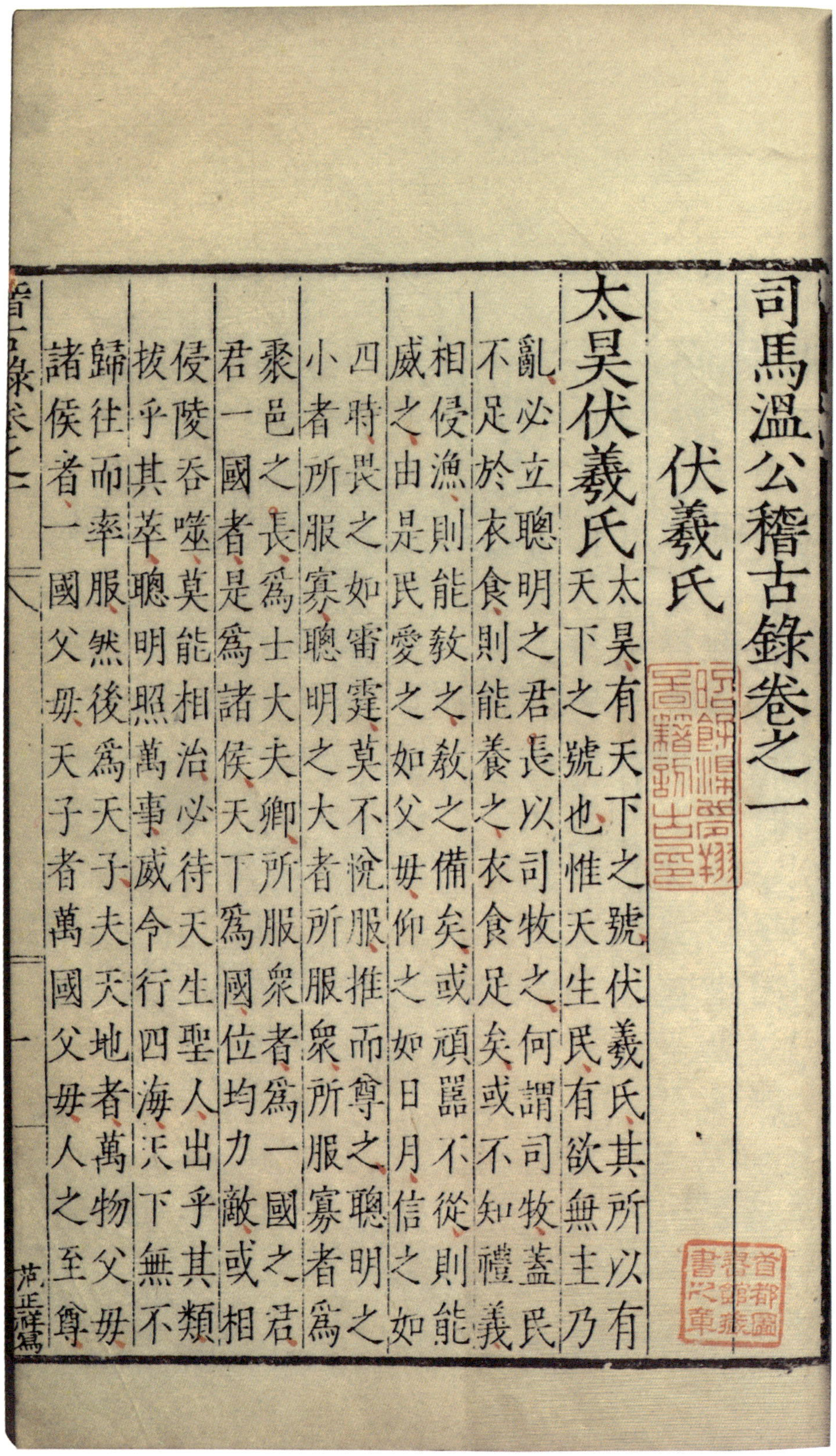

司馬溫公稽古錄卷之一

伏羲氏

太昊伏羲氏 太昊天下之號伏羲氏其所以有天下之號也惟天生民有欲無主乃亂必立聰明之君長以司牧之何謂司牧蓋民不足於衣食則能養之衣食足矣或不知禮義相侵漁則能教之教之備矣或頑嚚不從則能威之由是民愛之如父母仰之如日月信之如四時畏之如雷霆莫不悅服推而尊之聰明之小者所服寡聰明之大者所服衆所服寡者爲衆邑之長爲士大夫卿所服衆者爲一國之君君一國者是爲諸侯天下爲國位均力敵或相侵陵吞噬莫能相治必待天生聖人出乎其類拔乎其萃聰明照萬事威令行四海天下無不歸往而率服然後爲天子夫天地者萬物父母諸侯者一國父母天子者萬國父母人之至尊

稽古錄卷之一
昭餘渠夢翔圖籍訪古印
首都圖書館藏書之章

07604、07605 司馬溫公稽古録二十卷 （宋）司馬光撰　明范氏天一閣刻本

匡高20.5厘米，廣15.6厘米。半葉九行，行十九字，小字雙行同，白口，四周單邊。南開大學圖書館藏；首都圖書館藏，有“昭餘渠夢翔圖籍訪古印”等印。

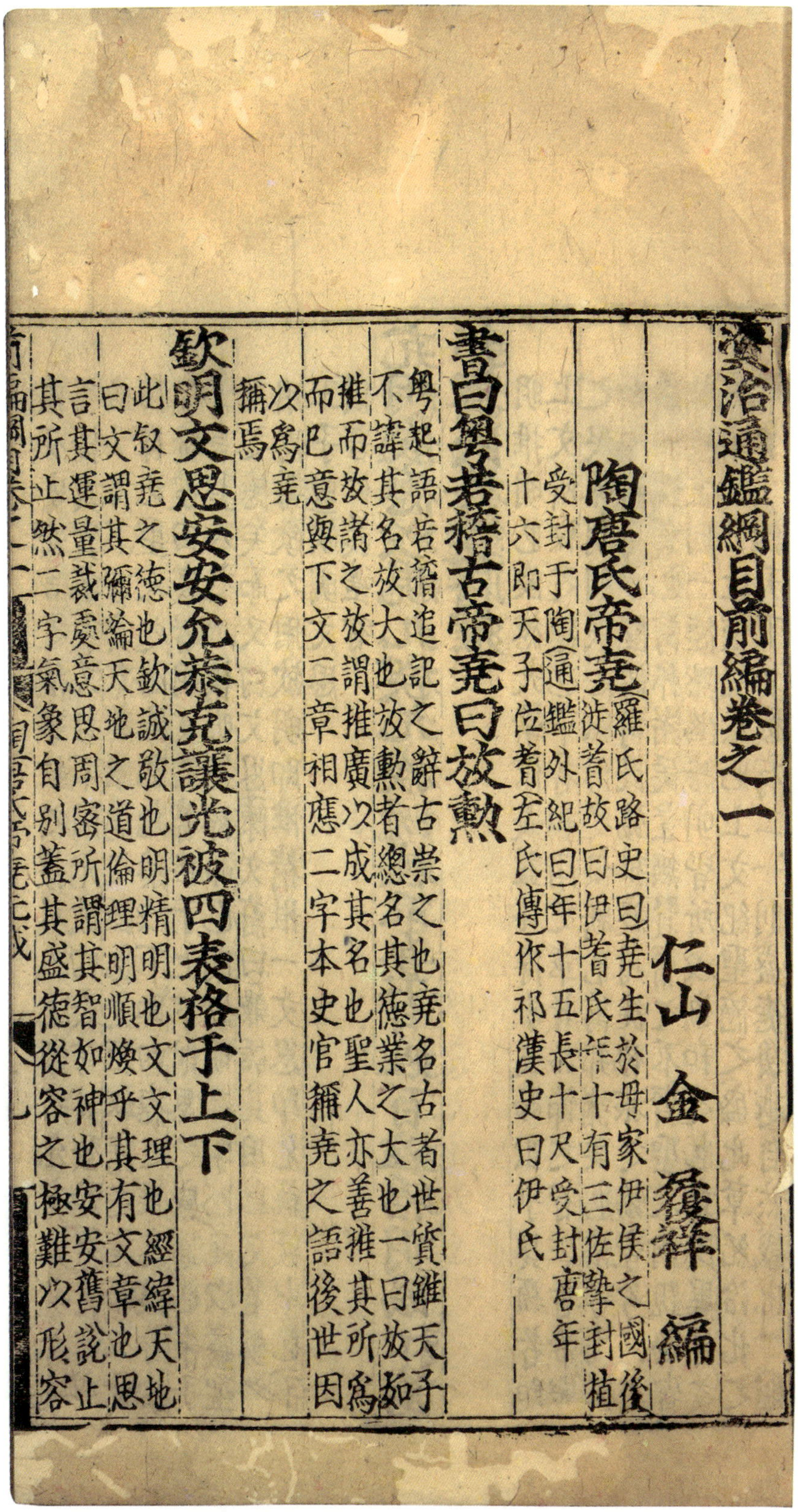

07606 資治通鑑綱目前編十八卷舉要三卷 （宋）金履祥撰 **外紀一卷** （明）陳桱撰 明嘉靖十四年（1535）書林清江堂刻本

匡高18.3厘米，廣12.8厘米。半葉十一行，行二十三字，小字雙行同，黑口，四周雙邊。浙江圖書館藏。

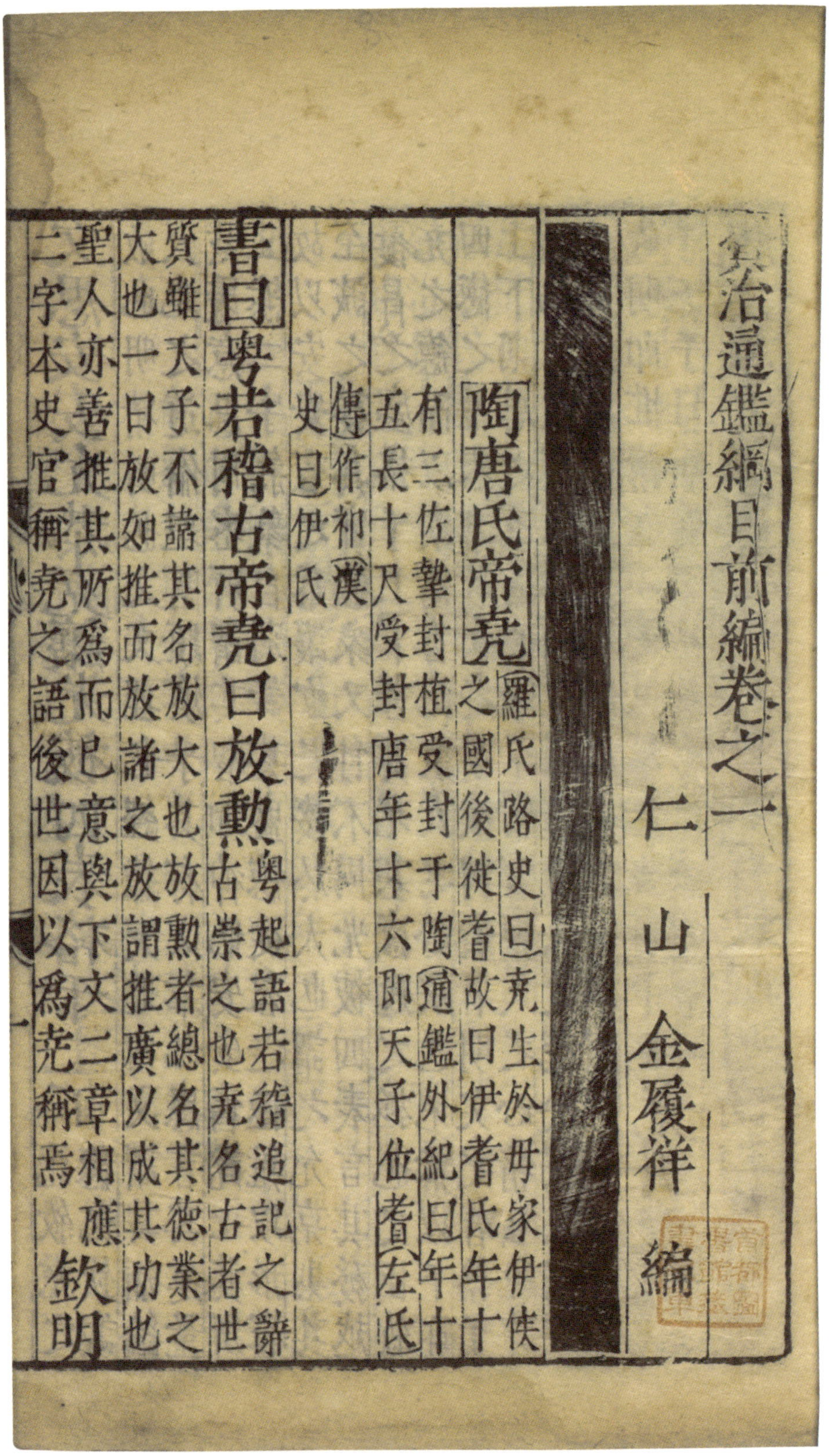
資治通鑑綱目前編卷之一
仁山 金履祥 編
陶唐氏帝堯 羅氏路史曰堯生於毋家伊侯之國後徙耆故曰伊耆氏年十有三佐摯封植受封于陶通鑑外紀曰年十五長十尺受封唐年十六即天子位耆左氏傳作和漢史曰伊氏
書曰粵若稽古帝堯曰放勳 粵起語若稽追記之辭古崇之也堯名古者世賢雖天子不諱其名放大也放勳者總名其德業之大也一曰放如推而放諸之放謂推廣以成其功也聖人亦善推其所爲而已意與下文二章相應欽明二字本史官稱堯之語後世因以爲堯稱焉

07607 資治通鑑綱目前編十八卷舉要三卷 （宋）金履祥撰 **外紀一卷** （明）陳桱撰 明嘉靖三十六年（1557）吉澄刻本

匡高20.6厘米，廣14厘米。半葉九行，行二十字，小字雙行同，白口，四周單邊。有“巡按福建監察御史吉澄校刊”牌記。首都圖書館藏。

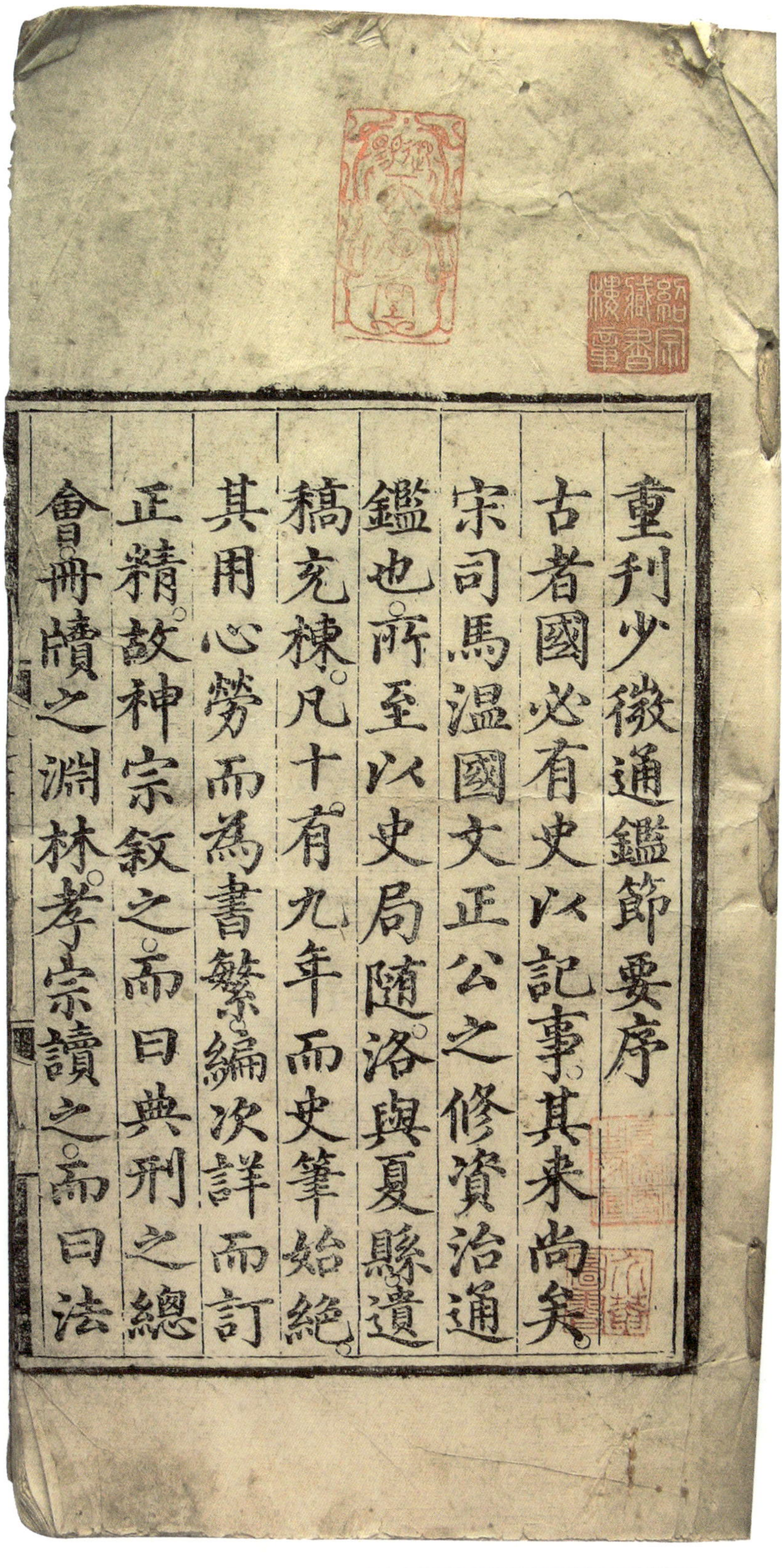
重刊少微通鑑節要序
古者國必有史以記事其來尚矣
宋司馬温國文正公之修資治通
鑑也所至以史局隨洛與夏縣遺
稿充棟凡十有九年而史筆始絶
其用心勞而爲書繁編次詳而訂
正精故神宗叙之而曰典刑之總
會冊牘之淵林孝宗讀之而曰法

07608 少微通鑑節要五十六卷外紀四卷 （宋）江贄撰　明弘治二年（1489）司禮監刻本

匡高22.6厘米，廣16.1厘米。半葉九行，行十五字，小字雙行同，黑口，四周雙邊。鎮江市圖書館藏。

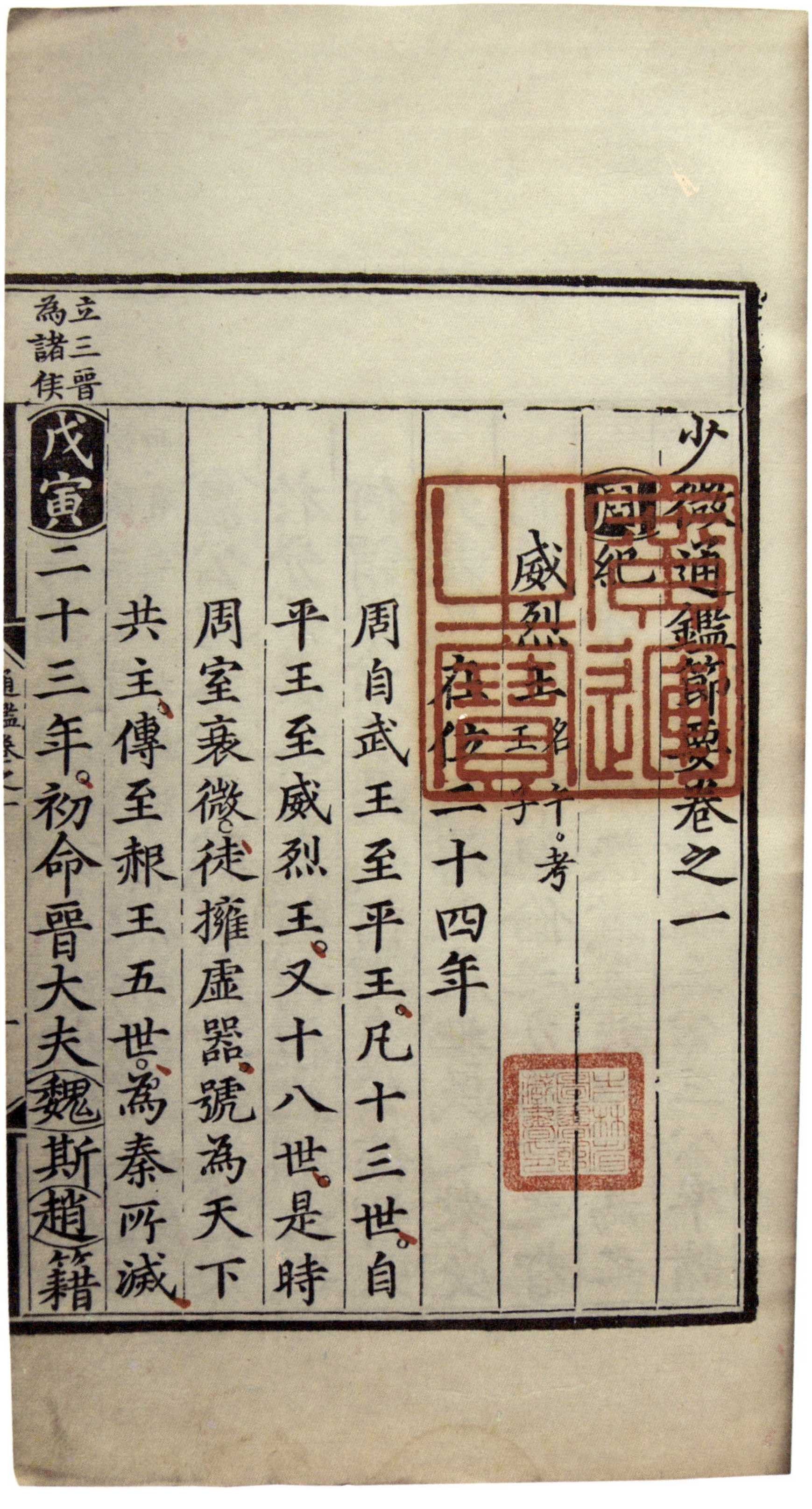

立三晉為諸侯

少微通鑑節要卷之一

周紀

威烈王 名午。考王子

在位二十四年

周自武王至平王凡十三世自平王至威烈王又十八世是時周室衰微徒擁虛器號為天下共主傳至赧王五世為秦所滅

戊寅 二十三年初命晉大夫魏斯趙籍

通鑑卷之一

07609–07611 少微通鑑節要五十卷 （宋）江贄撰 明正德九年（1514）司禮監刻本

匡高22.5厘米，廣15.2厘米。半葉九行，行十五字，小字雙行同，黑口，四周雙邊。吉林省圖書館藏；天津圖書館藏，存四十八卷；山西省祁縣圖書館藏，有外紀四卷資治通鑑節要續編三十卷，存七十七卷。

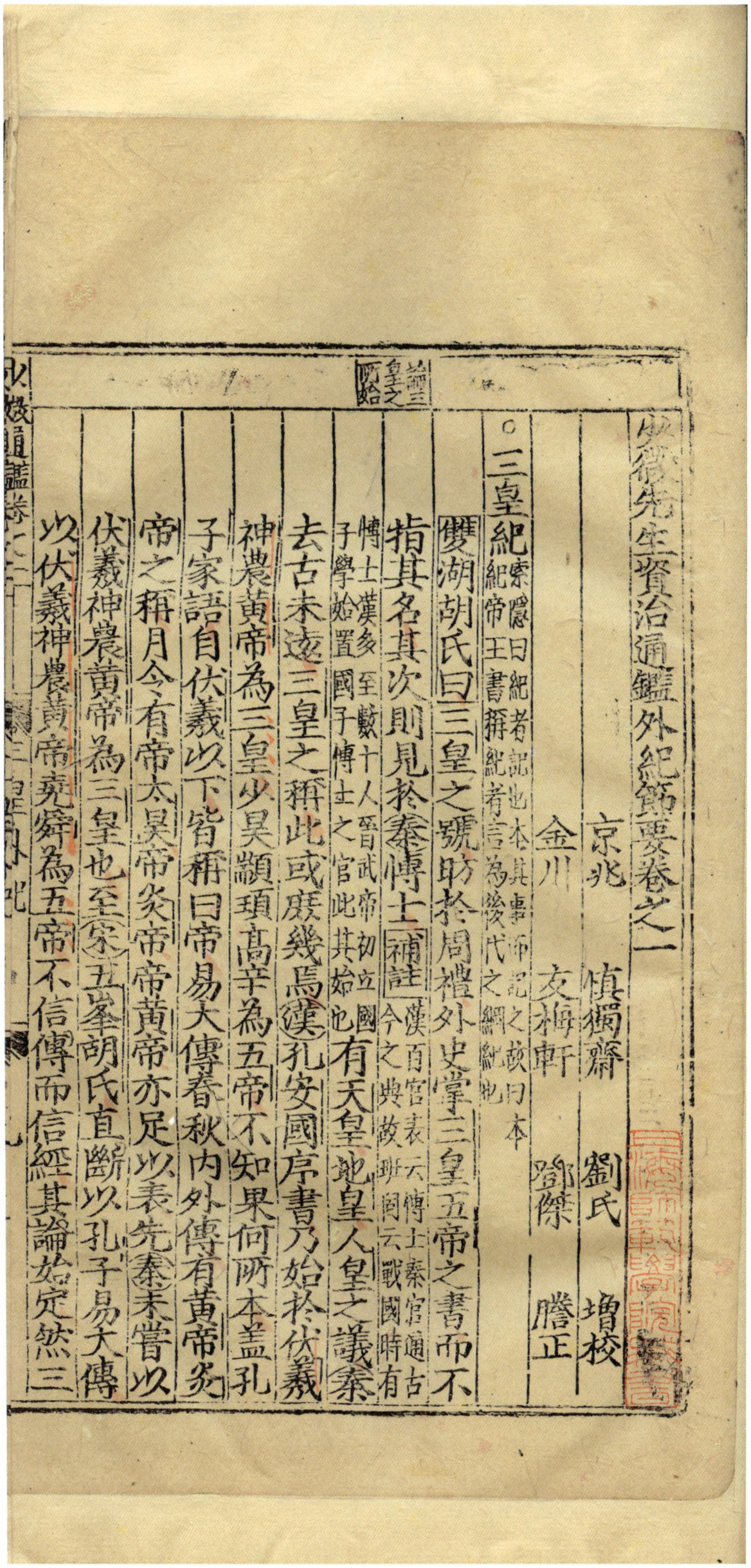

07612 少微先生資治通鑑節要二十卷外紀節要五卷首一卷 （宋）江贄撰 **四明先生續資治通鑑節要二十卷** （明）張光啓撰 （明）劉剡輯 明嘉靖十六至二十四年（1537-1545）劉弘毅慎獨齋刻本

匡高18.9厘米，廣12.9厘米。半葉十三行，行二十七字，小字雙行同，白口，四周雙邊。有“龍飛嘉靖丁酉歲劉氏慎獨齋重刊”牌記。上海師範大學圖書館藏。

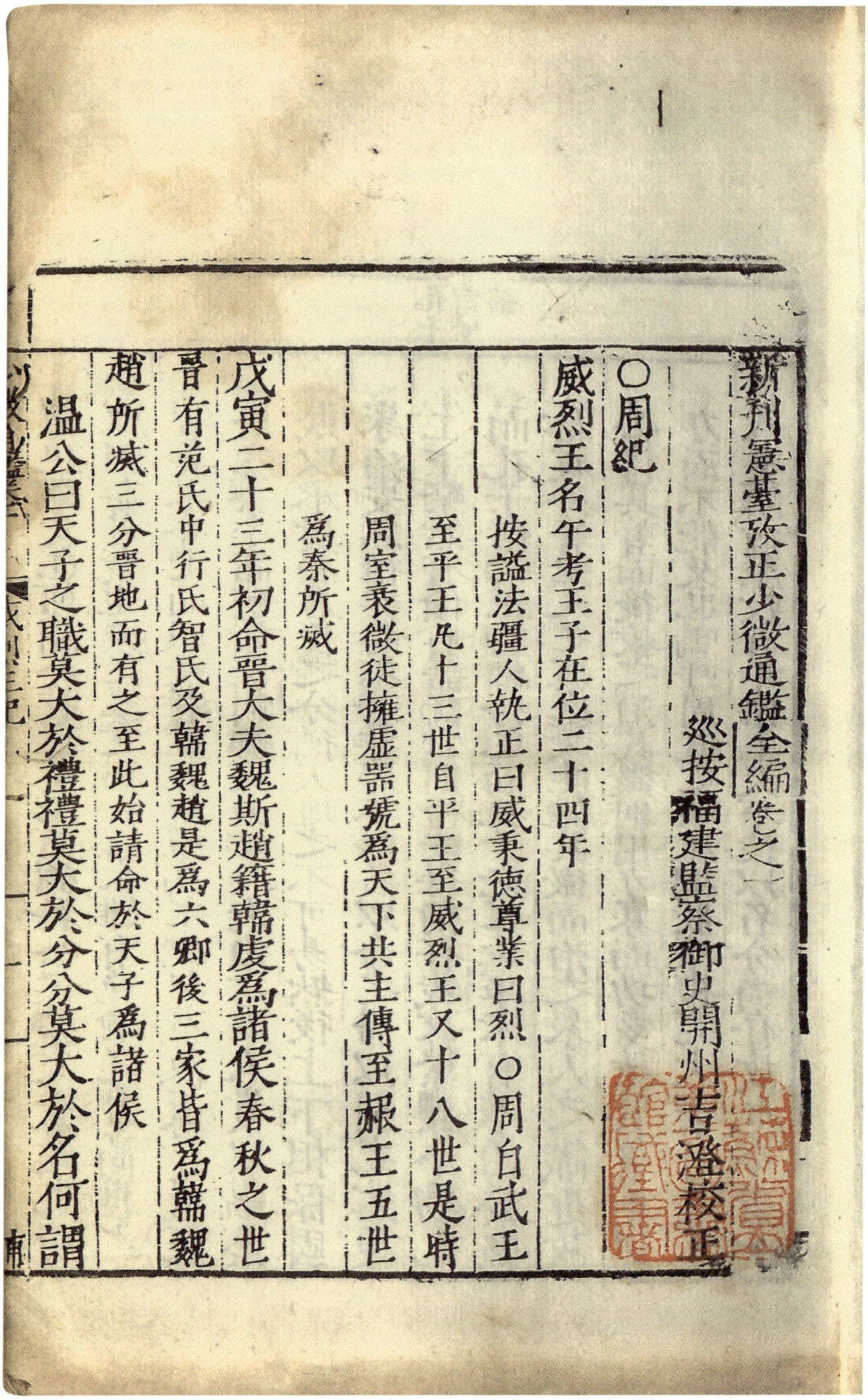
新刊憲臺攷正少微通鑑全編卷之一
巡按福建監察御史開州吉澄校正
○周紀
威烈王名午考王子在位二十四年
按謚法彊人執正曰威秉德尊業曰烈○周自武王
至平王凡十三世自平王至威烈王又十八世是時
周室衰微徒擁虛器號爲天下共主傳至赧王五世
爲秦所滅
戊寅二十三年初命晉大夫魏斯趙籍韓虔爲諸侯春秋之世
晉有范氏中行氏智氏及韓魏趙是爲六卿後三家皆爲韓魏
趙所滅三分晉地而有之至此始請命於天子爲諸侯
溫公曰天子之職莫大於禮禮莫大於分分莫大於名何謂

07613、07614新刊憲臺考正少微通鑑全編二十卷外紀二卷　（宋）江贄撰　**新刊憲臺考正宋元通鑑全編二十一卷**　明嘉靖三十五年（1556）吉澄刻三十八年（1559）樊獻科重修本

匡高21.5厘米，廣14.8厘米。半葉十二行，行二十四字，小字雙行同，白口，四周單邊。有“巡按福建監察禦史樊獻科重訂”牌記。南京圖書館藏；浙江圖書館藏，少微通鑑全編卷三至四配清抄本。

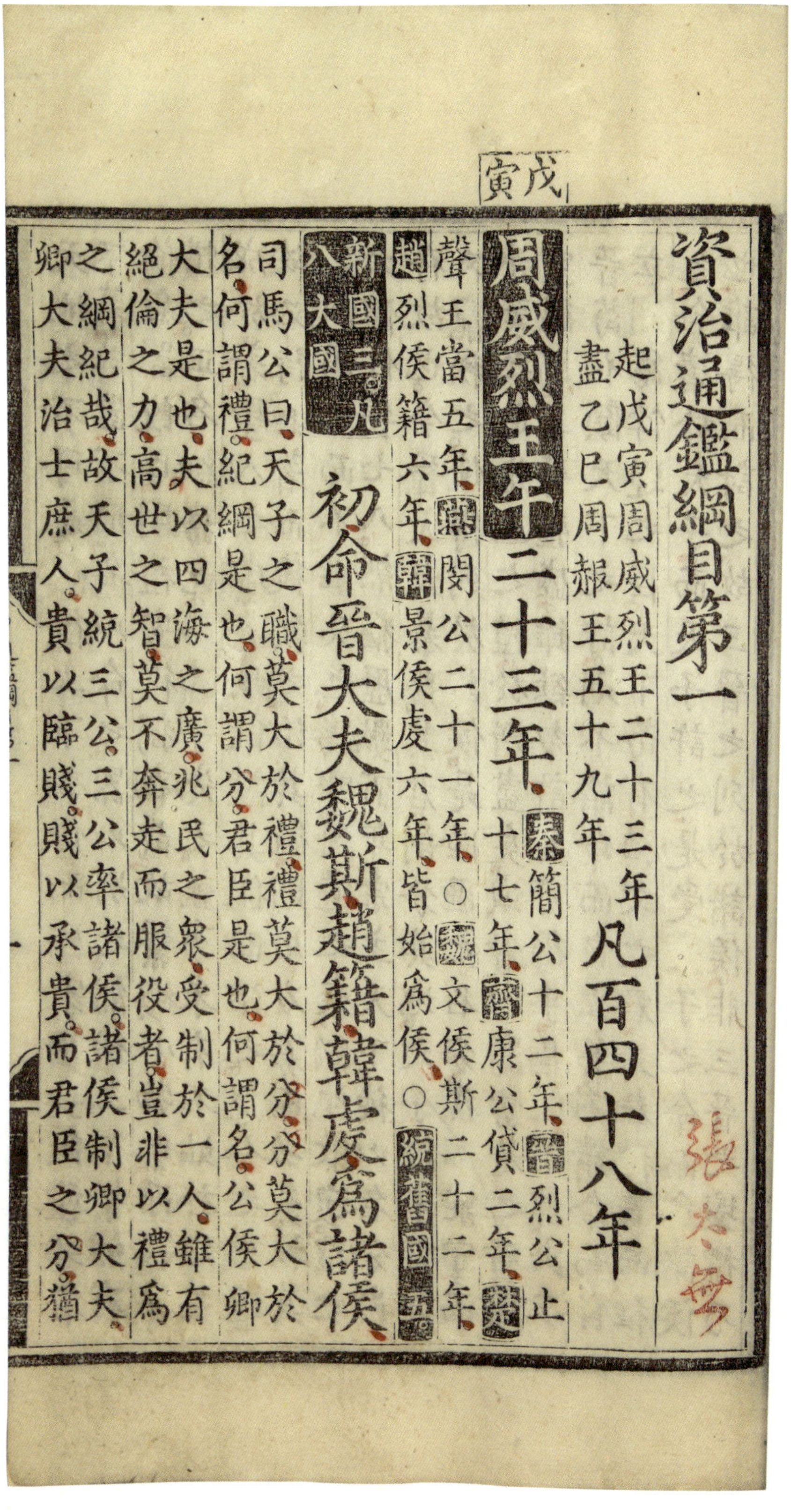
戊寅

資治通鑑綱目第一

起戊寅周威烈王二十三年凡百四十八年
盡乙巳周赧王五十九年

周威烈王午二十三年秦簡公十二年晉烈公止十七年齊康公貸二年楚聲王當五年燕閔公二十一年○魏文侯斯二十二年趙烈侯籍六年韓景侯虔六年皆始爲侯○統舊國五新國三○凡八大國

初命晉大夫魏斯趙籍韓虔爲諸侯

司馬公曰天子之職莫大於禮禮莫大於分分莫大於名何謂禮紀綱是也何謂分君臣是也何謂名公侯卿大夫是也夫以四海之廣兆民之衆受制於一人雖有絕倫之力高世之智莫不奔走而服役者豈非以禮爲之綱紀哉故天子統三公三公率諸侯諸侯制卿大夫卿大夫治士庶人貴以臨賤賤以承貴而君臣之分猶

07615-07624 資治通鑑綱目五十九卷 （宋）朱熹撰 明成化九年（1473）内府刻本

匡高27.1厘米，廣18.4厘米。半葉八行，行十八字，小字雙行二十一字，黑口，四周雙邊。北京師範大學圖書館藏；東北師範大學圖書館藏，包背裝，有“子孫保之”等印；山東省圖書館、蕪湖市圖書館、南京圖書館藏；深圳圖書館藏，卷三十六至三十七、四十二至四十三配清刻本；蘇州大學圖書館藏，存五十六卷；河南省圖書館藏，存三十六卷；湖南圖書館藏，存二十七卷；柳州市圖書館藏，有“表章經史之寶”、“白燕齋”等印，存十三卷。

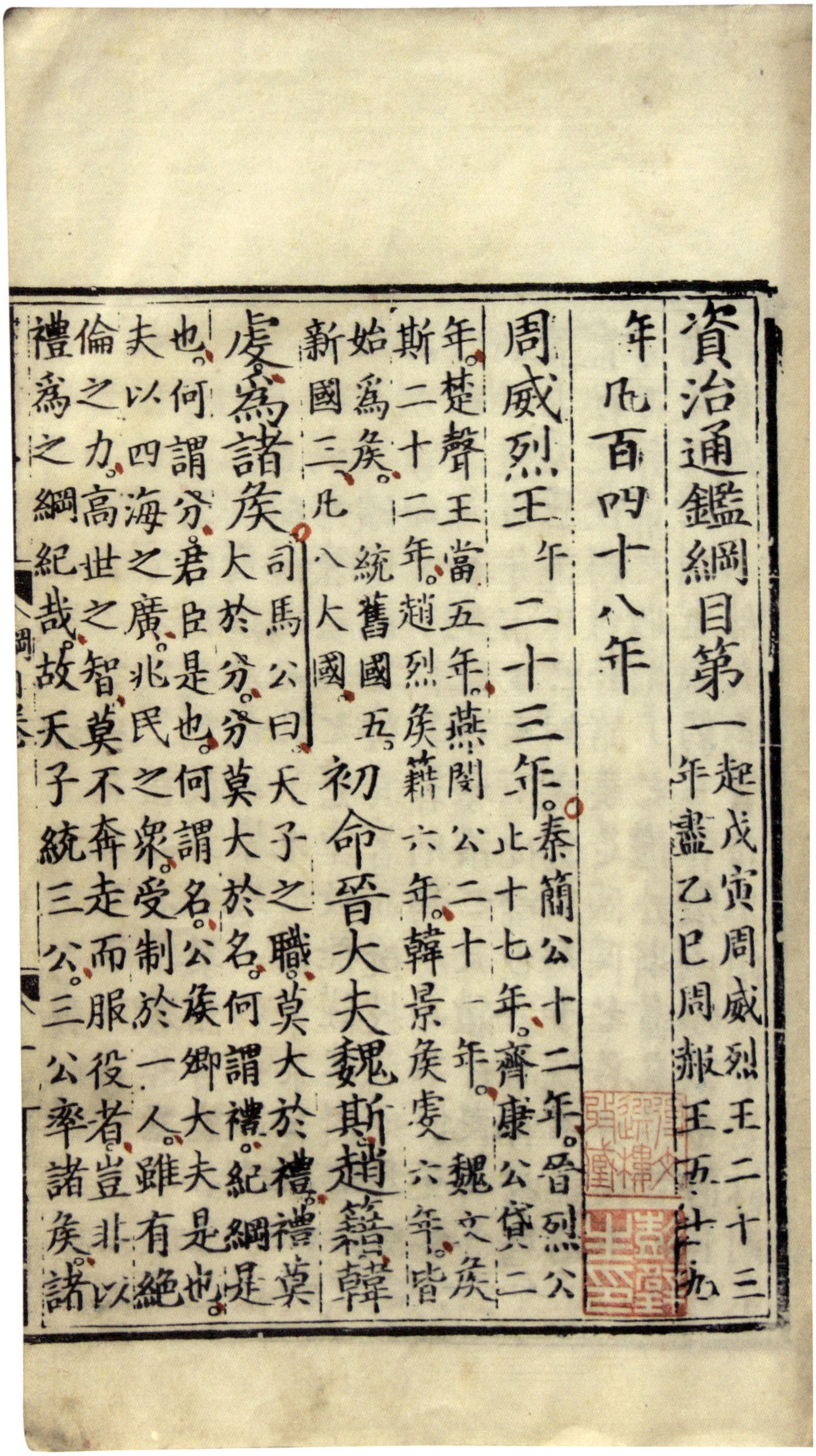
資治通鑑綱目第一 起戊寅周威烈王二十三年盡乙巳周赧王五十九年凡百四十八年

周威烈王午二十三年。秦簡公十二年。晉烈公止十七年。齊康公貸二十年。楚聲王當五年。燕閔公二十一年。魏文侯斯二十二年。趙烈侯籍六年。韓景侯虔六年。皆始爲侯。統舊國五。新國三。凡八大國。

初命晉大夫魏斯趙籍韓虔爲諸侯

司馬公曰。天子之職。莫大於禮。禮莫大於分。分莫大於名。何謂禮。紀綱是也。何謂分。君臣是也。何謂名。公侯卿大夫是也。夫以四海之廣。兆民之衆。受制於一人。雖有絶倫之力。高世之智。莫不奔走而服役者。豈非以禮爲之綱紀哉。故天子統三公。三公率諸侯。諸

07625、07626 資治通鑑綱目五十九卷 （宋）朱熹撰　明刻本

匡高24.7厘米，廣18.1厘米。半葉八行，行十八字，小字雙行同，黑口，四周雙邊。黑龍江省圖書館藏，有“後文選樓”、“彭璧生印”等印；江西省圖書館藏。

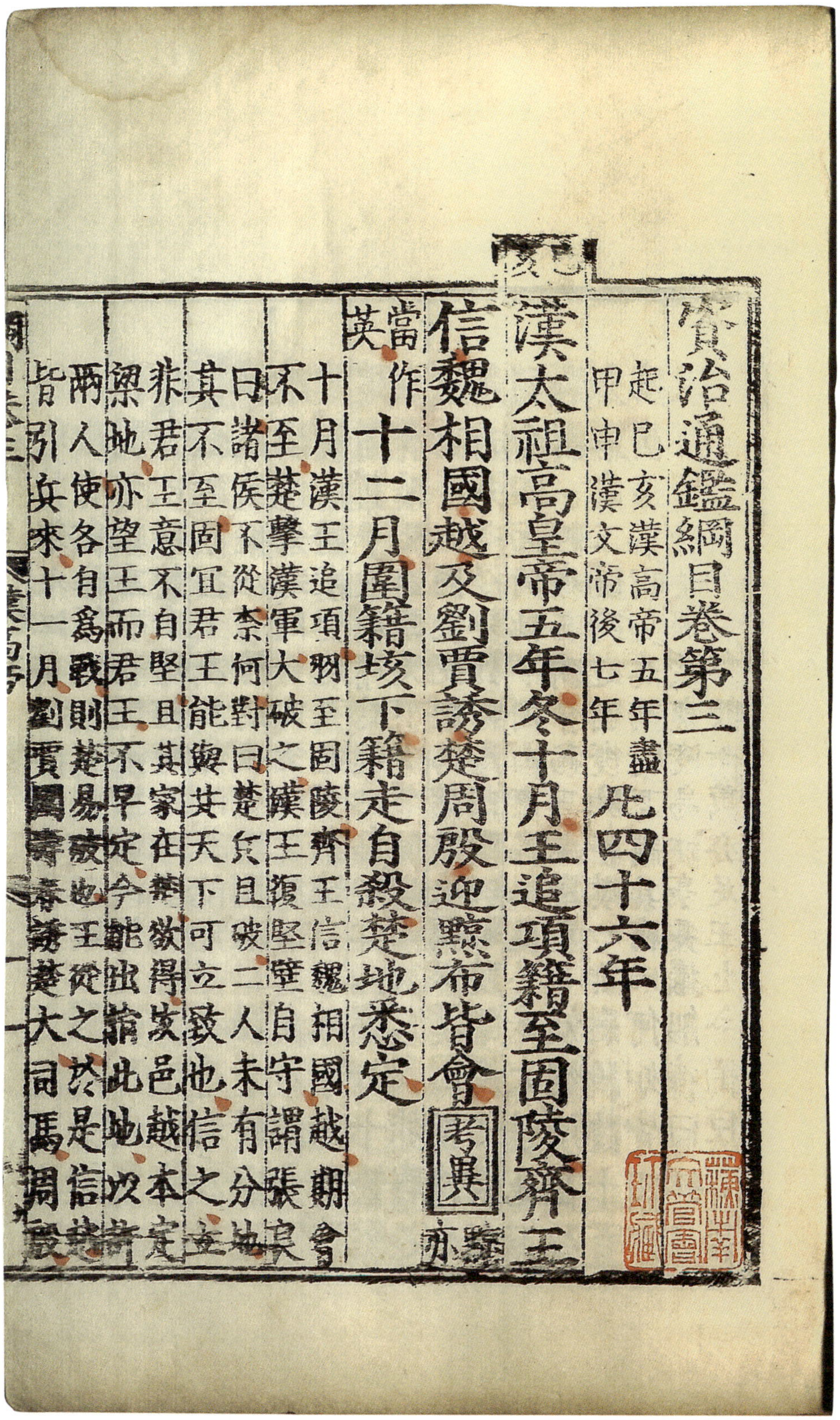
資治通鑑綱目卷第三
起乙亥漢高帝五年盡甲申漢文帝後七年凡四十六年
漢太祖高皇帝五年冬十月王追項籍至固陵齊王
信魏相國越及劉賈誘楚周殷迎黥布皆會考異黥布亦當作英
十二月圍籍垓下籍走自殺楚地悉定
十月漢王追項羽至固陵齊王信魏相國越期會不至楚擊漢軍大破之漢王復堅壁自守謂張良
曰諸侯不從奈何對曰楚兵且破二人未有分地其不至固宜君王能與共天下可立致也信之立
非君王意不自堅且其家在楚欲得故邑越本定梁地亦望王而君王不早定今能出捐此地以許
兩人使各自爲戰則楚易敗也王從之於是信越皆引兵來十一月劉賈圍壽春誘楚大司馬周殷

07627 資治通鑑綱目五十九卷 （宋）朱熹撰　明嘉靖十三年（1534）

江西按察司刻本（卷一至二配明刻本）

匡高21.9厘米，廣14.6厘米。半葉九行，行二十字，小字雙行同，白口，四周雙邊。有“嘉靖歲次甲午春江西按察司重刊”牌记。南京圖書館藏。

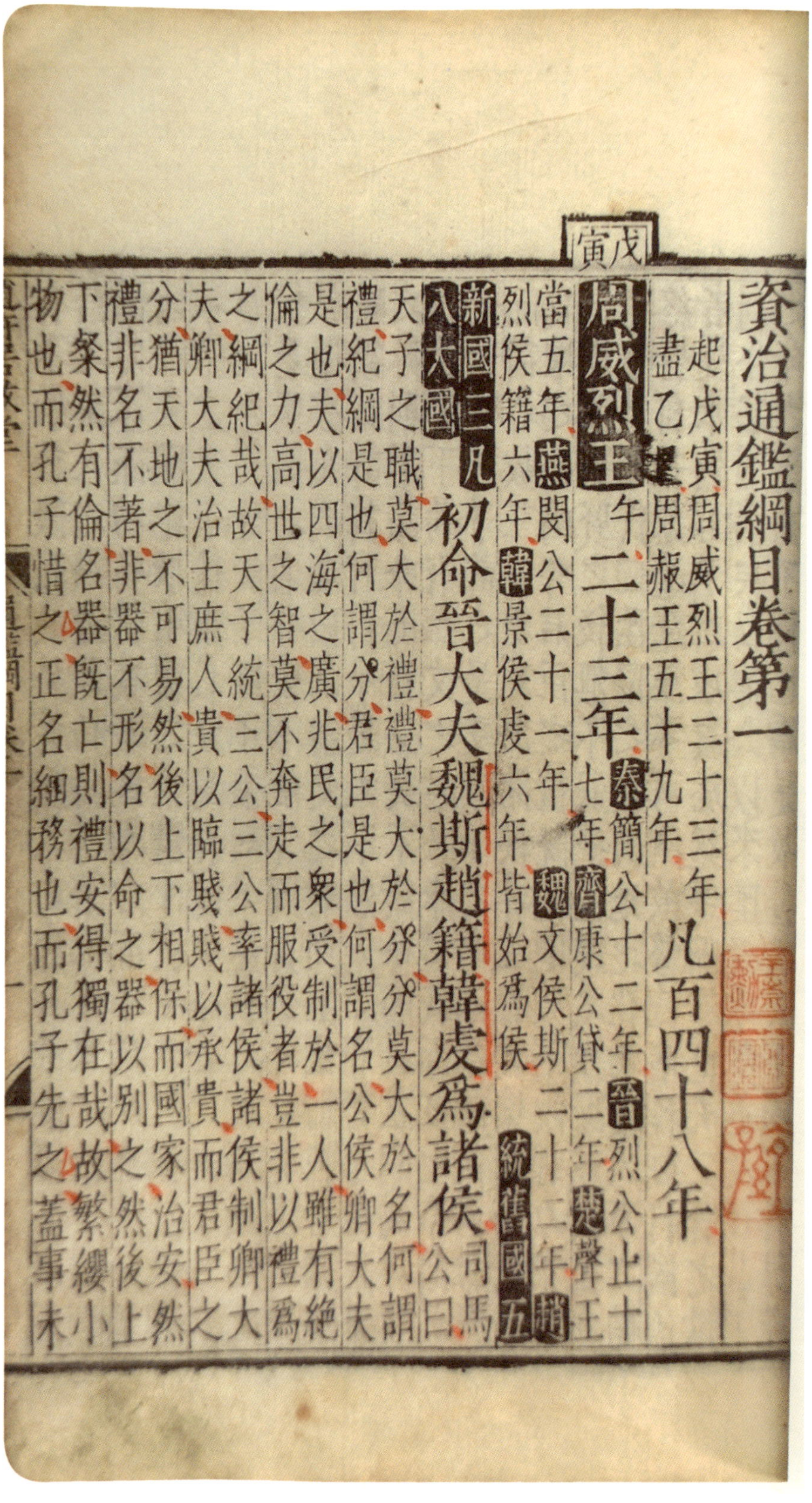
資治通鑑綱目卷第一
起戊寅周威烈王二十三年 凡百四十八年
盡乙　周赧王五十九年
戊寅
周威烈王 午二十三年 秦簡公十二年 晉烈公止十七年 齊康公貸二年 楚聲王當五年 燕閔公二十一年 魏文侯斯二十二年 趙烈侯籍六年 韓景侯虔六年 皆始為侯 統舊國五
新國三 凡八大國
初命晉大夫魏斯趙籍韓虔爲諸侯 司馬公曰
天子之職莫大於禮禮莫大於分分莫大於名何謂
禮紀綱是也何謂分君臣是也何謂名公侯卿大夫
是也夫以四海之廣兆民之衆受制於一人雖有絕
倫之力高世之智莫不奔走而服役者豈非以禮爲
之綱紀哉故天子統三公三公率諸侯諸侯制卿大
夫卿大夫治士庶人貴以臨賤賤以承貴而君臣之
分猶天地之不可易然後上下相保而國家治安然
禮非名不著非器不形名以命之器以別之然後上
下粲然有倫名器既亡則禮安得獨在哉故繁纓小
物也而孔子惜之正名細務也而孔子先之蓋事未

07628-07630　資治通鑑綱目五十九卷　（宋）朱熹撰　明嘉靖三十五年（1556）趙府居敬堂刻本

匡高20.2厘米，廣15厘米。半葉十行，行二十字，小字雙行同，白口，四周雙邊。有"嘉靖歲在柔兆執徐吉月皇明趙府居敬堂重校刊"牌記。合肥工業大學圖書館、浙江圖書館、内蒙古社會科學院圖書館藏。

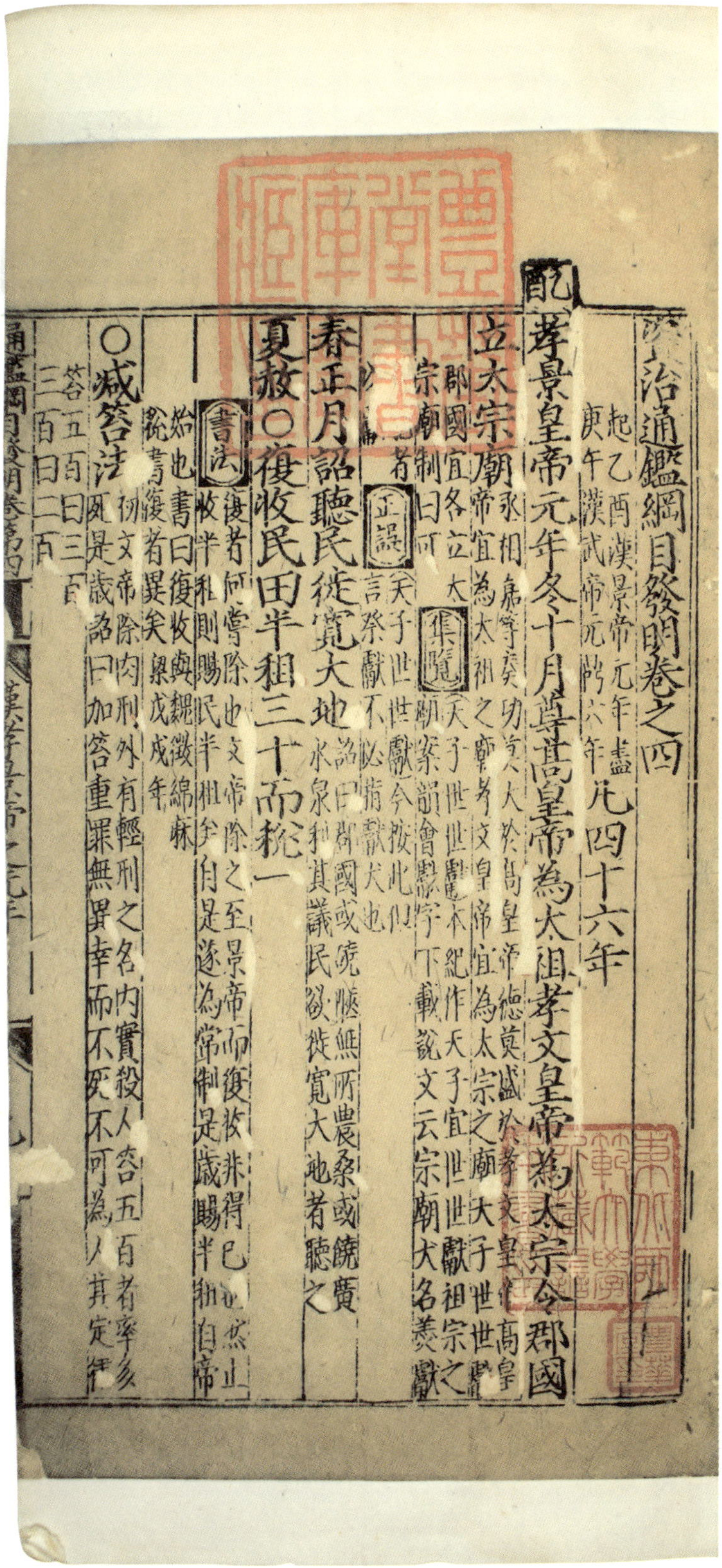

07631 資治通鑑綱目發明五十九卷 （宋）尹起莘撰　明洪武二十一年（1388）建安書市刻本

匡高21.9厘米，廣13.3厘米。半葉十二行，行二十六字，小字雙行同，黑口，四周雙邊。有"豐華堂印"、"豐華堂書庫寶藏印"等印。東北師範大學圖書館藏，存一卷。

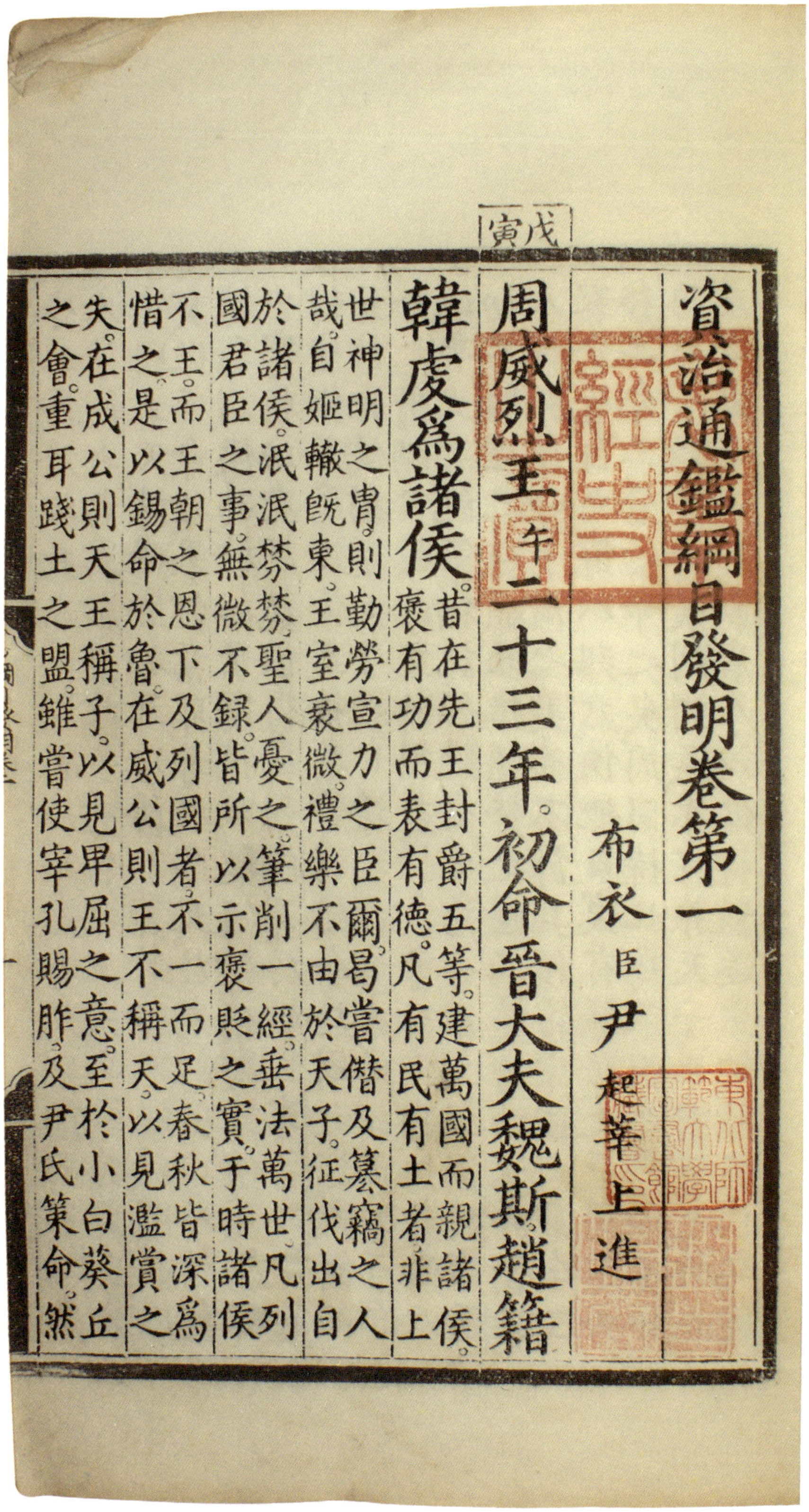
戊寅

資治通鑑綱目發明卷第一

布衣臣尹起莘上進

周威烈王二十三年初命晉大夫魏斯趙籍韓虔爲諸侯。昔在先王封爵五等。建萬國而親諸侯。褒有功而表有德。凡有民有土者非上世神明之胄則勤勞宣力之臣爾曷嘗僭及篡竊之人哉自姬轍既東王室衰微禮樂不由於天子征伐出自於諸侯泯泯棼棼聖人憂之筆削一經垂法萬世凡列國君臣之事無微不録皆所以示褒貶之實于時諸侯不王而王朝之恩下及列國者不一而足春秋皆深爲惜之是以錫命於魯在威公則王不稱天以見濫賞之失在成公則天王稱子以見卑屈之意至於小白葵丘之會重耳踐土之盟雖嘗使宰孔賜胙及尹氏策命然

07632-07637 資治通鑑綱目發明五十九卷 （宋）尹起莘撰　明内府刻本

匡高27.6厘米，廣18.4厘米。半葉八行，行十八字，小字雙行二十一字，黑口，四周雙邊。東北師範大學圖書館藏，有“御賜永景堂印”、“表章經史之寶”等印；廣東省立中山圖書館藏，有“溫氏丹銘”等印；廣東省立中山圖書館藏，有“六篆樓珍藏”、“溫樹梁印”等印；蕪湖市圖書館藏，有“廣運之寶”等印；浙江圖書館藏二部。

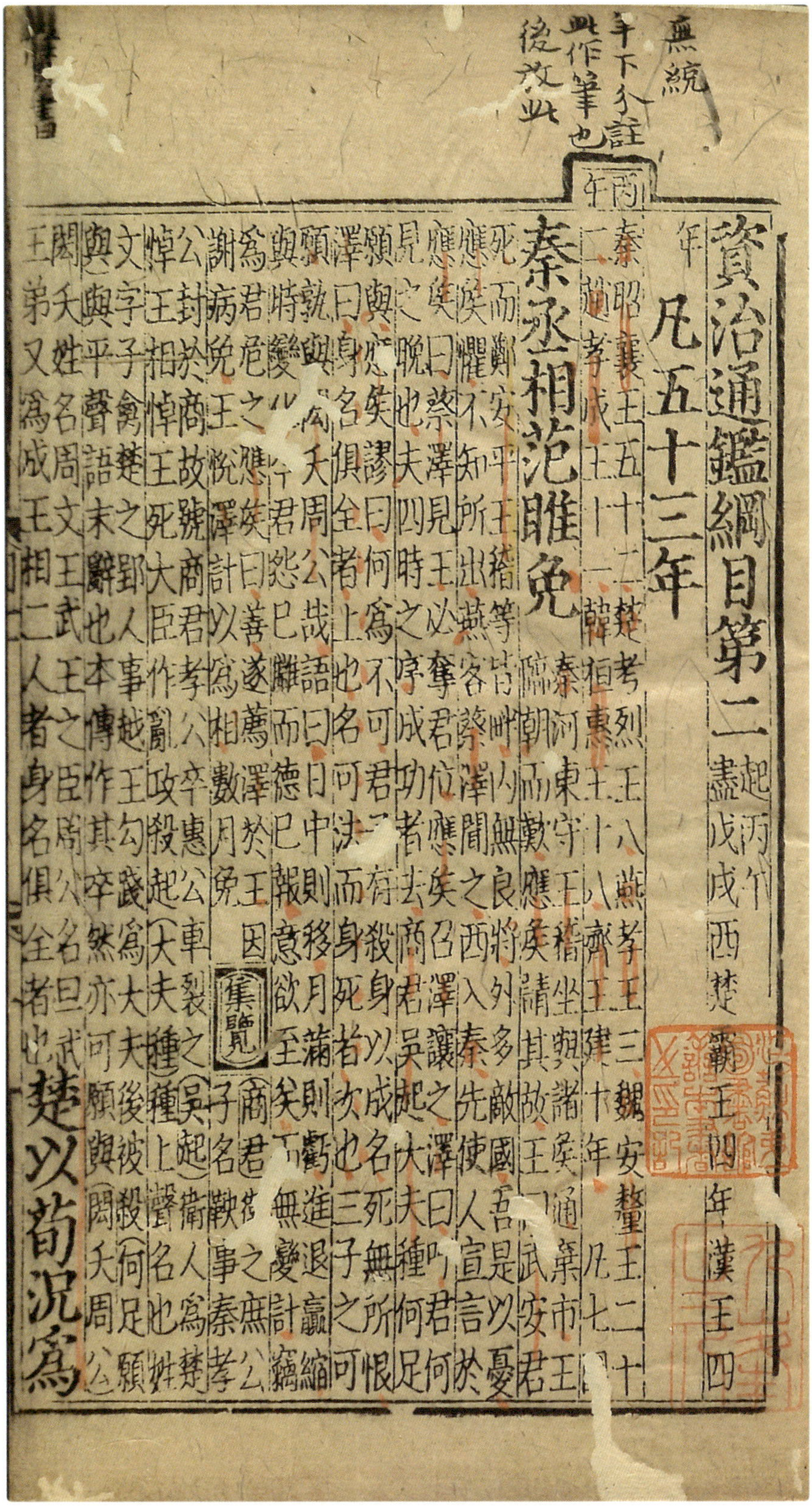

07638、07639 資治通鑑綱目集覽五十九卷 （元）王幼學撰　明景泰元年（1450）魏氏仁實書堂刻本

匡高21.7厘米，廣13.6厘米。半葉十二行，行十八字，小字雙行二十二字，黑口，四周雙邊。有"歲在上章敦牂孟夏魏氏仁實書堂新刊"牌記。南京圖書館藏，卷五十至五十二配抄本；安慶市圖書館藏，存二十三卷。

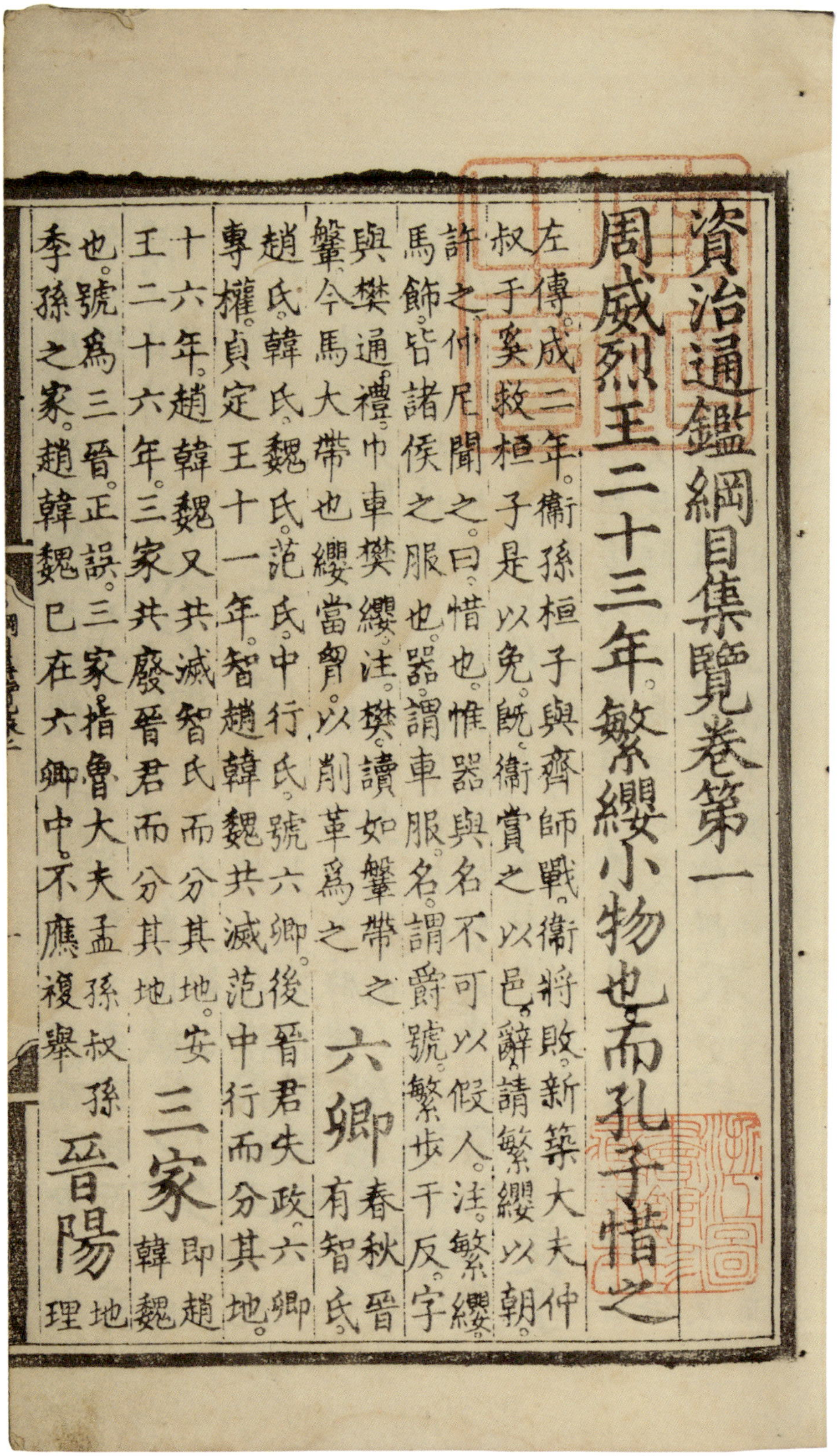
資治通鑑綱目集覽卷第一
周威烈王二十三年繁纓小物也而孔子惜之
左傳成二年衛孫桓子與齊師戰衛將敗新築大夫仲叔于奚救桓子是以免既衛賞之以邑辭請繁纓以朝
許之仲尼聞之曰惜也惟器與名不可以假人注繁纓馬飾皆諸侯之服也器謂車服名謂爵號繁步干反字
與樊通禮巾車樊纓注樊讀如鞶帶之鞶今馬大帶也纓當胸以削革爲之
六卿
春秋晉有智氏趙氏韓氏魏氏范氏中行氏號六卿後晉君失政六卿專權貞定王十一年智趙韓魏共滅范中行而分其地
十六年趙韓魏又共滅智氏而分其地安王二十六年三家共廢晉君而分其地
三家
即趙韓魏也號爲三晉正誤三家指魯大夫孟孫叔孫季孫之家趙韓魏已在六卿中不應複舉
晉陽
地理

07640–07642 資治通鑑綱目集覽五十九卷 （元）王幼學撰 （明）陳濟正誤 明内府刻本

匡高27.6厘米，廣18.3厘米。半葉八行，行十八字，小字雙行二十一字，黑口，四周雙邊。浙江圖書館藏三部。

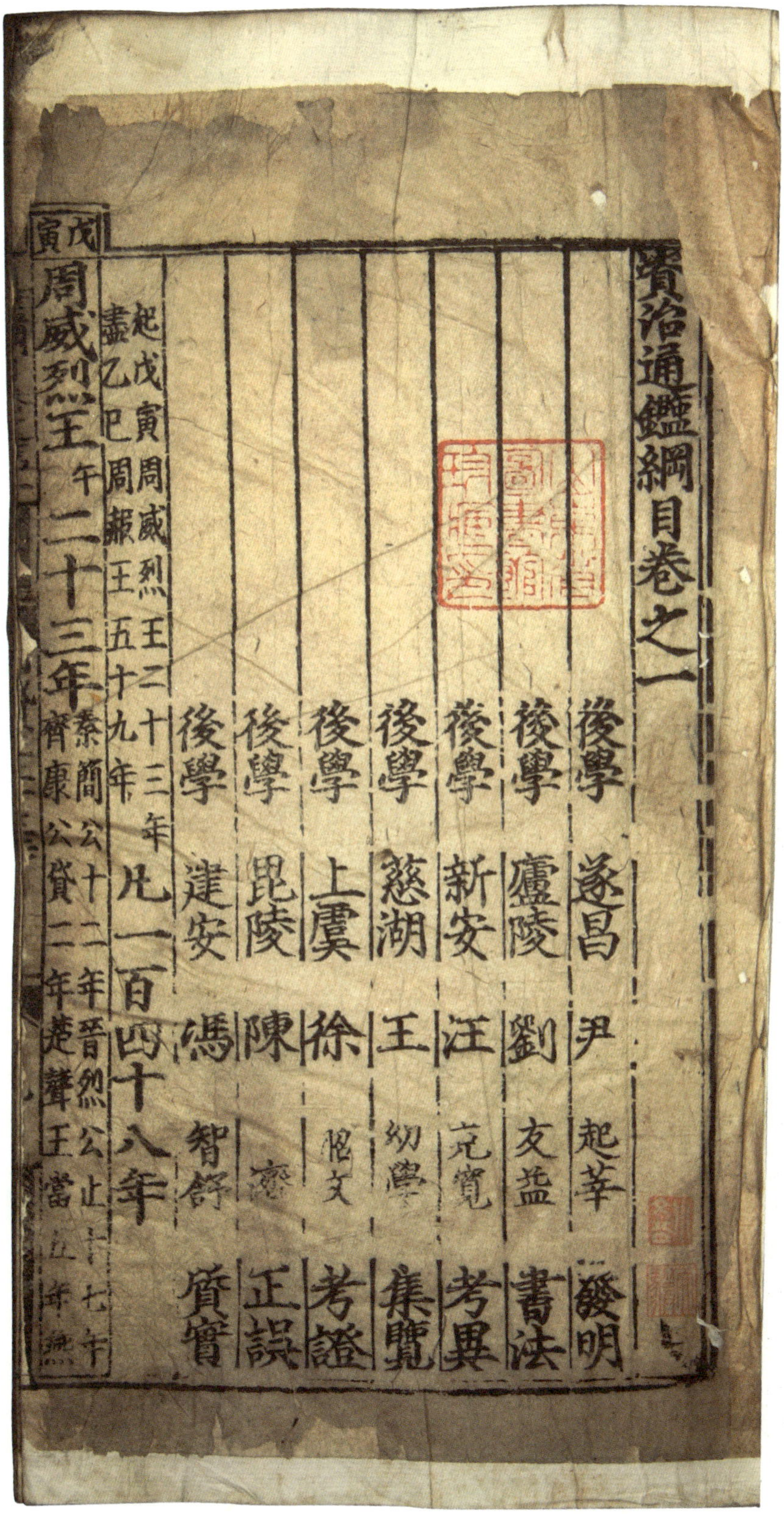

07643 資治通鑑綱目五十九卷 （宋）朱熹撰 （宋）尹起莘發明 （元）劉友益書法 （元）汪克寬考異 （元）徐昭文考證 （元）王幼學集覽 （明）陳濟正誤 （明）馮智舒質實 明弘治十一年（1498）書林慎獨齋刻本

匡高21.5厘米，廣13.1厘米。半葉十行，行二十二字，小字雙行同，大黑口，四周雙邊。有“皇明弘治戊午歲書林慎獨齋刊行”牌記。山東省圖書館藏，存三十七卷。

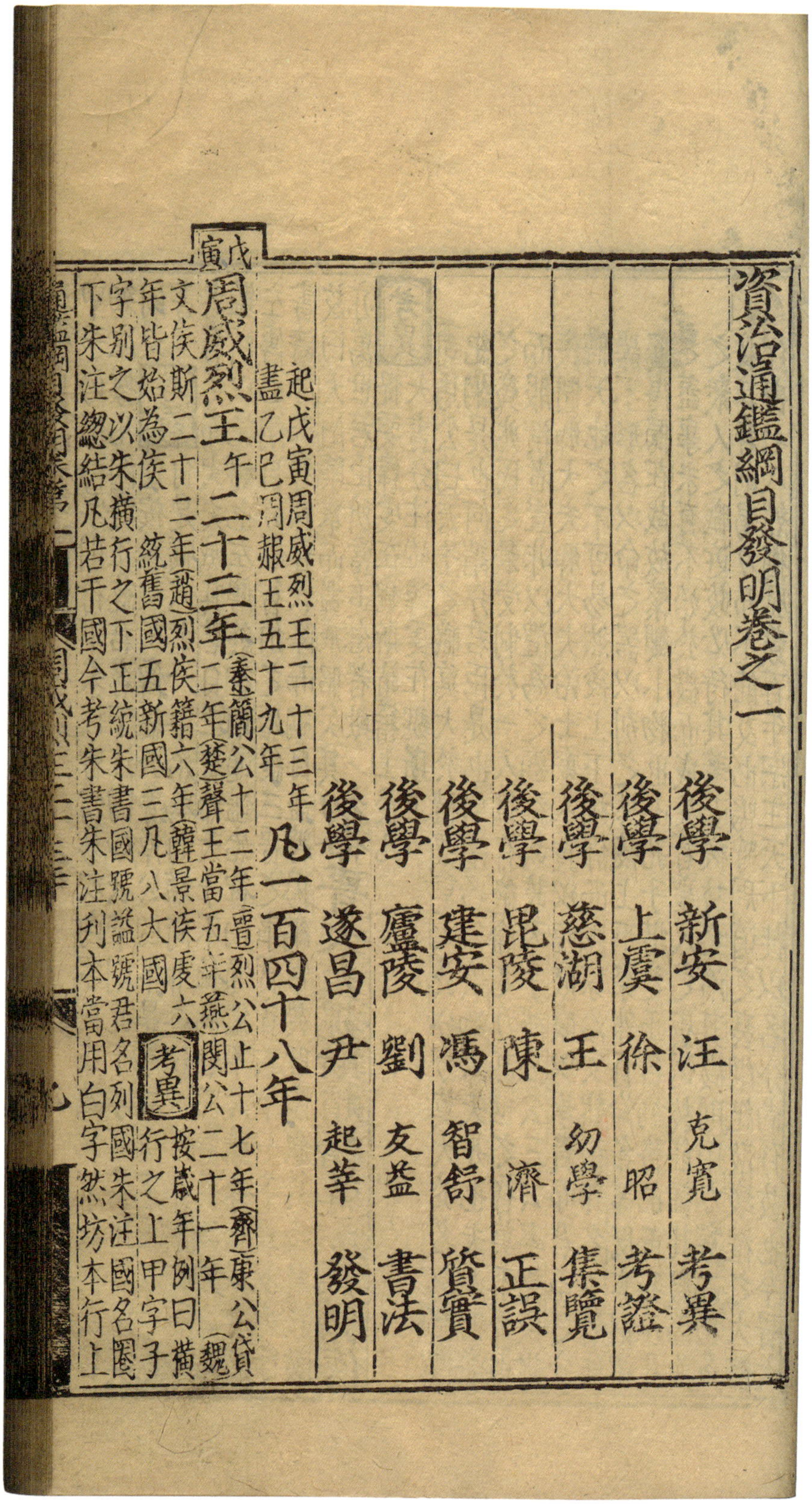

07644、07645 資治通鑑綱目發明五十九卷 （宋）朱熹撰 （宋）尹起莘發明 （元）劉友益書法 （元）汪克寬考異 （元）徐昭文考證 （元）王幼學集覽 （明）陳濟正誤 （明）馮智舒質實 明弘治十四年（1501）日新堂刻本

匡高20.4厘米，廣12.8厘米。半葉十二行，行二十六字，小字雙行同，黑口，四周雙邊。有“皇明弘治辛酉歲書林日新堂刊行”牌記。吉林省圖書館、天津圖書館藏。

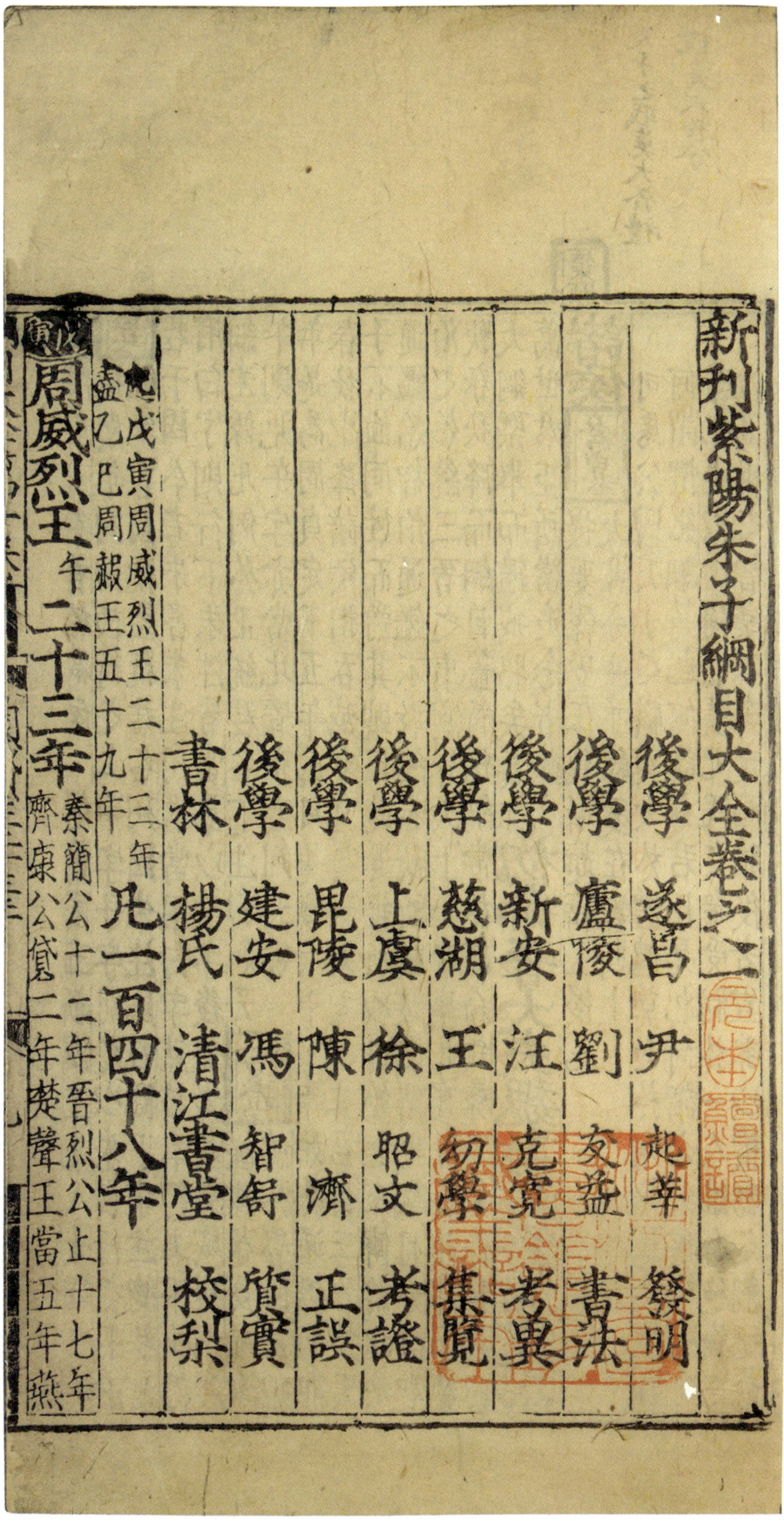

07646 新刊紫陽朱子綱目大全五十九卷首一卷 （宋）朱熹撰 （宋）尹起莘發明 （元）劉友益書法 （元）汪克寬考異 （元）徐昭文考證 （元）王幼學集覽 （明）陳濟正誤 （明）馮智舒質實 明嘉靖十年（1531）書林楊氏清江書堂刻本

匡高18.1厘米，廣12.9厘米。半葉十一行，行二十三字，小字雙行同，黑口，四周雙邊。有“楊氏清江書堂新刊”牌記。浙江圖書館藏。

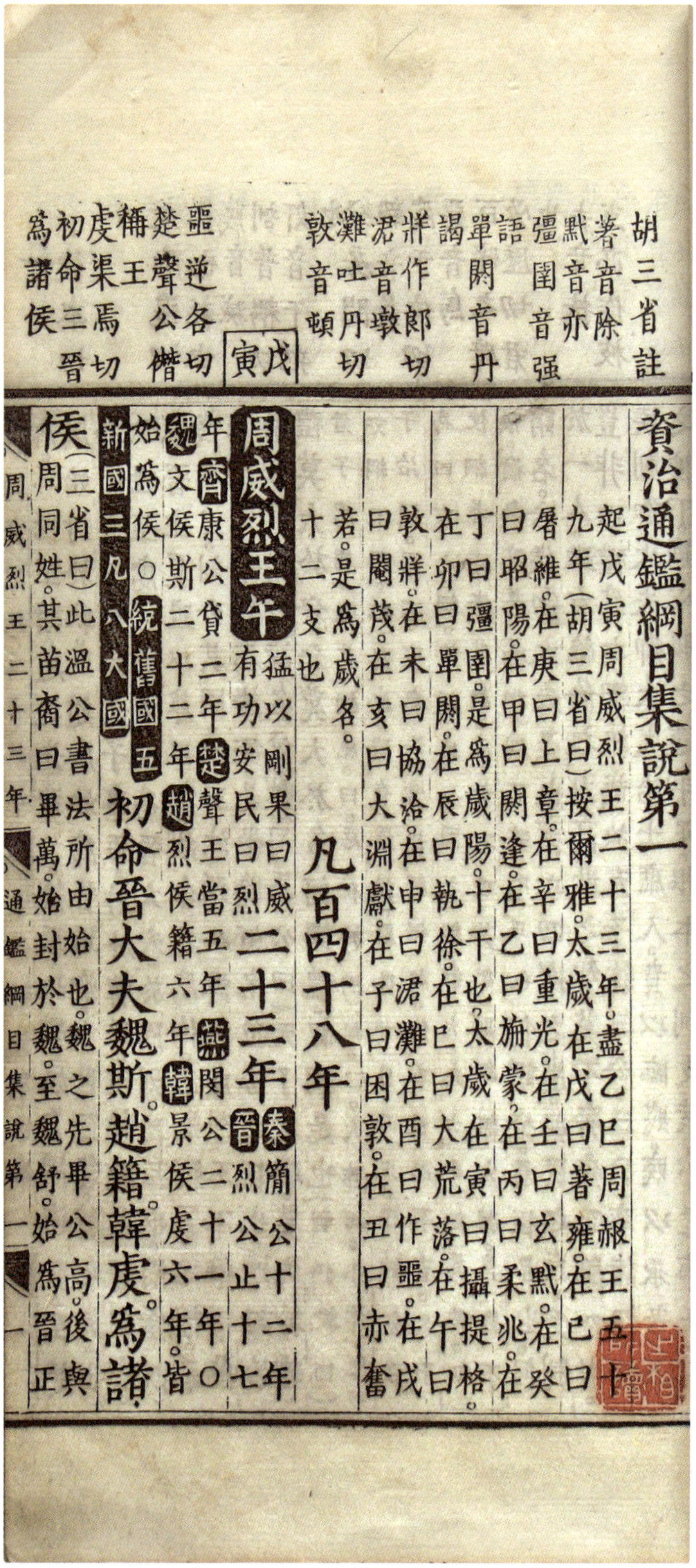

資治通鑑綱目集說第一

起戊寅周威烈王二十三年盡乙巳周根王五十（胡三省曰）按爾雅太歲在戊曰著雍在己曰屠維

九年（胡三省曰）

凡百四十八年

周威烈王午

（三省曰）此與溫公書法所由始也。其苗裔曰畢萬始封於魏，至魏舒始為晉正卿。及魏斯，韓虔為諸侯，周同姓也。

新國三凡八大國五

始為侯○統舊國五

魏文侯斯二十二年

齊康公貸二十二年

楚聲王當五年

趙烈侯籍六年

韓景侯虔六年皆

晉烈公止十二年○

秦簡公十二年

年齊康公貸二十二年有功以安民猛果曰烈侯當五年威剛以剛果曰威二十三年

初命晉大夫魏斯趙籍韓虔為諸侯

07647—07653 資治通鑑綱目集説五十九卷前編二卷 （明）扶安輯 （明）晏宏校補 明嘉靖晏宏刻本

匡高25.1厘米，廣17.1厘米。半葉十行，行二十一字，小字雙行同，白口，四周雙邊。東北師範大學圖書館、故宫博物院、雲南省圖書館、浙江大學圖書館、中共北京市委圖書館藏；黑龍江省圖書館藏，卷一、十八後半卷、五十六至五十九抄配，有"果泉書畫"、"碧鮮齋"等印；山東省圖書館藏，存四十二卷。

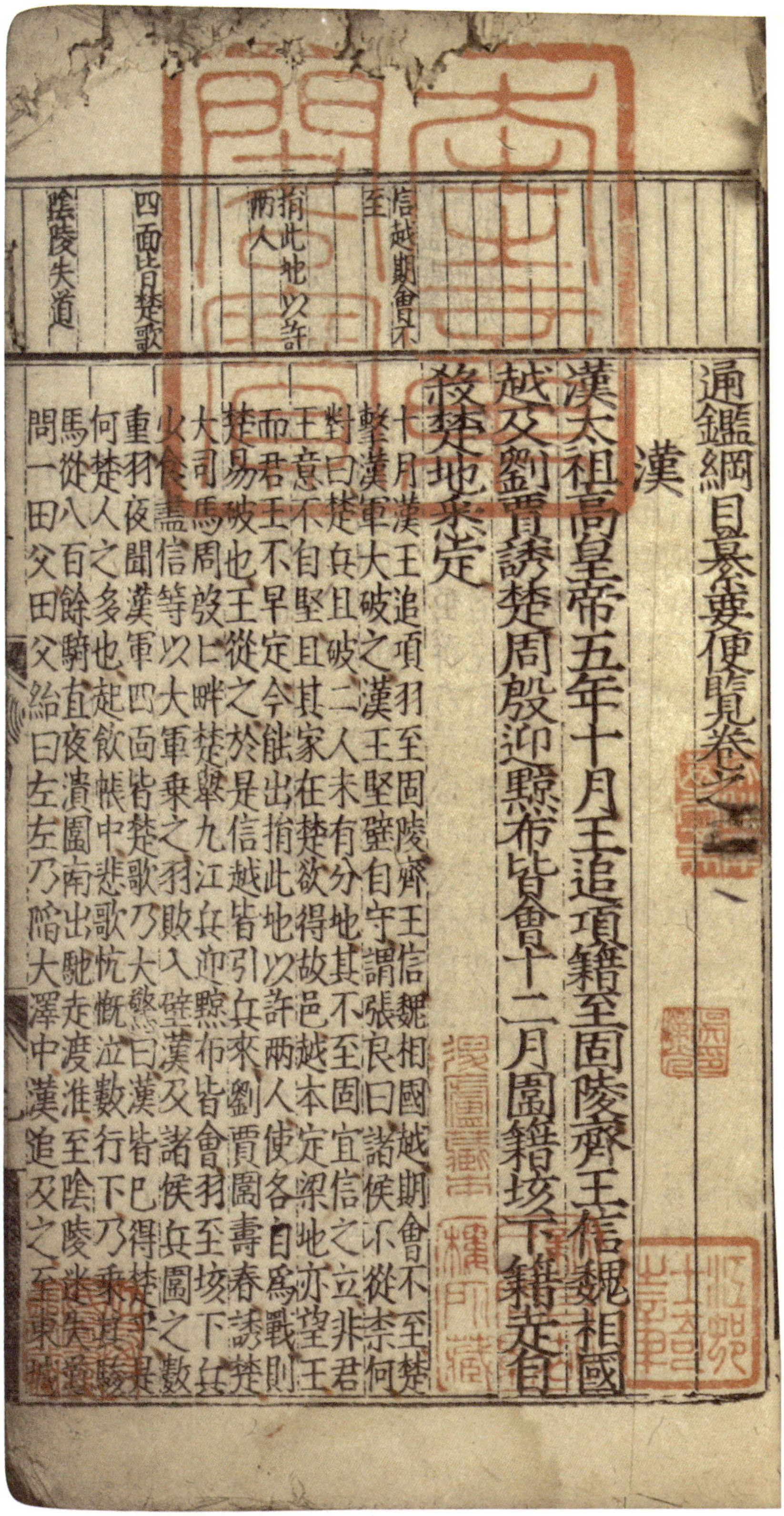
信越期會不至
捐此地以許兩人
四面皆楚歌
陰陵失道

通鑑綱目纂要便覽卷之二
漢
漢太祖高皇帝五年十月王追項籍至固陵齊王信魏相國越及劉賈誘楚周殷迎黥布皆會十二月圍籍垓下籍走自殺楚地悉定
十月漢王追項羽至固陵齊王信魏相國越期會不至楚擊漢軍大破之漢王堅壁自守謂張良曰諸侯不從柰何對曰楚兵且破二人未有分地其不至固宜信之立非君王意不自堅且破其家在楚欲得故邑越本定梁地亦望而君王不早定今能出捐此地以許兩人使各自爲戰則楚易破也王從之於是信越皆引兵來劉賈圍壽春誘楚大司馬周殷叛以舒六擧九江兵迎黥布皆會羽至垓下兵少食盡信等以大軍乘之羽敗入壁漢及諸侯兵圍之數重羽夜聞漢軍四面皆楚歌乃大驚曰漢皆已得楚乎是何楚人之多也起飲帳中悲歌忼慨泣數行下乃乘其駿馬從八百餘騎直夜潰圍南出馳走渡淮至陰陵迷失道問一田父田父紿曰左左乃陷大澤中漢追及之至東城

07654 通鑑綱目纂要便覽二十六卷 明嘉靖二十六年（1547）書林熊氏東軒刻本

匡高20.4厘米，廣12.5厘米。半葉十一行，行二十三字，黑口，四周雙邊。有"□□□未孟冬書林熊氏東軒梓刊"牌記。江西省圖書館藏，存二十二卷。

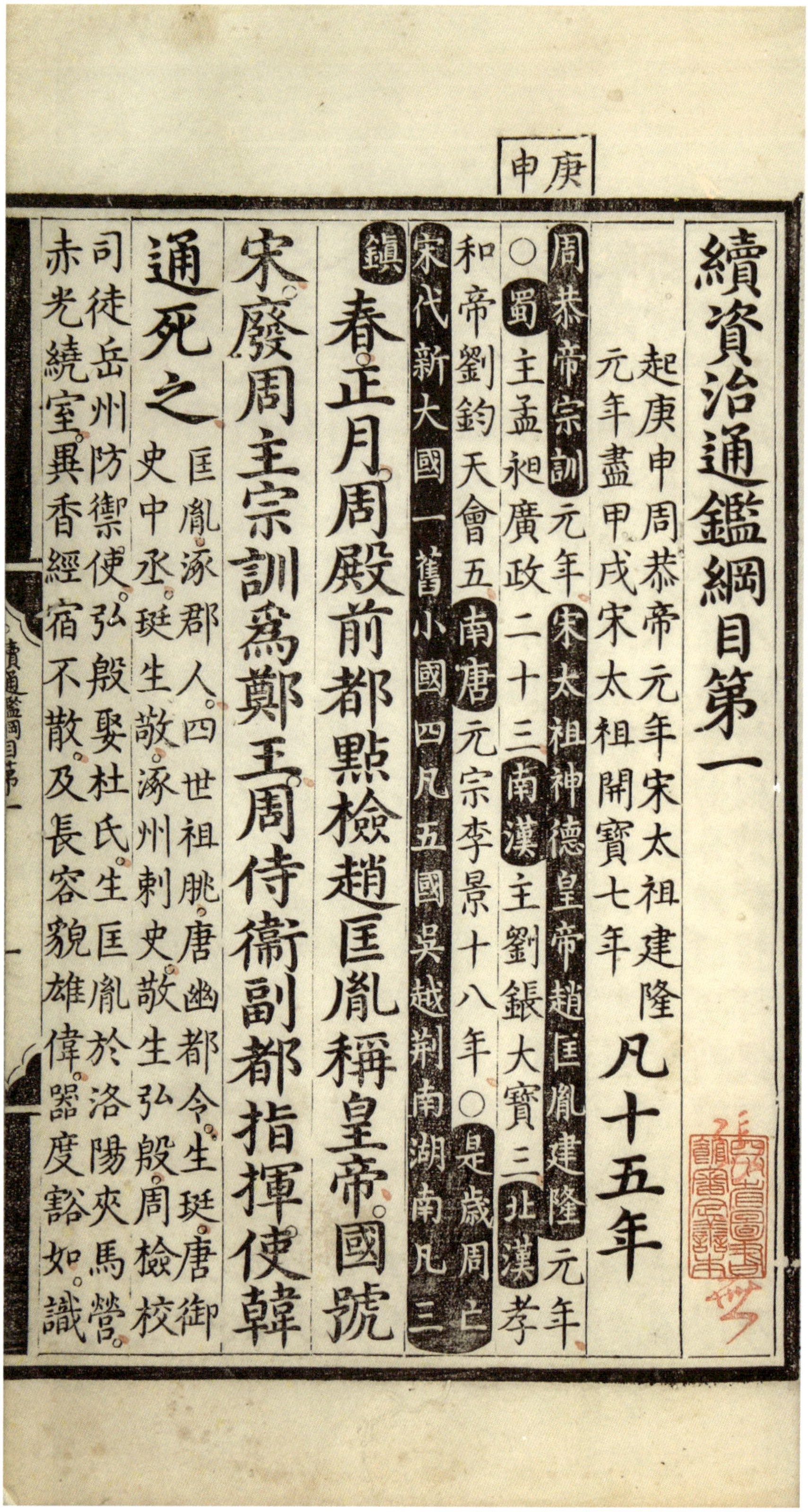
庚申

續資治通鑑綱目第一

起庚申周恭帝元年宋太祖建隆元年盡甲戌宋太祖開寶七年 凡十五年

周恭帝宗訓元年宋太祖神德皇帝趙匡胤建隆元年○蜀主孟昶廣政二十三南漢主劉鋹大寶三北漢孝和帝劉鈞天會五南唐元宗李景十八年○是歲周亡宋代新大國一舊小國四凡五國吳越荊南湖南凡三鎮

春正月周殿前都點檢趙匡胤稱皇帝國號宋廢周主宗訓爲鄭王周侍衛副都指揮使韓通死之 匡胤涿郡人四世祖朓唐幽都令生珽唐御史中丞珽生敬涿州刺史敬生弘殷周檢校司徒岳州防禦使弘殷娶杜氏生匡胤於洛陽夾馬營赤光繞室異香經宿不散及長容貌雄偉器度豁如識

續通鑑綱目第一

07655-07662 續資治通鑑綱目二十七卷 （明）商輅等撰　明成化十二年（1476）内府刻本

匡高27厘米，廣17.8厘米。半葉八行，行十八字，小字雙行二十一字，黑口，四周雙邊。首都師範大學圖書館、蕪湖市圖書館藏；西北大學圖書館藏，有“廣運之寶”、“表章經史之寶”等印；浙江圖書館藏二部；内蒙古社會科學院圖書館藏；深圳圖書館藏，卷二、十七至十八配清刻本；吉林大學圖書館藏，有“廣運之寶”、“表章經史之寶”等印，存十九卷。

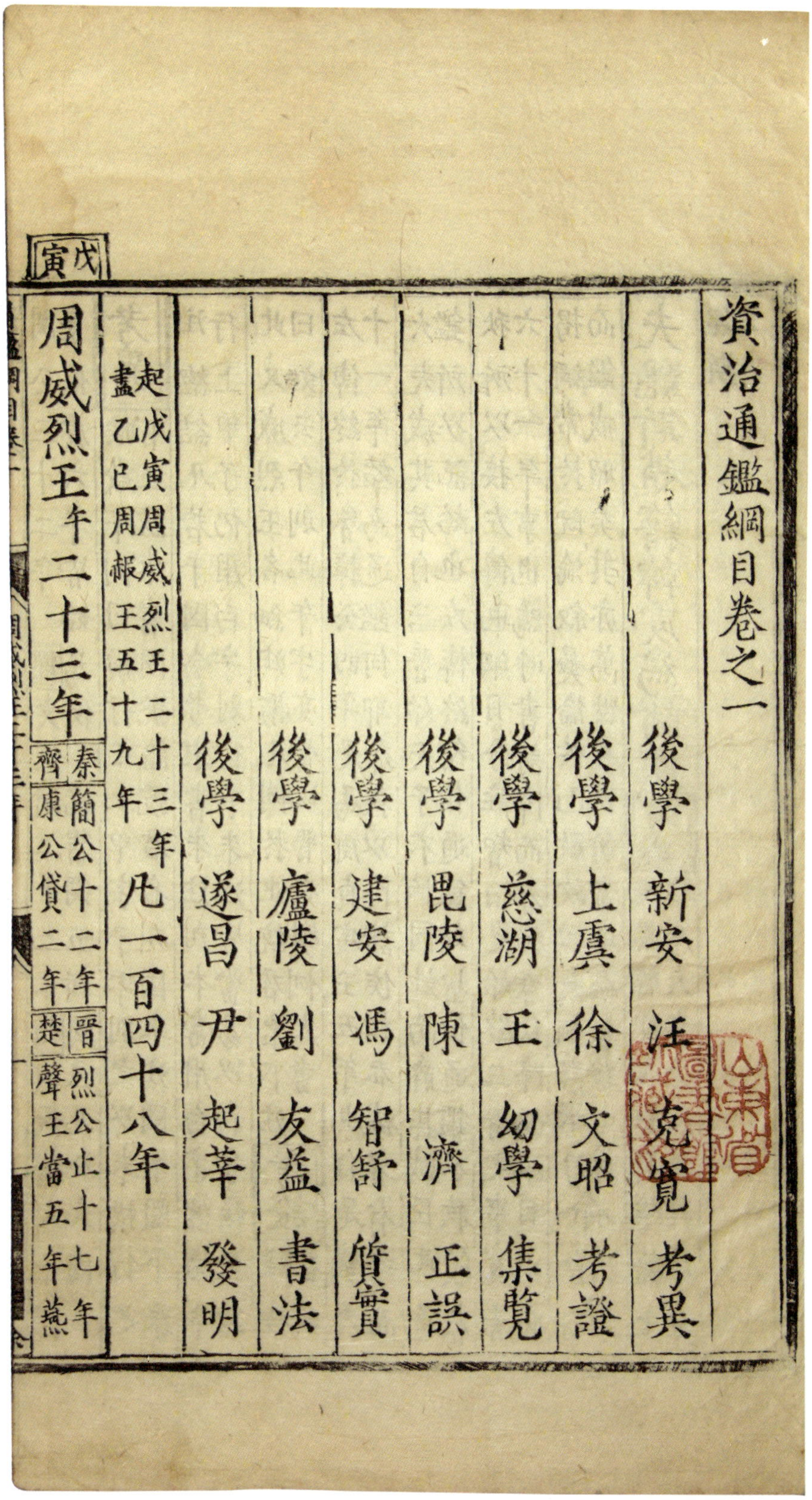
戊寅

資治通鑑綱目卷之一

後學 新安 汪克寬 考異
後學 上虞 徐文昭 考證
後學 慈湖 王幼學 集覽
後學 毘陵 陳濟 正誤
後學 建安 馮智舒 質實
後學 廬陵 劉友益 書法
後學 遂昌 尹起莘 發明

起戊寅周威烈王二十三年凡一百四十八年
盡乙巳周赧王五十九年

周威烈王午二十三年
秦簡公十二年 晉烈公止十七年
齊康公貸二年 楚聲王當五年 燕

07663 通鑑綱目全書一百八卷 明刻本

匡高25.4厘米，廣18.4厘米。半葉十行，行二十二字，小字雙行同，黑口，四周雙邊。山東省圖書館藏。

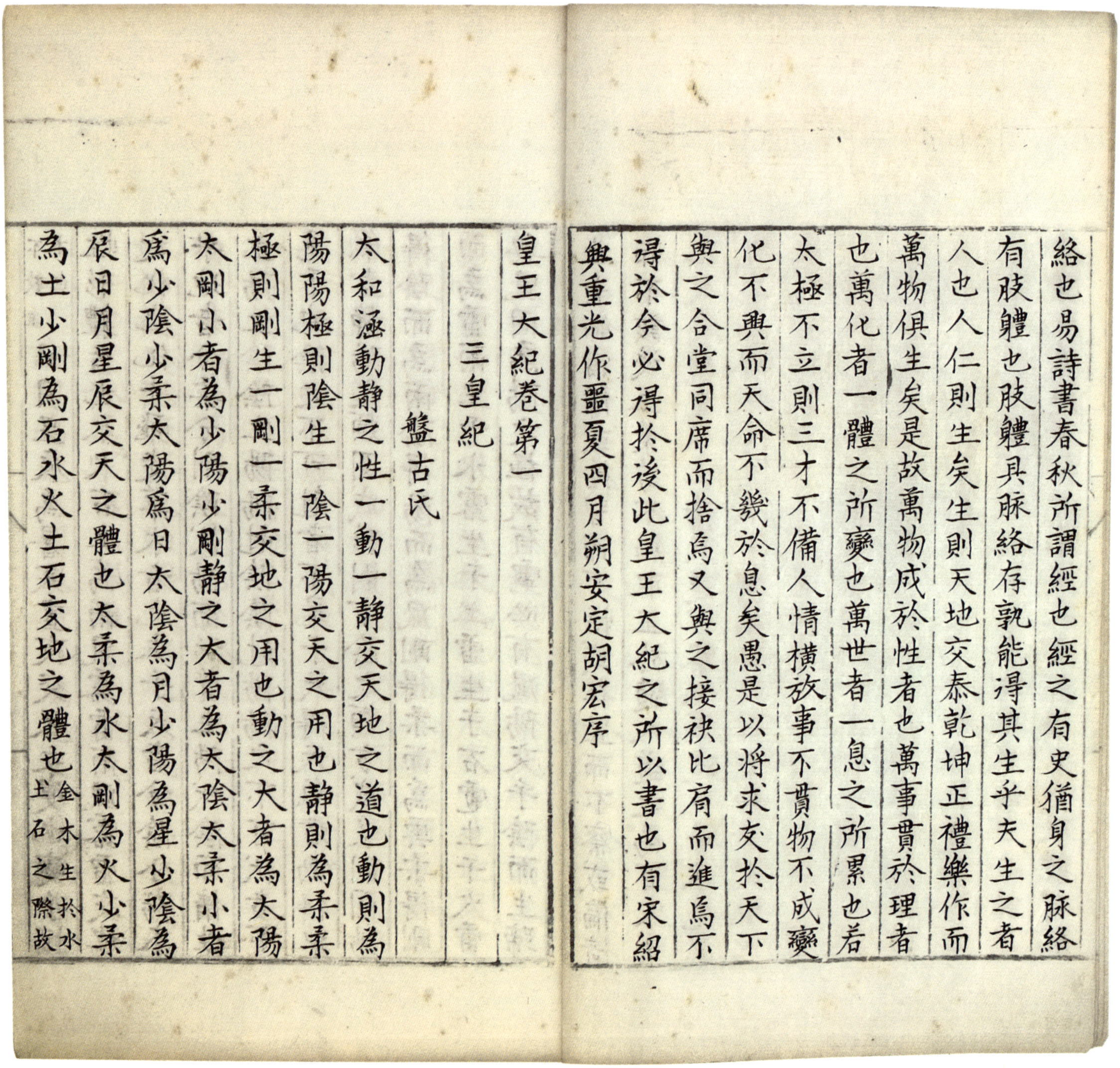
絡也易詩書春秋所謂經也經之有史猶身之脉絡
有肢體也肢體具脉絡存孰能得其生乎夫生之者
人也人仁則生矣生則天地交泰乾坤正禮樂作而
萬物俱生矣是故萬物成於性者也萬事貫於理者
也萬化者一體之所變也萬世者一息之所累也若
太極不立則三才不備人情橫放事不貫物不成變
化不興而天命不幾於息矣愚是以將求交於天下
與之合堂同席而捨爲又與之接袂比肩而進焉不
得於今必得於後此皇王大紀之所以書也有宋紹
興重光作噩夏四月朔安定胡宏序

皇王大紀卷第一
三皇紀
盤古氏
太和涵動靜之性一動一靜交天地之道也動則爲
陽陽極則陰生一陰一陽交天之用也靜則爲柔柔
極則剛生一剛一柔交地之用也動之大者爲太陽
太剛小者爲少陽少剛靜之大者爲太陰太柔小者
爲少陰少柔太陽爲日太陰爲月少陽爲星少陰爲
辰日月星辰交天之體也太柔爲水太剛爲火少柔
爲土少剛爲石水火土石交地之體也金木生於水土石之際故

07664 皇王大紀八十卷 （宋）胡宏撰　明抄本

匡高21厘米，廣14.7厘米。半葉十行，行二十字，小字雙行二十二字，白口，四周單邊。西安博物院藏。

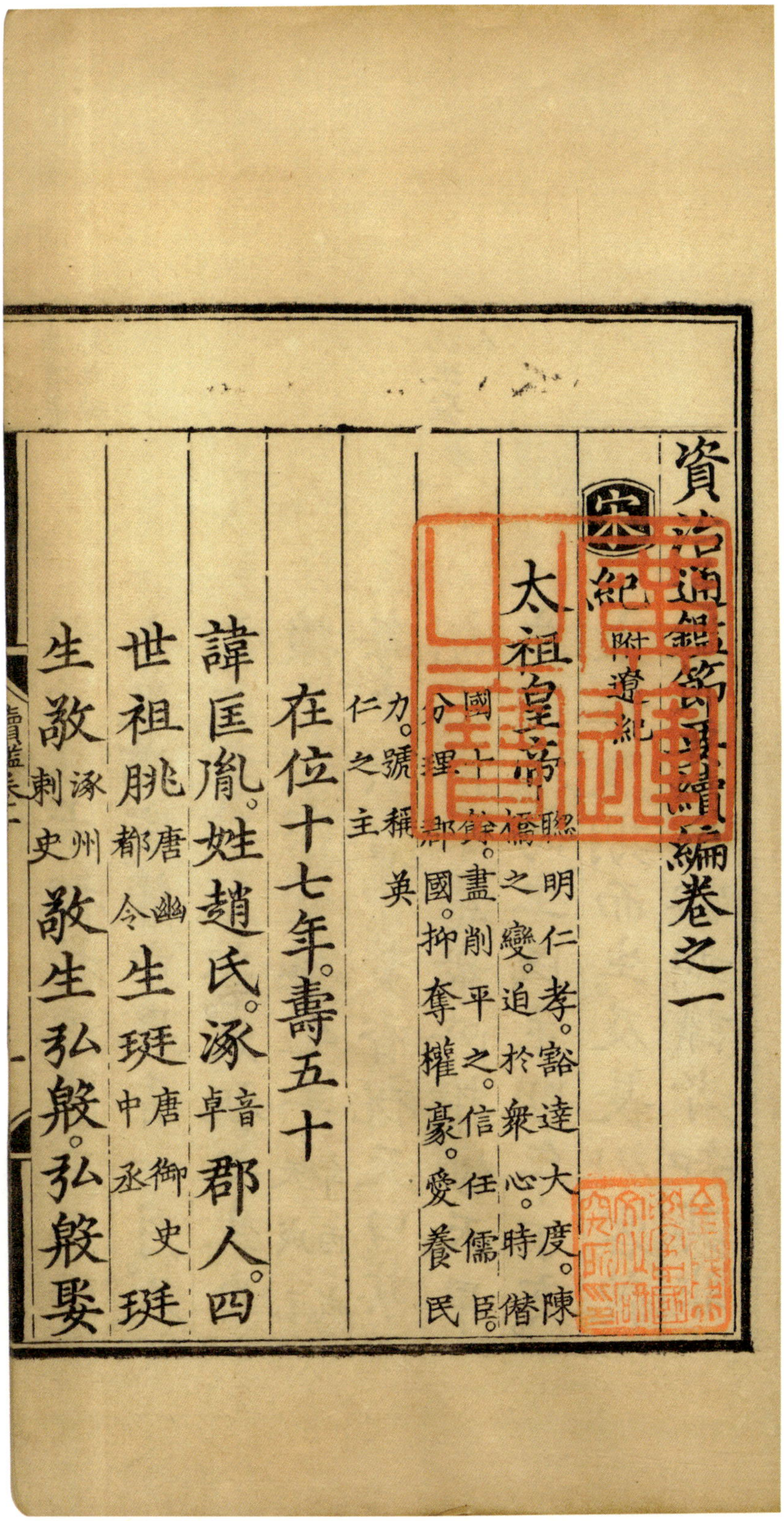
資治通鑑節要續編卷之一
宋紀附遼紀
太祖皇帝聰明仁孝。豁達大度。陳橋之變。迫於衆心。時僭國十餘。盡削平之。信任儒臣。分理郡國。抑奪權豪。愛養民力。號稱英仁之主
在位十七年。壽五十
諱匡胤。姓趙氏。涿音卓郡人。四
世祖朓唐幽都令生珽唐御史中丞珽
生敬涿州刺史敬生弘殷。弘殷娶

07665-07669 資治通鑑節要續編三十卷 （明）張光啓撰　明正德九年（1514）司禮監刻本

匡高22.2厘米，廣15.9厘米。半葉九行，行十五字，小字雙行同，黑口，四周雙邊。吉林大學圖書館藏，有“廣運之寶”等印；吉林省圖書館藏；山西省太谷縣圖書館藏，有“廣運之寶”、“果親王府圖書記藏章”等印；中共北京市委圖書館藏，包背裝，有“寸心日月樓藏書”等印；南京大學圖書館藏，包背裝，有“廣運之寶”等印。

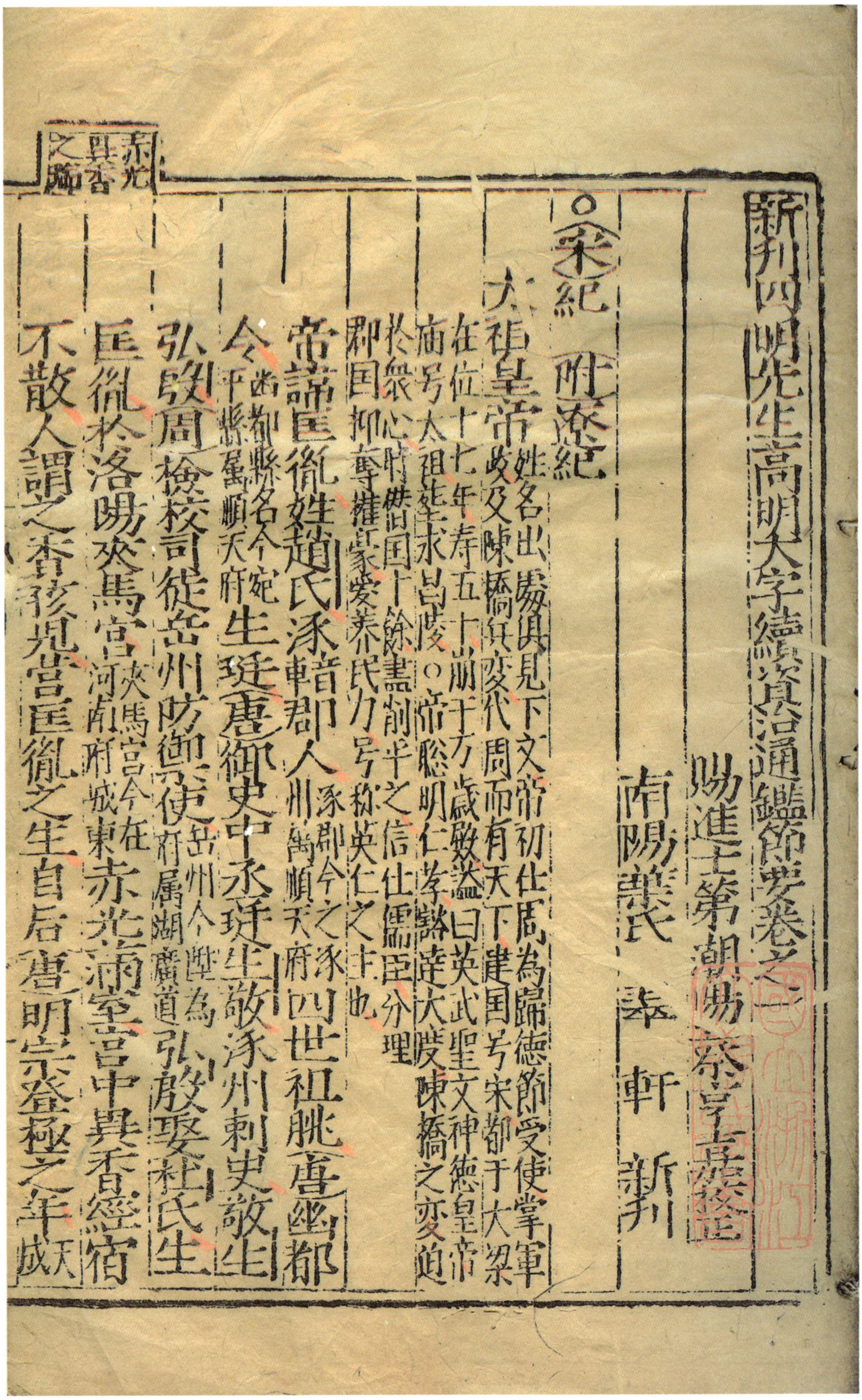
新刊四明先生高明大字續資治通鑑節要卷之一
賜進士第湖陽蔡亨嘉校正
南陽葉氏翠軒新刊
○宋紀　附遼紀
太祖皇帝姓名出處俱見下文帝初仕周為歸德節度使掌軍政及陳橋兵變代周而有天下建國号宋都于大梁在位十七年壽五十崩于万歲殿謚曰英武聖文神德皇帝廟号太祖陵曰永昌陵○帝聰明仁孝豁達大度陳橋之變迫於衆心時僣國十餘盡削平之信仕儒臣分理郡國抑奪權臣家安養民力号稱英仁之主也
帝諱匡胤姓趙氏涿音卓郡人涿郡今之涿州爲順天府四世祖朓唐幽都
令幽都縣名今宛平縣屬順天府生珽唐御史中丞珽生敬涿州刺史敬生
弘殷周檢校司徒岳州防禦使岳州今陞為府屬湖廣道弘殷娶杜氏生
匡胤於洛陽夾馬營夾馬營今在河南府城東赤光滿室營中異香經宿
不散人謂之香孩兒營匡胤之生自后唐明宗登極之年天成
赤光異香之瑞

07670 新刊四明先生高明大字續資治通鑑節要二十卷　（明）劉剡撰　（明）蔡亨嘉校正　明嘉靖葉氏翠軒刻本

匡高18厘米，廣12.7厘米。半葉十二行，行二十六字，小字雙行同，白口，四周雙邊。浙江大學圖書館藏。

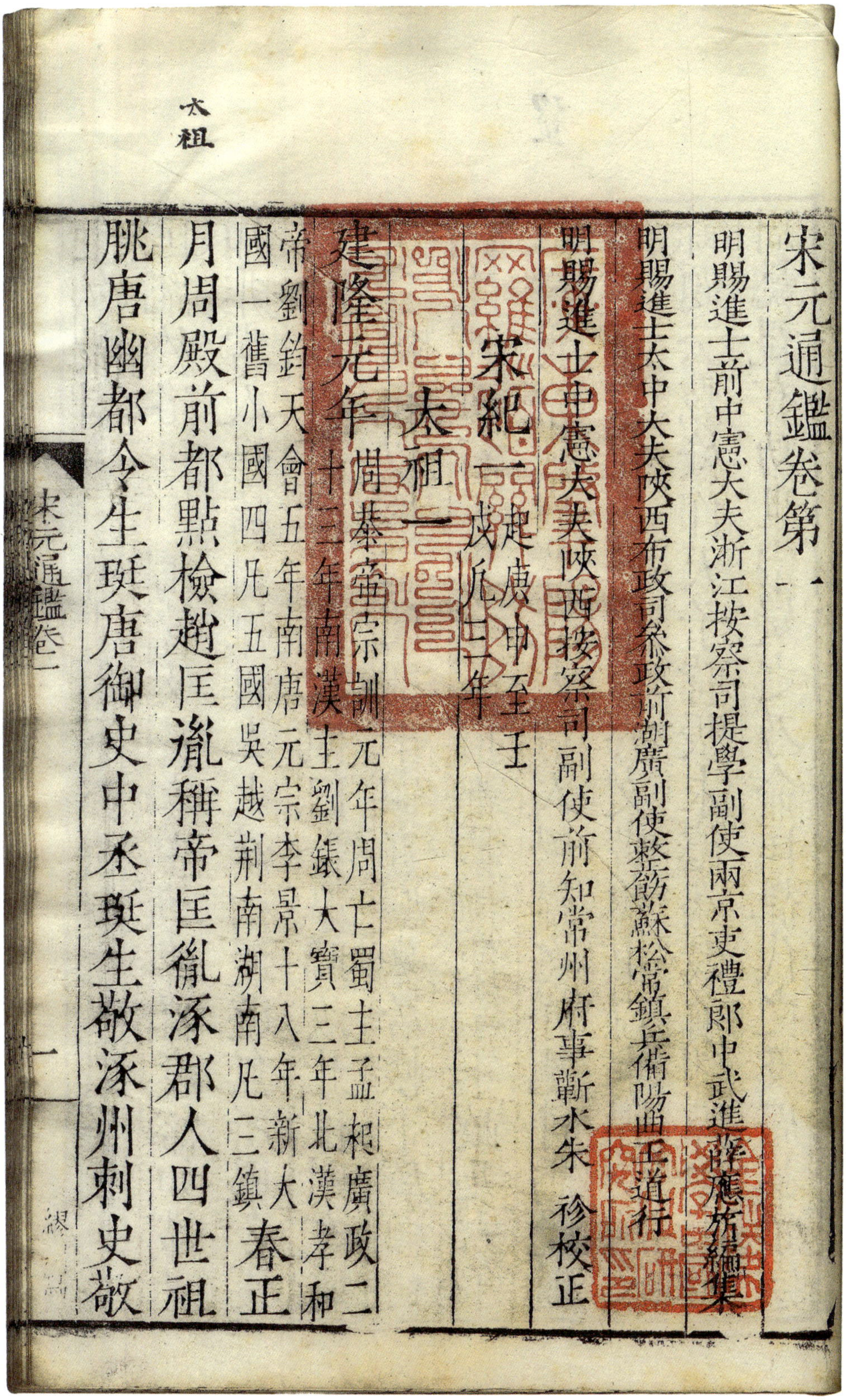
太祖

宋元通鑑卷第一

明賜進士前中憲大夫浙江按察司提學副使兩京吏禮郎中武進薛應旂編集

明賜進士太中大夫陝西布政司參政前湖廣副使整飭蘇松常鎮兵備陽曲王道行

明賜進士中憲大夫陝西按察司副使前知常州府事蘄水朱　裕校正

宋紀一 起庚申至壬戌凡三年

太祖一

建隆元年 周恭帝宗訓元年周亡蜀主孟昶廣政二十三年南漢主劉鋹大寶三年北漢孝和帝劉鈞天會五年南唐元宗李昪十八年新大國一舊小國四凡五國吳越荊南湖南凡三鎮 春正月周殿前都點檢趙匡胤稱帝匡胤涿郡人四世祖朓唐幽都令生珽唐御史中丞珽生敬涿州刺史敬

宋元通鑑卷一　一

07671、07672 宋元通鑑一百五十七卷 （明）薛應旂撰　明嘉靖四十五年（1566）自刻本

匡高20厘米，廣14.1厘米。半葉十行，行二十字，小字雙行同，白口，四周單邊。南京大學圖書館藏，有“廣東肇陽羅道關防”等印；西北大學圖書館藏。

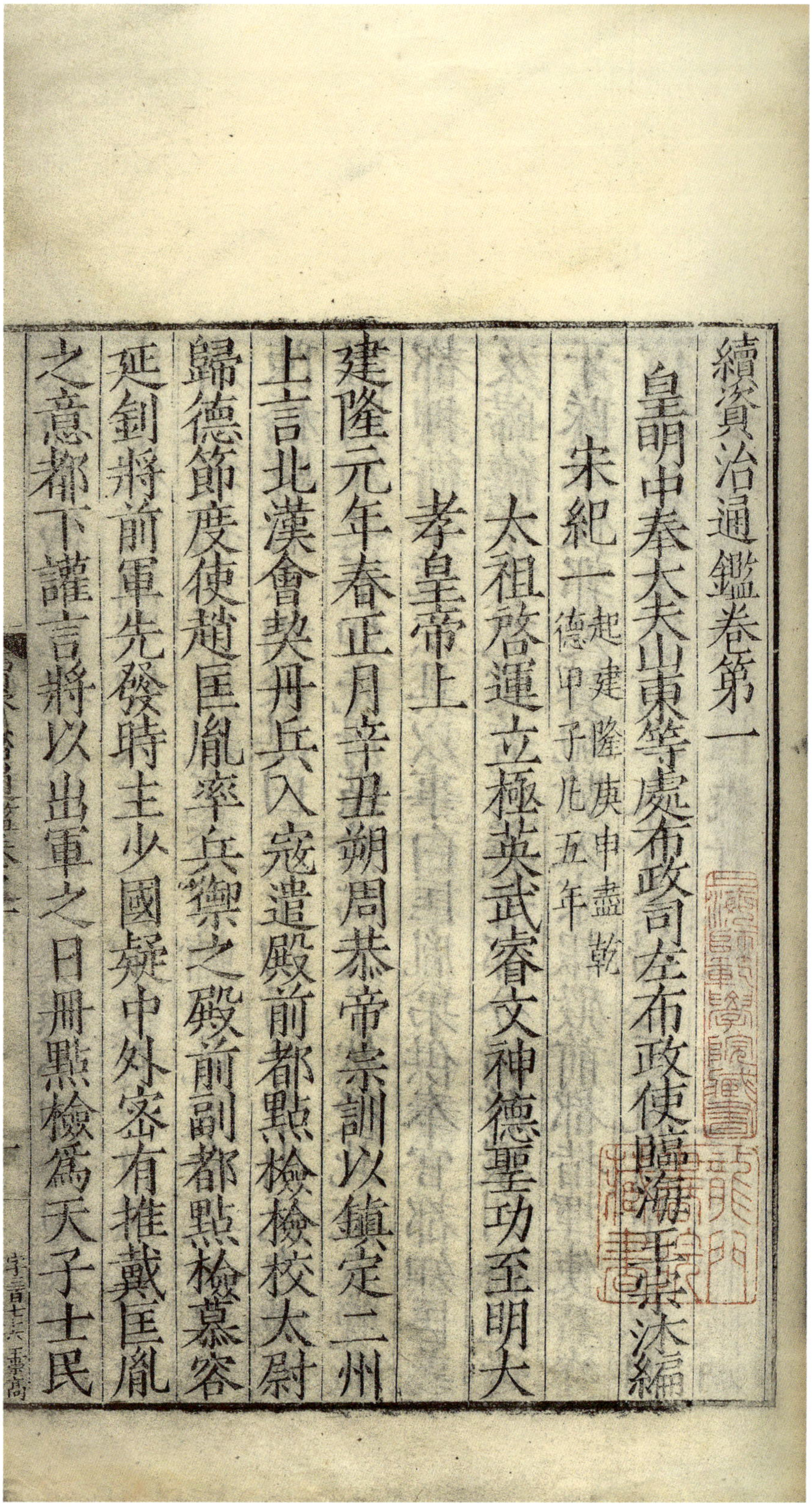
續資治通鑑卷第一
皇明中奉大夫山東等處布政司左布政使臨海王宗沐編
宋紀一 起建隆庚申盡乾德甲子凡五年
太祖啓運立極英武睿文神德聖功至明大
孝皇帝上
建隆元年春正月辛丑朔周恭帝宗訓以鎮定二州
上言北漢會契丹兵入寇遣殿前都點檢檢校太尉
歸德節度使趙匡胤率兵禦之殿前副都點檢慕容
延釗將前軍先發時主少國疑中外容有推戴匡胤
之意都下讙言將以出軍之日册點檢爲天子士民

07673-07676 續資治通鑑六十四卷 （明）王宗沐撰 明隆慶五年（1571）刻本

匡高21.7厘米，廣18.3厘米。半葉十行，行二十字，白口，左右雙邊。湖南省社會科學院圖書館、重慶圖書館、蘭州大學圖書館藏；上海師範大學圖書館藏，有“龍門書院藏書”等印。

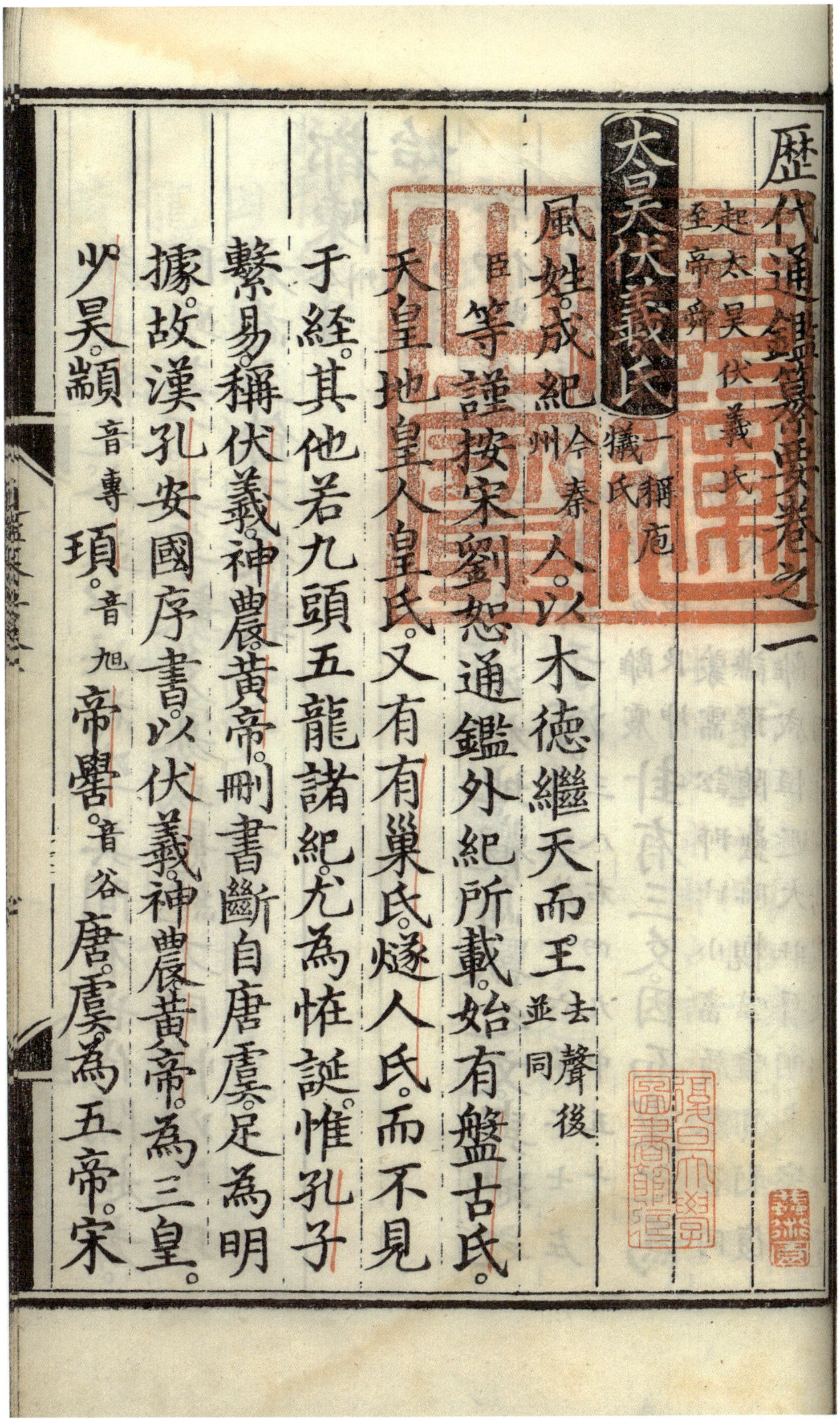
歷代通鑑纂要卷之一
起太昊伏羲氏 至帝舜
太昊伏羲氏 一稱庖犧氏
風姓。成紀今秦州人。以木德繼天而王。去聲，後並同
臣等謹按宋劉恕通鑑外紀所載。始有盤古氏。天皇地皇人皇氏。又有有巢氏。燧人氏。而不見于經。其他若九頭五龍諸紀。尤爲恠誕。惟孔子繫易稱伏羲神農黄帝。删書斷自唐虞。足爲明據。故漢孔安國序書。以伏羲神農黄帝。爲三皇。少昊顓音專頊。音旭帝嚳。音谷唐虞爲五帝。宋

07677 歷代通鑑纂要九十二卷 （明）李東陽　劉機等撰　明正德二年（1507）内府刻本（卷六十三至七十七抄配）

匡高24.1厘米，廣15.8厘米。半葉十行，行二十字，小字雙行同，黑口，四周雙邊。有“安樂堂藏書記”、“孔繼涑章”、“水南借觀”、“蛾術園”、“國立同濟大學圖書館藏書”等印。復旦大學圖書館藏。

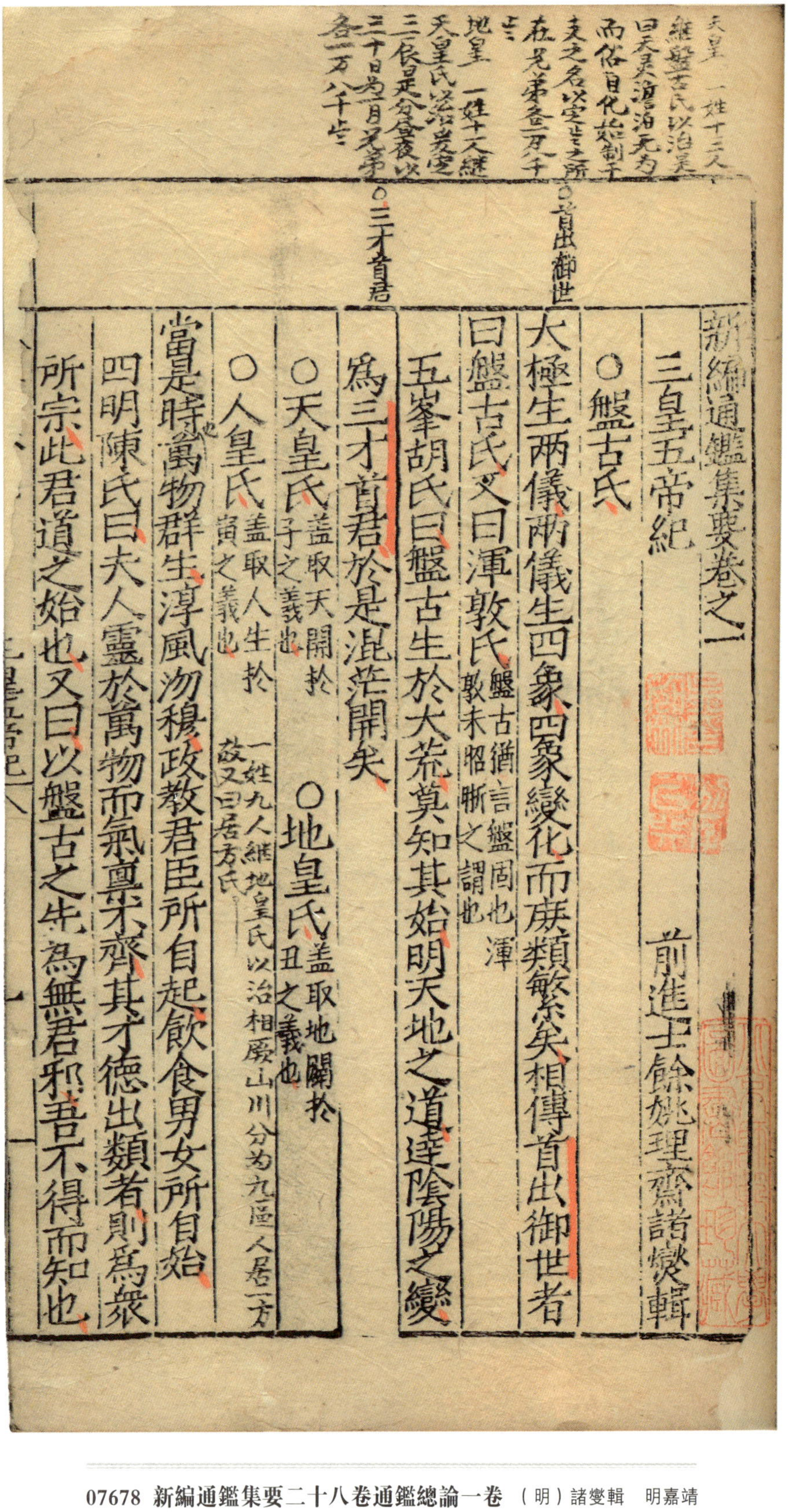

新編通鑑集要卷之一
前進士餘姚理齋諸燮輯
三皇五帝紀
○盤古氏
大極生兩儀兩儀生四象四象變化而庶類繁矣相傳首出御世者
曰盤古氏又曰渾敦氏盤古猶言盤固也渾敦未𣢾嘶之謂也
五峯胡氏曰盤古生於大荒莫知其始明天地之道達陰陽之變
爲三才首君於是混茫開矣
○天皇氏盖取天開於子之義也 ○地皇氏盖取地闢於丑之義也
○人皇氏盖取人生於寅之義也 一姓九人繼地皇氏以治相厥山川分爲九區人居一方故又曰居方氏
當是時萬物群生淳風沕穆政教君臣所自起飲食男女所自始也
四明陳氏曰夫人靈於萬物而氣稟不齊其才德出類者則爲衆
所宗此君道之始也又曰以盤古之先爲無君邪吾不得而知也

07678 新編通鑑集要二十八卷通鑑總論一卷 （明）諸燮輯　明嘉靖二十八年（1549）黄卷刻本

匡高20.5厘米，廣13.1厘米。半葉十二行，行二十六字，細黑口，四周單邊。有“吴如剛印”、“别字以巽”等印。北京師範大學圖書館藏。

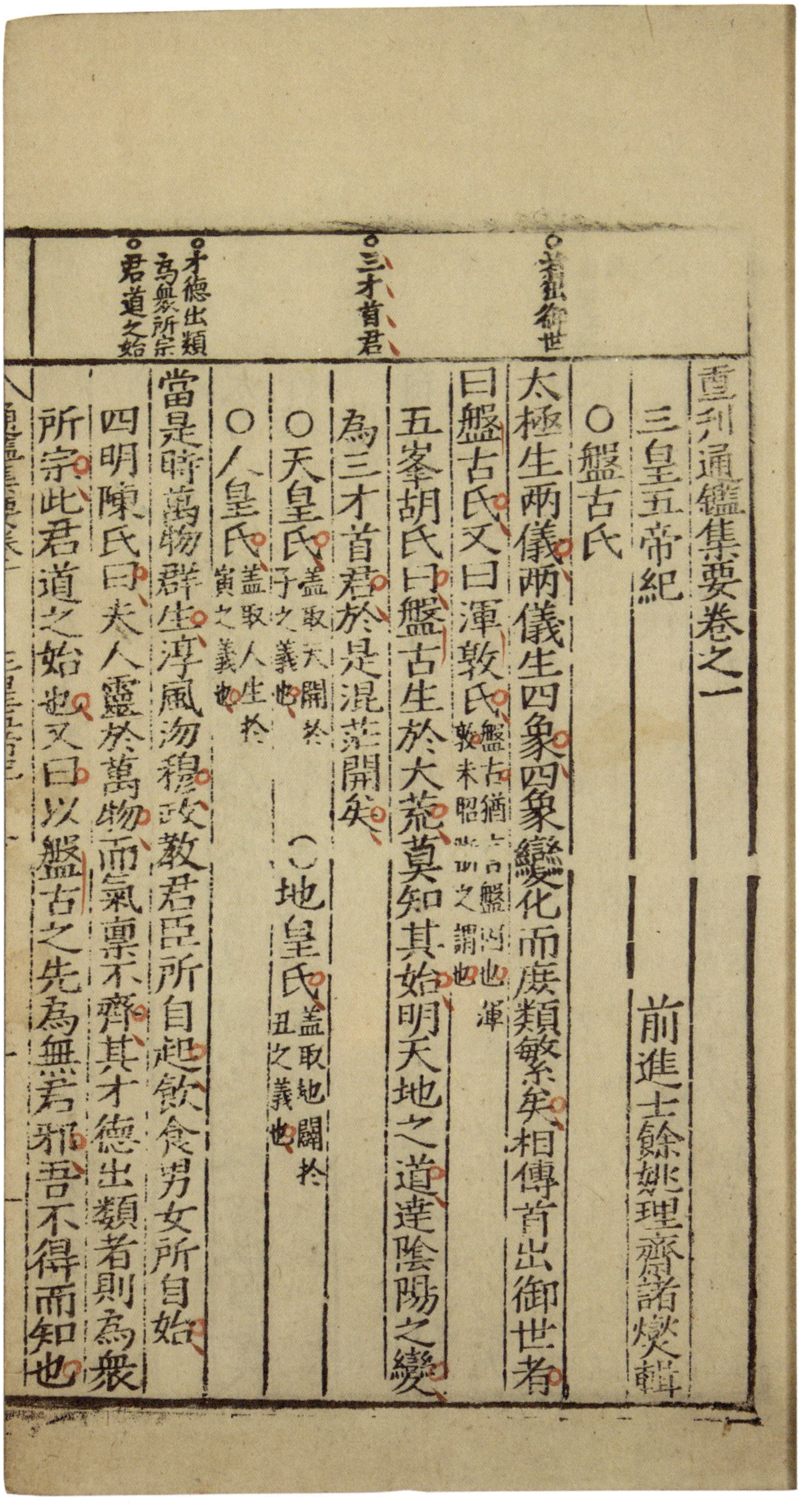
○首出御世 ○三才首君 ○才德出類為衆所宗 ○君道之始

重刊通鑑集要卷之一

三皇五帝紀　　前進士餘姚理齋諸燮輯

○盤古氏

太極生兩儀兩儀生四象四象變化而庶類繁矣相傳首出御世者曰盤古氏又曰渾敦氏盤古猶言盤固也渾敦未判之謂也

五峯胡氏曰盤古生於大荒莫知其始明天地之道達陰陽之變為三才首君於是混茫開矣

○天皇氏蓋取天開於子之義也　○地皇氏蓋取地闢於丑之義也

○人皇氏蓋取人生於寅之義也

當是時萬物群生淳風沕穆政教君臣所自起飲食男女所自始

四明陳氏曰夫人靈於萬物而氣禀不齊其才德出類者則為衆所宗此君道之始也又曰以盤古之先為無君邪吾不得而知也

07679 重刊通鑑集要二十八卷通鑑總論一卷　（明）諸燮輯　明嘉靖四十三年（1564）譚潛刻本

匡高20.9厘米，廣13.4厘米。半葉十二行，行二十六字，白口，四周單邊。查燕緒題記。浙江圖書館藏。

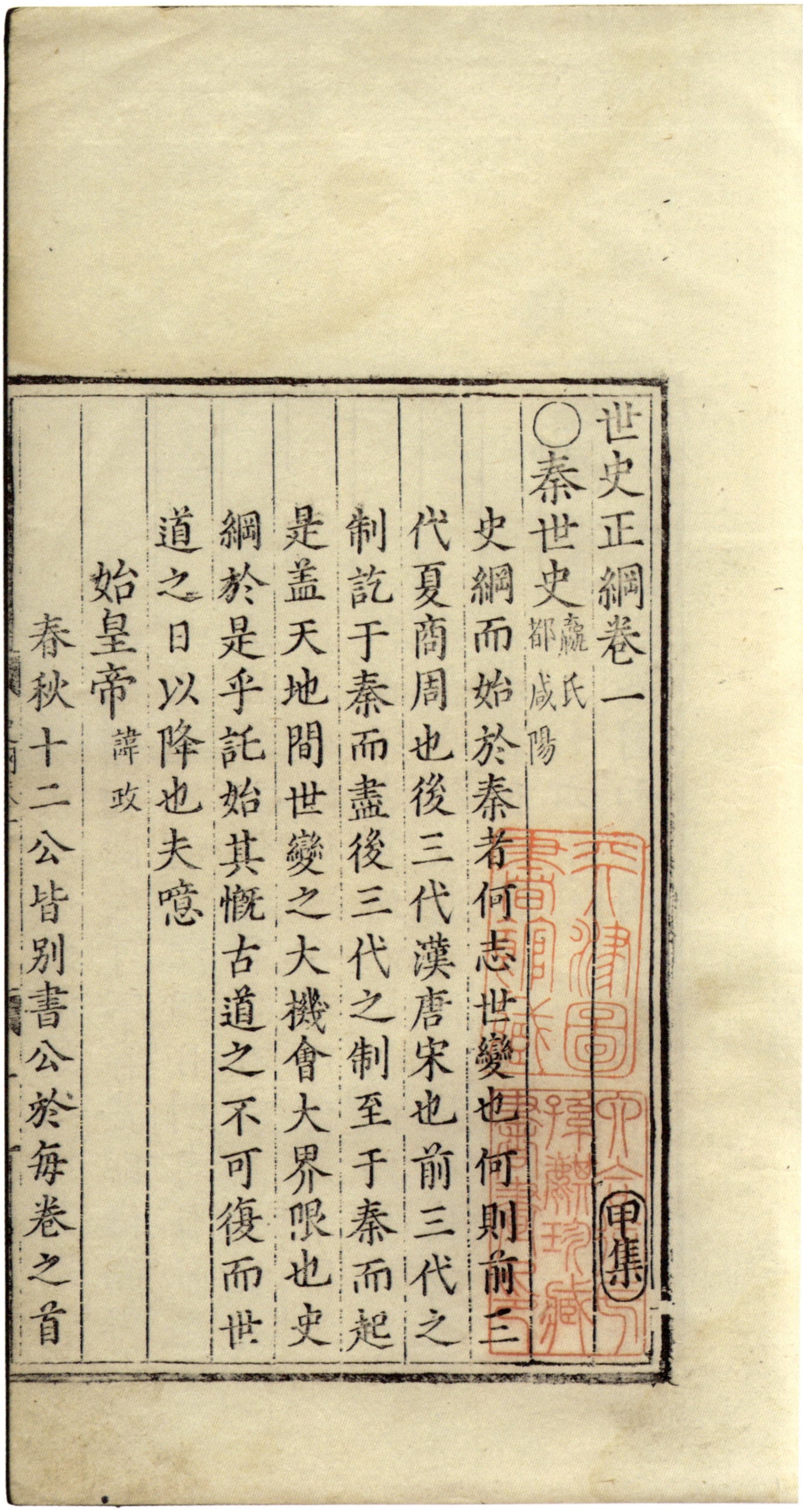

世史正綱卷一
○秦世史嬴氏都咸陽
史綱而始於秦者何志世變也何則前三
代夏商周也後三代漢唐宋也前三代之
制訖于秦而盡後三代之制至于秦而起
是盖天地間世變之大機會大界限也史
綱於是乎託始其慨古道之不可復而世
道之日以降也夫噫
始皇帝諱政
春秋十二公皆別書公於每卷之首

07680 世史正綱三十二卷 （明）丘濬撰　明嘉靖四十二年（1563）孫應鰲刻本

匡高18.7厘米，廣12.3厘米。半葉十行，行十八字，黑口，四周雙邊。天津圖書館藏。

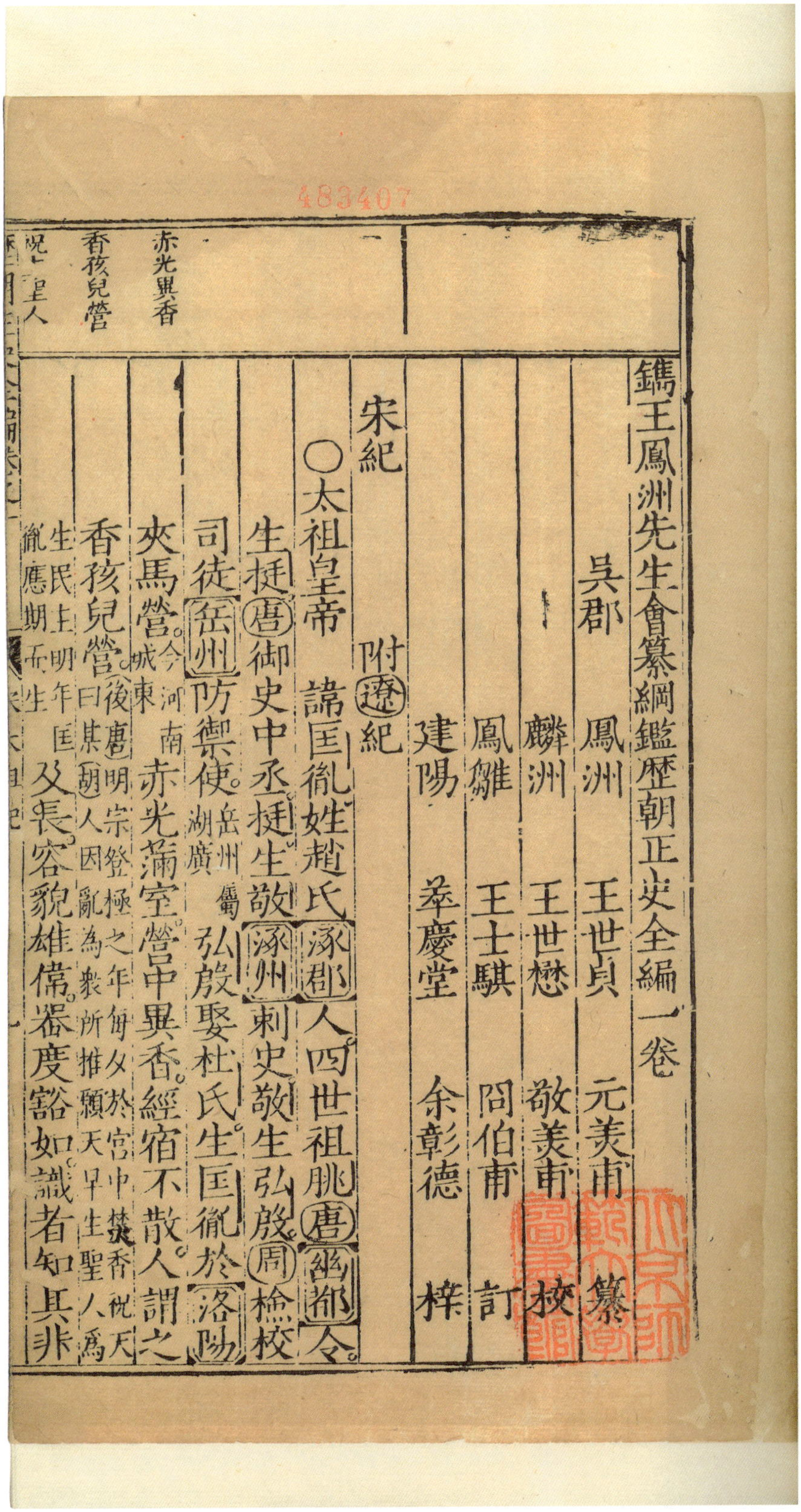
483407
赤光異香
香孩兒營
鐫王鳳洲先生會纂綱鑑歷朝正史全編一卷
吳郡 鳳洲 王世貞 元美甫 纂
麟洲 王世懋 敬美甫 校
鳳雛 王士騏 冏伯甫 訂
建陽 萃慶堂 余彰德 梓
宋紀 附遼紀
○太祖皇帝 諱匡胤姓趙氏涿郡人四世祖脁唐幽都令
生珽唐御史中丞珽生敬涿州刺史敬生弘殷周檢校
司徒岳州防禦使岳州屬湖廣弘殷娶杜氏生匡胤於洛陽
夾馬營今河南城東赤光滿室營中異香經宿不散人謂之
香孩兒營後唐明宗登極之年每夕於宮中焚香祝天曰某胡人因亂為衆所推願天早生聖人為
生民主明年匡胤生及長容貌雄偉器度豁如識者知其非

07681 鐫王鳳洲先生會纂綱鑑歷朝正史全編二十三卷 （明）王世貞撰　明萬曆十八年（1590）萃慶堂余泗泉刻本

匡高22.1厘米，廣12.5厘米。半葉十二行，行二十五字，白口，四周雙邊。有“萬曆庚寅仲春月萃慶堂余泗泉梓”牌記。北京師範大學圖書館藏。

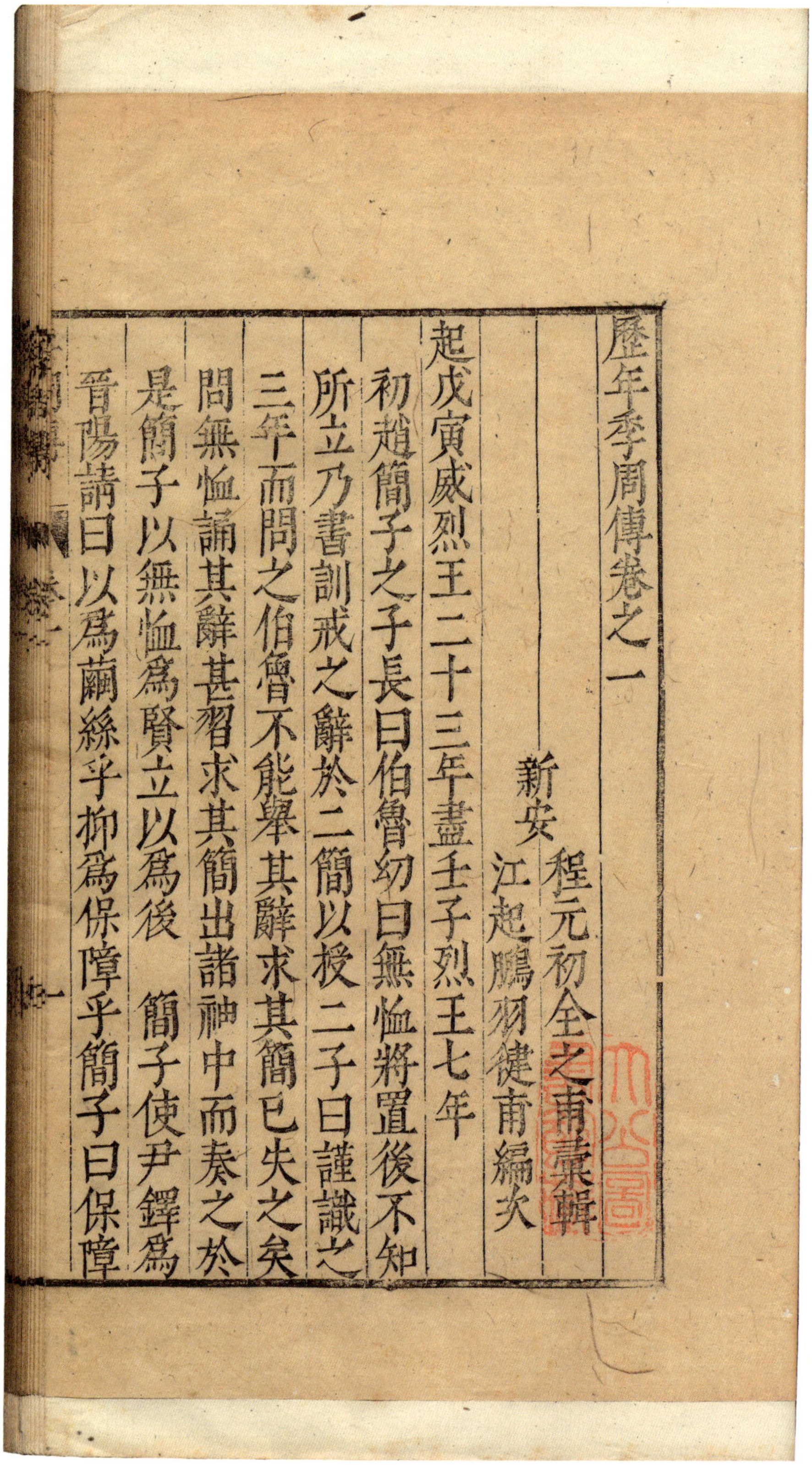
歷年季周傳卷之一
新安　程元初全之甫纂輯
江起鵬羽健甫編次
起戊寅威烈王二十三年盡壬子烈王七年
初趙簡子之子長曰伯魯幼曰無恤將置後不知所立乃書訓戒之辭於二簡以授二子曰謹識之三年而問之伯魯不能舉其辭求其簡已失之矣問無恤誦其辭甚習求其簡出諸袖中而奏之於是簡子以無恤爲賢立以爲後　簡子使尹鐸爲晉陽請曰以爲繭絲乎抑爲保障乎簡子曰保障

07682 歷代二十一傳十二卷 （明）程元初撰　明萬曆刻本

匡高21.2厘米，廣13.1厘米。半葉十行，行二十字，小字雙行同，白口，四周單邊。無錫市圖書館藏。

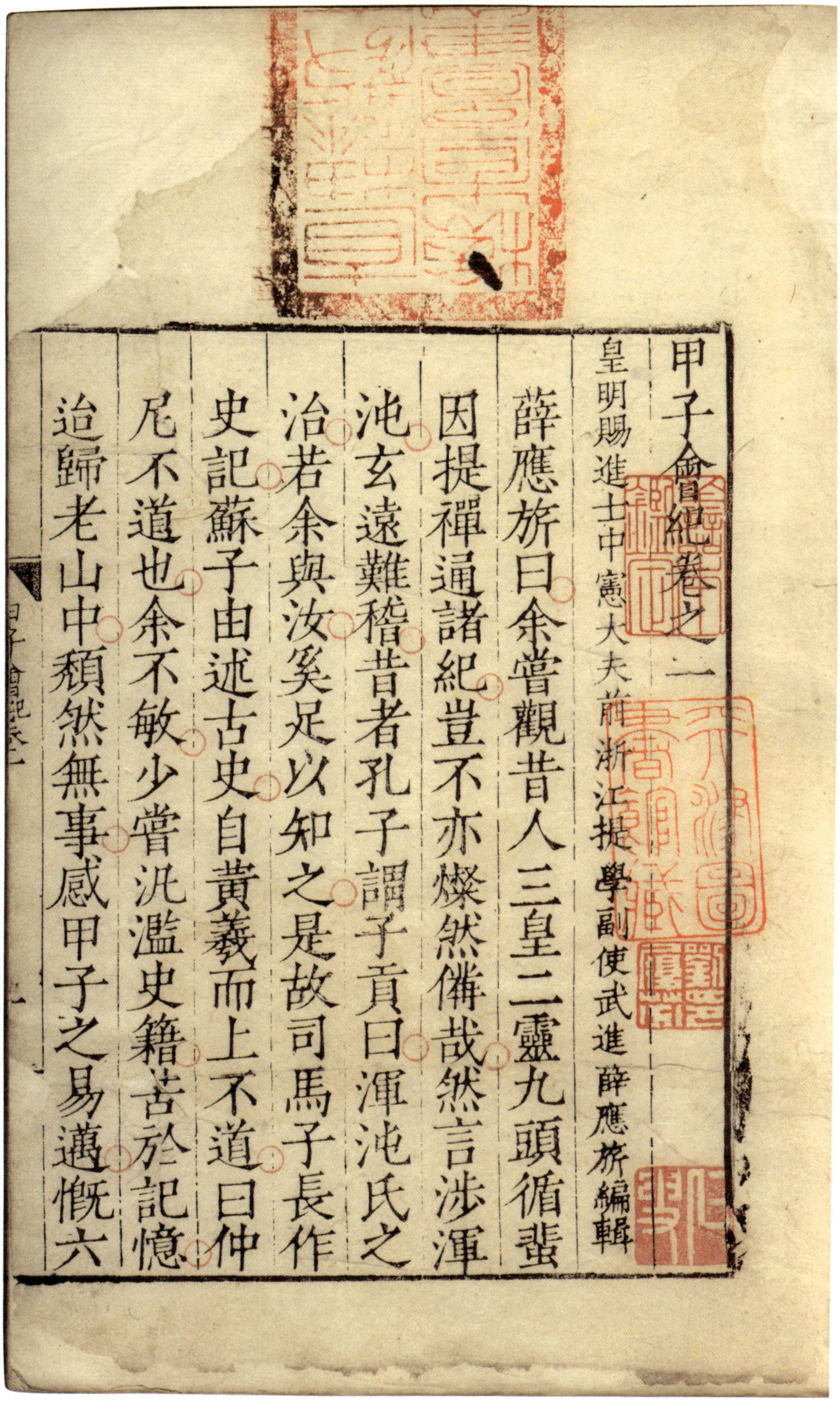
甲子會紀卷之一
皇明賜進士中憲大夫前浙江提學副使武進薛應旂編輯
薛應旂曰余嘗觀昔人三皇二靈九頭循蜚
因提禪通諸紀豈不亦燦然備哉然言涉渾
沌玄遠難稽昔者孔子謂子貢曰渾沌氏之
治若余與汝奚足以知之是故司馬子長作
史記蘇子由述古史自黄羲而上不道曰仲
尼不道也余不敏少嘗汎濫史籍苦於記憶
迨歸老山中頽然無事感甲子之易邁慨六

07683、07684 甲子會紀五卷 （明）薛應旂撰　明嘉靖三十八年（1559）玄津草堂刻本

匡高18.3厘米，廣13.7厘米。半葉九行，行十八字，白口，四周單邊。吉林大學圖書館藏，有“嘉靖戊午秋刻于玄津草堂”署記；天津圖書館藏。

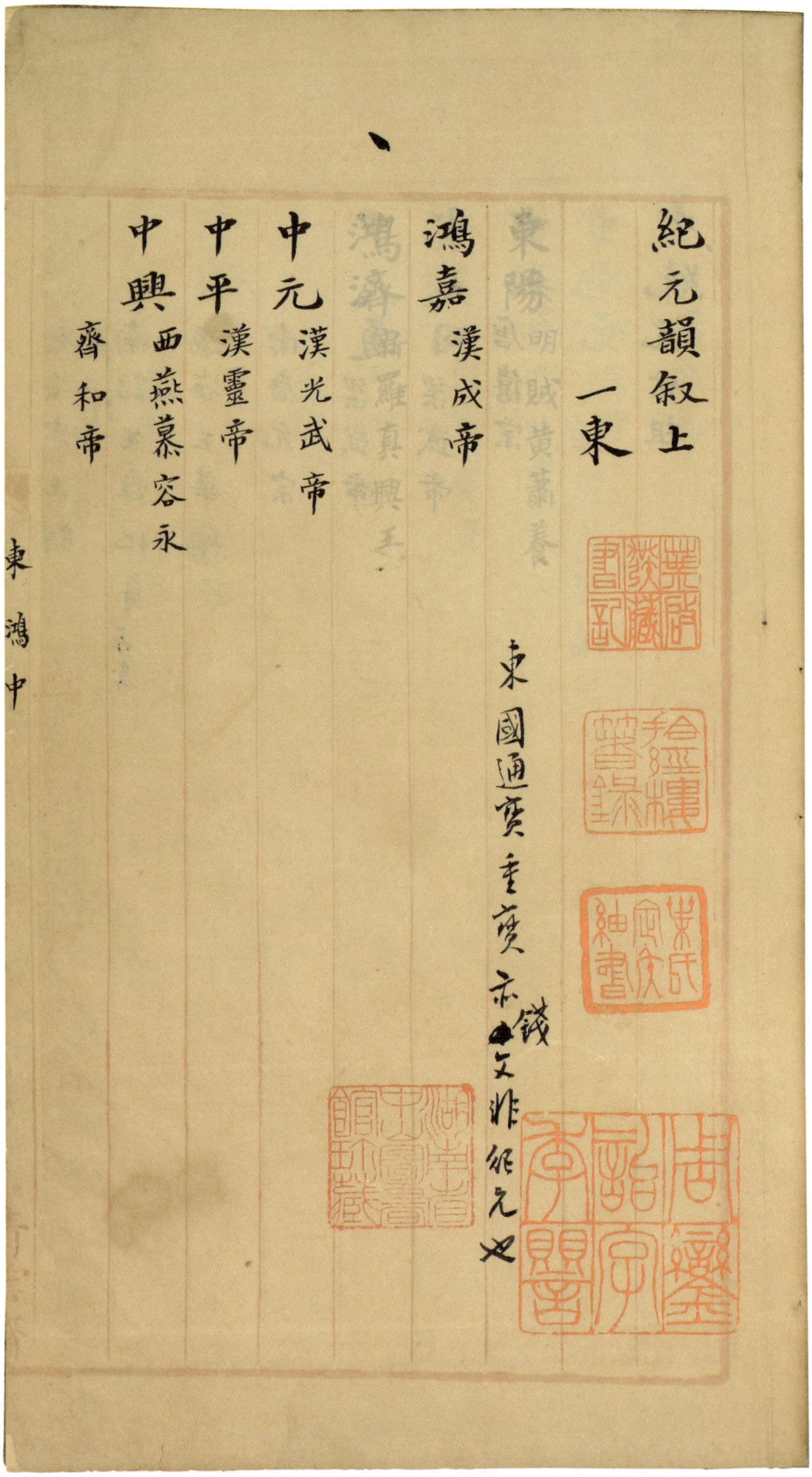

紀元韻敘上

一東

鴻嘉 漢成帝

中元 漢光武帝

中平 漢靈帝

中興 西燕慕容永

齊和帝

東國通寶重寶亦錢文非紀元也

東 鴻 中

07685 紀元韻敘二卷 （清）萬光泰撰　清嘉慶六年（1801）抄本

匡高20厘米，廣12厘米。半葉九行，行字不等，白口，紅格，左右雙邊。有“翰林院編修永明周鑾詒印記”、“周印鑾記”、“周季譽”、“葉啓勳”等印。翁方綱批校並跋。湖南圖書館藏。

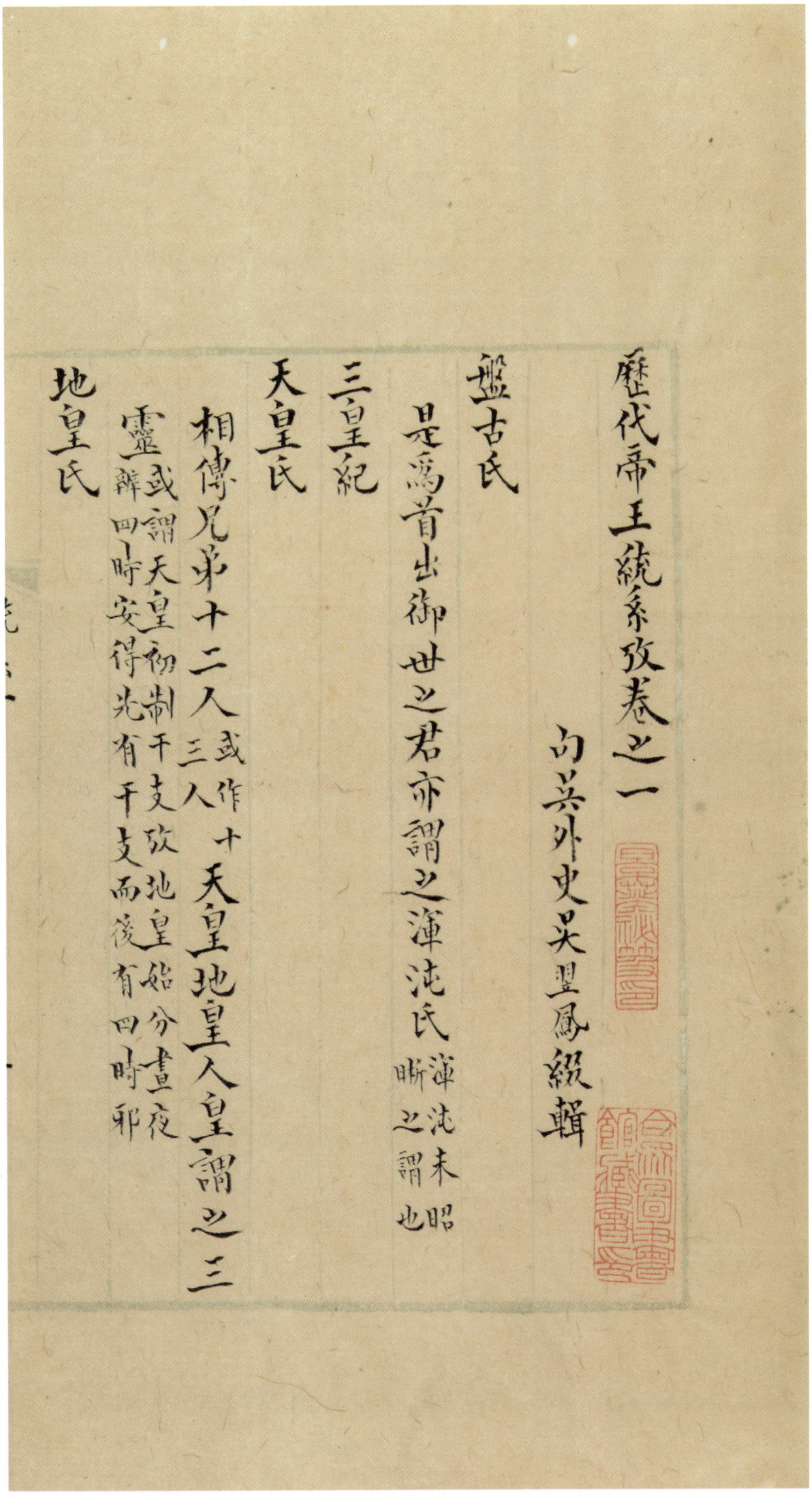
歷代帝王統系攷卷之一
句吳外史吴翌鳳綴輯
盤古氏
是爲首出御世之君亦謂之渾沌氏渾沌未昭晰之謂也
三皇紀
天皇氏
相傳兄弟十二人或作十三人天皇地皇人皇謂之三
靈或謂天皇初制干支攷地皇始分晝夜辨四時安得先有干支而後有四時邪
地皇氏

07686 歷代帝王統系攷八卷 （清）吴翌鳳撰　手稿本

有“柯溪藏書”、“曾沂過眼”、“會稽徐氏鑄學齋藏書印”、“卷盦六十六以後所收書”、“景葵秘笈印”、“杭州葉氏藏書”等印。上海圖書館藏。

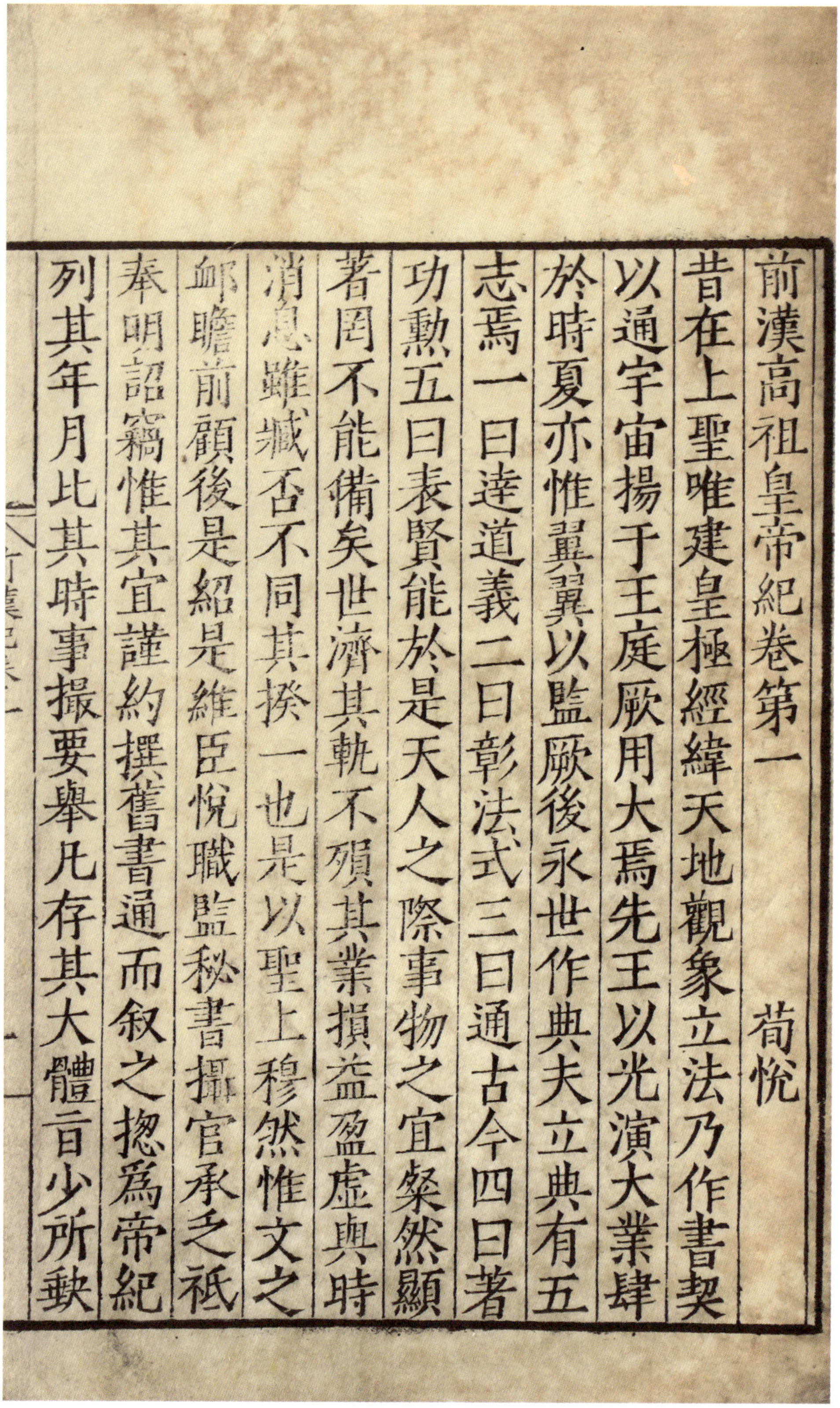

前漢高祖皇帝紀卷第一　荀悅
昔在上聖唯建皇極經緯天地觀象立法乃作書契
以通宇宙揚于王庭厥用大焉先王以光演大業肆
於時夏亦惟翼翼以監厥後永世作典夫立典有五
志焉一曰達道義二曰彰法式三曰通古今四曰著
功勲五曰表賢能於是天人之際事物之宜粲然顯
著罔不能備矣世濟其軌不殞其業損益盈虛與時
消息雖臧否不同其揆一也是以聖上穆然惟文之
卹瞻前顧後是紹是維臣悅職監秘書攝官承乏祗
奉明詔竊惟其宜謹約撰舊書通而敘之揔爲帝紀
列其年月比其時事撮要舉凡存其大體旨少所缺

07687-07695　兩漢紀六十卷　明嘉靖二十七年（1548）黄姬水刻本

匡高19.3厘米，廣14.7厘米。半葉十一行，行二十字，白口，左右雙邊。哈爾濱市圖書館、華東師範大學圖書館藏；吉林大學圖書館有“震粹”、“如皋祝壽慈藏書印”、“ 漢鹿齋金石書畫印”等印；天津圖書館、重慶圖書館、南京圖書館藏；山東省圖書館藏，前漢紀卷十至十五配清抄本；浙江大學圖書館藏，前漢紀卷一至三、後漢紀卷二十五至三十抄配；江蘇省常熟市圖書館藏，存四十八卷。

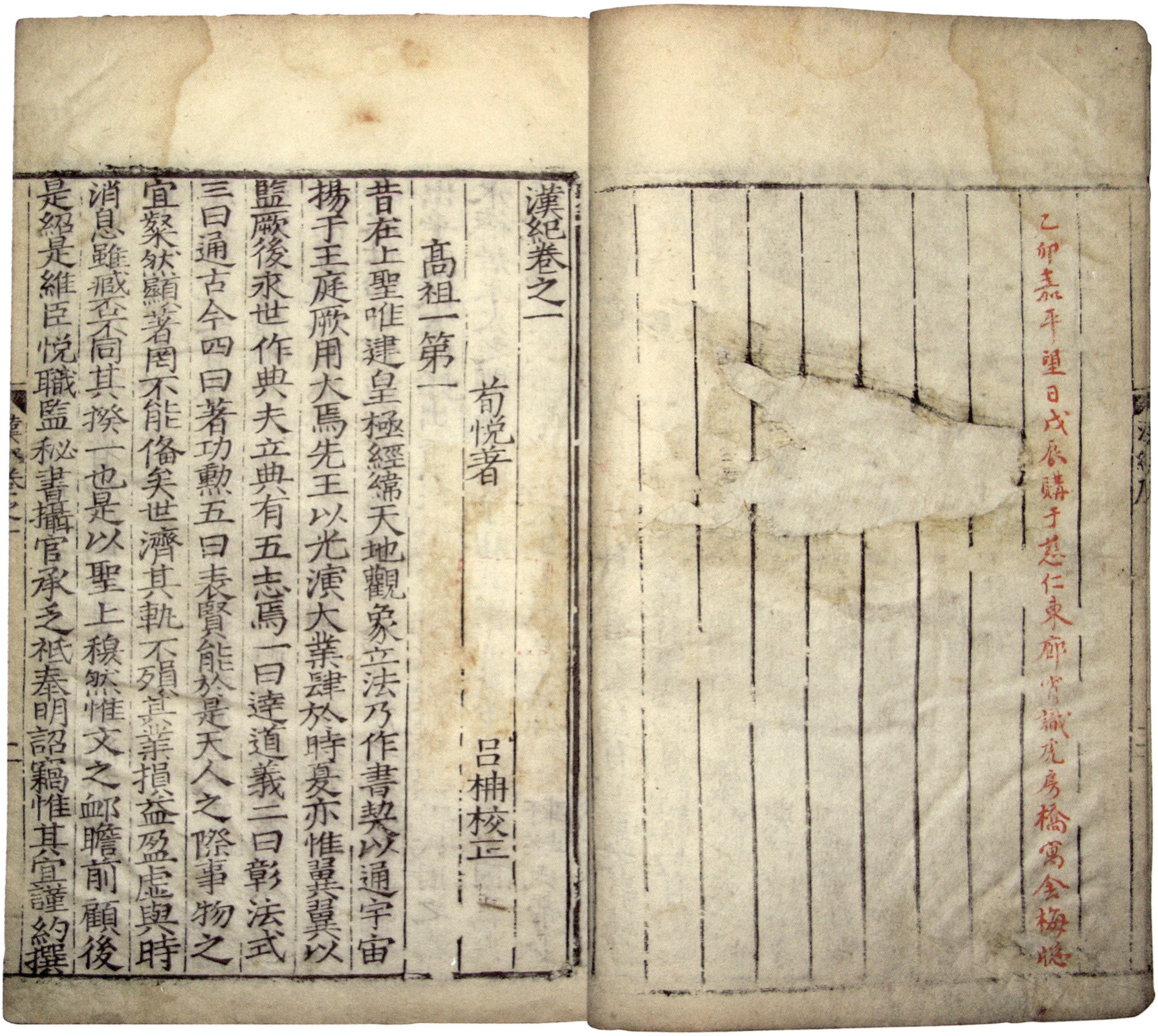
漢紀卷之一
荀悦著
吕柟校正
高祖一第一
昔在上聖唯建皇極經緯天地觀象立法乃作書契以通宇宙
揚于王庭厥用大焉先王以光演大業肆於時夏亦惟翼翼以
監厥後永世作典夫立典有五志焉一曰達道義二曰彰法式
三曰通古今四曰著功勲五曰表賢能於是天人之際事物之
宜粲然顯著罔不能備矣世濟其軌不殞其業損益盈虛與時
消息雖臧否不同其揆一也是以聖上穆然惟文之卹瞻前顧後
是絕是維臣悦職監秘書攝官承乏祇奉明詔竊惟其宜謹約撰
乙卯嘉平望日戊辰購于慈仁東廊

07696 漢紀三十卷 （漢）荀悦撰　明正德十六年（1521）何景明、翟清刻本

匡高20.9厘米，廣14.8厘米。半葉十行，行二十四至二十五字，白口，左右雙邊。有“高唐郝氏懿壽堂章”、“讀書修福”。山東省圖書館藏。

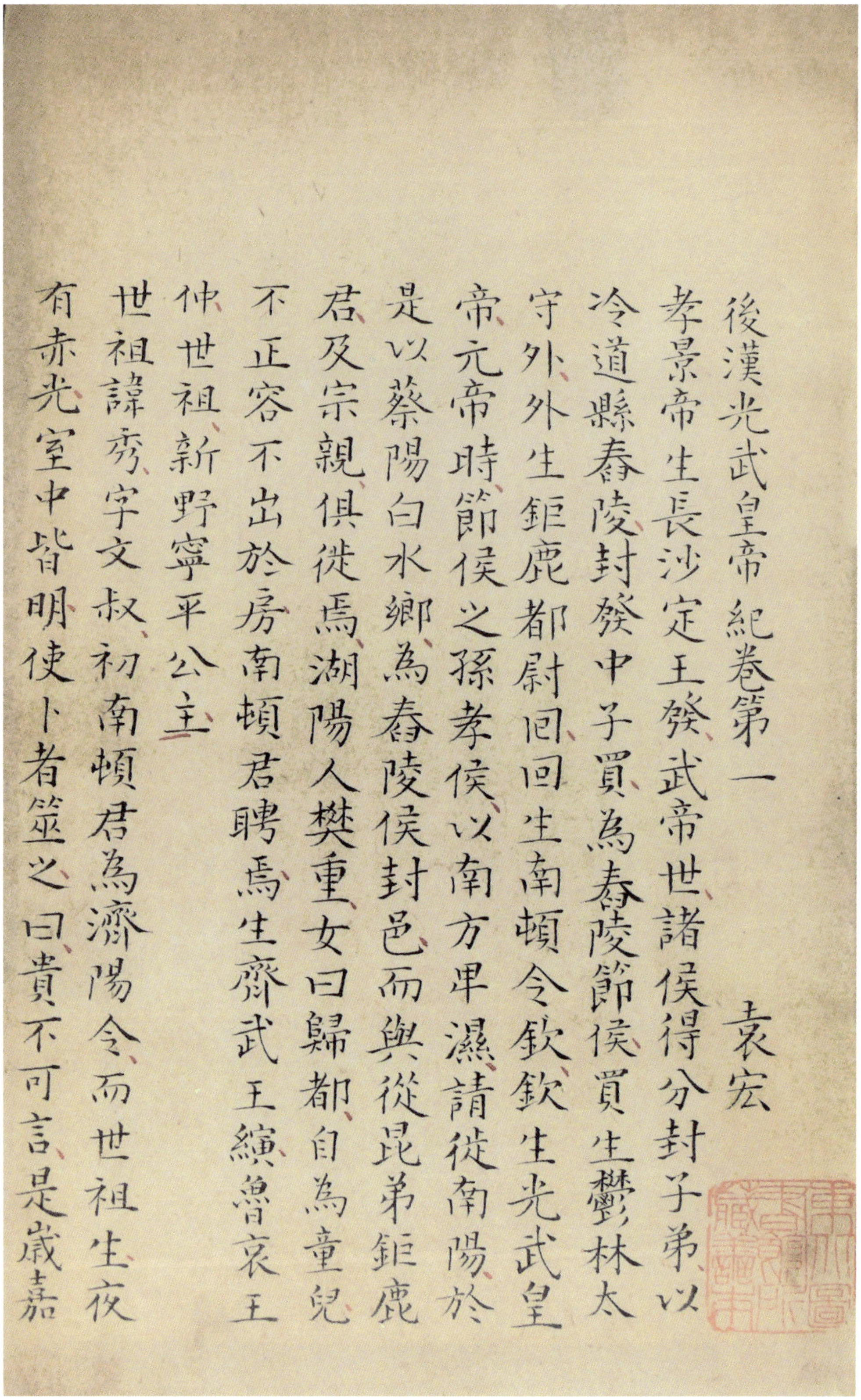

後漢光武皇帝紀卷第一　袁宏

孝景帝生長沙定王發武帝世諸侯得分封子弟以泠道縣舂陵封發中子買為舂陵節侯買生鬱林太守外外生鉅鹿都尉回回生南頓令欽欽生光武皇帝元帝時節侯之孫孝侯以南方卑濕請徙南陽於是以蔡陽白水鄉為舂陵侯封邑而與從昆弟鉅鹿君及宗親俱徙焉湖陽人樊重女曰歸都自為童兒不正容不出於房南頓君聘焉生齊武王縯魯哀王仲世祖新野寧平公主

世祖諱秀字文叔初南頓君為濟陽令而世祖生夜有赤光室中皆明使卜者筮之曰貴不可言是歲嘉

07697 後漢紀三十卷（晉）袁宏撰　清初抄本

有“宗室文慤公家世藏”、“聖清宗室盛昱伯羲之印”、“如掃落葉”等印。遼寧省圖書館藏。

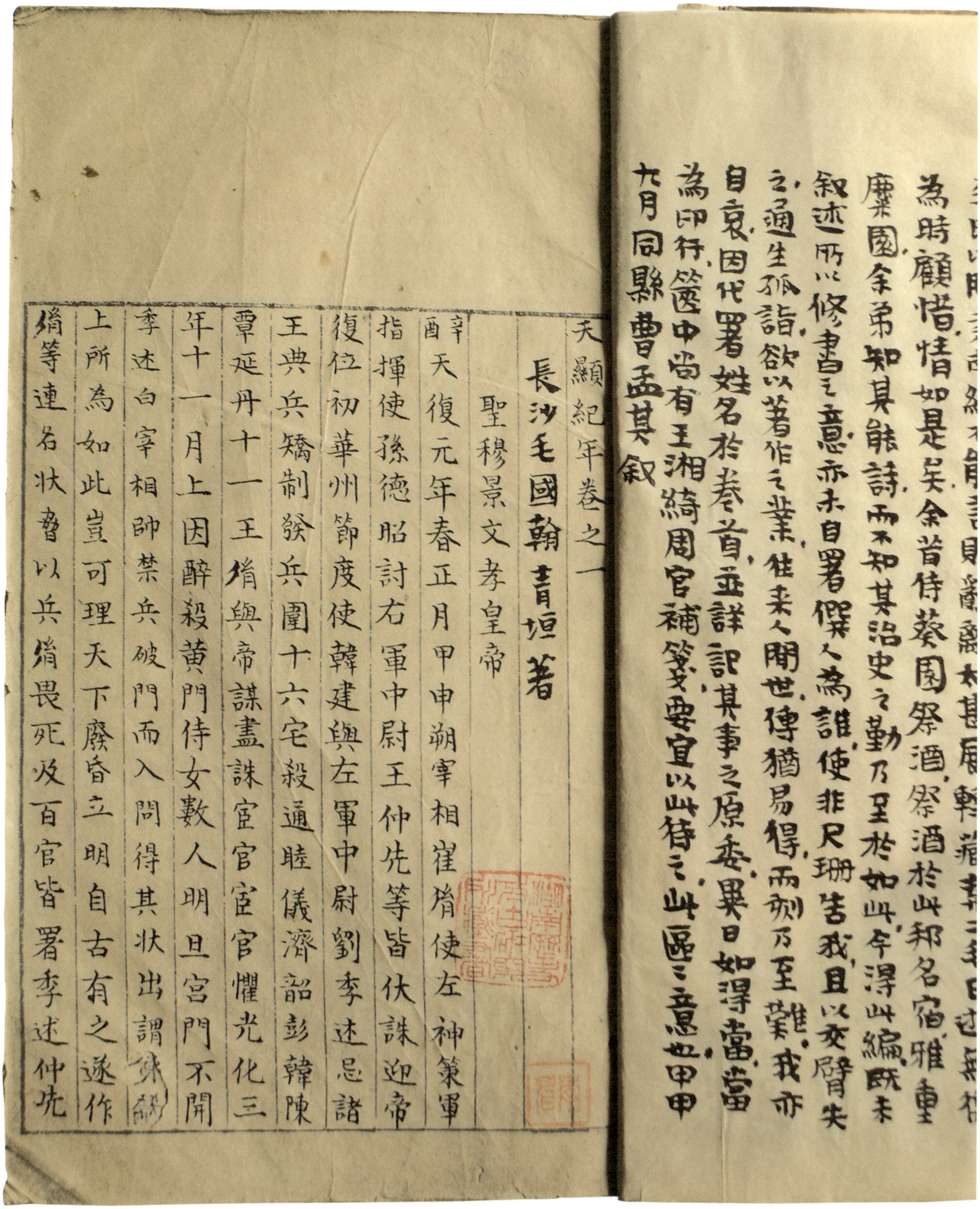

天顯紀年卷之一
長沙毛國翰青垣著
聖穆景文孝皇帝
辛酉天復元年春正月甲申朔宰相崔胤使左神策軍
指揮使孫德昭討右軍中尉王仲先等皆伏誅迎帝
復位初華州節度使韓建與左軍中尉劉季述忌諸
王典兵矯制發兵圍十六宅殺通睦儀濟韶彭韓陳
覃延丹十一王胤與帝謀盡誅宦官宦官懼光化三
年十一月上因醉殺黃門侍女數人明旦宮門不開
季述白宰相帥禁兵破門而入問得其狀出謂[illegible]
上所為如此豈可理天下廢昏立明自古有之遂作
胤等連名狀脅以兵胤畏死及百官皆署季述仲先

為時顧惜惜如是矣余昔侍蔡園祭酒祭酒於此稱名宿雅重
糜園余弟知其能詩而不知其治史之勤乃至於如此今得此編既未
叙述所以修書之意亦未自署傑人為誰使非尺珊告我且以交臂失
之通生孫詒欲以著作之業往來人間世傳猶易得而刻乃至難我亦
自哀因代署姓名於卷首並詳記其事之原委異日如得當當
為印行篋中尚有王湘綺周官補箋要宜以此待之此區區之意也甲申
九月同縣曹孟其叙

07698 天顯紀年三十三卷 （清）毛國翰撰　清抄本

匡高18.2厘米，廣13.5厘米。半葉十二行，行二十字，白口，四周單邊。有“季眉”等印。曹孟其跋。湖南省社會科學院圖書館藏。

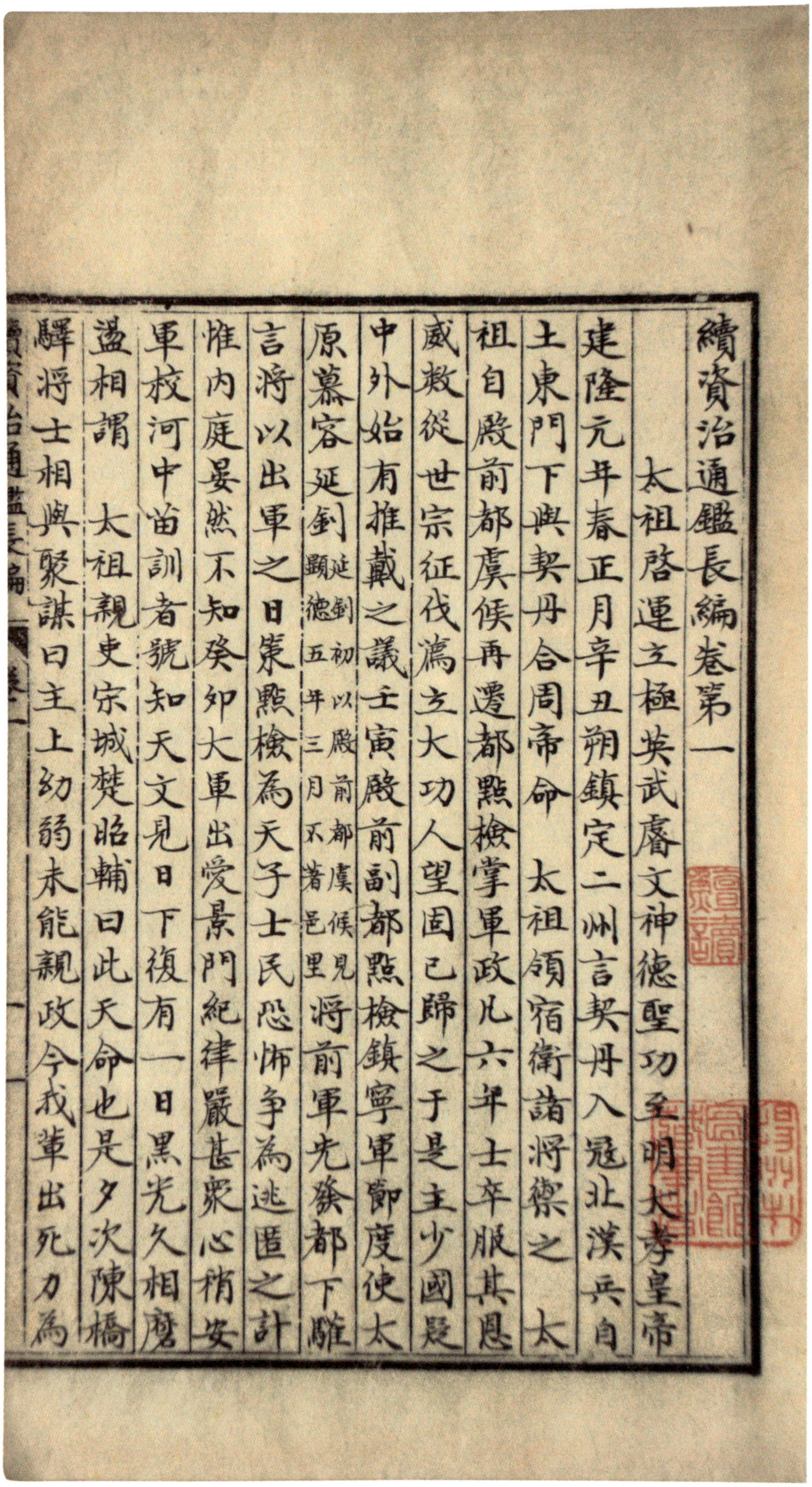

續資治通鑑長編卷第一
太祖啓運立極英武睿文神德聖功至明大孝皇帝
建隆元年春正月辛丑朔鎮定二州言契丹入寇北漢兵自
土東門下與契丹合周帝命 太祖領宿衛諸將禦之 太
祖自殿前都虞候再遷都點檢掌軍政凡六年士卒服其恩
威數從世宗征伐洊立大功人望固已歸之于是主少國疑
中外始有推戴之議壬寅殿前副都點檢鎮寧軍節度使太
原慕容延釗延釗初以殿前都虞候見顯德五年三月不著邑里將前軍先發都下讙
言將以出軍之日策點檢為天子士民恐怖爭為逃匿之計
惟內庭晏然不知癸卯大軍出愛景門紀律嚴甚衆心稍安
軍校河中苗訓者號知天文見日下復有一日黑光久相磨
盪相謂 太祖親吏宗城楚昭輔曰此天命也是夕次陳橋
驛將士相與聚謀曰主上幼弱未能親政今我輩出死力為

07699 續資治通鑑長編一百八卷 （宋）李燾撰　清抄本

匡高19.9厘米，廣14厘米。半葉十三行，行二十三字，白口，四周雙邊。沈石賓跋。揚州市圖書館藏。

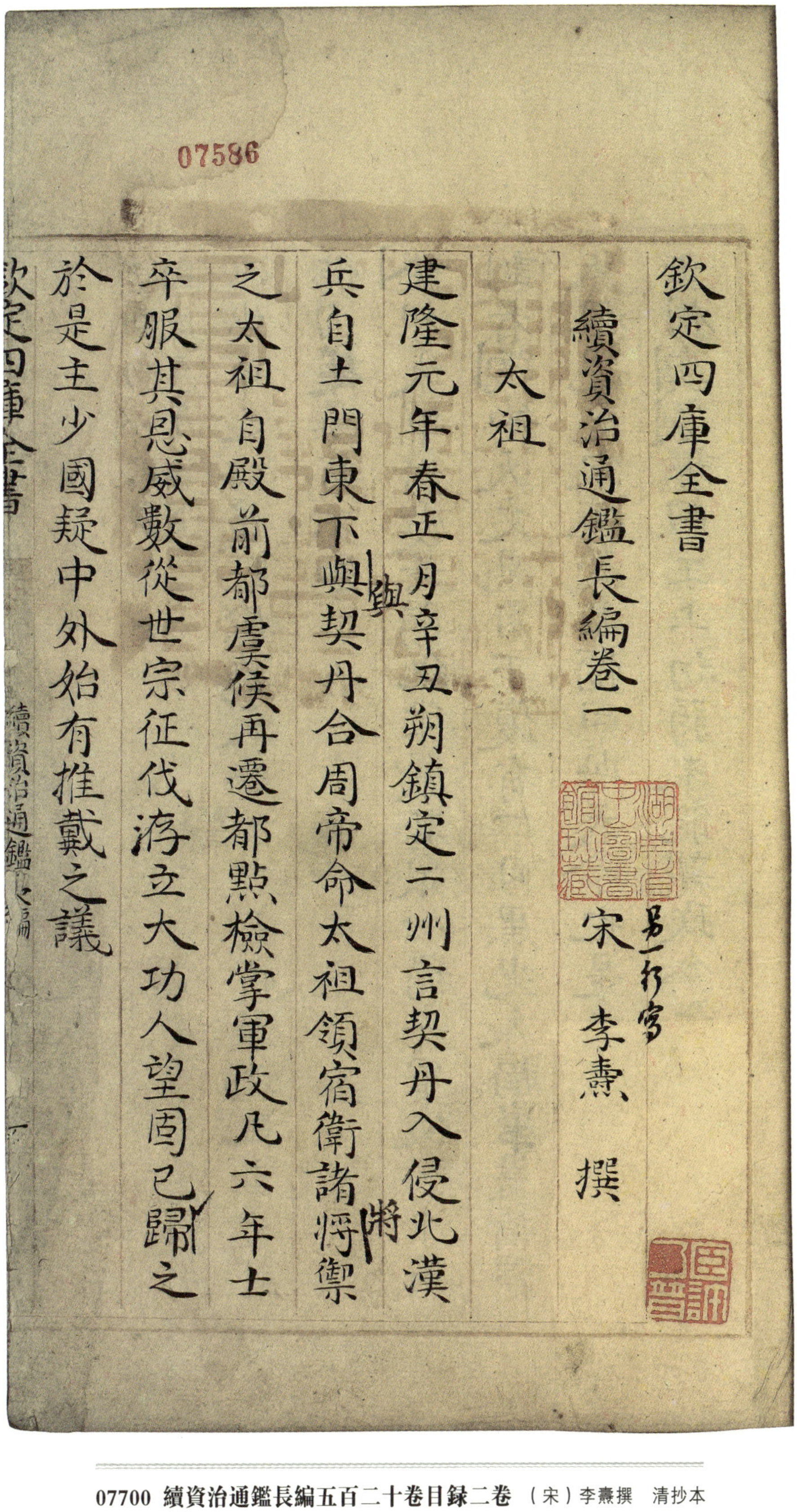

欽定四庫全書
續資治通鑑長編卷一
太祖
宋 李燾 撰
建隆元年春正月辛丑朔鎮定二州言契丹入侵北漢
兵自土門東下與契丹合周帝命太祖領宿衛諸將禦
之太祖自殿前都虞候再遷都點檢掌軍政凡六年士
卒服其恩威數從世宗征伐洊立大功人望固已歸之
於是主少國疑中外始有推戴之議

07700 續資治通鑑長編五百二十卷目録二卷 （宋）李燾撰 清抄本

[四庫底本]

匡高22.2厘米，廣15.6厘米。半葉八行，行二十一字，白口，紅格，四周雙邊。湖南圖書館藏。

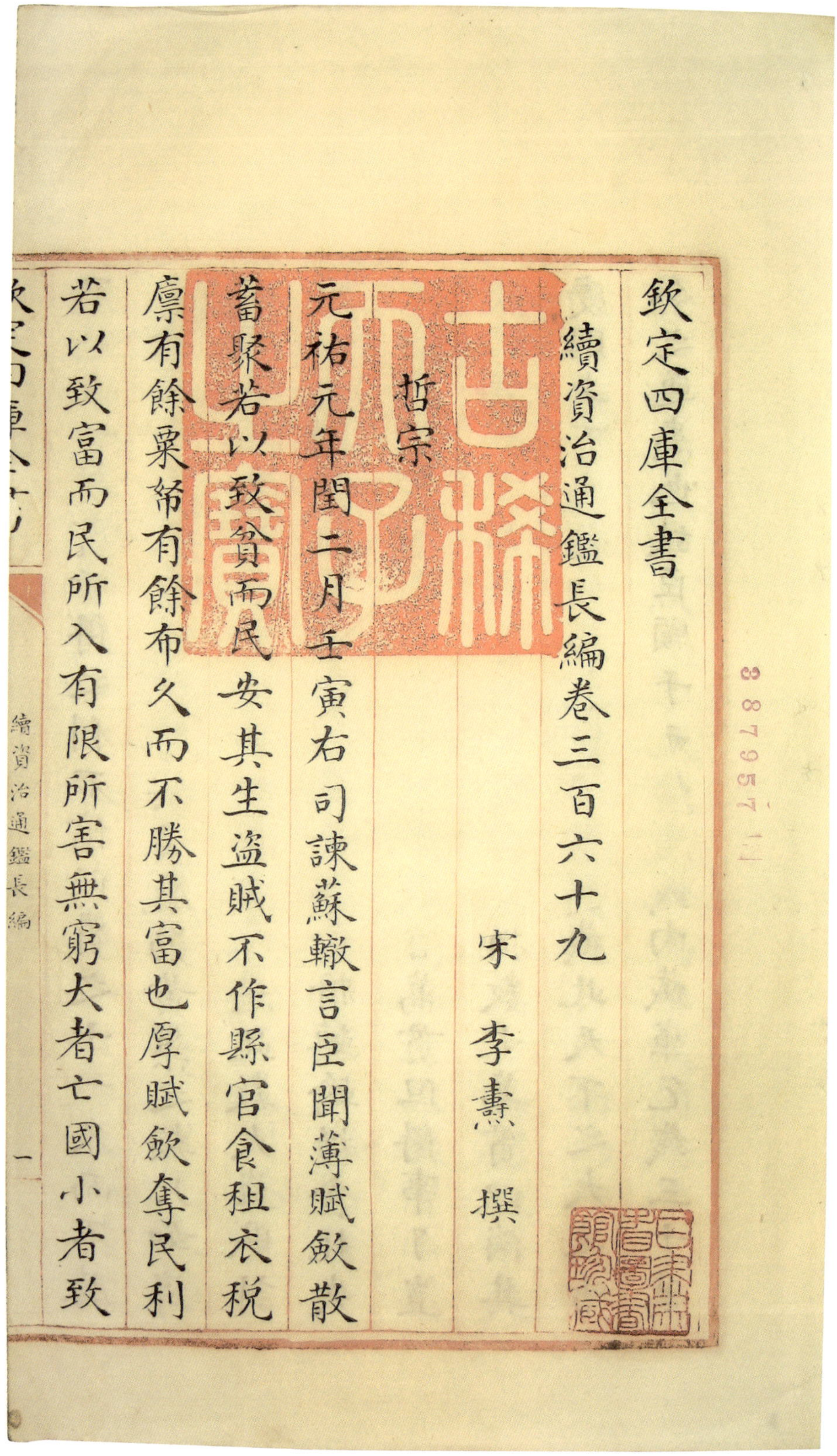

07701 續資治通鑑長編五百二十卷 （宋）李燾撰　清乾隆内府寫四庫全書本

匡高20.6厘米，廣13.8厘米。半葉八行，行二十一字，白口，紅格，四周雙邊。有“古稀天子之寶”、“乾隆御覽之寶”等印。甘肅省圖書館藏，存二卷。

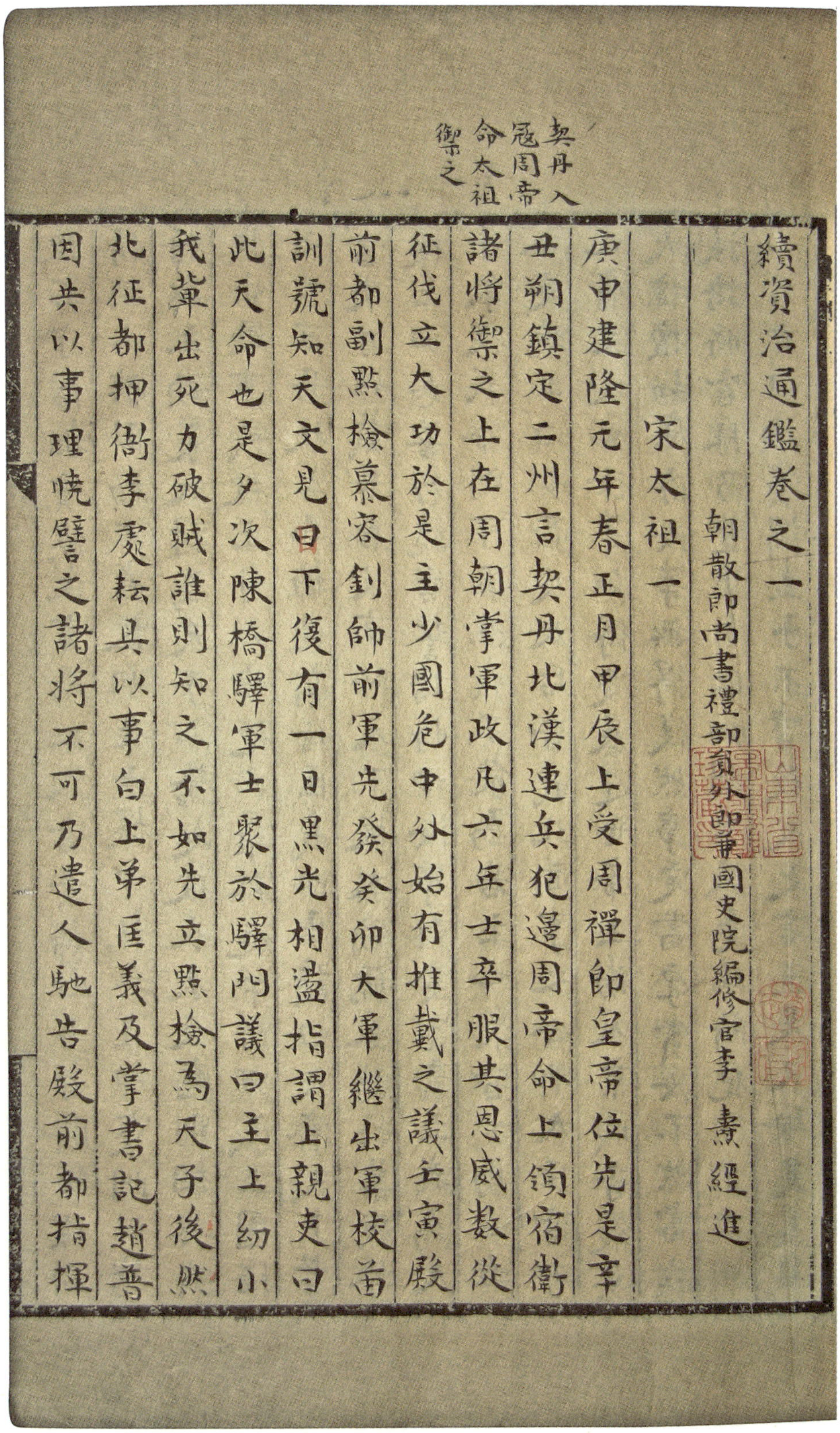
契丹入寇周帝命太祖禦之

續資治通鑑卷之一

朝散郎尚書禮部員外郎兼國史院編修官李燾經進

宋太祖一

庚申建隆元年春正月甲辰上受周禪即皇帝位先是辛丑朔鎮定二州言契丹北漢連兵犯邊周帝命上領宿衛諸將禦之上在周朝掌軍政凡六年士卒服其恩威數從征伐立大功於是主少國危中外始有推戴之議壬寅殿前都副點檢慕容釗帥前軍先發癸卯大軍繼出軍校苗訓號知天文見日下復有一日黑光相盪指謂上親吏曰此天命也是夕次陳橋驛軍士聚於驛門議曰主上幼小我輩出死力破賊誰則知之不如先立點檢為天子後然北征都押衙李處耘具以事白上弟匡義及掌書記趙普因共以事理曉譬之諸將不可乃遣人馳告殿前都指揮

07702 續宋編年資治通鑑十八卷 題（宋）李燾撰 清抄本

匡高20.9厘米，廣15.7厘米。半葉十三行，行二十二字，黑口，左右雙邊。有“趙彪”、“季滄葦藏書印”、“乾隆辛卯九月二十三日歙西鮑氏知不足齋收藏”等印，鮑廷博批校。山東省圖書館藏。

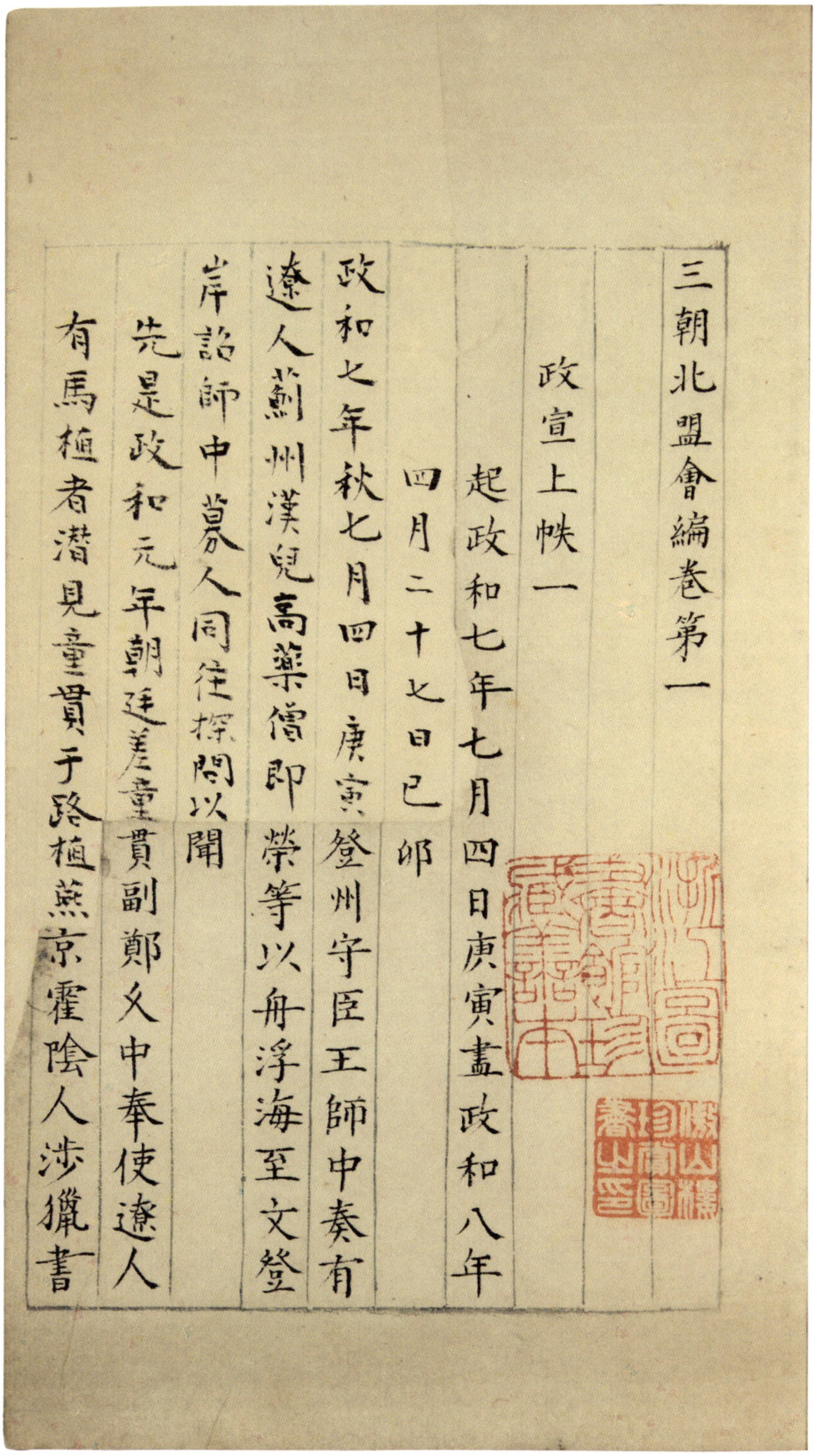
三朝北盟會編卷第一
政宣上帙一
起政和七年七月四日庚寅盡政和八年
四月二十七日己卯
政和七年秋七月四日庚寅登州守臣王師中奏有
遼人薊州漢兒高藥師曾即榮等以舟浮海至文登
岸語師中募人同往探問以聞
先是政和元年朝廷差童貫副鄭允中奉使遼人
有馬植者潛見童貫于路植燕京霍陰人涉獵書

07703 三朝北盟會編二百五十卷 （宋）徐夢莘撰 明抄本

匡高19.9厘米，廣13.5 厘米。半葉十行，行二十字，小字雙行同，白口，藍格，四周單邊。浙江圖書館藏，存二百三十卷。

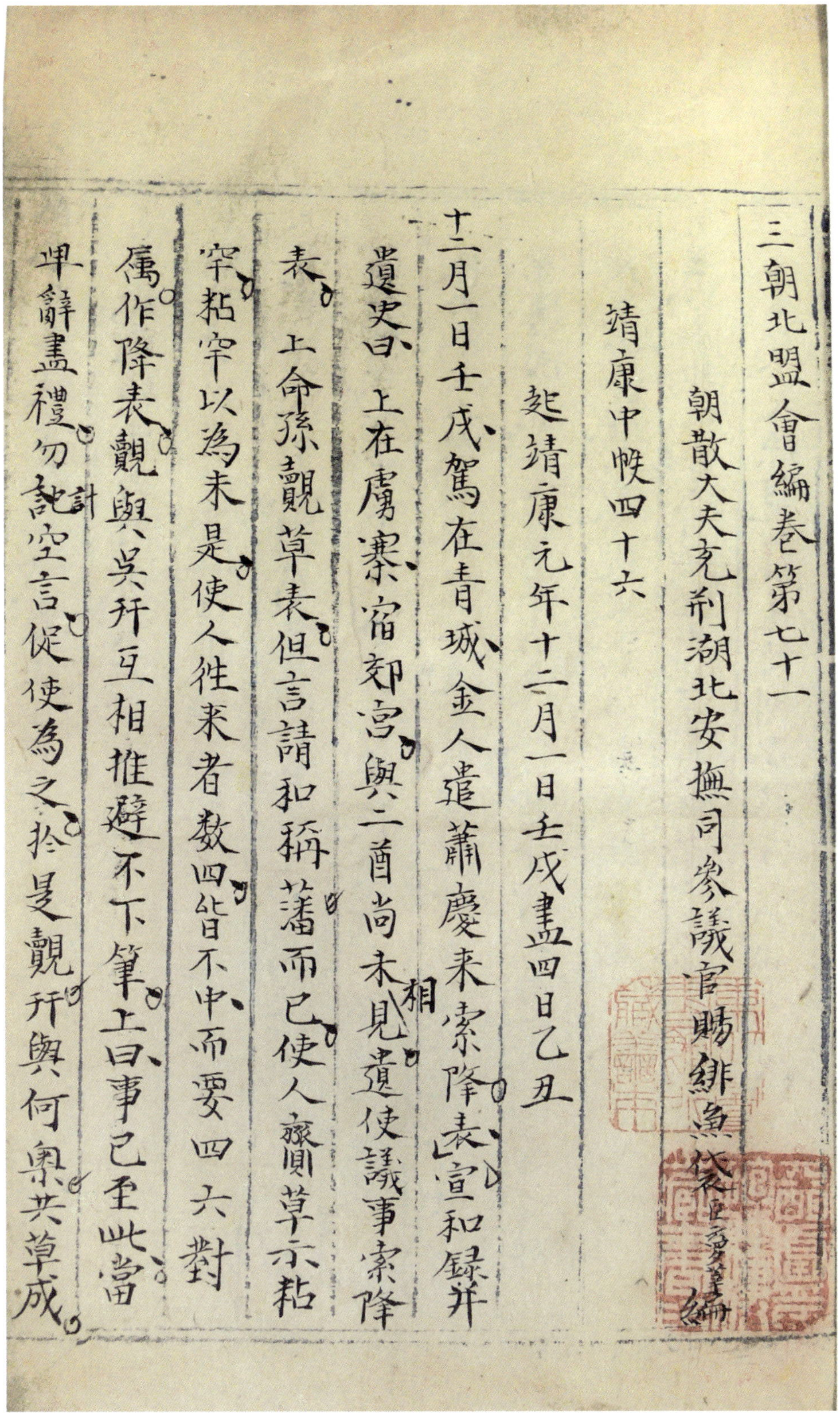
三朝北盟會編卷第七十一
朝散大夫充荆湖北安撫司參議官賜緋魚袋徐夢莘編
靖康中帙四十六
起靖康元年十二月一日壬戌盡四日乙丑
十二月一日壬戌駕在青城金人遣蕭慶來索降表宣和録并
遺史曰上在虜寨宿郊宮與二酋尚未相見遣使議事索降
表上命孫覿草表但言請和稱藩而已使人齎草示粘
罕粘罕以為未是使人往來者數四皆不中而要四六對
屬作降表覿與吴幵互相推避不下筆上曰事已至此當
卑辭盡禮勿計空言促使為之於是覿幵與何㮚共草成

07704 三朝北盟會編二百五十卷 （宋）徐夢莘撰　明抄本

匡高20.7厘米，廣15.3厘米。半葉十行，行字不等，白口，藍格，四周雙邊。有“四明盧氏抱經樓藏書印”等印。遼寧省圖書館藏，存一百八十卷。

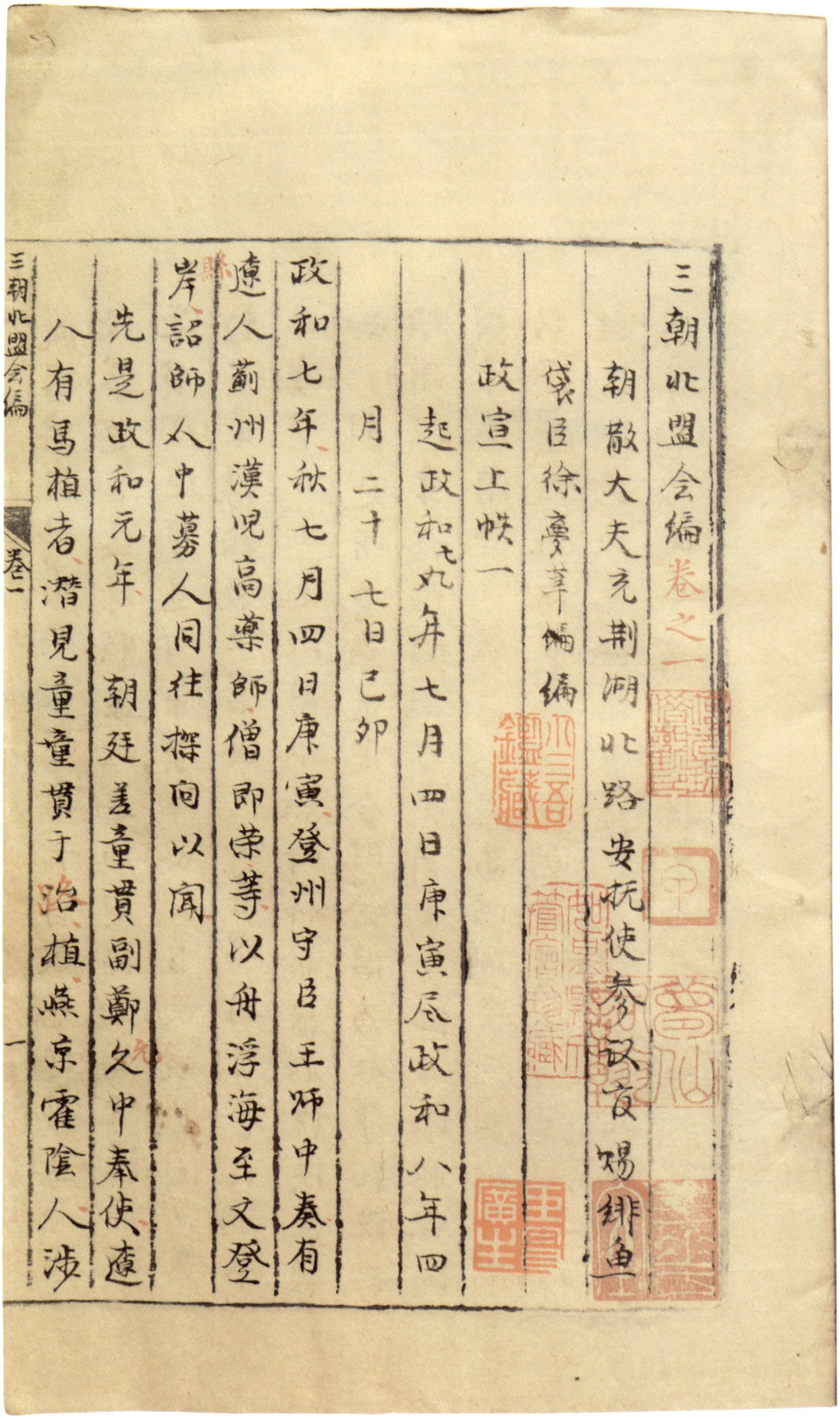

三朝北盟会編卷之一
朝散大夫充荆湖北路安撫使參議官賜緋魚
袋臣徐夢莘編
政宣上帙一
起政和七年七月四日庚寅尽政和八年四
月二十七日己卯
政和七年秋七月四日庚寅登州守臣王師中奏有
遼人蓟州漢兒高藥師僧郎榮等以舟浮海至文登
岸詔師人中募人同往探向以聞
先是政和元年 朝廷差童貫副鄭允中奉使遼
人有馬植者潜見童貫于涿植燕京霍陰人涉

三朝北盟会編 卷一 一

07705 三朝北盟會編二百五十卷 （宋）徐夢莘撰　明抄本

匡高19.5厘米，廣12.5厘米。半葉十一行，行二十字，白口，藍格，左右雙邊。江蘇省如皋市圖書館藏，存一百五十七卷。

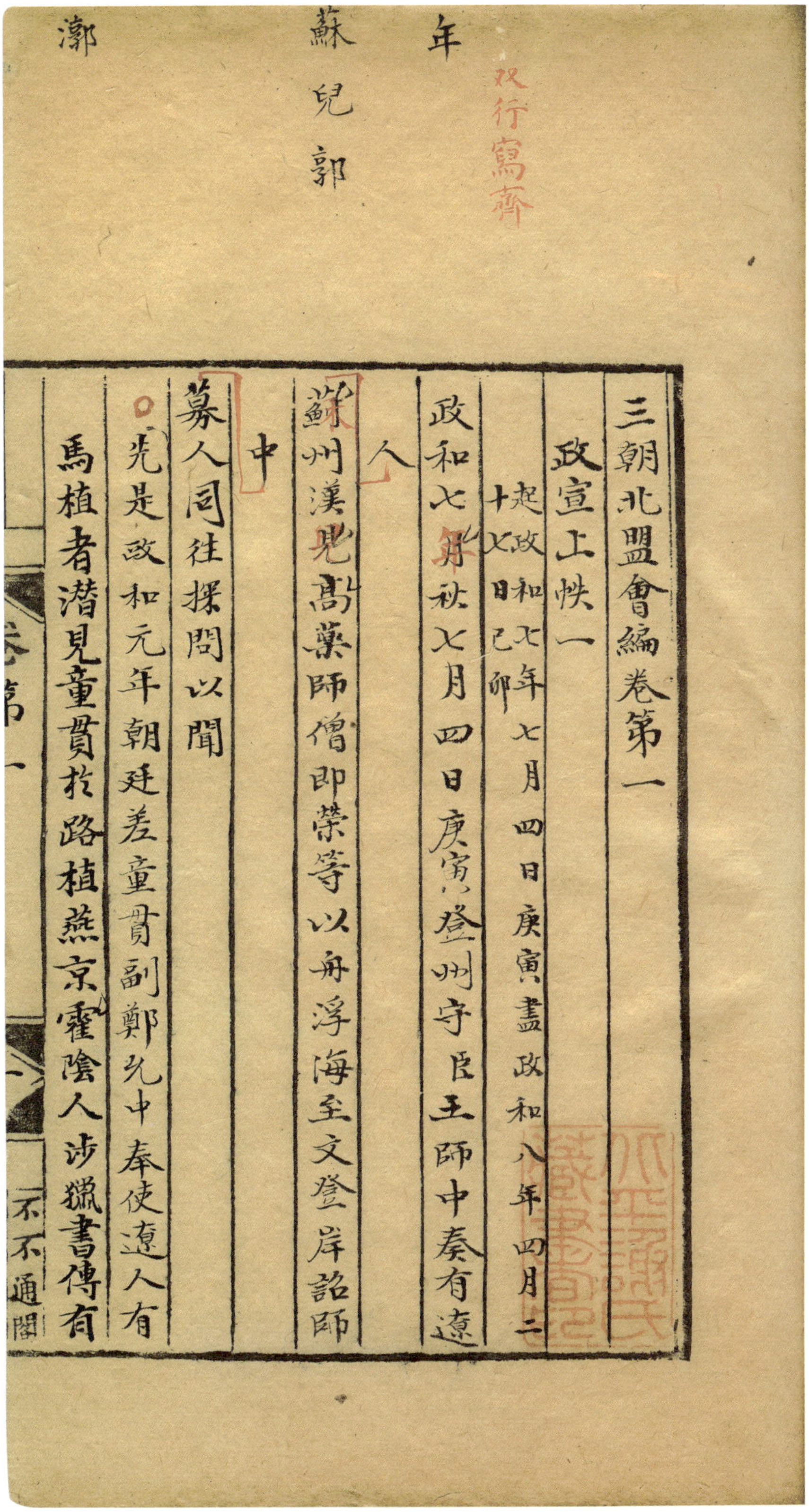

07706 三朝北盟會編二百五十卷 （宋）徐夢莘撰　清不不通閣抄本

匡高18.7厘米，廣12.6厘米。半葉十行，行二十一字，黑口，左右雙邊。有“蓮池書院收藏書籍印”、“直隸圖書館收藏記”、“北平謝氏藏書印”等印。保定市圖書館藏。

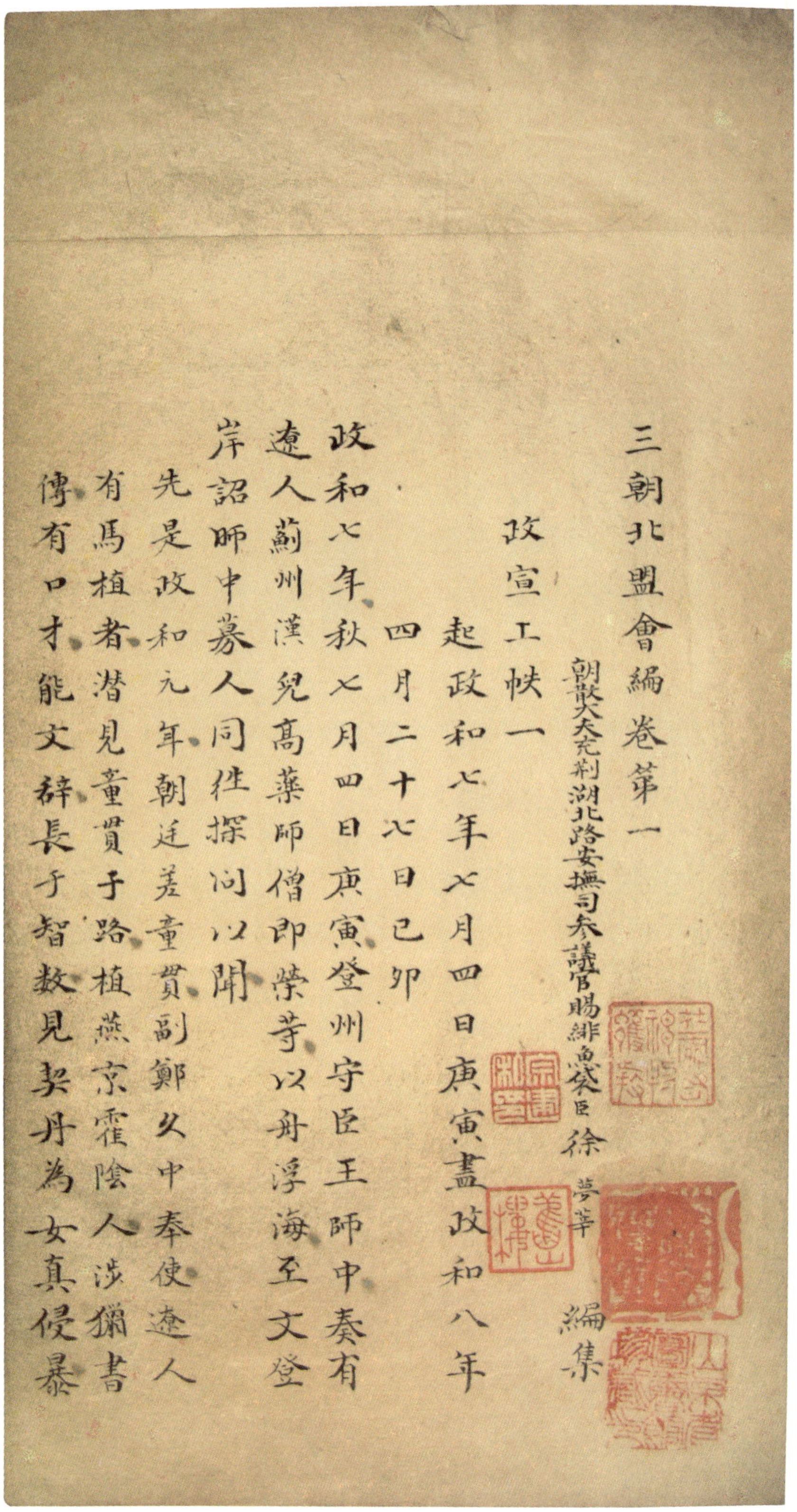

三朝北盟會編卷第一

朝散大夫充荆湖北路安撫司參議官賜緋魚袋臣徐夢莘編集

政宣上帙一

起政和七年七月四日庚寅盡政和八年

四月二十七日己卯

政和七年秋七月四日庚寅登州守臣王師中奏有

遼人蓟州漢兒高藥師僧郎榮等以舟浮海至文登

岸詔師中募人同往探問以聞

先是政和元年朝廷差童貫副鄭允中奉使遼人

有馬植者潛見童貫于路植燕京霍陰人涉獵書

傳有口才能文辞長于智数見契丹為女真侵暴

07707 三朝北盟會編二百五十卷 （宋）徐夢莘撰　清抄本

有“小嫏嬛福地秘笈”、“常熟趙氏舊山樓經籍記”、“舊山樓”、“在處有神物護發”、“宗建私印”、“趙録績印”、“趙氏模巹閣收藏圖籍書畫印”、“虞山張蓉鏡芙川信印”、“秘帙”等印。山東省圖書館藏。

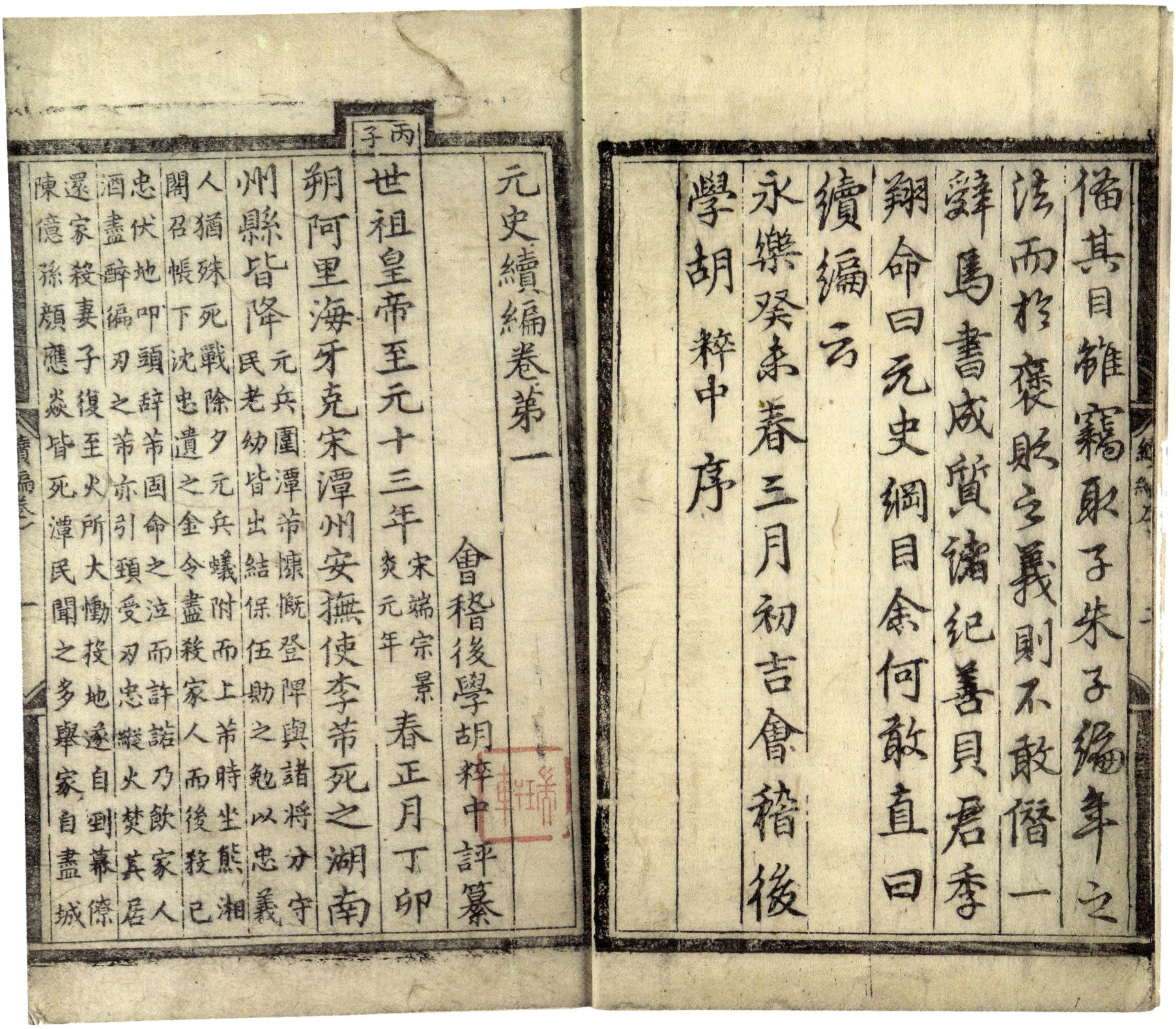
備其目雖竊取子朱子編年之法而於褒貶之義則不敢僭一辭焉書成質諸紀善貝君季翔命曰元史綱目余何敢直曰續編云

永樂癸未春三月初吉會稽後學胡粹中序

丙子

元史續編卷第一

會稽後學胡粹中評纂

世祖皇帝至元十三年宋端宗景炎元年春正月丁卯朔阿里海牙克宋潭州安撫使李芾死之湖南州縣皆降元兵圍潭芾慷慨登陴與諸將分守民老幼皆出結保伍勛之勉以忠義人猶殊死戰除夕元兵蟻附而上芾時坐熊湘閣召帳下沈忠遺之金令盡殺家人而後殺已忠伏地叩頭辭芾固命之泣而許諾乃飲家人酒盡醉徧刃之芾亦引頸受刃忠縱火焚其居還家殺妻子復至火所大慟投地遂自刎幕僚陳億孫顏應炎皆死潭民聞之多舉家自盡城

07708 元史續編十六卷 （明）胡粹中撰　明永樂刻本

匡高20厘米，廣13.8厘米。半葉八行，行十八字，小字雙行同，黑口，四周雙邊。有“獨山莫氏藏”、“瑞軒”、“曾在周叔弢處”等印。鄧邦述跋。國家圖書館藏。

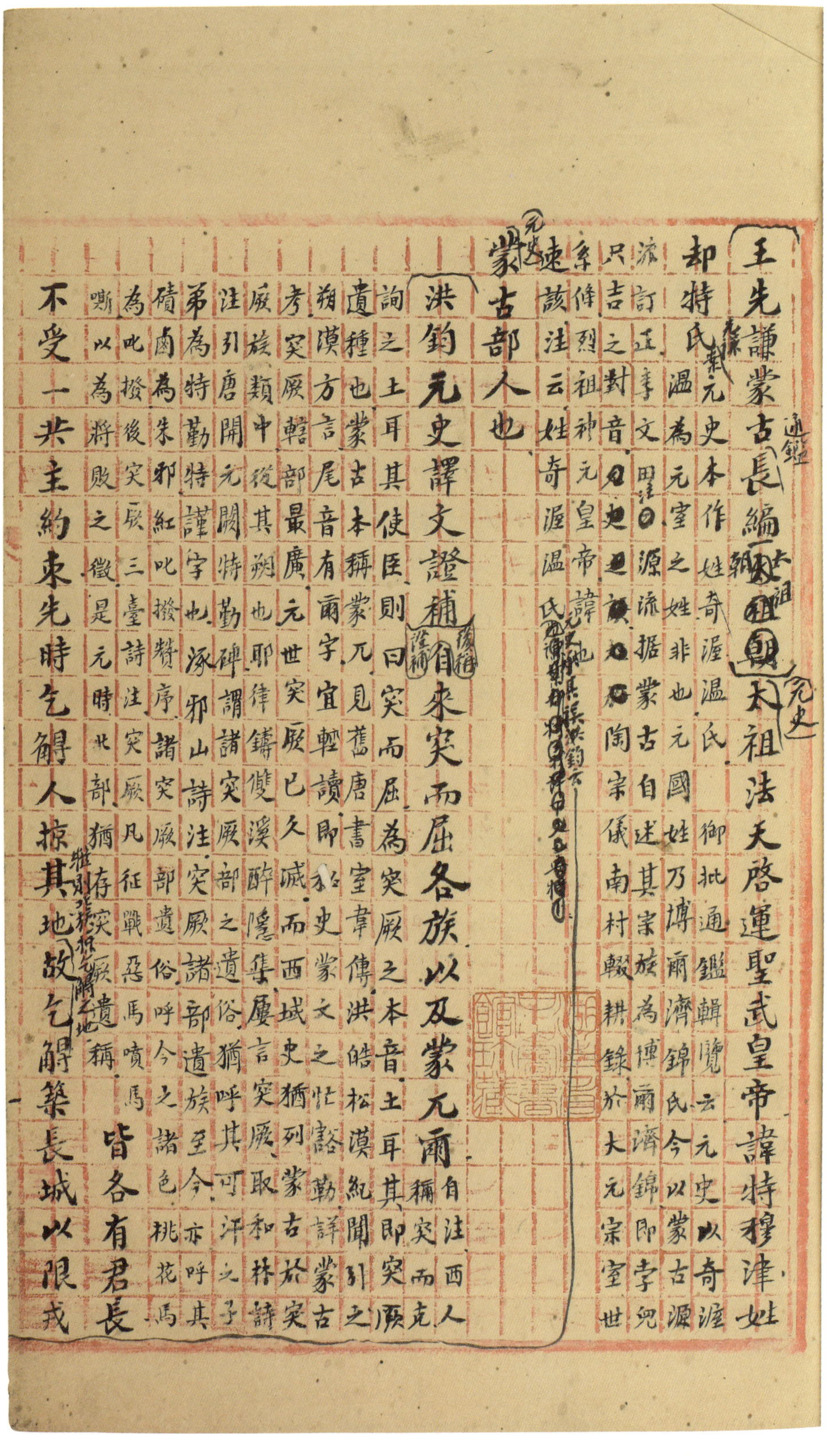

王先謙蒙古通鑑長編卷一 太祖法天啓運聖武皇帝諱特穆津姓
却特氏 元史本作姓奇渥溫氏 御批通鑑輯覽云元史以奇渥
溫為元室之姓非也元國姓乃博爾濟錦氏今以蒙古源
流訂正事文 源流據蒙古自述其宗族為博爾濟錦即孛兒
只吉之對音 陶宗儀南村輟耕錄於大元宗室世
系條列祖神元皇帝諱
遂該注云姓奇渥溫
蒙古部人也
洪鈞元史譯文證補 自來突而屈各族以及蒙兀爾 自注西人稱突而克人
詢之土耳其使臣則曰突而屈為突厥之本音土耳其即突厥
遺種也蒙古本稱蒙兀見舊唐書室韋傳洪皓松漠紀聞引之
朔漠方言尾音有爾字宜輕讀即秘史蒙文之忙豁勒詳蒙古
考突厥突厥轄部最廣元世突厥已久滅而西域史猶列蒙古於突
厥族類中從其朔也耶律鑄雙溪醉隱集屢言突厥取和林詩
注引唐開元闕特勤碑謂諸突厥部之遺俗猶呼其可汗之子
弟為特勤特謹字也涿邪山詩注突厥諸部遺族至今亦呼其
磧鹵為朱邪紅吡撥特序諸突厥部遺俗呼今之諸色桃花馬
為吡撥後突厥三臺詩注突厥凡征戰惡馬噴馬
嘶以為將敗之徵是元時北部猶存突厥遺稱 皆各有君長
不受一共主約束先時乞解人掠其地故乞解築長城以限戎

07709 蒙古通鑑長編八卷補編一卷 （清）王先謙撰　稿本

匡高21.4厘米，廣15.2厘米。半葉十二行，行二十五字不等，小字雙行二十五字不等，白口，紅格，左右雙邊。湖南圖書館藏。

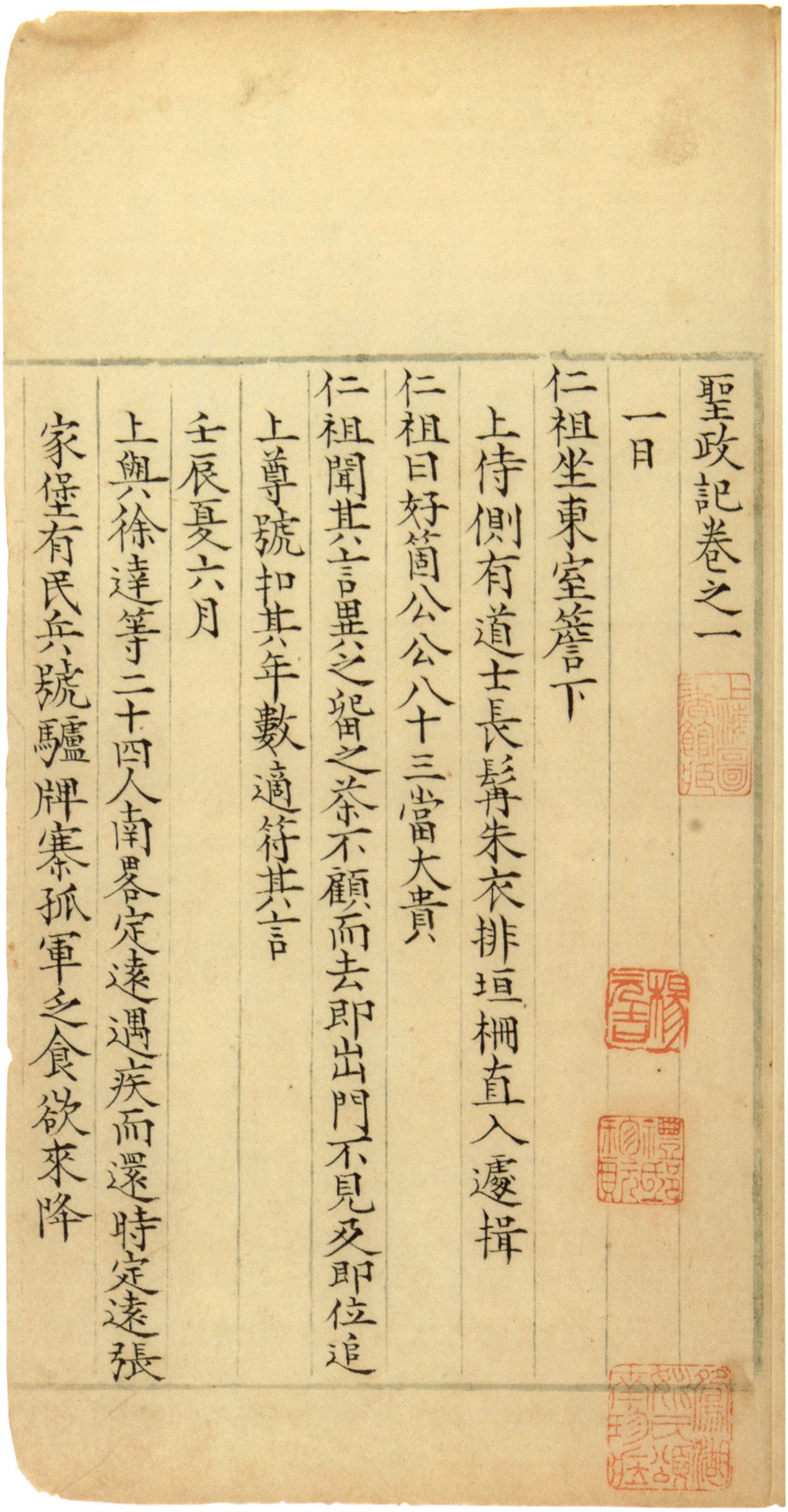

聖政記卷之一
一日
仁祖坐東室簷下
上侍側有道士長髯朱衣排垣柵直入遽揖
仁祖曰好箇公公八十三當大貴
仁祖聞其言異之留之茶不顧而去即出門不見及即位追
上尊號扣其年數適符其言
壬辰夏六月
上與徐達等二十四人南畧定遠遇疾而還時定遠張
家堡有民兵號驢牌寨孤軍乏食欲來降

07710 聖政記十二卷 （明）宋濂撰　明抄本

匡高19.3厘米，廣13.8厘米。半葉十行，行二十二至二十六字不等，白口，藍格，四周單邊。有“禮邸珍玩”、“鴛湖姚氏頌南珍藏”、“頌南珍藏”、“嘉興姚壽同長生安樂”、“楊元吉”等印。上海圖書館藏。

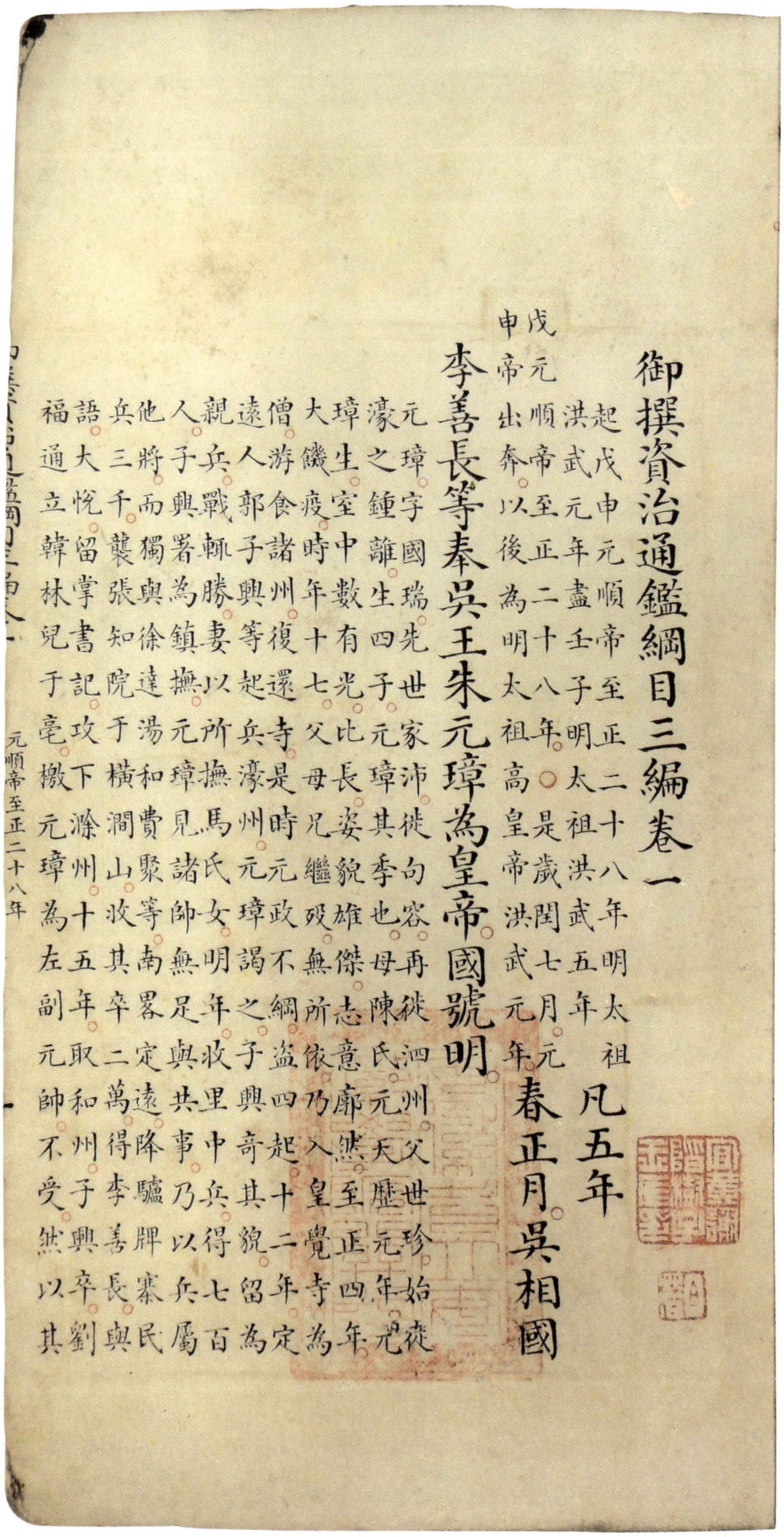

07711 御撰資治通鑑綱目三編四十卷 清乾隆内府抄本

匡高24.1厘米，廣15.8厘米。半葉十行，行二十二字，小字雙行同，白口，紅格，四周雙邊。有"宜黄謝階樹子玉藏印"等印。安徽師範大學圖書館藏。

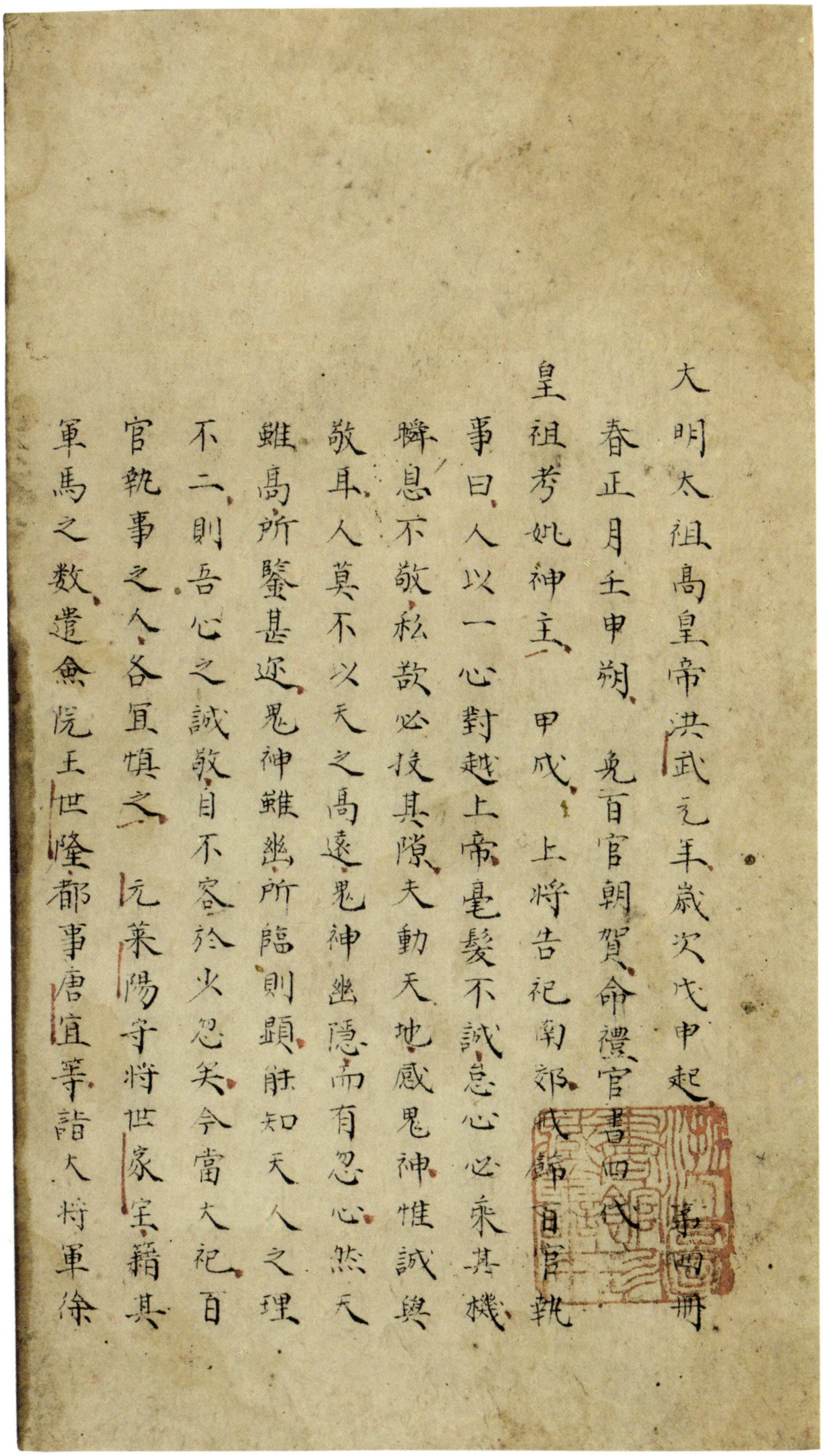
大明太祖高皇帝洪武元年歲次戊申起第四冊
春正月壬申朔 免百官朝賀命禮官書四代
皇祖考妣神主 甲戌 上將告祀南郊戒飭百官執
事曰人以一心對越上帝毫髮不誠怠心必乘其機
瞬息不敬私欲必投其隙夫動天地感鬼神惟誠與
敬耳人莫不以天之高遠鬼神幽隱而有忽心然天
雖高所鑒甚邇鬼神雖幽所臨則顯能知天人之理
不二則吾心之誠敬自不容於少忽矣今當大祀百
官執事之人各宜慎之 元萊陽守將世家寶籍其
軍馬之數遣僉院王世隆都事唐宜等詣大將軍除

07712 大明太祖高皇帝實録不分卷 （明）胡廣等纂修　明抄本

浙江圖書館藏，存洪武前，洪武元年正月至三月、三年五月至四年八月、九年正月至十年十二月。

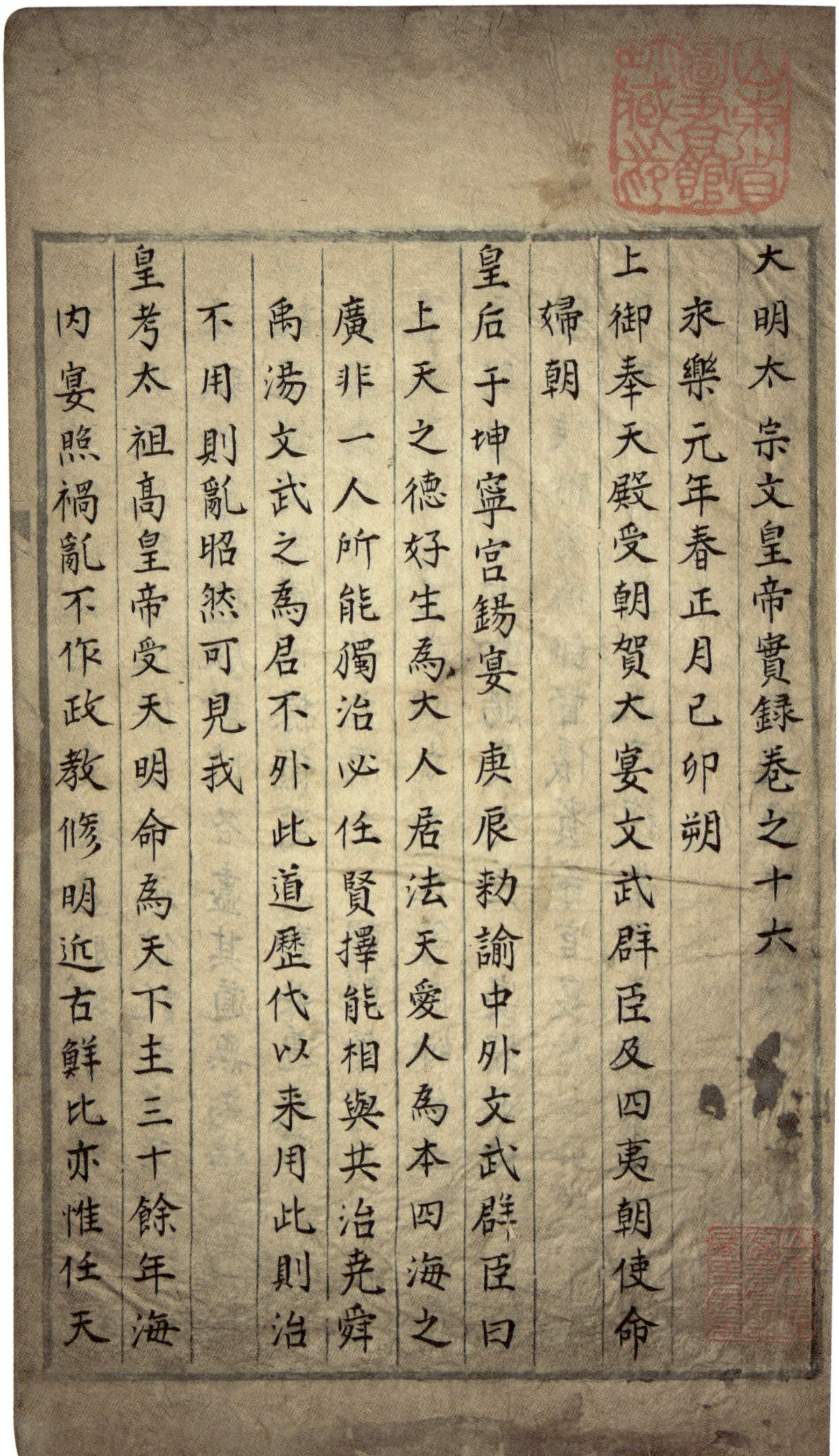

大明太宗文皇帝實録卷之十六
永樂元年春正月己卯朔
上御奉天殿受朝賀大宴文武群臣及四夷朝使命
婦朝
皇后于坤寧宮錫宴　庚辰勑諭中外文武群臣曰
上天之德好生爲大人君法天愛人爲本四海之
廣非一人所能獨治必任賢擇能相與共治堯舜
禹湯文武之爲君不外此道歷代以來用此則治
不用則亂昭然可見我
皇考太祖高皇帝受天明命爲天下主三十餘年海
内宴照禍亂不作政教修明近古鮮比亦惟任天

07713　大明太宗文皇帝實録一百三十卷　（明）張輔　楊士奇等纂修　明抄本

匡高22.2厘米，廣15.5厘米。半葉十一行，行二十字，白口，藍格，四周單邊。山東省圖書館藏，存一百一卷。

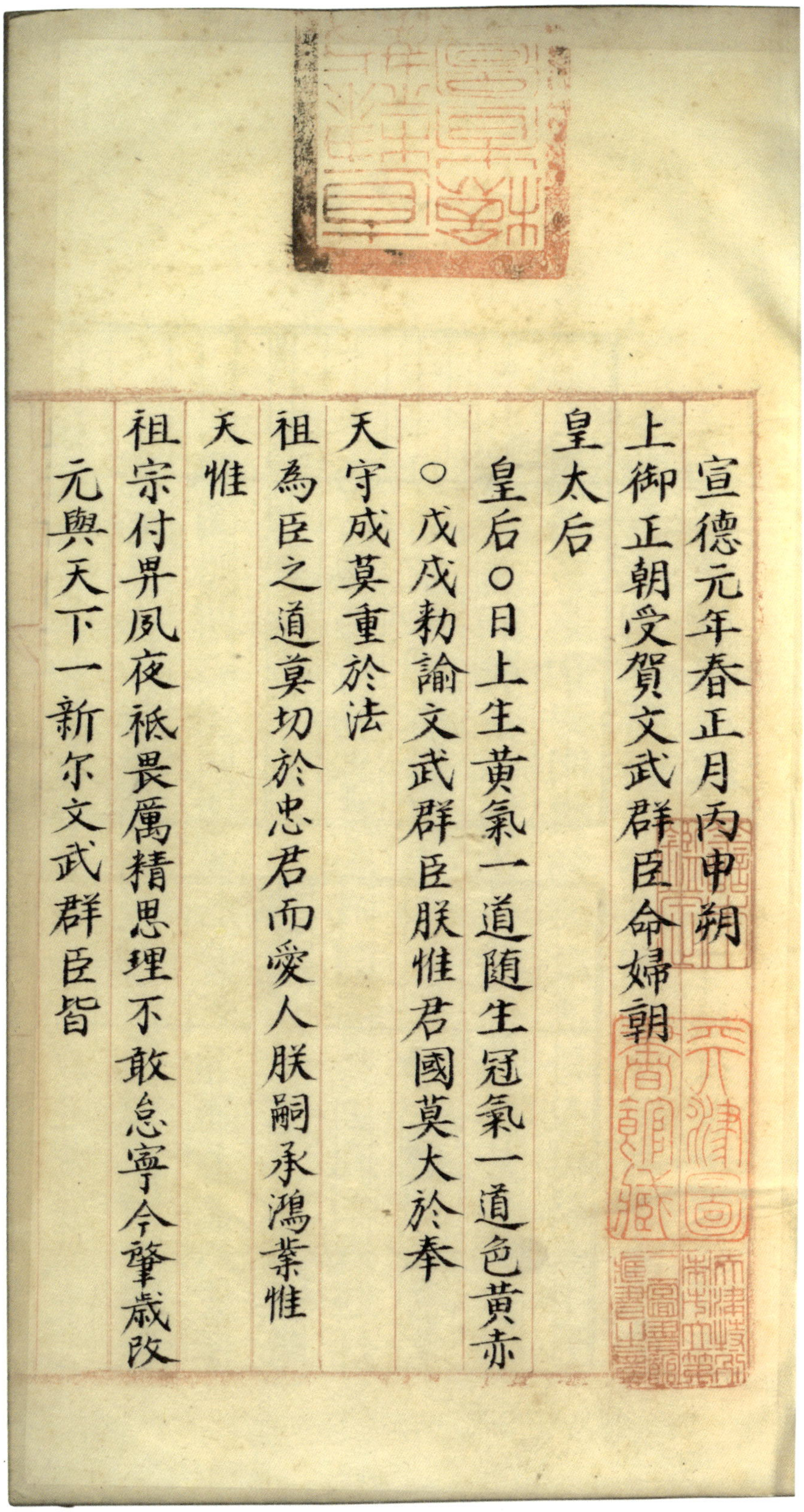
宣德元年春正月丙申朔
上御正朝受賀文武群臣命婦朝
皇太后
皇后○日上生黄氣一道隨生冠氣一道色黄赤
○戊戌勑諭文武群臣朕惟君國莫大於奉
天守成莫重於法
祖為臣之道莫切於忠君而愛人朕嗣承鴻業惟
天惟
祖宗付畀夙夜祗畏厲精思理不敢怠寧今肇歲改
元與天下一新尔文武群臣皆

07714 大明宣宗章皇帝實録不分卷 （明）張輔　楊士奇等纂修　明抄本

匡高20.1厘米，廣15.7厘米。半葉十行，行二十字，白口，紅格，四周單邊。天津圖書館藏，存明宣德元年至十年。

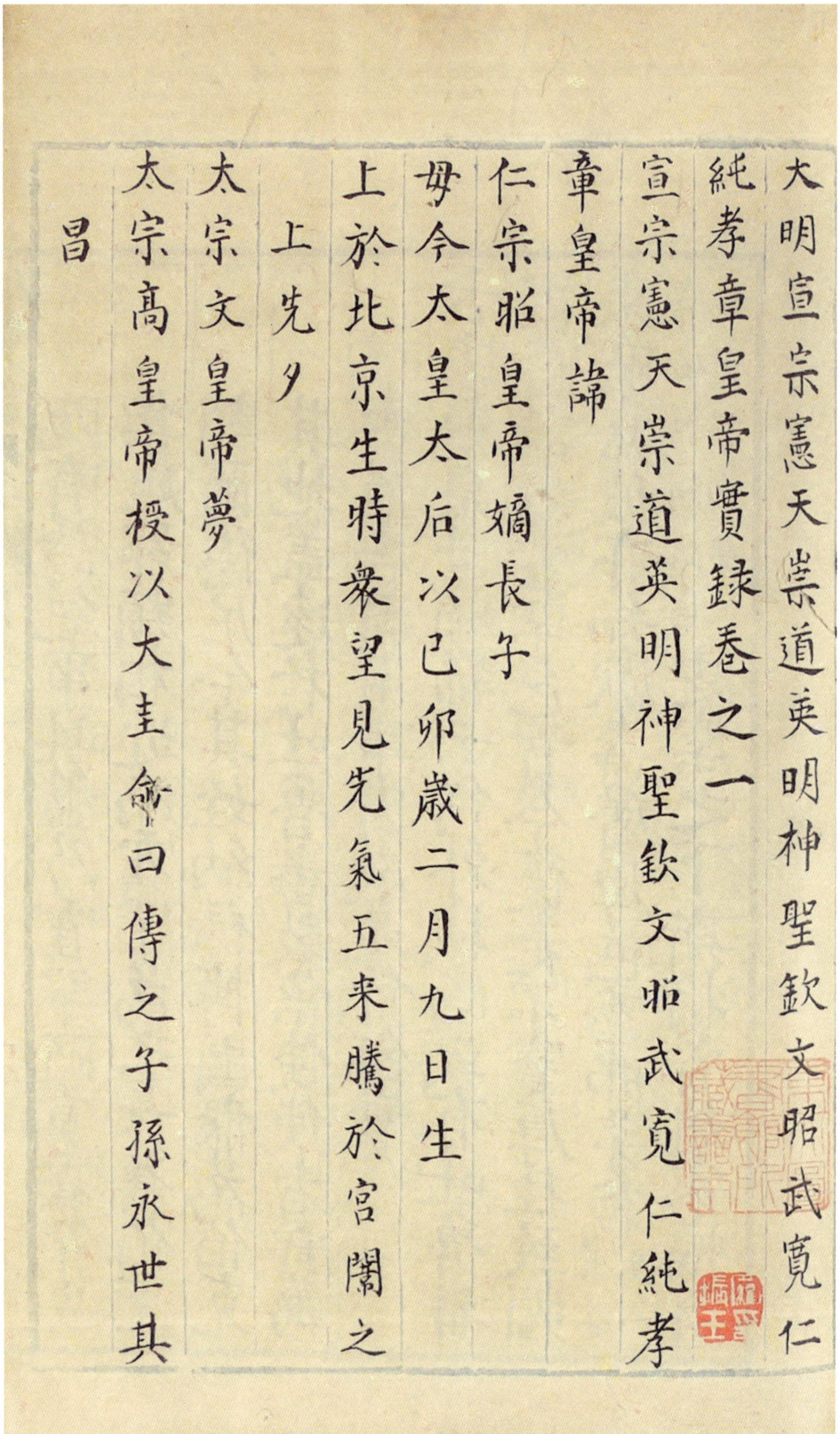
大明宣宗憲天崇道英明神聖欽文昭武寛仁
純孝章皇帝實録卷之一
宣宗憲天崇道英明神聖欽文昭武寛仁純孝
章皇帝諱
仁宗昭皇帝嫡長子
母今太皇太后以己卯歲二月九日生
上於北京生時衆望見先氣五来騰於宮闈之
上先夕
太宗文皇帝夢
太宗高皇帝授以大圭命曰傳之子孫永世其
昌

07715 大明宣宗章皇帝實録一百十五卷 （明）張輔　楊士奇等纂修　明抄本

匡高22.2厘米，廣15.6厘米。半葉十一行，行十八字，白口，藍格，四周單邊。有“唐風樓”、“羅振玉”等印。羅振玉跋。遼寧省圖書館藏。

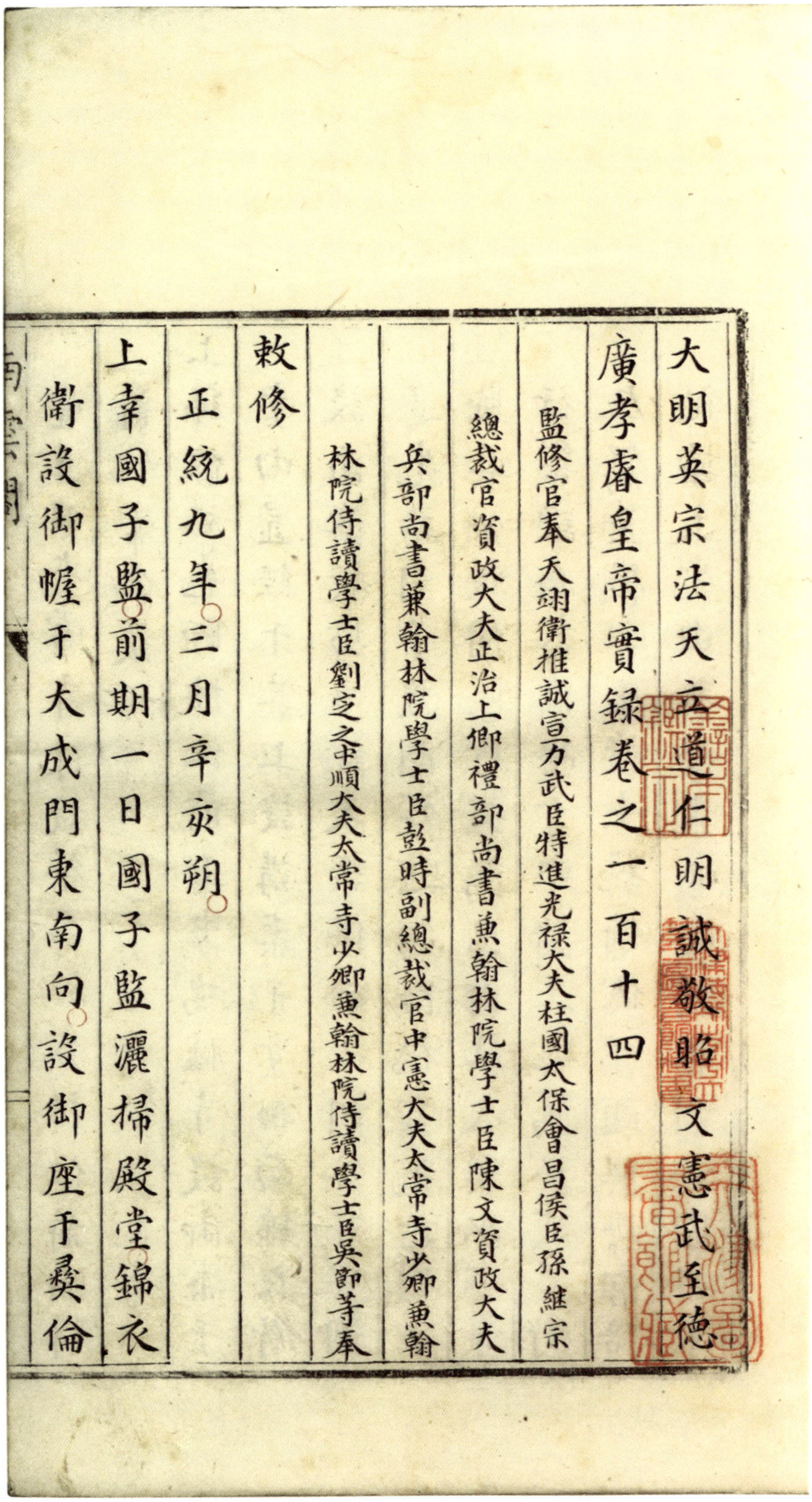
大明英宗法天立道仁明誠敬昭文憲武至德
廣孝睿皇帝實録卷之一百十四
監修官奉天翊衛推誠宣力武臣特進光禄大夫柱國太保會昌侯臣孫繼宗
總裁官資政大夫正治上卿禮部尚書兼翰林院學士臣陳文資政大夫
兵部尚書兼翰林院學士臣彭時副總裁官中憲大夫太常寺少卿兼翰
林院侍讀學士臣劉定之中順大夫太常寺少卿兼翰林院侍讀學士臣吴節等奉
敕修
正統九年三月辛亥朔
上幸國子監前期一日國子監灑掃殿堂錦衣
衛設御幄于大成門東南向設御座于彝倫

07716 大明英宗睿皇帝實録三百六十一卷 （明）孫繼宗　陳文等纂修　明南雲閣抄本

匡高23.6厘米，廣16.3厘米。半葉十行，行十八字，白口，藍格，四周雙邊。天津圖書館藏，存五十九卷。

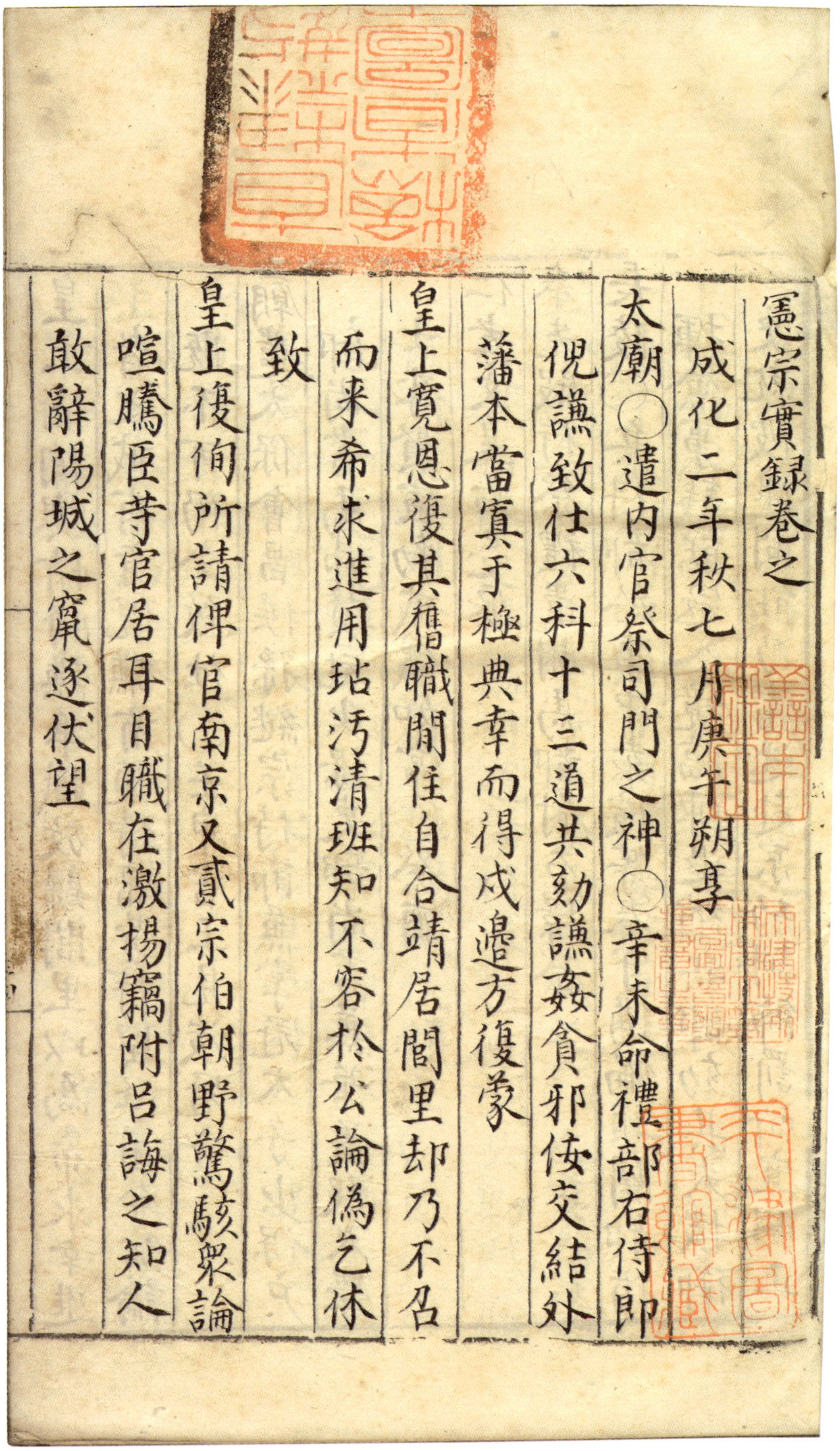
憲宗實録卷之
成化二年秋七月庚午朔享
太廟◯遣内官祭司門之神◯辛未命禮部右侍郎
倪謙致仕六科十三道共劾謙姦貪邪佞交結外
藩本當寘于極典幸而得戍邊方復蒙
皇上寛恩復其舊職閒住自合靖居閭里却乃不召
而來希求進用玷污清班知不容於公論僞乞休
致
皇上復徇所請俾官南京又貳宗伯朝野驚駭衆論
喧騰臣等官居耳目職在激揚竊附呂誨之知人
敢辭陽城之竄逐伏望

07717 大明憲宗純皇帝實録不分卷 （明）張懋　劉吉等纂修　明抄本

匡高21.1厘米，廣16.5厘米。半葉十一行，行二十字，白口，四周單邊。天津圖書館藏，存成化二年七月至八年十二月、九年七月至二十三年八月。

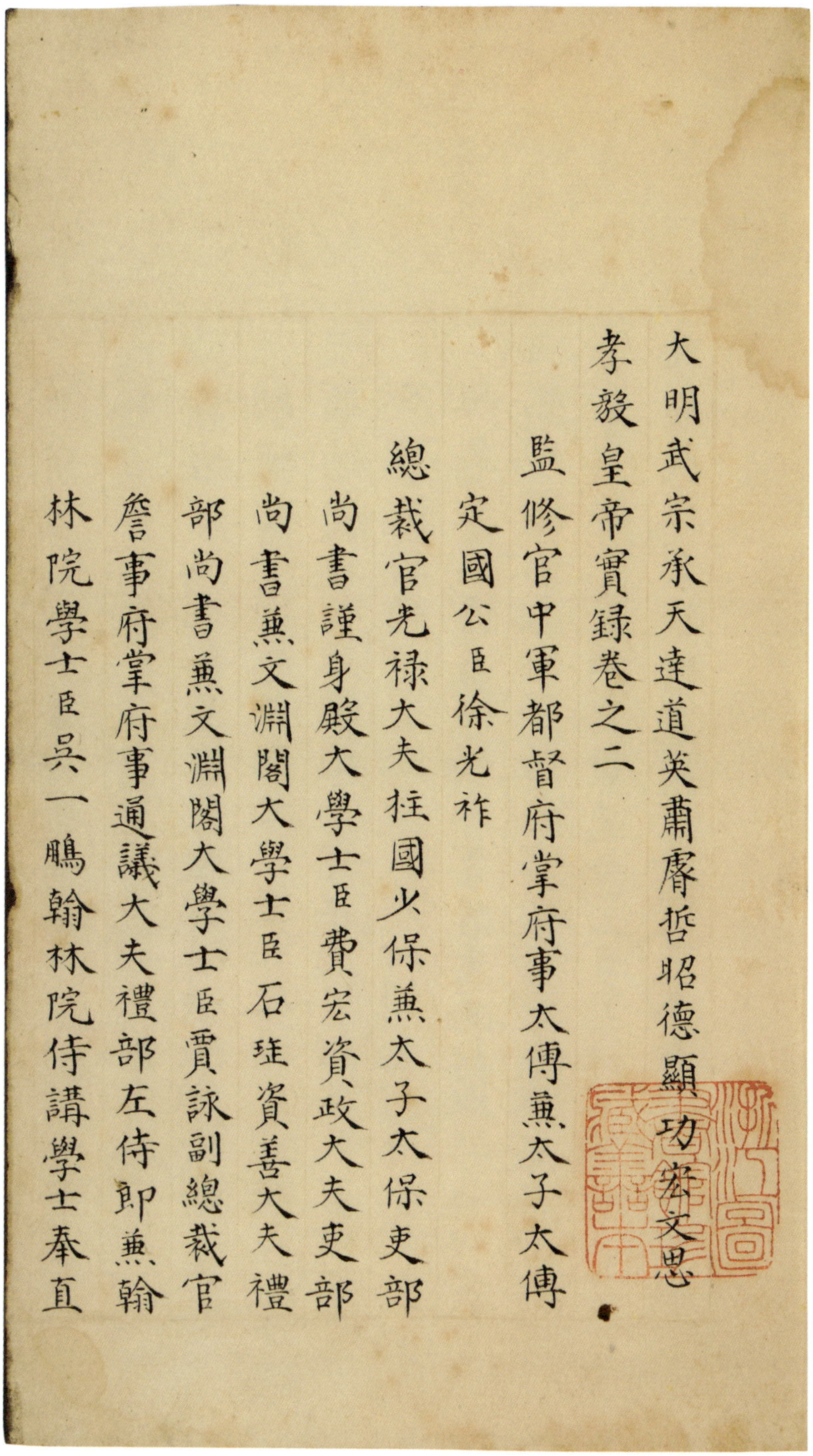

大明武宗承天達道英肅睿哲昭德顯功弘文思
孝毅皇帝實録卷之二
監修官中軍都督府掌府事太傅兼太子太傅
定國公臣徐光祚
總裁官光禄大夫柱國少保兼太子太保吏部
尚書謹身殿大學士臣費宏資政大夫吏部
尚書兼文淵閣大學士臣石珤資善大夫禮
部尚書兼文淵閣大學士臣賈詠副總裁官
詹事府掌府事通議大夫禮部左侍郎兼翰
林院學士臣吴一鵬翰林院侍講學士奉直

07718 大明武宗毅皇帝實録一百九十七卷（明）徐光祚　**費宏等纂**修　明抄本

浙江圖書館藏，存三十七卷。

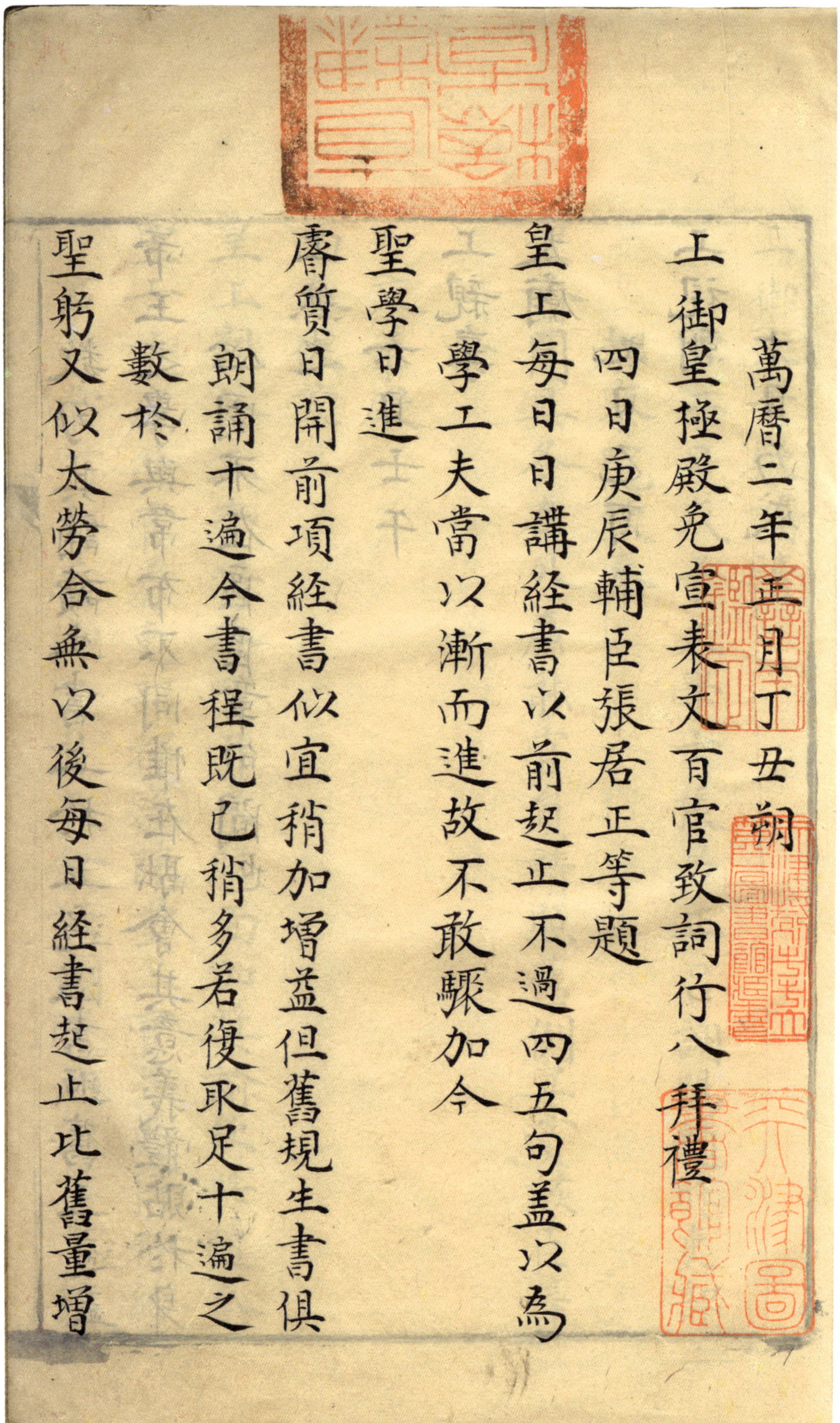
萬曆二年正月丁丑朔
上御皇極殿免宣表文百官致詞行八拜禮
四日庚辰輔臣張居正等題
皇上每日日講經書以前起止不過四五句蓋以為
學工夫當以漸而進故不敢驟加今
聖學日進
睿質日開前項經書似宜稍加增益但舊規生書俱
朗誦十遍今書程既已稍多若復取足十遍之
數於
聖躬又似太勞合無以後每日經書起止比舊量增

07719 萬曆起居注不分卷 明抄本（萬曆元年及校勘記配民國抄本）

匡高20.8厘米，廣14.9厘米。半葉十行，行二十字，白口，四周單邊。天津圖書館藏，存萬曆元至十二年、十四至三十二年、三十四至三十八年、四十一年、四十三年。

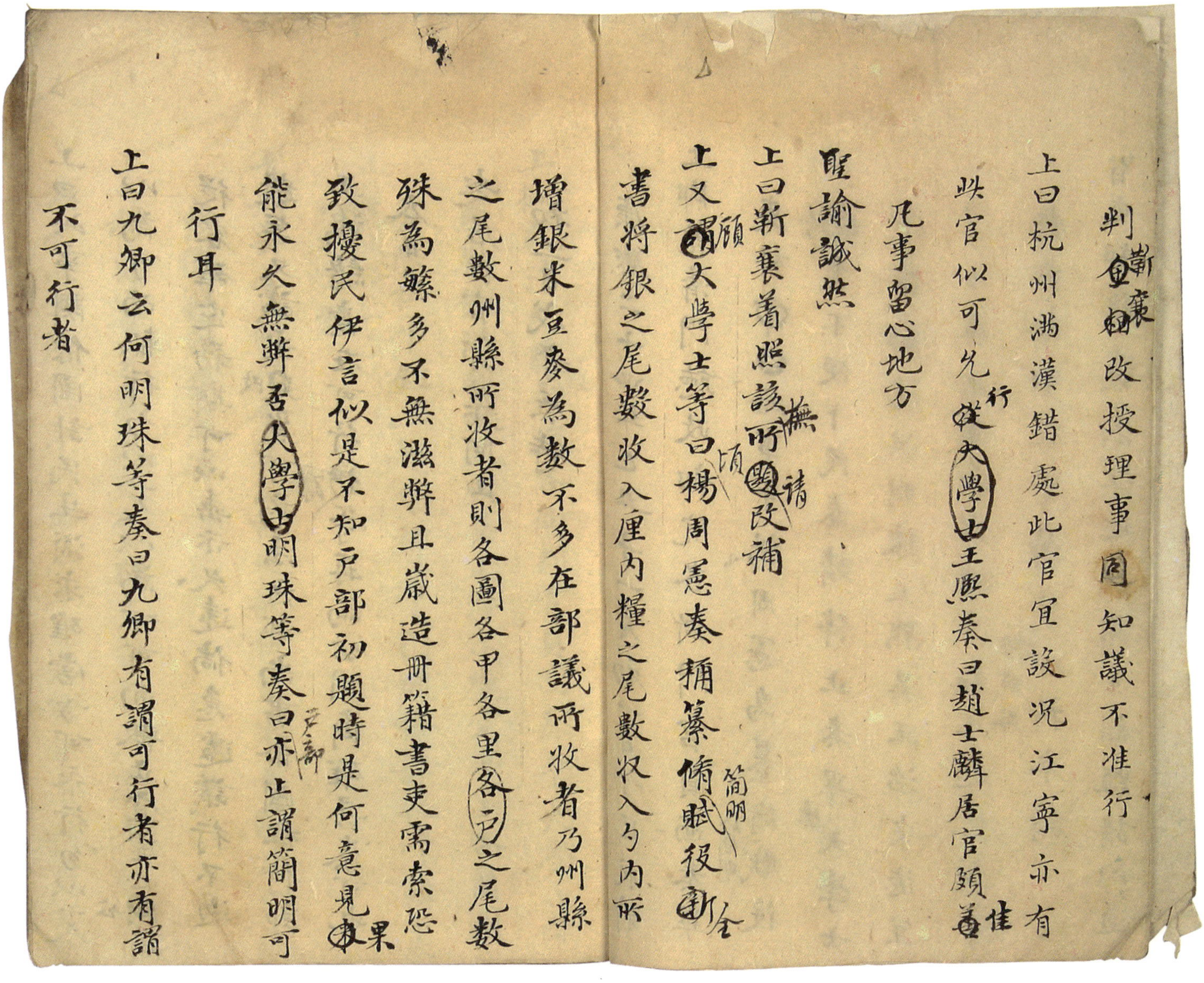
判由改授理事同知議不准行
上曰杭州滿漢錯處此官宜設況江寧亦有
此官似可允大學士王熙奏曰趙士麟居官頗善
凡事留心地方
聖諭誠然
上曰靳襄著照該所題改補
上又謂大學士等曰楊周憲奏稱纂脩賦役新
書將銀之尾數收入厘内糧之尾數收入勺内所
增銀米豆麥為數不多在部議所收者乃州縣
之尾數州縣所收者則各圖各甲各里各戶之尾數
殊為繁多不無滋弊且歲造冊籍書吏需索恐
致擾民伊言似是不知戶部初題時是何意見
能永久無弊否大學士明珠等奏曰亦止謂簡明可
行耳
上曰九卿云何明珠等奏曰九卿有謂可行者亦有謂
不可行者

07720 康熙起居注不分卷 清康熙抄本

有“臣羅振玉壬戌所得内閣秘笈”等印。旅順博物館藏，存康熙十九年十月、二十一年十一月、二十四年二月、二十四年十一月。

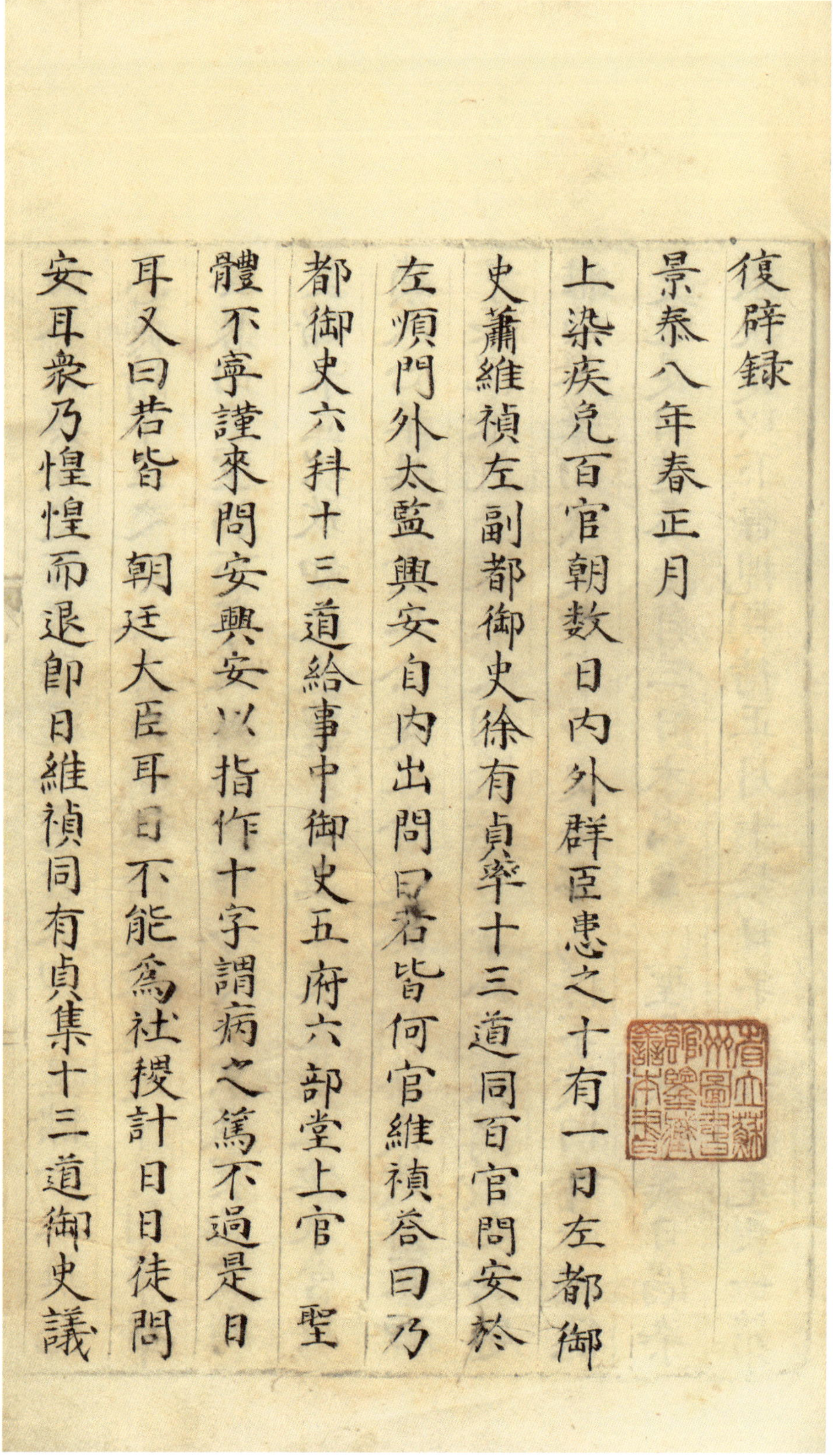

復辟録

景泰八年春正月

上染疾免百官朝数日内外群臣患之十有一日左都御

史蕭維禎左副都御史徐有貞率十三道同百官問安於

左順門外太監興安自内出問曰若皆何官維禎荅曰乃

都御史六科十三道給事中御史五府六部堂上官 聖

體不寧謹來問安興安以指作十字謂病之篤不過是日

耳又曰若皆 朝廷大臣耳日不能為社稷計日日徒問

安耳衆乃惶惶而退即日維禎同有貞集十三道御史議

07721 復辟録一卷 （明）楊瑄撰　明抄本

匡高21.4厘米，廣15.5厘米。半葉九行，行二十二字，白口，四周單邊。蘇州圖書館藏。

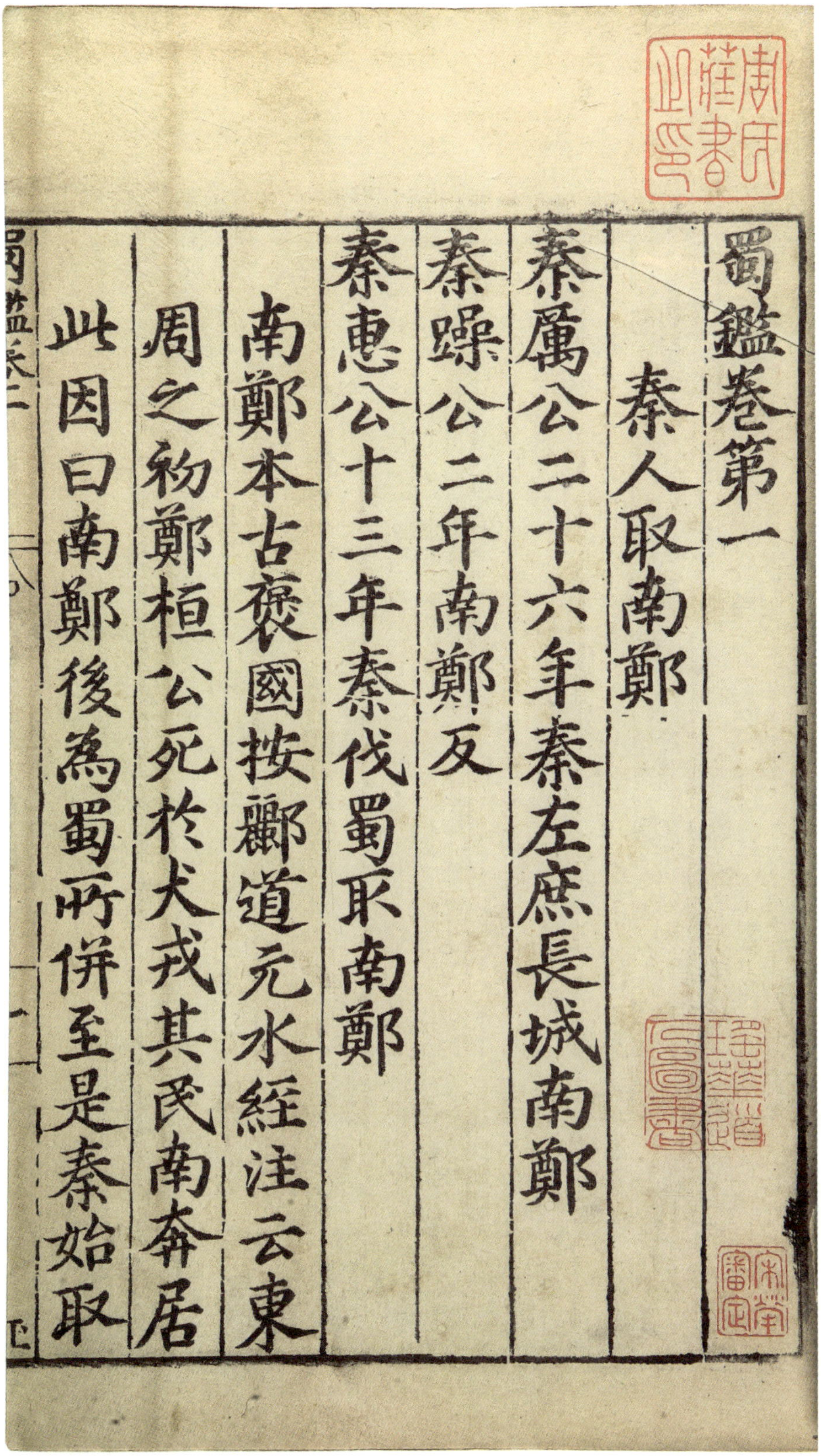
蜀鑑卷第一
秦人取南鄭
秦厲公二十六年秦左庶長城南鄭
秦躁公二年南鄭反
秦惠公十三年秦伐蜀取南鄭
南鄭本古褒國按酈道元水經注云東
周之初鄭桓公死於犬戎其民南奔居
此因曰南鄭後為蜀所併至是秦始取
蜀鑑卷一　一

07722-07724　蜀鑑十卷　（宋）郭允蹈撰　明嘉靖三十四年（1555）刻本

匡高21.5厘米，廣15厘米。半葉八行，行十六字，白口，四周單邊。浙江圖書館藏；北京大學圖書館藏，有“麐嘉舘印”、“木犀軒藏書”等印，存五卷；國家圖書館藏，翁同書跋。

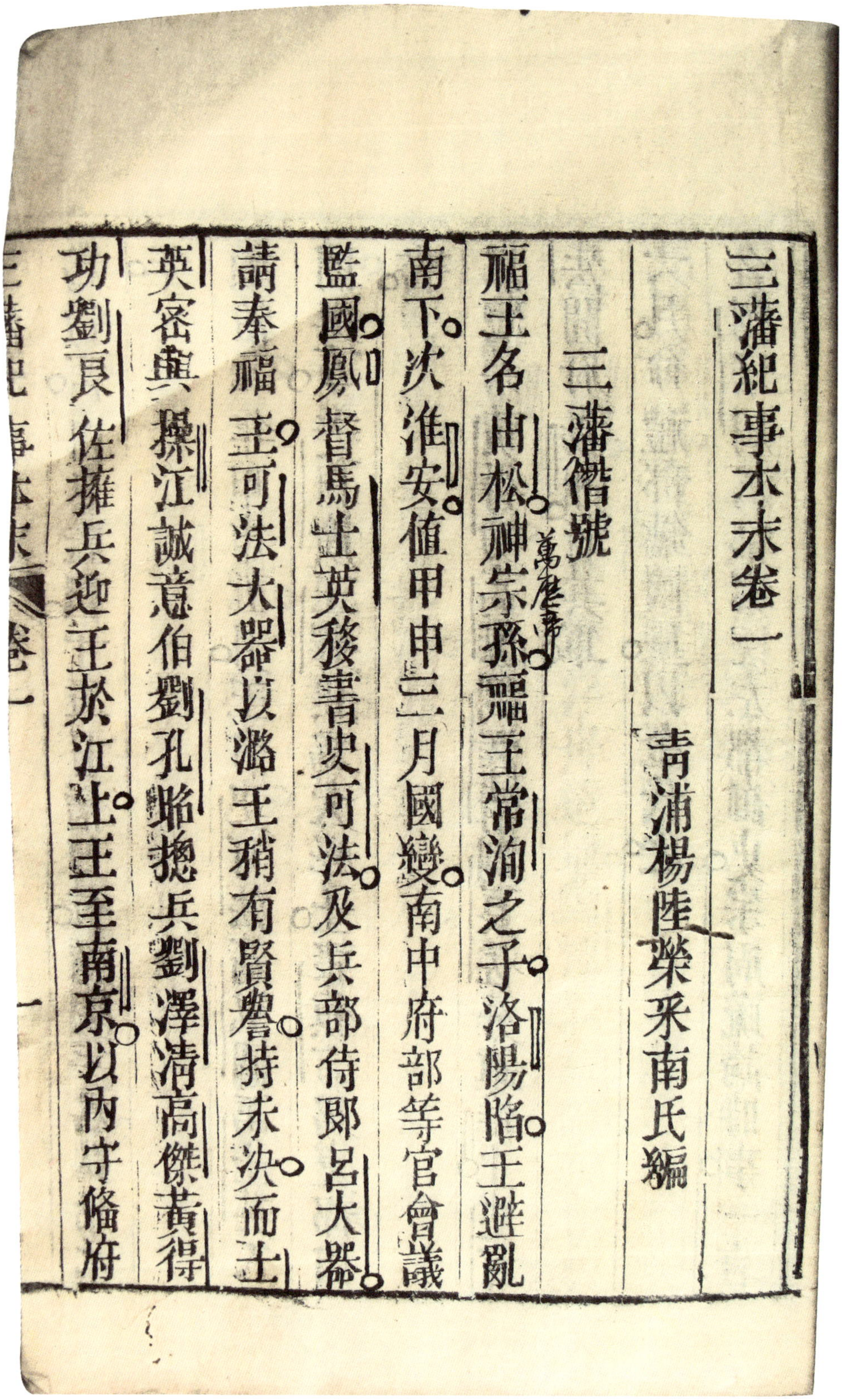
三藩紀事本末卷一
青浦楊陸榮采南氏編
三藩僭號
福王名由崧神宗孫福王常洵之子洛陽陷王避亂
南下次淮安值甲申三月國變南中府部等官會議
監國鳳督馬士英移書史可法及兵部侍郎呂大器
請奉福王可法大器以潞王穉有賢譽持未決而士
英密與操江誠意伯劉孔昭總兵劉澤清高傑黃得
功劉良佐擁兵迎王於江上王至南京以內守備府
三藩紀事本末 卷一 一

07725 三藩紀事本末四卷 （清）楊陸榮撰　清康熙刻本

匡高18.5厘米，廣14厘米。半葉九行，行二十字，白口，左右雙邊。葉蒸雲批注。浙江省溫嶺市圖書館藏。

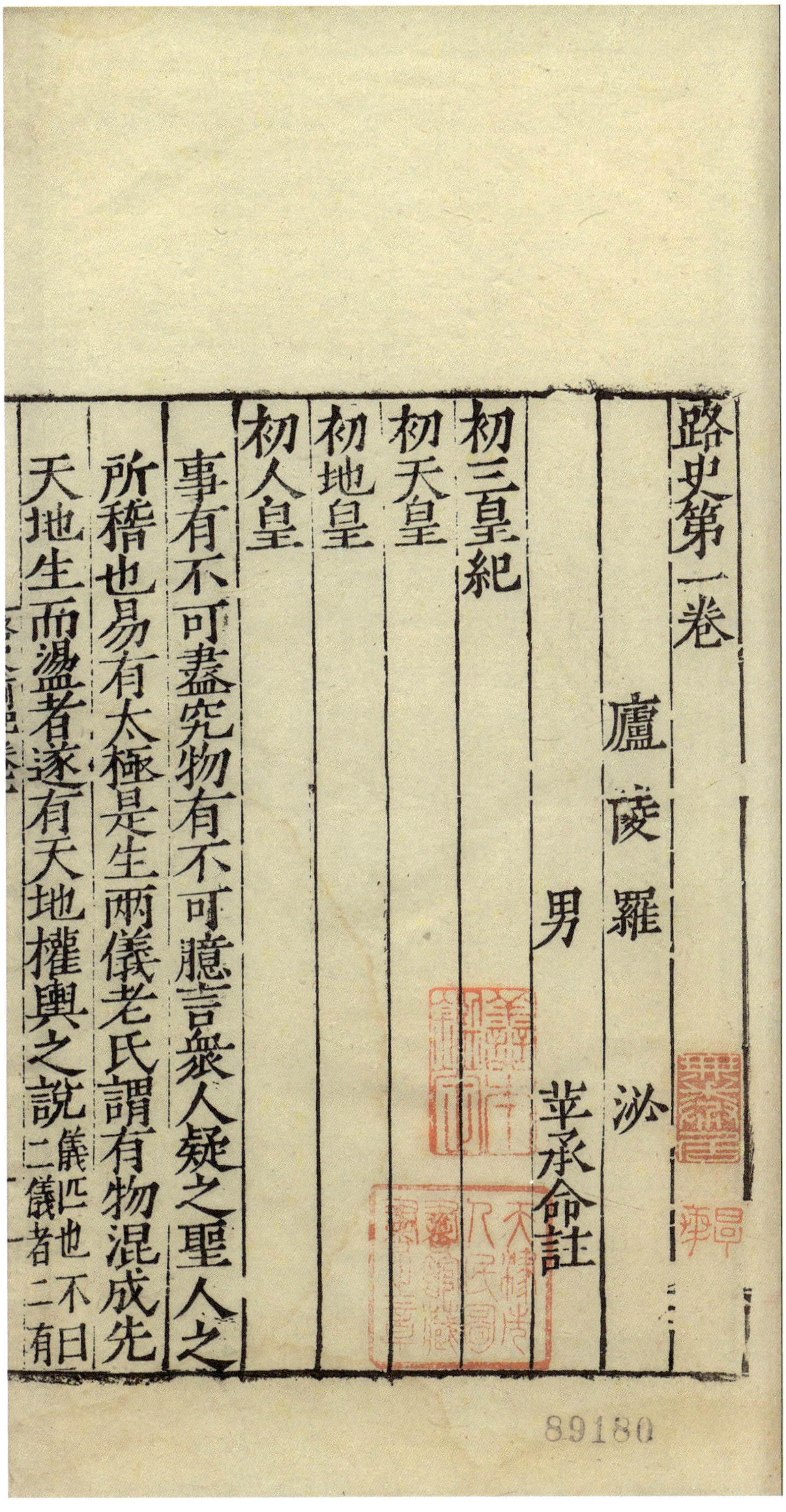
路史第一卷
廬陵羅泌
男苹承命註
初三皇紀
初天皇
初地皇
初人皇
事有不可盡究物有不可臆言衆人疑之聖人之
所稽也易有太極是生兩儀老氏謂有物混成先
天地生而盜者遂有天地權輿之説儀匹也不曰二儀者二有
89180

07726—07729 路史四十七卷 （宋）羅泌撰　明嘉靖洪楩刻本

匡高18厘米，廣13.6厘米。半葉十行，行二十字，小字雙行同，白口，四周單邊。江西省圖書館藏二部；首都圖書館、天津圖書館藏。

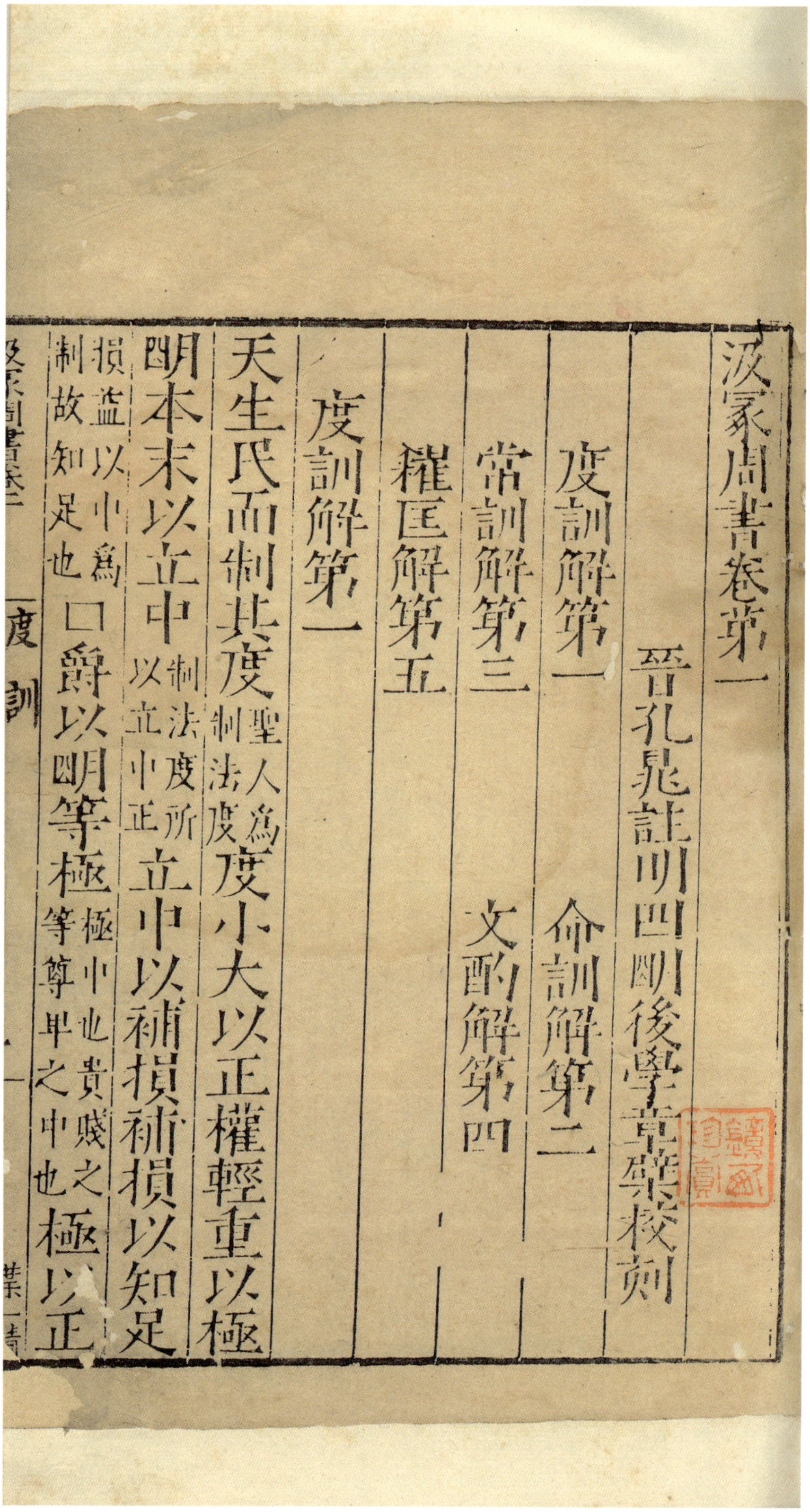
汲冢周書卷第一
晉孔晁註　明四明後學章檗校刻
度訓解第一　命訓解第二
常訓解第三　文酌解第四
糴匡解第五
度訓解第一
天生民而制其度聖人為制法度度小大以正權輕重以極
明本末以立中制法度所以立中正立中以補損補損以知足
損益以中為制故知足也□爵以明等極極中也貴賤之等尊卑之中也極以正
汲冢周書卷一　度訓　一

07730 汲冢周書十卷　（晉）孔晁注　明嘉靖二十二年（1543）章檗刻本

匡高18.3厘米，廣13.9厘米。半葉九行，行二十字，小字雙行同，白口，左右雙邊。天津圖書館藏。

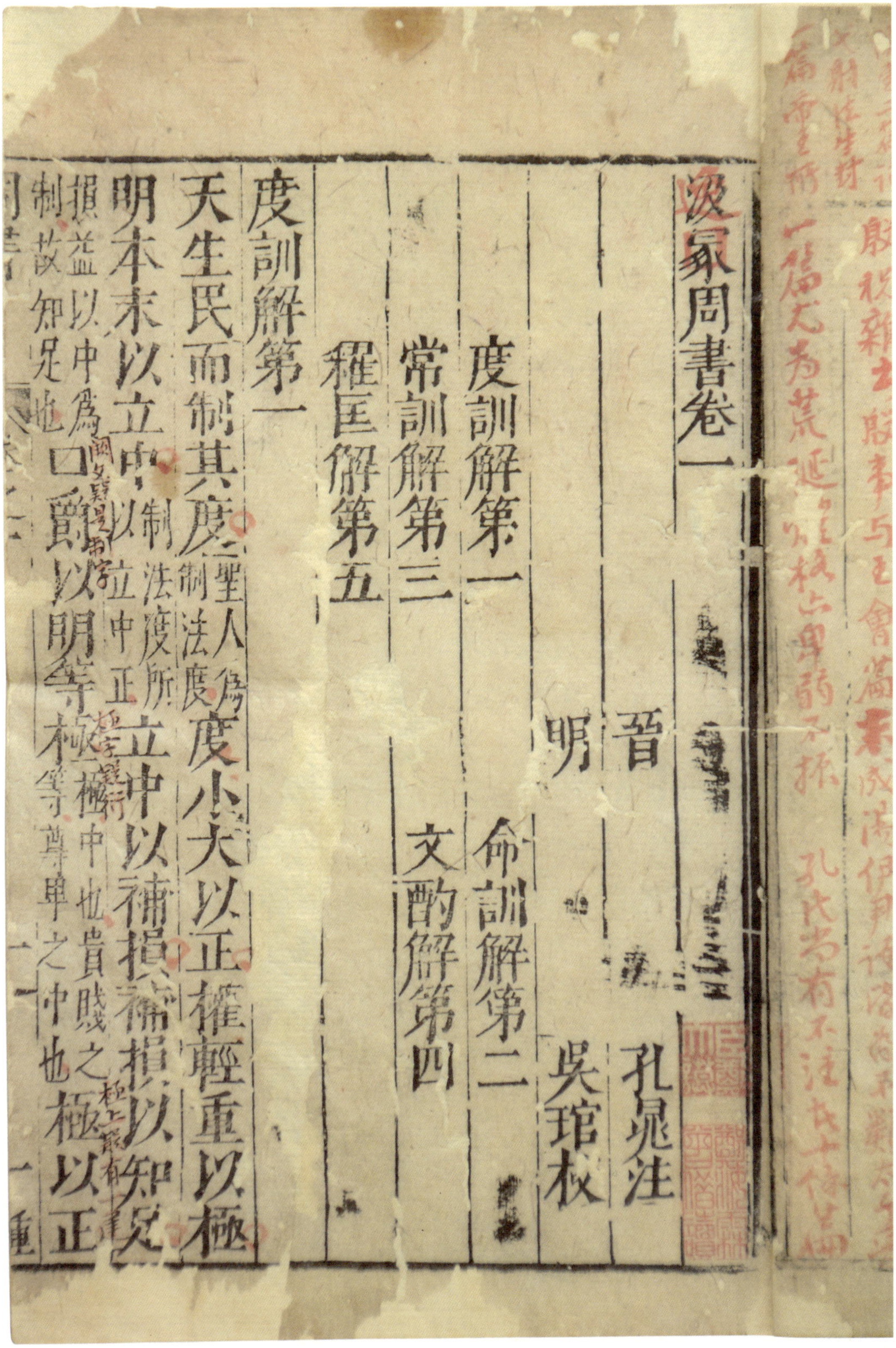

07731 汲冢周書十卷 （晉）孔晁注　明吴琯刻古今逸史本

匡高20 厘米，廣13.6厘米。半葉十行，行二十字，小字雙行同，白口，左右雙邊。楊用霖跋。福建省圖書館藏。

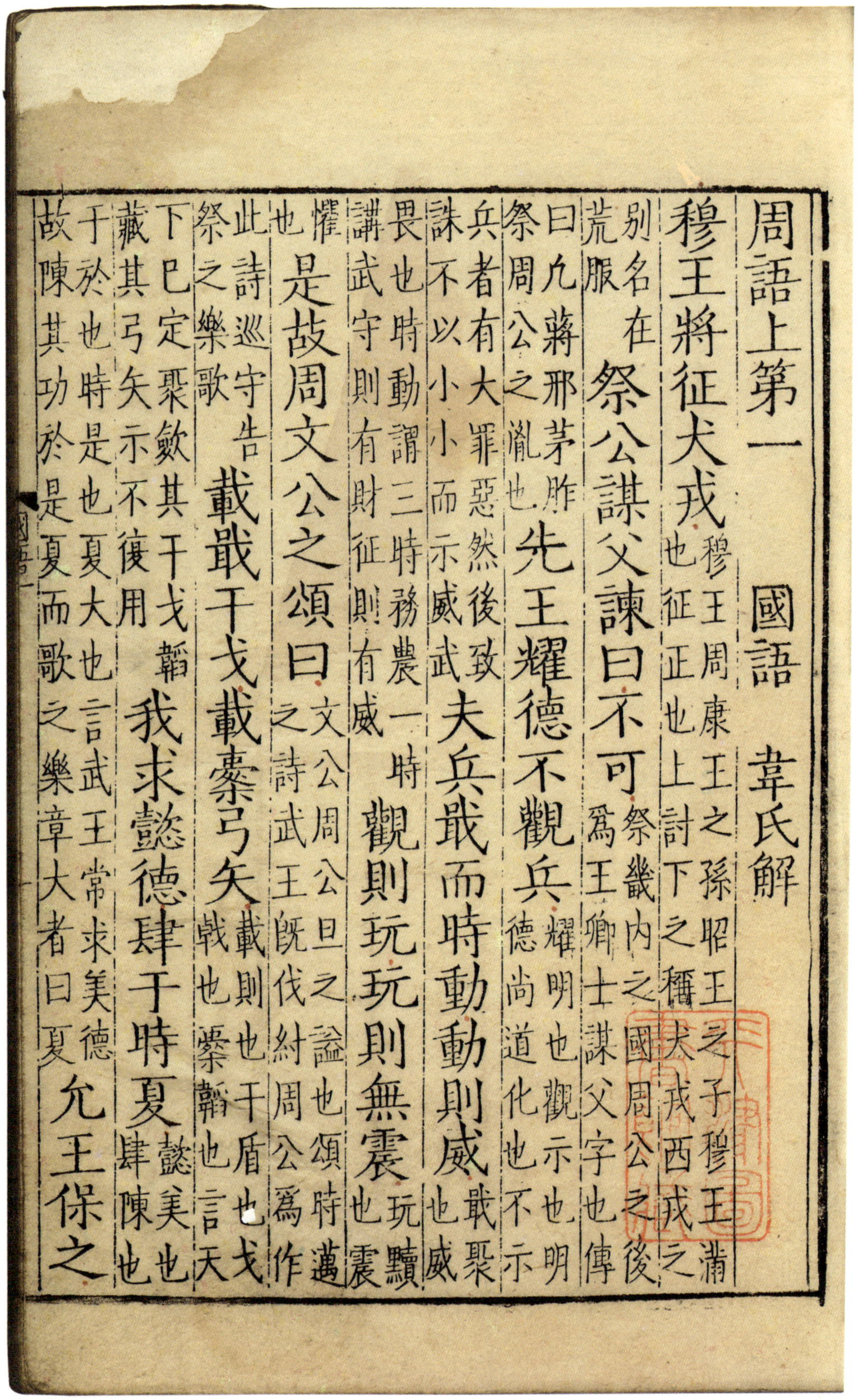

周語上第一　國語　韋氏解

穆王將征犬戎穆王周康王之孫昭王之子穆王滿也征正也上討下之稱犬戎西戎之別名在荒服祭公謀父諫曰不可祭畿內之國周公之後爲王卿士謀父字也傳曰凡蔣邢茅胙祭周公之胤也先王耀德不觀兵耀明也觀示也明德尚道化也不示兵者有大罪惡然後致誅不以小小而示威武夫兵戢而時動動則威戢聚也威畏也時動謂三時務農一時講武守則有財征則有威觀則玩玩則無震玩黷也震懼也是故周文公之頌曰文公周公旦之謚也頌時邁之詩武王既伐紂周公爲作此詩巡守告祭之樂歌載戢干戈載櫜弓矢戢則也干盾也戈戟也櫜韜也言天下已定聚斂其干戈韜藏其弓矢示不復用我求懿德肆于時夏懿美也肆陳也于於也時是也夏大也言武王常求美德故陳其功於是夏而歌之樂章大者曰夏允王保之

07732–07734 國語二十一卷　（三國吳）韋昭注　明嘉靖七年（1528）金李澤遠堂刻本

匡高22.1厘米，廣16厘米。半葉十行，行二十字，小字雙行同，白口，左右雙邊。天津圖書館藏；江西省圖書館藏，存十四卷；華東師範大學圖書館藏，存九卷。

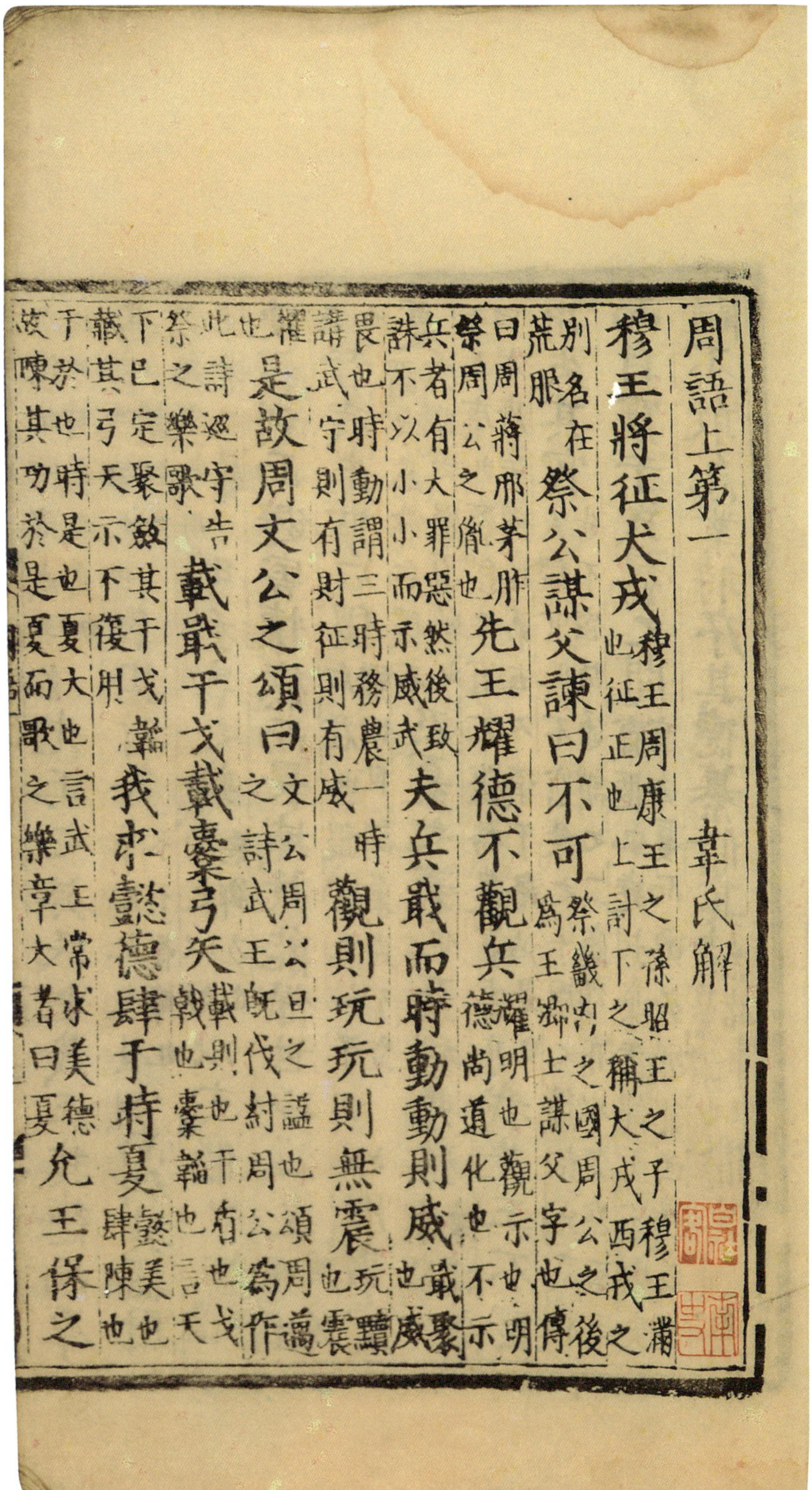

周語上第一　韋氏解

穆王將征犬戎穆王周康王之孫昭王之子穆王滿也征正也上討下之稱犬戎西戎之別名在荒服祭公謀父諫曰不可祭畿內之國周公之後爲王卿士謀父字也傳曰周蔣邢茅胙祭周公之胤也先王耀德不觀兵耀明也觀示也明德尚道化也不示兵者有大罪惡然後致誅不以小小而示威武夫兵戢而時動動則威戢聚也威畏也時動謂三時務農一時講武守則有財征則有威觀則玩玩則無震玩黷也震懼也是故周文公之頌曰文公周公旦之謚也頌周邁之詩武王既伐紂周公爲作此詩巡守告祭之樂歌載戢干戈載櫜弓矢載則也干盾也戈戟也櫜韜也言天下已定聚斂其干戈韜藏其弓天示不復用我求懿德肆于時夏懿美也肆陳也于於也時是也夏大也言武王常求美德故陳其功於是夏而歌之樂章大者曰夏允王保之

07735 國語二十一卷（三國吳）韋昭注　**補音三卷**（宋）宋庠撰　明刻本

匡高22.5厘米，廣15.7厘米。半葉十行，行二十字，小字雙行同，黑口，四周雙邊。上海圖書公司藏。

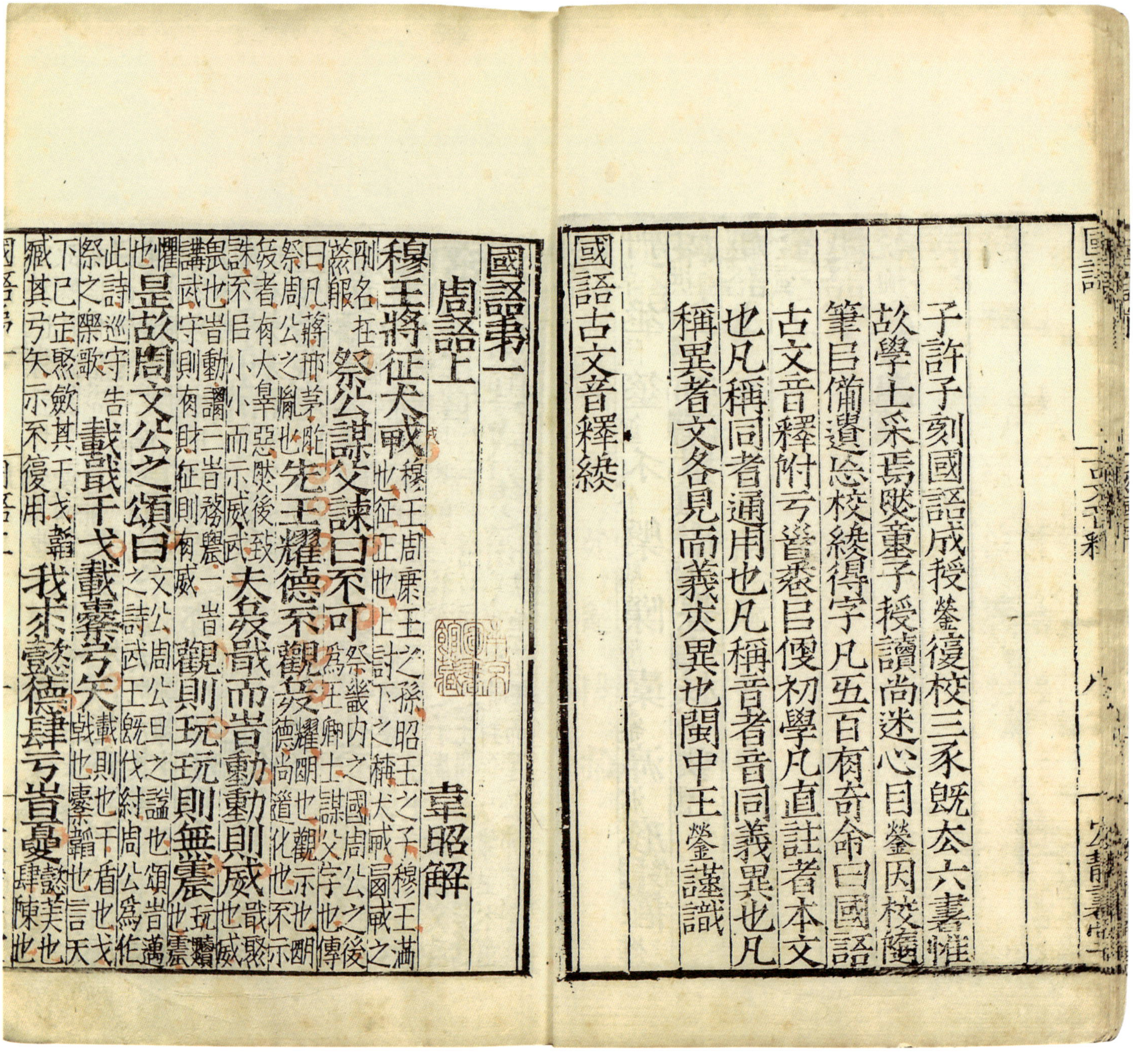

07736-07738 國語二十一卷 （三國吳）韋昭注 **古文音釋一卷** （明）王鎣撰　明嘉靖四年（1525）許宗魯宜靜書堂刻本

匡高18.1厘米，廣13.3厘米。半葉十行，行二十字，小字雙行同，白口，左右雙邊。福建省圖書館藏，有"小積石山房藝文之章"、"大通樓藏書印"等印；南京圖書館藏，梁濟謙題記；南京圖書館藏，丁丙跋。

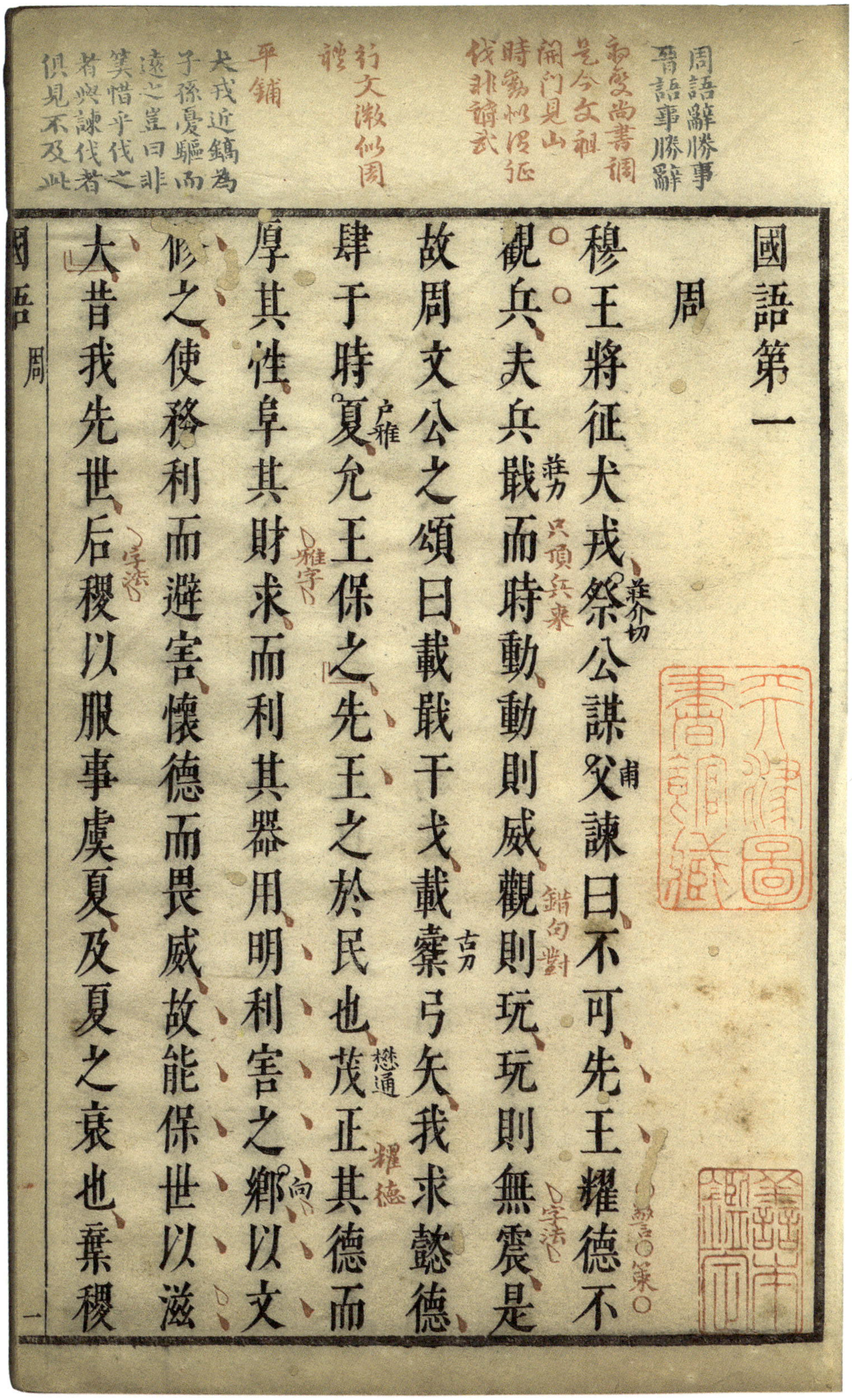

07739、07740 國語九卷 （明）閔齊伋裁注　明萬曆四十七年（1619）閔齊伋刻三色套印本

匡高21.3厘米，廣15.7厘米。半葉九行，行十九字，小字双行同，白口，四周單邊。天津圖書館藏；吉林大學圖書館藏，有"張氏家印"、"東藩珍藏"等印，張東藩跋。

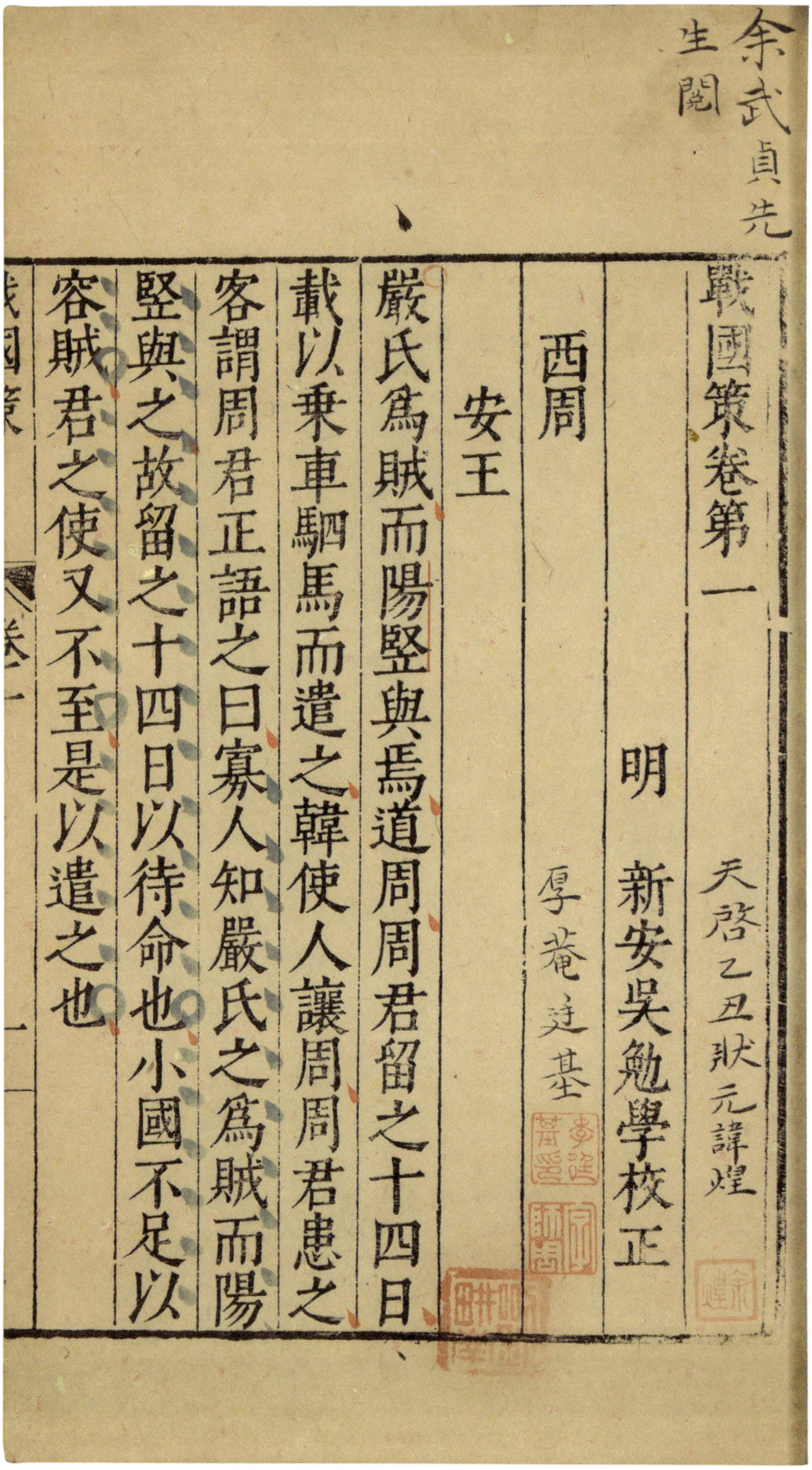
余武貞先生閱
天啓乙丑狀元諱煌
戰國策卷第一
明　新安吴勉學校正
西周　　厚菴廷基
安王
嚴氏爲賊而陽竪與焉道周周君留之十四日
載以乘車駟馬而遣之韓使人讓周周君患之
客謂周君正語之曰寡人知嚴氏之爲賊而陽
竪與之故留之十四日以待命也小國不足以
容賊君之使又不至是以遣之也
戰國策　卷一　一

07741 戰國策十卷　明吴勉學刻本

匡高19.9厘米，廣14.2厘米。半葉九行，行十八字，白口，左右雙邊。余煌批點，沈復燦跋，李廷基題款。浙江圖書館藏，存五卷。

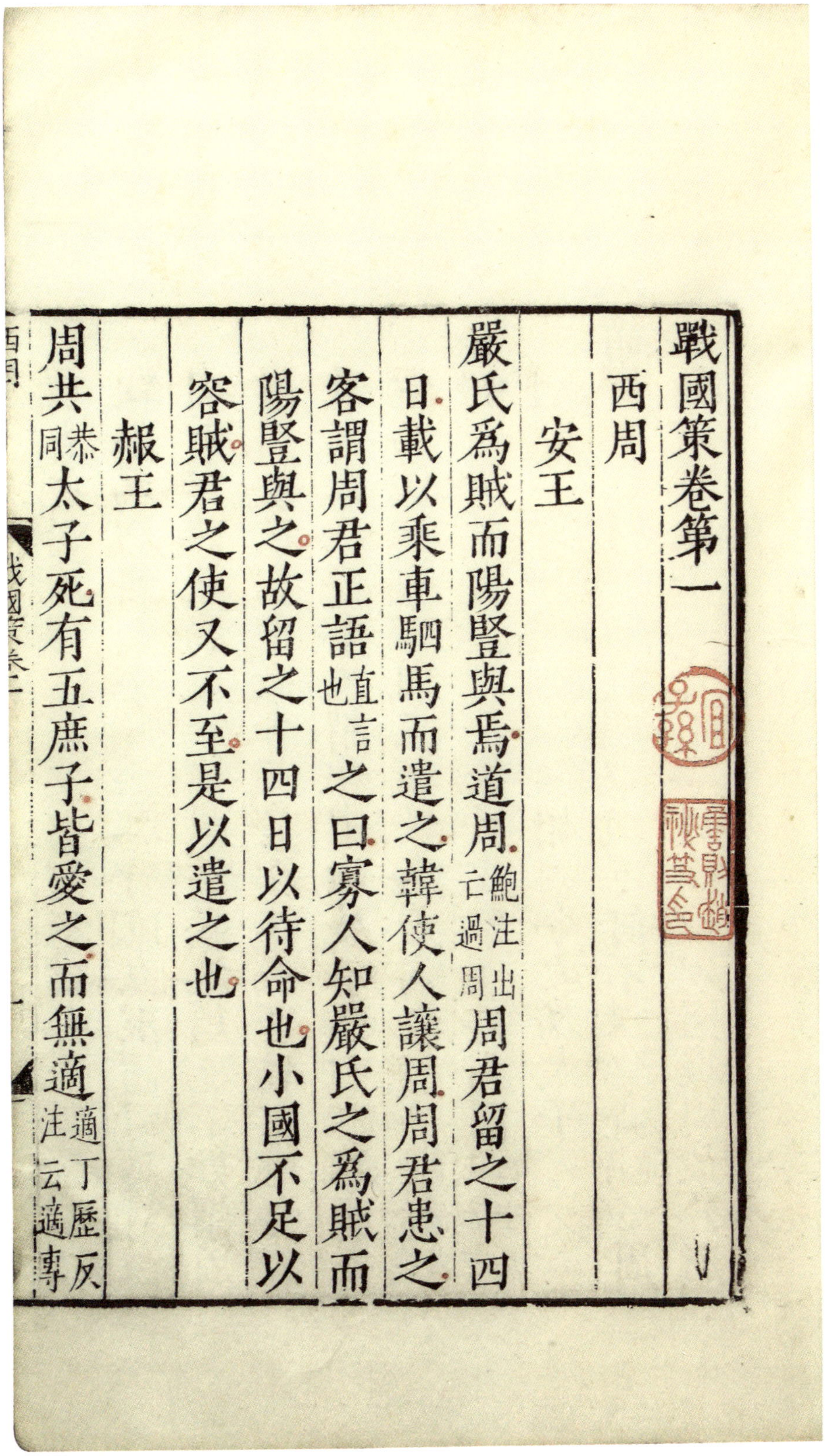

戰國策卷第一

西周

安王

嚴氏爲賊而陽豎與焉道周鮑注出云過周周君留之十四日載以乘車駟馬而遣之韓使人讓周周君患之客謂周君正語之直言也曰寡人知嚴氏之爲賊而陽豎與之故留之十四日以待命也小國不足以容賊君之使又不至是以遣之也

赧王

周共恭同太子死有五庶子皆愛之而無適適丁歷反注云適專

07742 戰國策三十三卷 （漢）高誘注 （宋）姚宏校正 清乾隆二十一年（1756）盧見曾刻雅雨堂叢書本

匡高20厘米，廣14.7厘米。半葉十行，行二十字，白口，左右雙邊。唐炯批校，貴州省圖書館藏。

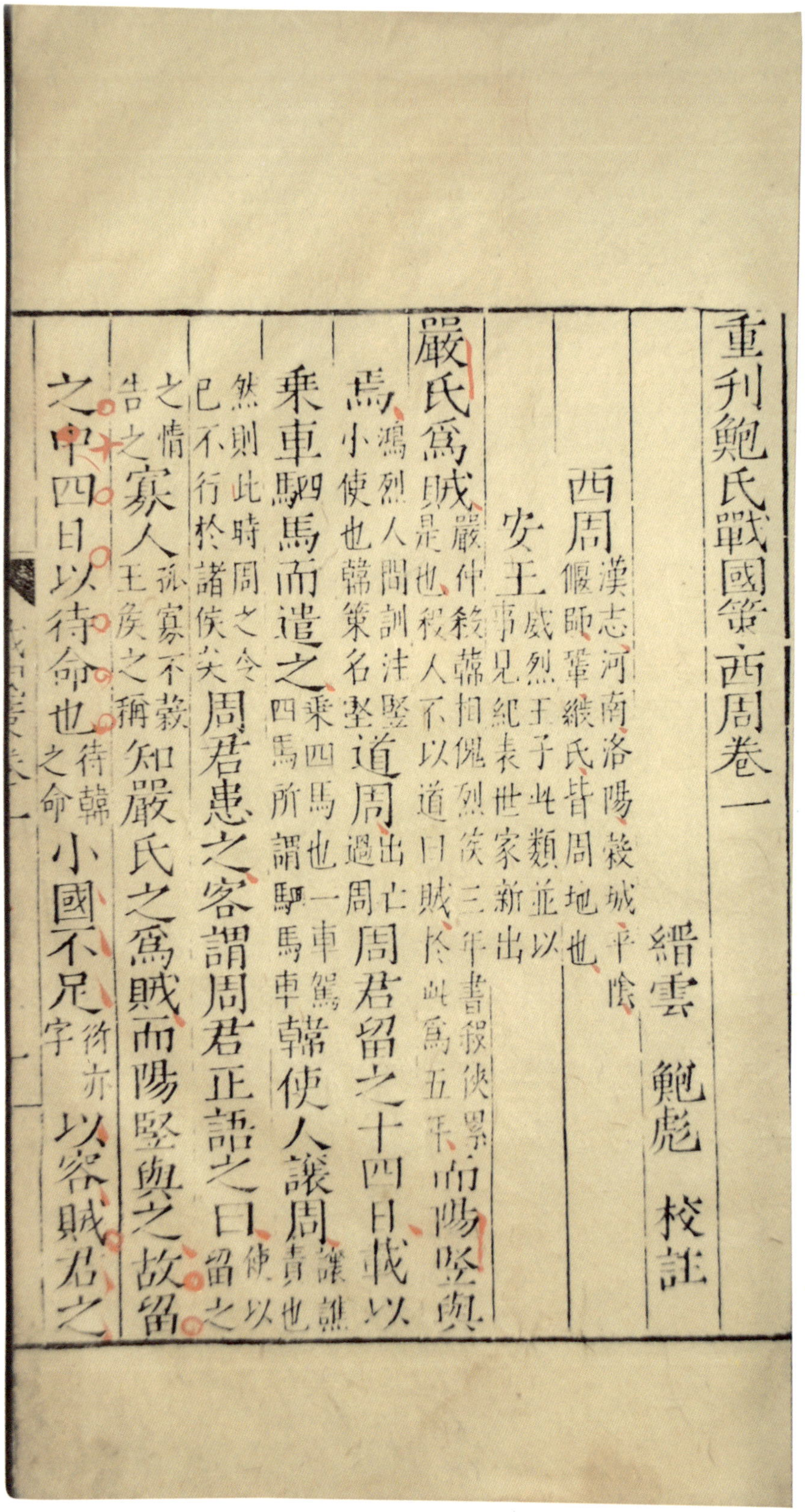
重刊鮑氏戰國策西周卷一
縉雲　鮑彪　校註
西周漢志河南洛陽穀城平陰偃師鞏緱氏皆周地也
安王威烈王子此類並以事見紀表世家新出
嚴氏爲賊嚴仲殺韓相傀烈侯三年書殺傀累是也殺人不以道曰賊於此爲五年而陽竪與
焉鴻烈人間訓注竪小使也韓策名竪道周出亡過周周君留之十四日載以
乘車駟馬而遣之乘四馬也一車駕四馬所謂駟馬車韓使人讓周讓誰責也
然則此時周之令已不行於諸侯矣周君患之客謂周君正語之曰使以留之
之情告之寡人孤寡不穀王侯之稱知嚴氏之爲賊而陽竪與之故留
之中四日以待命也待韓之命小國不足衍亦字以容賊君之

07743、07744　重刊鮑氏戰國策十二卷　（宋）鮑彪校注　明刻本

匡高18厘米，廣13.3厘米。半葉十行，行二十二字，白口，四周單邊。山東省博物館、内蒙古社會科學院圖書館藏。

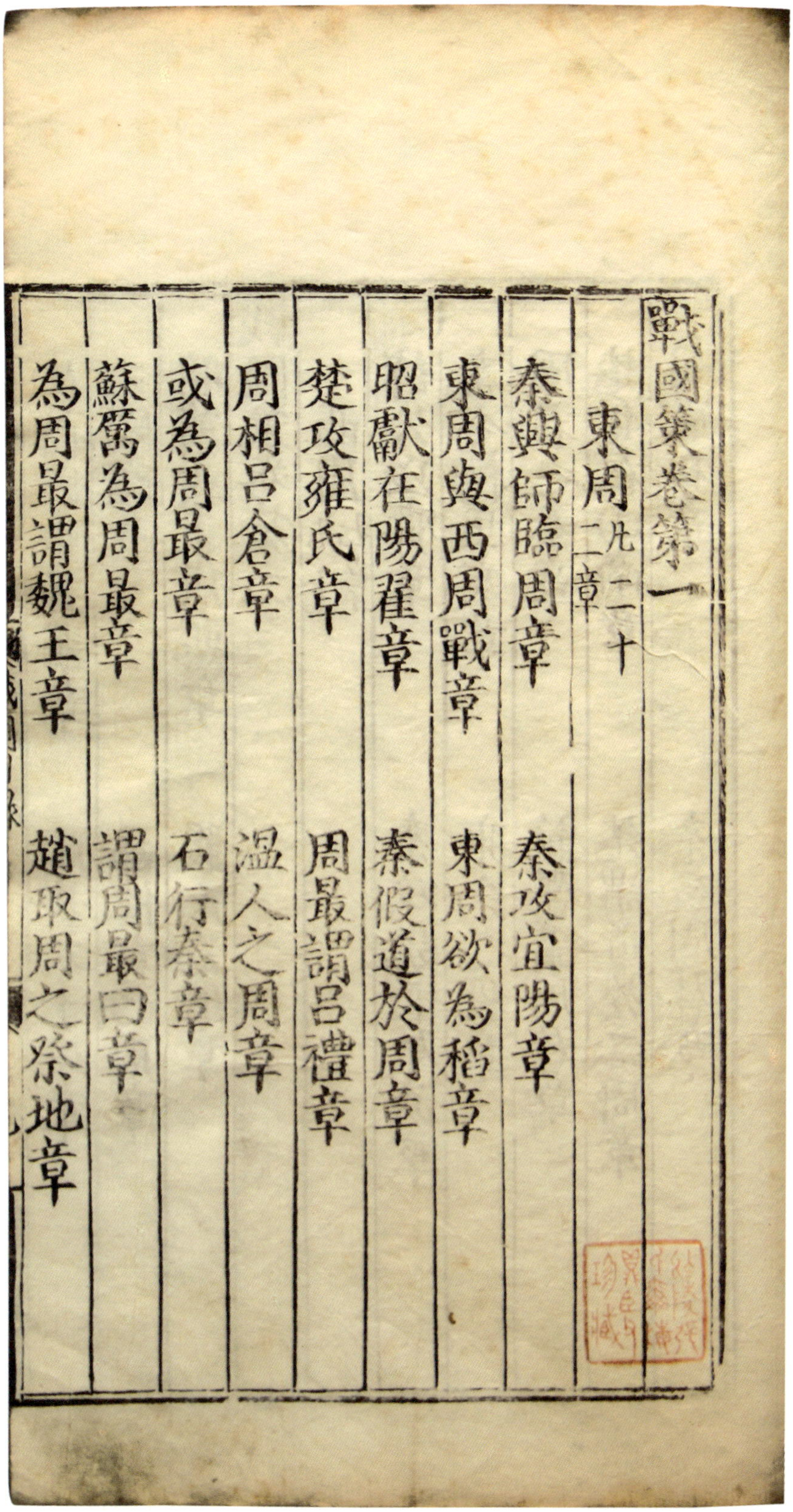
戰國策卷第一
東周凡二十二章
秦興師臨周章　秦攻宜陽章
東周與西周戰章　東周欲為稻章
昭獻在陽翟章　秦假道於周章
楚攻雍氏章　周最謂呂禮章
周相呂倉章　溫人之周章
或為周最章　石行秦章
蘇厲為周最章　謂周最曰章
為周最謂魏王章　趙取周之祭地章

07745、07746 戰國策十卷（宋）鮑彪校注（元）吴師道補正　明嘉靖二年（1523）刻本

匡高20.3厘米，廣13.4厘米。半葉十行，行二十一字，小字雙行同，黑口，四周雙邊。山東省博物館藏，有“濟南王氏珍藏”等印，王貢忱題記；山東省圖書館藏。

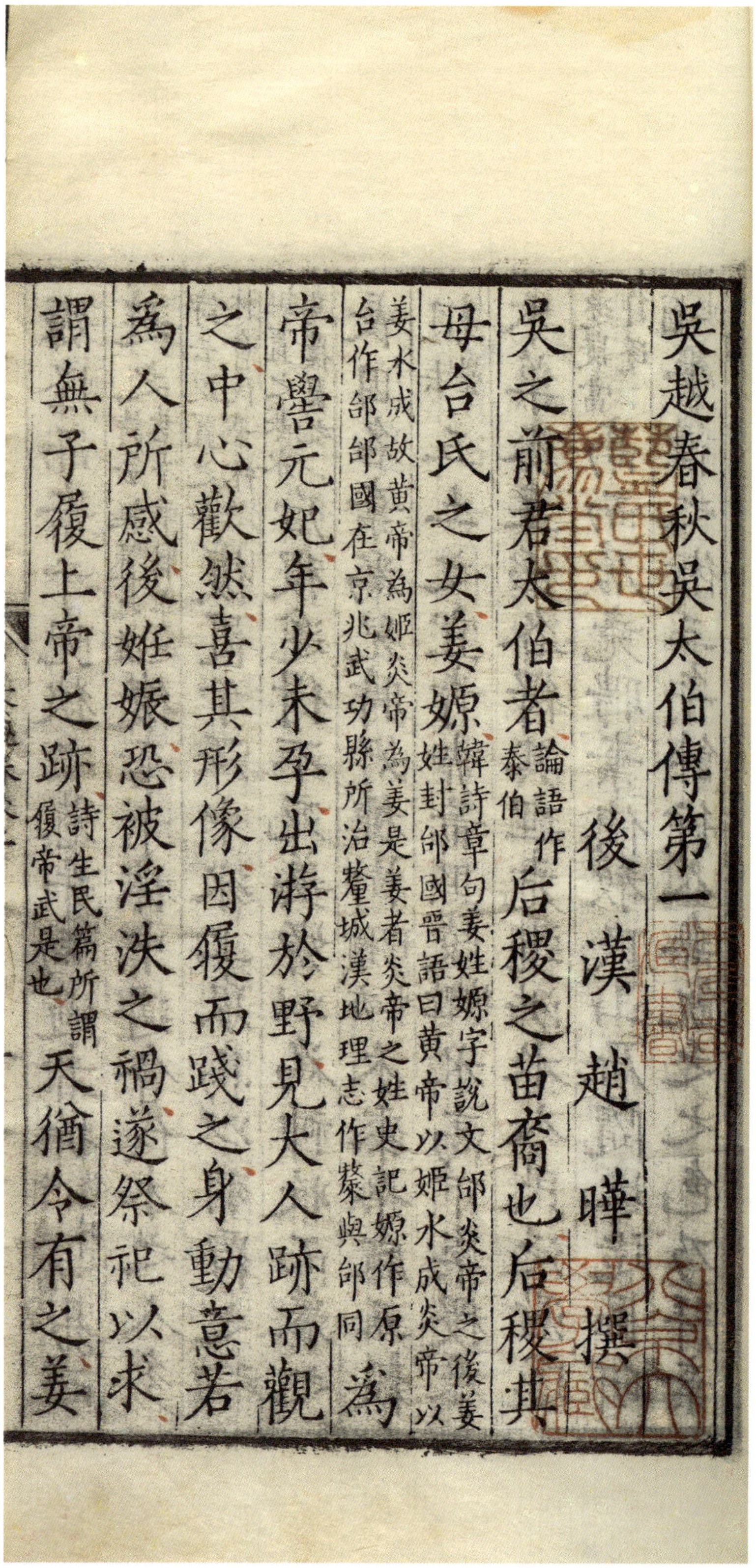
吳越春秋吳太伯傳第一
後漢 趙曄撰
吳之前君太伯者（論語作泰伯）后稷之苗裔也后稷其
母台氏之女姜嫄（韓詩章句姜姓嫄字說文邰炎帝之後姜姓封邰國晉語曰黃帝以姬水成炎帝以姜水成故黃帝為姬炎帝為姜是姜者炎帝之姓史記嫄作原台作邰邰國在京兆武功縣所治斄城漢地理志作斄與邰同）爲
帝嚳元妃年少未孕出游於野見大人跡而觀
之中心歡然喜其形像因履而踐之身動意若
爲人所感後姙娠恐被淫泆之禍遂祭祀以求
謂無子履上帝之跡（詩生民篇所謂履帝武是也）天猶令有之姜

07747、07748 吳越春秋十卷 （後漢）趙曄撰 （元）徐天祜音注 **補注一卷** （元）徐天祜撰 明弘治十四年（1501）鄭廷瑞、馮弋刻本

匡高20厘米，廣13.7厘米。半葉九行，行十八字，小字雙行二十七字，白口，左右雙邊。北京大學圖書館、浙江圖書館藏。

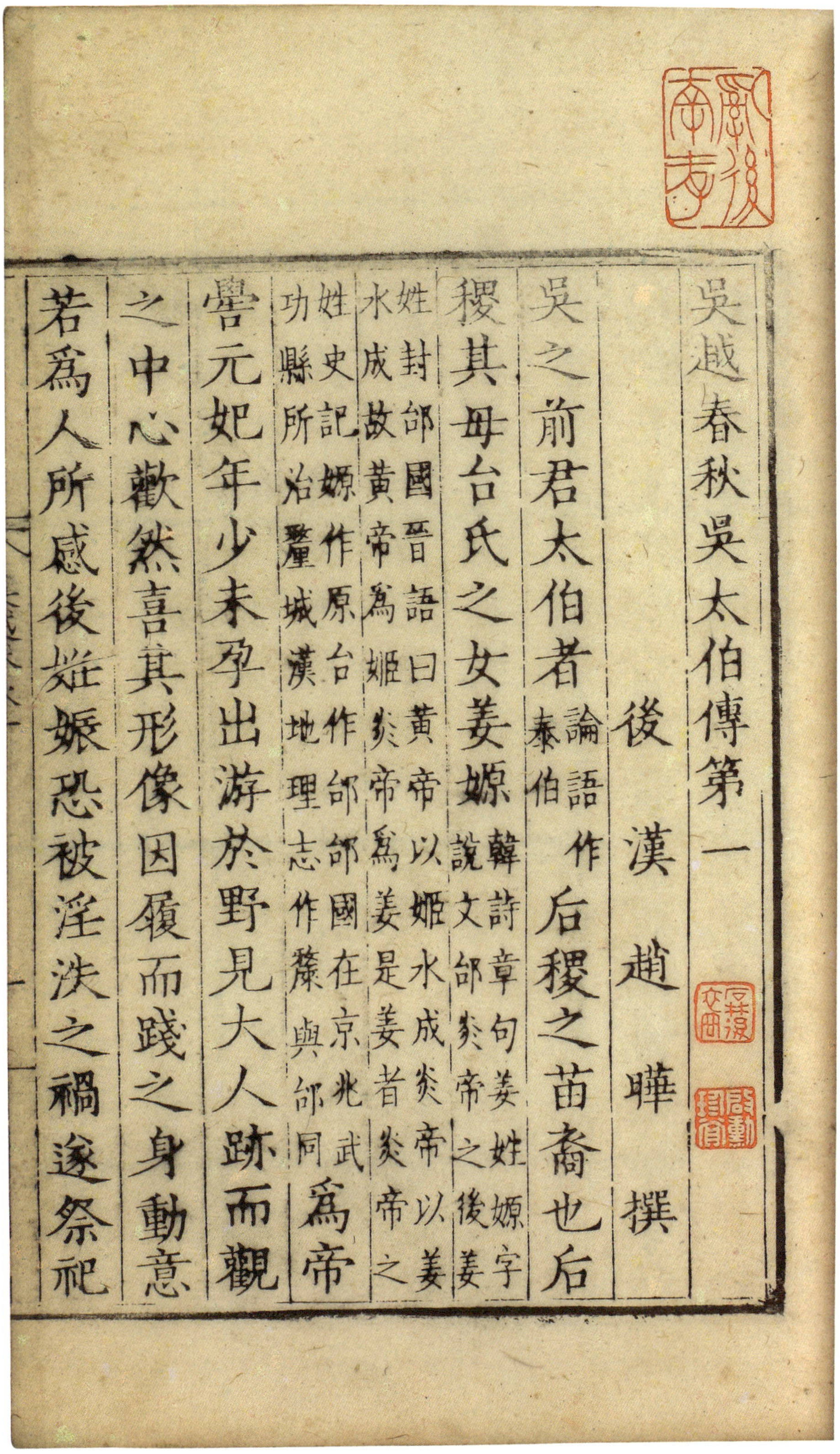
吳越春秋吳太伯傳第一
後漢　趙曄　撰
吳之前君太伯者論語作泰伯后稷之苗裔也后稷其母台氏之女姜嫄韓詩章句姜姓嫄字說文部炎帝之後姜姓封部國晉語曰黃帝以姬水成炎帝以姜水成故黃帝爲姬炎帝爲姜是姜者炎帝之姓史記嫄作原台作部部國在京兆武功縣所治鼜城漢地理志作斄與部同爲帝嚳元妃年少未孕出游於野見大人跡而觀之中心歡然喜其形像因履而踐之身動意若爲人所感後姙娠恐被淫泆之禍遂祭祀

07749 吳越春秋十卷　（後漢）趙曄撰　（元）徐天祜音注　明刻本

匡高18.5厘米，廣13.6厘米。半葉九行，行十七字，小字雙行同，細黑口，四周雙邊。葉德輝跋。有“江東羅氏所藏”、“啓勳珍賞”、“拾經樓著録”等印。湖南圖書館藏。

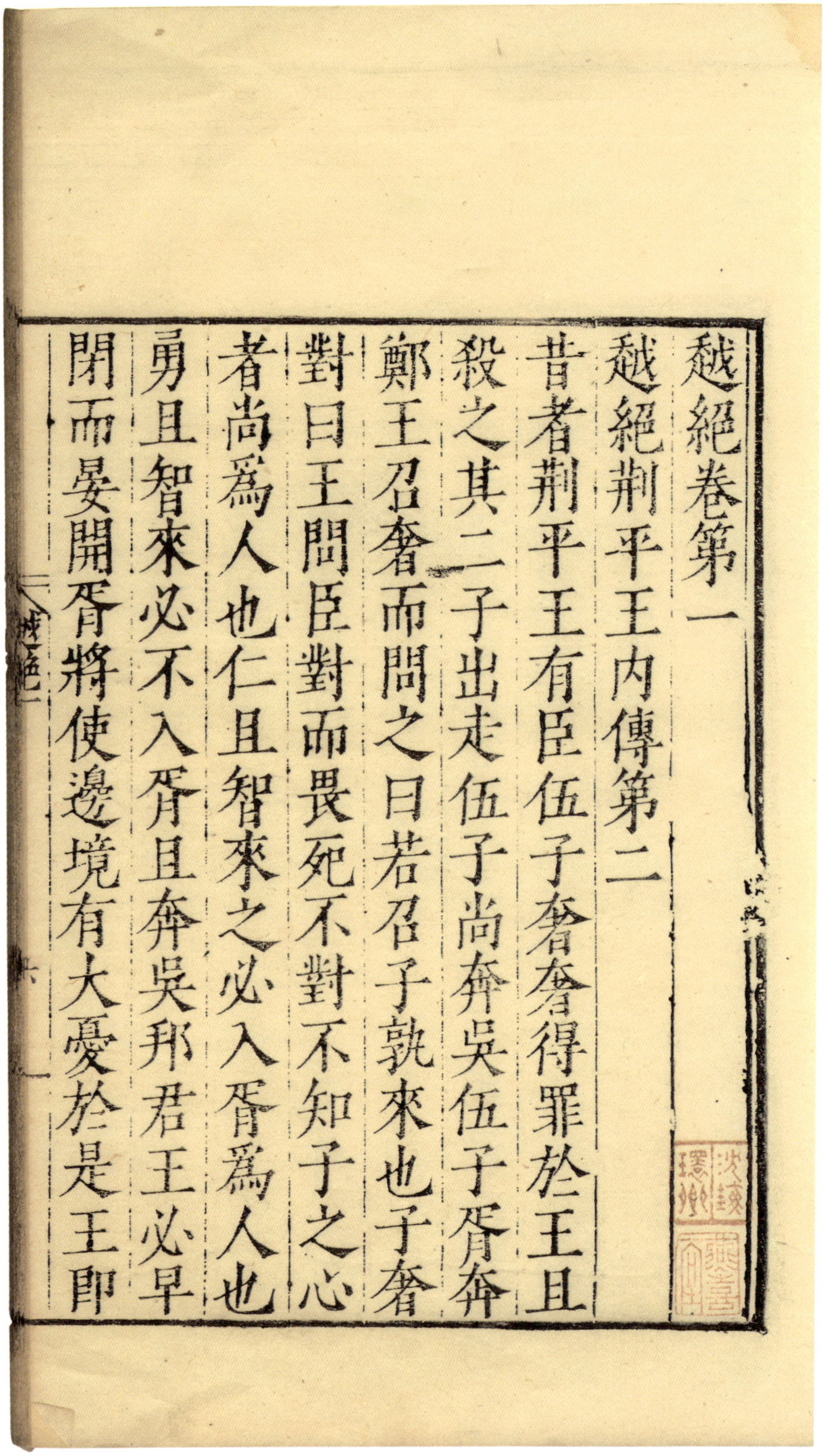
越絕卷第一
越絕荆平王内傳第二
昔者荆平王有臣伍子奢奢得罪於王且
殺之其二子出走伍子尚奔吳伍子胥奔
鄭王召奢而問之曰若召子孰來也子奢
對曰王問臣對而畏死不對不知子之心
者尚爲人也仁且智來之必入胥爲人也
勇且智來必不入胥且奔吳邦君王必早
閉而晏開胥將使邊境有大憂於是王即

07750 越絶書十五卷 （漢）袁康撰　明嘉靖二十四年（1545）孔天胤刻本

匡高19厘米，廣13.8厘米。半葉九行，行十六字，白口，左右雙邊。天津圖書館藏。

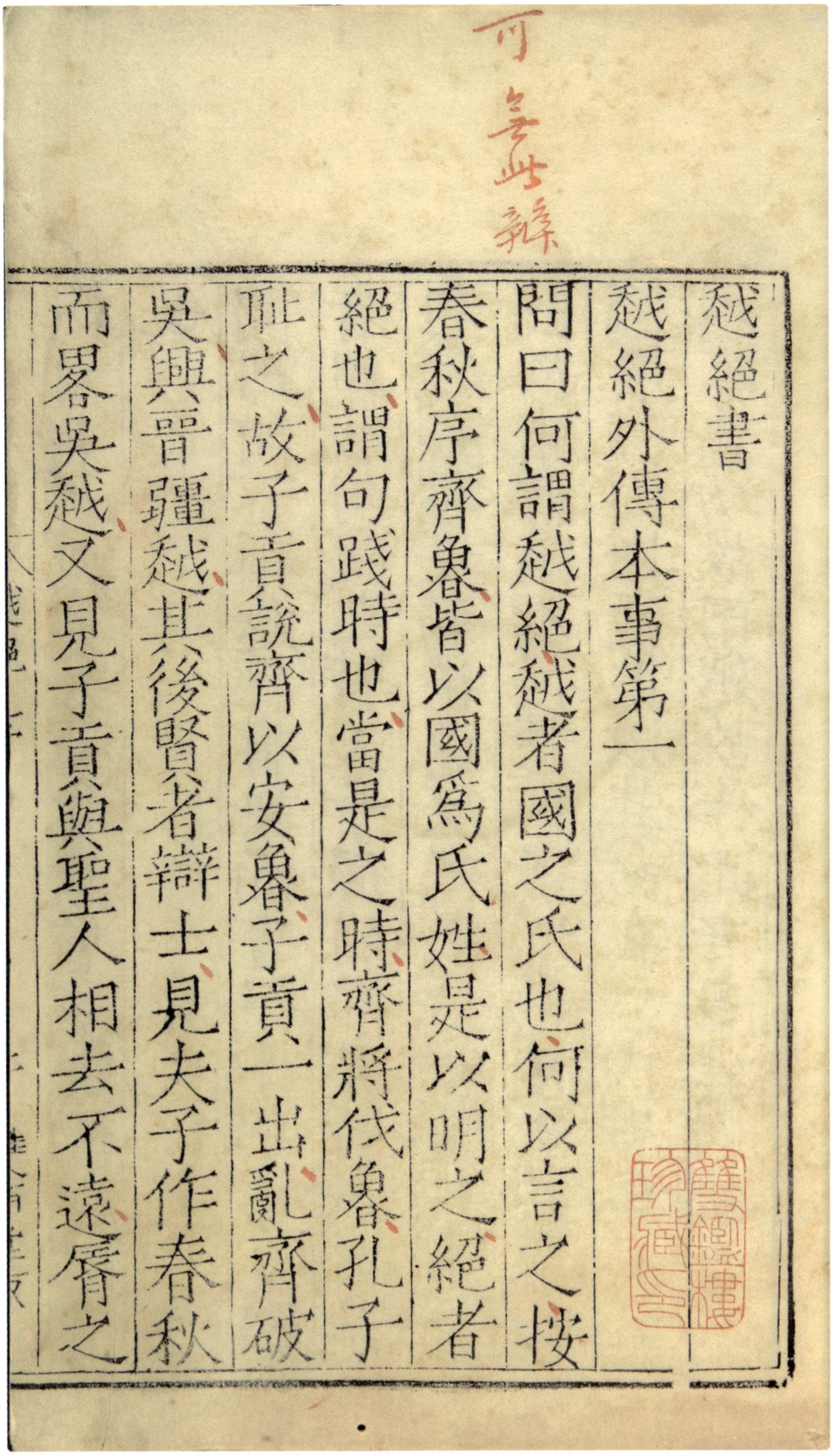
越絕書
越絕外傳本事第一
問曰何謂越絕越者國之氏也何以言之按
春秋序齊魯皆以國爲氏姓是以明之絕者
絕也謂句踐時也當是之時齊將伐魯孔子
耻之故子貢說齊以安魯子貢一出亂齊破
吳與晉彊越其後賢者辯士見夫子作春秋
而畧吳越又見子貢與聖人相去不遠脣之

07751、07752 越絶書十五卷 （漢）袁康撰　明嘉靖三十三年（1554）張佳胤雙柏堂刻本

匡高19.9厘米，廣14.1厘米。半葉八行，行十七字，白口，四周雙邊。首都圖書館藏，有“王本品印”、“葉德輝鑒藏善本書籍”、“梅華草堂”等印；國家圖書館藏，龔自珍跋。

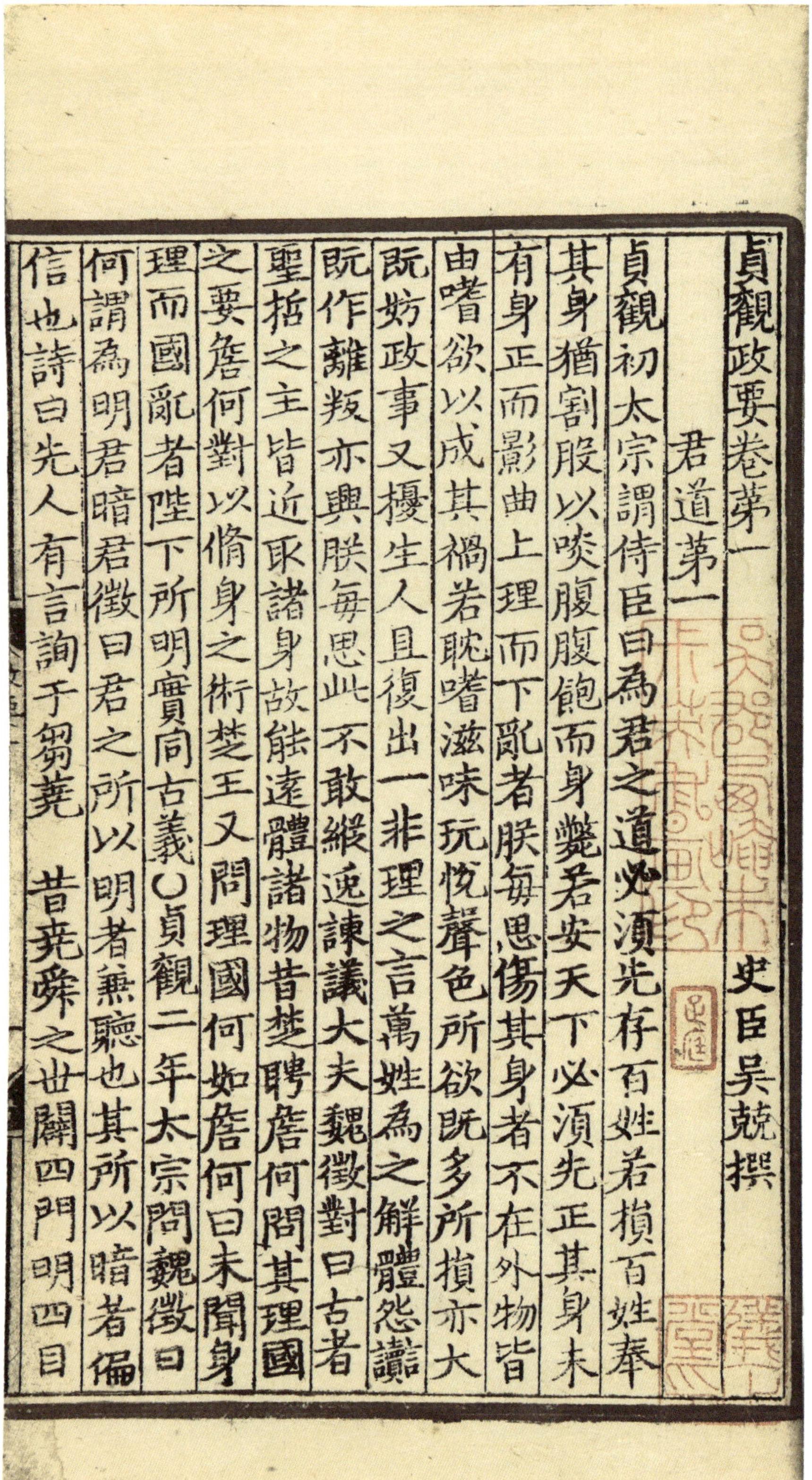
貞觀政要卷第一　史臣吳兢撰
君道第一
貞觀初太宗謂侍臣曰為君之道必須先存百姓若損百姓奉其身猶割股以啖腹腹飽而身斃若安天下必須先正其身未有身正而影曲上理而下亂者朕每思傷其身者不在外物皆由嗜欲以成其禍若耽嗜滋味玩悅聲色所欲既多所損亦大既妨政事又擾生人且復出一非理之言萬姓為之解體怨讟既作離叛亦興朕每思此不敢縱逸諫議大夫魏徵對曰古者聖哲之主皆近取諸身故能遠體諸物昔楚聘詹何問其理國之要詹何對以脩身之術楚王又問理國何如詹何曰未聞身理而國亂者陛下所明實同古義○貞觀二年太宗問魏徵曰何謂為明君暗君徵曰君之所以明者兼聽也其所以暗者偏信也詩曰先人有言詢于芻蕘　昔堯舜之世闢四門明四目

07753 貞觀政要十卷　（唐）吴兢撰　明洪武三年（1370）王氏勤有堂刻本

匡高19.3厘米，廣12.7厘米。半葉十三行，行二十四字，細黑口，四周雙邊。有“曾藏汪閬源家”等印，有“洪武庚戌仲冬王氏勤有堂刊”牌記。國家圖書館藏。

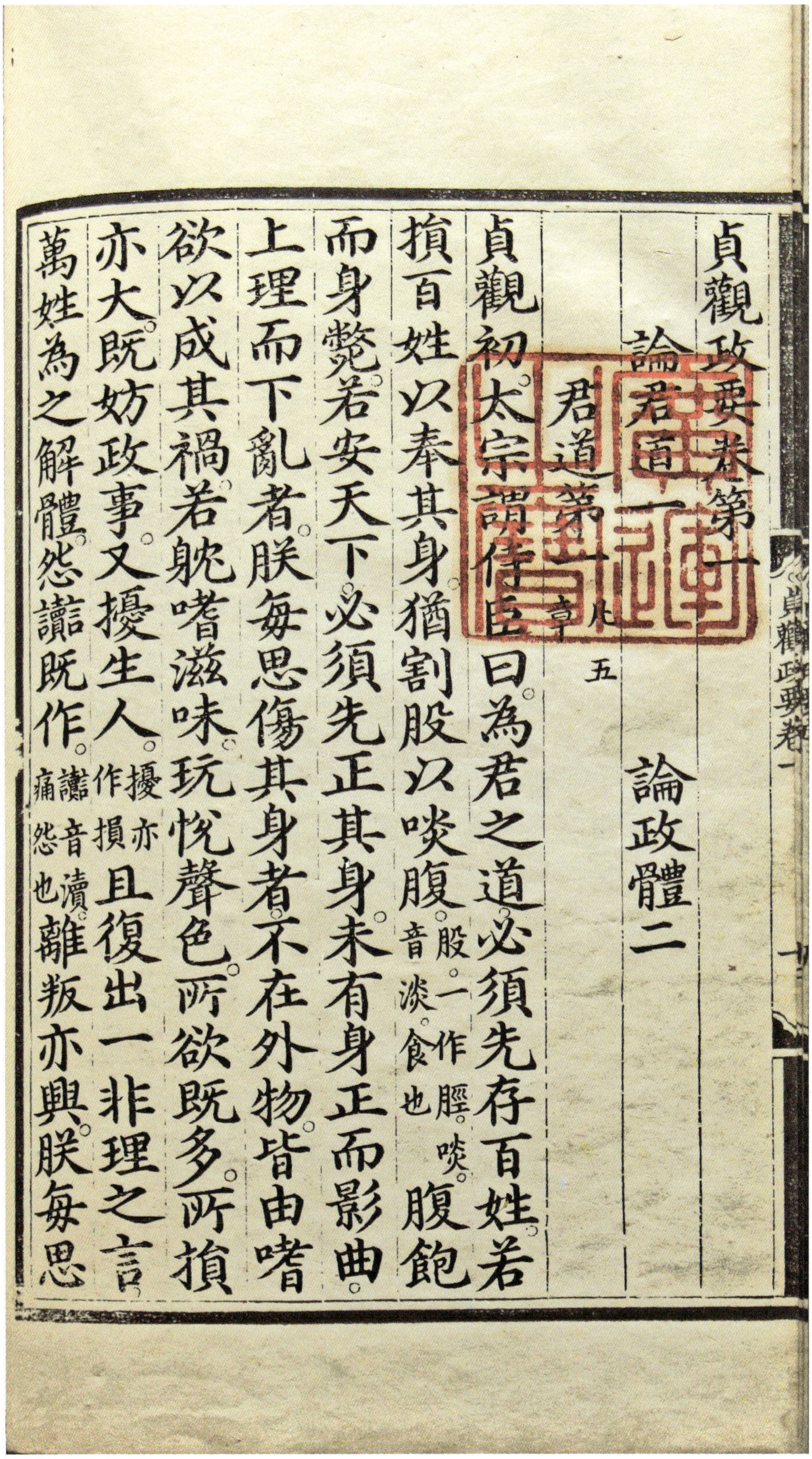
貞觀政要卷第一
論君道第一　論政體二
君道第一　凡五章
貞觀初太宗謂侍臣曰為君之道必須先存百姓若損百姓以奉其身猶割股以啖腹（股一作脛。啖音淡，食也。）腹飽而身斃若安天下必須先正其身未有身正而影曲上理而下亂者朕每思傷其身者不在外物皆由嗜欲以成其禍若躭嗜滋味玩悅聲色所欲既多所損亦大既妨政事又擾生人（擾亦作損）且復出一非理之言萬姓為之解體怨讟既作（讟音瀆，痛怨也）離叛亦興朕每思

07754、07755　貞觀政要十卷　（唐）吳兢撰　（元）戈直集論　明成化元年（1465）內府刻本

匡高25.7厘米，廣17.7厘米。半葉十行，行二十字，小字雙行同，黑口，四周雙邊。復旦大學圖書館藏，有"廣運之寶"等印；河北大學圖書館藏，包背裝。

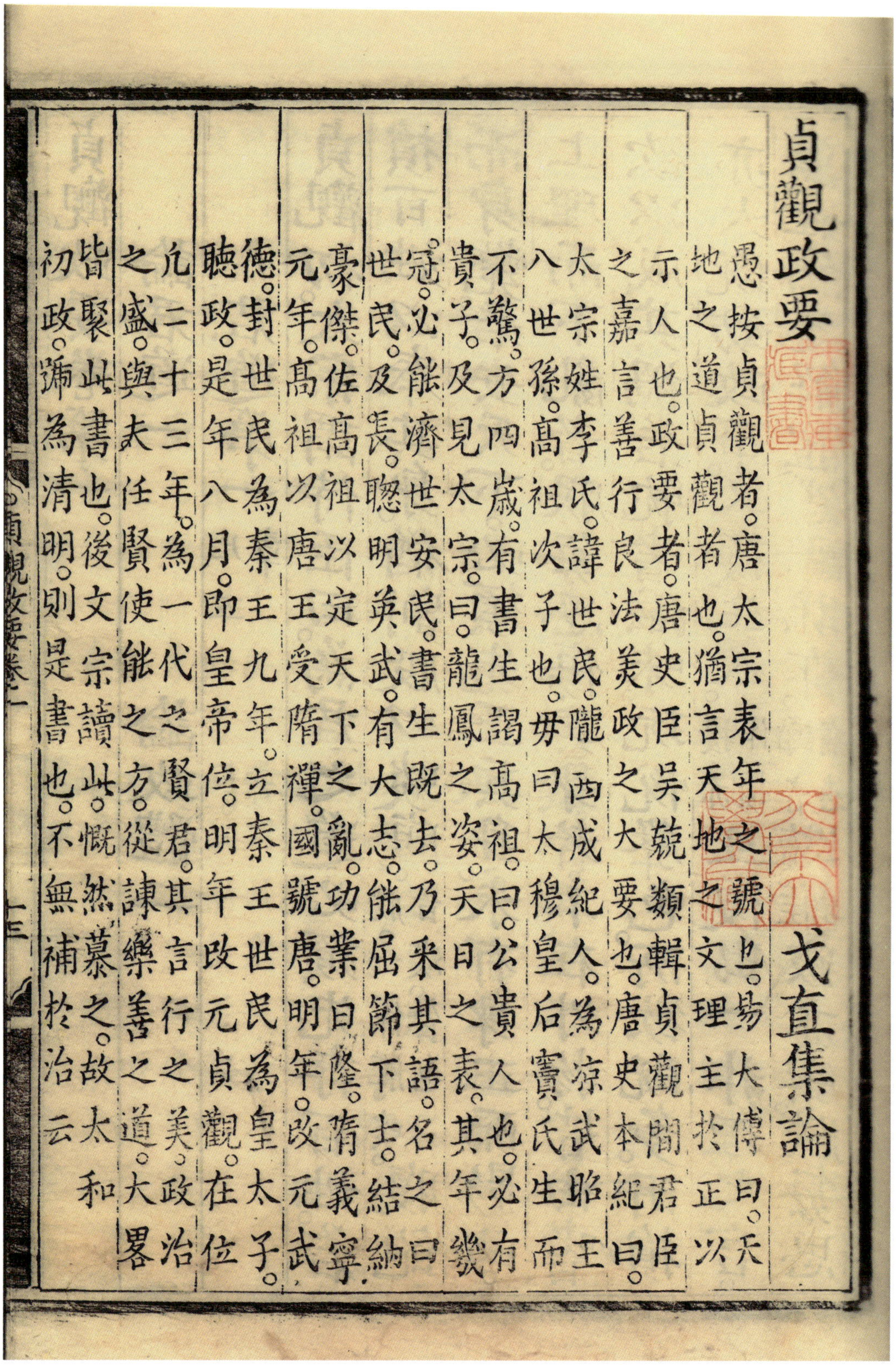
貞觀政要　戈直集論
愚按貞觀者。唐太宗表年之號也。易大傳曰。天
地之道貞觀者也。猶言天地之文理主於正以
示人也。政要者。唐史臣吳兢類輯貞觀閒君臣
之嘉言善行良法美政之大要也。唐史本紀曰。
太宗姓李氏。諱世民。隴西成紀人。為凉武昭王
八世孫。高祖次子也。毋曰太穆皇后竇氏生而
不驚。方四歲。有書生謁高祖。曰。公貴人也。必有
貴子。及見太宗。曰。龍鳳之姿。天日之表。其年幾
冠。必能濟世安民。書生既去。乃采其語。名之曰
世民。及長。聰明英武。有大志。能屈節下士。結納
豪傑。佐高祖以定天下之亂。功業日隆。隋義寧
元年。高祖以唐王受隋禪。國號唐。明年。改元武
德。封世民為秦王。九年。立秦王世民為皇太子。
聽政。是年八月。即皇帝位。明年改元貞觀。在位
凡二十三年。為一代之賢君。其言行之美。政治
之盛。與夫任賢使能之方。從諫樂善之道。大畧
皆聚此書也。後文宗讀此。慨然慕之。故太和
初政。號為清明。則是書也。不無補於治云

07756-07760 貞觀政要十卷 （唐）吳兢撰　（元）戈直集論　明成化十二年（1476）崇府刻本

匡高26.5厘米，廣18.8厘米。半葉十行，行二十字，小字雙行同，黑口，四周雙邊。山東省圖書館藏；北京大學圖書館藏，有“麐嘉館印”、“木犀軒藏書”等印；廣東省立中山圖書館藏，有“江甯陳氏閒源樓經籍記”、“楚寶堂藏書印”、“閒源樓藏書記”等印，有“成化丙申崇府重刊”牌記；河北大學圖書館、天津圖書館藏。

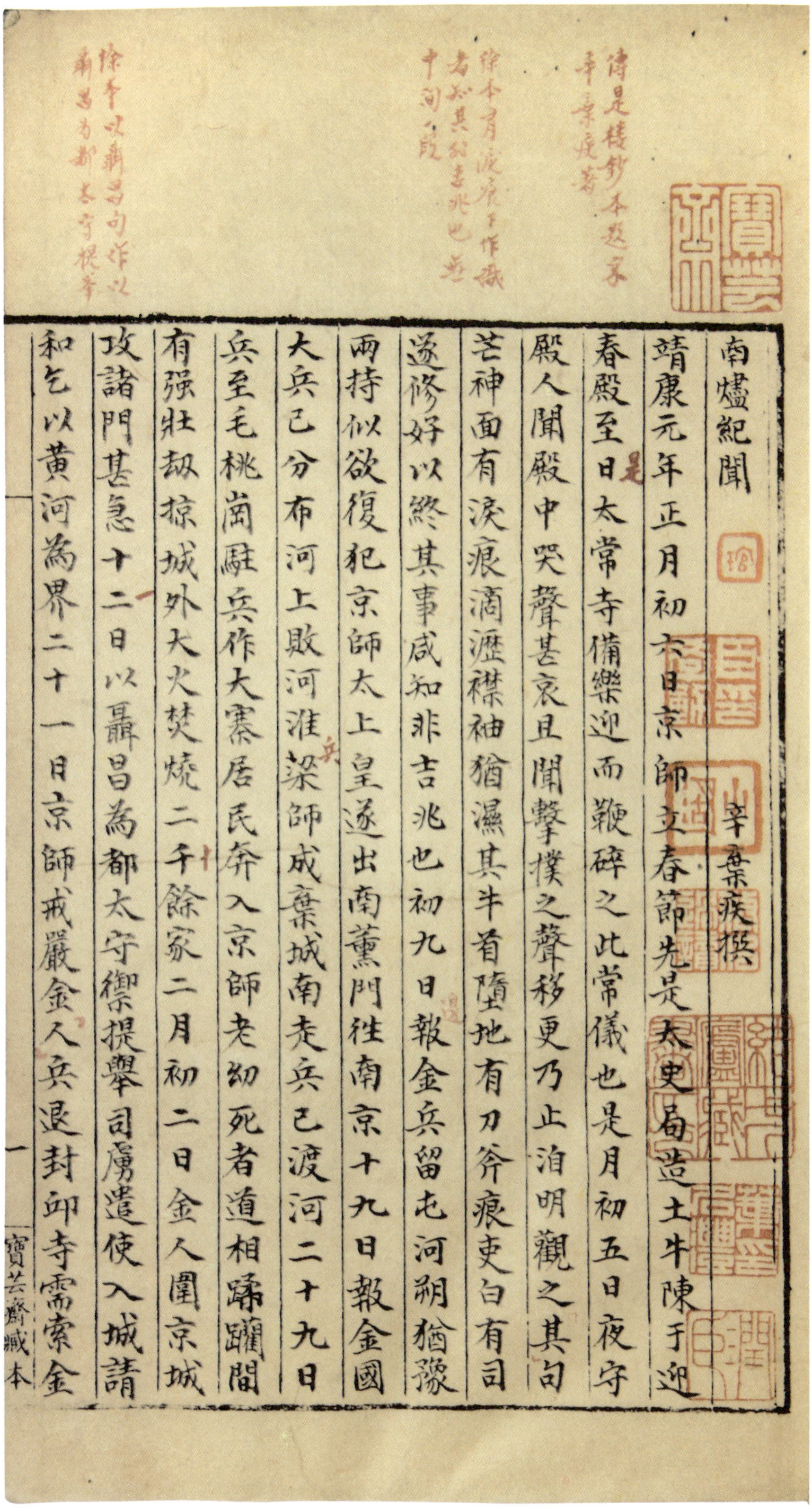

07761 南燼紀聞一卷 題（宋）辛棄疾撰 **竊憤録一卷續録一卷** 清寶芸齋抄本

匡高19.6厘米，廣14.1厘米。半葉十二行，行二十五字，細黑口，左右雙邊。王獻唐批校並録徐乾學批校。山東省圖書館藏。

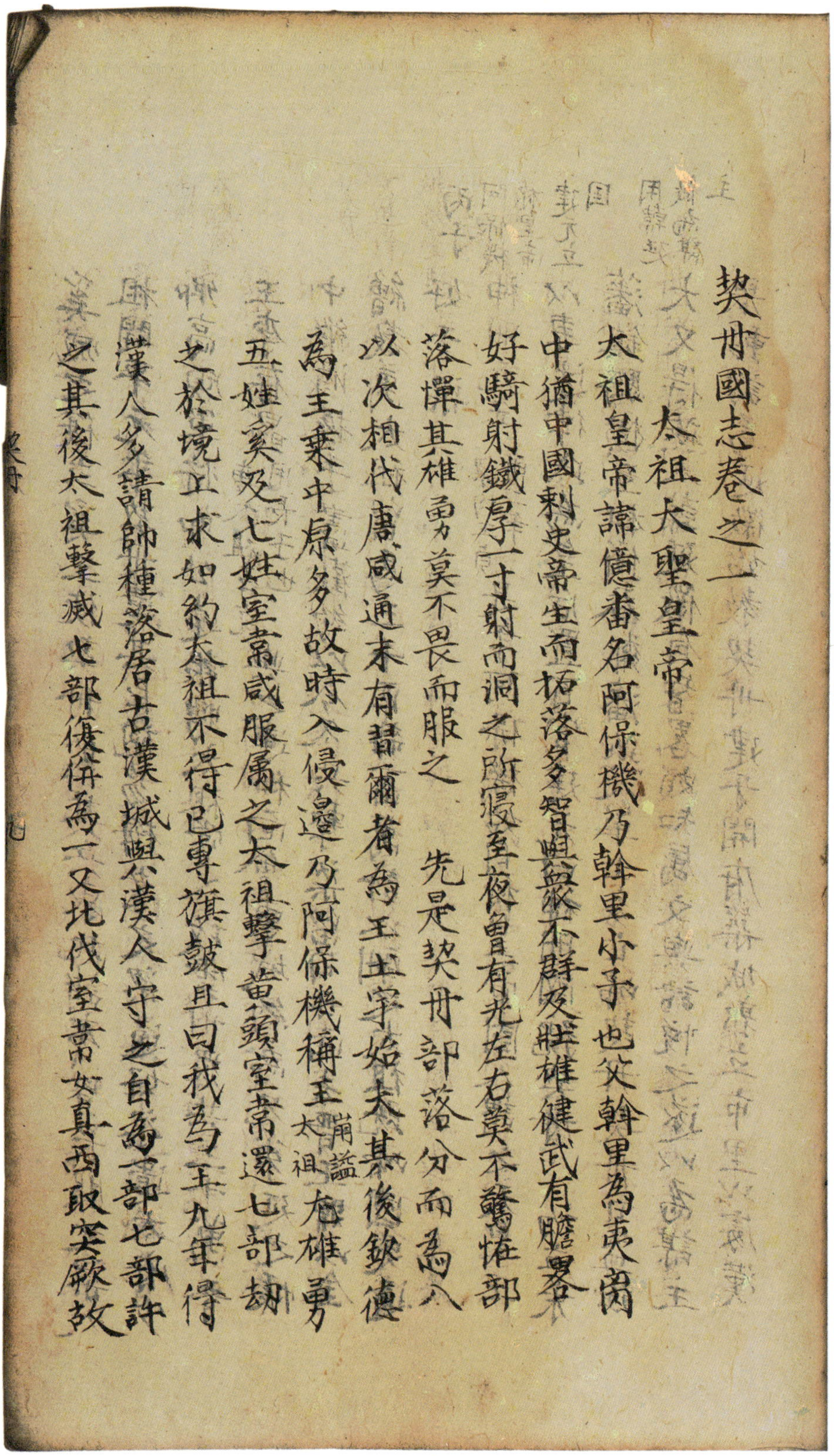

契丹國志卷之一

太祖大聖皇帝

太祖皇帝諱億番名阿保機乃斡里小子也父斡里為夷离
中循中國刺史帝生而拓落多智與衆不群及壯雄健武有膽畧
好騎射鐵厚一寸射而洞之所寢至夜曾有光左右莫不驚怪部
落憚其雄勇莫不畏而服之　先是契丹部落分而為八
以次相代唐咸通末有習爾者為王土宇始大其後欽德
為王乘中原多故時入侵邊乃阿保機稱王太祖廟謚尤雄勇
五姓奚及七姓室韋咸服屬之太祖擊黄頭室韋還七部劫
之於境上求如約太祖不得已專旗鼓且曰我為王九年得
漢人多請帥種落居古漢城與漢人守之自為一部七部許
之其後太祖擊滅七部復併為一又北伐室韋女真西取突厥故

07762 契丹國志二十七卷 （宋）葉隆禮撰　明抄本

有"江東包氏天禄閣藏書印"、"維書是寶"等印。寧波市天一閣博物館藏。

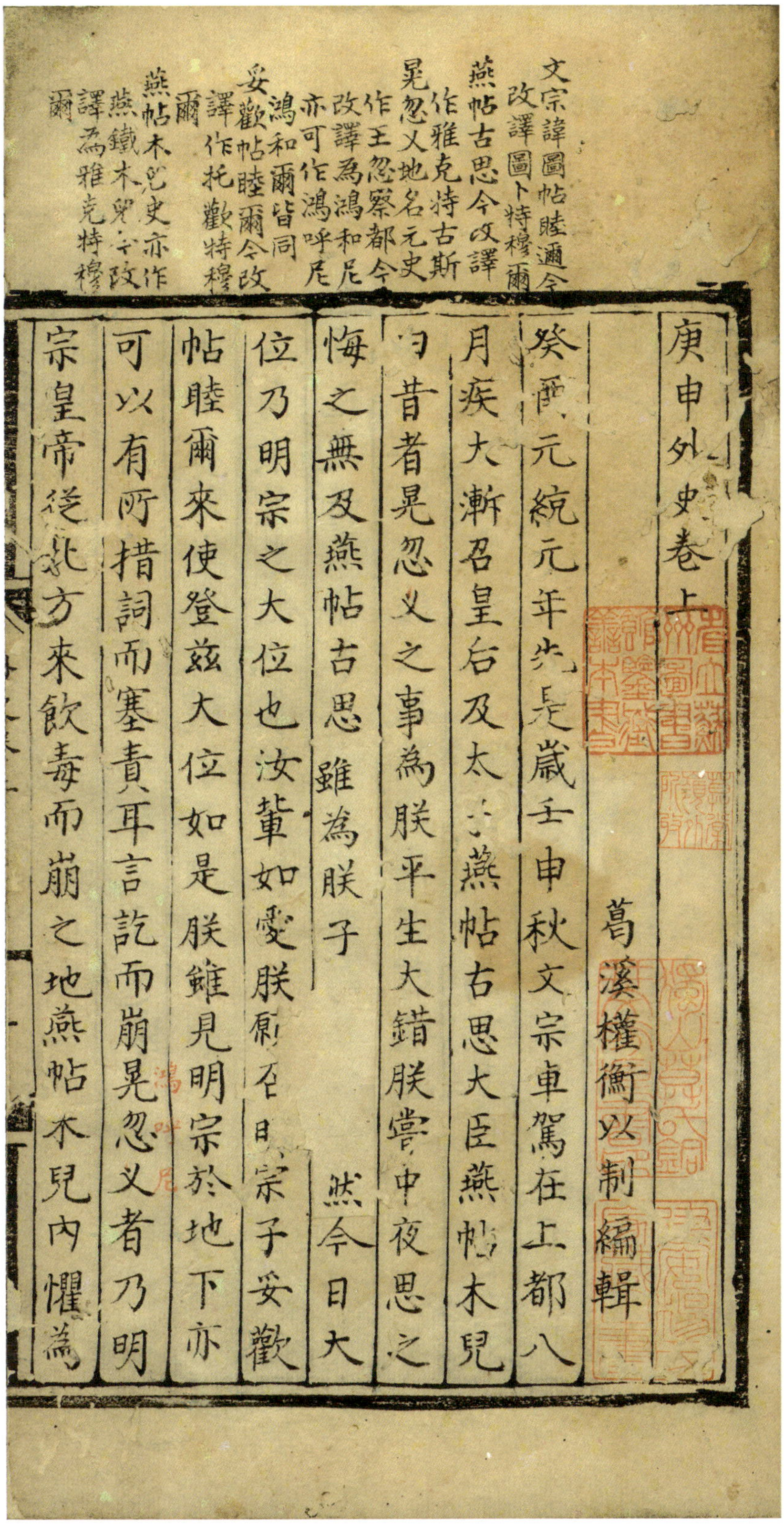
文宗諱圖帖睦邇今改譯圖卜特穆爾
燕帖古思今改譯作雅克特古斯
晃忽义地名元史作王忽察都今改譯為鴻和尼亦可作鴻呼尼鴻和爾皆同
安歡帖睦爾今改譯作托歡特穆爾
燕帖木兒史亦作燕鐵木兒今改譯為雅克特穆爾

庚申外史卷上
葛溪權衡以制編輯
癸酉元統元年先是歲壬申秋文宗車駕在上都八月疾大漸召皇后及太子燕帖古思大臣燕帖木兒曰昔者晃忽义之事為朕平生大錯朕嘗中夜思之悔之無及燕帖古思雖為朕子　然今日大位乃明宗之大位也汝輩如愛朕願召明宗子妥歡帖睦爾來使登茲大位如是朕雖見明宗於地下亦可以有所措詞而塞責耳言訖而崩晃忽义者乃明宗皇帝從北方來飲毒而崩之地燕帖木兒內懼為

鴻呼尼

07763 庚申外史二卷 （明）權衡撰　明抄本

匡高20厘米，廣13.5厘米。半葉十行，行二十字，黑口，四周雙邊。莫棠題識。蘇州圖書館藏。

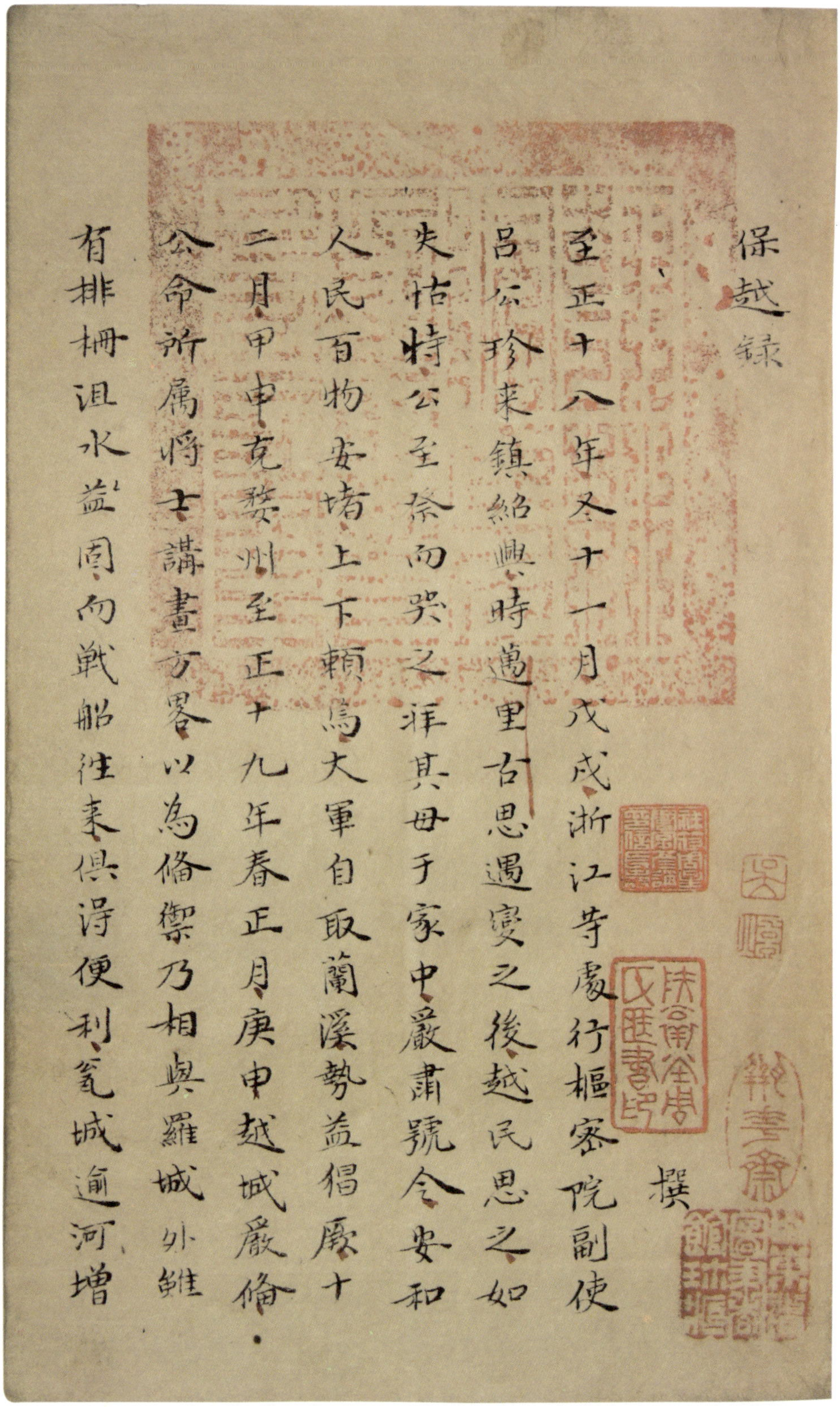
保越録
至正十八年冬十一月戊戌浙江等處行樞密院副使　撰
呂公珍來鎮紹興時邁里古思遇變之後越民思之如
失怙恃公至爲而哭之拜其母于家中嚴肅號令安和
人民百物安堵上下賴焉大軍自取蘭溪勢益猖厥十
二月甲申克婺州至正十九年春正月庚申越城嚴備
公命所屬將士講畫方畧以爲備禦乃相與羅城外雖
有排柵阻水益周而戰船往來俱得便利瓮城逾河增

07764 保越録一卷　清抄本

有"乾隆三十八年十一月浙江巡撫三寶送到吴士塤家藏保越録壹部 計書壹本"、"翰林院"、"祥符周星譽字彦稱印信長壽"、"吴焯"等印。 山東省圖書館藏。

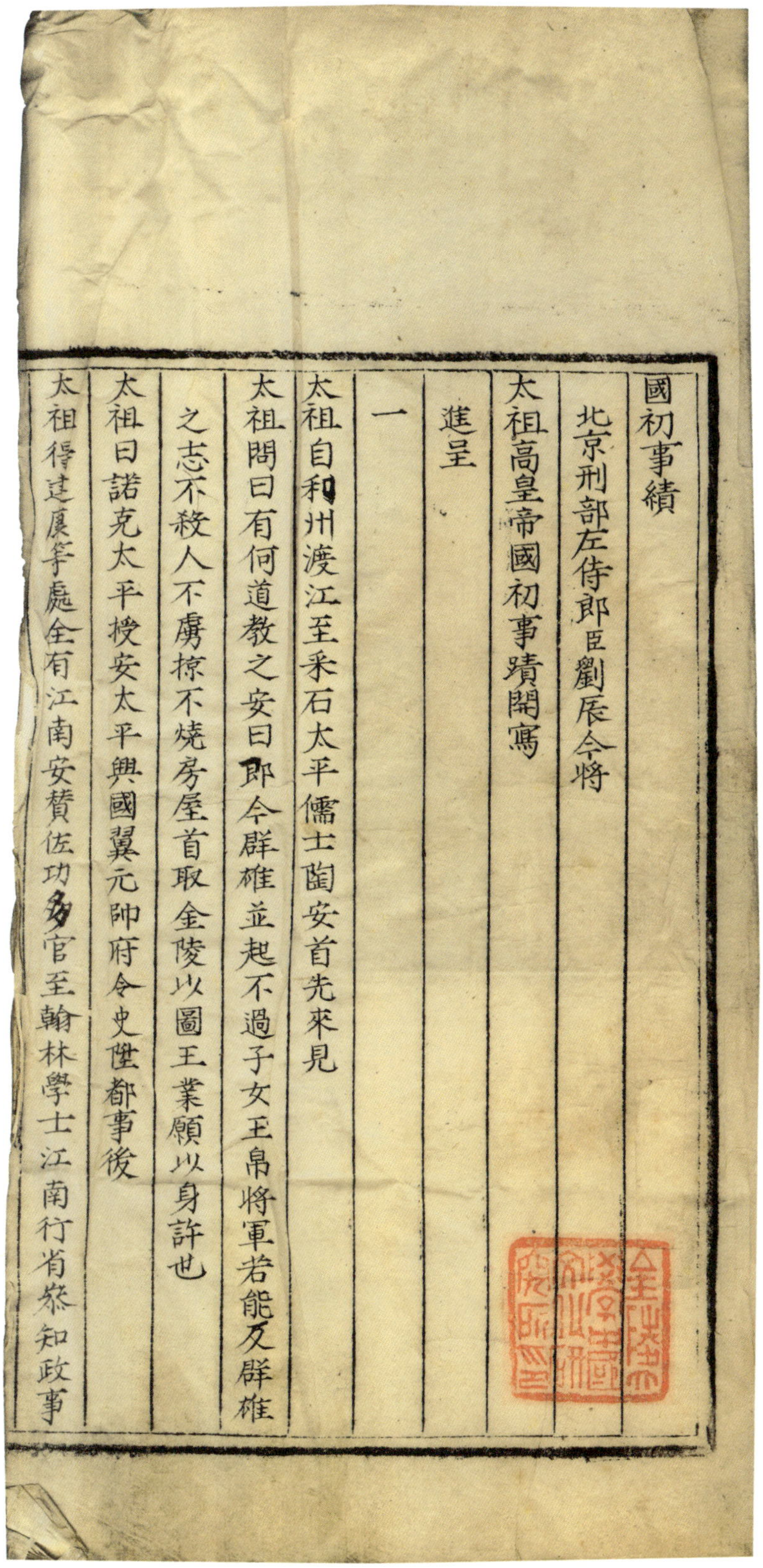
國初事績
北京刑部左侍郎臣劉辰今將
太祖高皇帝國初事蹟開寫
進呈
一
太祖自和州渡江至釆石太平儒士陶安首先來見
太祖問曰有何道教之安曰郎今群雄並起不過子女玉帛將軍若能反群雄
之志不殺人不虜掠不燒房屋首取金陵以圖王業願以身許也
太祖曰諾克太平授安太平興國翼元帥府令史陞都事後
太祖得建康等處全有江南安贊佐功多官至翰林學士江南行省參知政事

07765 國初事績一卷 （明）劉辰撰　明抄本

匡高22.3厘米，廣14.2厘米。半葉十行，行三十字，白口，四周雙邊。南京大學圖書館藏。

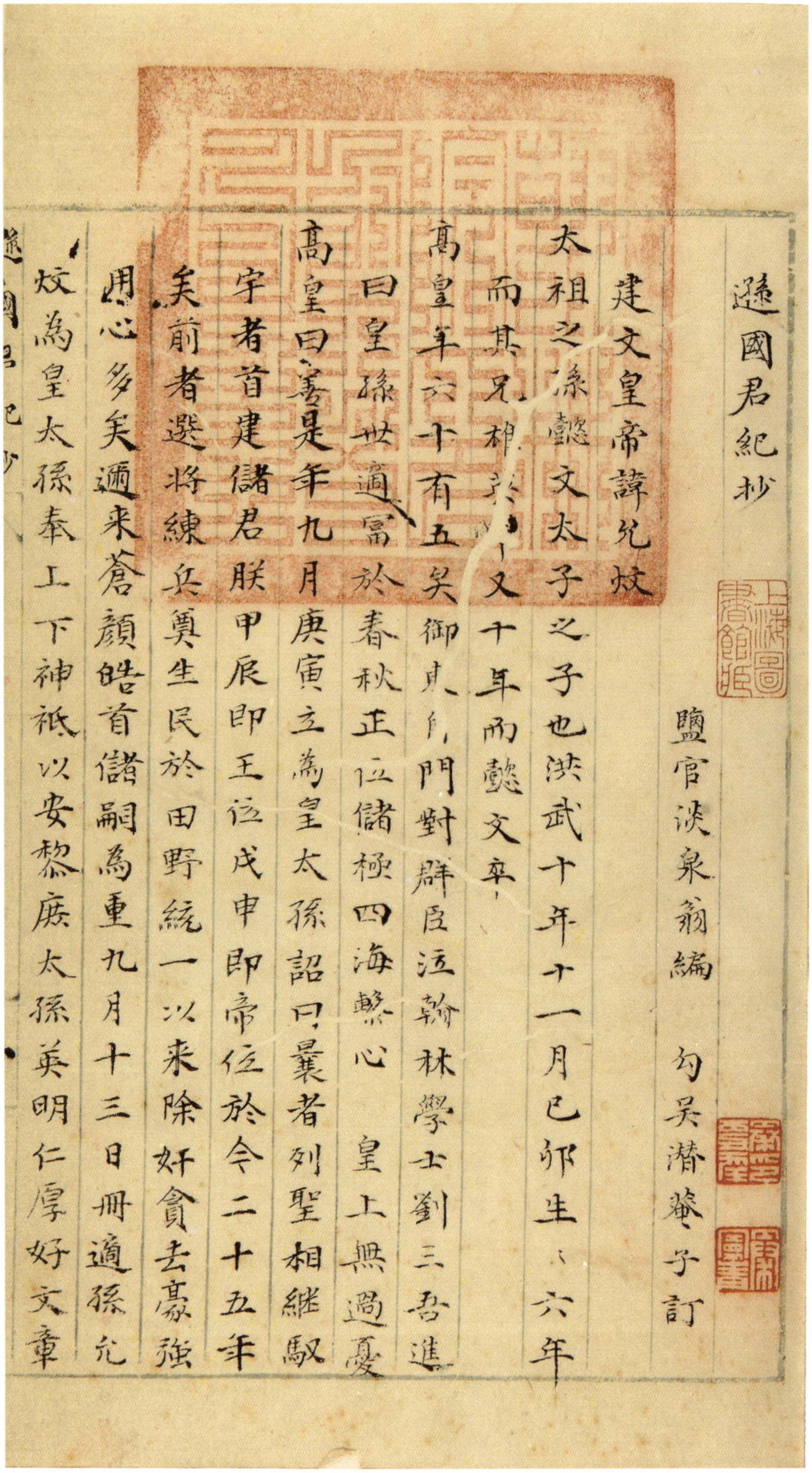

遜國君紀抄

鹽官淡泉翁編　勾吳潛菴子訂

建文皇帝諱允炆

太祖之孫懿文太子之子也洪武十年十一月己卯生、六年

而其兄雄[illegible]又十年而懿文卒

高皇年六十有五矣御東角門對群臣泣翰林學士劉三吾進

曰皇孫世適冨於春秋正位儲極四海繫心　皇上無過憂

高皇曰善是年九月庚寅立為皇太孫詔曰曩者列聖相繼馭

宇者首建儲君朕甲辰即王位戊申即帝位於今二十五年

矣前者選將練兵奠生民於田野統一以來除奸貪去豪強

用心多矣邇來蒼顏皓首儲嗣為重九月十三日冊適孫允

炆為皇太孫奉上下神祇以安黎庶太孫英明仁厚好文章

07766　遜國君紀抄一卷臣事抄六卷　（明）鄭曉撰　明抄本

匡高22.7厘米，廣15厘米。半葉十二行，行二十四字，白口，藍格，四周單邊。有“翰林院印”、“秦印更年”、“秦曼青”等印。上海圖書館藏。

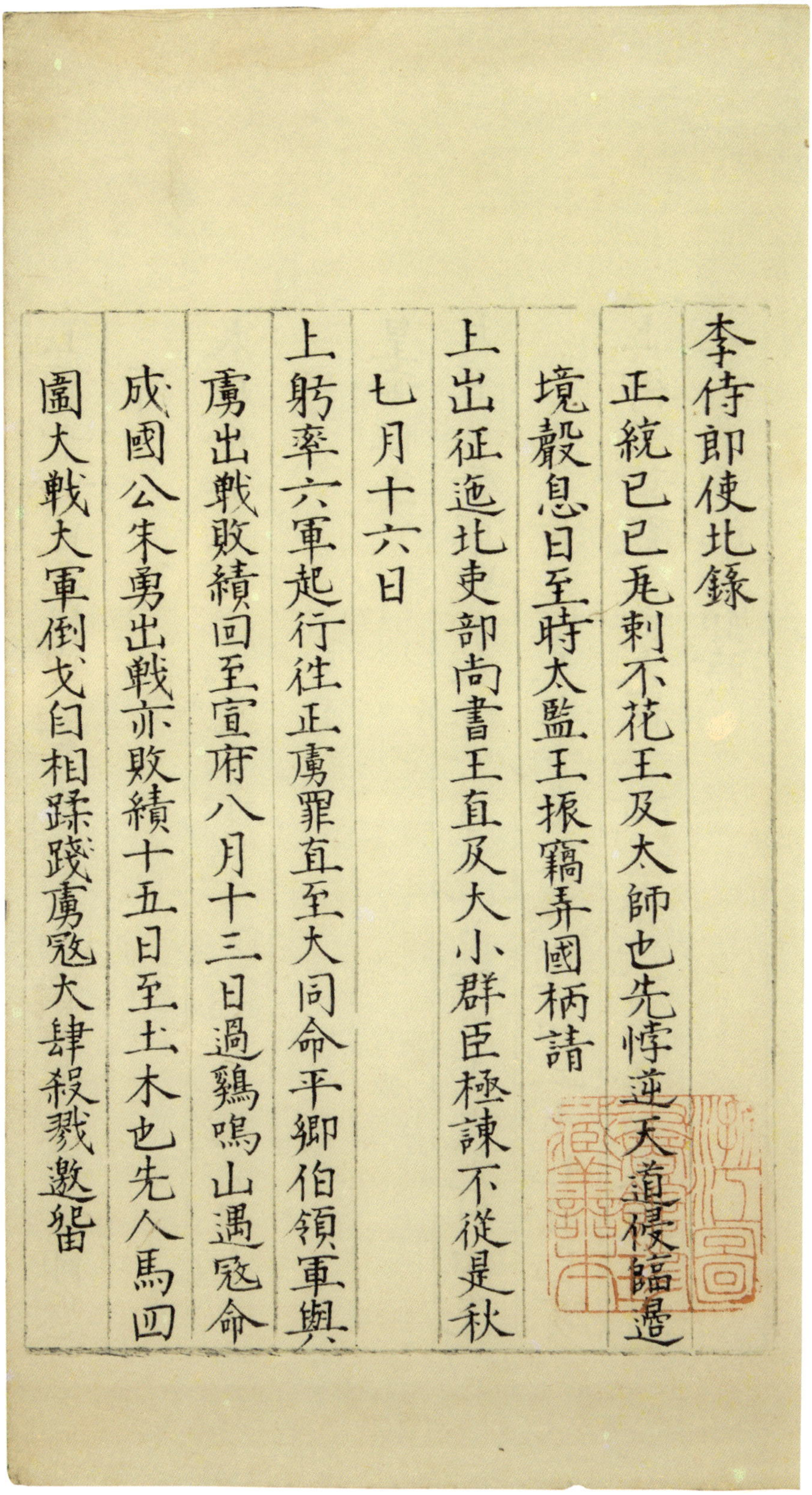
李侍郎使北録
正統己巳虜剌不花王及太師也先悖逆天道侵臨邊
境轂息日至時太監王振竊弄國柄請
上出征迤北吏部尚書王直及大小群臣極諫不從是秋
七月十六日
上躬率六軍起行往正虜罪直至大同命平鄉伯領軍與
虜出戰敗績回至宣府八月十三日過鷄鳴山遇寇命
成國公朱勇出戰亦敗績十五日至土木也先人馬回
圍大戰大軍倒戈自相蹂踐虜寇大肆殺戮邀留

07767 李侍郎使北録一卷 （明）李實撰　明抄本

匡高20.2厘米，廣14.9厘米。半葉九行，行二十二字，白口，藍格，四周單邊。浙江圖書館藏。

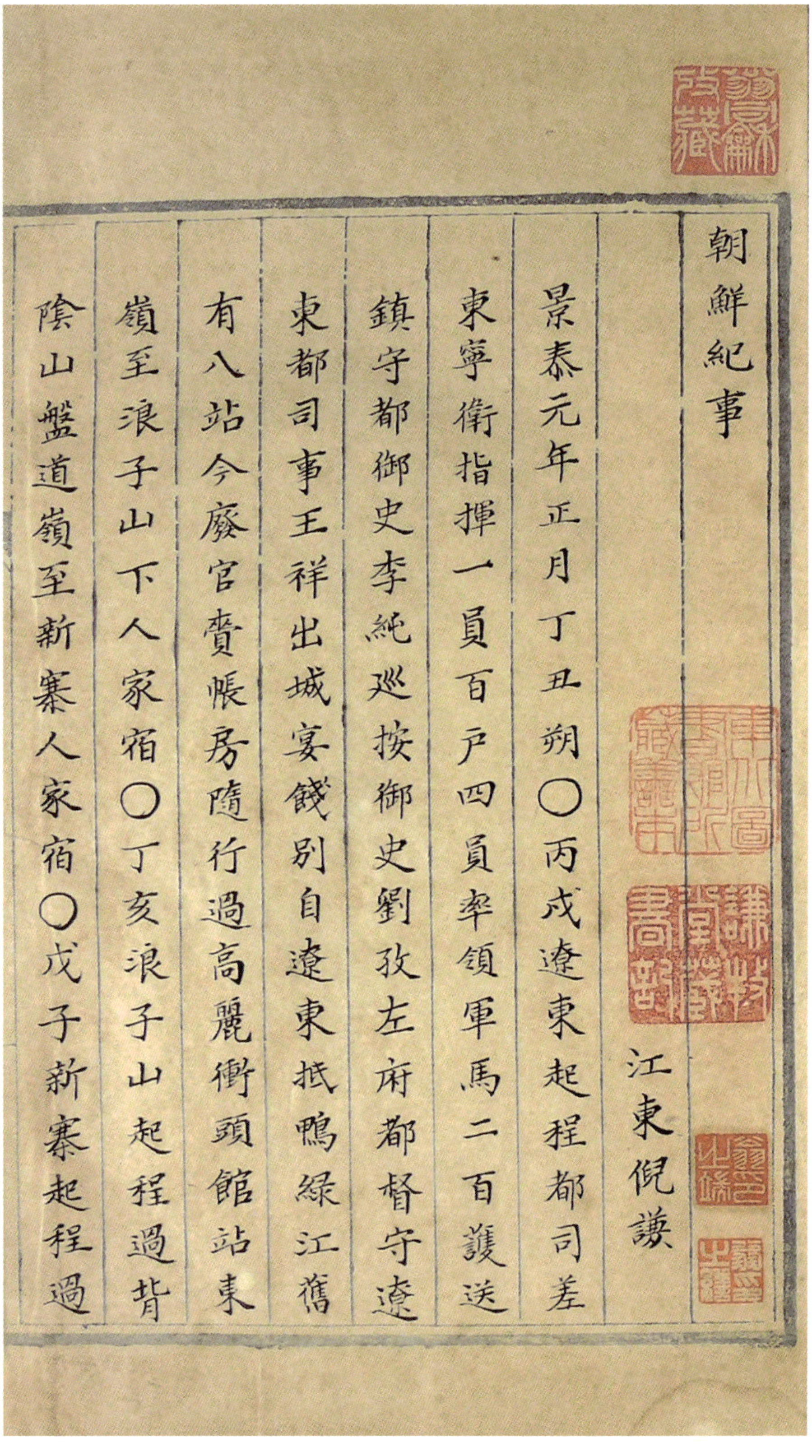

朝鮮紀事

江東倪謙

景泰元年正月丁丑朔〇丙戌遼東起程都司差
東寧衛指揮一員百戶四員率領軍馬二百護送
鎮守都御史李純巡按御史劉孜左府都督守遼
東都司事王祥出城宴餞別自遼東抵鴨綠江舊
有八站今廢官賫帳房隨行過高麗衛頭館站東
嶺至浪子山下人家宿〇丁亥浪子山起程過背
陰山盤道嶺至新寨人家宿〇戊子新寨起程過

07768 朝鮮紀事一卷 （明）倪謙撰　明抄本

匡高27.3厘米，廣18.1厘米。半葉九行，行二十字，白口，藍格，四周雙邊。“謙牧堂藏書記”、“翁同龢收藏”、“翁印之端”、“翁印之繕”、“謙牧堂書畫記”等印。遼寧省圖書館藏。

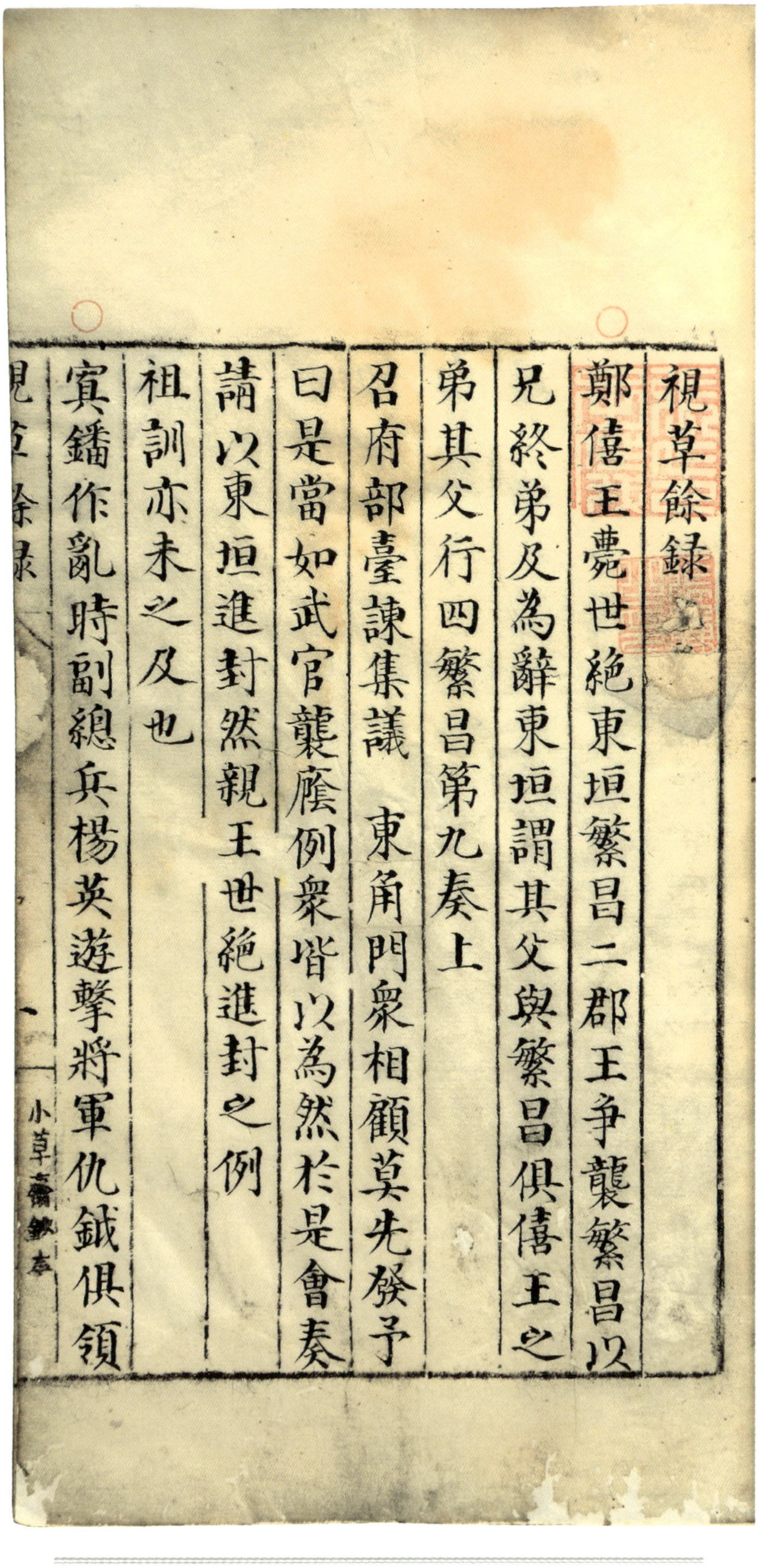

視草餘録
鄭僖王薨世絶東垣繁昌二郡王争襲繁昌以
兄終弟及為辭東垣謂其父與繁昌俱僖王之
弟其父行四繁昌第九奏上
召府部臺諫集議　東角門衆相顧莫先發予
曰是當如武官襲廕例衆皆以為然扵是會奏
請以東垣進封然親王世絶進封之例
祖訓亦未之及也
寘鐇作亂時副總兵楊英遊擊將軍仇鉞俱領

視草餘録　一　小草齋鈔本

07769 視草餘録一卷　（明）楊廷和撰　明謝氏小草齋抄本

匡高19.1厘米，廣13.2厘米。半葉九行，行十六字，白口，四周單邊。有“晉安謝□藏書”、“是書曾藏蔣絢臣家”、“沈氏祖牟藏書”等印。福建省圖書館藏。

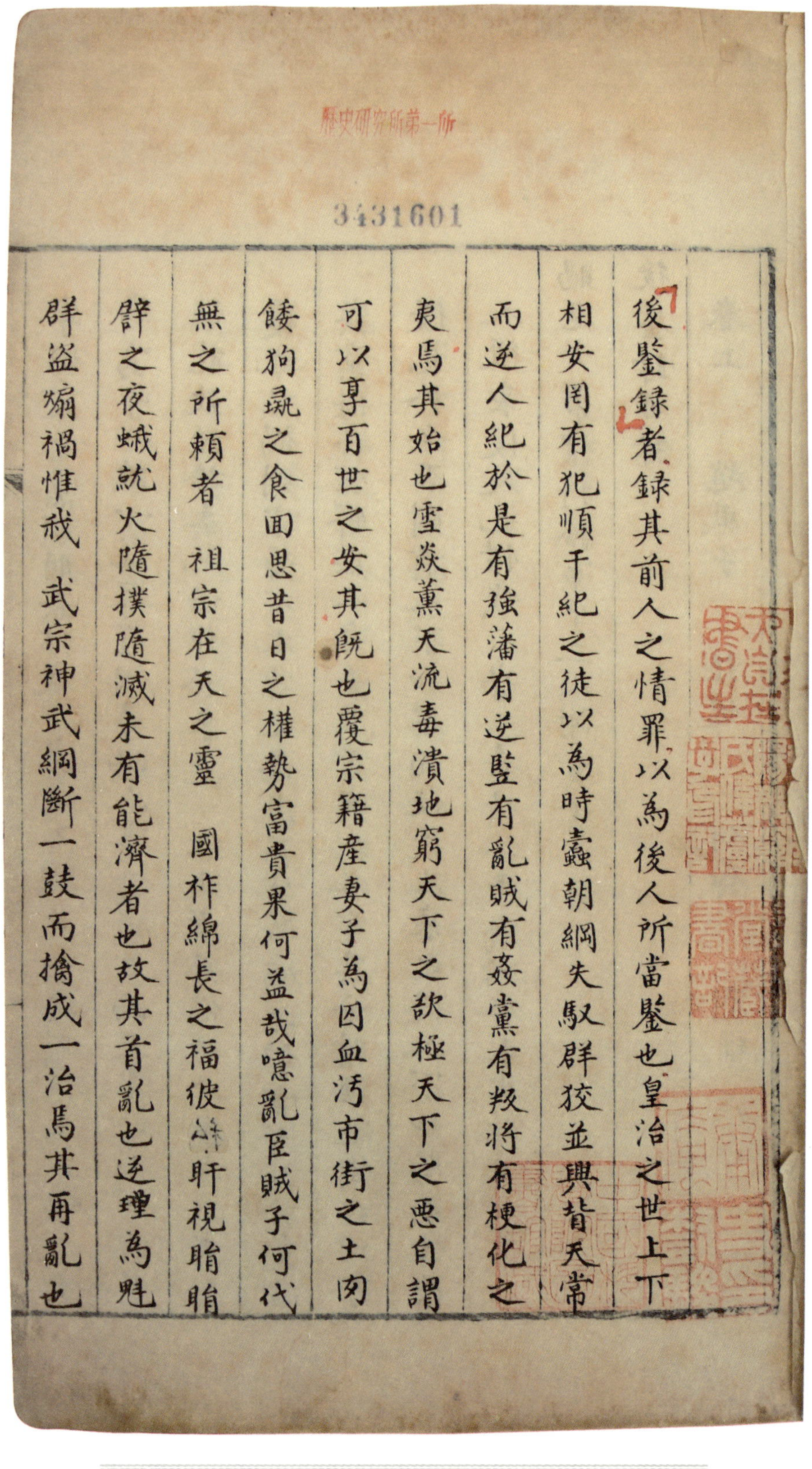

後鑒録者録其前人之情罪以為後人所當鑒也皇治之世上下
相安罔有犯順干紀之徒以為時蠹朝綱失馭群狡並興昔天常
而逆人紀於是有強藩有逆監有亂賊有姦黨有叛將有梗化之
夷焉其始也雲焱薫天流毒潰地窮天下之欲極天下之悪自謂
可以享百世之安其既也覆宗籍產妻子為囚血污市街之土肉
餧狗彘之食囬思昔日之權勢富貴果何益哉噫亂臣賊子何代
無之所頼者　祖宗在天之靈　國祚綿長之福彼[illegible]盱視睊睊
辟之夜蛾赴火隨撲隨滅未有能濟者也故其首亂也逆理為魁
群盜煽禍惟我　武宗神武綱斷一鼓而擒成一治焉其再亂也

07770 後鑒録三卷 （明）謝蕡撰　明抄本

匡高23.4厘米，廣16.9厘米。半葉十行，行二十六字，白口，藍格，左右雙邊。有“停雲館”、“謙牧堂”等印。中國社會科學院歷史研究所圖書館藏。

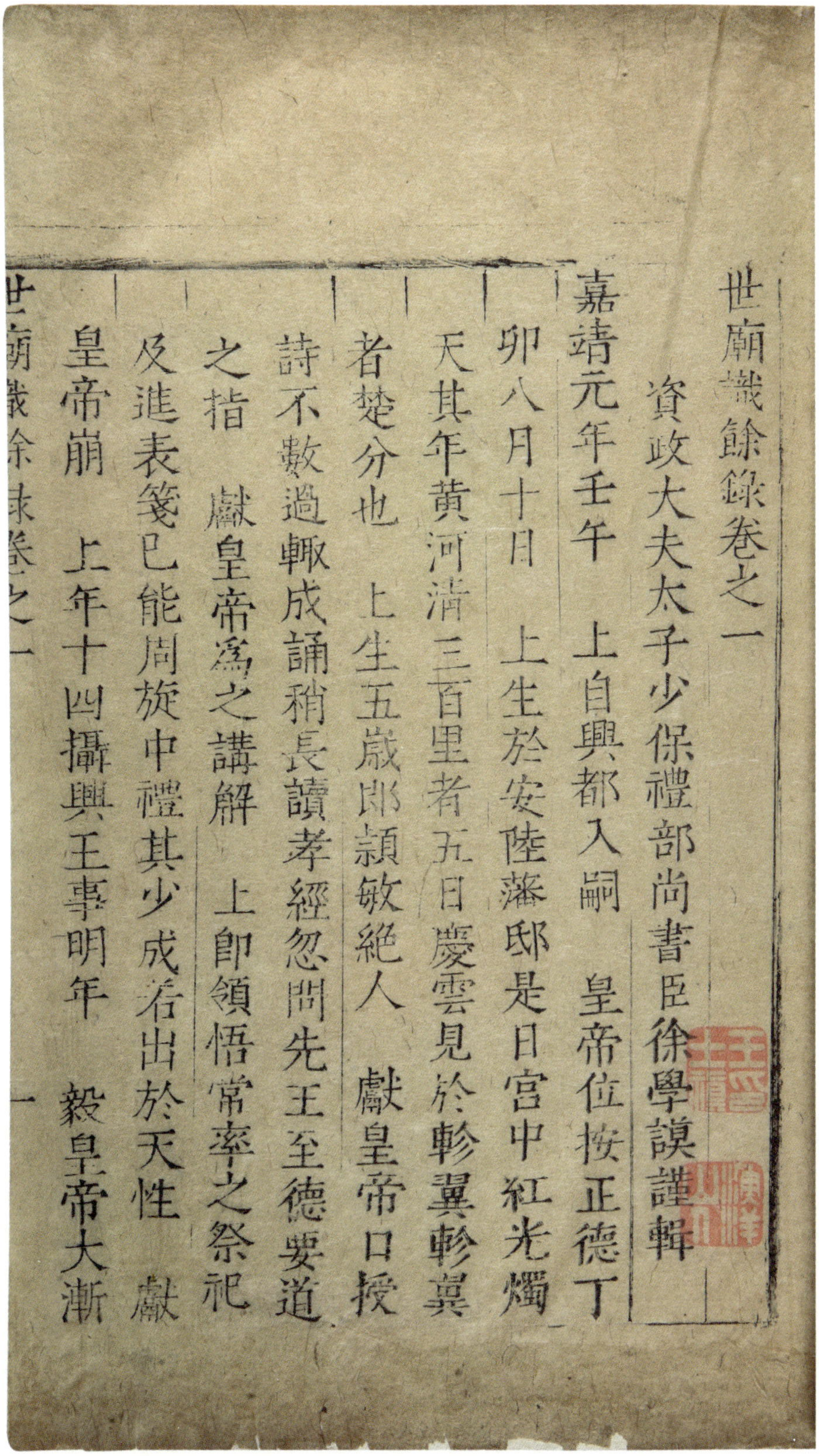

世廟識餘錄卷之一
資政大夫太子少保禮部尚書臣徐學謨謹輯
嘉靖元年壬午　上自興都入嗣　皇帝位按正德丁
卯八月十日　上生於安陸藩邸是日宮中紅光燭
天其年黄河清三百里者五日慶雲見於軫翼軫翼
者楚分也　上生五歳即頴敏絶人　獻皇帝口授
詩不數過輒成誦稍長讀孝經忽問先王至德要道
之指　獻皇帝爲之講解　上即領悟常率之祭祀
及進表箋已能周旋中禮其少成若出於天性　獻
皇帝崩　上年十四攝興王事明年　毅皇帝大漸
世廟識餘錄卷之一　一

07771 世廟識餘録二十六卷 （明）徐學謨輯　明徐兆稷活字印本

匡高20.2厘米，14.7厘米。半葉十行，行二十一字，白口，四周單邊。有“是書成凡十餘年以貧不任梓僅假活板印得百部聊備家藏不敢以行世也活板亦頗費手不可為繼觀者諒之”牌記。國家圖書館藏。

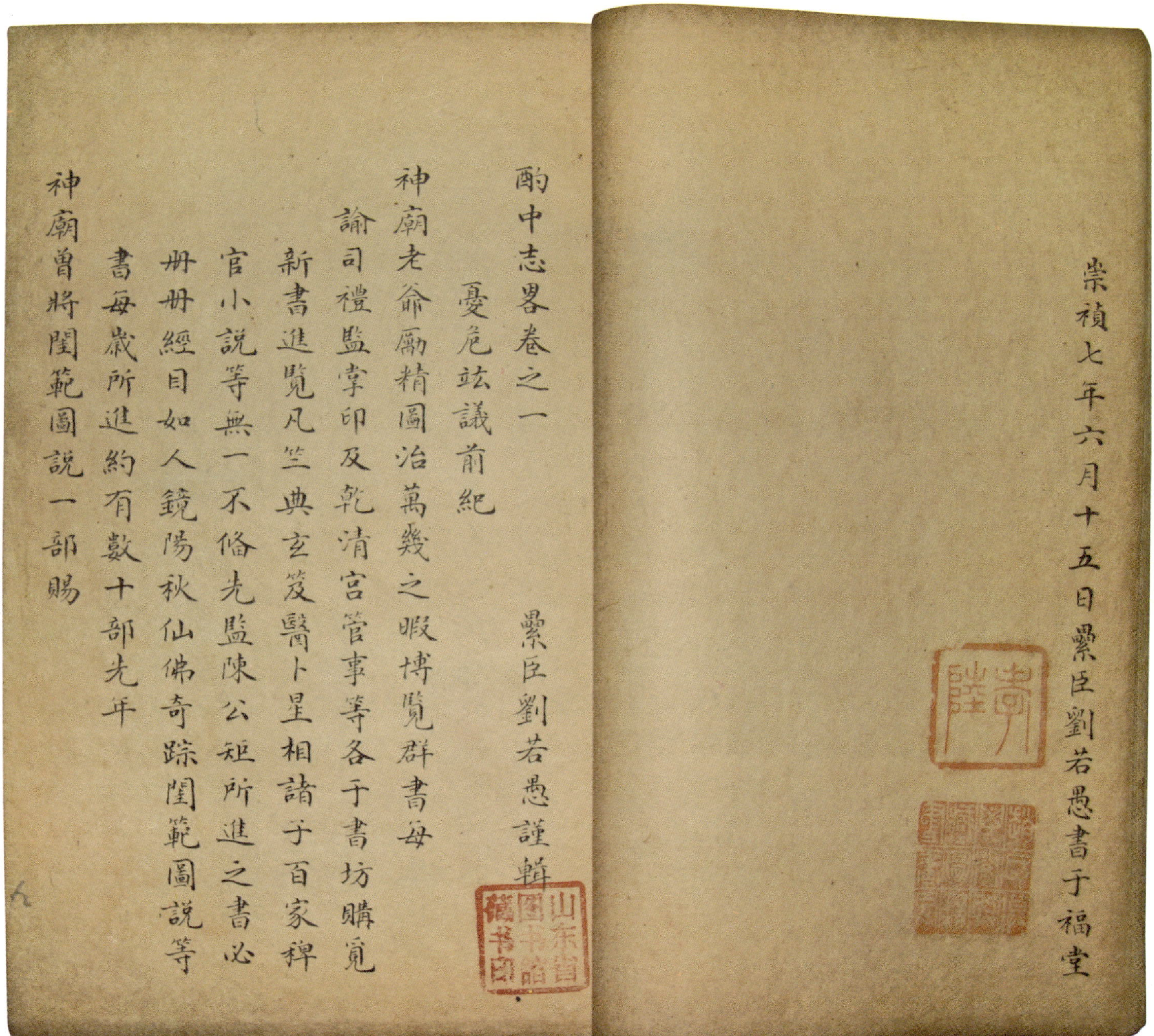
崇禎七年六月十五日纍臣劉若愚書于福堂

酌中志畧卷之一　纍臣劉若愚謹輯
憂危竑議前紀
神廟老爺勵精圖治萬幾之暇博覽群書每
諭司禮監掌印及乾清宮管事等各于書坊購覓
新書進覽凡竺典玄笈醫卜星相諸子百家稗
官小說等無一不備先監陳公矩所進之書必
冊冊經目如人鏡陽秋仙佛奇踪閨範圖說等
書每歲所進約有數十部先年
神廟曾將閨範圖說一部賜

07772 酌中志畧二十四卷　（明）劉若愚撰　清初抄本

半葉九行，行二十字。有“孝陸”、“趙氏模暢閣收藏圖籍書畫印”等印。王懿榮跋。山東省圖書館藏。

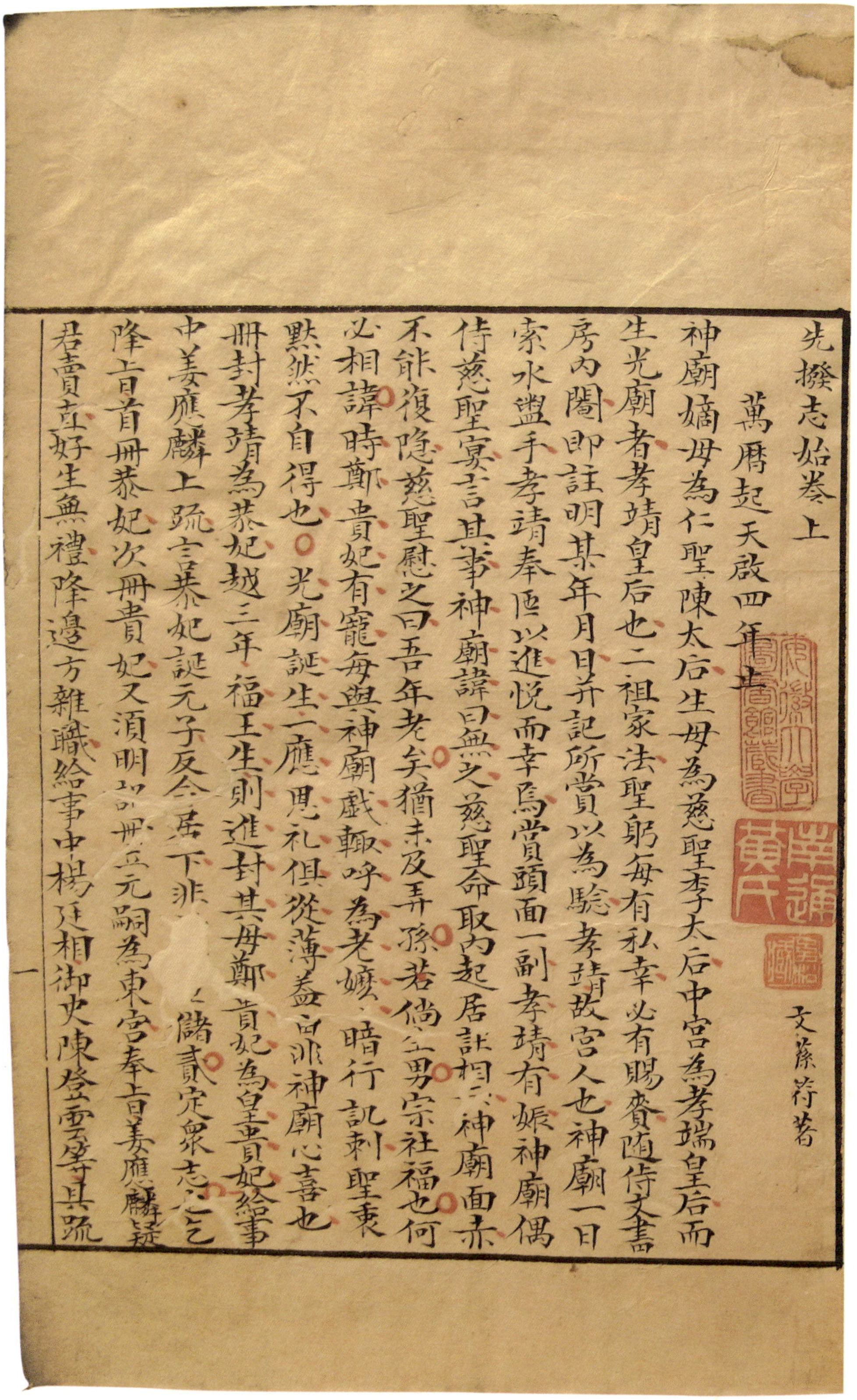
先撥志始卷上
萬曆起天啟四年止
文．蓀符著
神廟嫡母為仁聖陳太后生母為慈聖李太后中宮為孝端皇后而
生光廟者孝靖皇后也二祖家法聖躬每有私幸必有賜賚隨侍文書
房內閣即註明某年月日并記所賞以為驗孝靖故宮人也神廟一日
索水盥手孝靖奉匜以進悅而幸焉賞頭面一副孝靖有娠神廟偶
侍慈聖宴言其事神廟諱曰無之慈聖命取內起居註相示神廟面赤
不能復隱慈聖慰之曰吾年老矣猶未及弄孫若倘生男宗社福也何
必相諱時鄭貴妃有寵每與神廟戲輒呼為老嫗暗行譏刺聖衷
默然不自得也。光廟誕生一應恩礼俱從薄蓋亦非神廟心喜也
冊封孝靖為恭妃越三年福王生則進封其母鄭貴妃為皇貴妃給事
中姜應麟上疏言恭妃誕元子反令居下非〻儲貳定眾志〻〻
降旨首冊恭妃次冊貴妃又須明詔冊立元嗣為東宮奉旨姜應麟疑
君賣直好生無禮降邊方雜職給事中楊廷相御史陳登雲等具疏
一

07773 先撥志始二卷先撥志始補一卷 （明）文秉撰　清初抄本

匡高19.1厘米，廣16.9厘米。半葉十四行，行二十六字，白口，四周單邊。有“三松堂”、“幼松藏”、“南踴黄氏”、“南踴黄氏小延常室”等印。安徽大學圖書館藏。

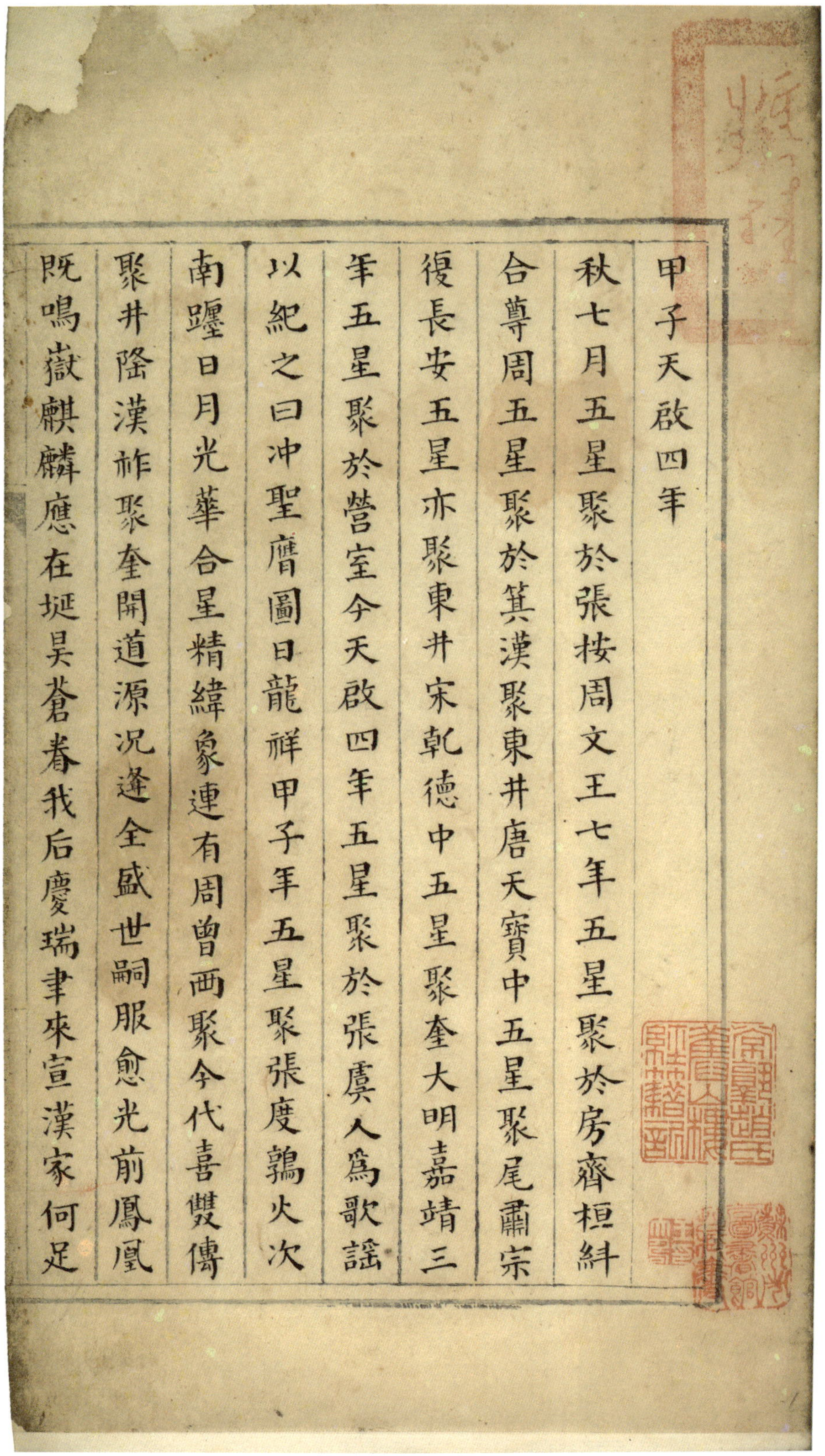

甲子天啟四年
秋七月五星聚於張按周文王七年五星聚於房齊桓糾
合尊周五星聚於箕漢聚東井唐天寶中五星聚尾肅宗
復長安五星亦聚東井宋乾德中五星聚奎大明嘉靖三
年五星聚於營室今天啟四年五星聚於張虞人爲歌謡
以紀之曰冲聖曆圖日龍祥甲子年五星聚張度鶉火次
南躔日月光華合星精緯象連有周曾西聚今代喜雙傳
聚井隆漢祚聚奎開道源况逢全盛世嗣服愈光前鳳凰
既鳴嶽麒麟應在埏昊蒼眷我后慶瑞聿來宣漢家何足

07774 啓禎兩朝常熟實録補編一卷 （清）薛維巖撰　稿本

匡高22厘米，廣14.8厘米。半葉九行，行二十二字，白口，四周雙邊。蘇州圖書館藏。

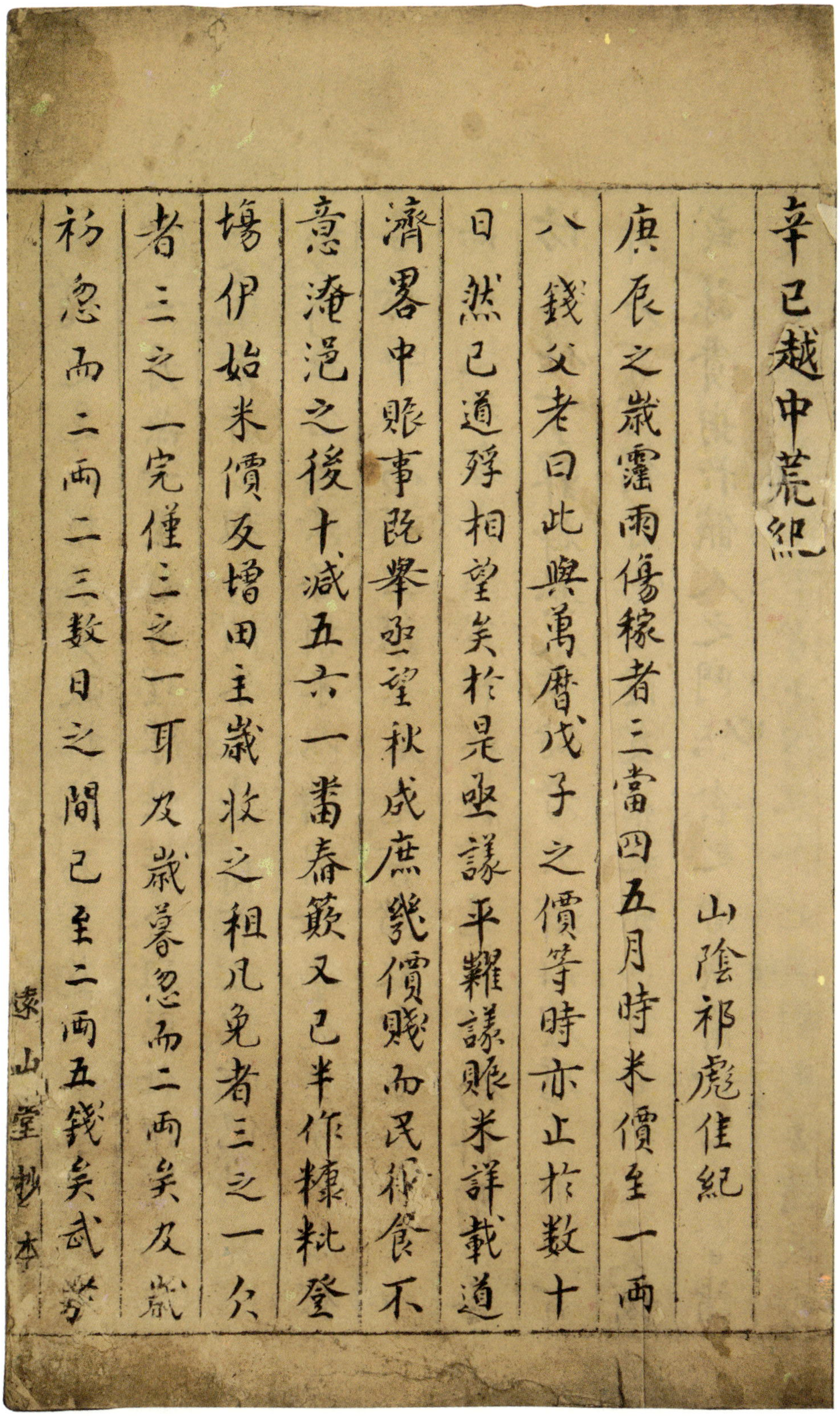
辛巳越中荒紀

山陰祁彪佳紀

庚辰之歲霪雨傷稼者三當四五月時米價至一兩八錢父老曰此與萬曆戊子之價等時亦止於數十日然已道殍相望矣於是亟議平糶議賑米詳載道濟畧中賑事既舉亟望秋成庶幾價賤而民得食不意淹浥之後十減五六一番春歉又已半作糠粃登塲伊始米價反增田主歲收之租凡免者三之一欠者三之一完僅三之一耳及歲暮忽而二兩矣及歲初忽而二兩二三數日之間已至二兩五錢矣武勞

遠山堂抄本

07775 辛巳越中荒紀一卷辛巳歲救荒小議一卷 （明）祁彪佳撰　明祁氏遠山堂抄本

浙江圖書館藏。

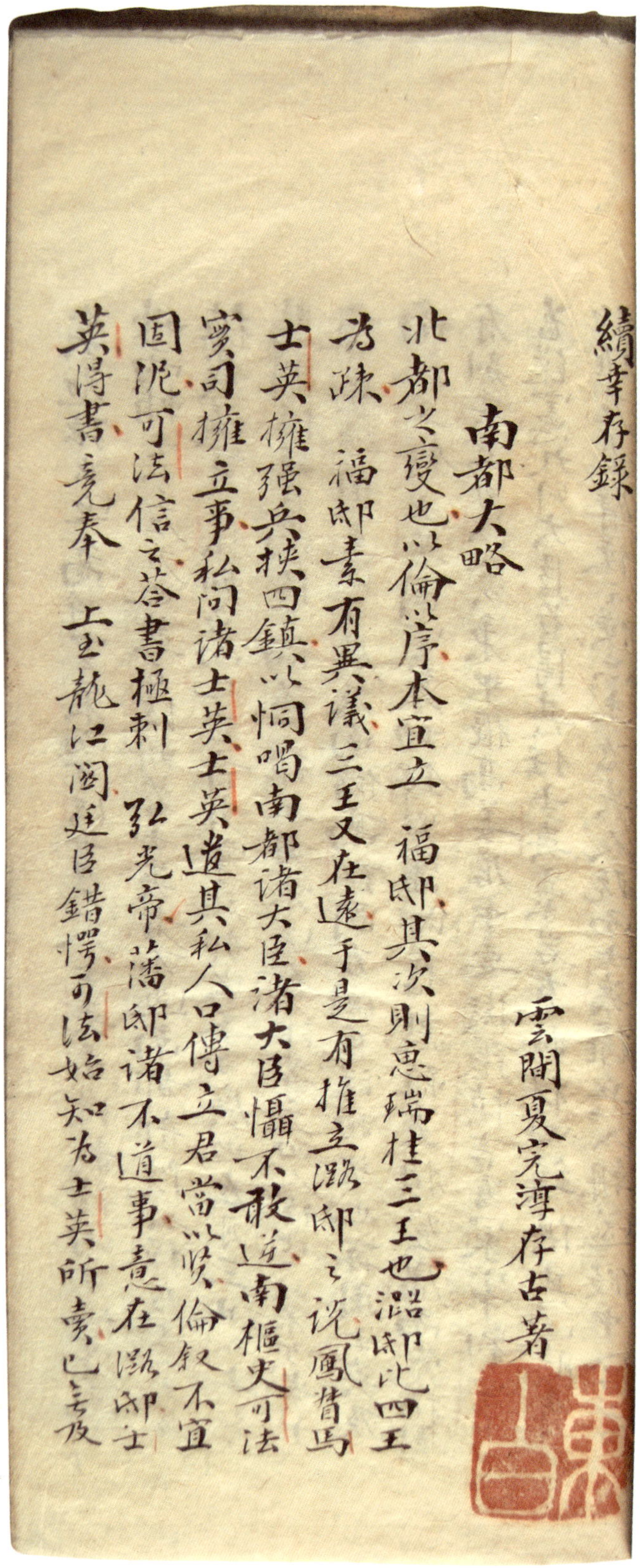
續幸存録
雲間夏完淳存古著
南都大略
北都之變也以倫以序本宜立　福邸其次則惠瑞桂三王也潞邸比四王
为疎　福邸素有異議三王又在遠于是有推立潞邸之説鳳督馬
士英擁强兵挟四鎮以恫喝南都諸大臣諸大臣懾不敢道南樞史可法
寔司擁立事私問諸士英士英遣其私人口傳立君當以賢倫叙不宜
固泥可法信之荅書極剌　弘光帝藩邸諸不道事意在潞邸士
英得書竟奏　上之龍江闗廷臣錯愕可法始知为士英所賣已无及

07776 倖存録三卷　（明）夏允彝撰　**續倖存録二卷**　（明）夏完淳撰　清抄本

吉林省圖書館藏。

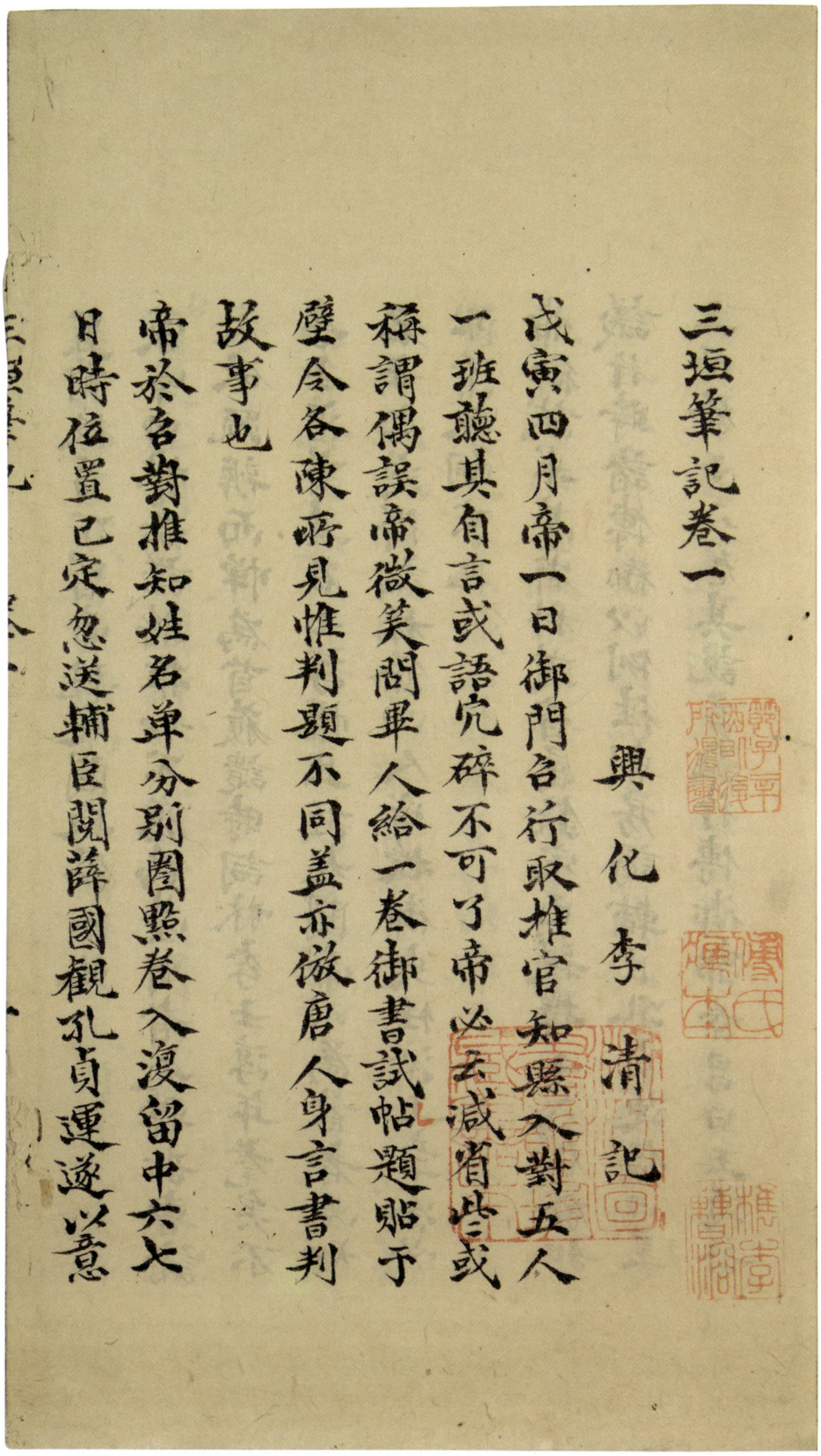

三垣筆記卷一

興化李清記

戊寅四月帝一日御門召行取推官知縣入對五人一班聽其自言或語冗碎不可了帝必云減省些或稱謂偶誤帝微笑問畢人給一卷御書試帖題貼于壁令各陳所見惟判題不同蓋亦倣唐人身言書判故事也

帝於召對推知姓名單分别圈點卷入渡留中六七日時位置已定忽送輔臣閱薛國觀孔貞運遂以意

07777 三垣筆記四卷補編一卷 （清）李清撰　清抄本

傅以禮校並跋。浙江圖書館藏。

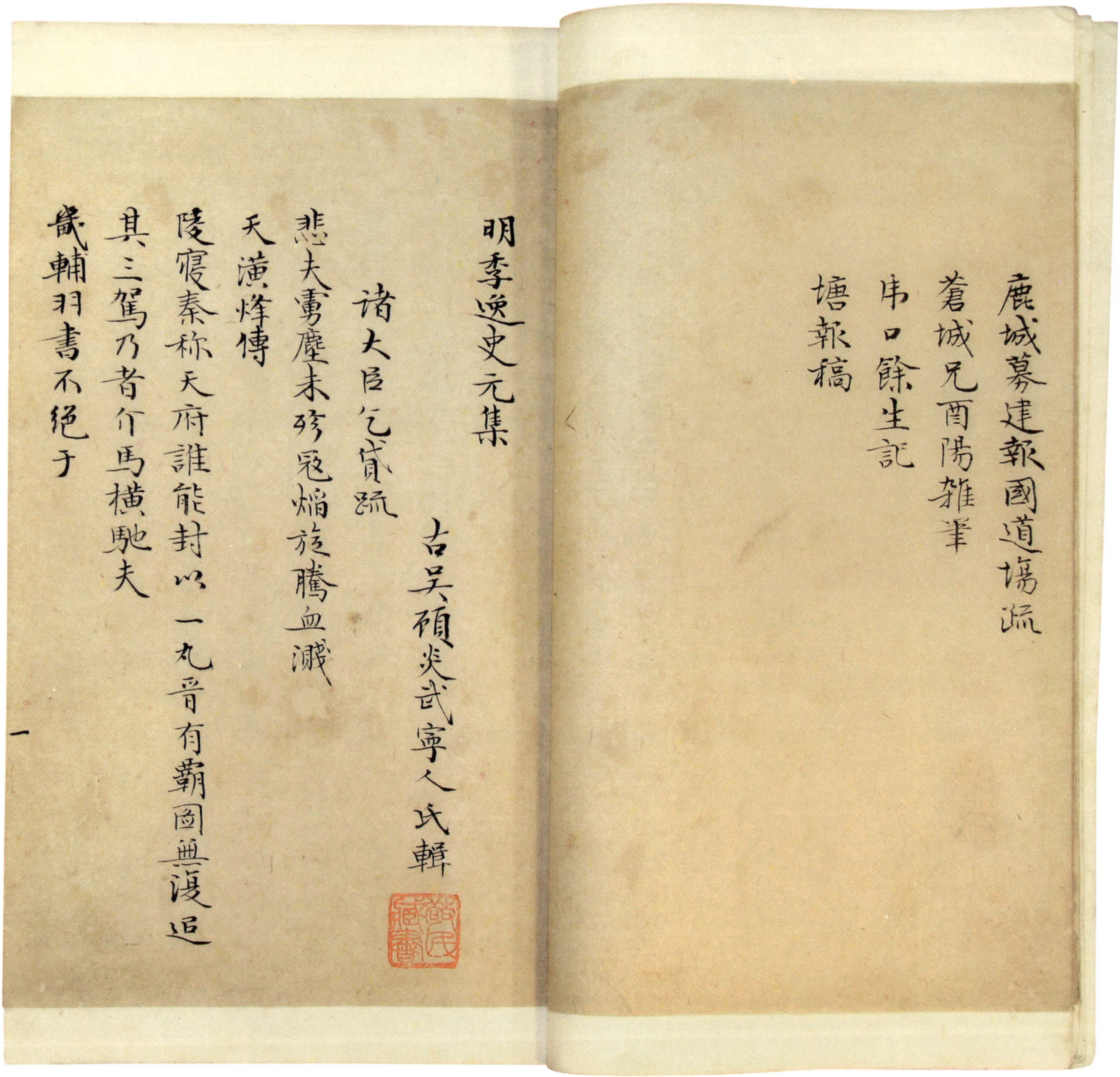

鹿城募建報國道場疏
蒼城兄酉陽雜筆
虎口餘生記
塘報稿

明季逸史元集
古吴顧炎武寧人氏輯
諸大臣乞貸疏
悲夫虜塵未殄寇焰旋騰血濺
天潢烽傳
陵寢秦称天府誰能封以一丸晉有霸圖無復迢
其三駕乃者介馬横馳夫
畿輔羽書不絕于

敬民藏書

07778 明季逸史四卷 （清）顧炎武輯　清抄本

有“觀古堂”、“葉德輝鑒藏善本書籍”、“敬民藏書”等印。湖南圖書館藏。

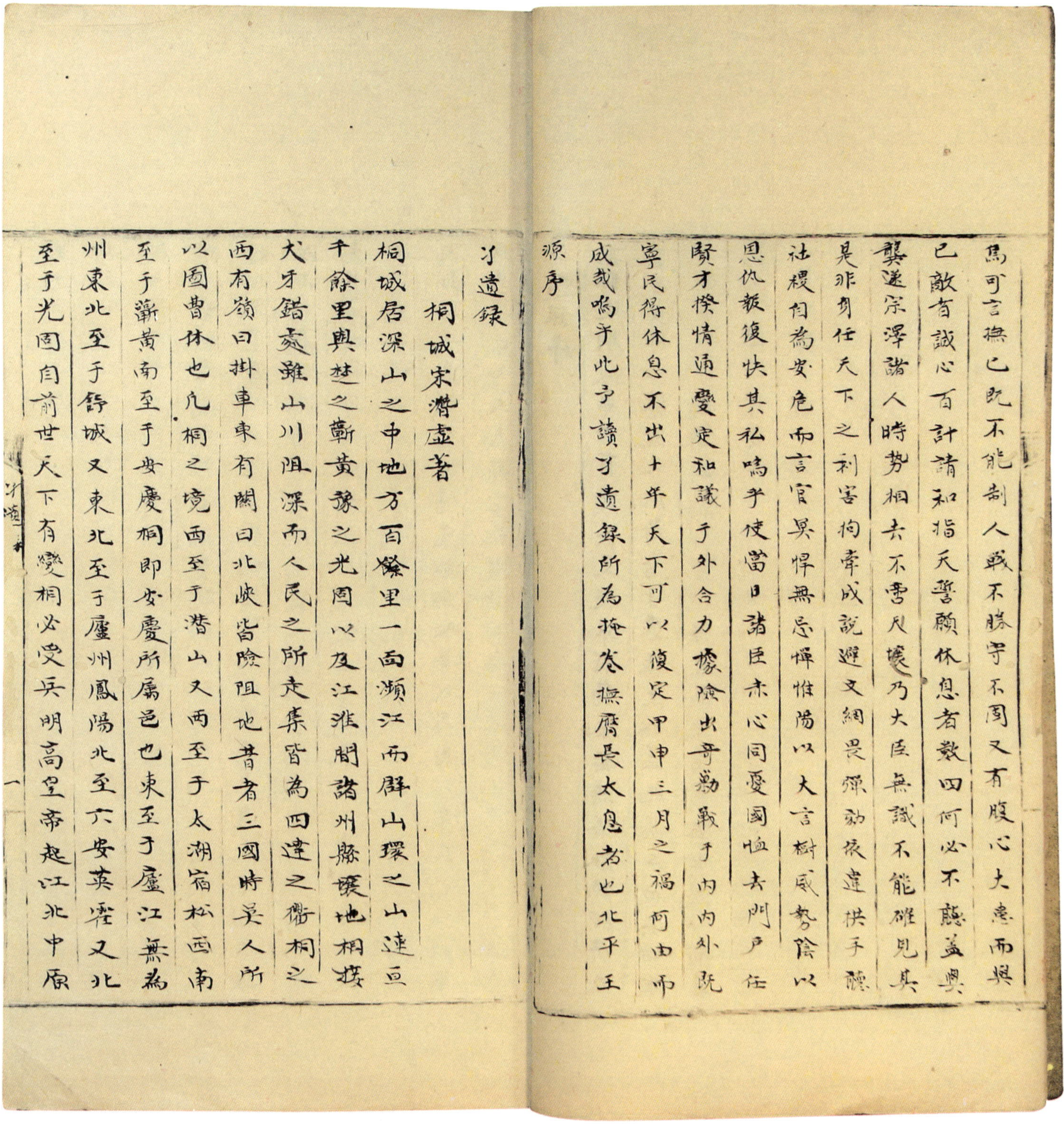
焉可言撫已既不能剿人戰不勝守不固又有腹心大患而與
已敵有誠心百計請和指天誓願休息者數四何必不聽益與
龔遂宗澤諸人時勢相去不啻几壞乃大臣無識不能確見其
是非身任天下之利害拘牽成說避文綱畏彈劾依違拱手聽
社稷自為安危而言官畏悍無忌憚惟陽以大言樹威勢陰以
恩仇報復快其私嗚乎使當日諸臣赤心同憂國恤去門戶任
賢才捐情通變定和議于外合力據險出奇勵戰于內內外既
寧民得休息不出十年天下可以復定甲申三月之禍何由而
成哉嗚乎此予讀孑遺録所為掩卷撫膺長太息者也北平王
源序

孑遺録
桐城宋潛虛著
桐城居深山之中地方百餘里一面瀕江而群山環之山連亙
千餘里與楚之蘄黃豫之光固以及江淮間諸州縣壤地相接
犬牙錯交雖山川阻深而人民之所走集皆為四達之衢桐之
西有嶺曰掛車東有關曰北峽皆險阻也昔者三國時吳人所
以圖曹休也凡桐之境西至于潛山又西至于太湖宿松西南
至于蘄黃南至于安慶桐即安慶所屬邑也東至于廬江無為
州東北至于舒城又東北至于廬州鳳陽北至六安英霍又北
至于光固自前世天下有變桐必受兵明高皇帝起江北中原

孑遺録 一

07779 孑遺録一卷 （清）戴名世撰　清抄本

匡高18.4厘米，廣12.5厘米。半葉十行，行二十四字，白口，左右雙邊。湖南圖書館藏。

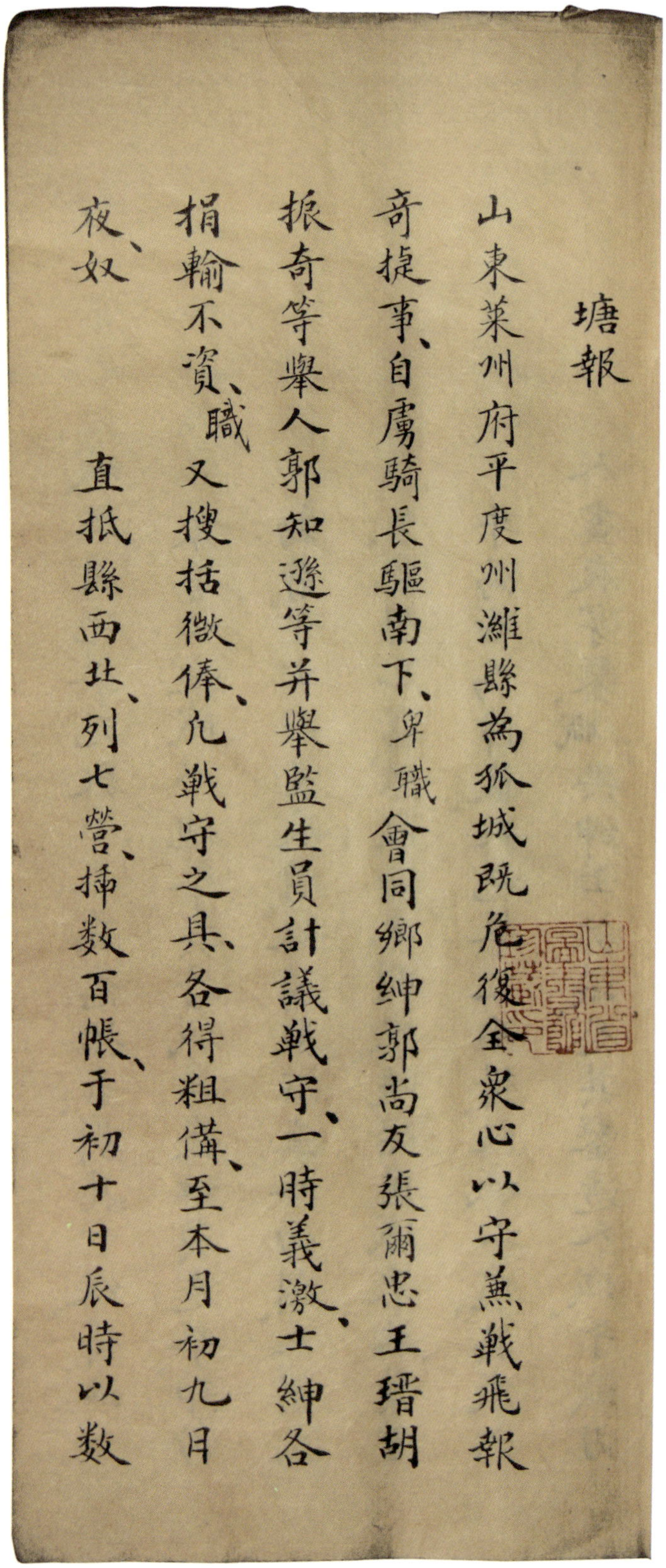

塘報

山東萊州府平度州濰縣為孤城既危復全衆心以守蒹戰飛報
奇捷事、自虜騎長驅南下、卑職會同鄉紳郭尚友張爾忠王瑨胡
振奇等舉人郭知遜等并舉監生員計議戰守、一時義激士紳各
捐輸不資、職又搜括徵俸、凡戰守之具、各得粗備、至本月初九日
夜、奴直抵縣西北、列七營、插数百帳、于初十日辰時以数

07780 全濰紀略一卷 （清）周亮工撰　清初抄本

有“張真”等印。山東省圖書館藏。

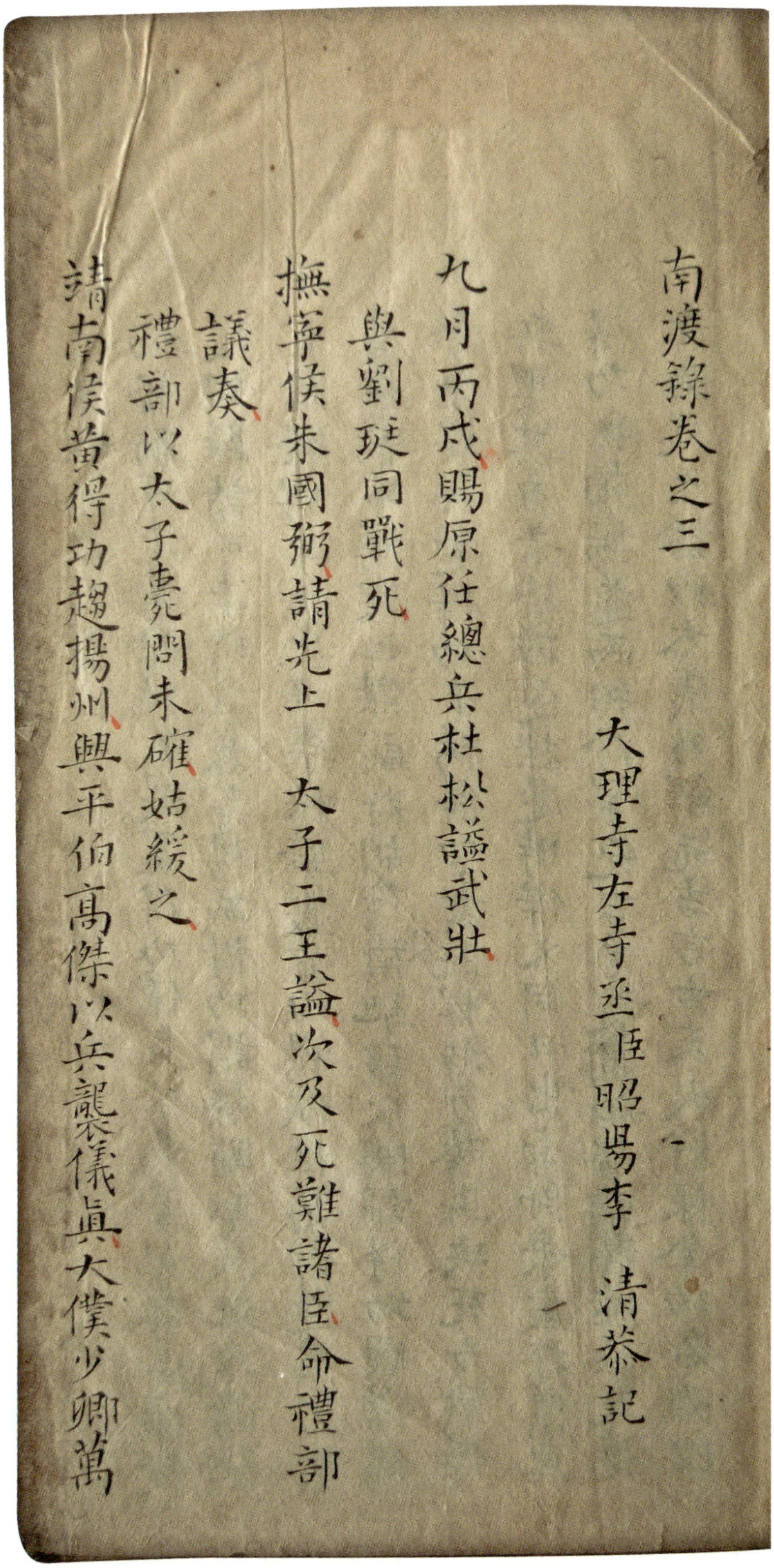

南渡錄卷之三

大理寺左寺丞臣昭昜李 清恭記

九月丙戌賜原任總兵杜松謚武壯

與劉珽同戰死

撫寧侯朱國弼請先上 太子二王謚次及死難諸臣命禮部

議奏

禮部以太子薨問未確姑緩之

靖南侯黃得功趨揚州興平伯高傑以兵襲儀眞大僕少卿萬

07781 南渡録六卷 （清）李清撰　清抄本

江蘇省興化市圖書館藏。

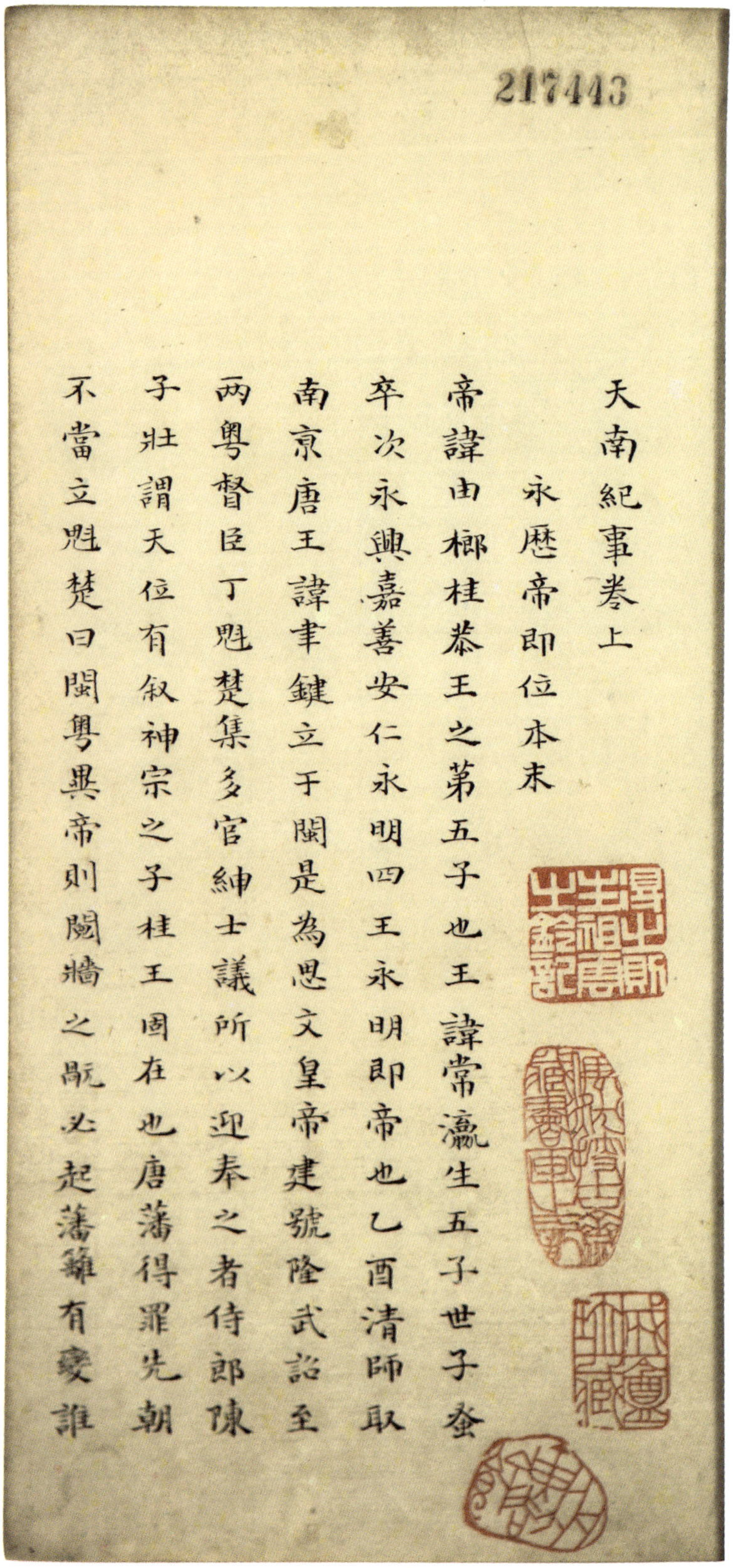
217443

天南紀事卷上

永歷帝即位本末

帝諱由榔桂恭王之第五子也王諱常瀛生五子世子夭卒次永興嘉善安仁永明四王永明即帝也乙酉清師取南京唐王諱聿鍵立于閩是為思文皇帝建號隆武詔至兩粵督臣丁魁楚集多官紳士議所以迎奉之者侍郎陳子壯謂天位有敘神宗之子桂王固在也唐藩得罪先朝不當立魁楚曰閩粵異帝則鬩牆之釁必起藩籬有變誰

07782 天南紀事二卷 （明）胡欽華撰　清抄本

廣西師範大學圖書館藏。

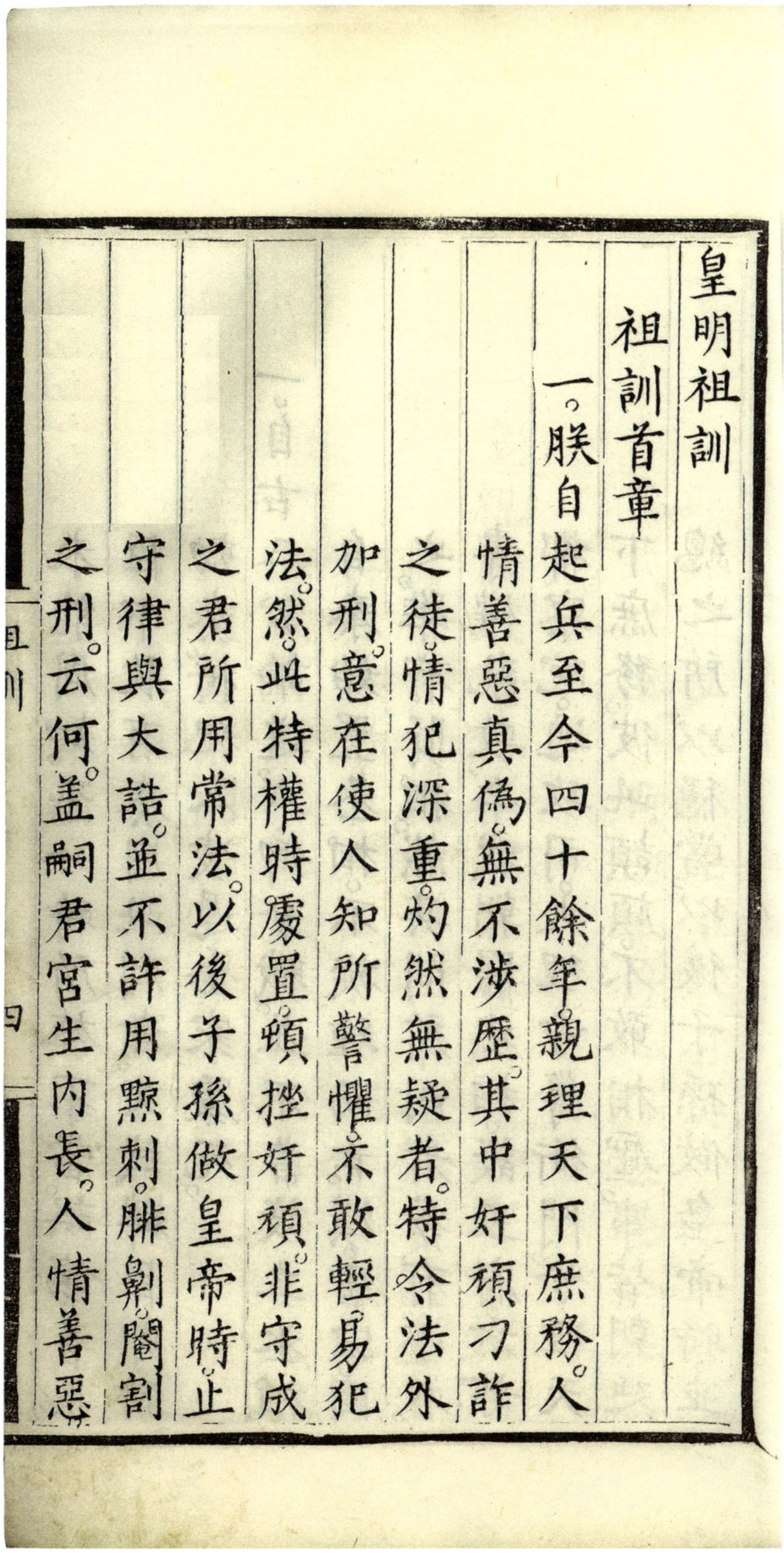
皇明祖訓
祖訓首章
一。朕自起兵至今四十餘年。親理天下庶務。人
情善惡真僞。無不涉歷。其中奸頑刁詐
之徒情犯深重。灼然無疑者。特令法外
加刑意在使人知所警懼。不敢輕。易犯
法。然此特權時處置頓挫奸頑。非守成
之君所用常法。以後子孫做皇帝時。止
守律與大誥。並不許用黥刺。腓劓閹割
之刑。云何蓋嗣君宮生內長。人情善惡
祖訓
四

07783 皇明祖訓一卷 （明）太祖朱元璋撰　明刻本

匡高27.9厘米，廣16.9厘米。半葉十行，行二十字，黑口，四周雙邊。故宮博物院藏。

07784 史晨前後碑 東漢建寧二年（169）刻石 明拓本

二十九開。有“長生安樂趙烈文之印”、“吴雲私印”、“汲古閣”、“顧曾壽”、“阮元之印”等三十餘方印。趙烈文題簽，顧曾壽、吴雲、趙烈文題跋。中國文化遺産研究院藏。

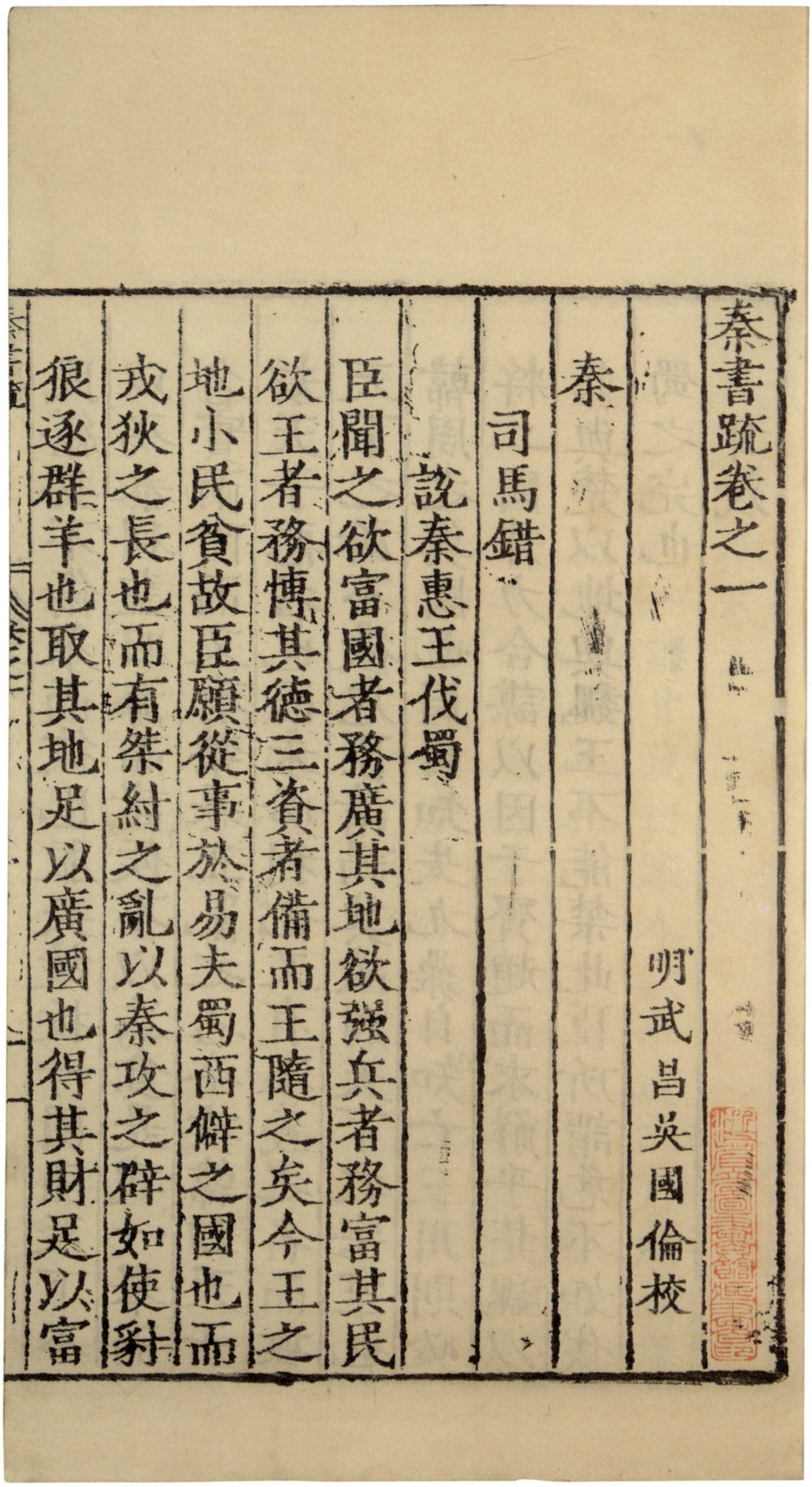
秦書疏卷之一
明武昌吳國倫校
秦
司馬錯
說秦惠王伐蜀
臣聞之欲富國者務廣其地欲强兵者務富其民
欲王者務博其徳三資者備而王隨之矣今王之
地小民貧故臣願從事於易夫蜀西僻之國也而
戎狄之長也而有桀紂之亂以秦攻之辟如使豺
狼逐群羊也取其地足以廣國也得其財足以富

07785-07787 秦漢書疏十八卷 明嘉靖三十七年（1558）吳國倫刻本

匡高20.8厘米，廣14.8厘米。半葉十行，行二十字，白口，四周單邊。北京師範大學圖書館藏，有“棘浦三忍堂劉氏家藏”等印；浙江大學圖書館藏；浙江圖書館藏，存十二卷。

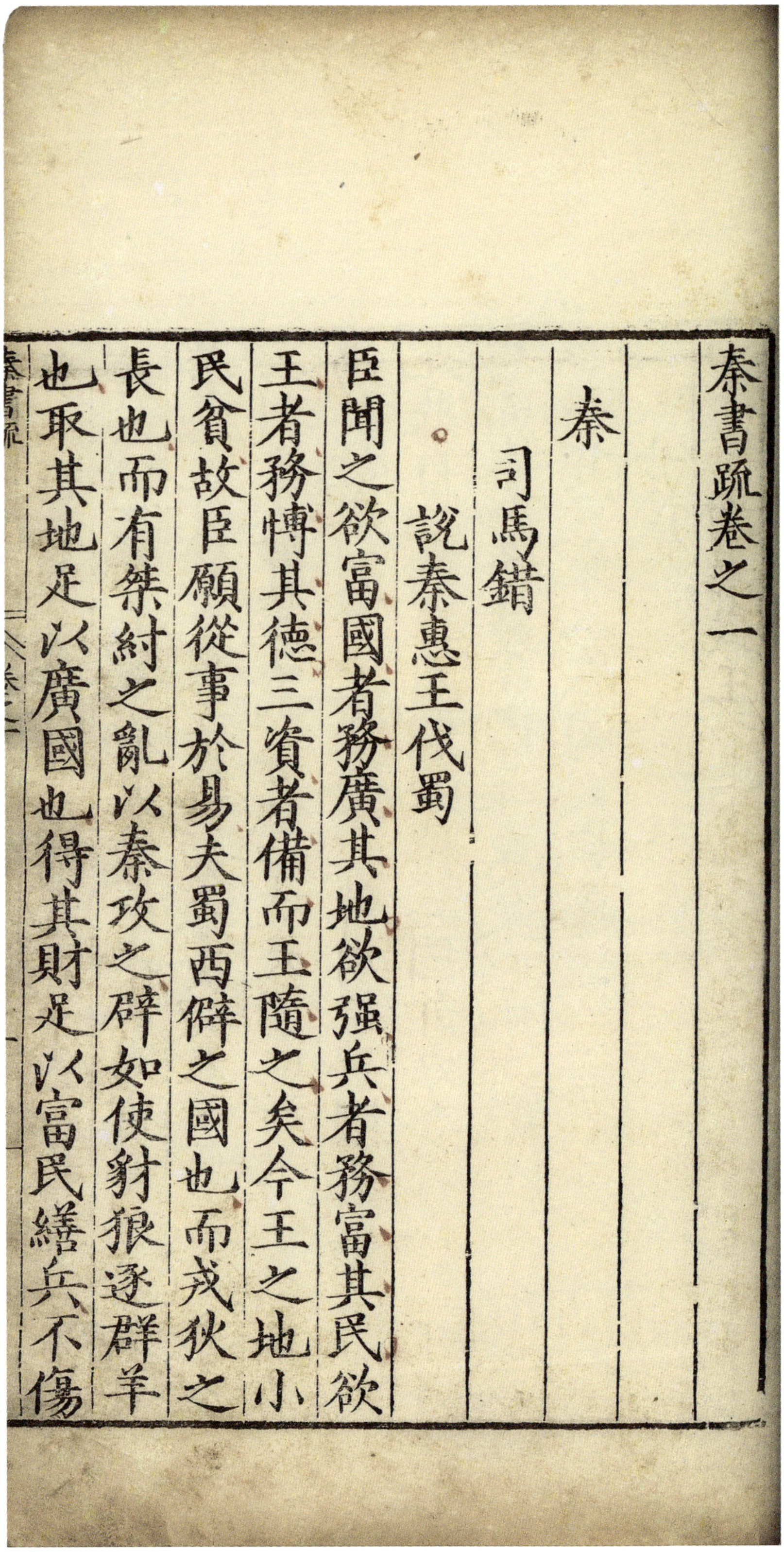
秦書疏卷之一

秦

司馬錯

說秦惠王伐蜀

臣聞之欲富國者務廣其地欲强兵者務富其民欲王者務愽其德三資者備而王隨之矣今王之地小民貧故臣願從事於易夫蜀西僻之國也而戎狄之長也而有桀紂之亂以秦攻之辟如使豺狼逐群羊也取其地足以廣國也得其財足以富民繕兵不傷

秦書疏 卷之一

07788-07790 秦漢書疏十八卷 明隆慶六年（1572）刻本

匡高20.9厘米，廣14.9厘米。半葉十行，行二十字，小字雙行同，白口，四周單邊。遼寧大學圖書館、浙江圖書館藏；浙江圖書館藏，存三卷。

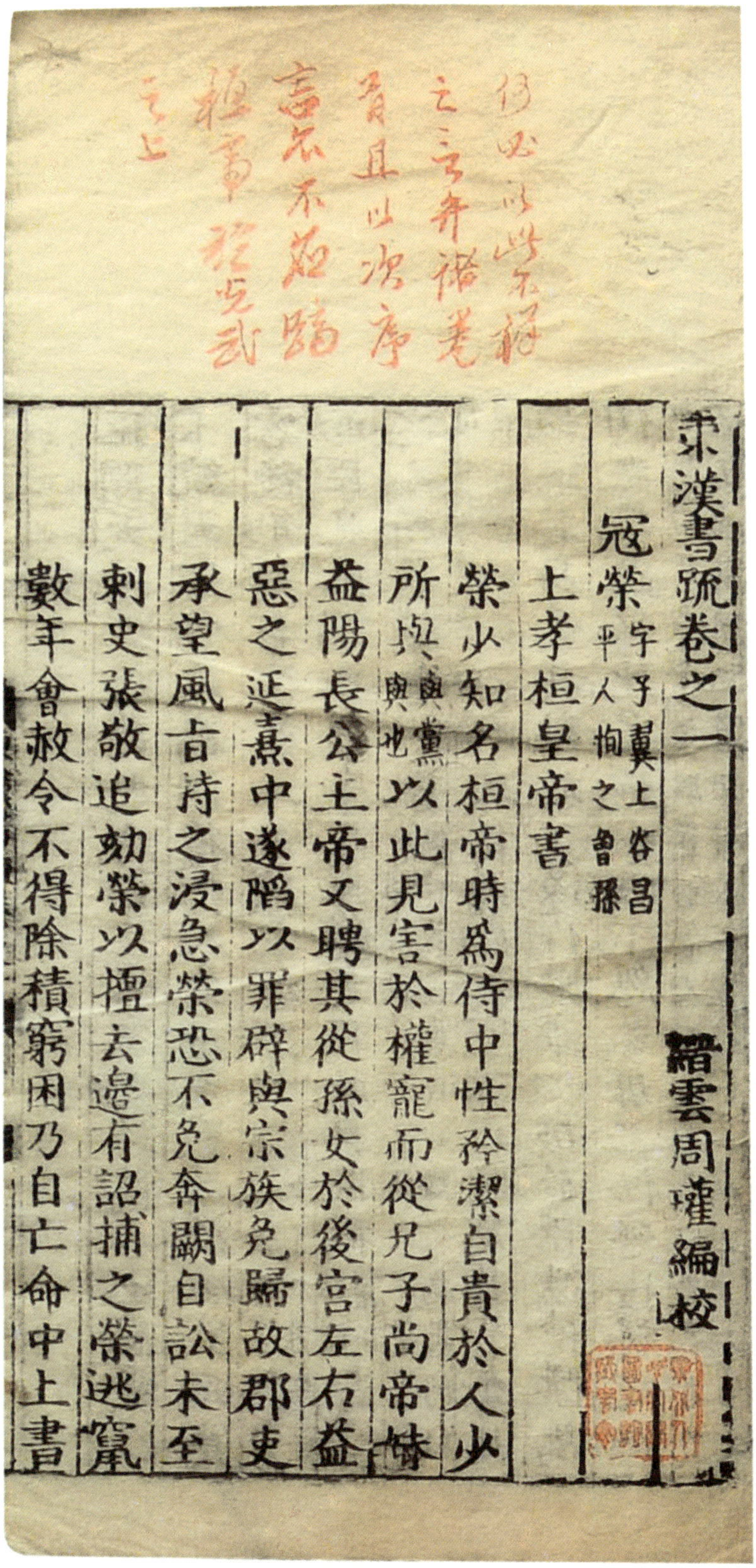
兩漢書疏卷之一
縉雲周瓘編校
上孝桓皇帝書
冠榮 字子眞上谷昌平人恂之曾孫
榮少知名桓帝時爲侍中性矜絜自貴於人少
所與與黨與也以此見害於權寵而從兄子尚帝妹
益陽長公主帝又聘其從孫女於後宮左右益
惡之延熹中遂陷以罪辟與宗族免歸故郡吏
承望風旨持之浸急榮恐不免奔闕自訟未至
刺史張敬追劾榮以擅去邊有詔捕之榮逃竄
數年會赦令不得除積窮困乃自亡命中上書

07791 兩漢書疏十六卷 （明）周瓘輯　明弘治十四年（1501）刻嘉靖十四年（1535）張鯤重修刻本

匡高17.1厘米，廣12.8厘米。半葉十行，行二十一字，白口，四周單邊。有“嘉靖十四年春二月三日弼教堂災書疏板告殘闕菘少山人張琨補校” 牌記。吉林大學圖書館藏，存八卷。

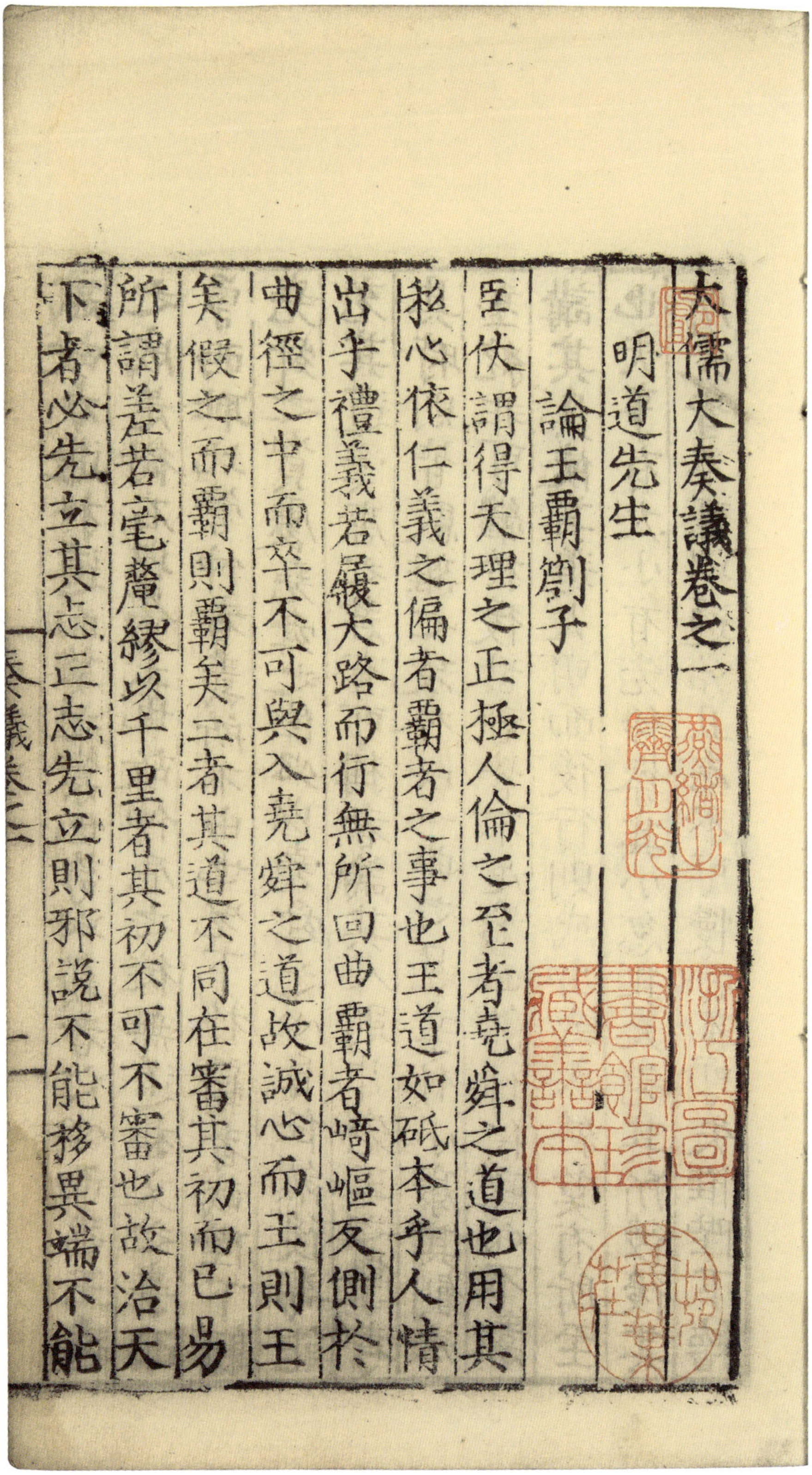

大儒大奏議卷之一

明道先生

論王霸劄子

臣伏謂得天理之正極人倫之至者堯舜之道也用其私心依仁義之偏者霸者之事也王道如砥本乎人情出乎禮義若履大路而行無所回曲霸者崎嶇反側於曲徑之中而卒不可與入堯舜之道故誠心而王則王矣假之而霸則霸矣二者其道不同在審其初而已易所謂差若毫釐繆以千里者其初不可不審也故治天下者必先立其志正志先立則邪說不能移異端不能

奏議卷之一　一

07792 大儒大奏議六卷 （明）邵寶輯　明嘉靖六年（1527）郭韶刻本

匡高21厘米，廣14厘米。半葉十行，行二十一字，白口，四周單邊。浙江圖書館藏。

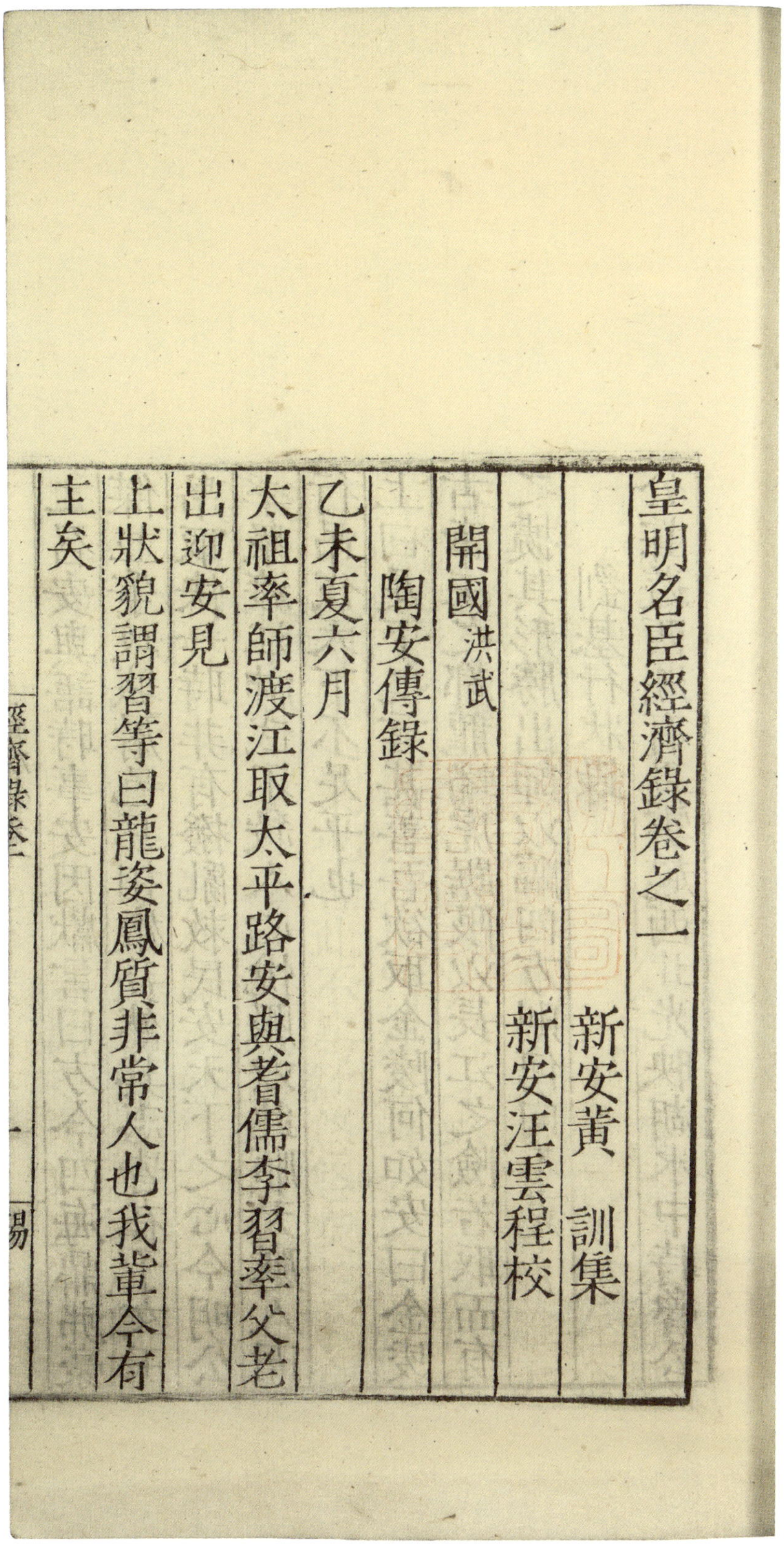
皇明名臣經濟録卷之一
新安黄　訓集
新安汪雲程校
開國洪武
陶安傳録
乙未夏六月
太祖率師渡江取太平路安輿耆儒李習率父老
出迎安見
上狀貌謂習等曰龍姿鳳質非常人也我輩今有
主矣
經濟録卷一

07793　皇明名臣經濟録五十三卷　（明）黄訓輯　明嘉靖三十年（1551）汪雲程刻本

匡高16.7厘米，廣12.3厘米。半葉十行，行十九字，白口，四周單邊。浙江圖書館藏。

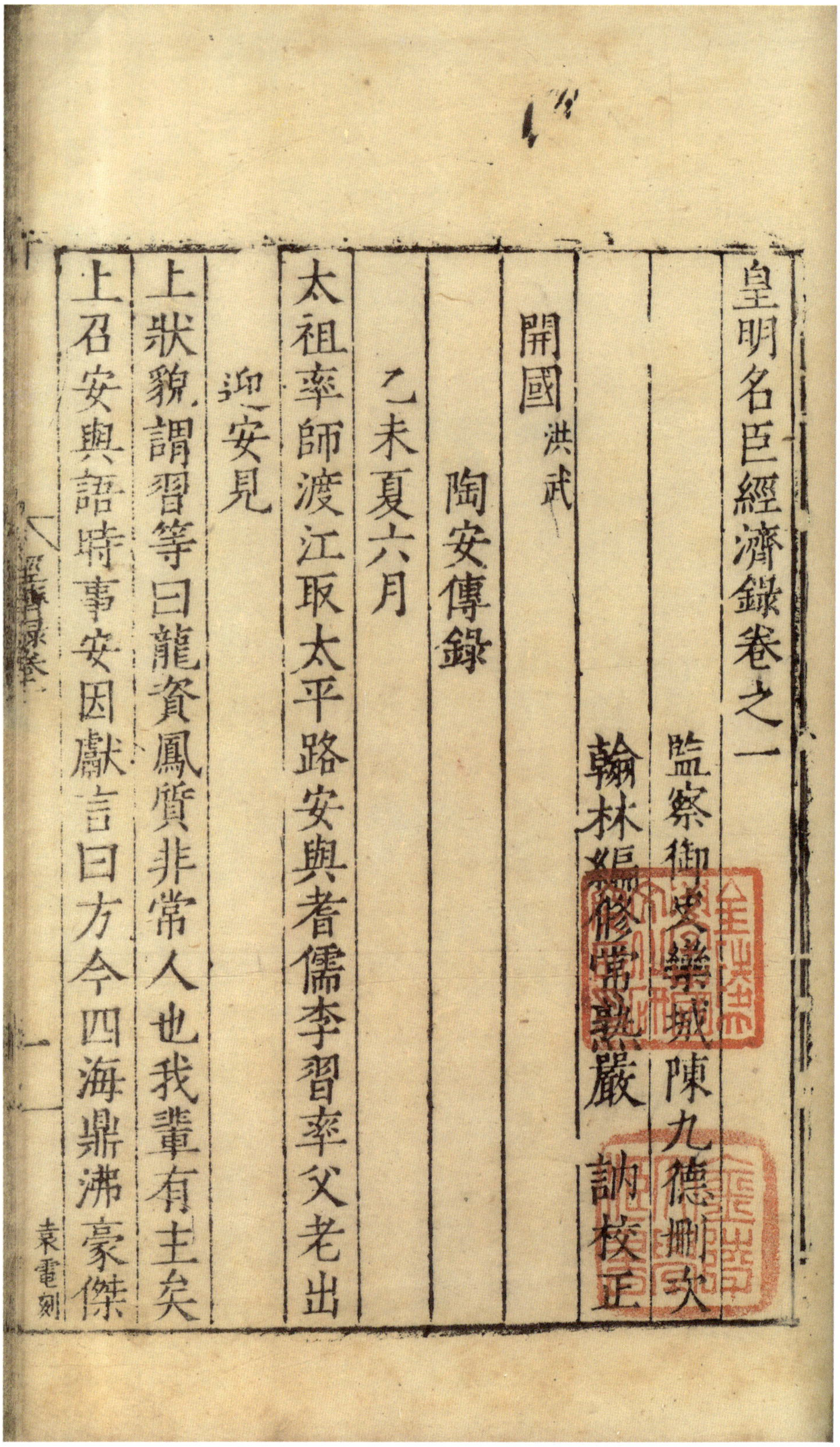

皇明名臣經濟録卷之一
監察御史欒城陳九德刪次
翰林編修常熟嚴訥校正
開國 洪武
陶安傳録
乙未夏六月
太祖率師渡江取太平路安與耆儒李習率父老出
迎安見
上狀貌謂習等曰龍資鳳質非常人也我輩有主矣
上召安與語時事安因獻言曰方今四海鼎沸豪傑
一
袁電刻

07794-07796 皇明名臣經濟録十八卷 （明）陳九德輯　明嘉靖二十八年（1549）羅鴻刻本

匡高19.9厘米，廣14.4厘米。半葉十行，行二十字，白口，左右雙邊。山東省圖書館藏；南京大學圖書館藏，有“真州吳氏有福讀書堂藏書”、“學史堂印”等印；首都師範大學圖書館藏。

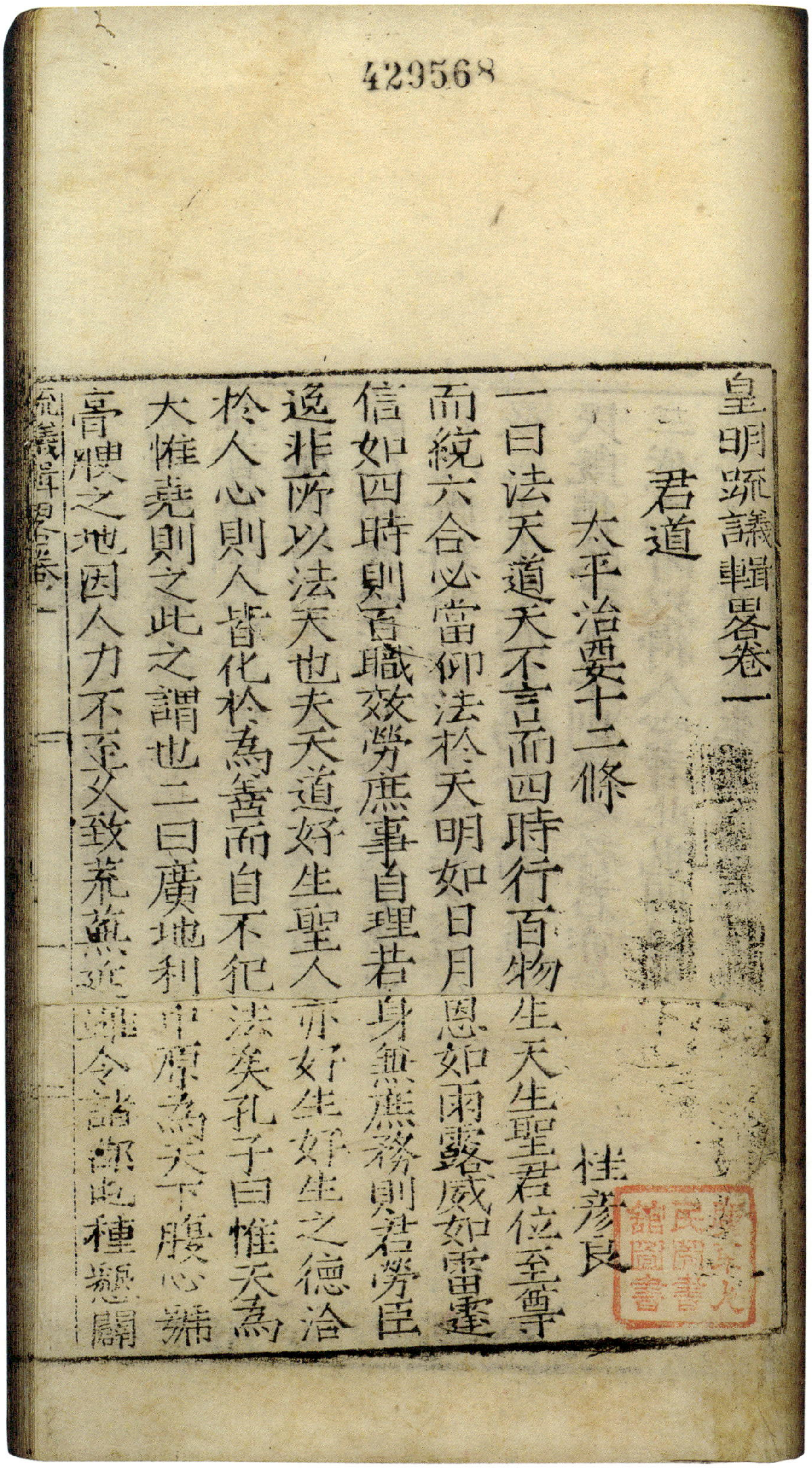
429568

皇明疏議輯畧卷一
君道
太平治要十二條　　　　佳彥良
一曰法天道天不言而四時行百物生天生聖君位至尊
而統六合必當仰法於天明如日月恩如雨露威如雷霆
信如四時則百職效勞庶事自理若身無庶務則君勞臣
逸非所以法天也夫天道好生聖人亦好生好生之德洽
於人心則人皆化於為善而自不犯法矣孔子曰惟天為
大惟堯則之此之謂也二曰廣地利中原為天下腹心號
膏腴之地因人力不至久致荒蕪近雖令諸郡此種懇闢

疏議輯畧卷一

07797、07798 皇明疏議輯畧三十七卷 （明）張瀚輯　明嘉靖三十一年（1552）大名府刻本

匡高17.5厘米，廣13.4厘米。半葉十行，行二十二字，白口，四周單邊。廣東省立中山圖書館、黑龍江省圖書館藏。

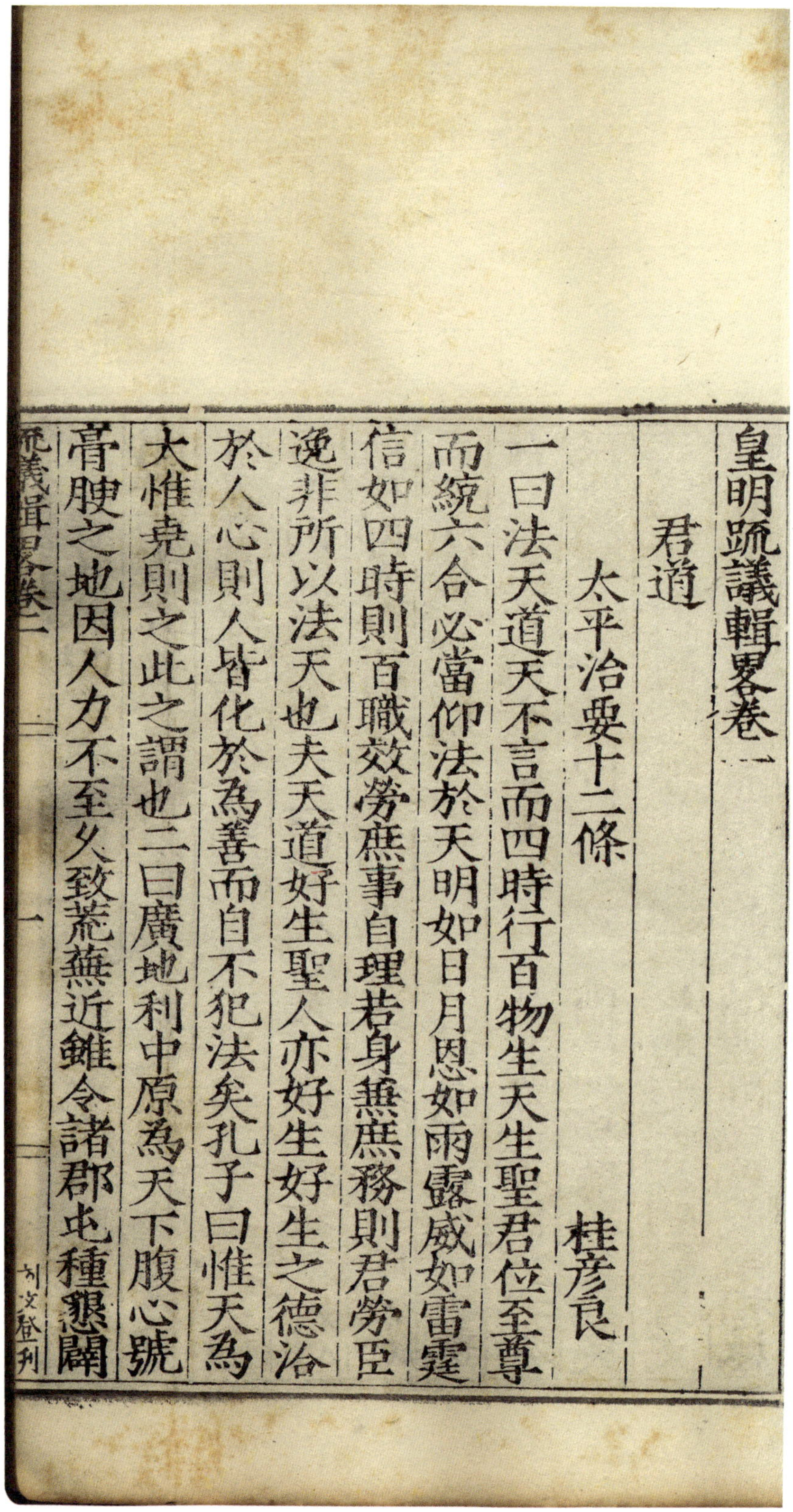

皇明疏議輯畧卷一

君道

太平治要十二條　桂彥良

一曰法天道天不言而四時行百物生天生聖君位至尊而統六合必當仰法於天明如日月恩如雨露威如雷霆信如四時則百職效勞庶事自理若身無庶務則君勞臣逸非所以法天也夫天道好生聖人亦好生好生之德洽於人心則人皆化於為善而自不犯法矣孔子曰惟天為大惟堯則之此之謂也二曰廣地利中原為天下腹心號膏腴之地因人力不至久致荒蕪近雖令諸郡屯種懇闢

疏議輯畧卷一　一　劉文登刊

07799 皇明疏議輯畧三十七卷 （明）張瀚輯　明王汝訓、萬世德刻本

匡高19.3厘米，廣15厘米。半葉十行，行二十二字，白口，四周雙邊。山東大學圖書館藏。

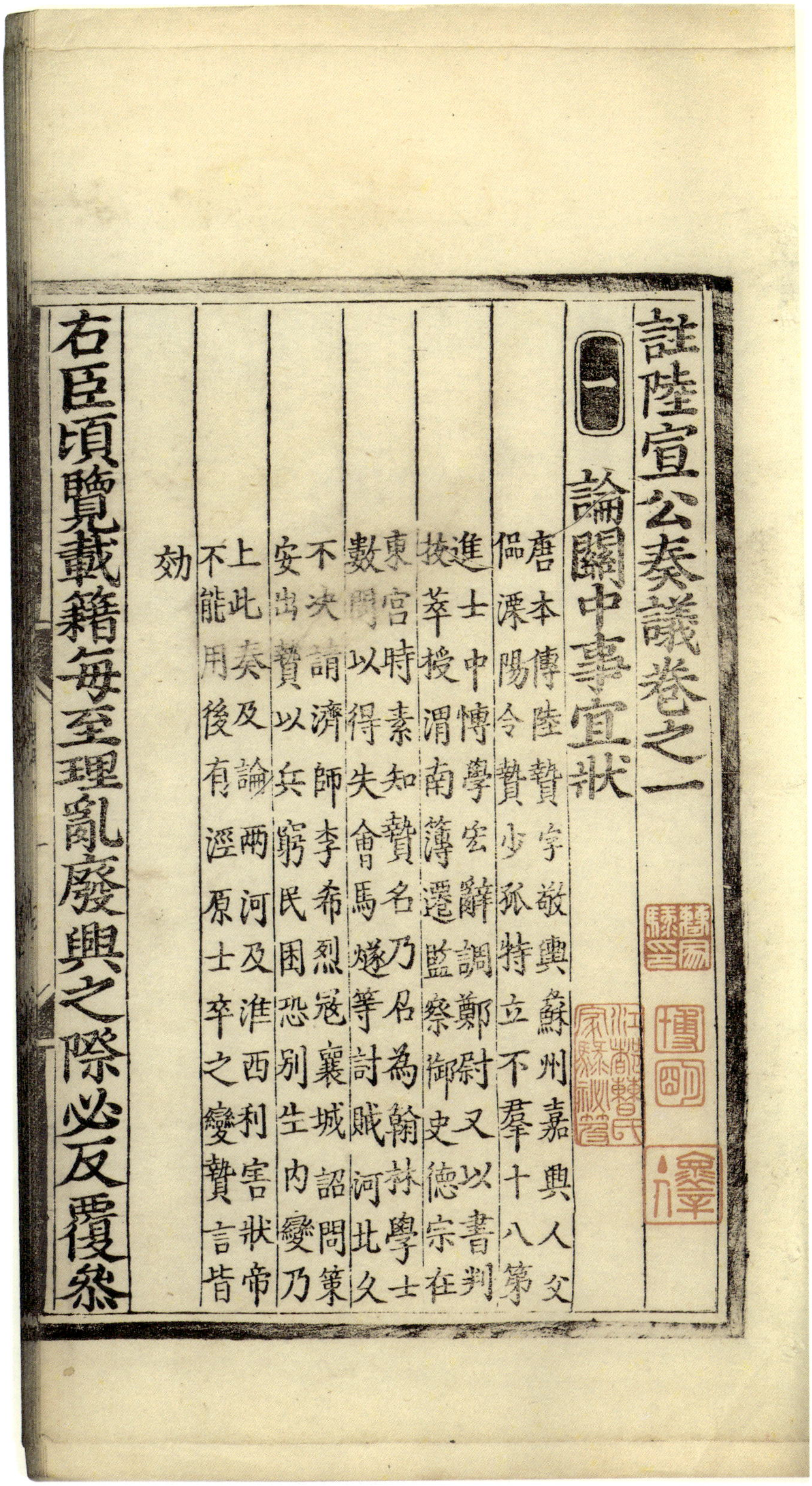

07800 註陸宣公奏議十五卷 （唐）陸贄撰 （宋）郎曄注 明弘治七年（1494）林符刻本

匡高21.9厘米，廣13.6厘米。半葉九行，行十八字，黑口，四周雙邊。天津圖書館藏。

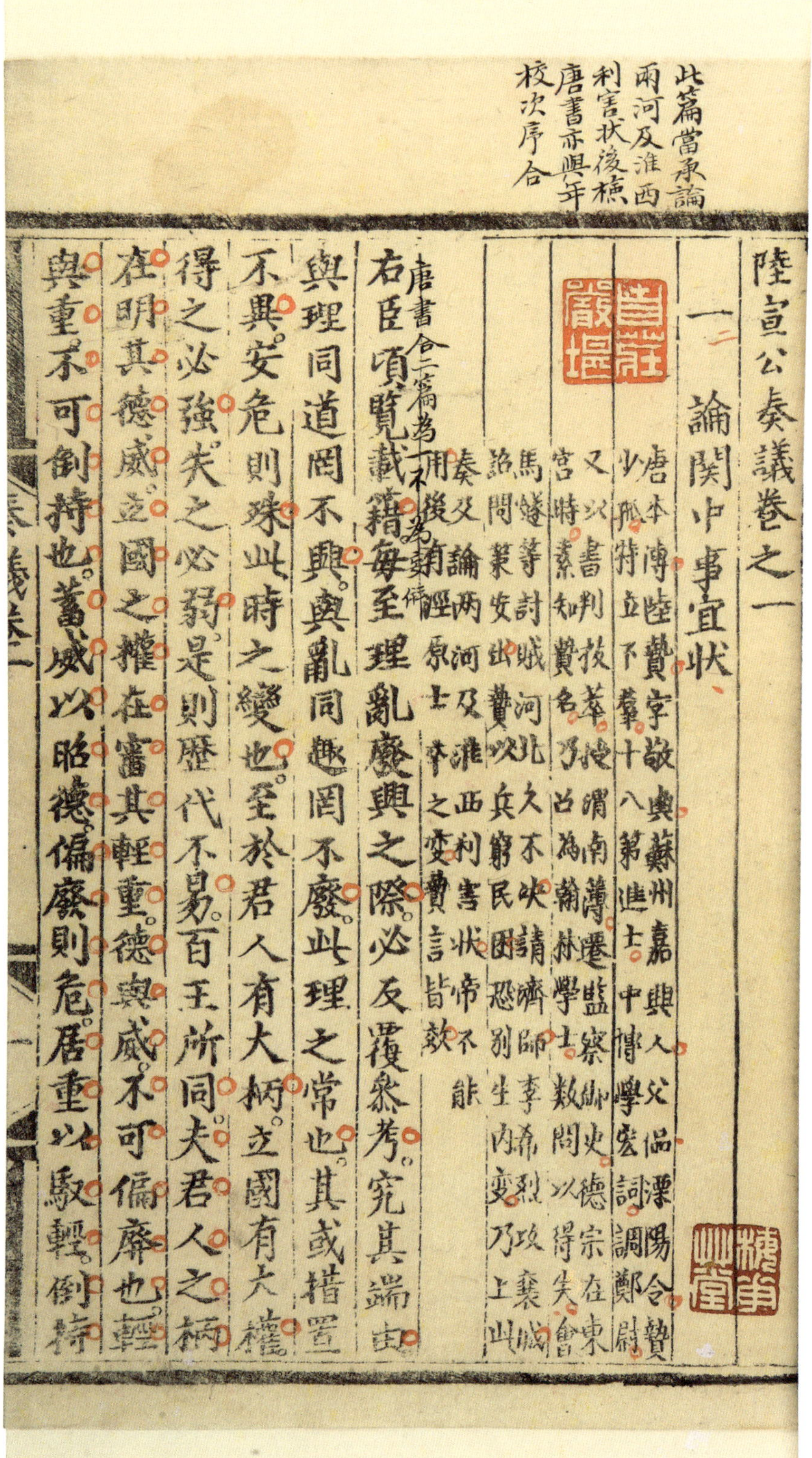

此篇當承論兩河及淮西利害狀後據唐書亦與年校次序合

陸宣公奏議卷之一

一 論關中事宜狀

唐本傳陸贄字敬輿蘇州嘉興人父偘溧陽令贄少孤特立不羣十八第進士中博學宏詞調鄭尉又以書判拔萃補渭南簿遷監察御史德宗在東宮時素知贄名召為翰林學士數問以得失會馬燧等討賊河北久不决請濟師李希烈攻襄城詔問策安出贄以兵窮民困恐別生內變乃上此奏及論兩河及淮西利害狀帝不能用後涇原士卒之變贄言皆效

唐書合二篇為一不為錯併

右臣頃覽載籍每至理亂廢興之際必反覆參考究其端由與理同道罔不興與亂同趣罔不廢此理之常也其或措置不興安危則殊此時之變也至於君人有大柄立國有大權得之必強失之必弱是則歷代不易百王所同夫君人之柄在明其德威立國之權在審其輕重德與威不可偏廢也輕與重不可倒持也蓄威以昭德偏廢則危居重以馭輕倒持

07801 陸宣公奏議十五卷 （唐）陸贄撰 （宋）郎曄注 **附録一卷** 明正德三年（1508）靖江王府刻本

匡高23.4厘米，廣16.3厘米。半葉十二行，行二十三字，小字雙行同，黑口，四周雙邊。有“自莊嚴堪”等印，有“大明正德戊辰靖江王府重刊”牌記。國家圖書館藏。

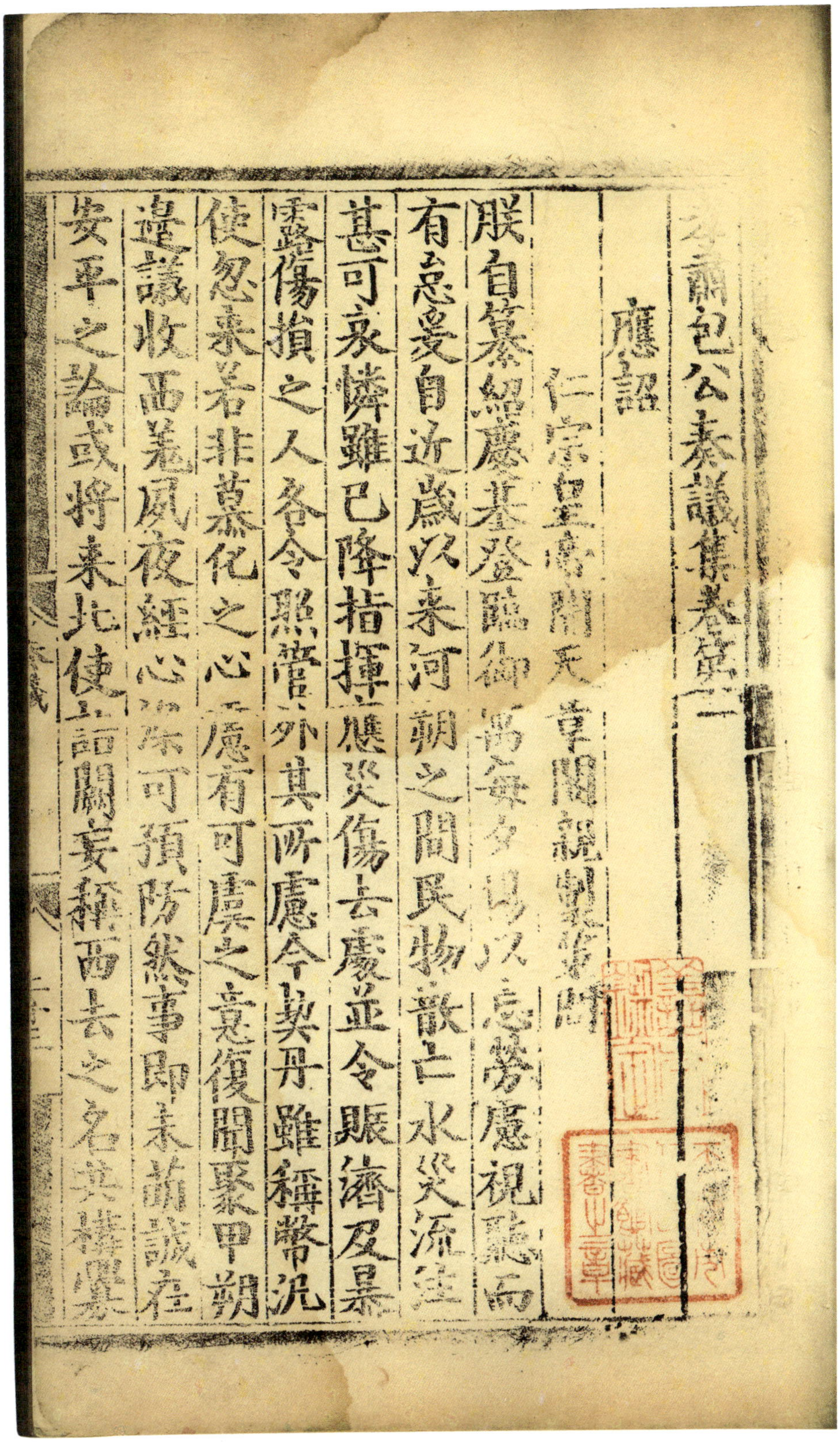

07802 孝肅包公奏議集十卷 （宋）包拯撰 **附録一卷** 明弘治五年（1492）合肥縣刻本

匡高22.3厘米，廣13.4厘米。半葉十行，行二十字，黑口，四周雙邊。天津圖書館藏，存四卷。

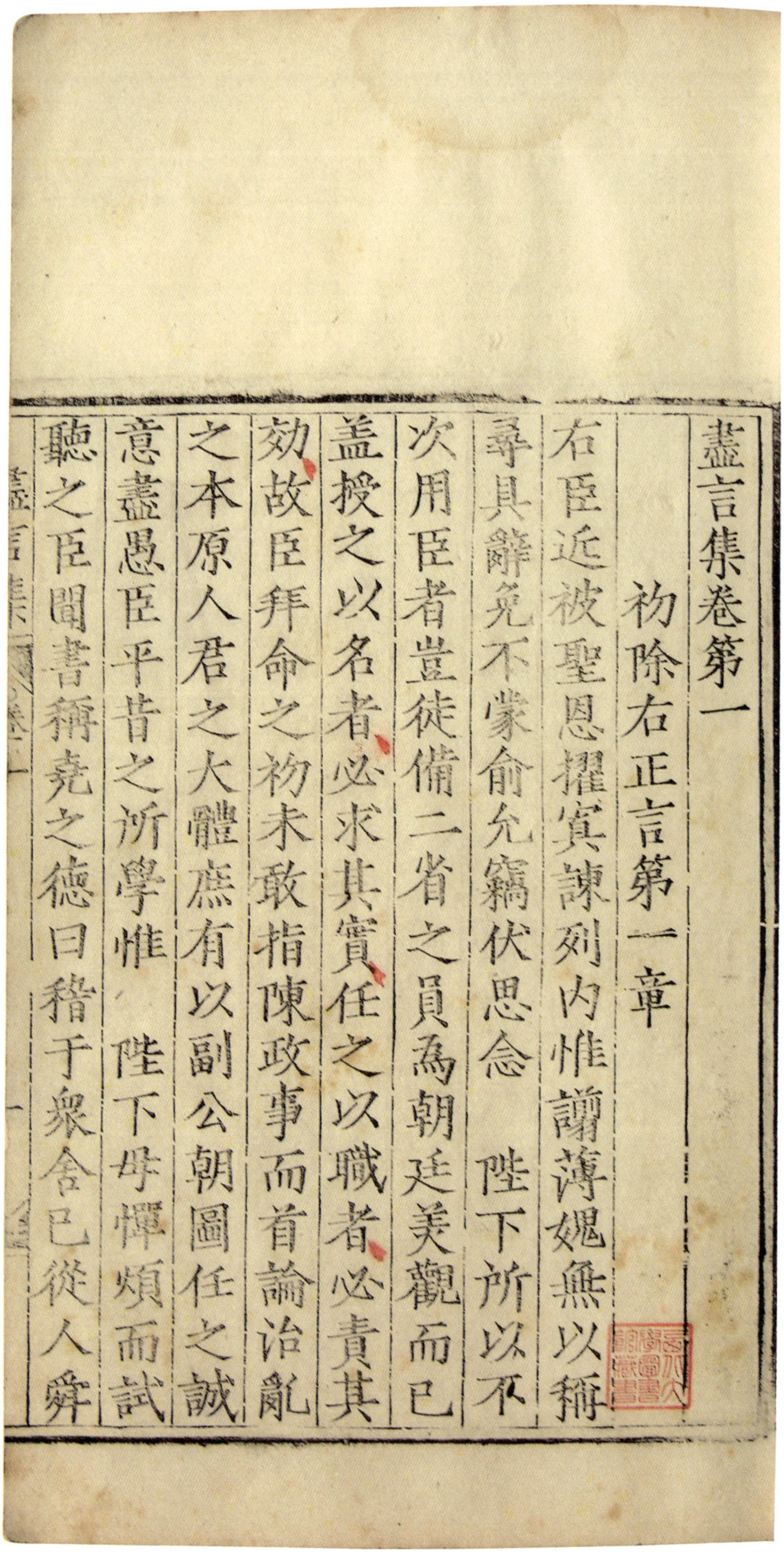

盡言集卷第一
初除右正言第一章
右臣近被聖恩擢寘諫列内惟譾薄媿無以稱
尋具辭免不蒙俞允竊伏思念　陛下所以不
次用臣者豈徒備二省之員爲朝廷美觀而已
蓋授之以名者必求其實任之以職者必責其
効故臣拜命之初未敢指陳政事而首論治亂
之本原人君之大體庶有以副公朝圖任之誠
意盡愚臣平昔之所學惟　陛下毋憚煩而試
聽之臣聞書稱堯之德曰稽于衆舍已從人舜

07803–07805　盡言集十三卷　（宋）劉安世撰　明隆慶五年（1571）張佳胤、王叔杲刻本

匡高17.2厘米，廣13.3厘米。半葉十行，行十八字，白口，四周雙邊。東北師範大學圖書館藏，有“楝亭曹氏藏書”、“長白敷槎氏堇齋昌齡圖書印”等印；西北大學圖書館藏；首都圖書館藏，有“華山馬仲安家藏善本”等印。

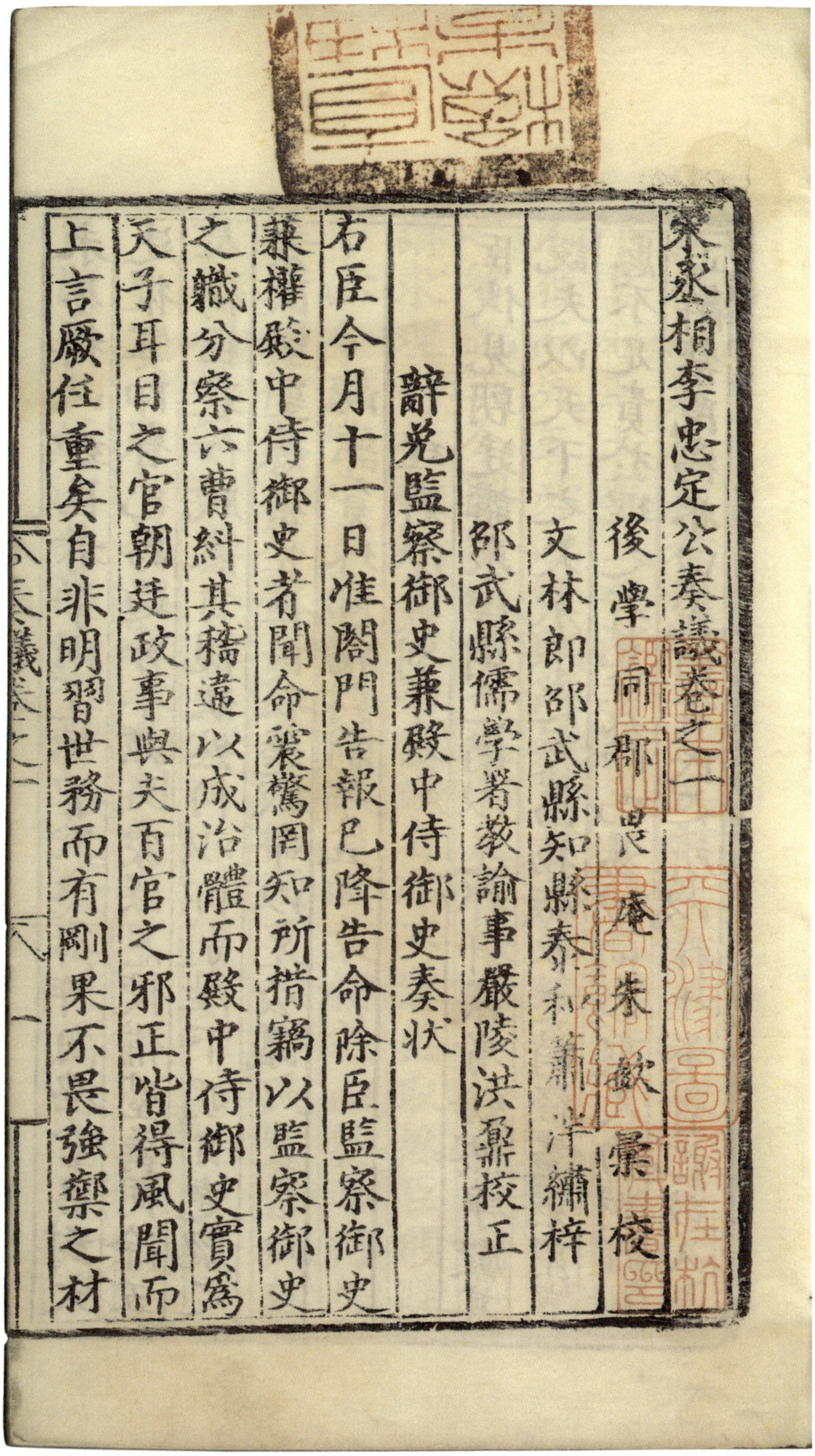

宋丞相李忠定公奏議卷之一

後學　同郡　　庵　朱歆　彙校

文林郎邵武縣知縣泰和蕭泮繡梓

邵武縣儒學署教諭事嚴陵洪霈校正

辭免監察御史兼殿中侍御史奏狀

右臣今月十一日准閤門告報已降告命除臣監察御史

兼殿中侍御史者聞命震驚罔知所措竊以監察御史

之職分察六曹紏其稽遠以成治體而殿中侍御史實為

天子耳目之官朝廷政事與夫百官之邪正皆得風聞而

上言厥任重矣自非明習世務而有剛果不畏強禦之材

07806、07807 宋丞相李忠定公奏議六十九卷附録九卷 （宋）李綱撰　明正德十一年（1516）胡文静、蕭泮刻本

匡高20厘米，廣12厘米。半葉十行，行二十二字，細黑口，四周雙邊。天津圖書館、吉林大學圖書館藏。

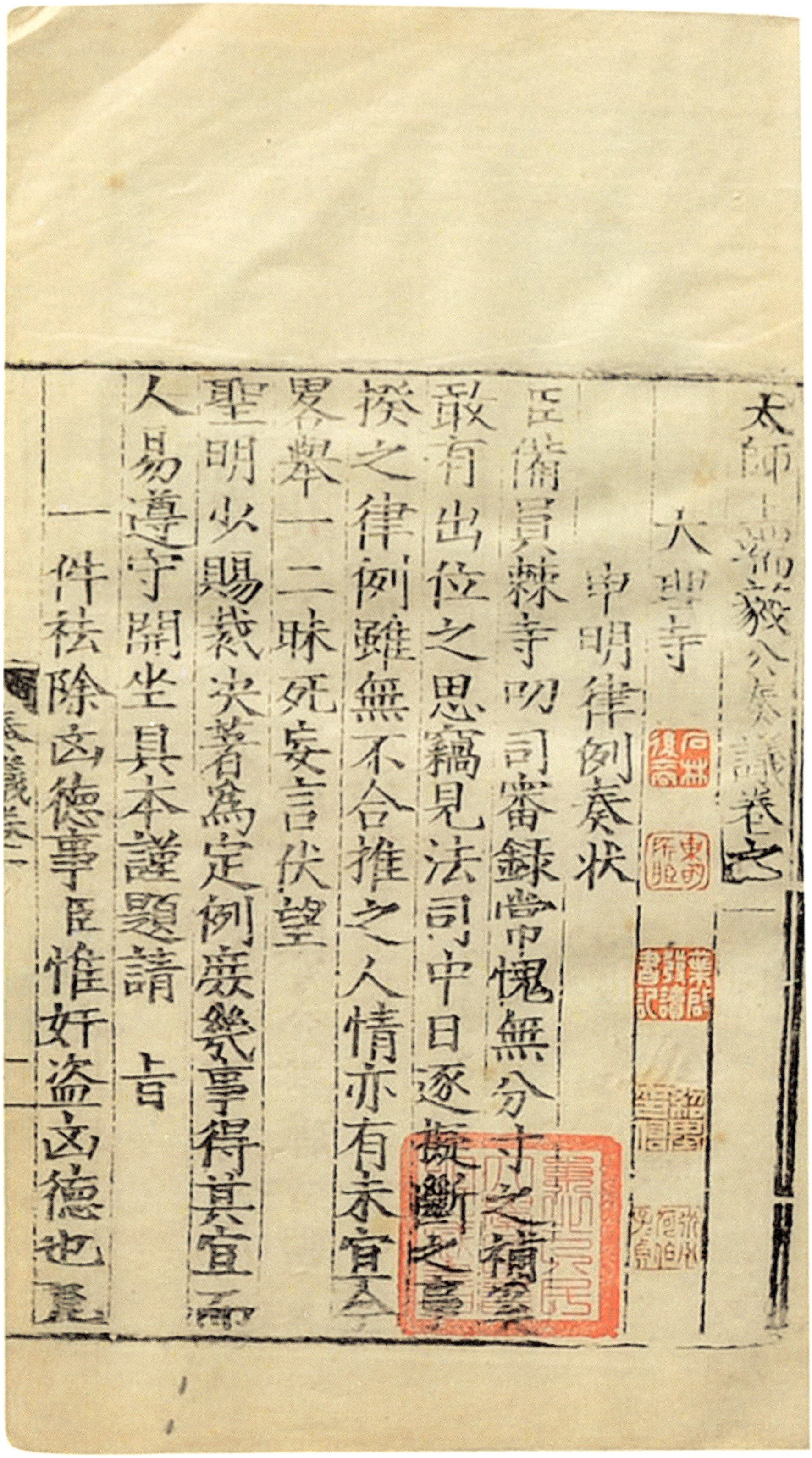
太師王端毅公奏議卷之一

大理寺

申明律例奏狀

臣備員棘寺叨司審錄常愧無分寸之補

敢有出位之思竊見法司中日逐擬斷之事

援之律例雖無不合推之人情亦有未宜今

畧各舉一二昧死妄言伏望

聖明必賜裁決著為定例庶幾事得其宜而

人易遵守開坐具本謹題請　旨

一件祛除凶德事臣惟奸盜凶德也是

07808　太師王端毅公奏議十五卷（明）王恕撰　明正德十六年（1521）王成章刻本

匡高17厘米，廣13.1厘米。半葉十行，行十七至十九字，白口，左右雙邊。有“葉啓發藏”、“石林後裔”、“東明所藏”、“葉啓發讀書記”、“紹基印信”等印。吉林大學圖書館藏。

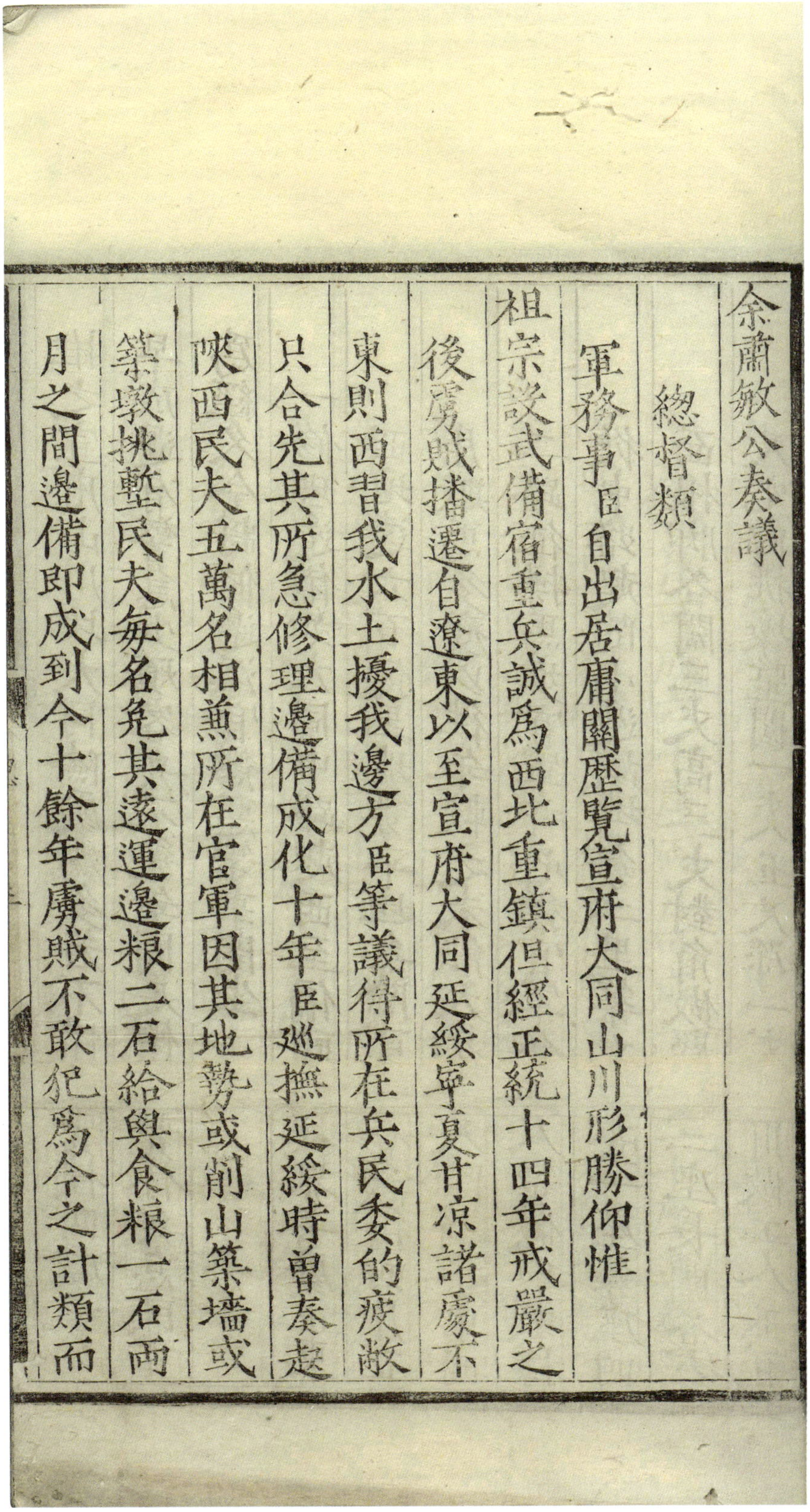

余肅敏公奏議
總督類
軍務事臣自出居庸關歷覽宣府大同山川形勝仰惟
祖宗設武備宿重兵誠爲西北重鎮但經正統十四年戒嚴之
後虜賊播遷自遼東以至宣府大同延綏寧夏甘凉諸處不
東則西冒我水土擾我邊方臣等議得所在兵民委的疲敝
只合先其所急修理邊備成化十年臣巡撫延綏時曾奏起
陝西民夫五萬名相兼所在官軍因其地勢或削山築墻或
築墩挑塹民夫每名免其遠運邊粮二石給與食粮一石兩
月之間邊備即成到今十餘年虜賊不敢犯爲今之計類而

07809 余肅敏公奏議三卷 （明）余子俊撰　明刻本

匡高23.5厘米，廣16.5厘米。半葉十行，行二十四字，黑口，四周雙邊。中山大學圖書館藏。

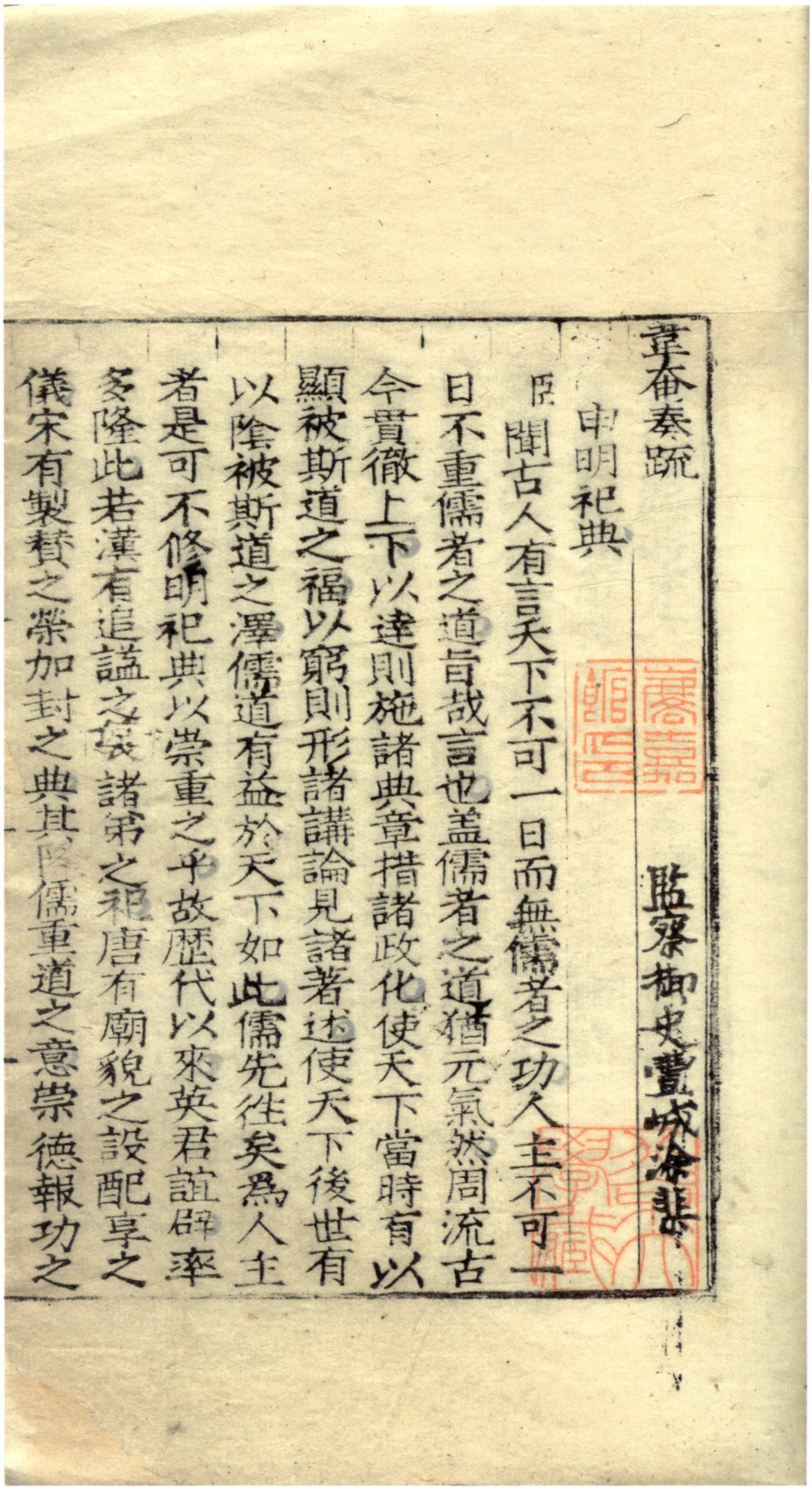

韋奄奏疏　監察御史豐城涂棐

申明祀典

臣聞古人有言天下不可一日而無儒者之功人主不可一日不重儒者之道旨哉言也蓋儒者之道猶元氣然周流古今貫徹上下以達則施諸典章措諸政化使天下當時有以顯被斯道之福以窮則形諸講論見諸著述使天下後世有以陰被斯道之澤儒道有益於天下如此儒先往矣爲人主者是可不修明祀典以崇重之乎故歷代以來英君誼辟率多隆此若漢有追謚之褒諸弟之祀唐有廟貌之設配享之儀宋有製賛之榮加封之典其隆儒重道之意崇德報功之

07810 韋奄奏疏一卷 （明）涂棐撰　明正德活字印本

匡高17.7厘米，廣12.8厘米。半葉十行，行二十四字，白口，左右雙邊。有“麐嘉館印”等印。北京大學圖書館藏。

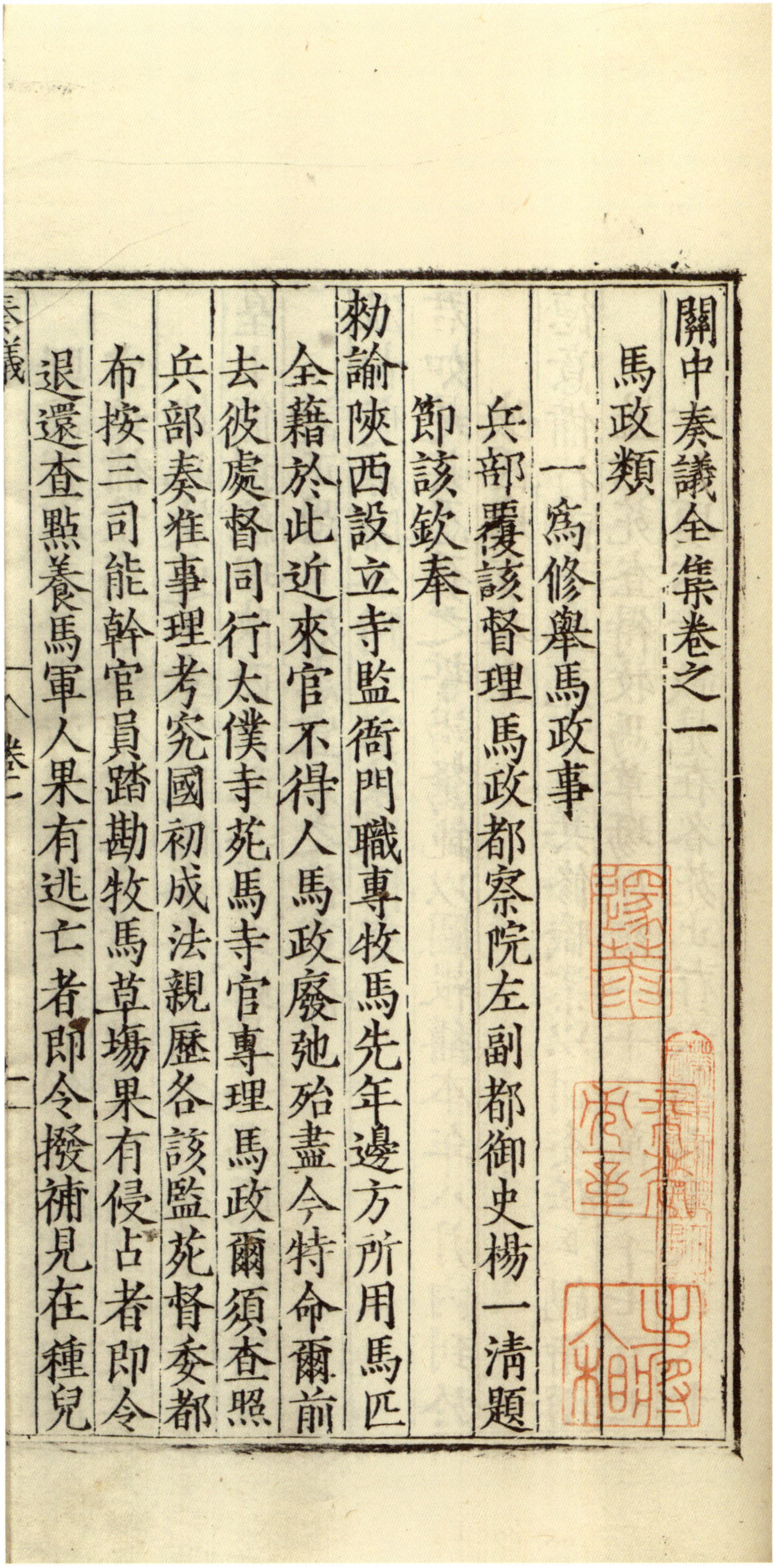
關中奏議全集卷之一
馬政類
一爲修舉馬政事
兵部覆該督理馬政都察院左副都御史楊一清題
節該欽奉
勑諭陝西設立寺監衙門職專牧馬先年邊方所用馬匹
全藉於此近來官不得人馬政廢弛殆盡今特命爾前
去彼處督同行太僕寺苑馬寺官專理馬政爾須查照
兵部奏准事理考究國初成法親歷各該監苑督委都
布按三司能幹官員踏勘牧馬草場果有侵占者即令
退還查點養馬軍人果有逃亡者即令撥補見在種兒
奏議　卷之一　一

07811 關中奏議全集十八卷 （明）楊一清撰　明嘉靖二十九年（1550）刻本

匡高22.2厘米，廣14厘米。半葉十一行，行二十二字，白口，四周雙邊。有“遂庵”等印。華東師範大學圖書館藏。

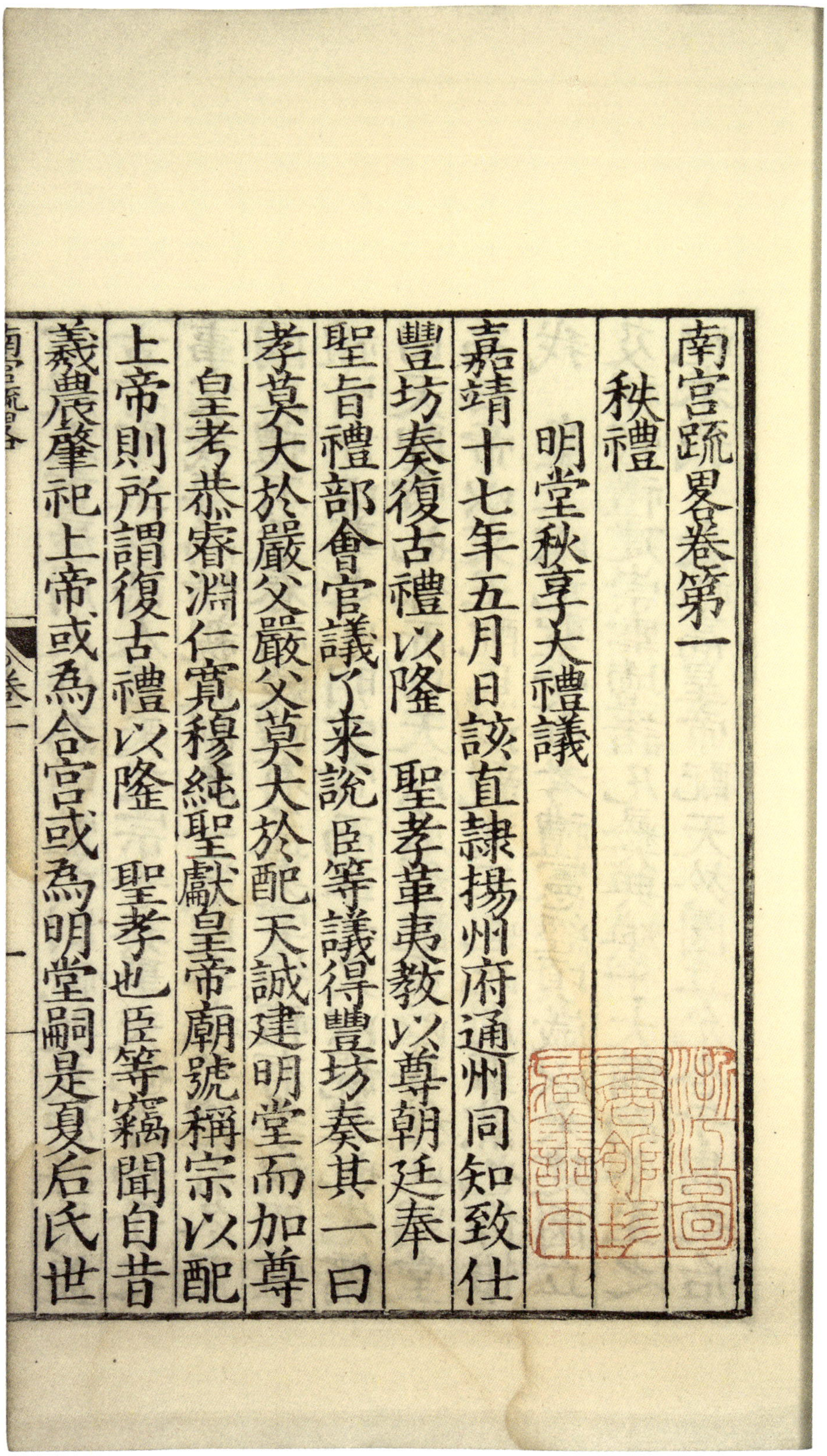
南宮疏畧卷第一
秩禮
明堂秋享大禮議
嘉靖十七年五月日該直隸揚州府通州同知致仕
豐坊奏復古禮以隆　聖孝章夷教以尊朝廷奉
聖旨禮部會官議了来說臣等議得豐坊奏其一曰
孝莫大於嚴父嚴父莫大於配天誠建明堂而加尊
皇考恭睿淵仁寬穆純聖獻皇帝廟號稱宗以配
上帝則所謂復古禮以隆　聖孝也臣等竊聞自昔
羲農肇祀上帝或為合宮或為明堂嗣是夏后氏世
南宮疏畧　卷一　一

07812 南宮疏畧八卷 （明）嚴嵩撰　明嘉靖刻本

匡高20厘米，廣14.8厘米。半葉十行，行二十字，白口，左右雙邊。浙江圖書館藏。

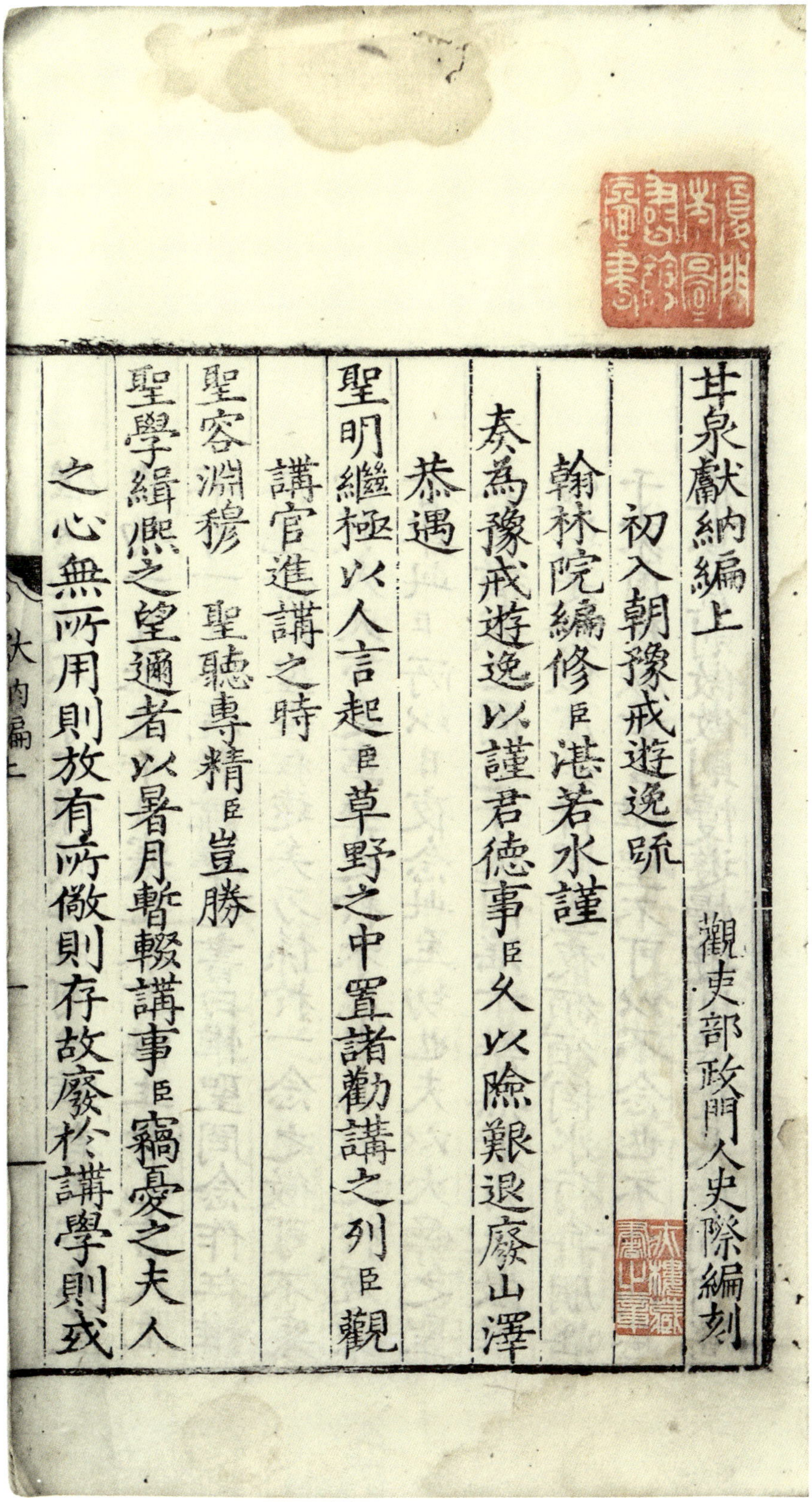

07813 甘泉獻納編三卷 （明）湛若水撰　明嘉靖十三年（1534）史際刻本

匡高19.8厘米，廣14.9厘米。半葉十行，行二十一字，白口，左右雙邊。厦門市圖書館藏。

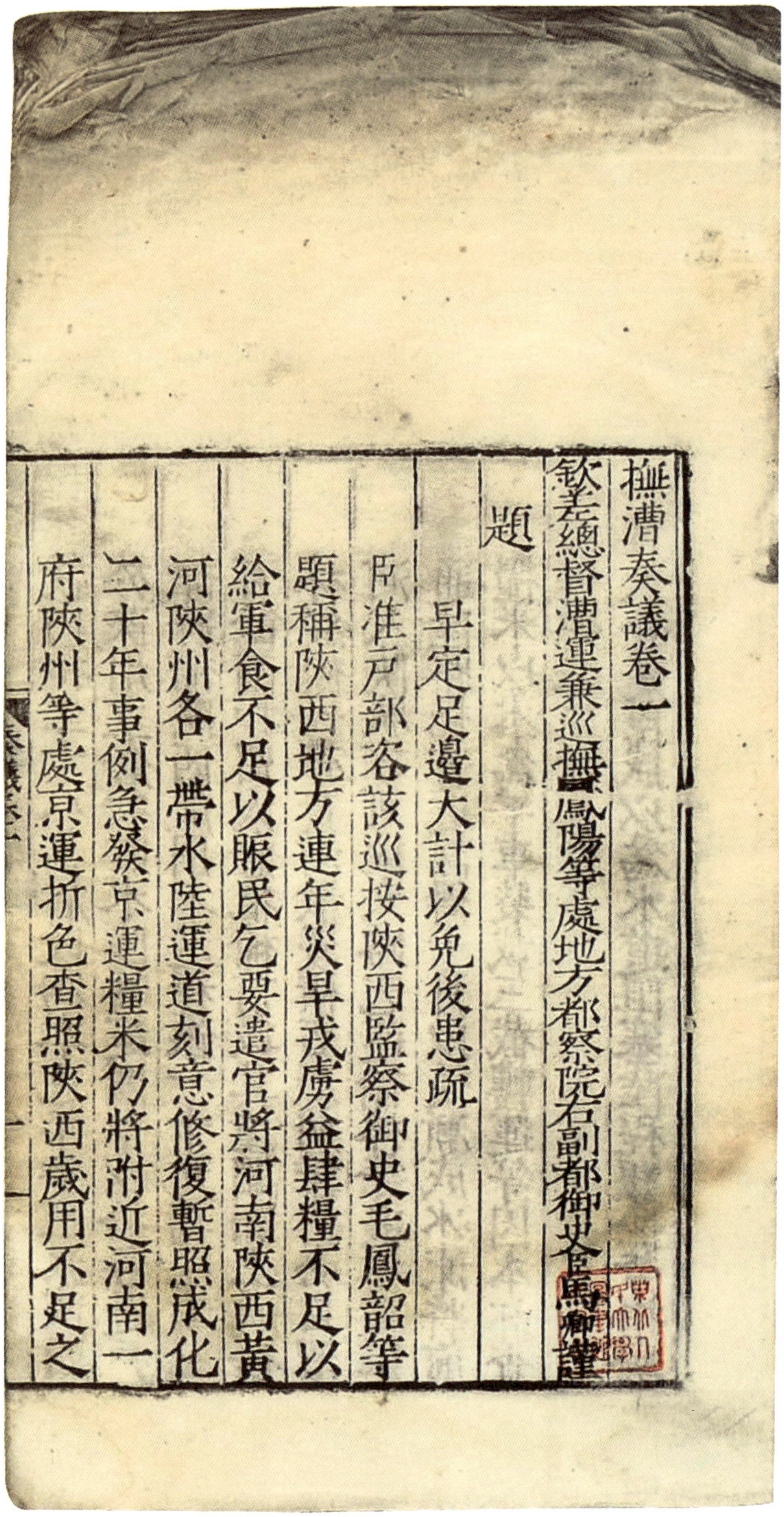

撫漕奏議卷一
欽差總督漕運兼巡撫鳳陽等處地方都察院右副都御史臣馬卿謹
題
早定足邊大計以免後患疏
臣准戶部咨該巡按陝西監察御史毛鳳韶等
題稱陝西地方連年災旱戎虜益肆糧不足以
給軍食不足以賑民乞要遣官將河南陝西黃
河陝州各一帶水陸運道刻意修復暫照成化
二十年事例急發京運糧米仍將附近河南一
府陝州等處京運折色查照陝西歲用不足之

07814 撫漕奏議二卷 （明）馬卿撰　明嘉靖刻本

匡高18厘米，廣13厘米。半葉十行，行二十字，白口，左右雙邊。吉林大學圖書館藏。

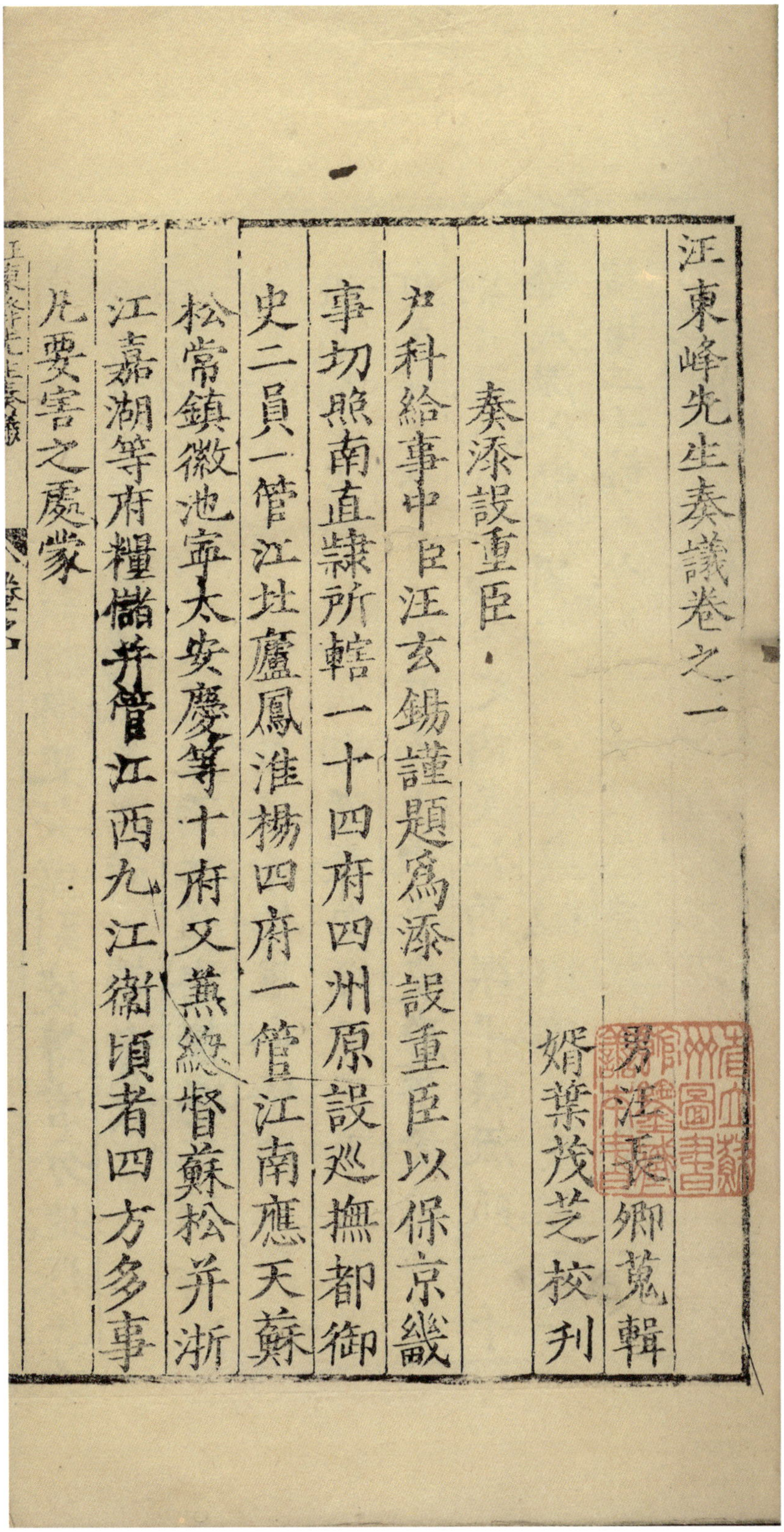
汪東峰先生奏議卷之一
男汪長卿蒐輯
婿葉茂芝校刋
奏添設重臣
户科給事中臣汪玄錫謹題爲添設重臣以保京畿
事切照南直隸所轄一十四府四州原設巡撫都御
史二員一管江北廬鳳淮揚四府一管江南應天蘇
松常鎮徽池寧太安慶等十府又兼總督蘇松并浙
江嘉湖等府糧儲并管江西九江衛頭者四方多事
凡要害之處家

07815 汪東峰先生奏議四卷 （明）汪玄錫撰　明葉茂芝刻本

匡高17.9厘米，廣11.8厘米。半葉十行，行二十一字，白口，四周單邊。蘇州圖書館藏。

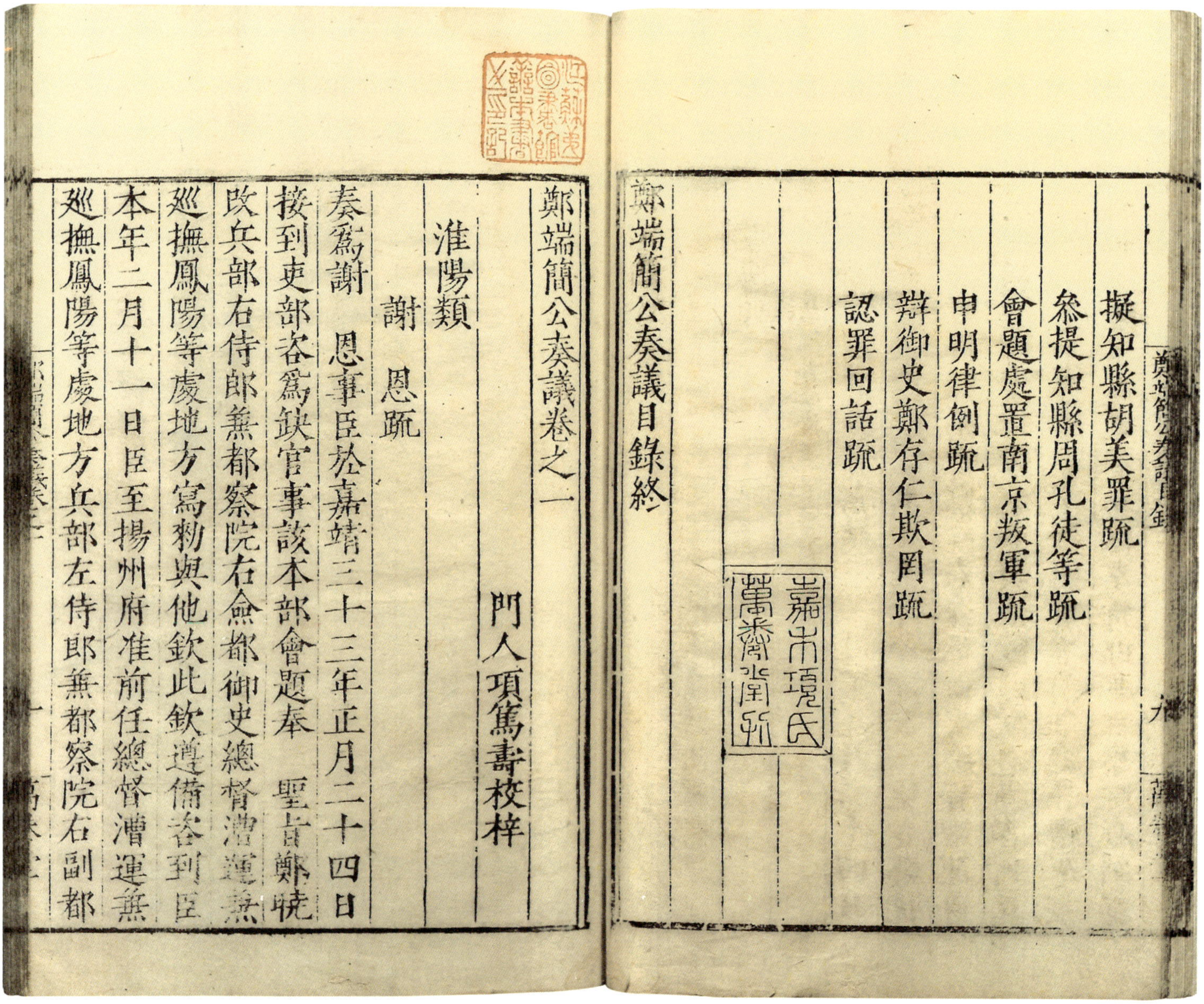

巡撫鳳陽等處地方兵部左侍郎兼都察院右副都

本年二月十一日臣至揚州府准前任總督漕運兼

巡撫鳳陽等處地方寫勑與他欽此欽遵備咨到臣

改兵部右侍郎兼都察院右僉都御史總督漕運兼

接到吏部咨爲缺官事該本部會題奉　聖旨鄭曉

奏爲謝　恩事臣於嘉靖三十三年正月二十四日

淮陽類

　　謝　恩疏

鄭端簡公奏議卷之一

　　　　　　門人項篤壽校梓

鄭端簡公奏議目録終

認罪回話疏

辯御史鄭存仁欺罔疏

申明律例疏

會題處置南京叛軍疏

參提知縣周孔徒等疏

擬知縣胡美罪疏

07816 鄭端簡公奏議十四卷 （明）鄭曉撰　明隆慶四年（1570）項氏萬卷堂刻本

匡高18.7厘米，廣13.9厘米。半葉十行，行二十字，小字雙行同，白口，左右雙邊。有“嘉禾項氏萬卷堂刊” 牌記。南京圖書館藏。

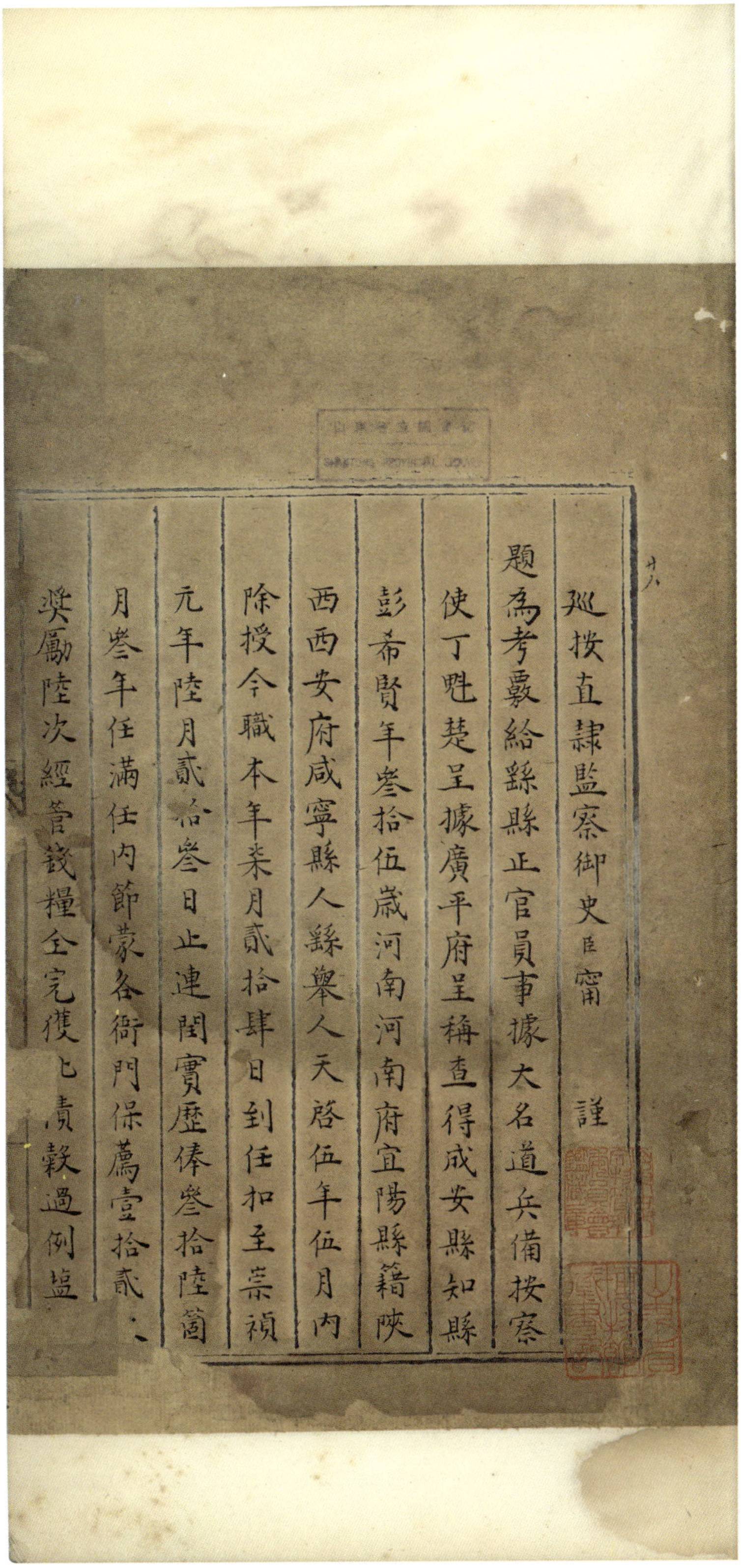
巡按直隸監察御史臣甯 謹
題爲考覈給繇縣正官員事據大名道兵備按察
使丁甡楚呈據廣平府呈稱查得成安縣知縣
彭希賢年叁拾伍歲河南河南府宜陽縣籍陝
西西安府咸寧縣人繇舉人天啓伍年伍月內
除授今職本年柒月貳拾肆日到任扣至崇禎
元年陸月貳拾叁日止連閏實歷俸叁拾陸箇
月叁年任滿任內節蒙各衙門保薦壹拾貳、
奬勵陸次經管錢糧全完獲匕責穀過例塩

07817 寧光先奏稿不分卷 （明）寧光先撰　明崇禎抄本

匡高22.7厘米，廣16.3厘米。半葉九行，行二十字，白口，藍格，四周雙邊。山東省博物館藏。

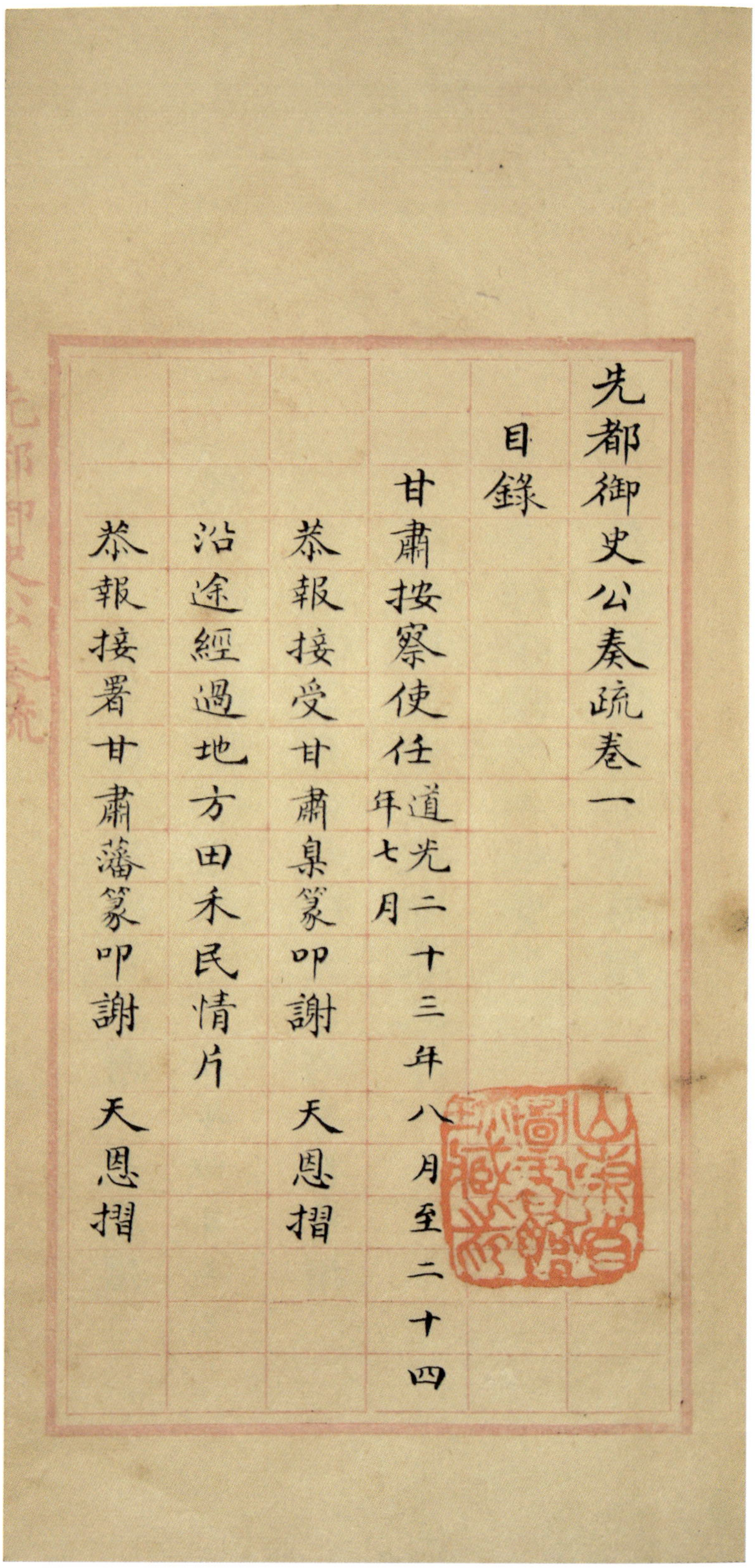

先都御史公奏疏卷一

目録

甘肅按察使任道光二十三年八月至二十四年七月

恭報接受甘肅臬篆叩謝　天恩摺

沿途經過地方田禾民情片

恭報接署甘肅藩篆叩謝　天恩摺

07818 先都御史奏疏三十六卷　（清）楊以增撰　（清）楊紹和輯　稿本

匡高18.9厘米，廣11.7厘米。半葉六行，行二十字，白口，紅格，四周雙邊。山東省圖書館藏，存二十一卷。

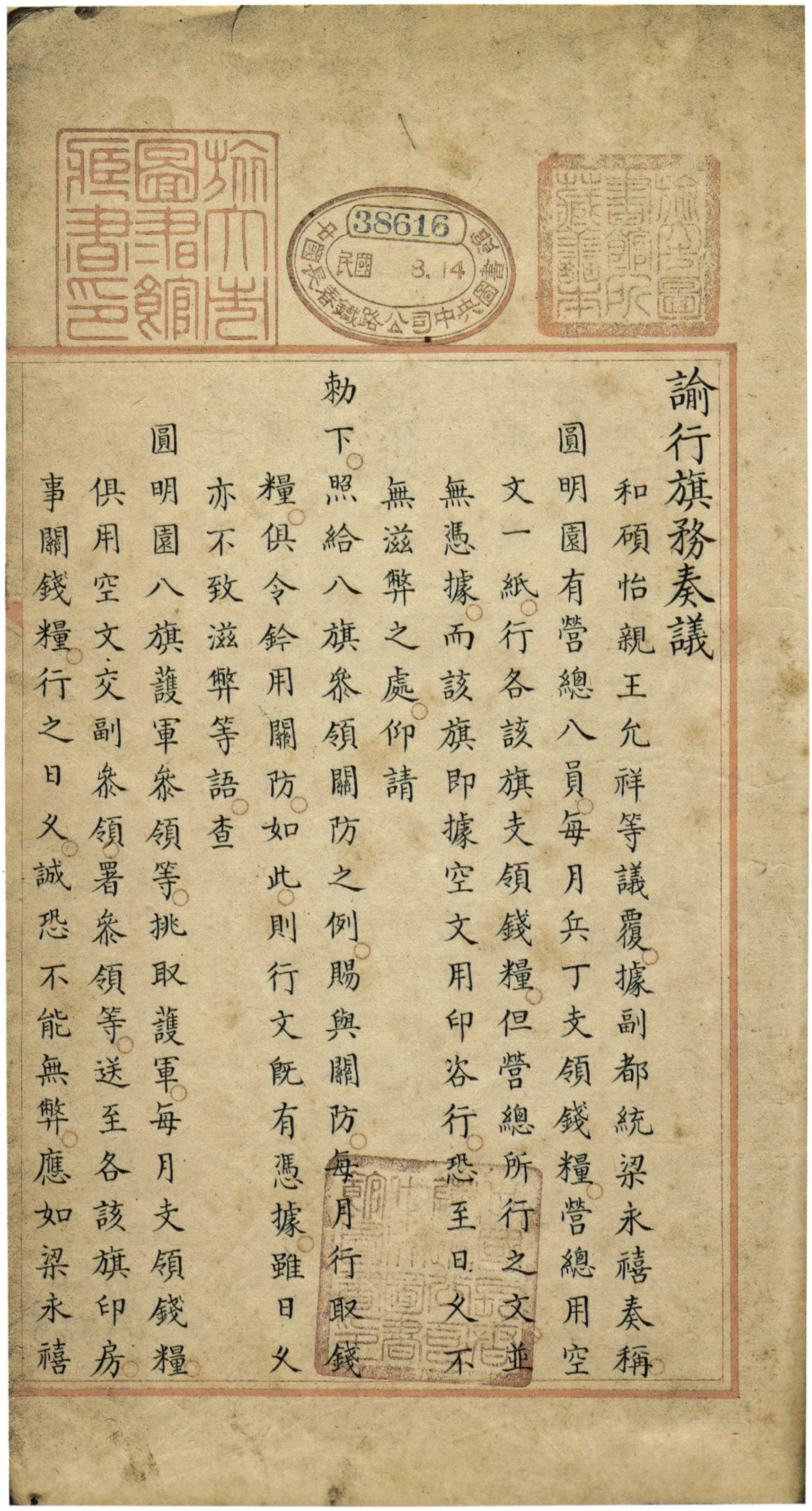
38616
民國 8.14
諭行旗務奏議
和碩怡親王允祥等議覆據副都統梁永禧奏稱
圓明園有營總八員每月兵丁支領錢糧營總用空
文一紙行各該旗支領錢糧但營總所行之文並
無憑據而該旗即據空文用印咨行恐至日久不
無滋弊之處仰請
敕下照給八旗叅領關防之例賜與關防每月行取錢
糧俱令鈐用關防如此則行文既有憑據雖日久
亦不致滋弊等語查
圓明園八旗護軍叅領等挑取護軍每月支領錢糧
俱用空文交副叅領署叅領等送至各該旗印房
事關錢糧行之日久誠恐不能無弊應如梁永禧

07819 諭行旗務奏議不分卷 （清）允祥等撰　清雍正内府抄本

匡高20.8厘米，廣14.6厘米。半葉十二行，行二十一字，白口，紅格，四周雙邊。大連圖書館藏。

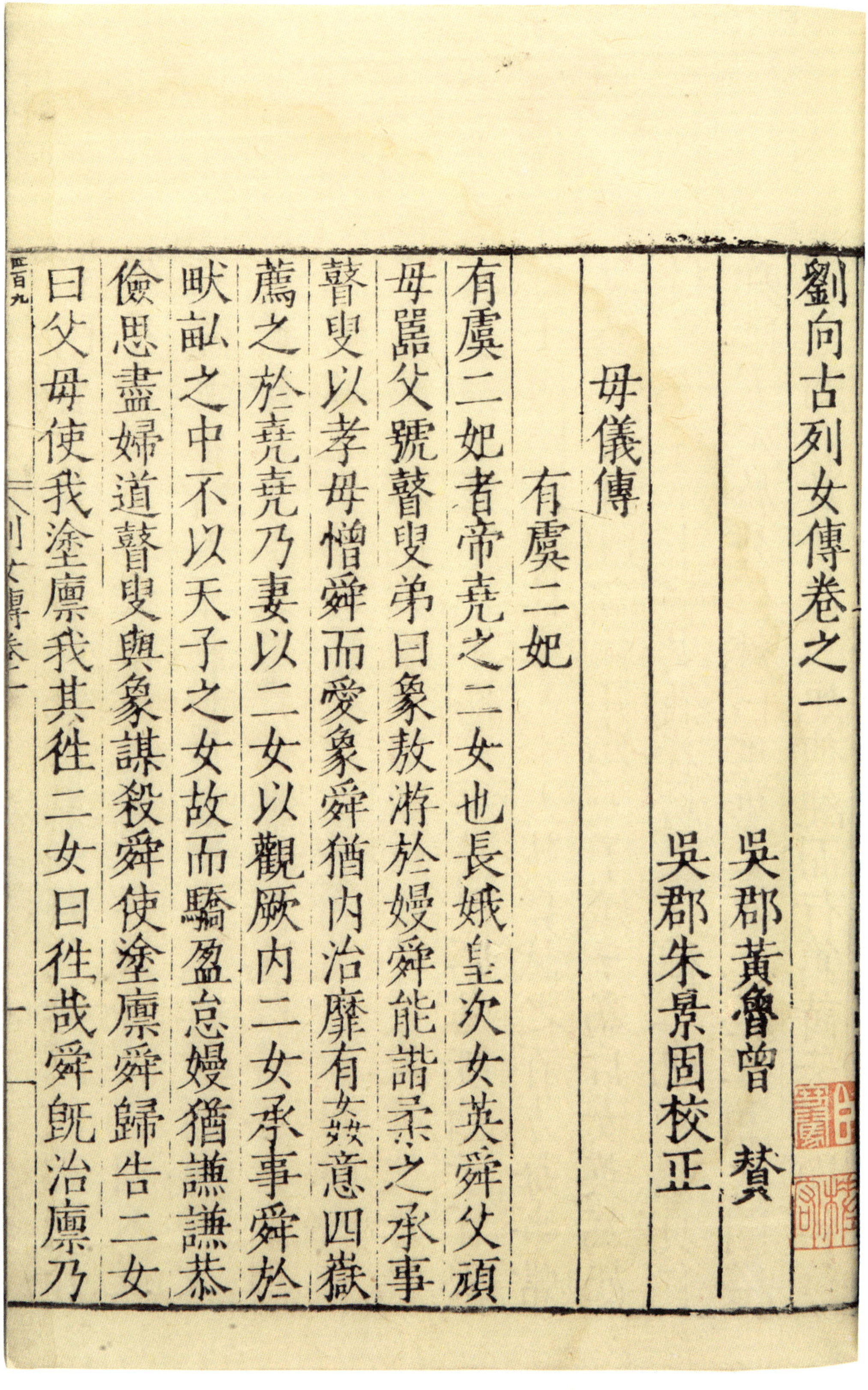
劉向古列女傳卷之一
吳郡黃魯曾　贊
吳郡朱景固校正
母儀傳
有虞二妃
有虞二妃者帝堯之二女也長娥皇次女英舜父頑母嚚父號瞽叟弟曰象敖游於嫚舜能諧柔之承事瞽叟以孝母憎舜而愛象舜猶內治靡有姦意四嶽薦之於堯堯乃妻以二女以觀厥內二女承事舜於畎畝之中不以天子之女故而驕盈怠嫚猶謙謙恭儉思盡婦道瞽叟與象謀殺舜使塗廩舜歸告二女曰父母使我塗廩我其往二女曰往哉舜既治廩乃

07820 劉向古列女傳七卷（漢）劉向撰（明）黃魯曾贊　**續一卷**　明嘉靖三十一年（1552）黃魯曾刻漢唐三傳本

匡高19.4厘米，廣15.7厘米。半葉十二行，行二十字，白口，左右雙邊。陳鱣跋，吳騫校。國家圖書館藏。

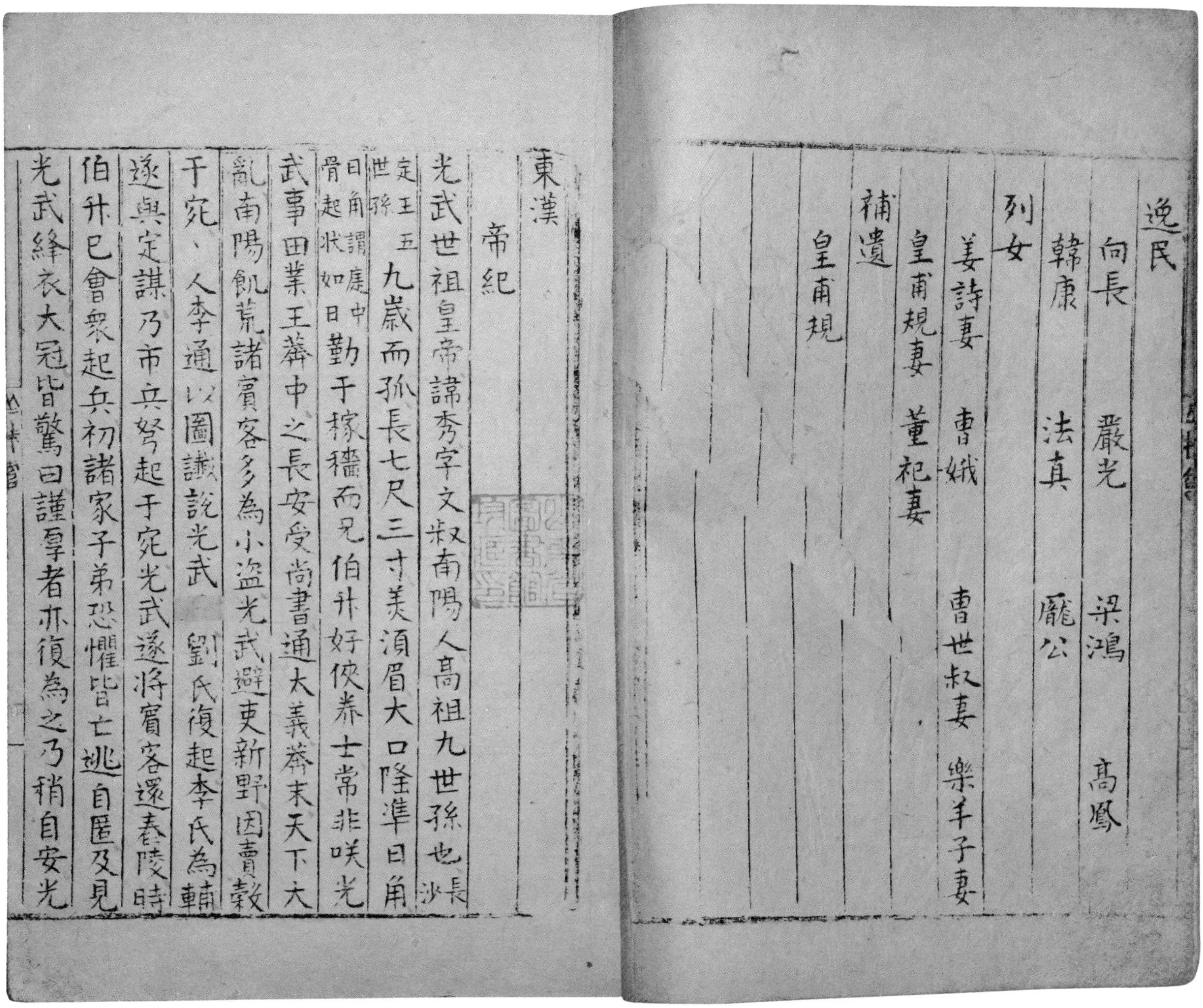

東漢
帝紀
光武世祖皇帝諱秀字文叔南陽人高祖九世孫也長沙定王五世孫九歲而孤長七尺三寸美須眉大口隆準日角日角謂庭中骨起狀如日勤于稼穡而兄伯升好俠養士常非笑光武事田業王莽中之長安受尚書通大義莽末天下大亂南陽飢荒諸賓客多為小盜光武避吏新野因賣穀于宛、人李通以圖讖說光武　劉氏復起李氏為輔遂與定謀乃市兵弩起于宛光武遂將賓客還舂陵時伯升已會衆起兵初諸家子弟恐懼皆亡逃自匿及見光武絳衣大冠皆驚曰謹厚者亦復為之乃稍自安光

逸民
向長　嚴光　梁鴻　高鳳
韓康　法真　龐公
列女
姜詩妻　曹娥　曹世叔妻　樂羊子妻
皇甫規妻　董祀妻
補遺
皇甫規

07821 東西漢列傳不分卷　明山椒館抄本

匡高18.3厘米，廣13.7厘米 。半葉十一行，行二十一字，白口，左右雙邊。
山東省圖書館藏。

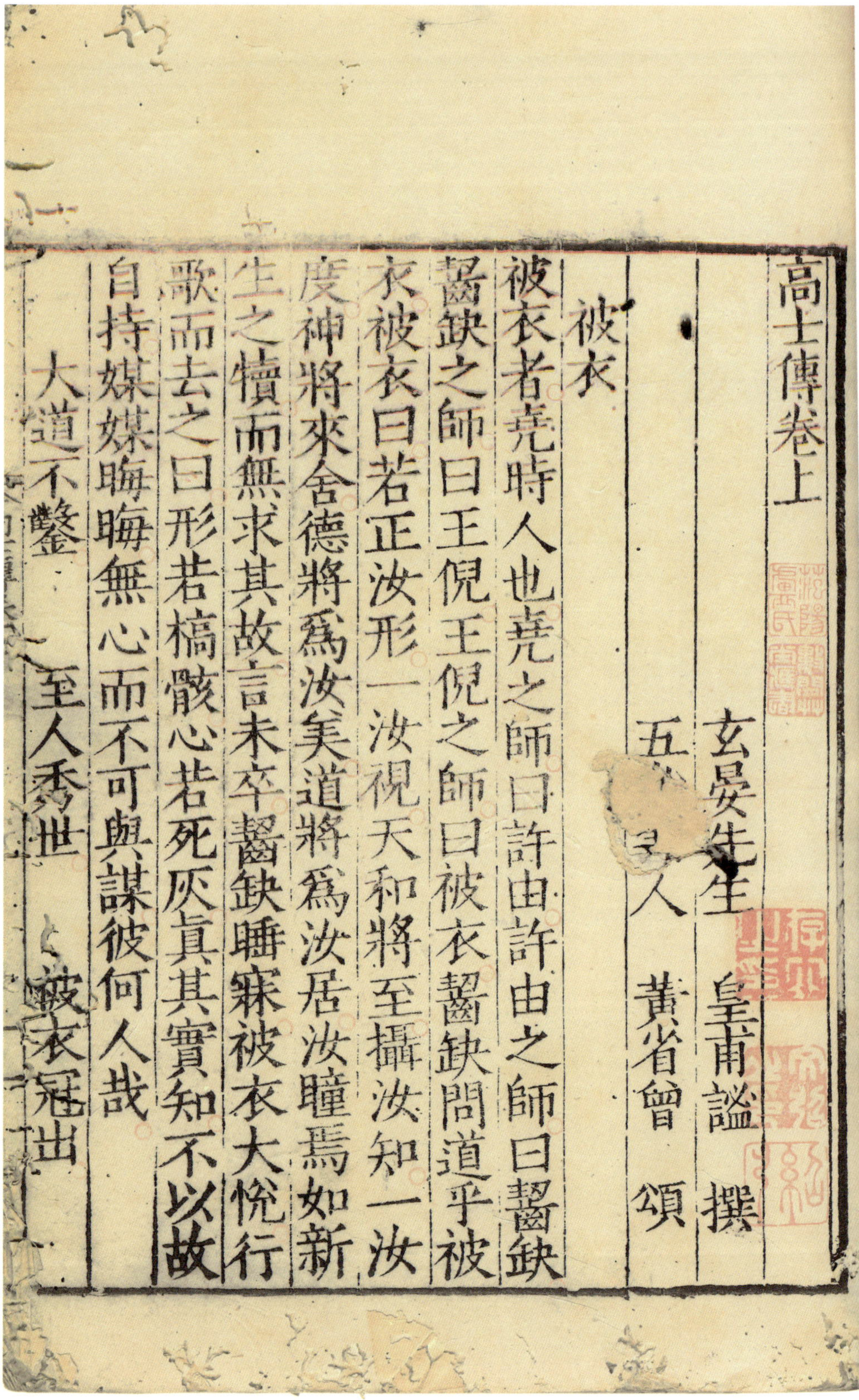

高士傳卷上

玄晏先生　皇甫謐　撰

五[illegible]山人　黄省曾　頌

被衣

被衣者堯時人也堯之師曰許由許由之師曰齧缺齧缺之師曰王倪王倪之師曰被衣齧缺問道乎被衣被衣曰若正汝形一汝視天和將至攝汝知一汝度神將來舍德將爲汝美道將爲汝居汝瞳焉如新生之犢而無求其故言未卒齧缺睡寐被衣大悅行歌而去之曰形若槁骸心若死灰眞其實知不以故自持媒媒晦晦無心而不可與謀彼何人哉

大道不鑿　至人秀世　被衣冠出

07822 高士傳三卷　（晉）皇甫謐撰　（明）黄省曾頌　明嘉靖三十一年（1552）黄魯曾刻漢唐三傳本

匡高19.7厘米，廣15.8厘米。半葉十二行，行二十字，白口，左右雙邊。浙江大學圖書館藏。

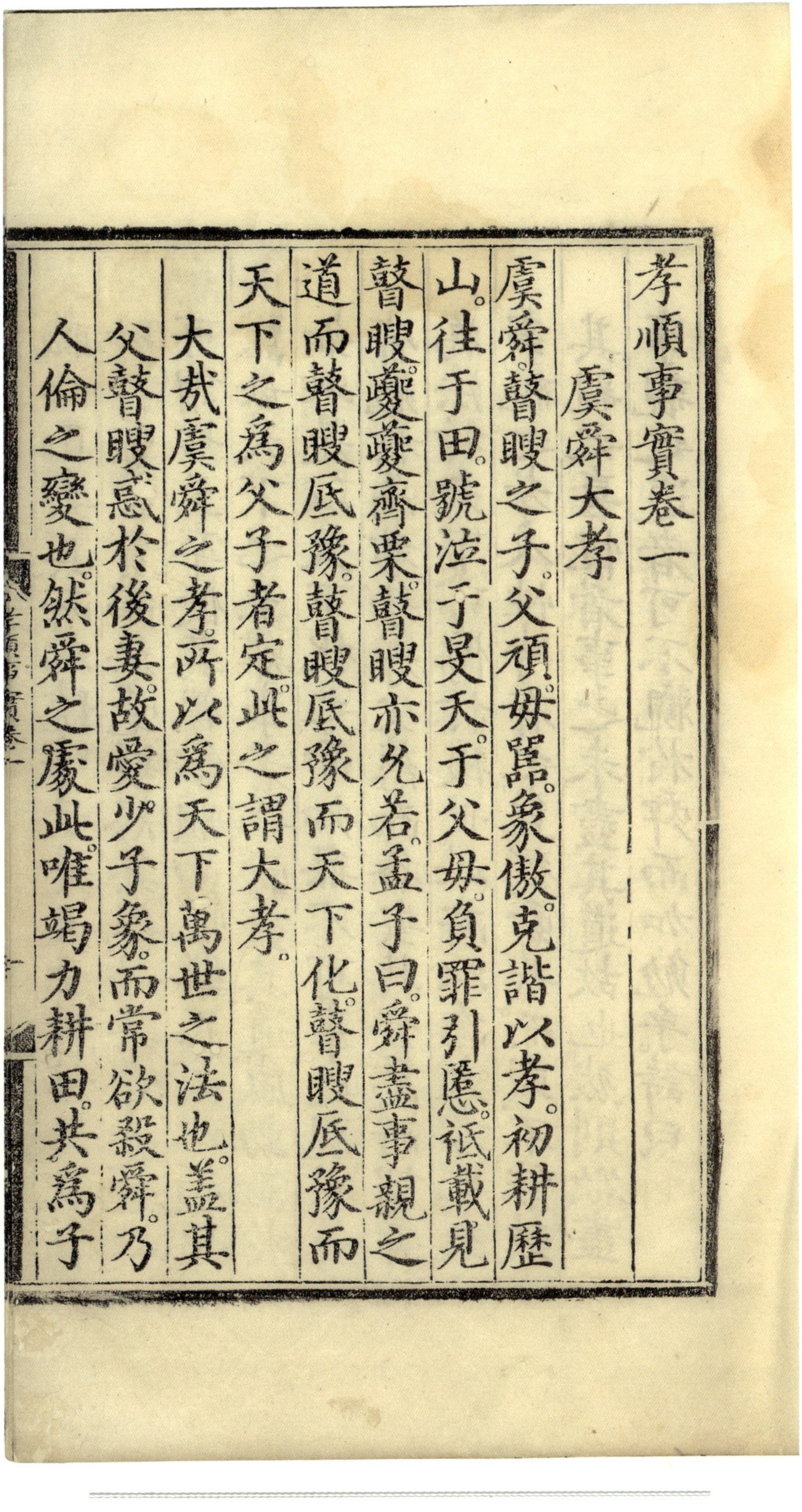

孝順事實卷一
虞舜大孝
虞舜瞽瞍之子。父頑。母嚚。象傲。克諧以孝。初耕歷山。往于田。號泣于旻天。于父母負罪引慝。祗載見瞽瞍夔夔齊栗。瞽瞍亦允若。孟子曰。舜盡事親之道而瞽瞍厎豫。瞽瞍厎豫而天下化。瞽瞍厎豫而天下之爲父子者定。此之謂大孝。
大哉虞舜之孝。所以爲天下萬世之法也。蓋其父瞽瞍惑於後妻。故愛少子象。而常欲殺舜。乃人倫之變也。然舜之處此。唯竭力耕田。共爲子

07823-07825 孝順事實十卷 （明）成祖朱棣撰　明永樂十八年（1420）內府刻本

匡高27厘米，廣18厘米。半葉十行，行十九字，黑口，四周雙邊。北京大學圖書館藏二部；天津圖書館藏。

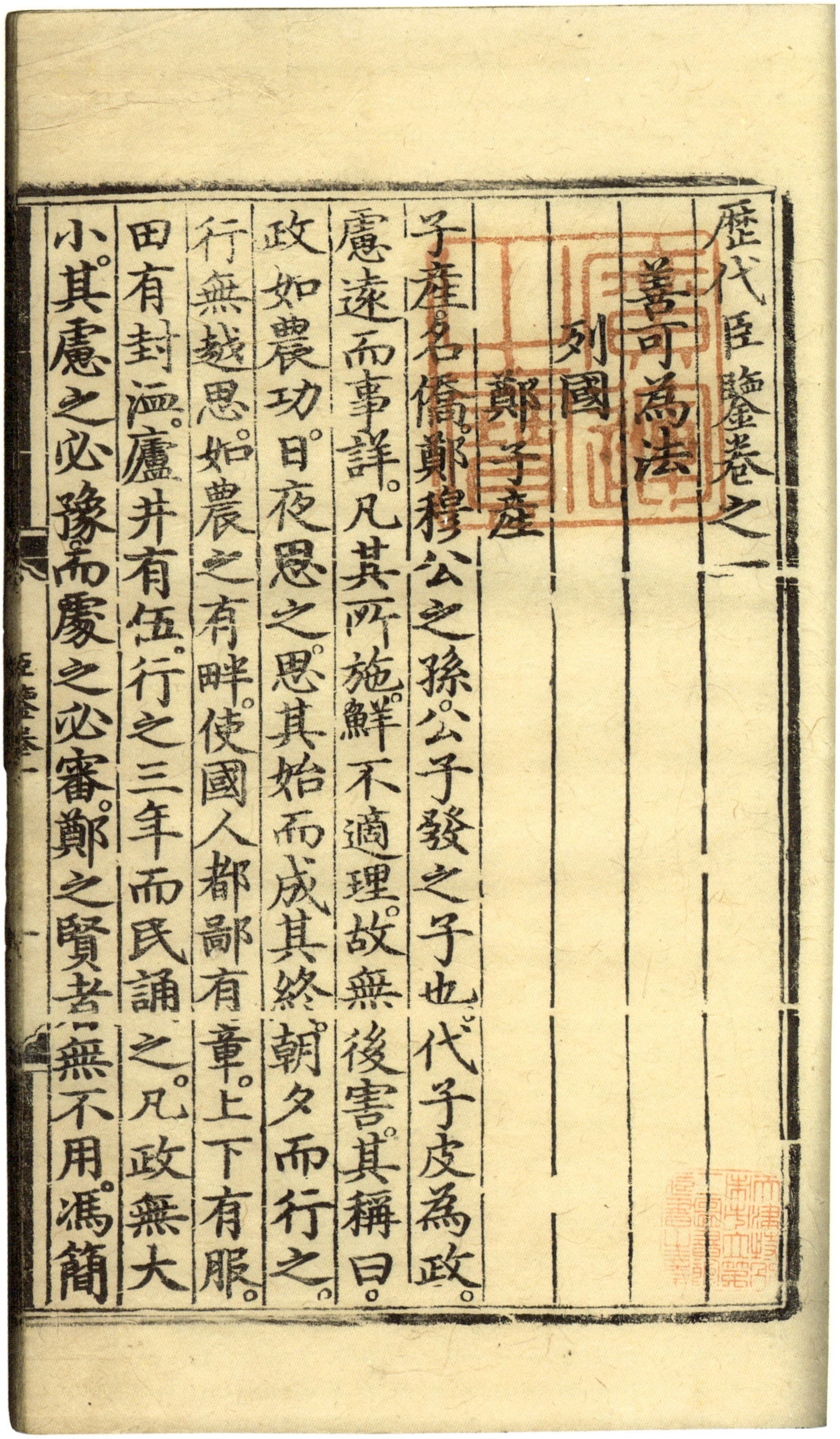

歷代臣鑒卷之一

善可爲法

列國

鄭子產

子產名僑鄭穆公之孫公子發之子也代子皮爲政慮遠而事詳凡其所施鮮不適理故無後害其稱曰政如農功日夜思之思其始而成其終朝夕而行之行無越思如農之有畔使國人都鄙有章上下有服田有封洫廬井有伍行之三年而民誦之凡政無大小其慮之必豫而慮之必審鄭之賢者無不用馮簡

07826-07830 歷代臣鑒三十七卷 （明）宣宗朱瞻基撰 明宣德元年（1426）内府刻本

匡高26.6厘米，廣18.2厘米。半葉十行，行二十字，黑口，四周雙邊。福建師範大學圖書館藏；復旦大學圖書館藏，包背裝，有“廣運之寶”、“閩戴成芬芷農圖籍”等印；國家圖書館藏；吉林大學圖書館藏，有“衍聖公書畫印”、“繩齋”等印；天津圖書館藏。

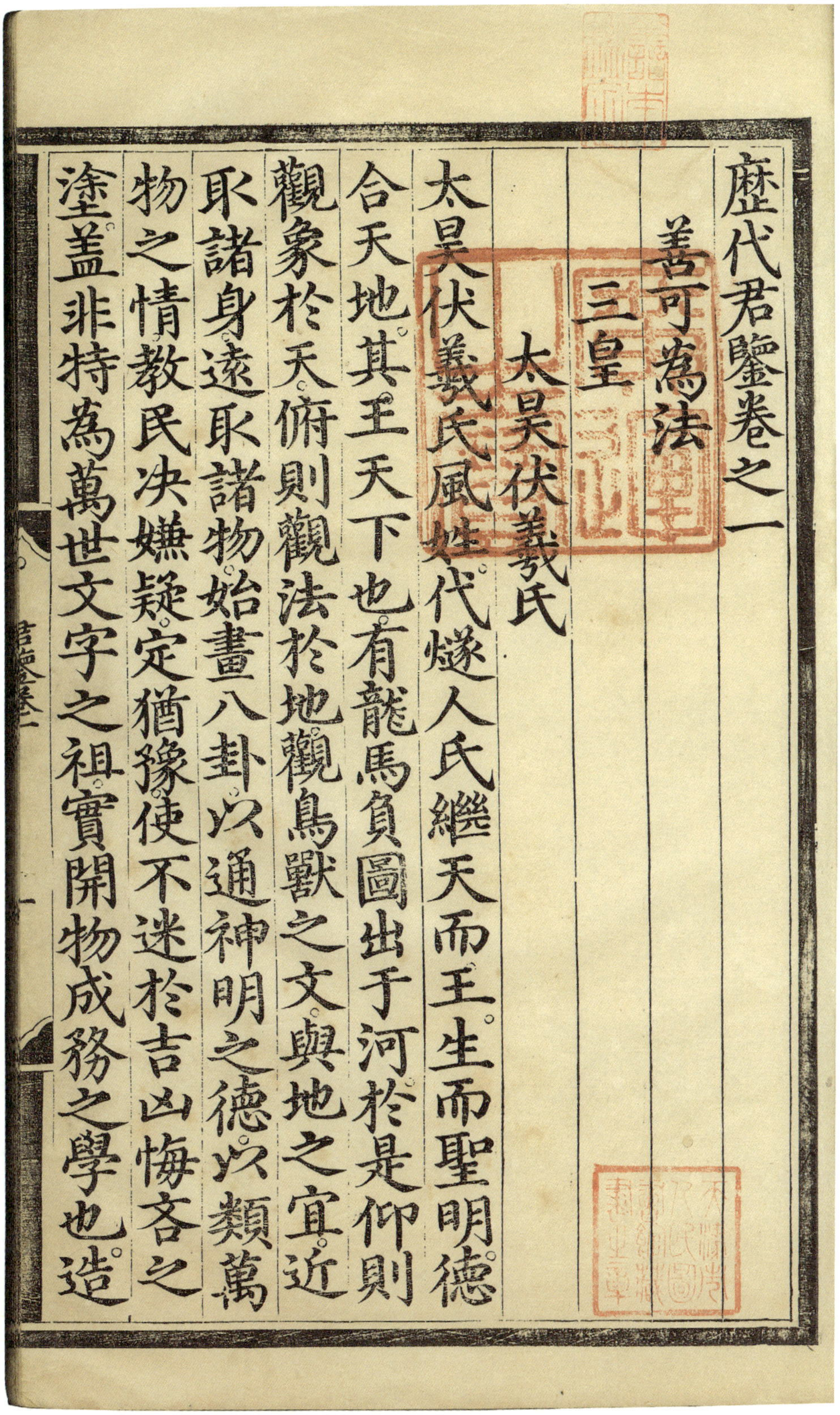

歷代君鑑卷之一
善可爲法
三皇
太昊伏羲氏
太昊伏羲氏風姓代燧人氏繼天而王生而聖明德合天地其王天下也有龍馬負圖出于河於是仰則觀象於天俯則觀法於地觀鳥獸之文與地之宜近取諸身遠取諸物始畫八卦以通神明之德以類萬物之情教民决嫌疑定猶豫使不迷於吉凶悔吝之塗蓋非特爲萬世文字之祖實開物成務之學也造

07831-07834 歷代君鑑五十卷 （明）代宗朱祁鈺撰　明景泰四年（1453）內府刻本

匡高27.4厘米，廣18.1厘米。半葉十行，行二十字，黑口，四周雙邊。國家圖書館藏，有“廣運之寶”、“天祿琳琅”等印；吉林大學圖書館藏，有“廣運之寶”等印；天津圖書館、中共中央黨校圖書館藏。

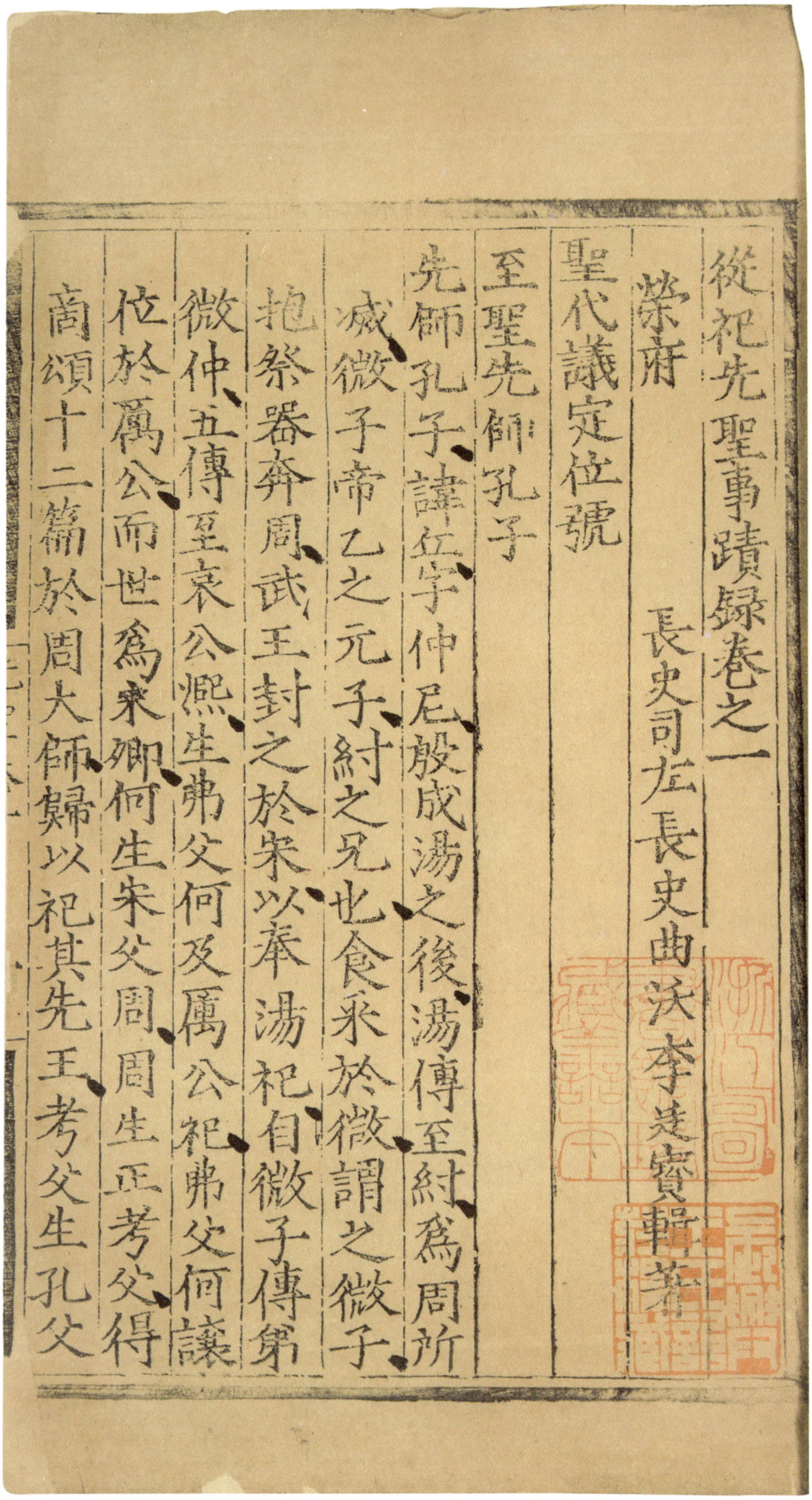

從祀先聖事蹟録卷之一
榮府　　長史司左長史曲沃李廷寶輯著
聖代議定位號
至聖先師孔子
先師孔子諱丘字仲尼殷成湯之後湯傳至紂爲周所滅微子帝乙之元子紂之兄也食采於微謂之微子抱祭器奔周武王封之於宋以奉湯祀自微子傳弟微仲五傳至哀公煕生弗父何及厲公祀弗父何讓位於厲公而世爲宋卿何生宋父周周生正考父得商頌十二篇於周太師歸以祀其先王考父生孔父

07835 從祀先賢事蹟録二十四卷 （明）李廷寶撰　明嘉靖四十五年（1566）刻本

匡高22.4厘米，廣14.7厘米。半葉十行，行二十一字，黑口，四周雙邊。浙江圖書館藏。

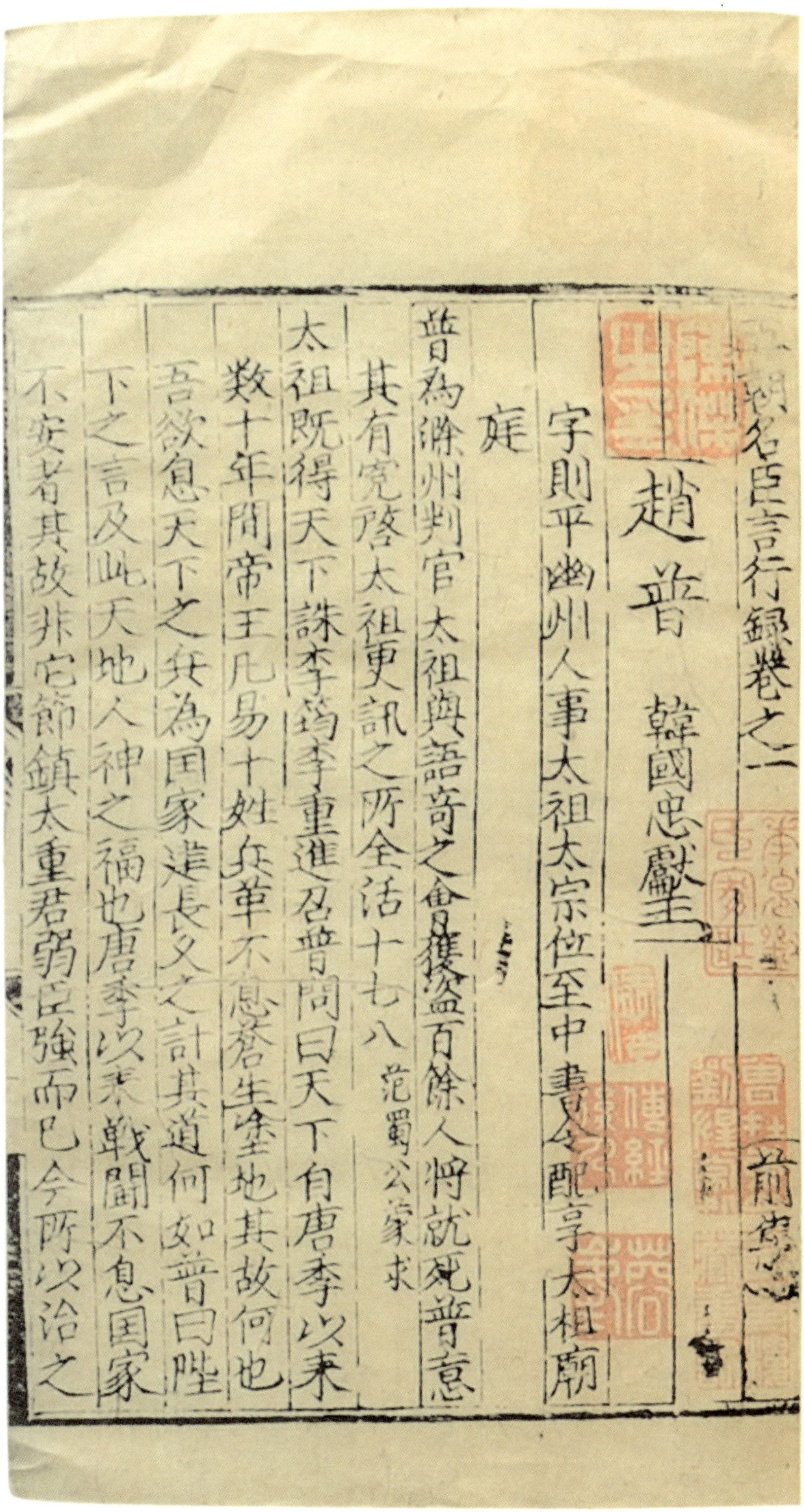

五朝名臣言行錄卷之二

趙普 韓國忠獻王

字則平幽州人事太祖太宗位至中書令配享太祖廟

普為滁州判官太祖與語奇之會獲盜百餘人將就死普意

其有冤啟太祖更訊之所全活十七八 范蜀公家求

太祖既得天下誅李筠李重進召普問曰天下自唐季以來

数十年間帝王凡易十姓兵革不息蒼生塗地其故何也

吾欲息天下之兵為國家進長久之計其道何如普曰陛

下之言及此天地人神之福也唐季以來戰鬪不息国家

不安者其故非它節鎮太重君弱臣強而已今所以治之

07836 五朝名臣言行録前集十卷後集十四卷（宋）朱熹輯 **續集八卷別集十三卷外集十三卷新集十三卷**（宋）李幼武輯　明正德十三年（1518）建陽書肆刻本

匡高18.2厘米，廣13.5厘米。半葉十二行，行二十三字，黑口，四周雙邊。

吉林大學圖書館藏，存四十七卷。

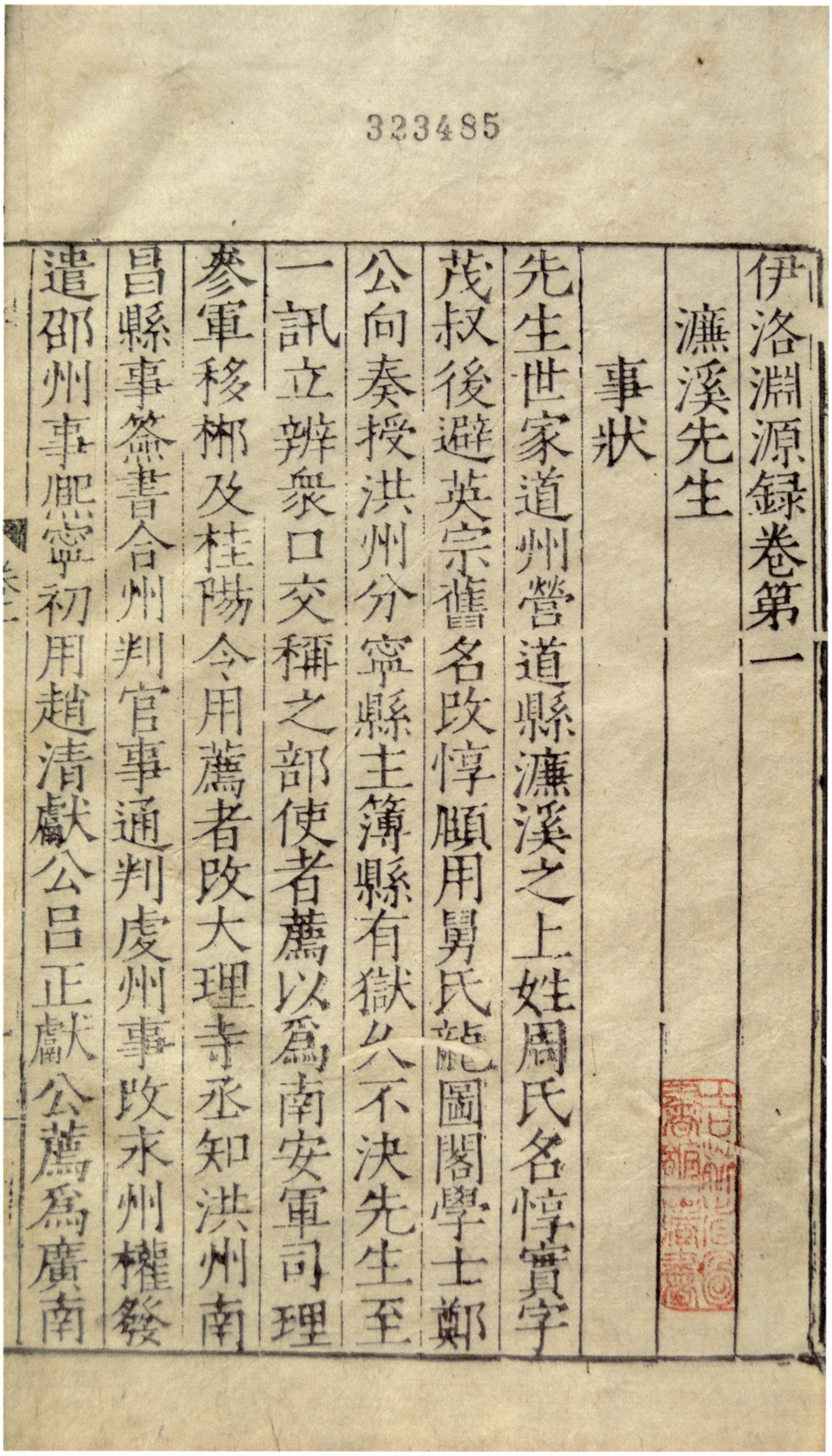
323485

伊洛淵源録卷第一

濂溪先生

事狀

先生世家道州營道縣濂溪之上姓周氏名惇實字茂叔後避英宗舊名改惇頤用舅氏龍圖閣學士鄭公向奏授洪州分寧縣主簿縣有獄久不決先生至一訊立辨衆口交稱之部使者薦以爲南安軍司理參軍移郴及桂陽令用薦者改大理寺丞知洪州南昌縣事簽書合州判官事通判虔州事改永州權發遣邵州事熙寧初用趙清獻公呂正獻公薦爲廣南

07837、07838 伊洛淵源録十四卷（宋）朱熹撰　**續録六卷**（明）謝鐸撰　明嘉靖八年（1529）高賁亨刻本

匡高19.2厘米，廣14.4厘米。半葉十行，行二十字，小字雙行同，白口，左右雙邊。吉林省圖書館、浙江圖書館藏。

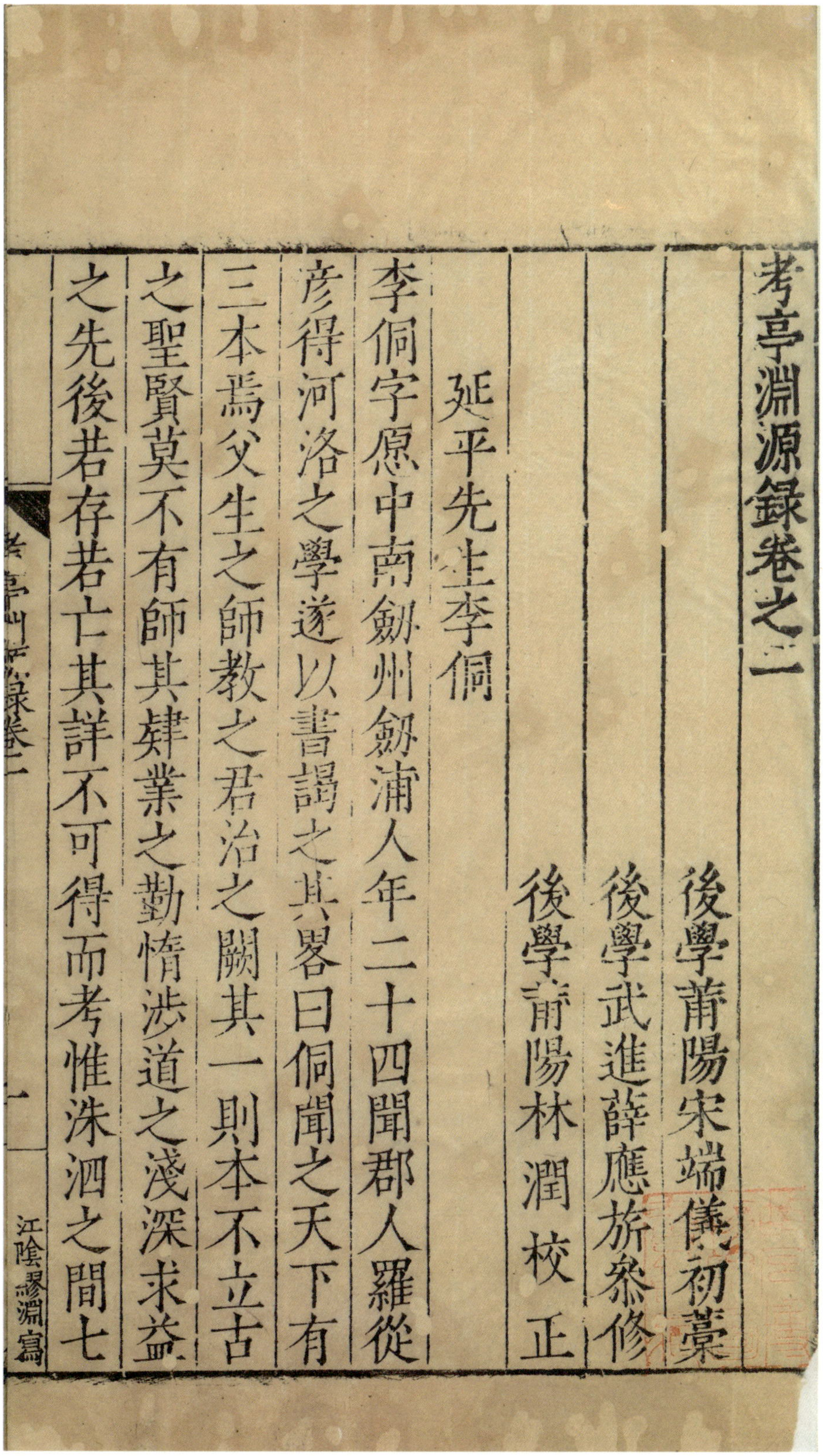
考亭淵源録卷之二
後學莆陽宋端儀初稾
後學武進薛應旂叅修
後學莆陽林潤校正
延平先生李侗
李侗字愿中南劍州劍浦人年二十四聞郡人羅從彦得河洛之學遂以書謁之其畧曰侗聞之天下有三本焉父生之師教之君治之闕其一則本不立古之聖賢莫不有師其肄業之勤惰涉道之淺深求益之先後若存若亡其詳不可得而考惟洙泗之間七
考亭淵源録卷二　一　江陰瞿淵寫

07839、07840 考亭淵源録二十四卷 （明）宋端儀撰 （明）薛應旂重輯 明隆慶三年（1569）刻本

匡高19.9厘米，廣14.5厘米。半葉十行，行二十字，白口，四周單邊。北京師範大學圖書館、故宫博物院藏。

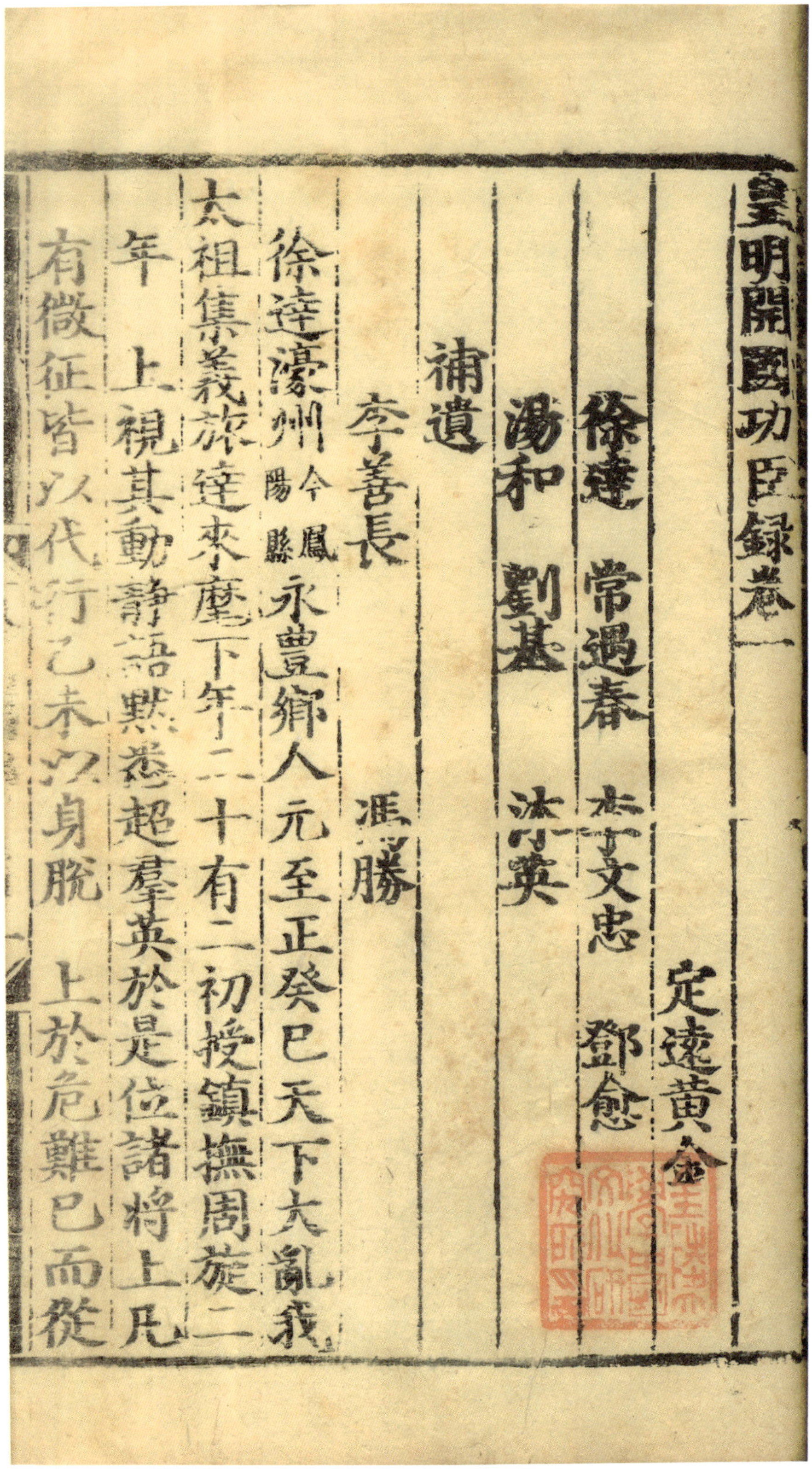
皇明開國功臣録卷一
定遠黃金
徐達 常遇春 李文忠 鄧愈
湯和 劉基 沐英
補遺
李善長 馮勝
徐達濠州今鳳陽縣永豐鄉人元至正癸巳天下大亂我
太祖集義旅達來麾下年二十有二初授鎮撫周旋二
年 上視其動靜語默迥超羣英於是位諸將上凡
有徵征皆以代行乙未以身脫 上於危難已而從

07841 皇明開國功臣録三十一卷續編一卷 （明）黃金撰　明弘治正德間馬金等刻本

匡高22.5厘米，廣15.6厘米。半葉十行，行二十一字，黑口，四周單邊。南京大學圖書館藏。

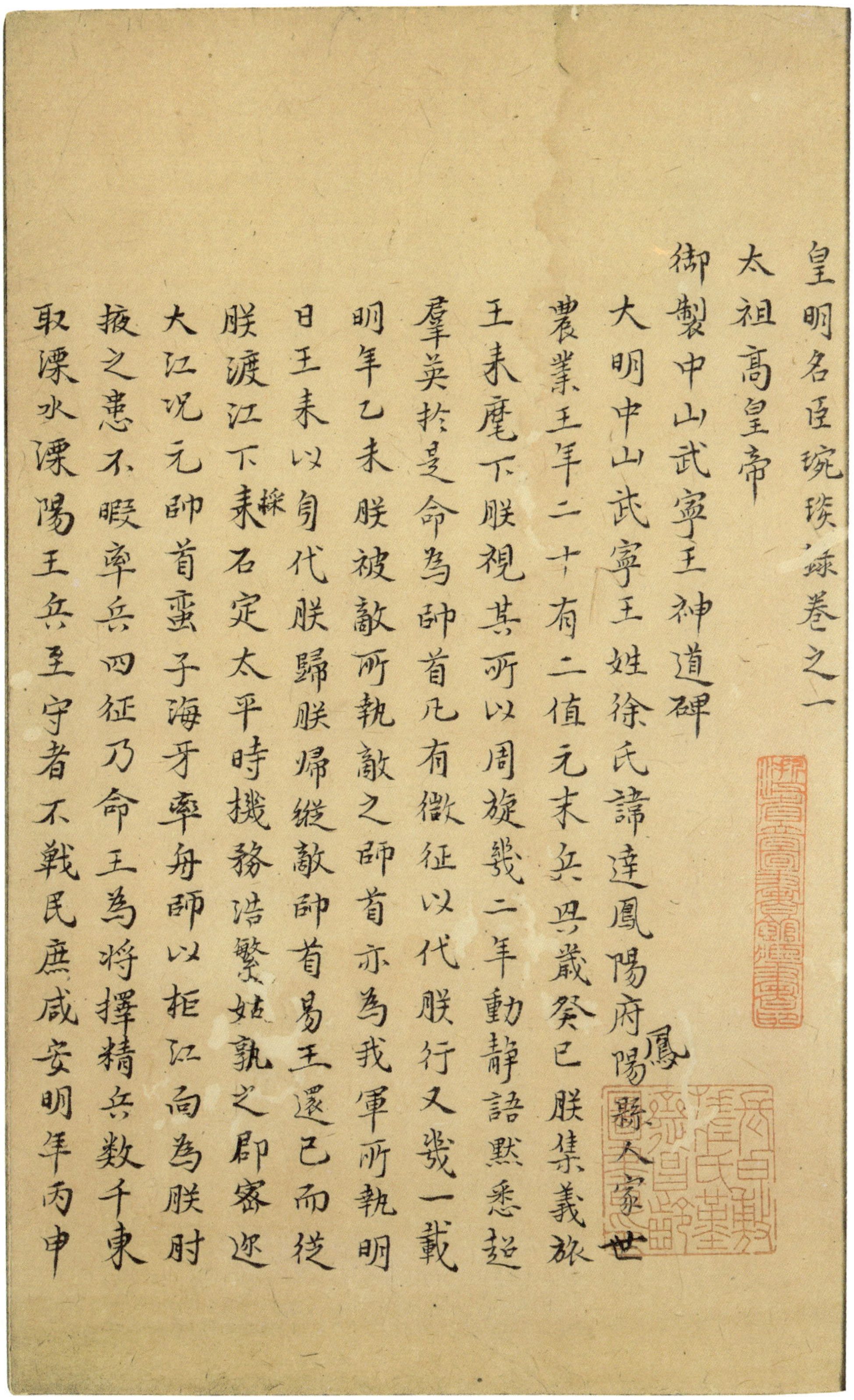
皇明名臣琬琰録卷之一
太祖高皇帝
御製中山武寧王神道碑
大明中山武寧王姓徐氏諱達鳳陽府鳳陽縣人家世
農業王年二十有二值元末兵興歲癸巳朕集義旅
王来麾下朕視其所以周旋幾二年動静語默悉超
羣英於是命為師首凡有徵征以代朕行又幾一載
明年乙未朕被敵所執敵之師首亦為我軍所執明
日王来以身代朕歸朕帰縱敵師首易王還已而從
朕渡江下采石定太平時機務浩繁姑孰之郡密迩
大江况元師首蠻子海牙率舟師以拒江向為朕肘
掖之患不暇率兵四征乃命王為將擇精兵數千東
取溧水溧陽王兵至守者不戰民庶咸安明年丙申

07842 皇明名臣琬琰録二十四卷後集二十二卷 （明）徐紘輯　明抄本

浙江圖書館藏。

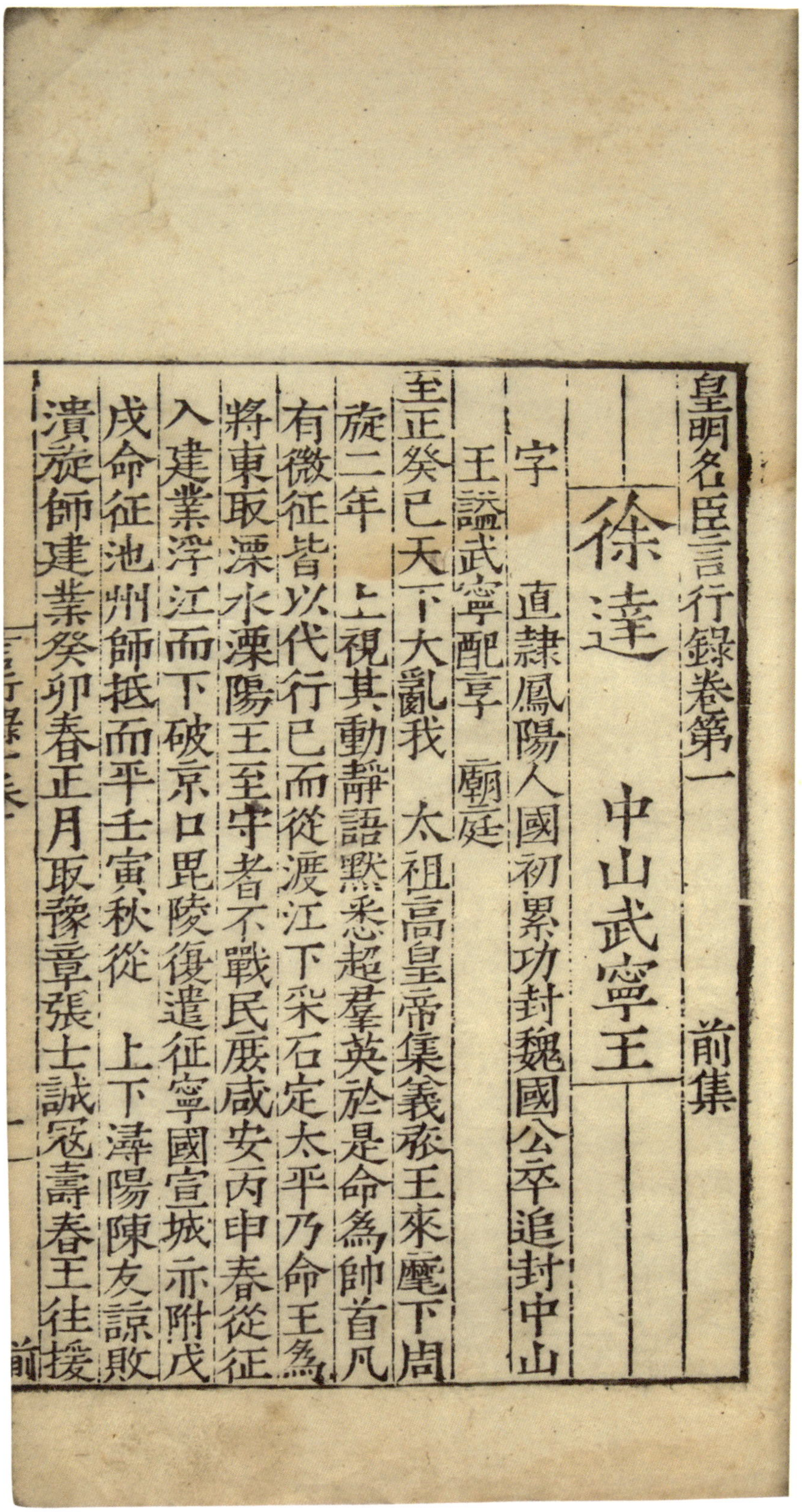
皇明名臣言行錄卷第一　前集
徐達　中山武寧王
字　直隷鳳陽人國初累功封魏國公卒追封中山
王謚武寧配享　廟庭
至正癸巳天下大亂我　太祖高皇帝集義兵王來麾下周
旋二年　上視其動靜語黙悉超羣英於是命為帥首凡
有微征皆以代行已而從渡江下采石定太平乃命王為
將東取溧水溧陽王至守者不戰民居咸安丙申春從征
入建業浮江而下破京口毘陵復遣征寧國宣城亦附戊
戌命征池州師抵而平壬寅秋從　上下潯陽陳友諒敗
潰旋師建業癸卯春正月取豫章張士誠寇壽春王往援

07843 皇明名臣言行録前集十二卷後集十二卷 （明）徐咸輯　明嘉靖二十八年（1549）施漸刻本　**續集八卷** （明）徐咸輯　明嘉靖三十九年（1560）侯東萊、何思刻本

匡高18.7厘米，廣13.6厘米。半葉十二行，行二十三字，小字雙行同，白口，四周單邊。福建師範大學圖書館藏。

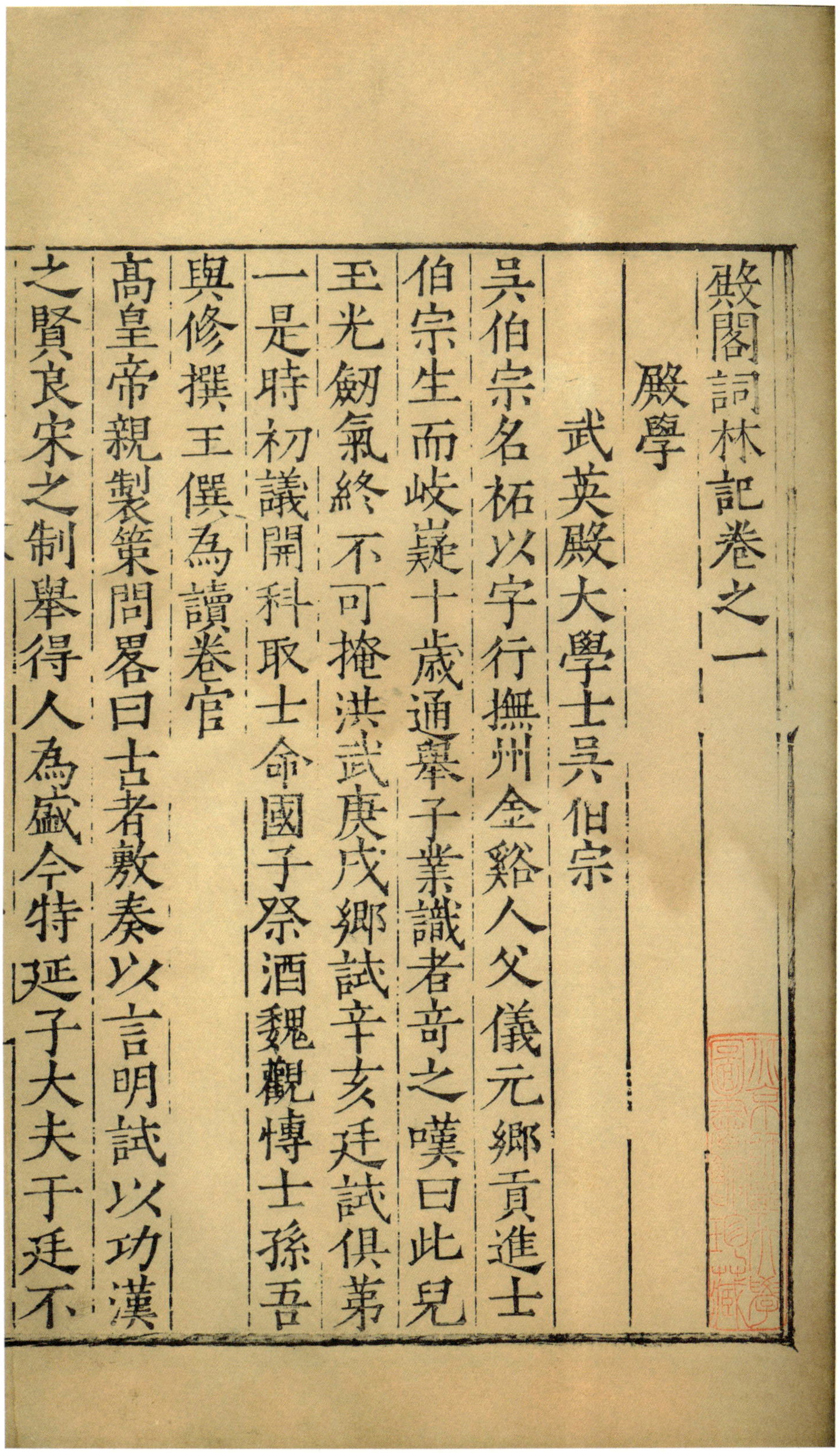
殿閣詞林記卷之一
殿學
武英殿大學士吳伯宗
吳伯宗名柘以字行撫州金谿人父儀元鄉貢進士
伯宗生而岐嶷十歲通舉子業識者奇之嘆曰此兒
玉光劒氣終不可掩洪武庚戌鄉試辛亥廷試俱第
一是時初議開科取士命國子祭酒魏觀博士孫吾
與修撰王僎為讀卷官
高皇帝親製策問畧曰古者敷奏以言明試以功漢
之賢良宋之制舉得人為盛今特延子大夫于廷不

07844 殿閣詞林記二十二卷 （明）廖道南撰　明嘉靖刻本

匡高 20.2 厘米，廣 15 厘米。半葉十行，行二十字，白口，左右雙邊。北京師範大學圖書館藏。

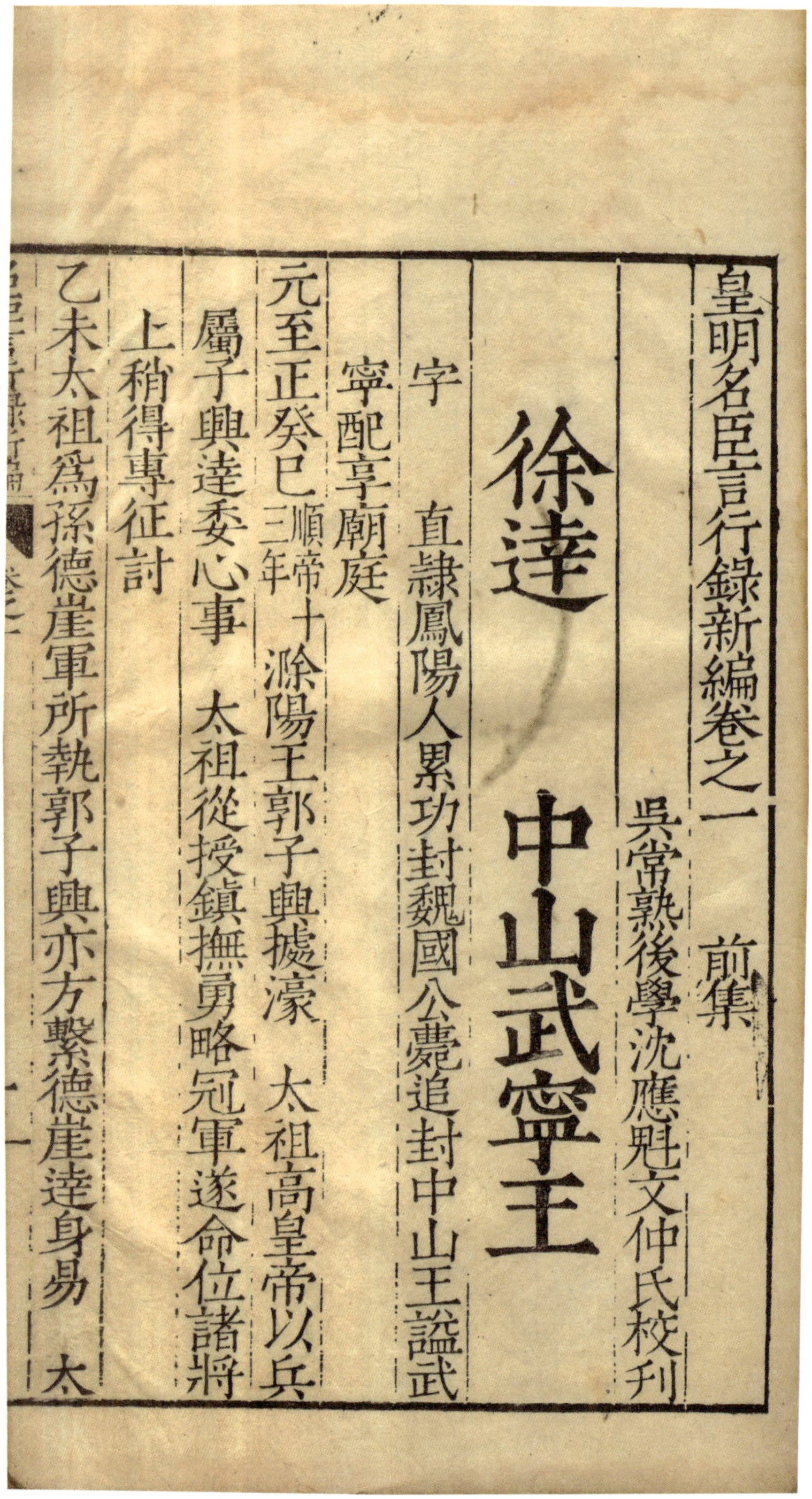
皇明名臣言行録新編卷之一　前集
吳常熟後學沈應魁文仲氏校刊
徐達　中山武寧王
字　直隸鳳陽人累功封魏國公薨追封中山王謚武
寧配享廟庭
元至正癸巳順帝十三年滁陽王郭子興據濠　太祖高皇帝以兵
屬子興達委心事　太祖從授鎮撫勇略冠軍遂命位諸將
上稍得專征討
乙未太祖爲孫德崖軍所執郭子興亦方縶德崖達身易　太
名臣言行録新編　卷之一　一

07845　皇明名臣言行録新編三十四卷　（明）沈應魁輯　明嘉靖三十二年（1553）自刻本

匡高 20.9 厘米，廣 14.1 厘米。半葉十行，行二十四字，白口，四周單邊。

南京大學圖書館藏。

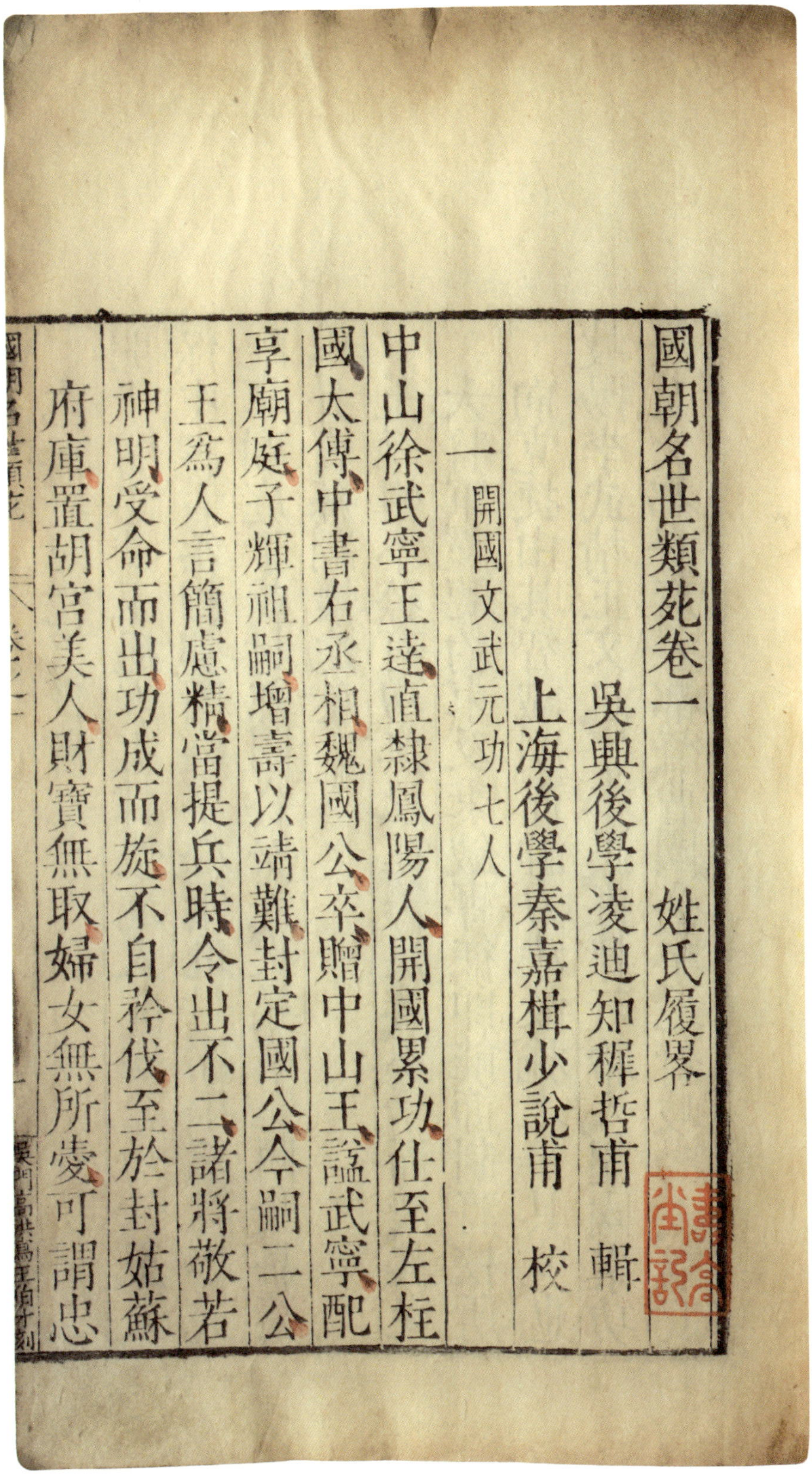
國朝名世類苑卷一　姓氏履畧
吳興後學凌迪知穉哲甫　輯
上海後學秦嘉楫少說甫　校
一　開國文武元功七人
中山徐武寧王達直隸鳳陽人開國累功仕至左柱
國太傅中書右丞相魏國公卒贈中山王謚武寧配
享廟庭子輝祖嗣增壽以靖難封定國公令嗣二公
王爲人言簡慮精當提兵時令出不二諸將敬若
神明受命而出功成而旋不自矜伐至於封姑蘇
府庫置胡宮美人財寶無取婦女無所愛可謂忠
國朝名世類苑　卷之一

07846　國朝名世類苑四十六卷　（明）凌迪知輯　明萬曆四年（1576）刻本

匡高 20 厘米，廣 13 厘米。半葉十行，行二十字，白口，左右雙邊。王鐸批校。

新鄉市圖書館藏。

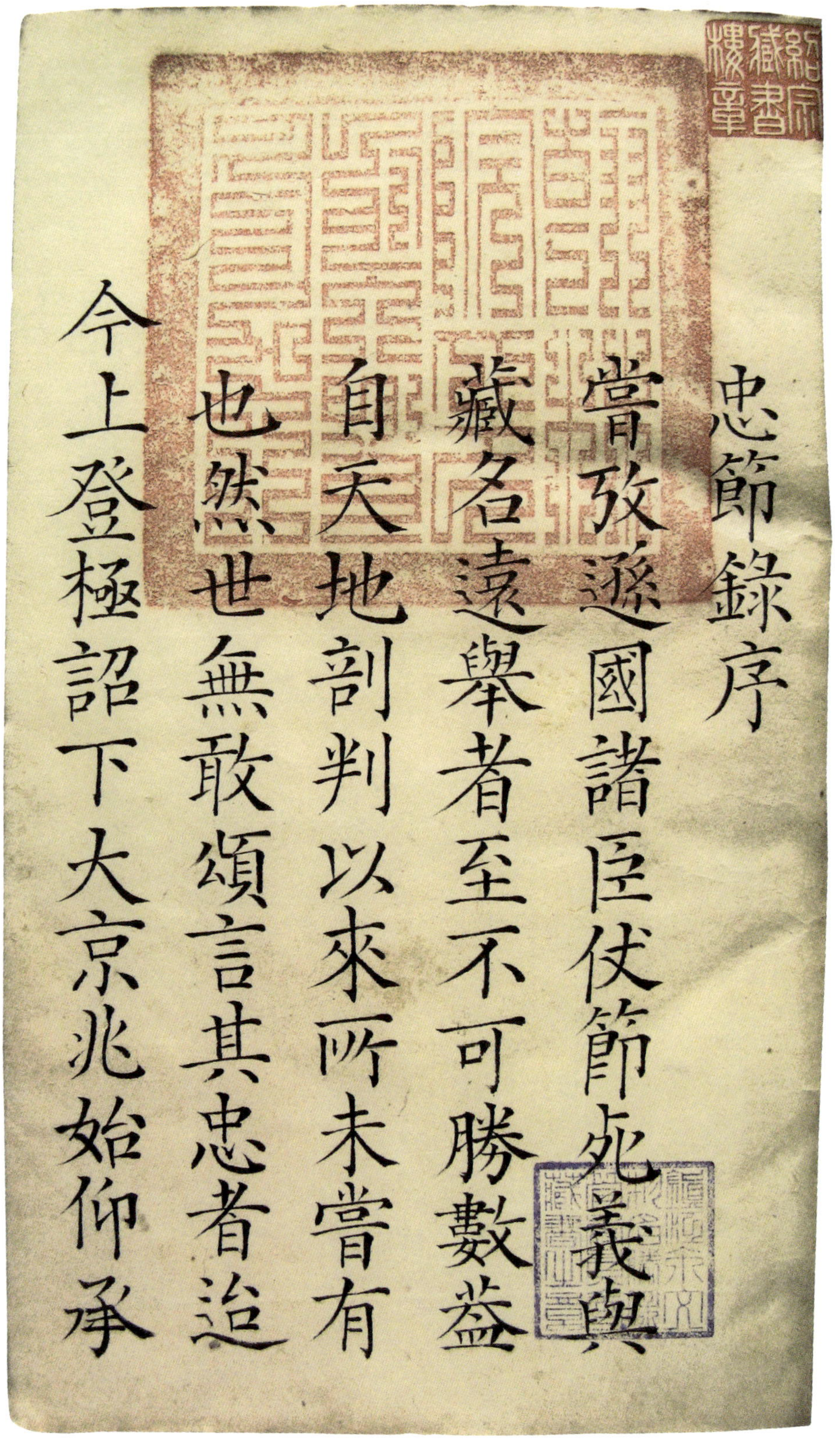

忠節録序
甞攷遜國諸臣仗節死義與
藏名遠舉者至不可勝數益
自天地剖判以來所未嘗有
也然世無敢頌言其忠者迨
今上登極詔下大京兆始仰承

07847 忠節録六卷首一卷 （明）張朝瑞撰　清抄本

有“翰林院印”等印。鎮江市圖書館藏。

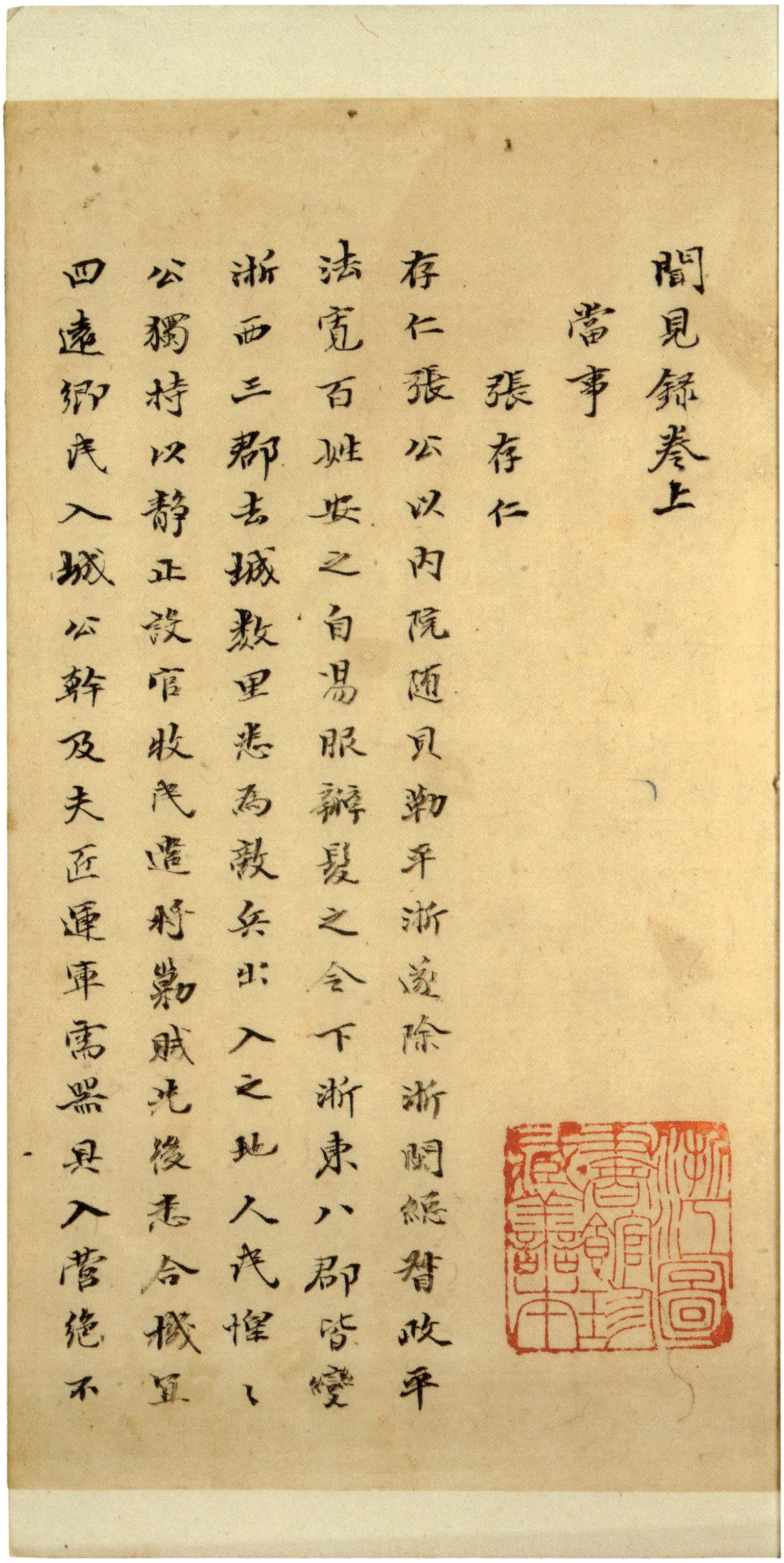
聞見録卷上
當事
張存仁
存仁張公以内院隨貝勒平浙遂除浙閩總督政平
法寬百姓安之自易服辮髮之令下浙東八郡皆變
浙西三郡去城數里悉為敵兵出入之地人民惶惶
公獨持以靜正設官收民遣將勦賊先後悉合機宜
四遠鄉民入城公幹及夫匠運車需器具入營絶不

07848 聞見録不分卷 （清）顧自俊撰　稿本

浙江圖書館藏。

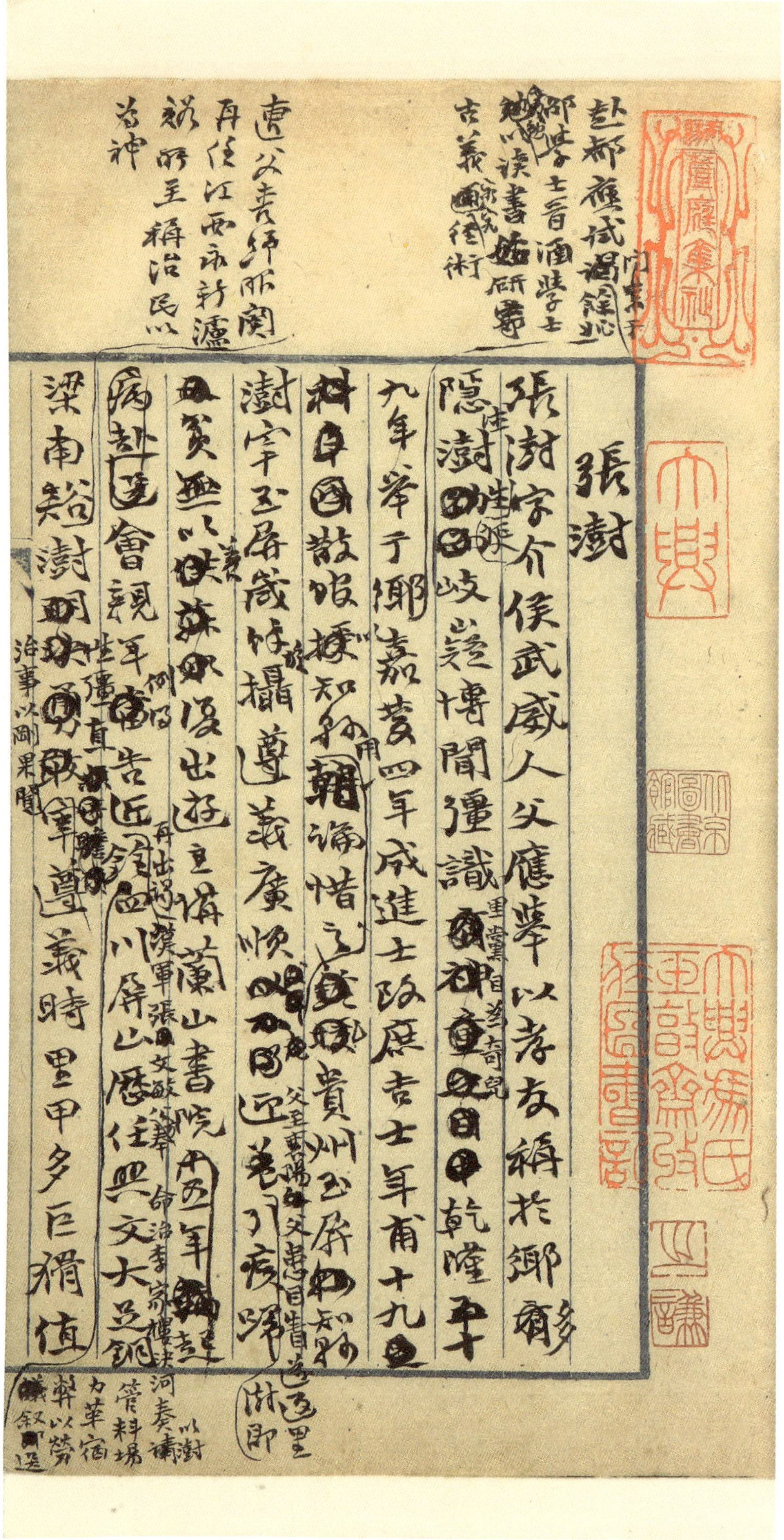

07849 漢學師承續記不分卷 （清）趙之謙撰　稿本

國家圖書館藏。

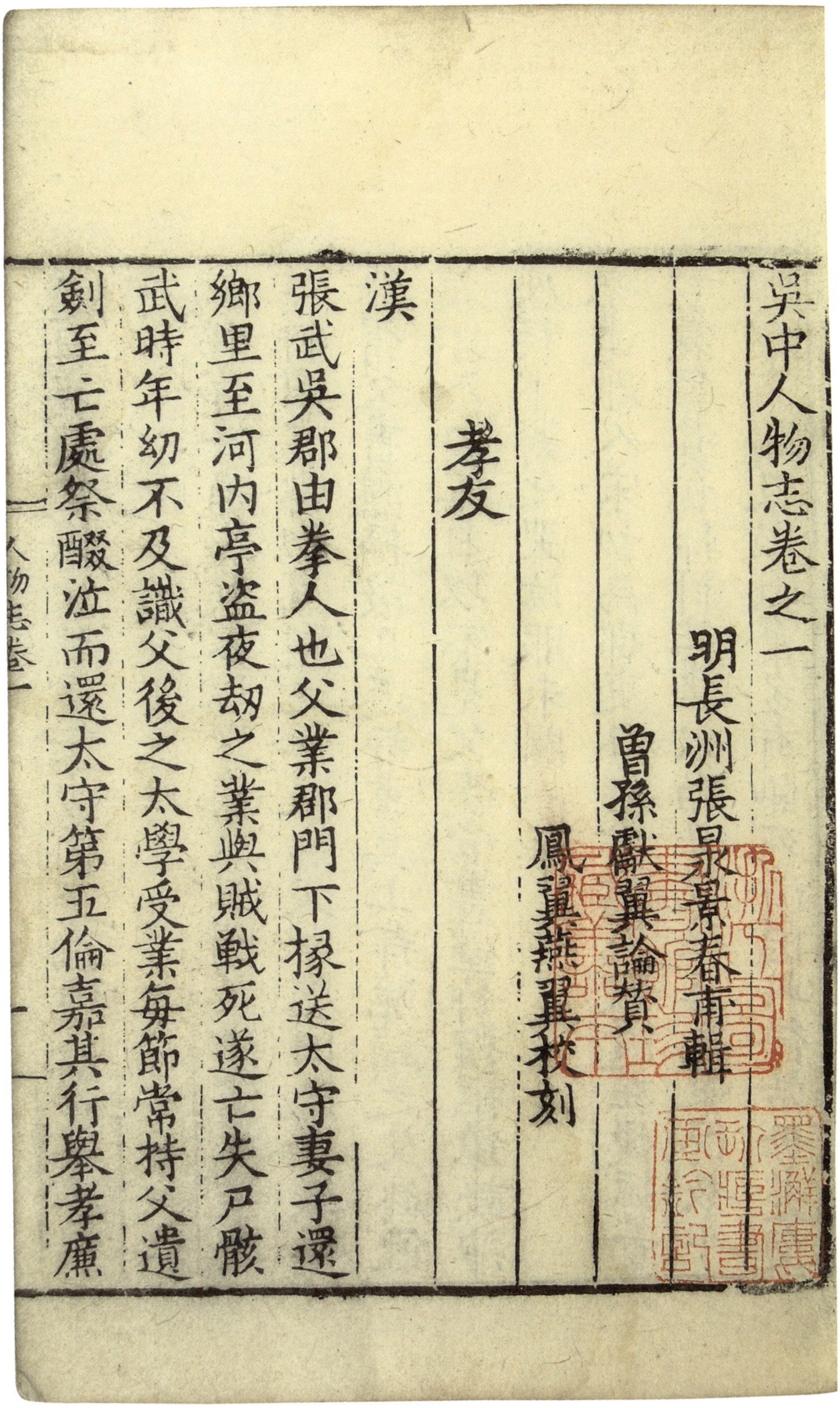
吳中人物志卷之一
明長洲張昶景春甫輯
曾孫獻翼論贊
鳳翼燕翼校刻
孝友
漢
張武吳郡由拳人也父業郡門下掾送太守妻子還
鄉里至河内亭盜夜劫之業與賊戰死遂亡失尸骸
武時年幼不及識父後之太學受業每節常持父遺
劍至亡處祭醱泣而還太守第五倫嘉其行舉孝廉
人物志卷一　一

07850 吳中人物志十三卷 （明）張昶撰　明隆慶四年（1570）張鳳翼、張燕翼刻本

匡高 18.6 厘米，廣 14.8 厘米。半葉十行，行二十字，白口，四周單邊。浙江圖書館藏。

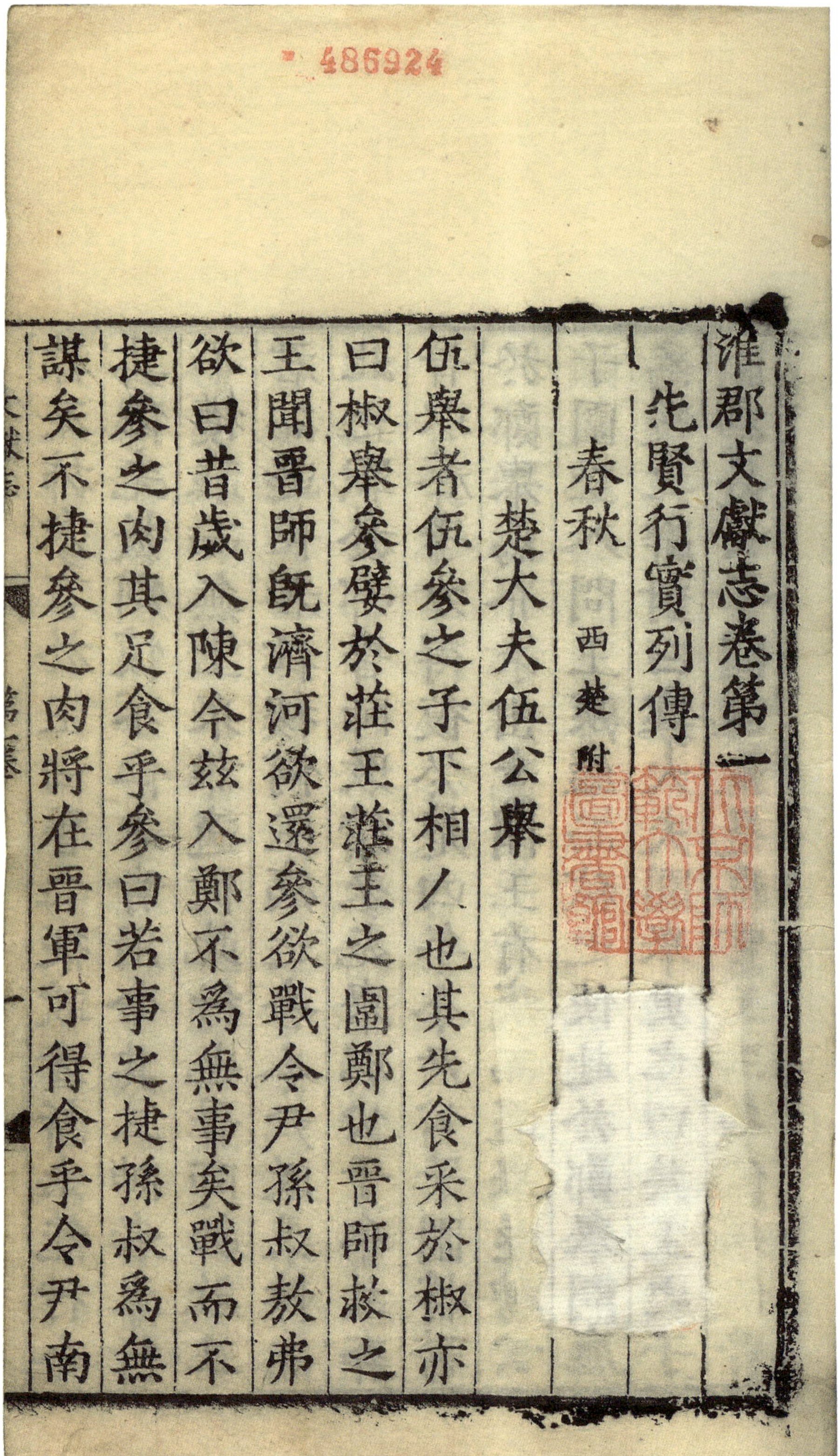
淮郡文獻志卷第一
先賢行實列傳
春秋　西楚附
楚大夫伍公舉
伍舉者伍參之子下相人也其先食采於椒亦
曰椒舉參嬖於莊王莊王之圉鄭也晉師救之
王聞晉師既濟河欲還參欲戰令尹孫叔敖弗
欲曰昔歲入陳今茲入鄭不爲無事矣戰而不
捷參之肉其足食乎參曰若事之捷孫叔爲無
謀矣不捷參之肉將在晉軍可得食乎令尹南

07851 淮郡文獻志二十六卷補遺一卷 （明）潘塤輯　明嘉靖三十四年（1555）刻本

匡高 19.2 厘米，廣 13.4 厘米。半葉十行，行十八字，白口，左右雙邊。北京師範大學圖書館藏。

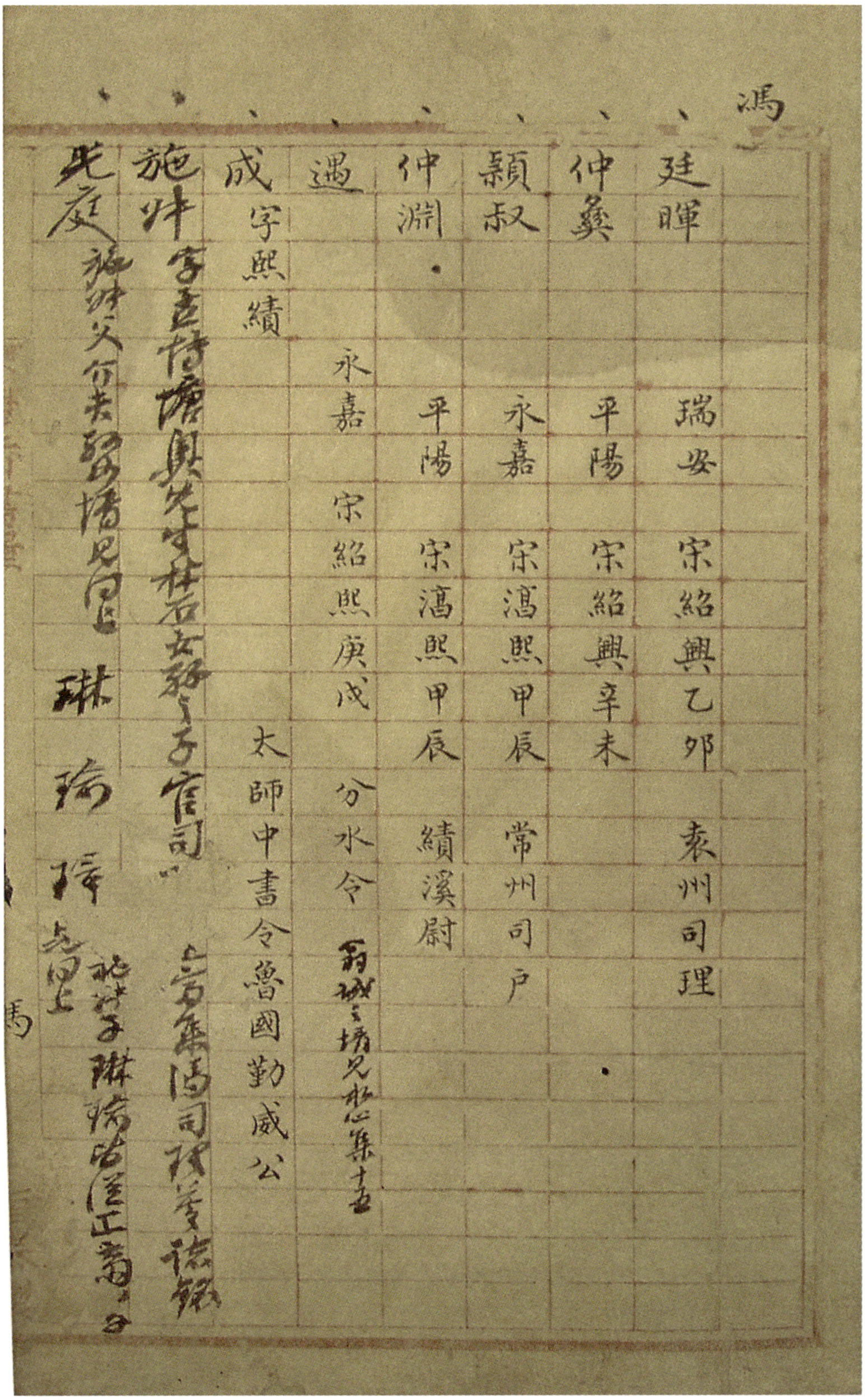

07852 鄉先生録不分卷 （清）孫衣言撰　稿本

匡高 17.1 厘米，廣 11.5 厘米。半葉九行，行二十五字，小字雙行同，白口，紅格，四周雙邊。溫州市圖書館藏。

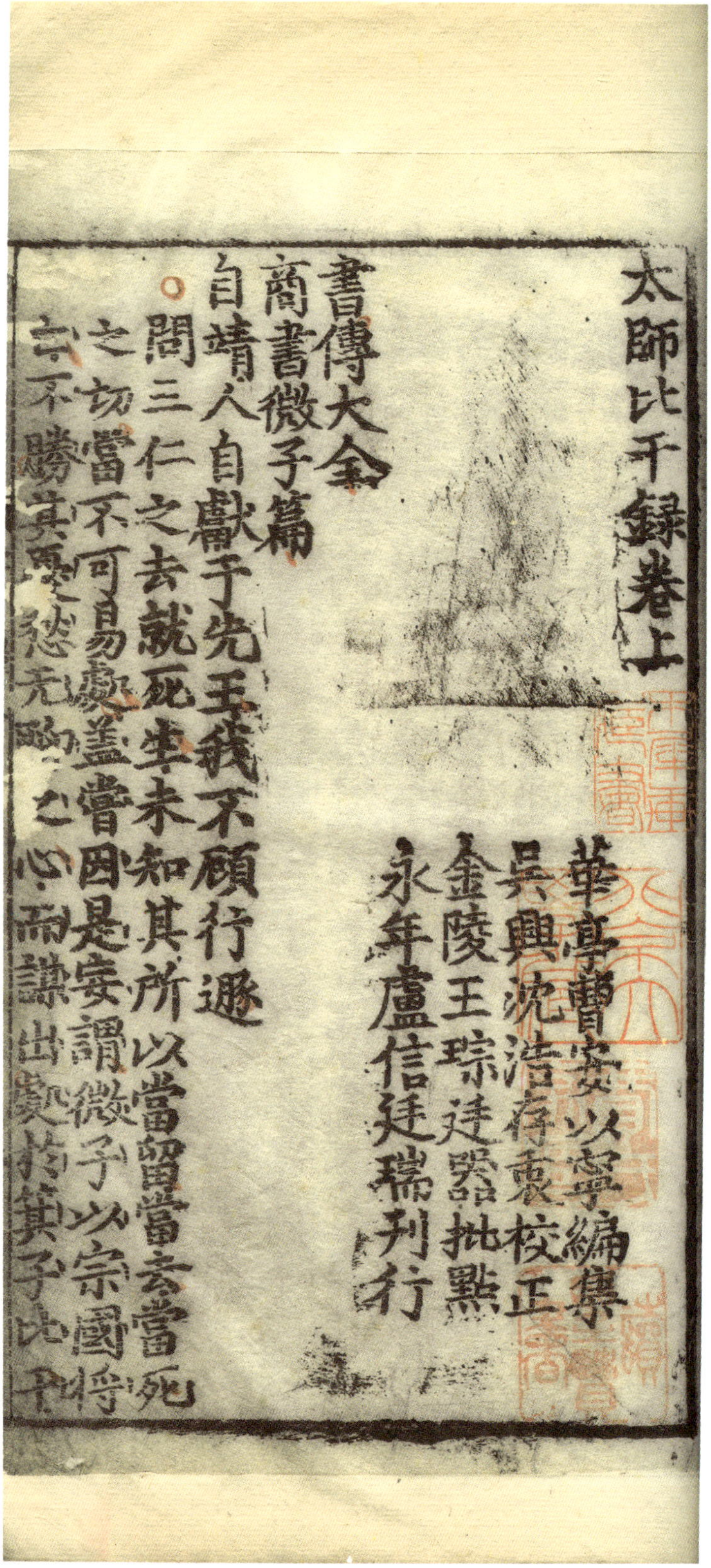

07853 太師比干録三卷 （明）曹安輯　明天順六年（1462）盧信刻本

匡高20.4厘米，廣12.6厘米。半葉十一行，行二十字，黑口，四周單邊。有“李印盛鐸”、“名菴”、“麐嘉館印”、“丁日昌字静持號禹笙”、“費氏家藏”、“村中惟吾為尊”、“臣費鼎之印”等印。李盛鐸題記。北京大學圖書館藏。

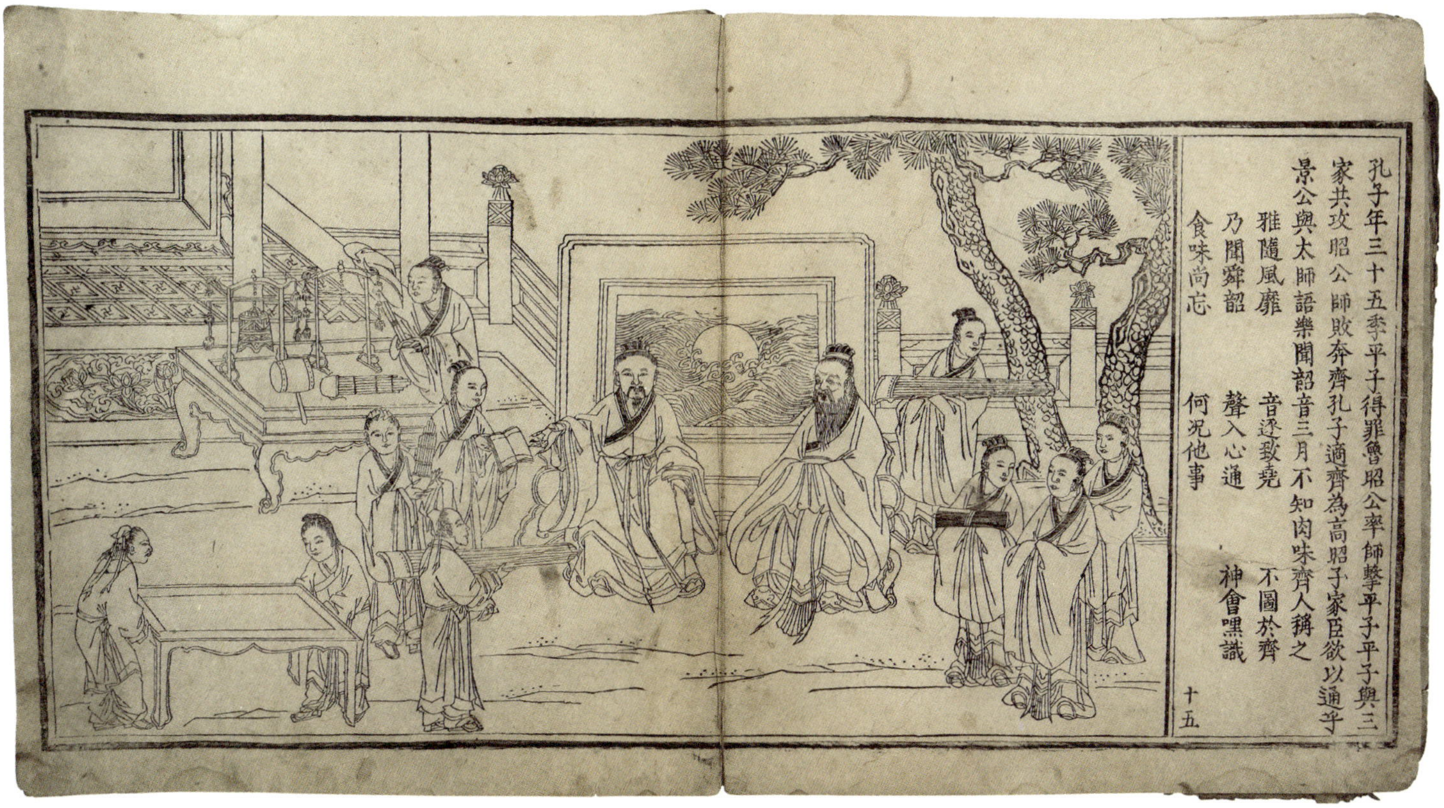
孔子年三十五季平子得罪魯昭公率師擊平子平子與三
家共攻昭公師敗奔齊孔子適齊為高昭子家臣欲以通乎
景公與太師語樂聞韶音三月不知肉味齊人稱之
雅隨風靡　音逐致堯　不圖於齊
乃聞舜韶　聲入心通　神會嘿識
食味尚忘　何况他事
十五

07854 聖跡圖一卷 （明）張楷撰　明嘉靖二十七年（1548）沈藩朱胤移刻本

國家圖書館藏。

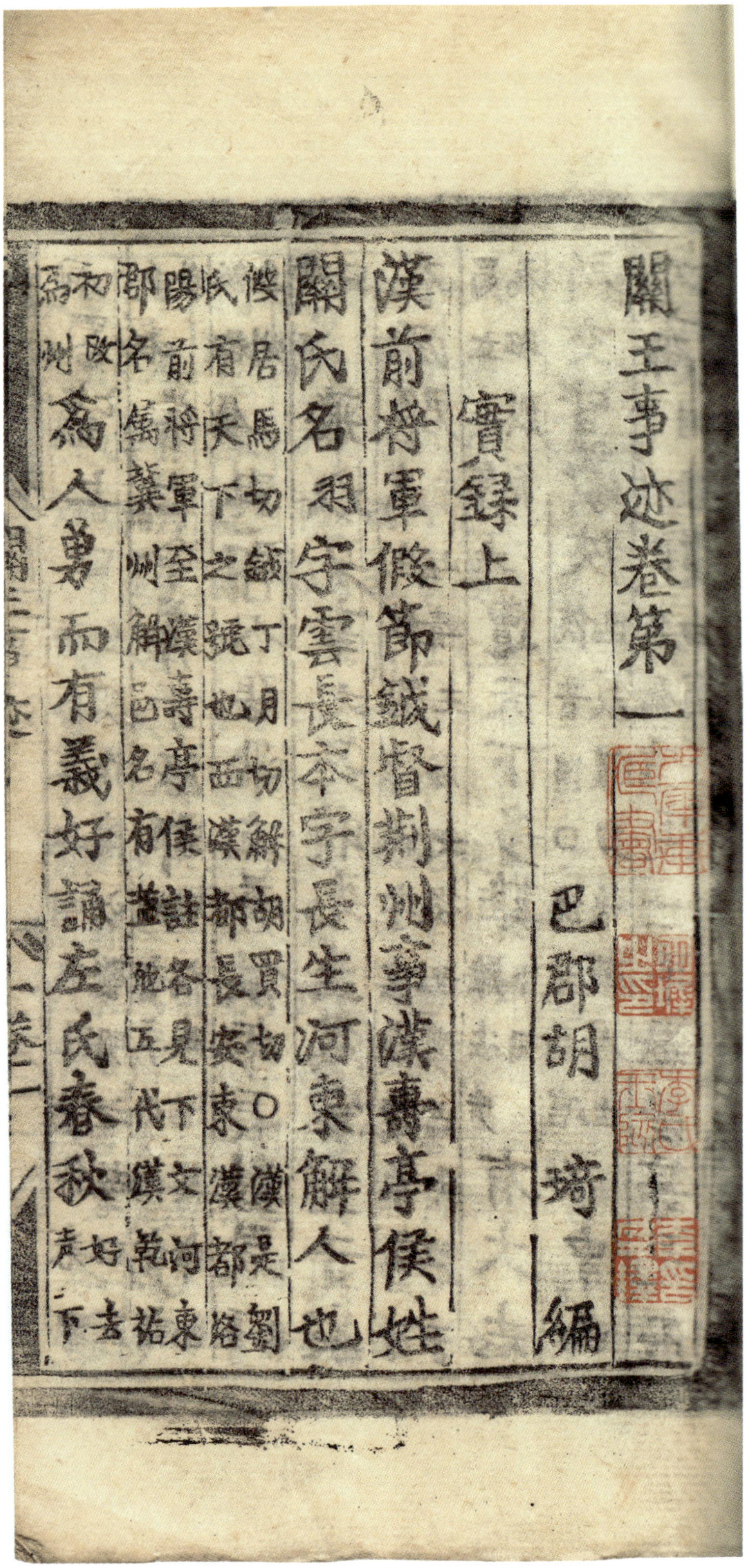

07855 關王事迹五卷 （元）胡琦撰 明成化七年（1471）張寧刻本

匡高 22.5 厘米，廣 13.5 厘米。半葉八行，行十六字，黑口，四周雙邊。有"成化辛卯歲仲春月吉旦知解州古粟張寧識" 牌記，有"廬山李氏山房"、"李傳模印"、"李盛鐸印"、"李氏玉陔"、"明墀之印"、"木犀軒藏書"、"李少微"等印。北京大學圖書館藏。

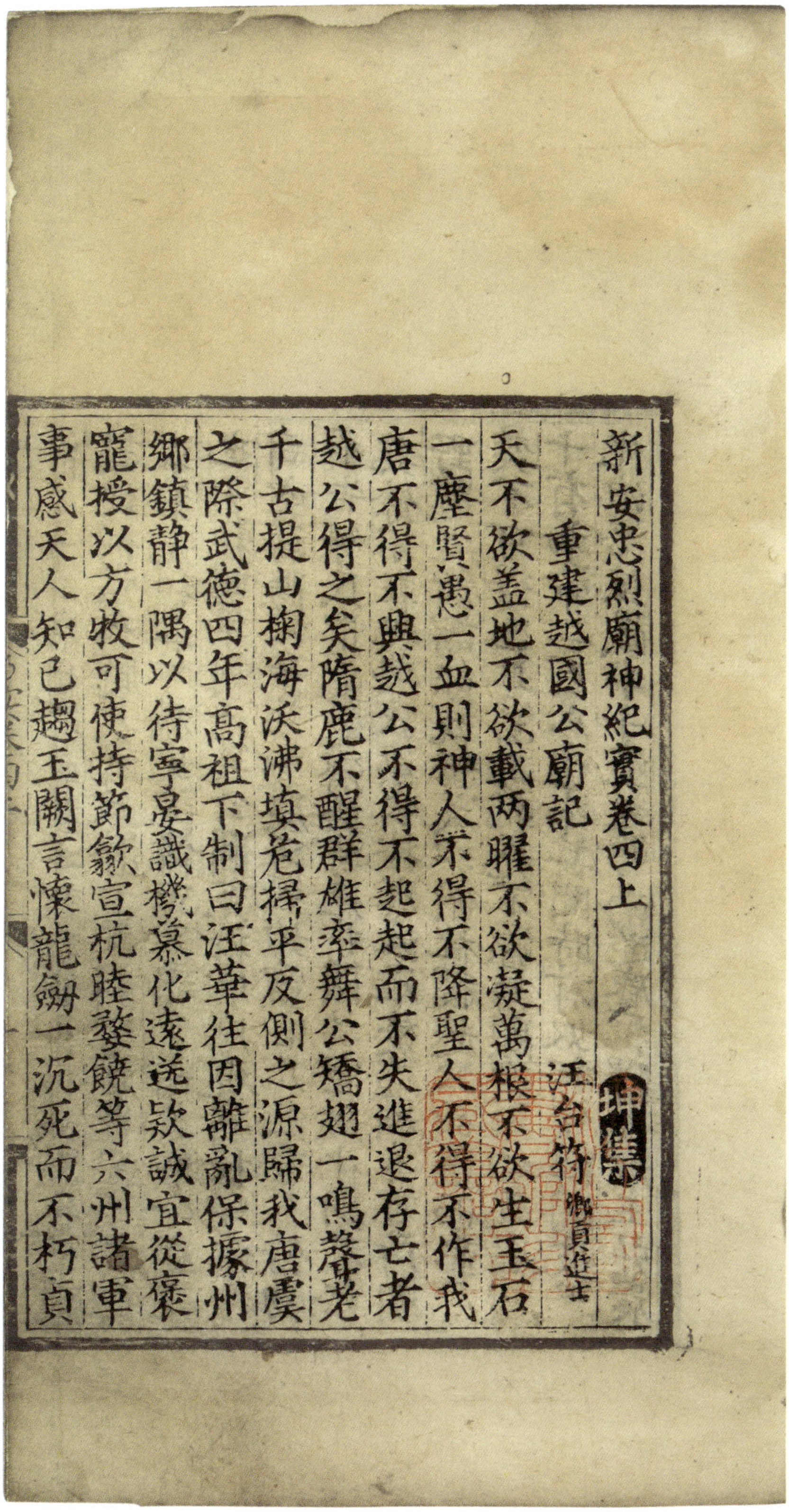
新安忠烈廟神紀實卷四上　坤集
重建越國公廟記　汪台符　歙貢進士
天不欲蓋地不欲載兩曜不欲凝萬根不欲生玉石
一塵賢愚一血則神人不得不降聖人不得不作我
唐不得不與越公不得不起起而不失進退存亡者
越公得之矣隋鹿不醒群雄率舞公矯翅一鳴聲老
千古提山掬海沃沸填危掃平反側之源歸我唐虞
之際武德四年高祖下制曰汪華往因離亂保據州
鄉鎮靜一隅以待寧晏識機慕化遠送款誠宜從褒
寵授以方牧可使持節歙宣杭睦婺饒等六州諸軍
事感天人知已趨玉闕言懷龍劍一沉死而不朽貞

07856　新安忠烈廟神紀實十五卷乾集一卷　（元）鄭弘祖輯　明天順四年至成化元年（1460－1465）汪儀鳳刻本

匡高 18.1 厘米，廣 12.7 厘米。半葉十一行，行二十字，黑口，四周雙邊。浙江圖書館藏，存十二卷。

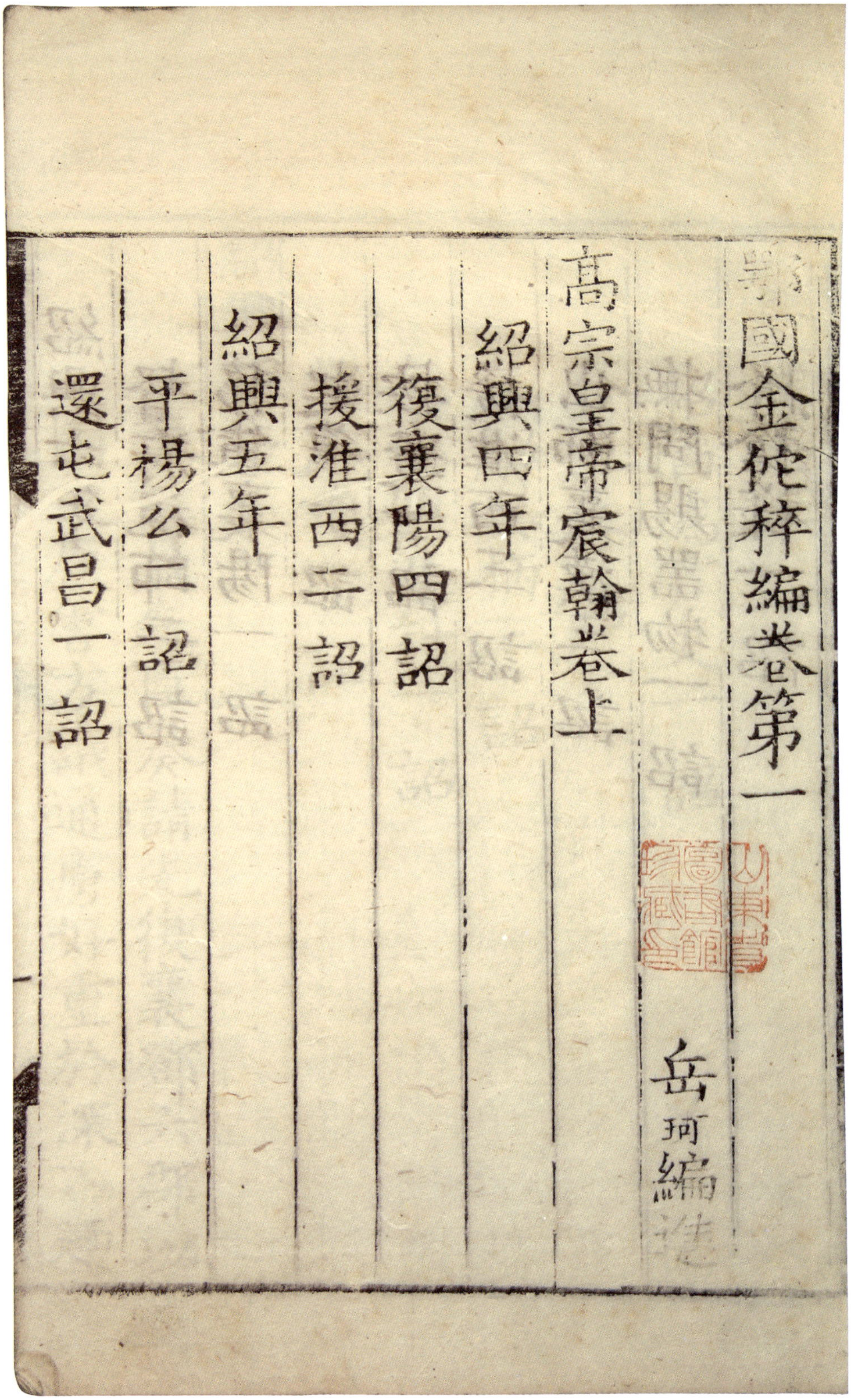

鄂國金佗稡編卷第一　岳珂編

高宗皇帝宸翰卷上

紹興四年

復襄陽四詔

援淮西二詔

紹興五年

平楊么二詔

還屯武昌一詔

07857–07859 鄂國金佗稡編二十八卷續編三十卷　（宋）岳珂輯　明嘉靖二十一年（1542）洪富刻三十七年（1558）黄日敬重修本

匡高 20.5 厘米，廣 16.2 厘米。半葉九行，行十七字，黑口，左右雙邊。華東師範大學圖書館藏，有“休寧汪季青家藏書籍”、“古香樓”等印；浙江圖書館、山東省圖書館藏。

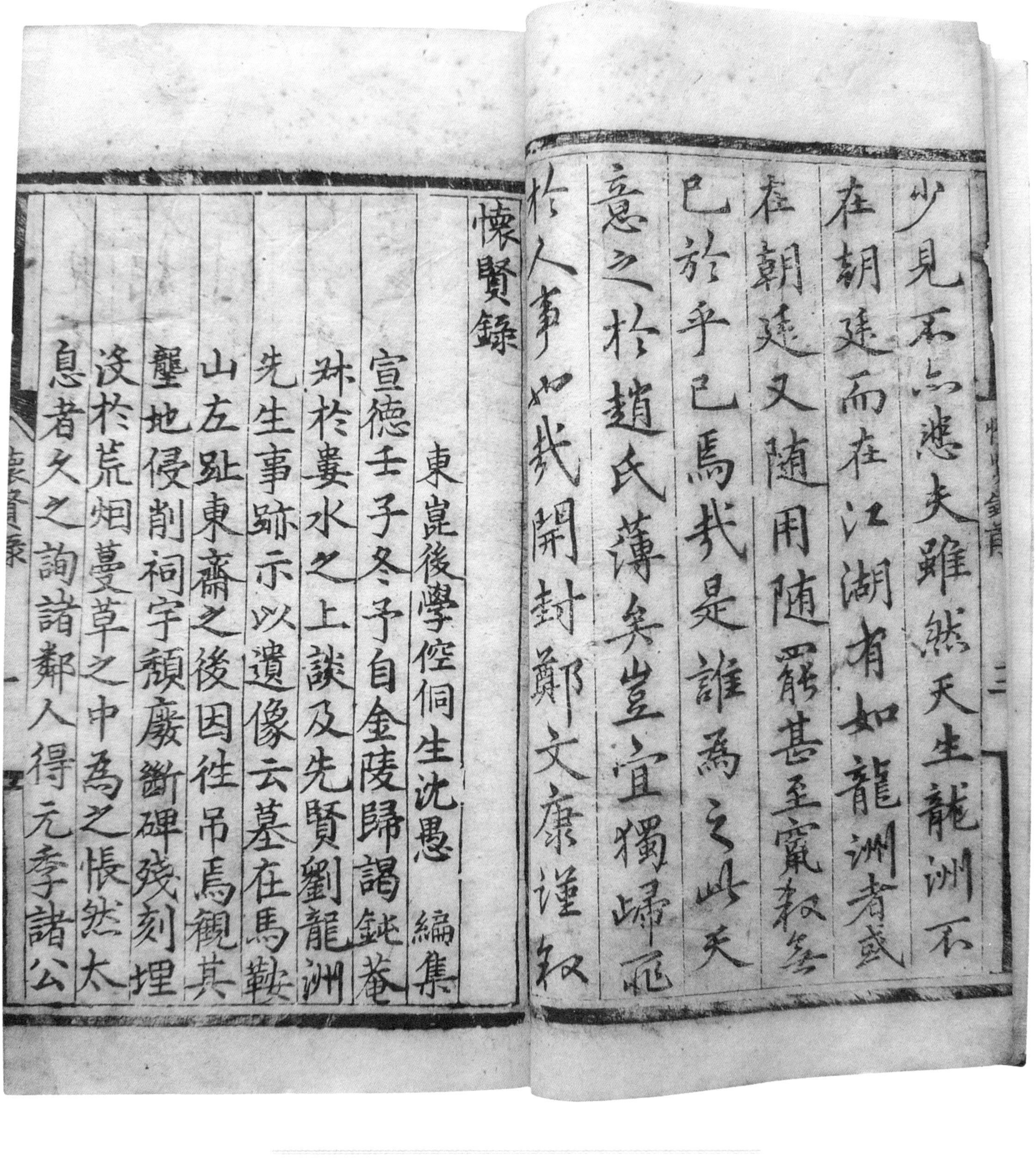

07860 懷賢録不分卷 （明）沈愚輯 **龍洲詞一卷** （宋）劉過撰 明正統刻弘治增修本

匡高20厘米，廣12.4厘米。半葉九行，行十六字，黑口，四周雙邊。有"研理樓劉氏藏"、"寶靜簃主王靜宜所得秘笈記"、"劉明陽王靜宜夫婦讀書之印"等印。河北大學圖書館藏。

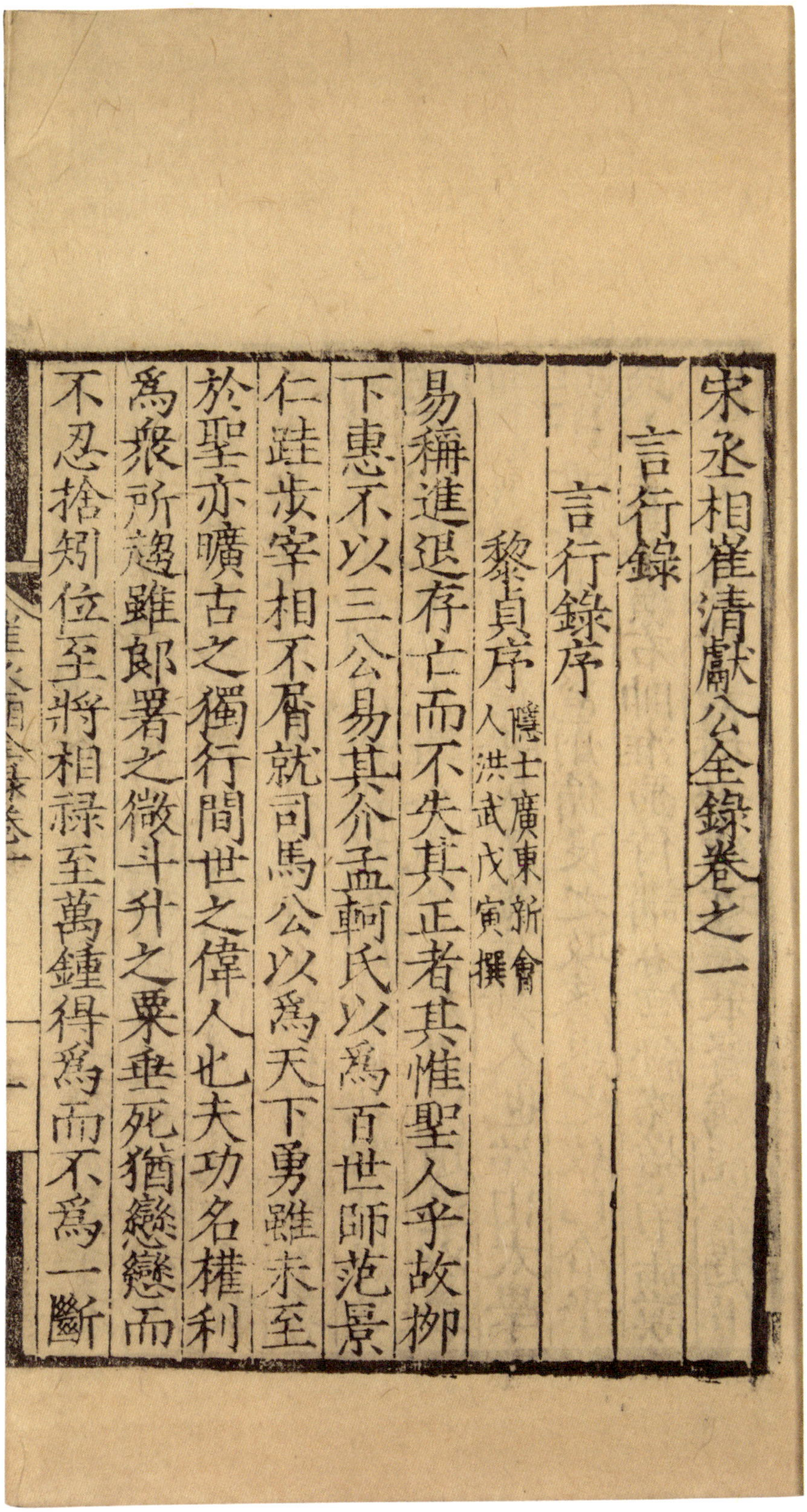
宋丞相崔清獻公全錄卷之一
言行錄
言行錄序
黎貞序 隱士廣東新會人洪武戊寅撰
易稱進退存亡而不失其正者其惟聖人乎故柳
下惠不以三公易其介孟軻氏以爲百世師范景
仁雖歩宰相不屑就司馬公以爲天下勇雖未至
於聖亦曠古之獨行間世之偉人也夫功名權利
爲衆所趨雖郎署之微斗升之粟垂死猶戀戀而
不忍捨矧位至將相禄至萬鍾得爲而不爲一斷

07861 宋丞相崔清獻公全録十卷 （宋）崔與之撰 （明）崔子璲輯 （明）崔曉增輯 明嘉靖三十二年（1553）刻本

匡高 17.6 厘米，廣 13.3 厘米。半葉十行，行十九字，黑口，四周單邊。浙江圖書館藏。

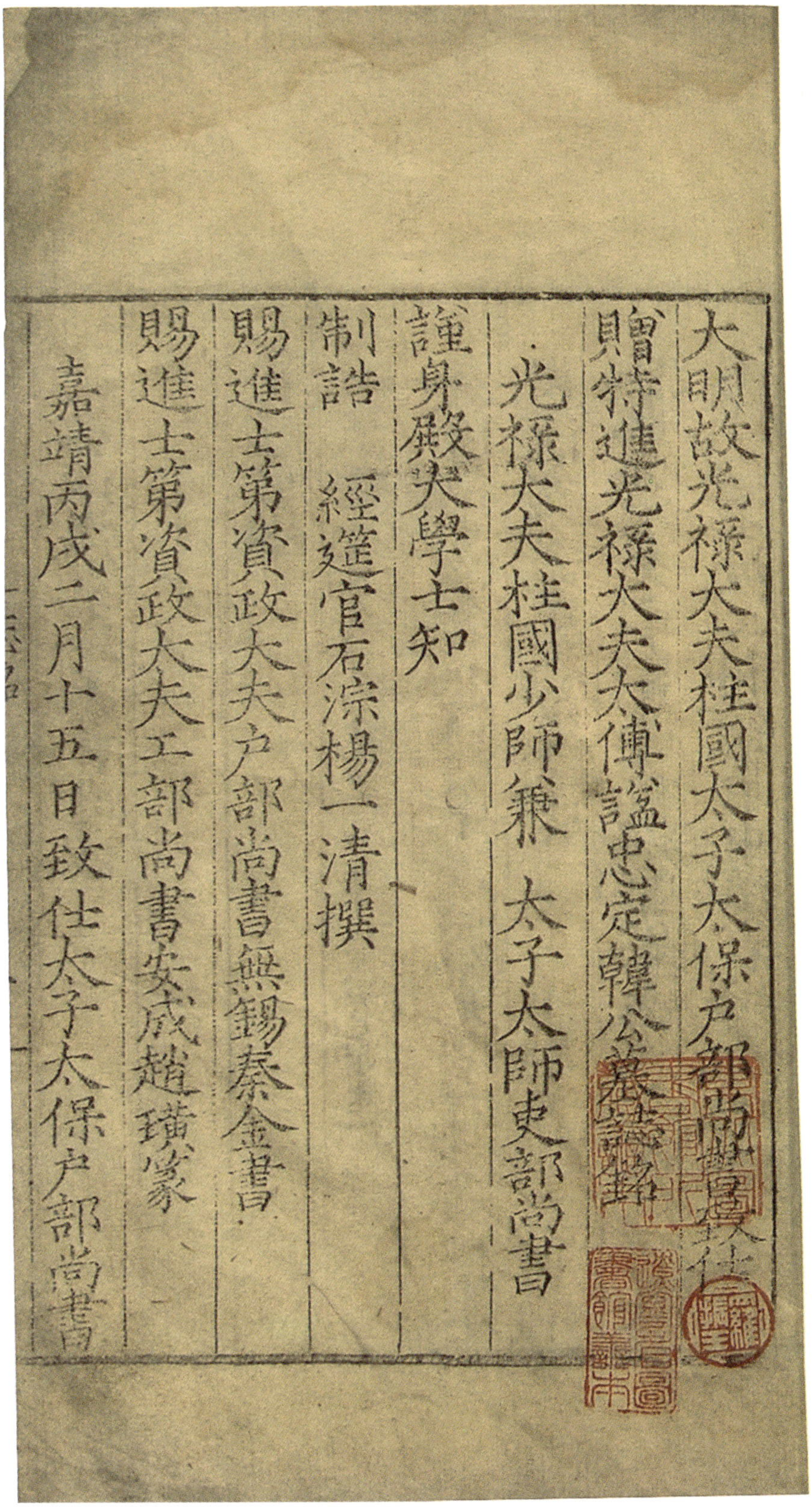

大明故光祿大夫柱國太子太保户部尚書致仕
贈特進光祿大夫太傅謚忠定韓公墓誌銘
光祿大夫柱國少師兼 太子太師吏部尚書
謹身殿大學士知
制誥 經筵官石淙楊一清撰
賜進士第資政大夫户部尚書無錫秦金書
賜進士第資政大夫工部尚書安成趙璜篆
嘉靖丙戌二月十五日致仕太子太保户部尚書

07862 韓忠定公墓誌銘一卷 （明）楊一清撰　明嘉靖五年（1526）韓廷偉刻本

匡高 17.7 厘米，廣 12.8 厘米。半葉八行，行二十字，白口，四周單邊。有“羅振玉”等印。遼寧省圖書館藏。

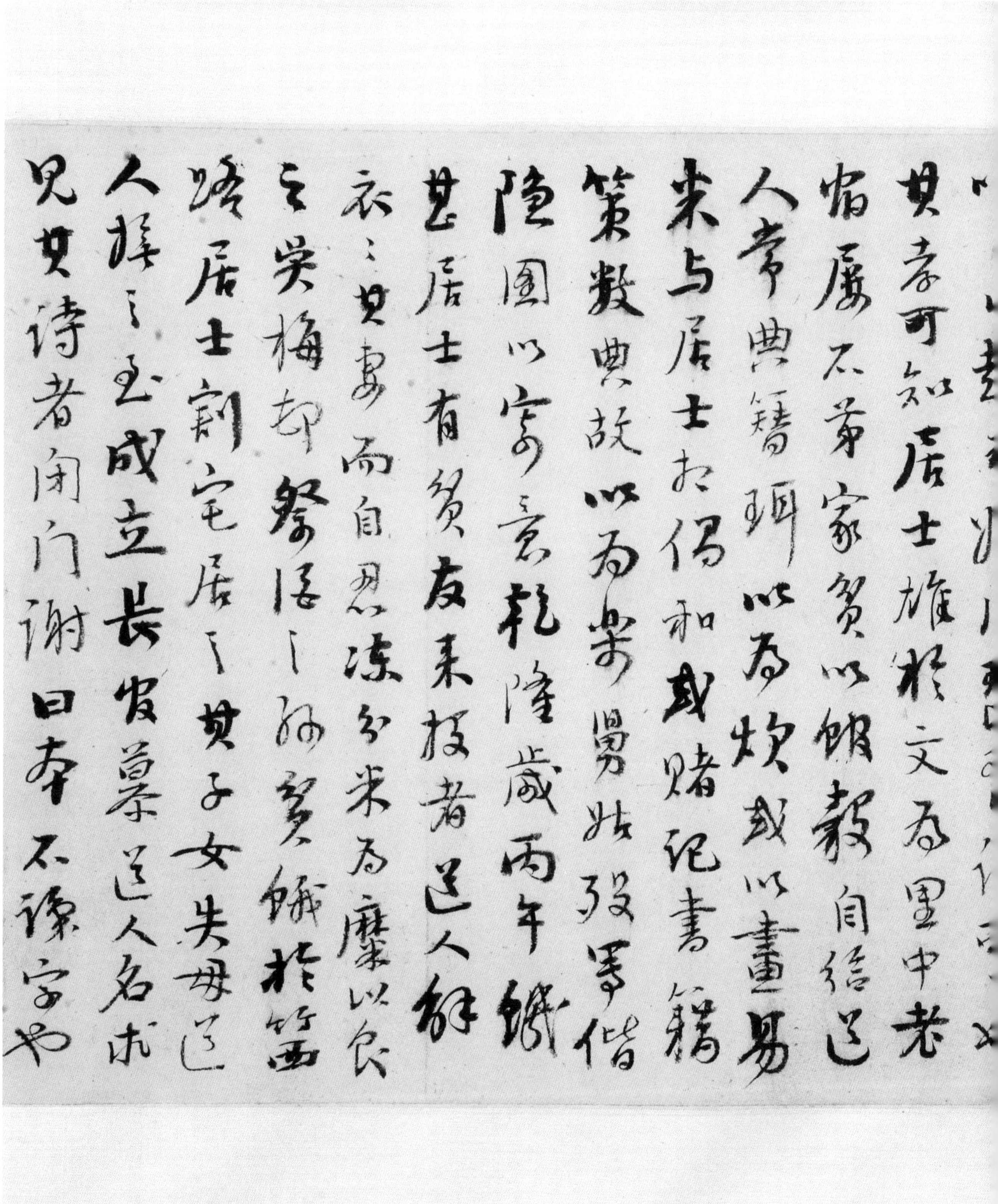

07863 淨因道人傳一卷 （清）阮元撰　稿本

卷軸裝。長 1075 厘米，廣 20.6 厘米。孫星衍署首，吳錫麒、唐仲冕、程恩澤贊，屠倬、汪為霖跋，李葆恂題款。國家圖書館藏。

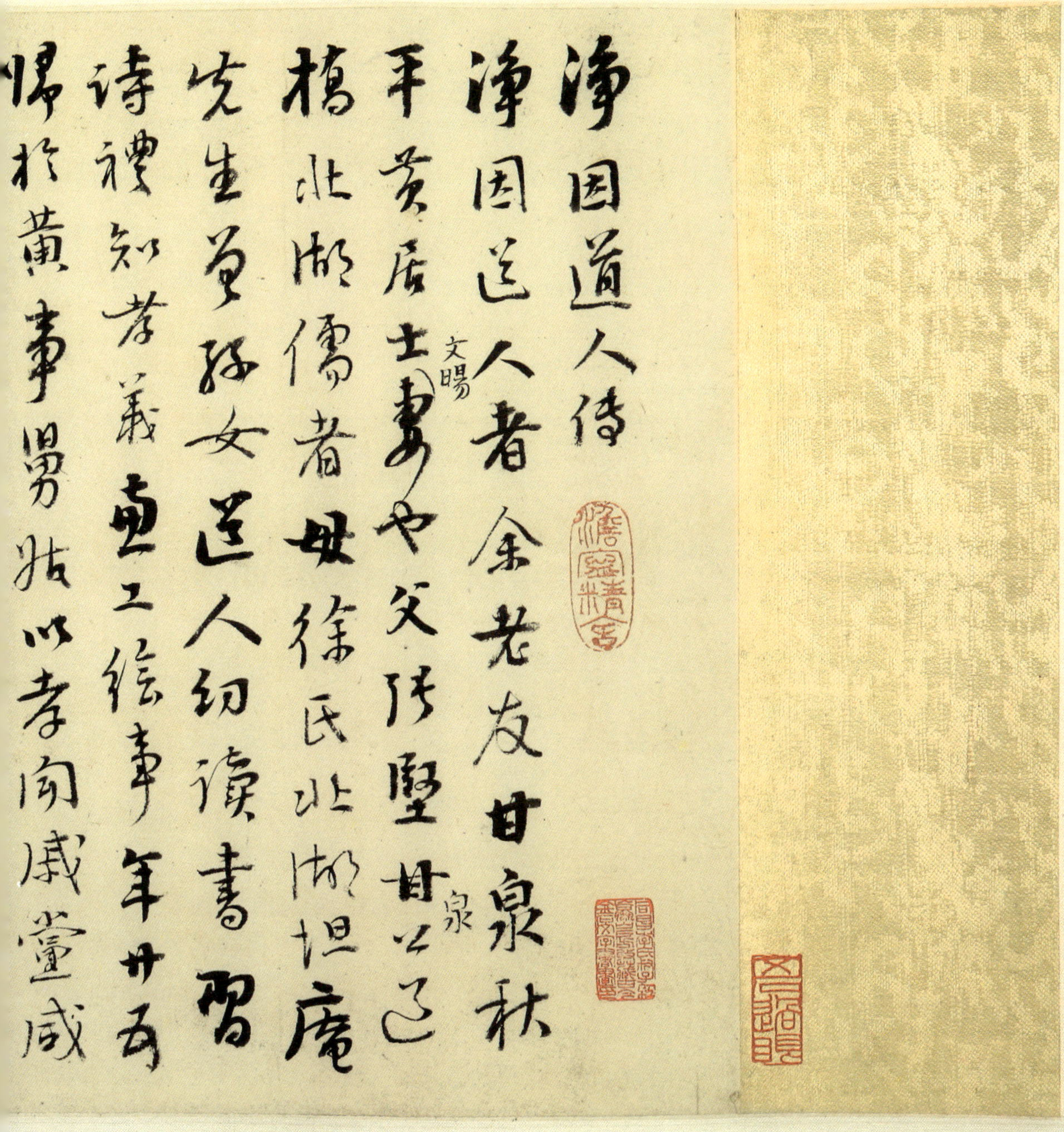

淨因道人傳
淨因道人者余老友甘泉秋
平黃居士文暘妻也父[illegible]堅甘泉之[illegible]
槁北湖儒者母徐氏北湖坦庵
先生曾孫女道人幼讀書習
詩禮知孝義更工繪事年廿五
歸於黃事舅姑以孝聞戚黨咸

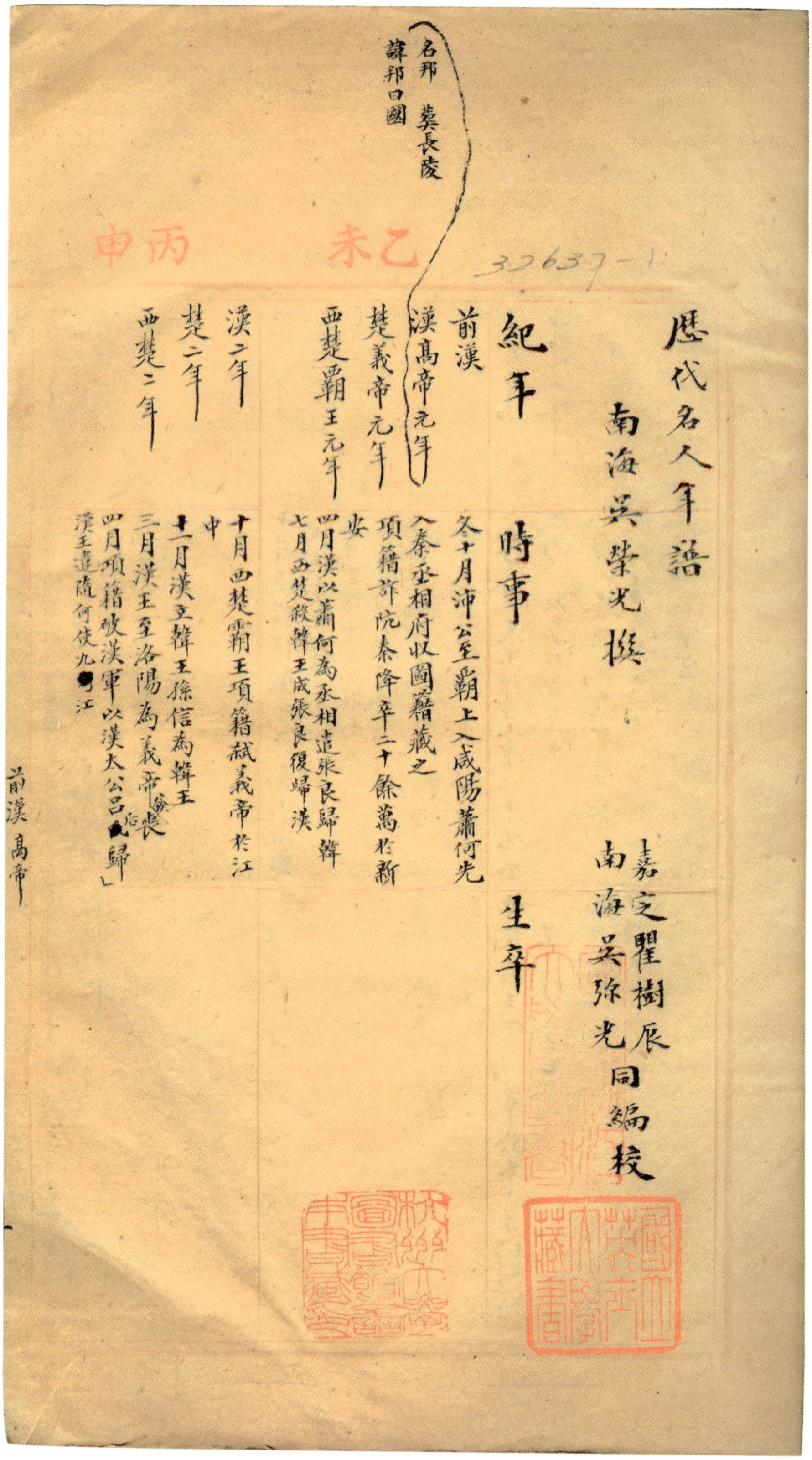
名邦 葬長陵
諱邦曰國
乙未 丙申
32637-1
歷代名人年譜
南海吳榮光撰
嘉定瞿樹辰
南海吳彌光同編校
紀年
前漢
漢高帝元年
楚義帝元年
西楚霸王元年
漢二年
楚二年
西楚二年
時事
冬十月沛公至霸上入咸陽蕭何先入秦丞相府收圖籍藏之
項籍詐阬秦降卒二十餘萬於新安
四月漢以蕭何為丞相遣張良歸韓
七月西楚殺韓王成張良復歸漢
十月西楚霸王項籍弒義帝於江中
十一月漢立韓王孫信為韓王
三月漢王至洛陽為義帝發喪
四月項籍敗漢軍以漢太公呂后歸
漢王遣隨何使九江
生卒
前漢高帝

07864 歷代名人年譜不分卷 （清）吳榮光撰　稿本

姜亮夫題識。浙江大學圖書館藏。

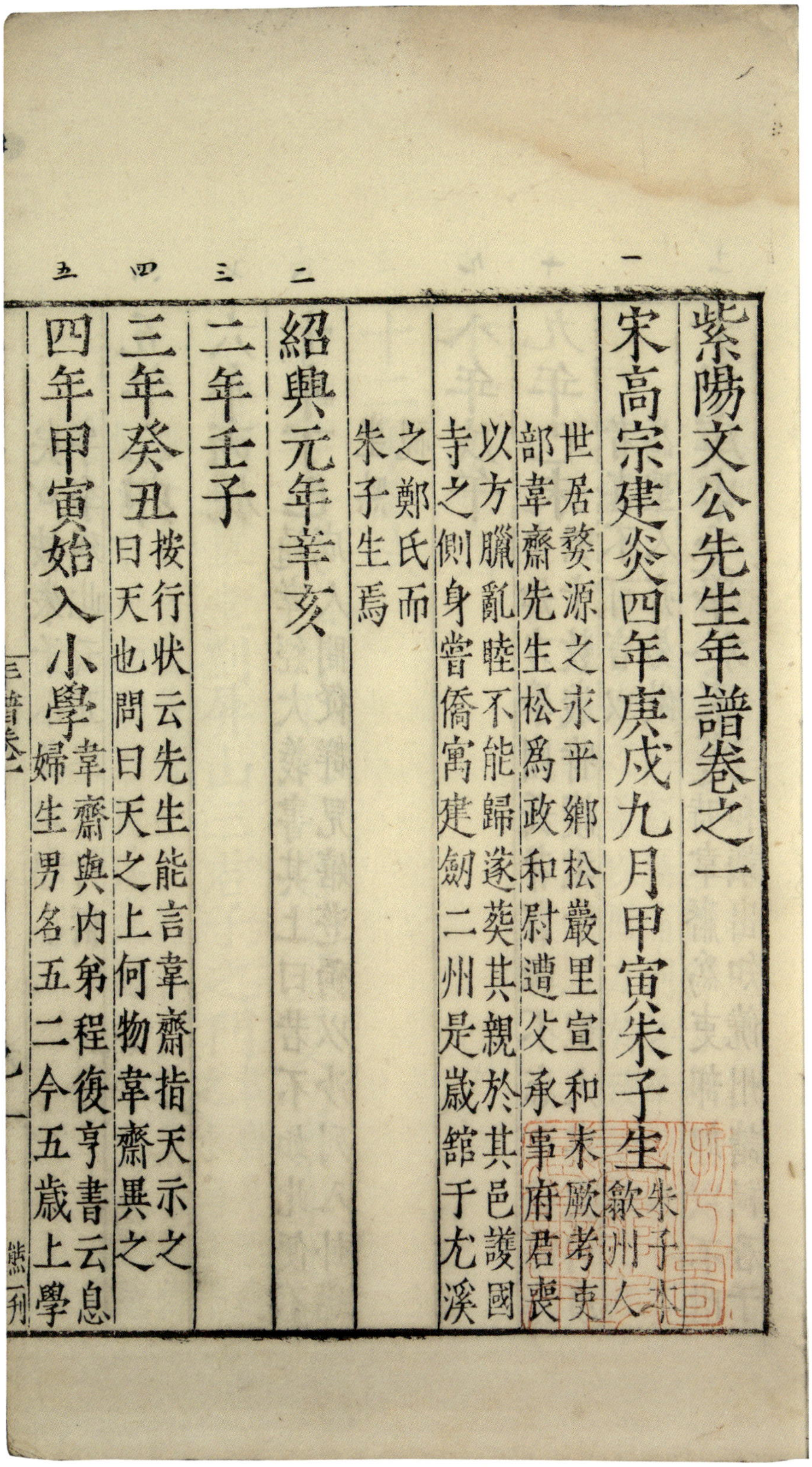

07865 紫陽文公先生年譜五卷 （明）李默　朱河重訂　明嘉靖刻本

匡高 20.5 厘米，廣 15.1 厘米。半葉九行，行十九字，小字雙行同，白口，四周單邊。浙江圖書館藏，存二卷。

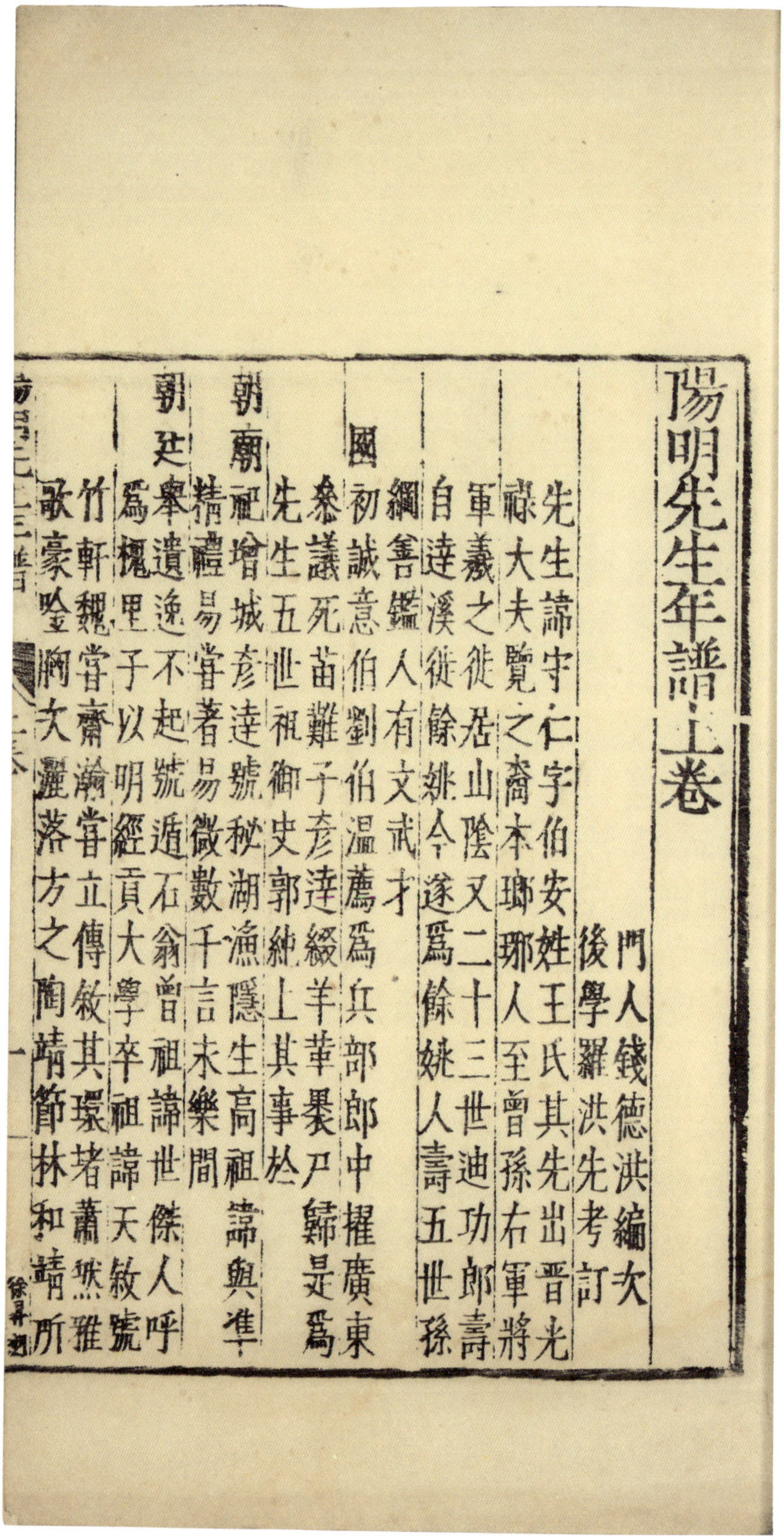
陽明先生年譜上卷
門人錢德洪編次
後學羅洪先考訂
先生諱守仁字伯安姓王氏其先出晉光祿大夫覽之裔本瑯琊人至曾孫右軍將軍羲之徙居山陰又二十三世迪功郎壽自達溪徙餘姚今遂爲餘姚人壽五世孫綱善鑑人有文武才
國初誠意伯劉伯溫薦爲兵部郎中擢廣東參議死苗難子彥達綴羊革裹尸歸是爲先生五世祖御史郭純上其事於
朝廟祀增城彥達號秘湖漁隱生高祖諱與準精禮易嘗著易微數千言永樂間
朝廷舉遺逸不起號遁石翁曾祖諱世傑人呼爲槐里子以明經貢太學卒祖諱天敘號竹軒魏嘗齋瀚嘗立傳敘其環堵蕭然雅歌豪吟胸次灑落方之陶靖節林和靖所

07866 陽明先生年譜三卷（明）錢德洪撰　明嘉靖四十三年（1564）周相、毛汝麒刻本

匡高 19.6 厘米，廣 14.7 厘米。半葉九行，行十八字，小字雙行同，白口，左右雙邊。浙江圖書館藏。

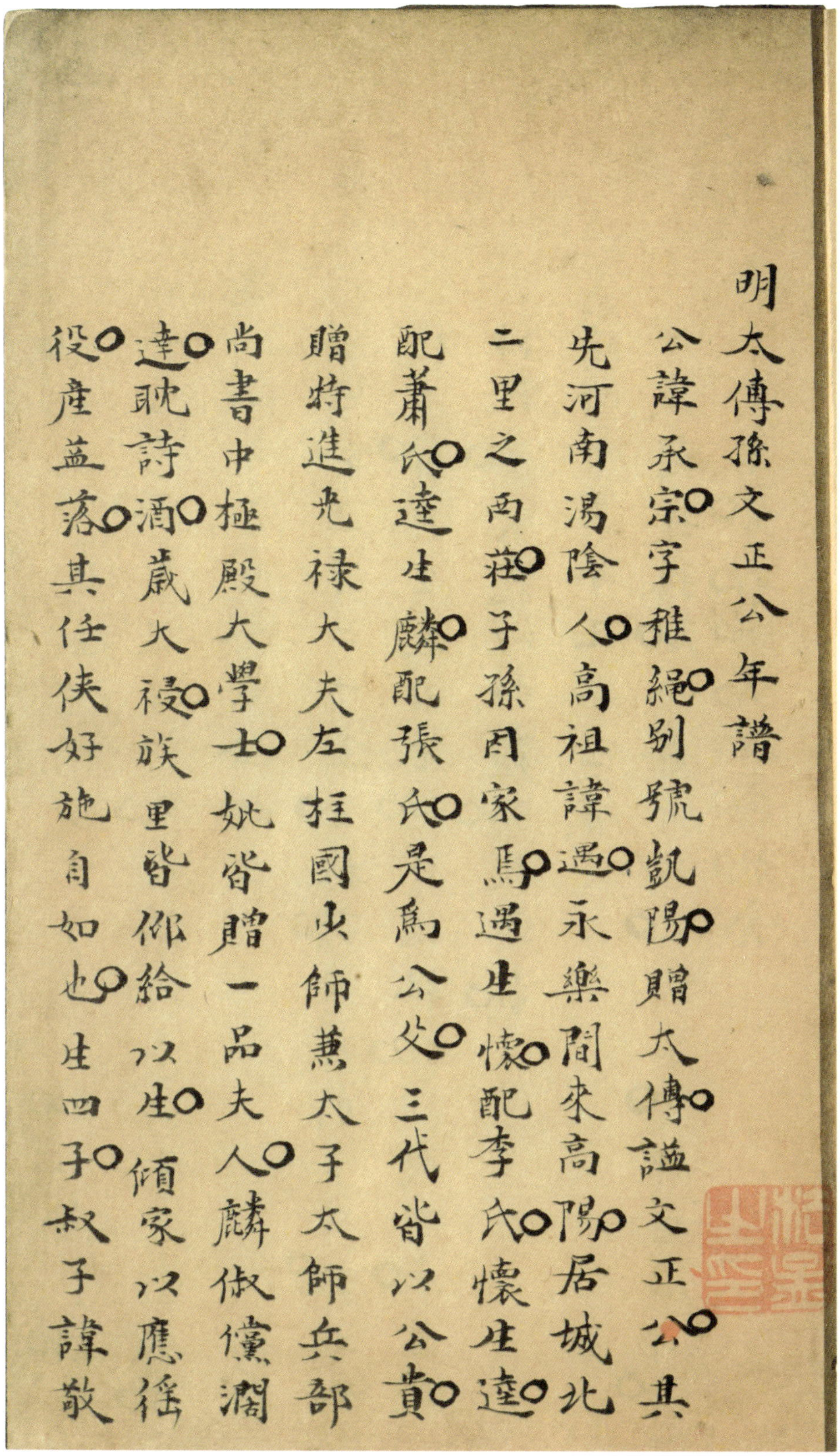

明太傅孫文正公年譜
公諱承宗。字稚繩。別號愷陽。贈太傅。謚文正公。其
先河南湯陰人。高祖諱遇。永樂間來高陽。居城北
二里之西莊。子孫因家焉。遇生懷。配李氏。懷生達。
配蕭氏。達生麟。配張氏。是為公父。三代皆以公貴。
贈特進光祿大夫左柱國少師兼太子太師兵部
尚書中極殿大學士。妣皆贈一品夫人。麟倜儻澗
達。耽詩酒。歲大祲。族里皆仰給以生。傾家以應徭
役。産益落。其任俠好施自如也。生四子。叔子諱敬

07867 明太傅孫文正年譜五卷 （明）孫銓輯 （清）孫奇逢校 清抄本

山西省圖書館藏。

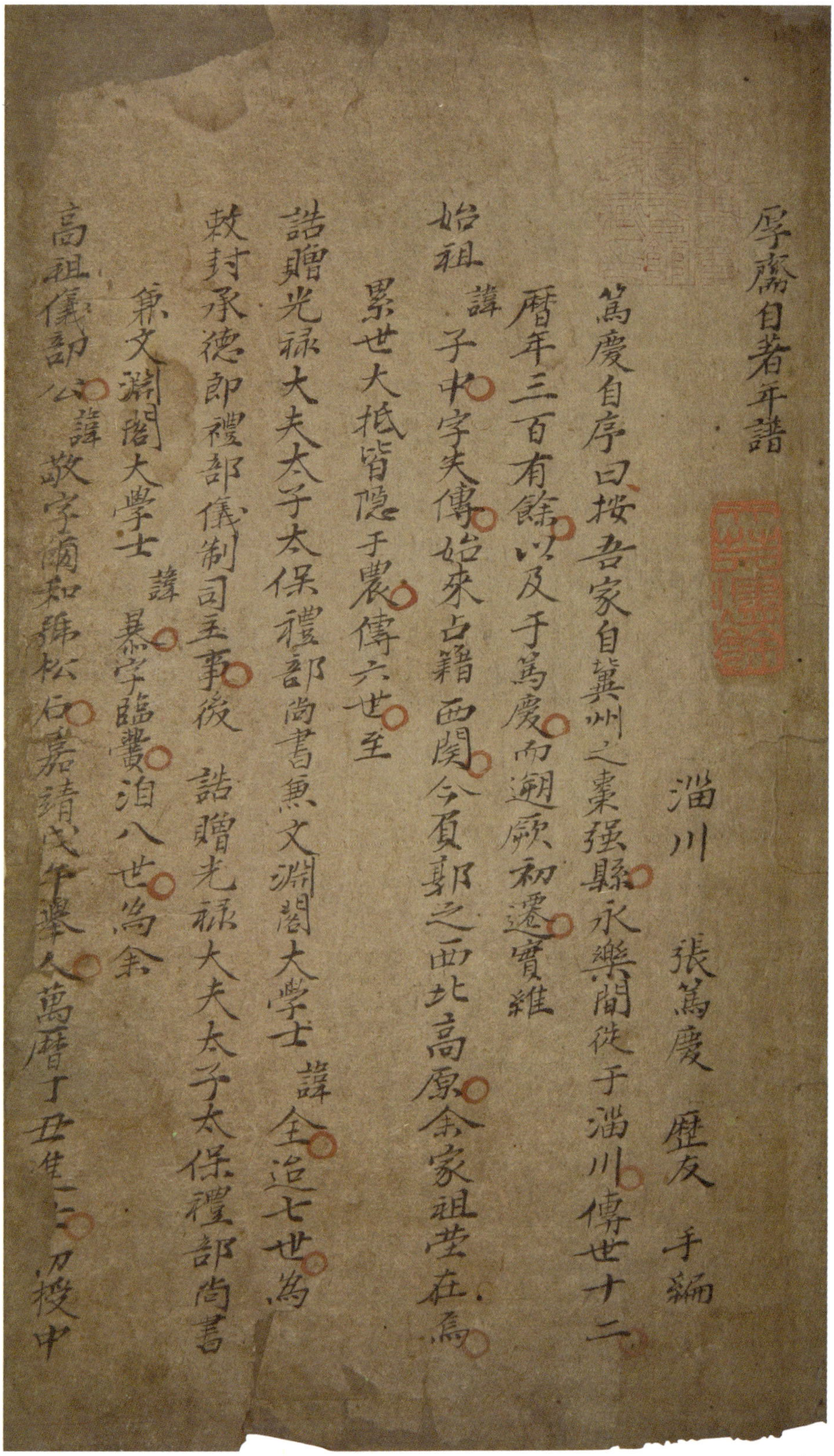
厚齋自著年譜
淄川　張篤慶　歷友　手編
篤慶自序曰按吾家自冀州之棗強縣永樂閭徙于淄川傳世十二
曆年三百有餘以及于篤慶而遡厥初遷實維
始祖　諱　子中字失傳始來占籍西閣今頁郭之西北高原余家祖塋在焉
累世大抵皆隱于農傳六世至
誥贈光祿大夫太子太保禮部尚書兼文淵閣大學士　諱　全追七世為
敕封承德郎禮部儀制司主事後　誥贈光祿大夫太子太保禮部尚書
兼文淵閣大學士　諱　纂字臨黌洎八世為余
高祖儀部公　諱　敬字愼知號松石嘉靖戊午舉人萬曆丁丑進士授中

07868 厚齋自著年譜一卷　（清）張篤慶撰　稿本

有“大荒爐餘”等印。山東省圖書館藏。

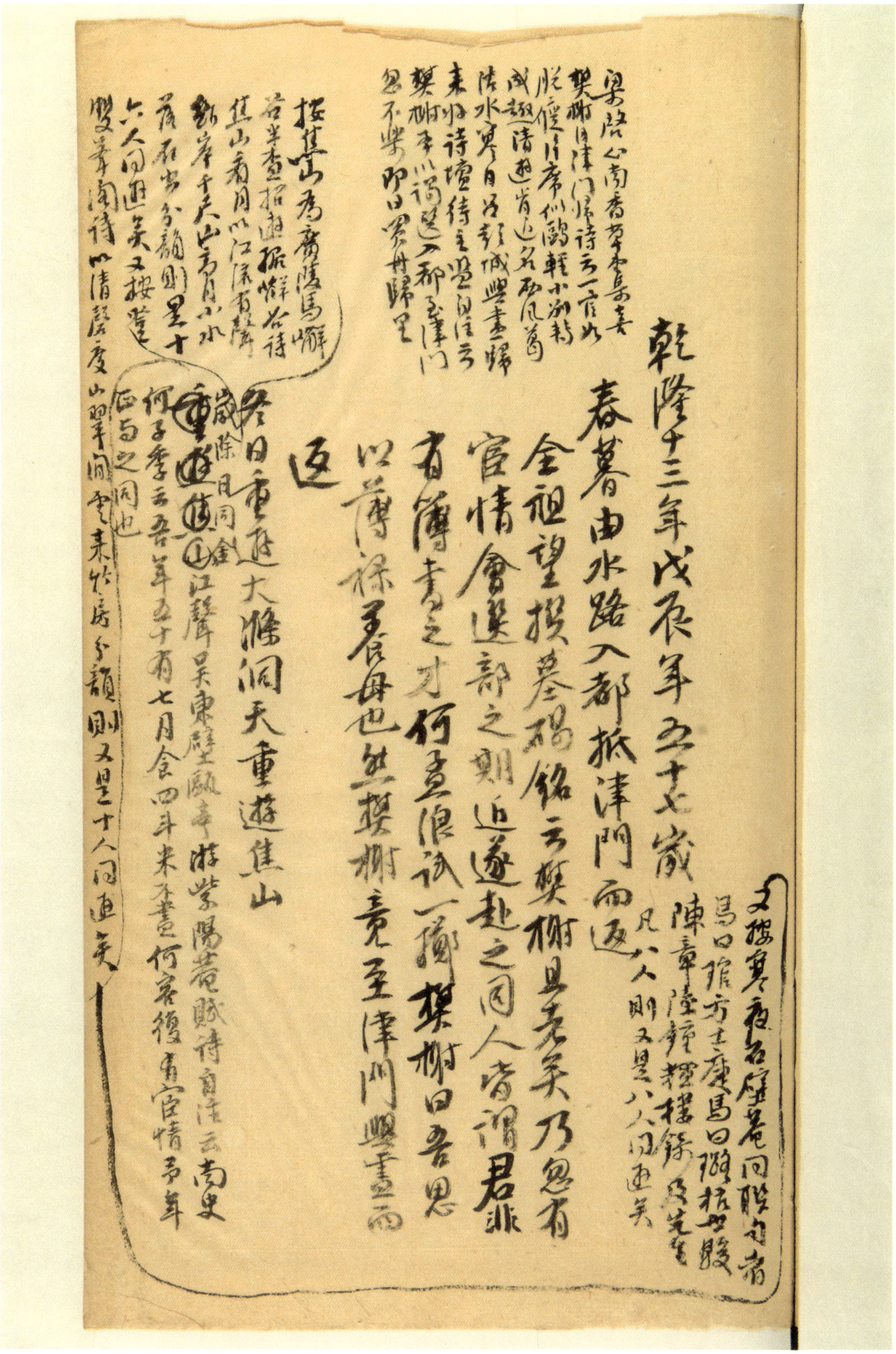

07869 厲樊榭年譜一卷附樊榭山房集目録一卷（清）朱文藻撰　手稿本

上海圖書館藏。

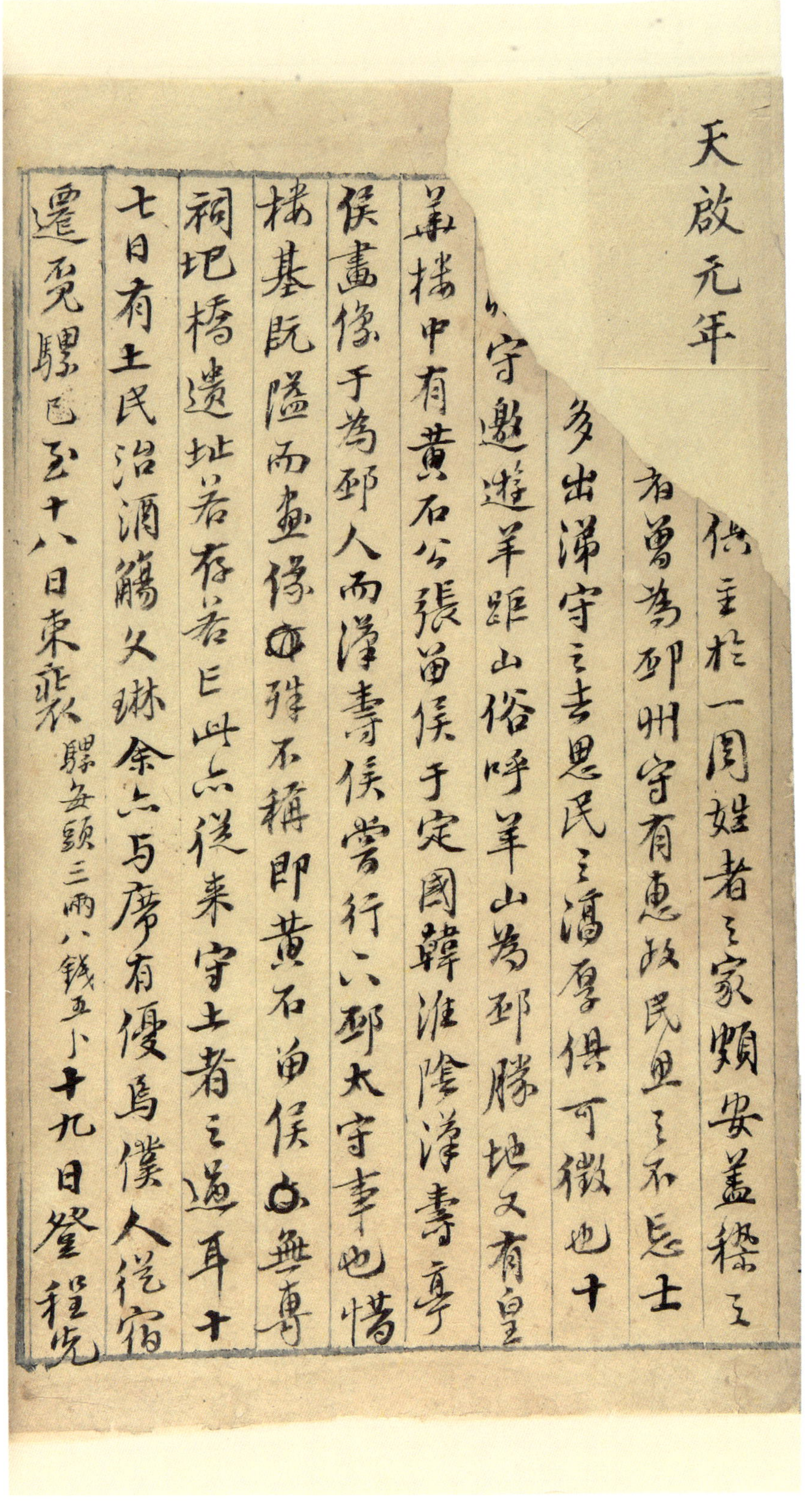
天啟元年
供主於一周姓者之家頗安蓋稔之
有曾為邳州守有惠政民至今不忘士
多出溝守之去思民之濟厚俱可徵也十
守邀遊羊距山俗呼羊山為邳勝地又有皇
華樓中有黃石公張留侯于定國韓淮陰漢壽亭
侯畫像于為邳人而漢壽侯嘗行以邳太守事也惜
樓基既隘而畫像亦殊不稱即黃石留侯亦無專
祠圯橋遺址若存若亡此亦從來守土者之過耳十
七日有土民治酒觴父琳余亦與席有優焉僕人從宿
還覓騾匹至十八日東發騾每頭三兩八錢五分十九日登程

07870 文文肅公日記二卷北征紀行一卷 （明）文震孟撰　稿本

“文起”、“太平劉氏小渠考藏書畫印章”、“陶茂正”、“陶茂正收藏金石書畫章”等印。文點跋。國家圖書館藏。

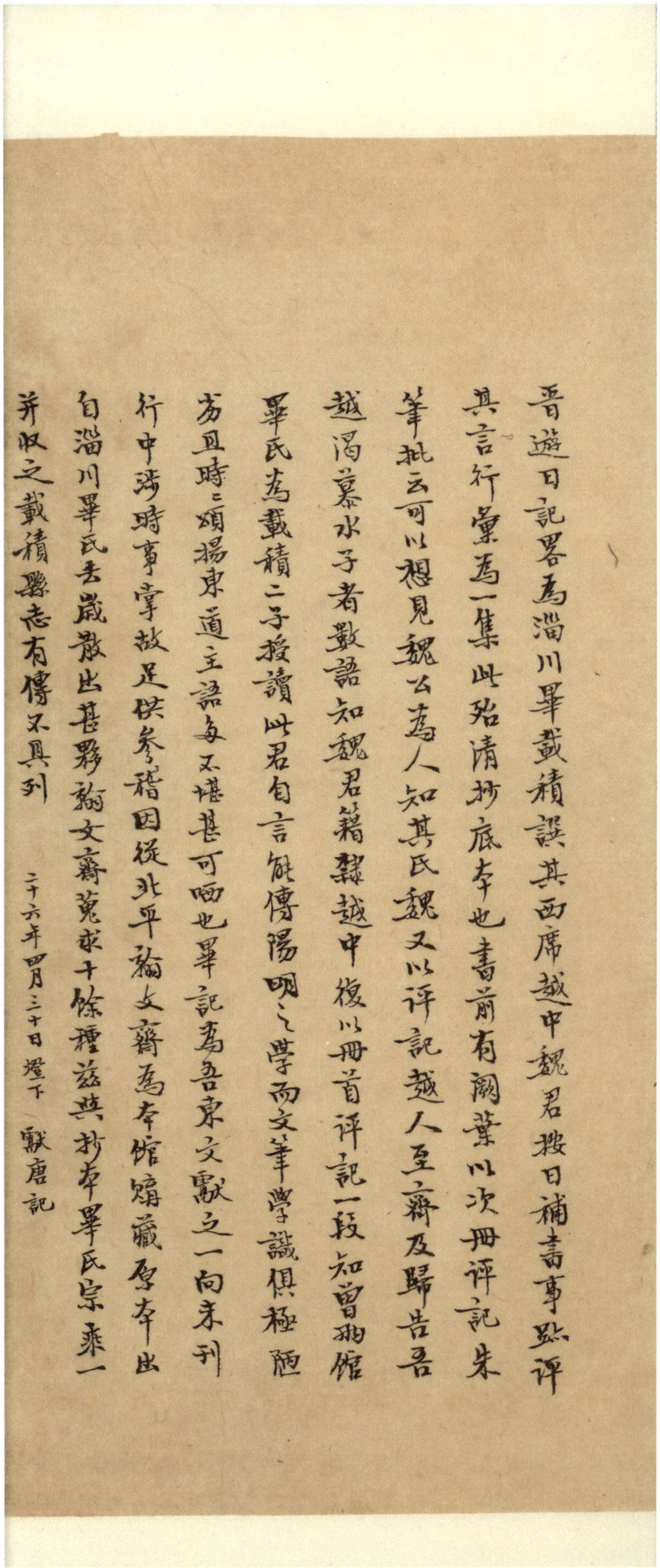
晋遊日記畧為淄川畢載積撰其西席越中魏君𦖔日補書事點評
其言行彙為一集此殆清抄底本也書前有闕葉以次冊評記朱
筆批云可以想見魏公為人知其氏魏又以評記越人至齋及歸告吾
越汨慕水子者數語知魏君籍隸越中復以冊首評記一段知曾[illegible]館
畢氏為載積二子授讀此君自言能傳陽明之學而文筆學識俱極陋
劣且時時頌揚東道主語每不堪甚可哂也畢記為吾東文獻之一向未刊
行中涉時事掌故足供參稽因從北平翰文齋為本館購藏原本出
自淄川畢氏去歲散出甚夥翰文齋蒐求十餘種茲其抄本畢氏宗乘一
并收之載積纂志有傳不具列
二十六年四月三十日燈下 獻唐記

07871 晉遊日記畧不分卷 （清）畢際有撰　清初抄本

蒲松齡評，王獻唐跋。山東省博物館藏。

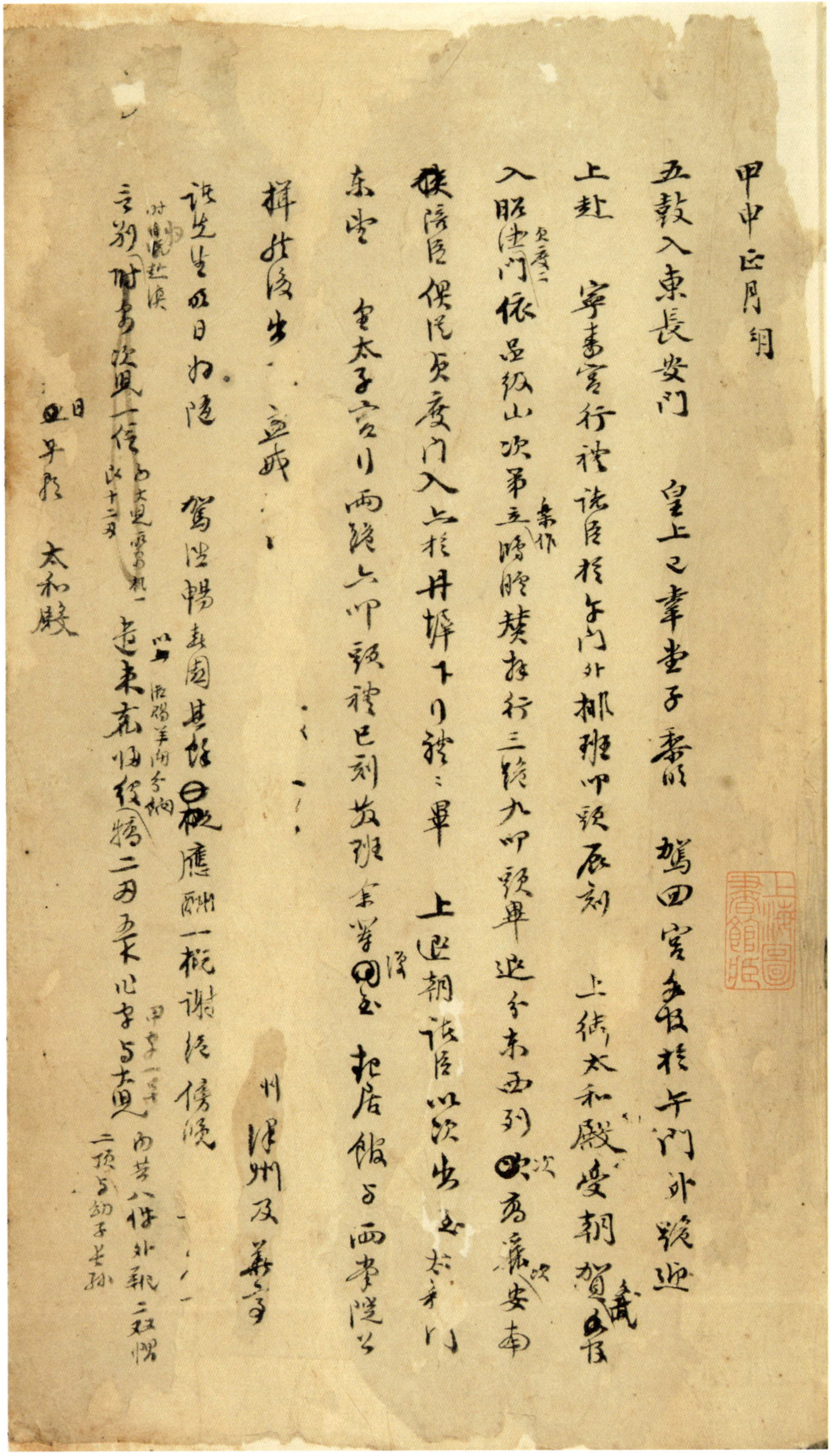

07872 南齋日記不分卷 （清）查慎行撰　手稿本

上海圖書館藏，存清康熙四十三年正月初一至十二月二十九日。

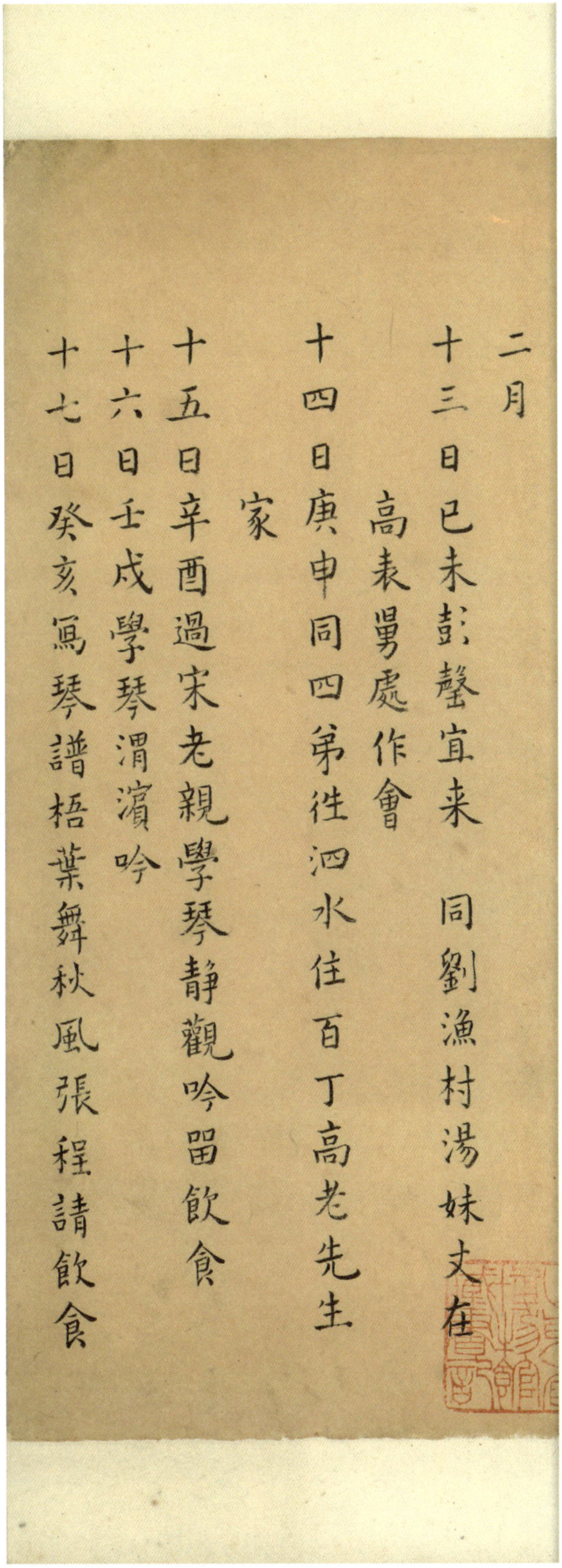
二月
十三日已未彭罄宜来　同劉漁村湯妹丈在
高表舅處作會
十四日庚申同四弟往泗水往百丁高老先生
家
十五日辛酉過宋老親學琴靜觀吟留飲食
十六日壬戌學琴渭濱吟
十七日癸亥寫琴譜梧葉舞秋風張程請飲食

07873 甲寅年譜一卷蘭省東歸記三卷 （清）牛運震撰　稿本

山東省博物館藏，存甲寅年譜清雍正十二年二月至十二月，蘭省東歸記清乾隆十五年六月至八月。

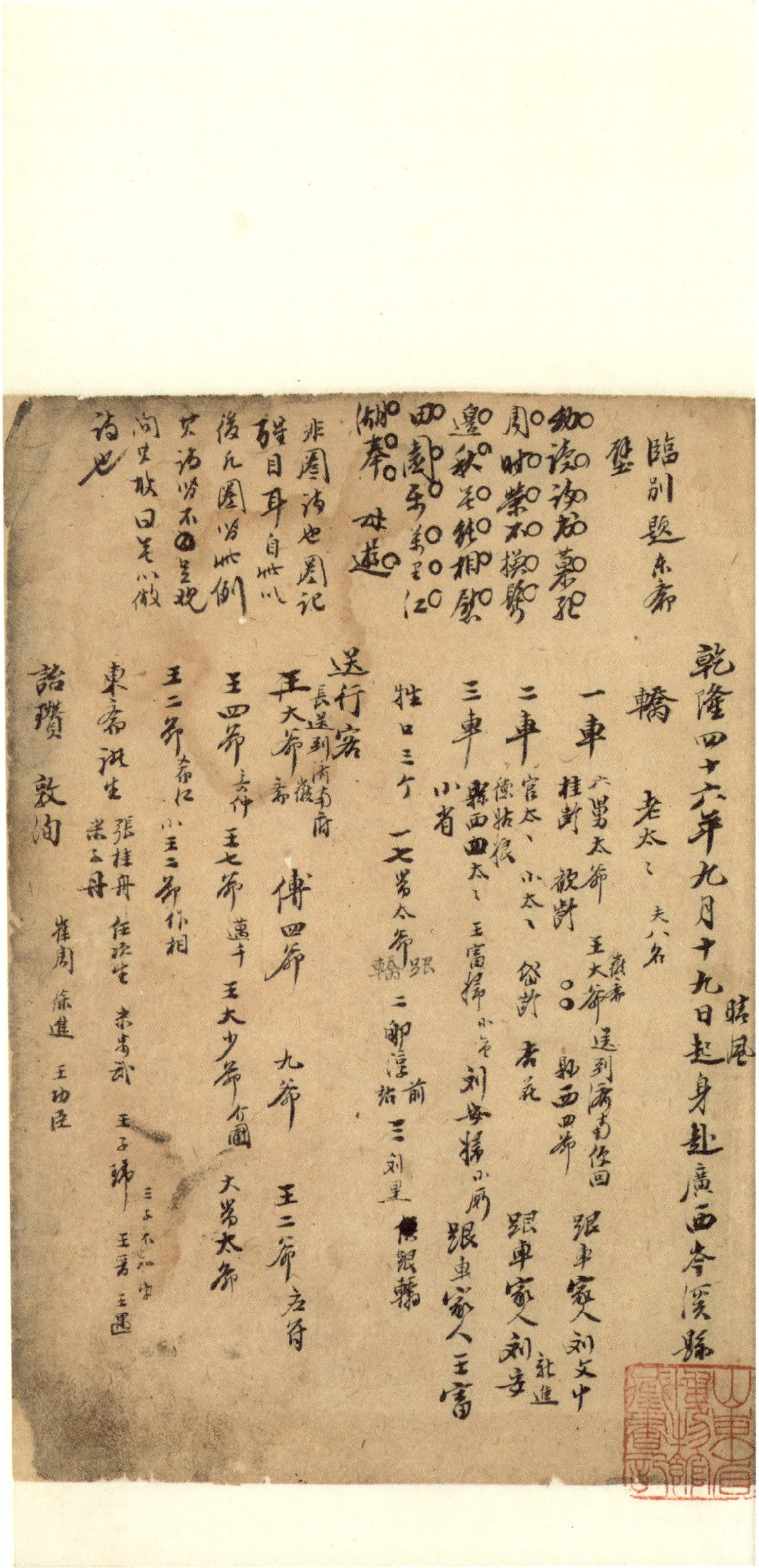

07874 李石桐先生赴岑溪日記不分卷 （清）李懷民撰　稿本

山東省博物館藏，存清乾隆四十六年九月至四十七年正月。

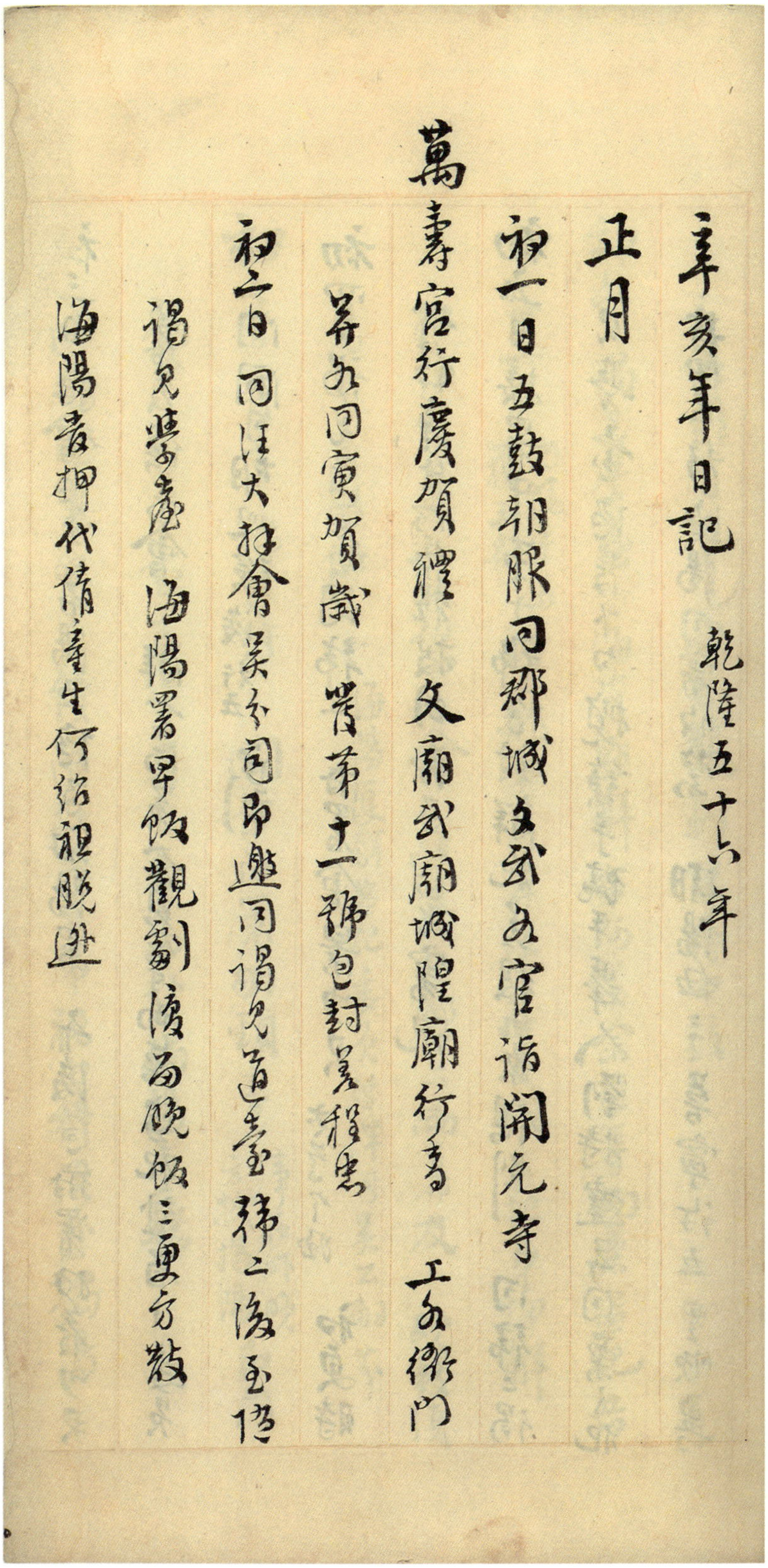
辛亥年日記　乾隆五十六年
正月
初一日五鼓朝服同郡城文武文官詣開元寺
萬壽宮行慶賀禮　文廟武廟城隍廟行香　工房衙門
弟兄同寅賀歲　從弟十一弟包封呈程患
初二日同汪大拜會吴分司即邀同謁見道臺　辭之後至德
謁見學臺　海陽署早飯觀劉復而晚飯三更方散
海陽青押代僱童生何紹祖脱進

07875 雷州公日記不分卷　（清）宗聖垣撰　稿本

紹興圖書館藏，存清乾隆五十六至五十八年、六十年，清嘉慶五年、十六年。

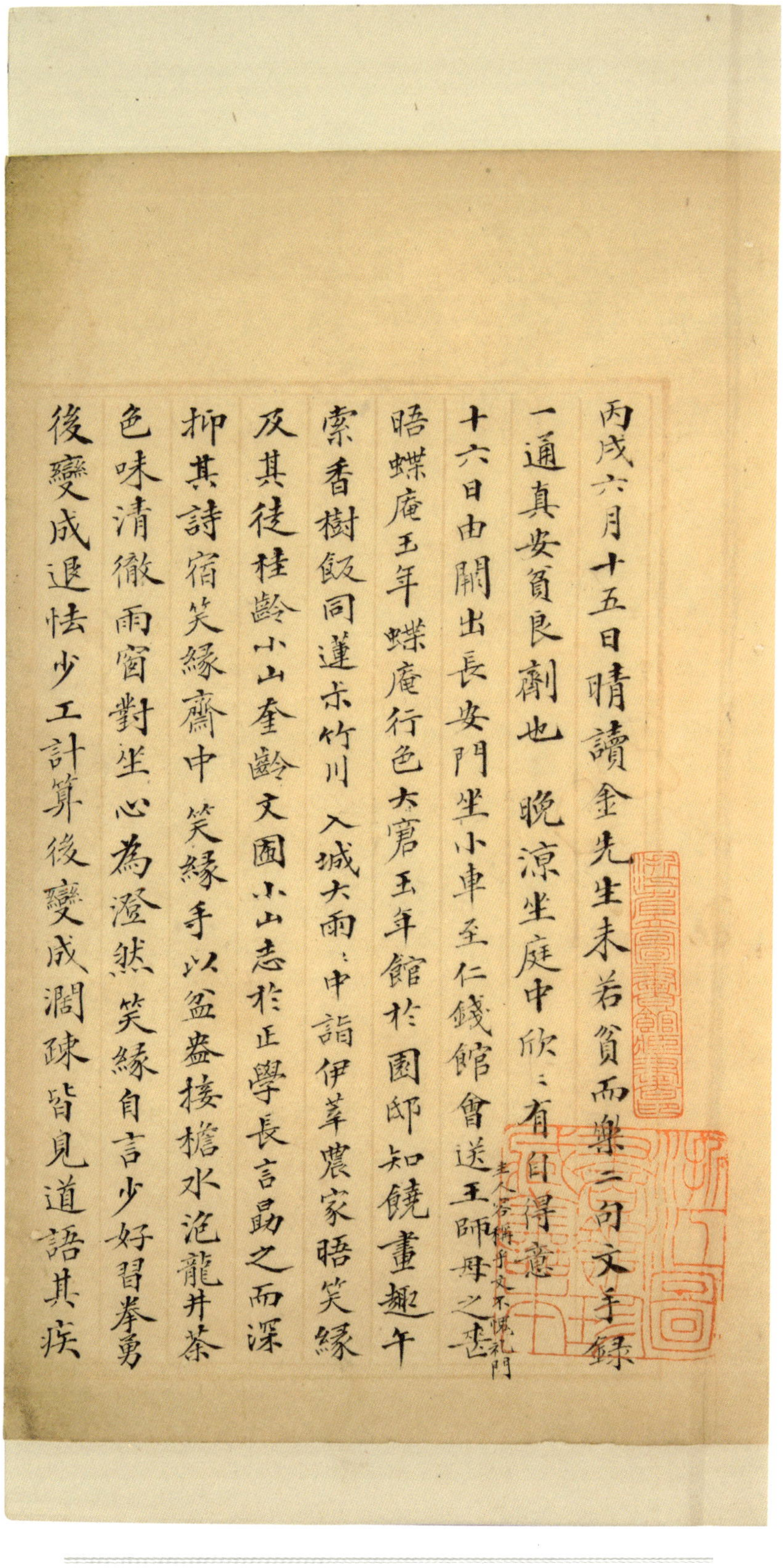
丙戌六月十五日晴讀金先生未若貧而樂二句文手錄
一通真安貧良劑也 晚涼坐庭中欣欣有自得意
十六日由關出長安門坐小車至仁錢館會送王師母之喪 夫人名構手文不佩禮門
晤蝶庵王年蝶庵行色太窘王年館於園邸知饒畫趣午
索香樹飯同蓮尗竹川 入城大雨雨中詣伊莘農家晤笑緣
及其徒桂齡小山奎齡文園小山志於正學長言勗之而深
抑其詩宿笑緣齋中 笑緣手以盆盎接檐水泡龍井茶
色味清徹雨窗對坐心為澄然 笑緣自言少好習拳勇
後變成退怯少工計算後變成濶疎皆見道語其疾

07876 越峴山人日記不分卷 （清）宗稷辰撰　手稿本

浙江圖書館藏，存清道光六年至同治二年。

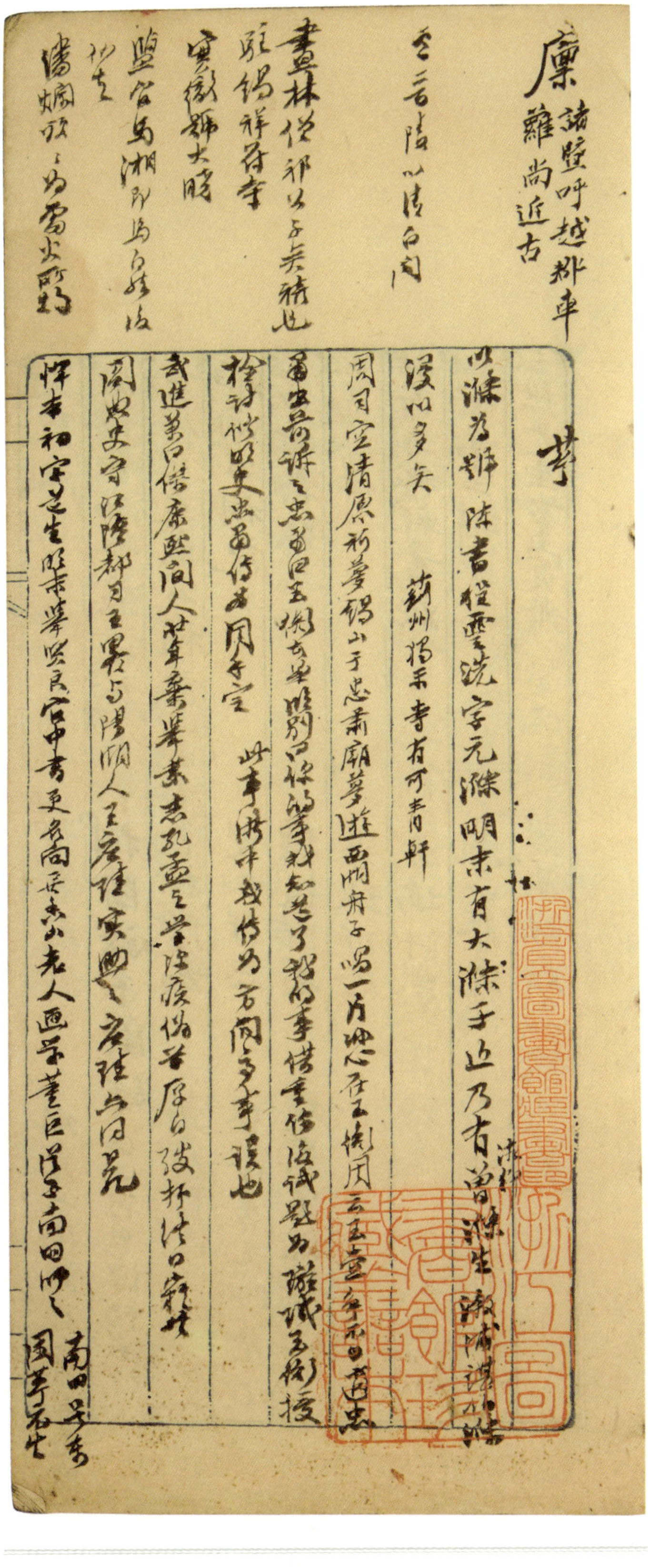

07877 雲將行録不分卷 （清）宗稷辰撰　手稿本

浙江圖書館藏，存清道光二十九年九月至十二月。

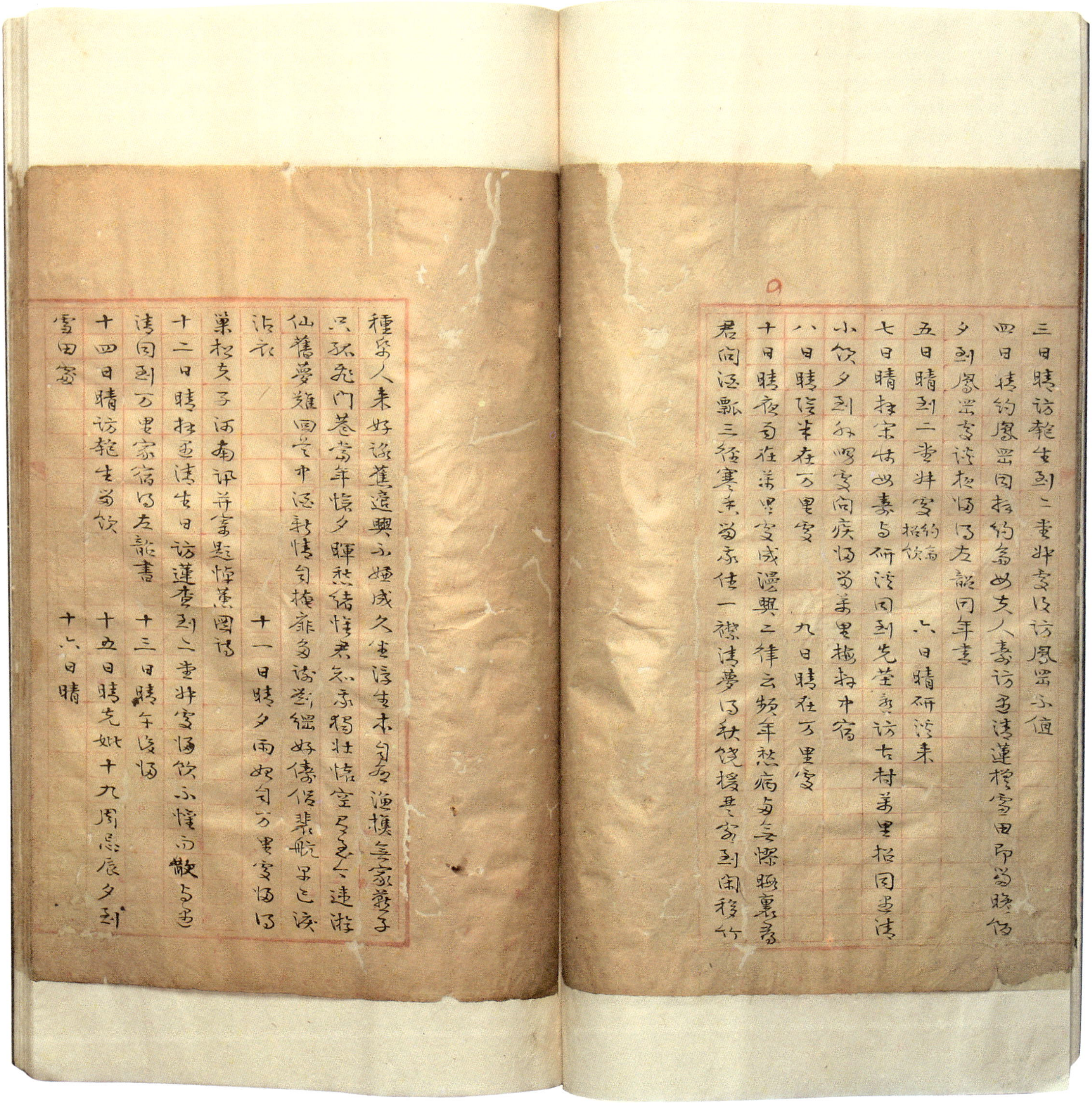

07878 味雪齋日言不分卷 （清）戴絅孫撰　稿本

有“經濟特科第一翰林”、“袁氏樹五藏書”、“雲南叢書館審定本”等印。袁家穀跋。雲南省圖書館藏，存清道光四至五年。

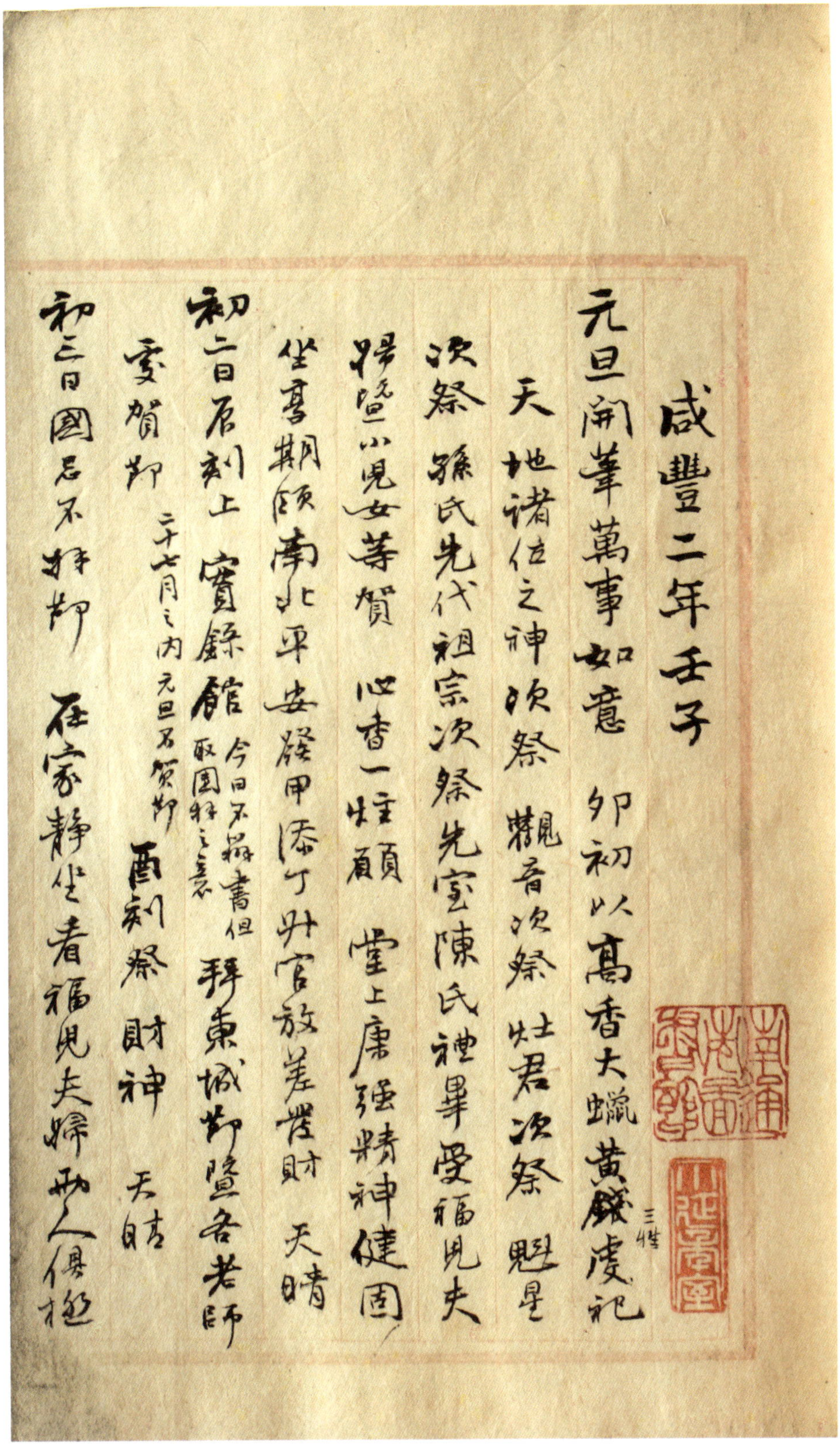
咸豐二年壬子
元旦開筆萬事如意　卯初以高香大蠟黄錢三牲虔祀
天地諸位之神次祭　觀音次祭　灶君次祭　魁星
次祭　孫氏先代祖宗次祭先室陳氏禮畢受福兒夫
婦暨小兒女等賀　心香一炷願　堂上康強精神健固
坐享期頤南北平安發甲添丁升官放差發財　天晴
初二日辰刻上　實録館今日不辦書但取團拜之意　拜東城節暨各老師
處賀節二十七月之内元旦不賀節　酉刻祭財神　天晴
初三日國忌不拜節　在家静坐看福兒夫婦兩人俱極

07879 蘭檢京都日記不分卷 （清）孫銘恩撰　稿本

南通市圖書館藏，存清咸豐二年。

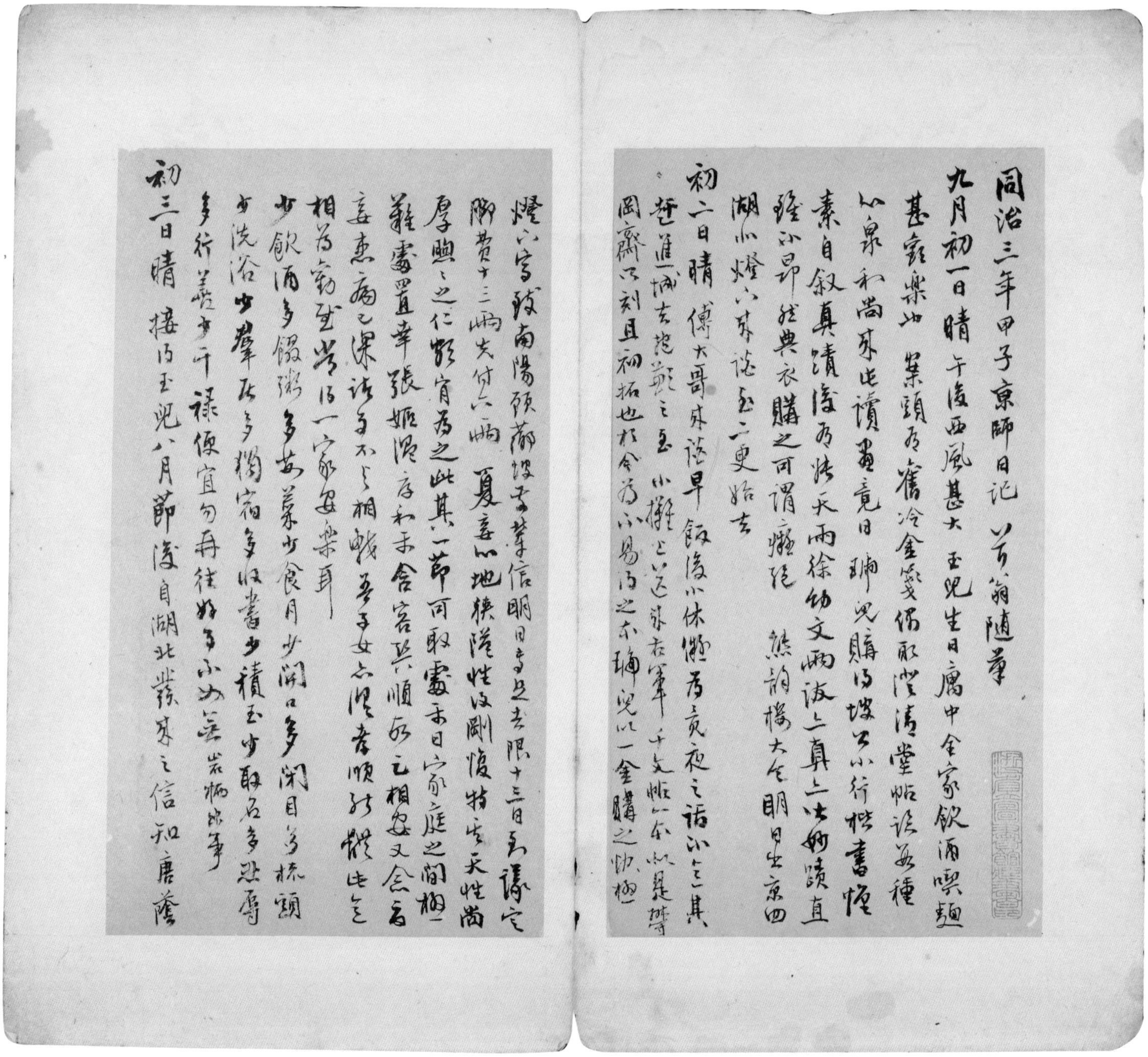

07880 同治三年甲子京師日記一卷（清）周壽昌撰　手稿本

何維朴、李瑞奇跋。浙江圖書館藏，存清同治三年九月至十二月。

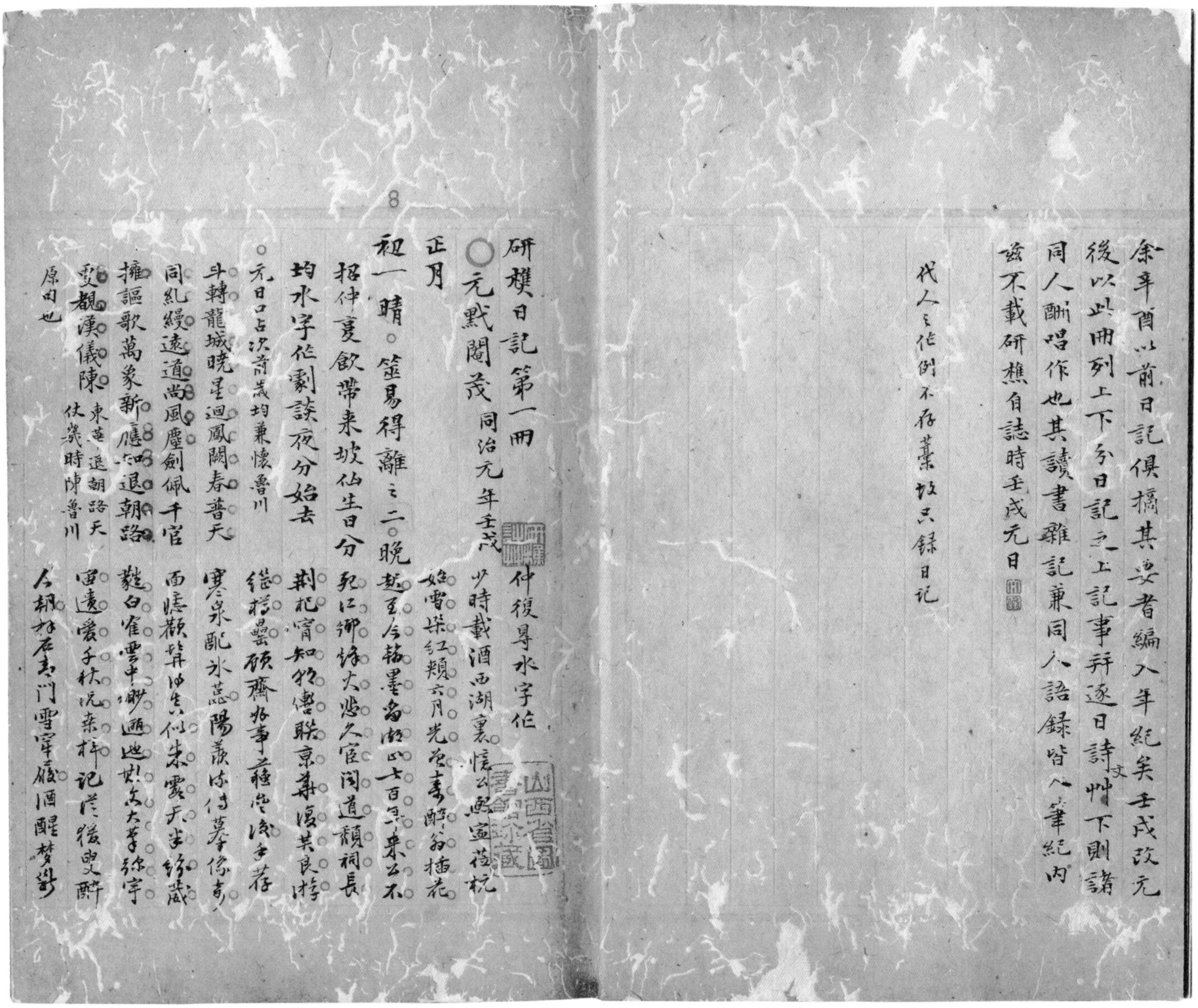
余辛酉以前日記俱摘其要者編入年紀矣壬戌改元後以此冊列上下分日記之上記事并逐日詩文草下則諸同人酬唱作也其讀書雜記兼同人語錄皆入筆紀內茲不載研樵自誌時壬戌元日

代人之作例不存稾故只錄日記

研樵日記第一冊

○元默閹茂 同治元年壬戌

正月

初一 晴。筮易得離之二。晚招仲夏飲帶東坡仙生日分均水字仿劉談夜分始去

○元日口占次前歲均兼懷魯川

斗轉龍城曉星迴鳳闕春普天同紀縵遠道尚風塵劍佩千官擁謳歌萬象新應知退朝路要觀漢儀陳 東華退朝路天仗幾時陳魯川

原因也

07881 研樵山房日記不分卷 （清）董文涣撰　稿本

山西省圖書館藏，存清同治元年正月初一至十四年十一月三十日。

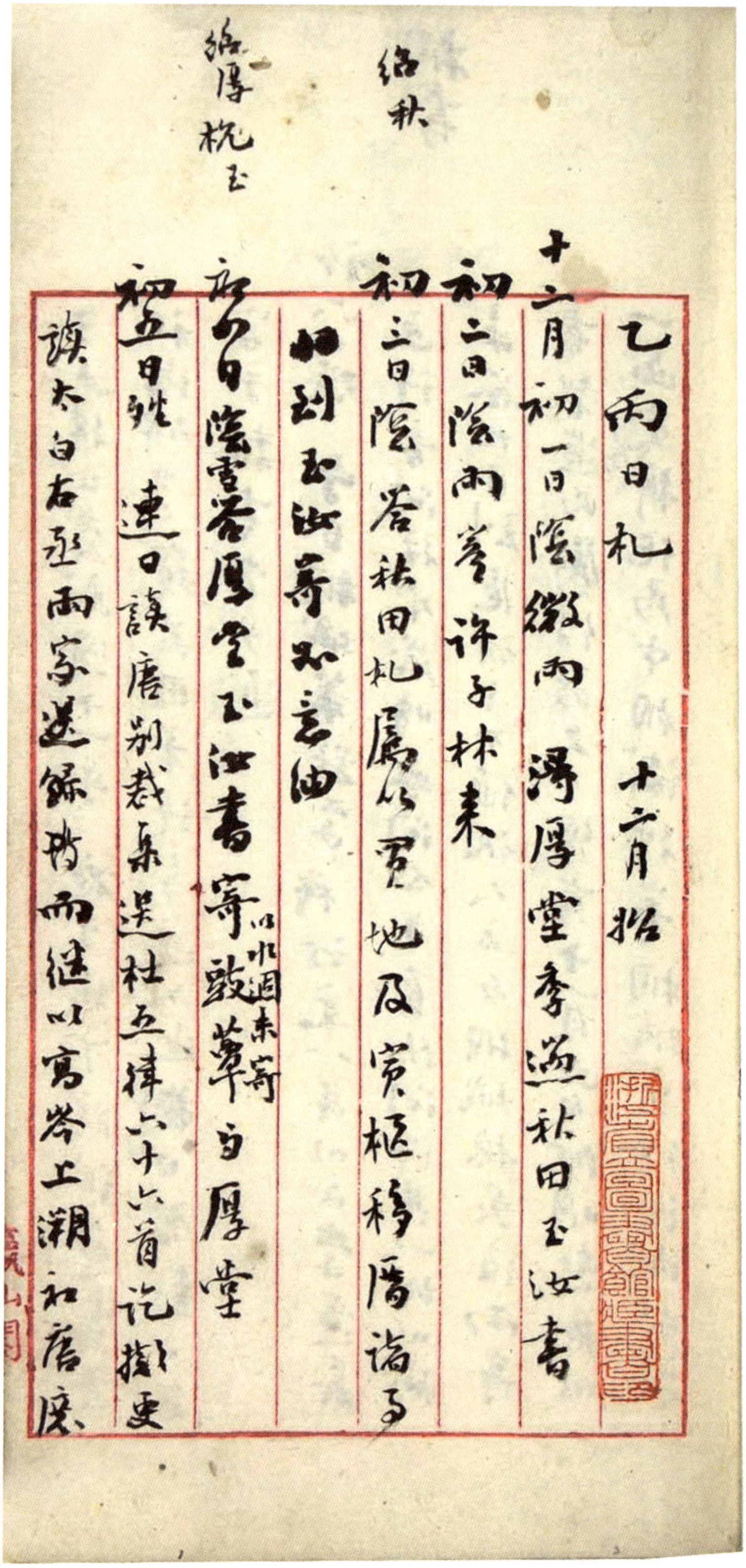

07882 窳盦日劄不分卷 （清）周星詒撰　手稿本

浙江圖書館藏，存清光緒二十一至二十二年。

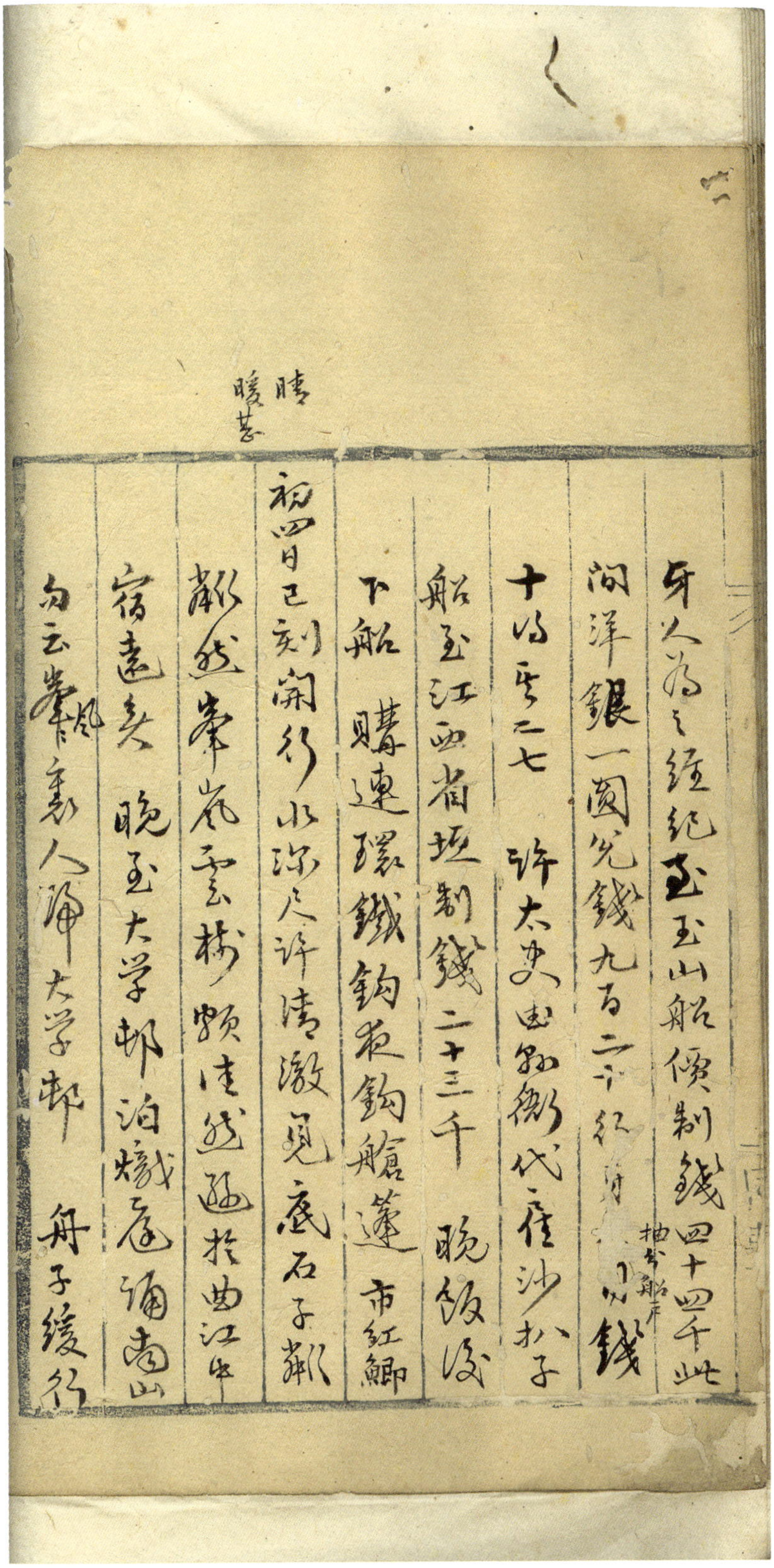

07883 北行日記不分卷 （清）黄培芳撰　稿本

廣東省立中山圖書館藏，存清嘉慶二十三年十一月初九日至二十四年閏四月十四日。

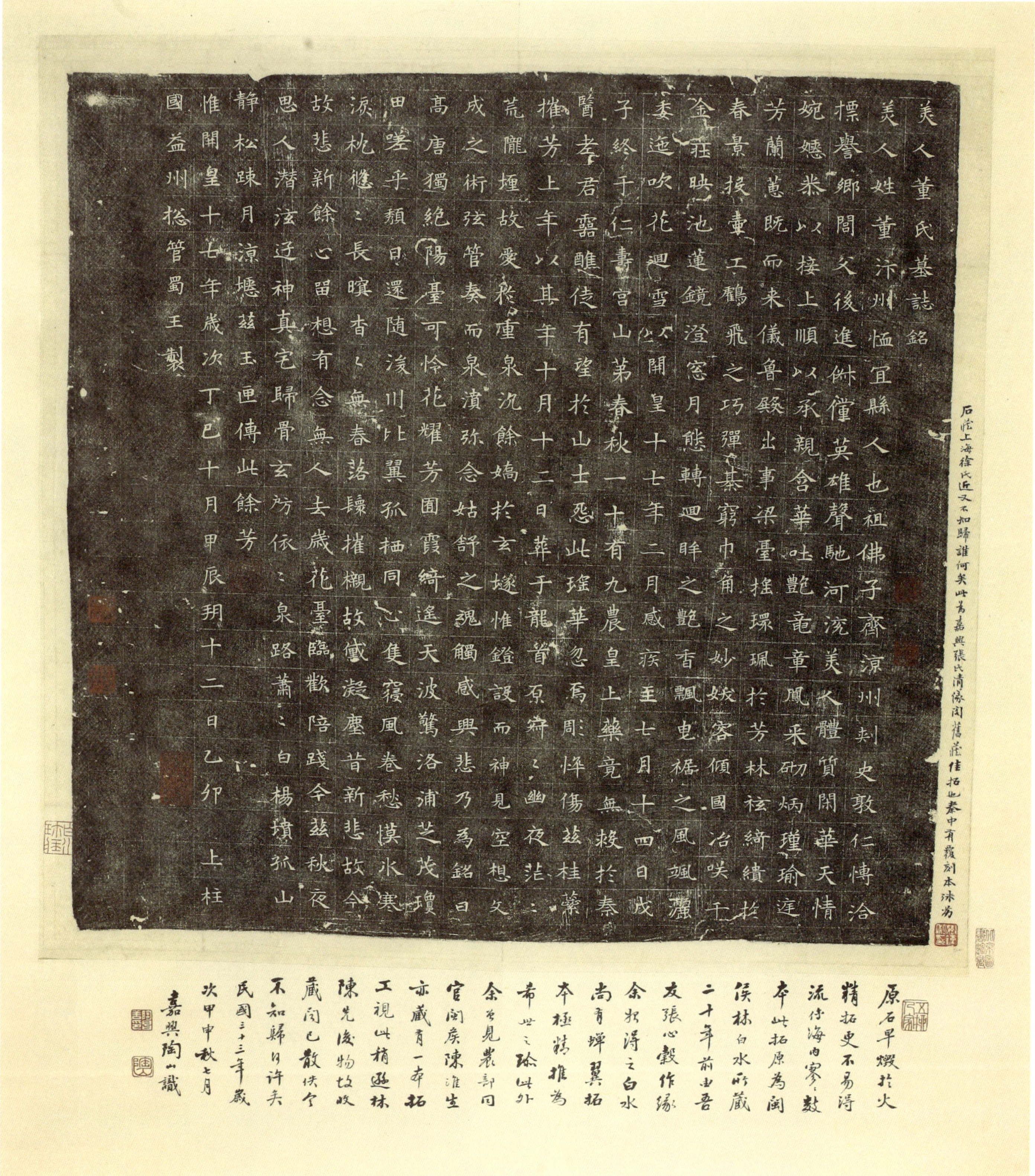
美人董氏墓誌銘
美人姓董汴州恤宜縣人也祖佛子齊涼州刺史敦仁博洽
標譽鄉閭父後進俶儻英雄聲馳河渷美人體質閑華天情
婉嫕恭以接上順以承親含華吐艷龍章鳳采砌炳瑾瑜庭
芳蘭蕙既而來儀魯殿出事梁臺搖環珮於芳林袪綺繢於
春景投壺工鶴飛之巧彈棊窮巾角之妙妓容傾國冶咲千
金妝映池蓮鏡澄窗月態轉迴眸之艷香飄曳裾之風颯灑
委迤吹花迴雪以開皇十七年二月感疾至七月十四日戊
子終于仁壽宮山第春秋一十有九農皇上藥竟無救於秦
醫老君靈醮徒有望於山士怨此瑶華忽焉彫悴傷茲桂蘂
摧芳上苑以其年十月十二日葬于龍首原將以幽夜茫〻
荒隴埋故愛而不見泉沉餘嫣於玄墜惟鐙設而神見空想文
成之術弦管奏而泉濆彌念姑舒之魂觸感興悲乃為銘曰
高唐獨絕陽臺可憐花耀芳囿霞綺遙天波驚洛浦芝茂瓊
田嗟乎頹日還隨湥川比翼孤栖同心隻寢風卷愁慔冰寒
淚枕悵〻長暝杳〻無春落鐶摧櫬故鐙凝塵昔新悲故今
故悲新餘心留想有念無人去歲花臺臨歡陪踐今茲秋夜
思人潛泫迥神真宅歸骨玄房依〻泉路蕭〻白楊墳孤山
靜松疎月涼瘞茲玉匣傳此餘芳
惟開皇十七年歲次丁巳十月甲辰朔十二日乙卯 上柱
國益州揔管蜀王製
石藏上海徐氏近又不知歸誰何矣此爲嘉興張氏清儀閣舊藏佳拓也秦中有覆刻本
原石早燬於火精拓更不易得流傳海内寥〻數本此拓原為閩侯林白水所藏二十年前由吾友張心穀作緣余收得之白水尚有蟬翼拓本極精推為希世之珍此外余曾見農部同官閩侯陳淮生亦藏有一本拓工視此稍遜林陳先後物故收藏聞已散佚今不知歸何許矣 民國三十三年歲次甲申秋七月嘉興陶山識

07884 董美人墓誌 （隋）楊秀撰 隋開皇十七年（597）十月十二日刻石 清道光初拓本

卷軸裝。墨本高 51 厘米，廣 52 厘米。有“嘉興張廷濟叔未甫”、“眉壽老人”、“鈞初所得古刻善本”、“樹鏞私印”、“五柳人家”、“陶山珍藏”、“雁湖世家”、“陶昌善印”、“白水珍藏”、“嚴復”、“陸恢私印”等印。伊立勳題簽，張廷濟、沈樹鏞題跋。國家圖書館藏。

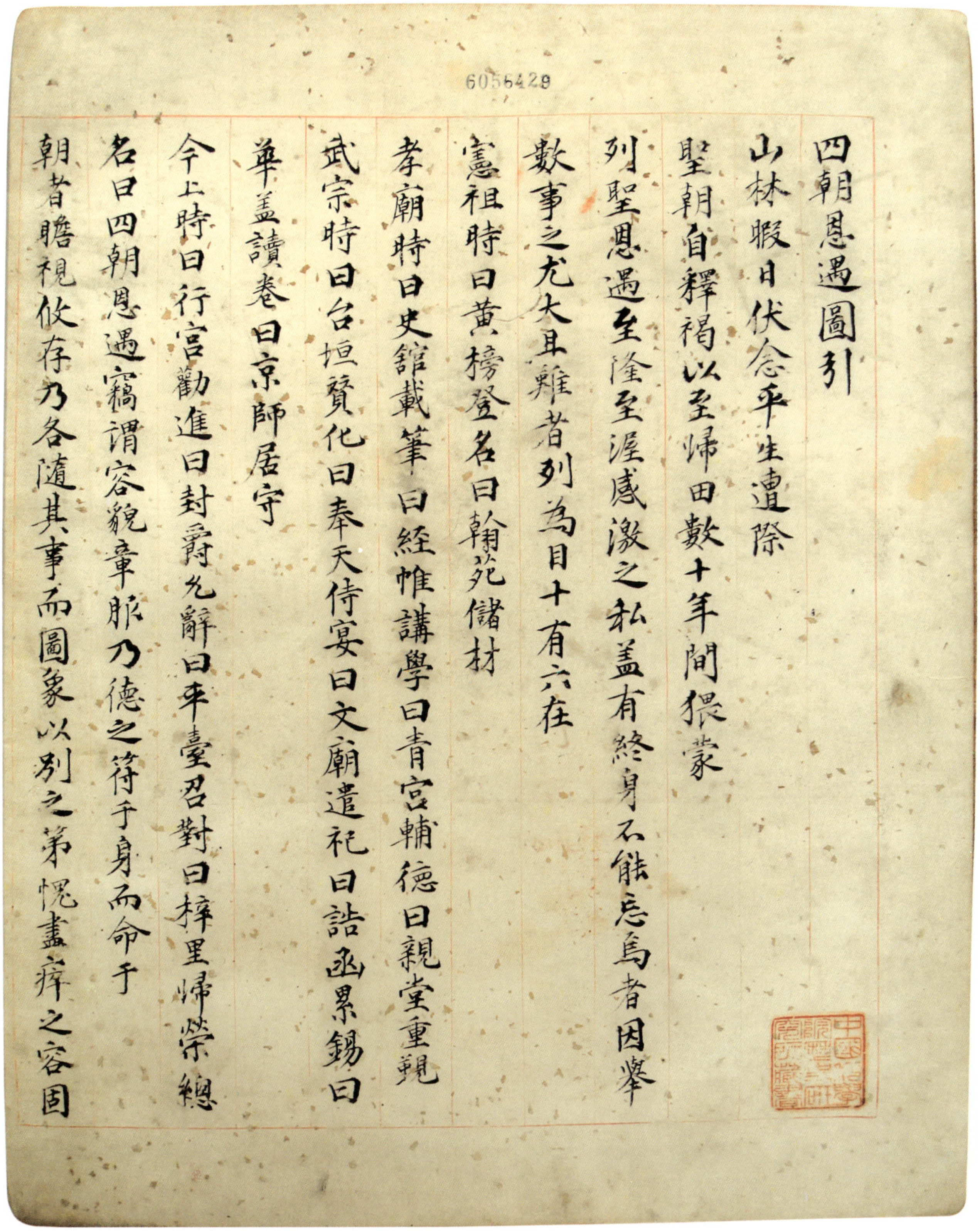

四朝恩遇圖引
山林暇日伏念平生遭際
聖朝自釋褐以至歸田數十年間猥蒙
列聖恩遇至隆至渥感激之私蓋有終身不能忘焉者因舉
數事之尤大且難者列為目十有六在
憲祖時曰黄榜登名曰翰苑儲材
孝廟時曰史館載筆曰經帷講學曰青宮輔德曰親堂重覲
武宗時曰台垣贊化曰奉天侍宴曰文廟遣祀曰誥函累錫曰
華蓋讀卷曰京師居守
今上時曰行宮勸進曰封爵允辭曰平臺召對曰梓里歸榮總
名曰四朝恩遇竊謂容貌章服乃德之符于身而命于
朝者瞻視攸存乃各隨其事而圖象以别之第愧畫痒之容固

07885 四朝恩遇圖不分卷 （明）毛紀撰　稿本

經折裝。有“惟之”、“海翁”、“大學士之章”等印。中國社會科學院歷史研究所圖書館藏。

07886 靖氛殊勳 清乾隆年間彩繪本

國家圖書館藏。

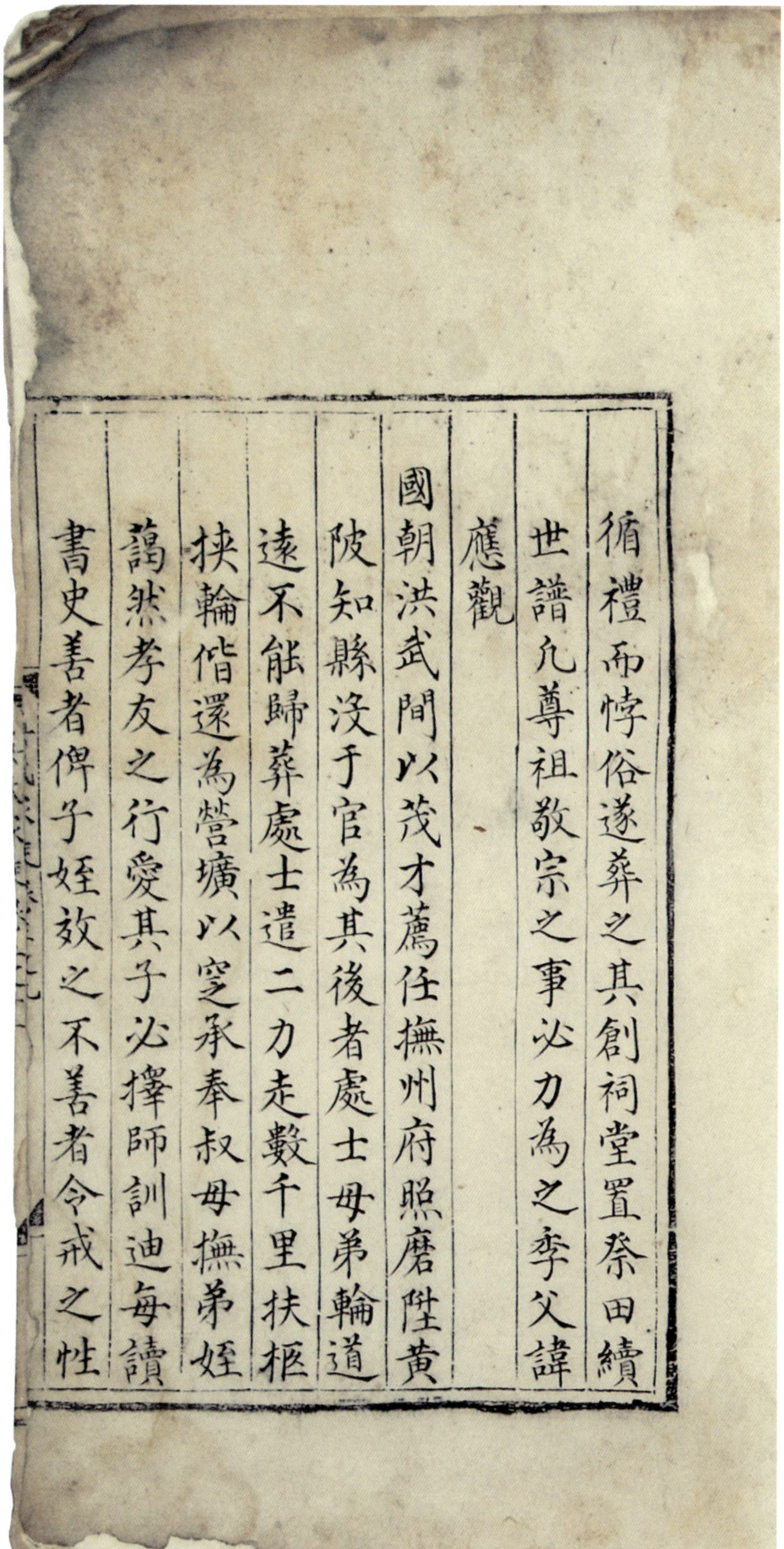
循禮而悖俗遂葬之其創祠堂置祭田續
世譜九尊祖敬宗之事必力為之季父諱
應觀
國朝洪武間以茂才薦任撫州府照磨陞黃
陂知縣沒于官為其後者處士母弟輪道
遠不能歸葬處士遣二力走數千里扶柩
挾輪偕還為營壙以窆承奉叔母撫弟姪
藹然孝友之行愛其子必擇師訓迪每讀
書史善者俾子姪效之不善者令戒之性

07887 吳氏家乘□□卷 明抄本

匡高 20.9 厘米，廣 13.8 厘米。半葉九行，行十八字，白口，四周雙邊。溫州市圖書館藏，存一卷。

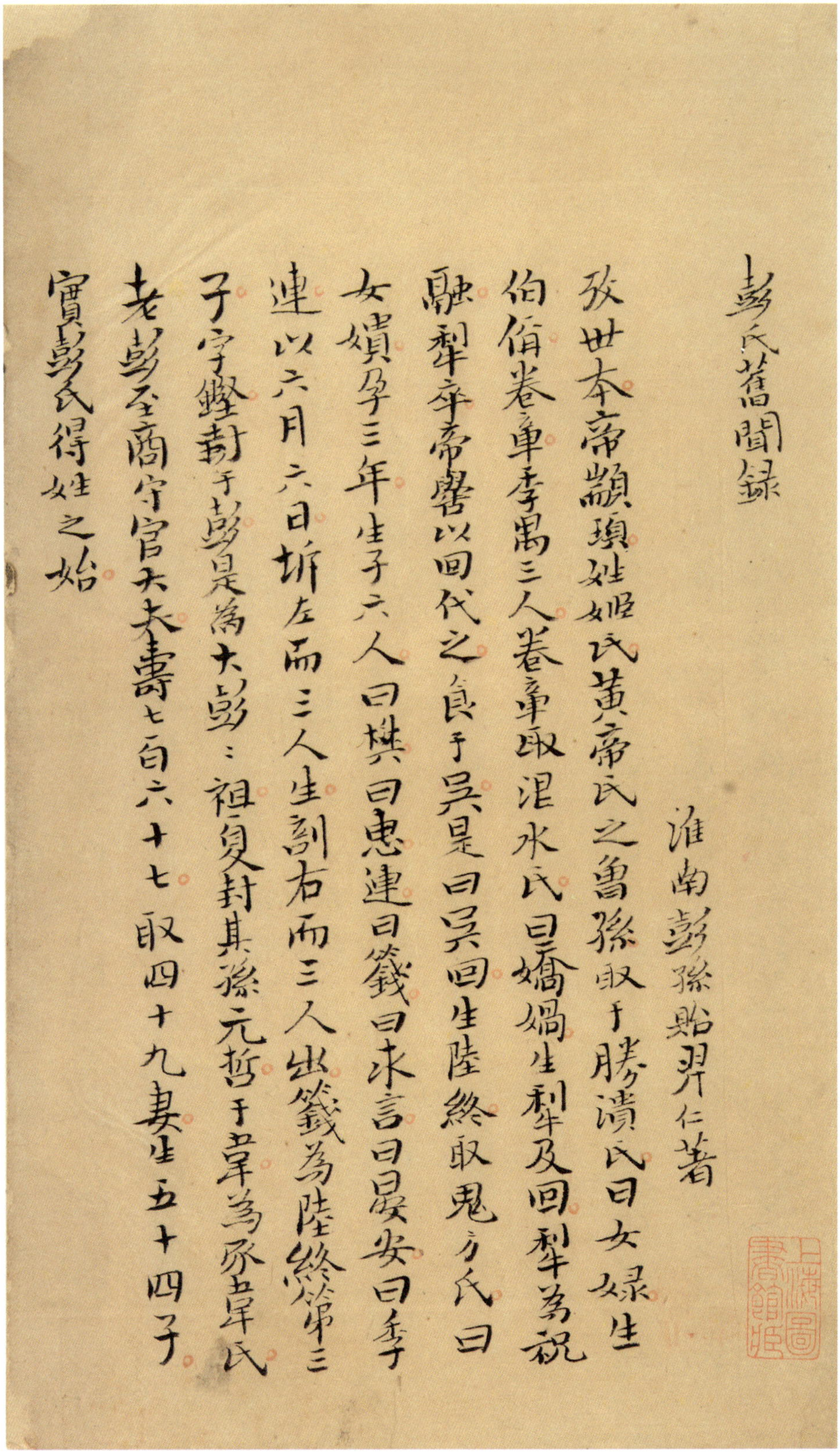
彭氏舊聞録

淮南彭孫貽羿仁著

彭氏世本帝顓頊姓姬氏黃帝氏之曾孫取于滕濆氏曰女禄生伯偁卷章季禺三人卷章取泥水氏曰嬌媧生犁及回犁為祝融犁卒帝嚳以回代之良于吳是曰吳回生陸終取鬼方氏曰女嬇孕三年生子六人曰樊曰惠連曰籛曰求言曰晏安曰季連以六月六日坼左而三人生剖右而三人出籛為陸終第三子字鏗封于彭是為大彭彭祖負封其孫元哲于韋為豕韋氏老彭至商守官大夫壽七百六十七取四十九妻生五十四子實彭氏得姓之始

07888 彭氏舊聞録一卷太僕行畧一卷 （清）彭孫貽撰　手稿本

□世鑒題識。上海圖書館藏。

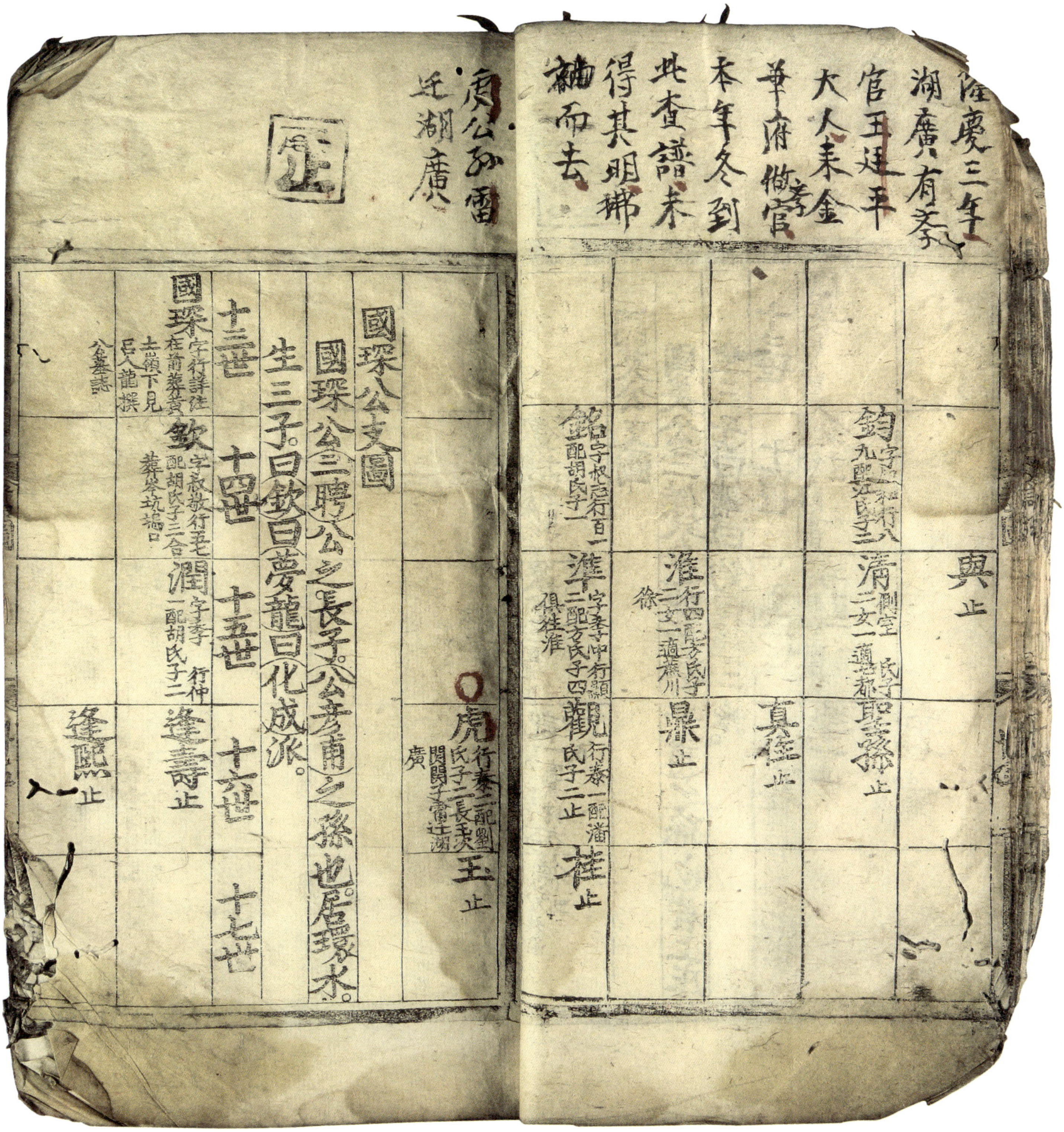
廣公孫雷
遷湖廣
國琛公支圖
國琛公三聘公之長子八公孝甫之孫也居瑯木
生三子曰欽曰夢龍曰化成派
十三世
十四世
十五世
十六世
十七世
逢壽 止
逢熙 止
王 止
與 止
鼎 止
桂 止

07889 王氏族譜六卷 （明）王賓纂修　明成化十六年（1480）淳安王氏韶州刻本

匡高 22.2 厘米，廣 14.5 厘米。半葉十行，行二十四字，黑口，四周雙邊。

國家圖書館藏。

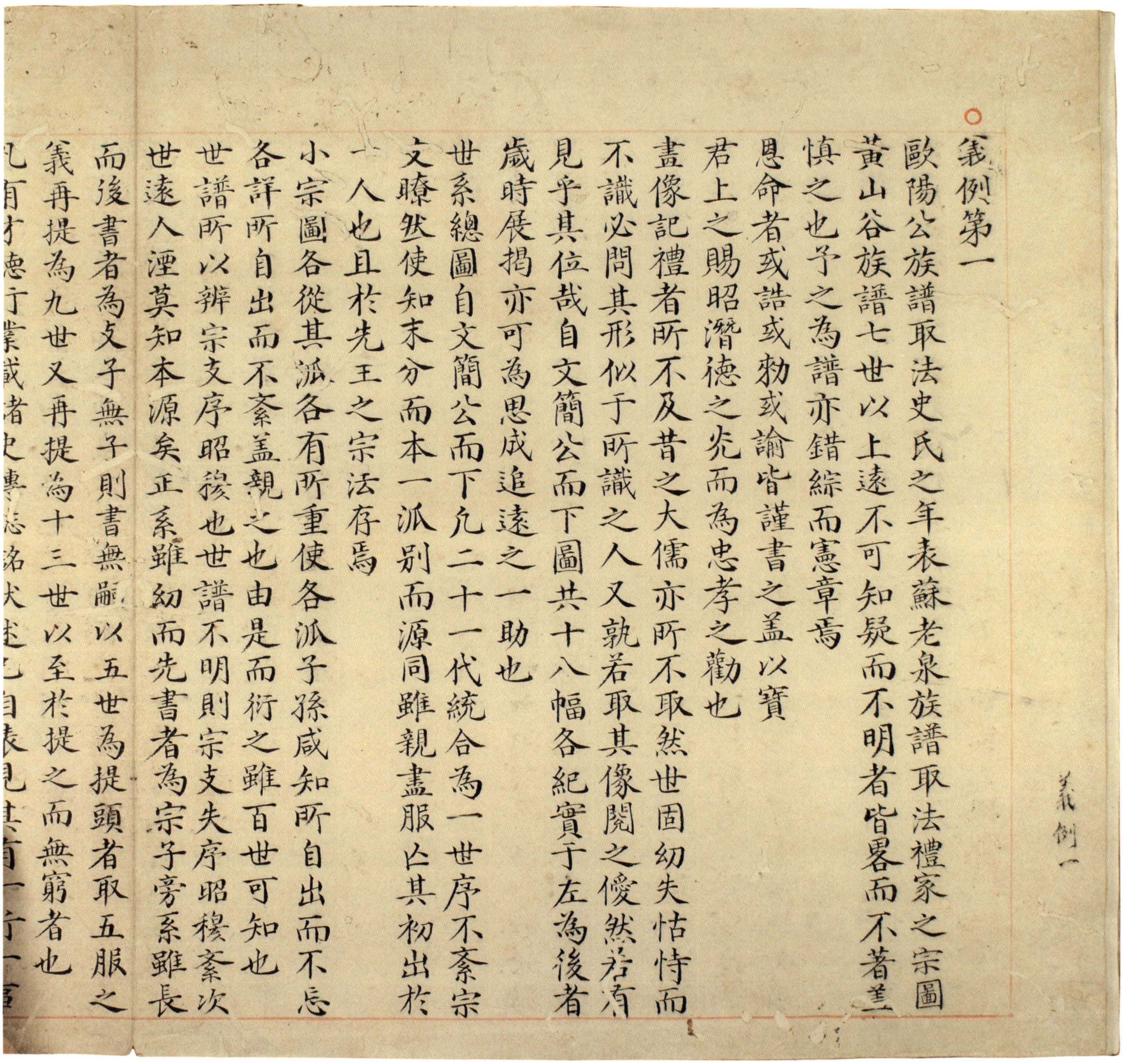
義例第一
歐陽公族譜取法史氏之年表蘇老泉族譜取法禮家之宗圖
黄山谷族譜七世以上遠不可知疑而不明者皆畧而不著蓋
慎之也予之為譜亦錯綜而憲章焉
恩命者或誥或勑或諭皆謹書之蓋以寶
君上之賜昭濳德之光而為忠孝之勸也
畫像記禮者所不及昔之大儒亦所不取然世固幼失怙恃而
不識必問其形似于所識之人又孰若取其像閱之僾然若有
見乎其位哉自文簡公而下圖共十八幅各紀實于左為後者
歲時展揭亦可為思成追遠之一助也
世系總圖自文簡公而下凡二十一代統合為一世序不紊宗
支瞭然使知末分而本一派別而源同雖親盡服亾其初出於
一人也且於先王之宗法存焉
小宗圖各從其派各有所重使各派子孫咸知所自出而不忘
各詳所自出而不紊蓋親之也由是而衍之雖百世可知也
世譜所以辨宗支序昭穆也世譜不明則宗支失序昭穆紊次
世遠人湮莫知本源矣正系雖幼而先書者為宗子旁系雖長
而後書者為支子無子則書無嗣以五世為提頭者取五服之
義再提為九世又再提為十三世以至於提之而無窮者也
凡有才德行業識者史傳志銘狀述已自表見其有一行一
義例一

07890 向氏家乘十卷 （明）向洪上纂修　明嘉靖抄本

浙江圖書館藏，存八卷。

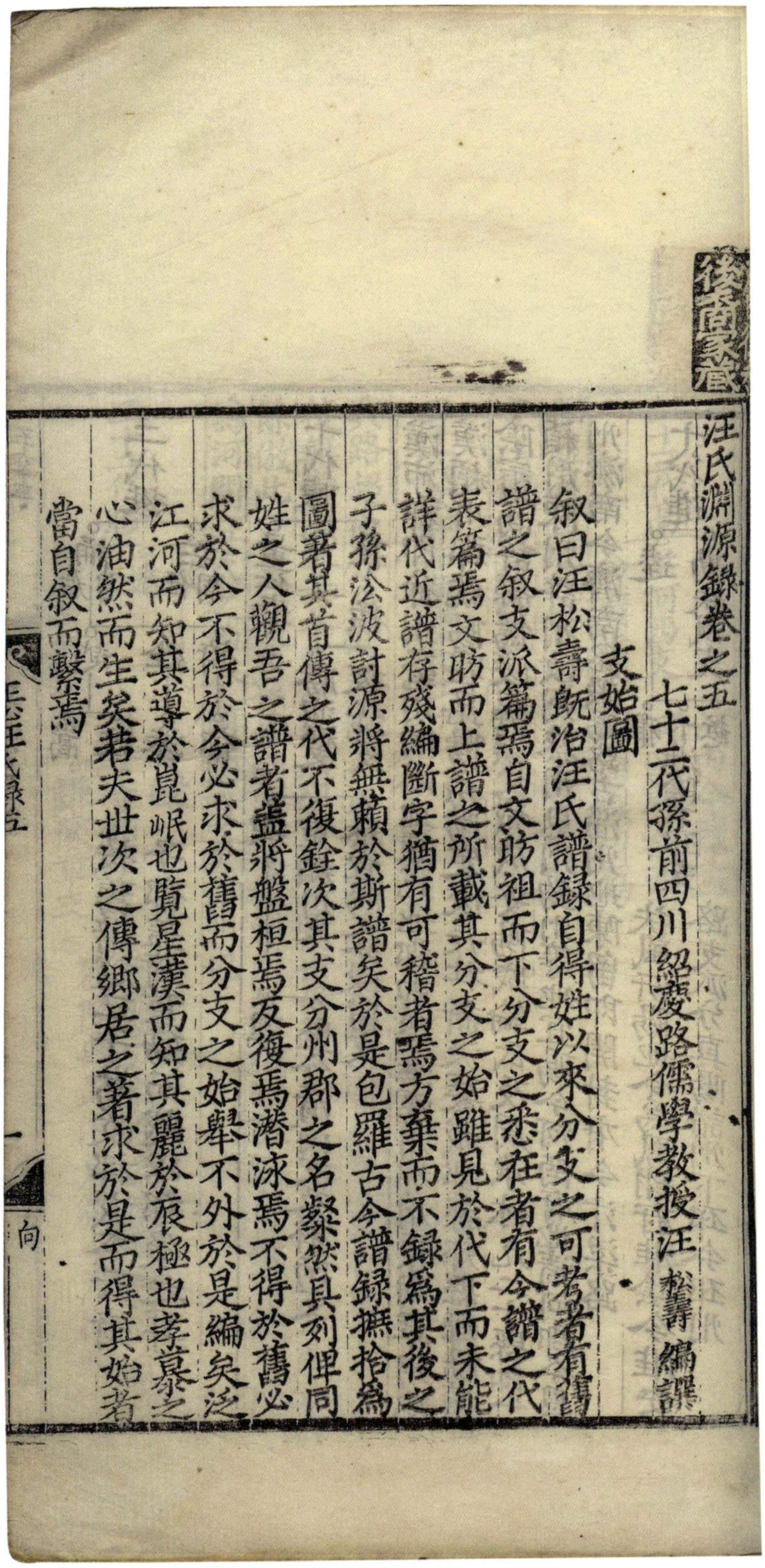
汪氏淵源録卷之五
七十二代孫前四川紹慶路儒學教授汪松壽編譔
支始圖
敘曰汪松壽旣治汪氏譜録自得姓以來分支之可考者有舊譜之敘支派篇焉自文肪祖而下分支之悉在者有今譜之代表篇焉文肪而上譜之所載其分支之始雖見於代下而未能詳代近譜存殘編斷字猶有可稽者焉方棄而不録爲其後之子孫泝波討源將無賴於斯譜矣於是包羅古今譜録摭拾爲圖著其首傳之代不復銓次其支分州郡之名纍然具列俾同姓之人覩吾之譜者盡將盤桓焉反復焉潛泳焉不得於舊必求於今不得於今必求於舊而分支之始舉不外於是編矣泛江河而知其導於崑岷也覧星漢而知其麗於辰極也孝慕之心油然而生矣若夫世次之傳鄉居之著求於是而得其始者當自敘而繫焉

07891、07892 汪氏淵源録十卷 （元）汪松壽纂修　明刻正德十三年（1518）重修本

匡高22.5厘米，廣16.2厘米。半葉十四行，行二十六至二十八字不等，細黑口，左右雙邊。浙江圖書館藏；安徽省圖書館藏，有抄配。

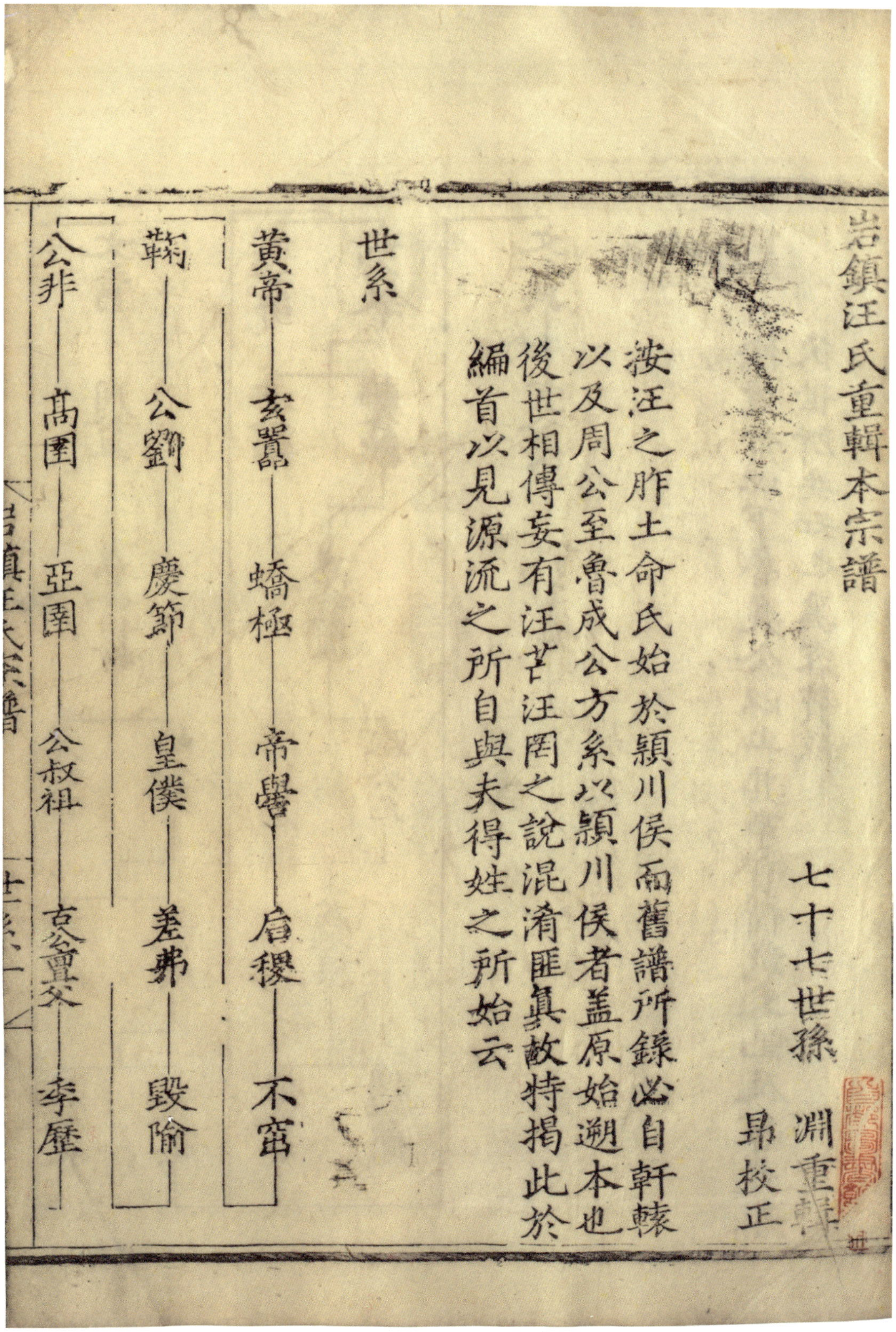
岩鎮汪氏重輯本宗譜

七十七世孫　淵重輯
昂校正

按汪之胙土命氏始於潁川侯而舊譜所録必自軒轅以及周公至魯成公方系以潁川侯者蓋原始遡本也後世相傳妄有汪芒汪罔之説混淆匪眞故特揭此於編首以見源流之所自與夫得姓之所始云

世系

黄帝—玄囂—蟜極—帝嚳—后稷—不窋
鞠—公劉—慶節—皇僕—差弗—毀隃
公非—高圉—亞圉—公叔祖—古公亶父—季歷

07893 岩鎮汪氏重輯本宗譜四卷（明）汪淵輯　明弘治十三年（1500）
刻本
匡高 29.2 厘米，廣 24.9 厘米。半葉十六行，行二十四字，白口，四周雙邊。
首都圖書館藏。

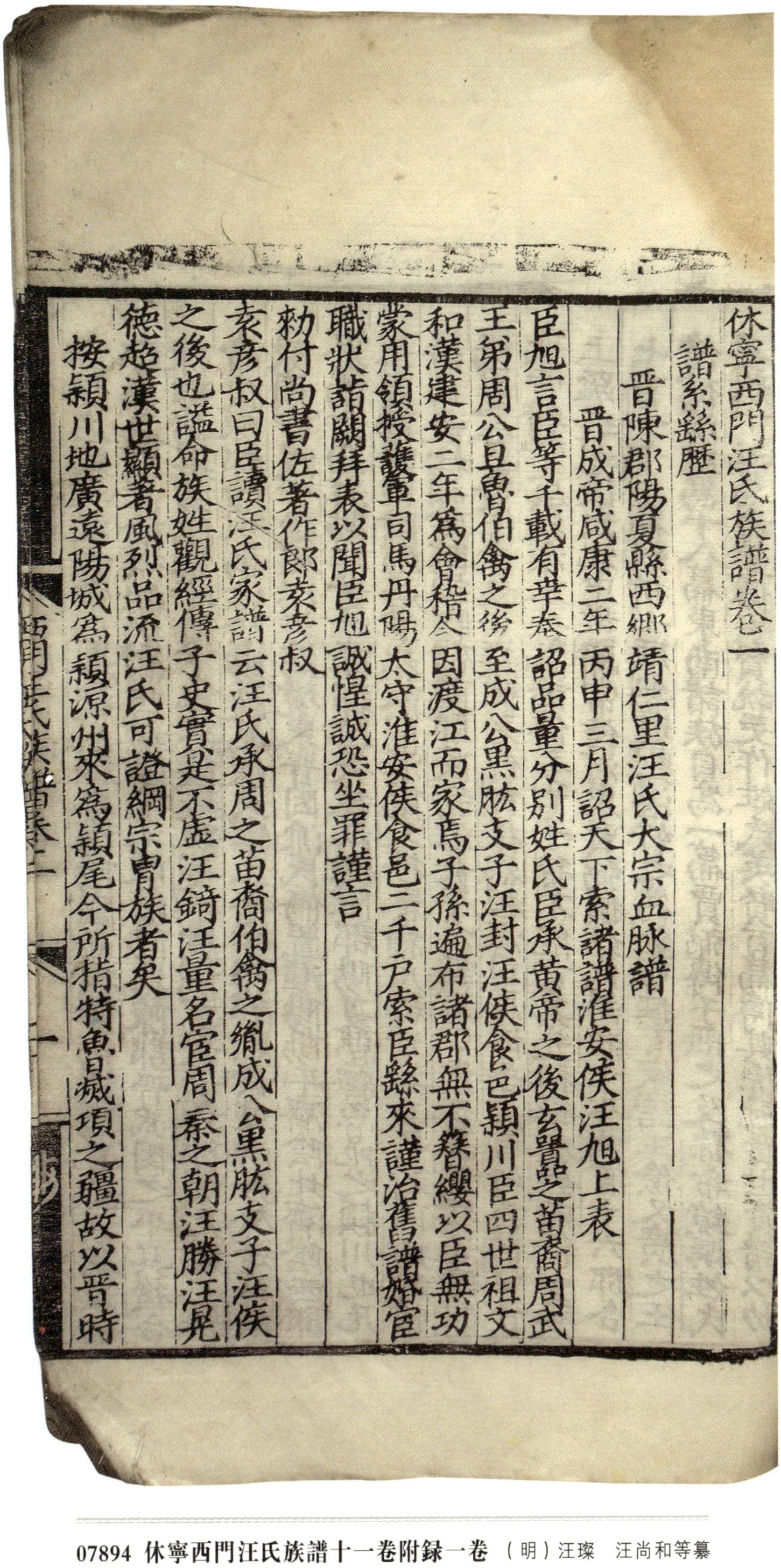
休寧西門汪氏族譜卷之一
譜系緜歷
晋陳郡陽夏縣西鄉靖仁里汪氏大宗血脉譜
晋成帝咸康二年丙申三月詔天下索諸譜淮安侯汪旭上表
臣旭言臣等千載有莘奉詔品量分别姓氏臣承黄帝之後玄囂之苗裔周武
王弟周公旦曾伯禽之後至成公黑肱支子汪封汪侯食邑潁川臣四世祖文
和漢建安二年爲會稽令因渡江而家焉子孫遍布諸郡無不簪纓以臣無功
蒙用領授護軍司馬丹陽太守淮安侯食邑二千户索臣繇來謹治舊譜始官
職狀詣闕拜表以聞臣旭誠惶誠恐坐罪謹言
勑付尚書佐著作郎袁彦叔
袁彦叔曰臣讀汪氏家譜云汪氏承周之苗裔伯禽之胤成公黑肱支子汪侯
之後也謚命族姓觀經傳子史實是不虚汪錡汪量名宦周秦之朝汪勝汪晃
德超漢世顯著風烈品流汪氏可證綱宗胄族者矣
按潁川地廣遠陽城爲潁源州來爲潁尾今所指特魯臧項之疆故以晋時

07894 休寧西門汪氏族譜十一卷附録一卷 （明）汪璨　汪尚和等纂修　明嘉靖六年（1527）刻本

匡高26.4厘米，廣18.2厘米。半葉十四行，行三十字，黑口，四周單邊。有“西門汪氏宗譜圖書”等印。安徽省圖書館藏。

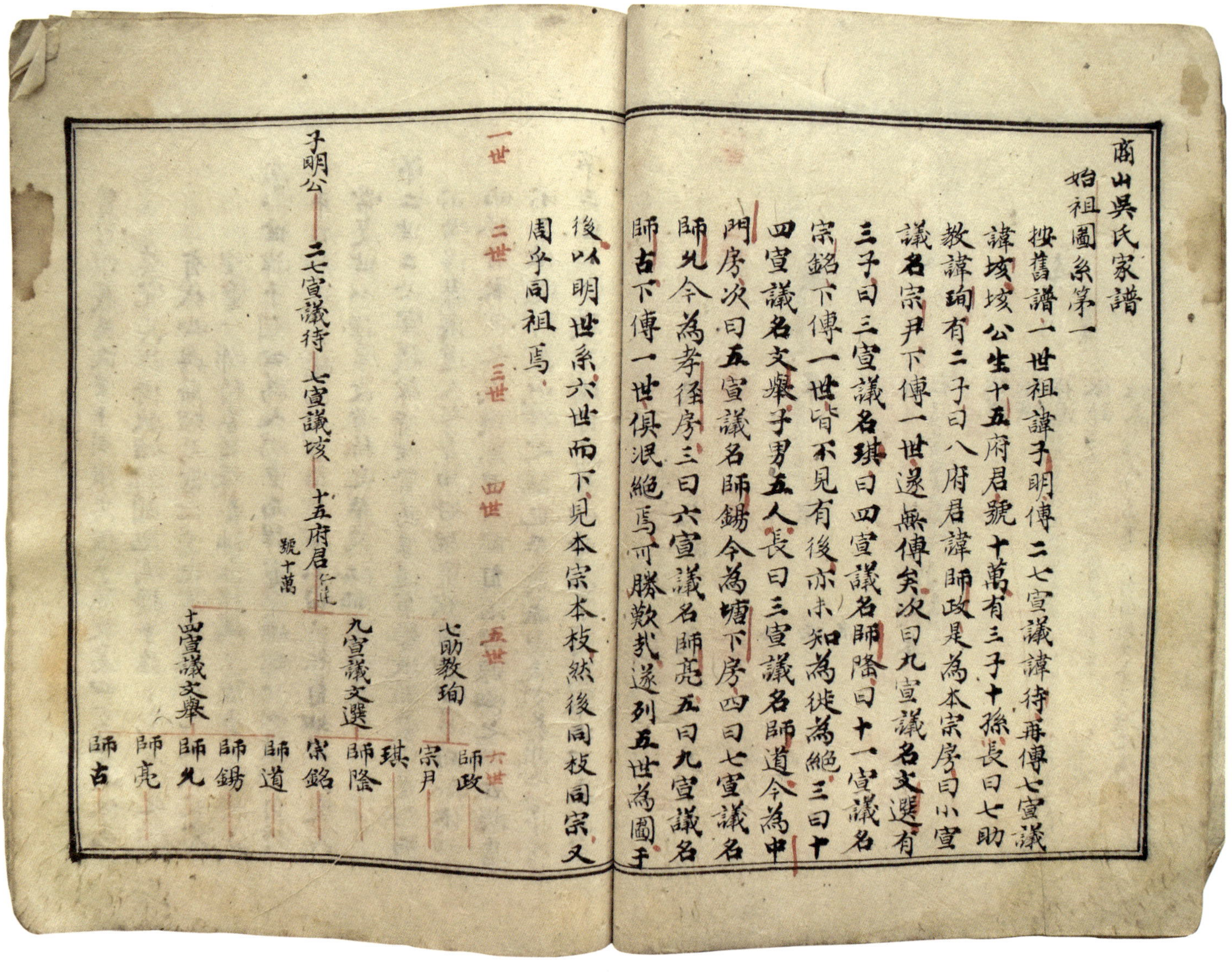

商山吳氏家譜
始祖圖系第一
按舊譜一世祖諱子明傳二七宣議諱待再傳七宣議
諱垓垓公生十五府君號十萬有三子十孫長曰七助
教諱珣有二子曰八府君諱師政是為本宗房曰小宣
議名宗尹下傳一世遂無傳矣次曰九宣議名文選有
三子曰三宣議名琪曰四宣議名師隆曰十一宣議名
宗銘下傳一世皆不見有後亦未知為從為絕三曰十
四宣議名文舉子男五人長曰三宣議名師道今為中
門房次曰五宣議名師錫今為塘下房四曰七宣議名
師允今為孝徑房三曰六宣議名師亮五曰九宣議名
師古下傳一世俱泯絕焉可勝歎哉遂列五世為圖于
後以明世系六世而下見本宗本枝然後同枝同宗又
周乎同祖焉

一世 子明公
二世 二七宣議待
三世 七宣議垓
四世 十五府君 號十萬
五世 七助教珣 九宣議文選 十四宣議文舉
六世 師政 宗尹 琪 師隆 宗銘 師道 師錫 師允 師亮 師古

07895 商山吳氏家譜不分卷 （明）吳士信纂修　明抄本

蝴蝶裝。匡高 27.5 厘米，廣 21.3 厘米。半葉十二行，行二十四字，白口，四周雙邊。安徽省圖書館藏。

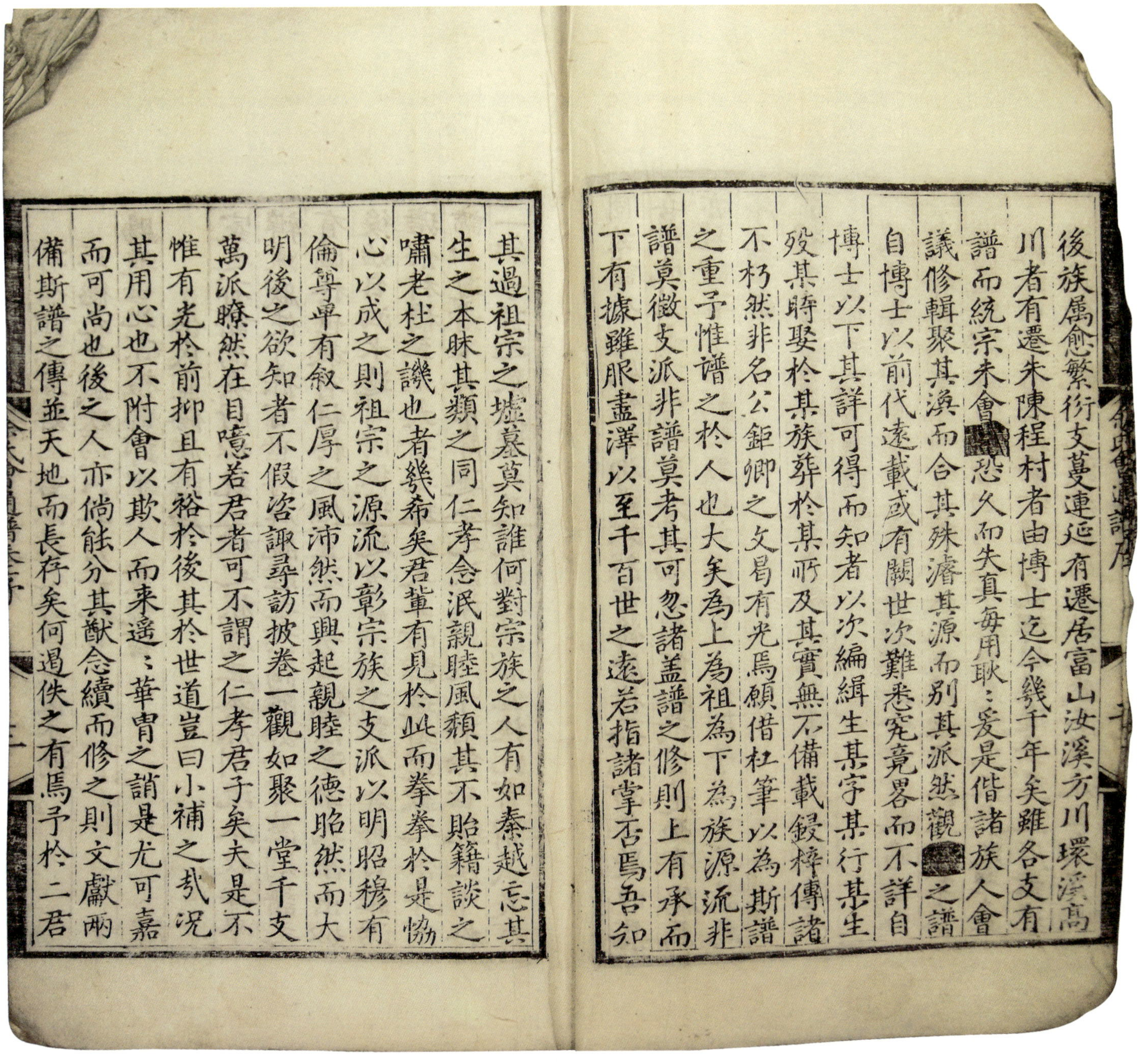
後族屬愈繁衍支蔓連延有遷居富山汝溪方川環溪高
川者有遷朱陳程村者由博士迄今幾千年矣雖各支有
譜而統宗未會[illegible]恐久而失真每用耿耿爰是偕諸族人會
議修輯聚其渙而合其殊濬其源而別其派然觀[illegible]之譜
自博士以前代遠載或有闕世次難悉究竟畧而不詳自
博士以下其詳可得而知者以次編緝生某字某行某生
歿某時娶於某族葬於某所及其實無不備載鋟梓傳諸
不朽然非名公鉅卿之文曷有光焉類借杠筆以為斯譜
之重予惟譜之於人也大矣為上為祖為下為族源流非
譜莫徵支派非譜莫考其可忽諸盖譜之修則上有承而
下有據雖服盡澤以至千百世之遠若指諸掌否焉吾知
其過祖宗之墟墓莫知誰何對宗族之人有如秦越忘其
生之本脉其類之同仁孝念泯親睦風頹其不貽籍談之
嘯老杜之譏也者幾希矣君輩有見於此而拳拳於是恊
心以成之則祖宗之源流以彰宗族之支派以明昭穆有
倫尊卑有叙仁厚之風沛然而興起親睦之德晌然而大
明後之欲知者不假咨諏尋訪披卷一覽如聚一堂千支
萬派瞭然在目噫若君者可不謂之仁孝君子矣夫是不
惟有光於前抑且有裕於後其於世道豈曰小補之哉況
其用心也不附會以欺人而來遙遙華胄之誚是尤可嘉
而可尚也後之人亦倘能分其猷念續而修之則文獻兩
備斯譜之傳並天地而長存矣何過佚之有焉予於二君

07896 泗水余氏會通世譜五卷外紀一卷 （明）余瑗纂修　明正德三年（1508）刻本

包背裝。匡高24.5厘米，廣17厘米。半葉十一行，行二十三字，黑口，四周雙邊。

安徽中國徽州文化博物館藏。

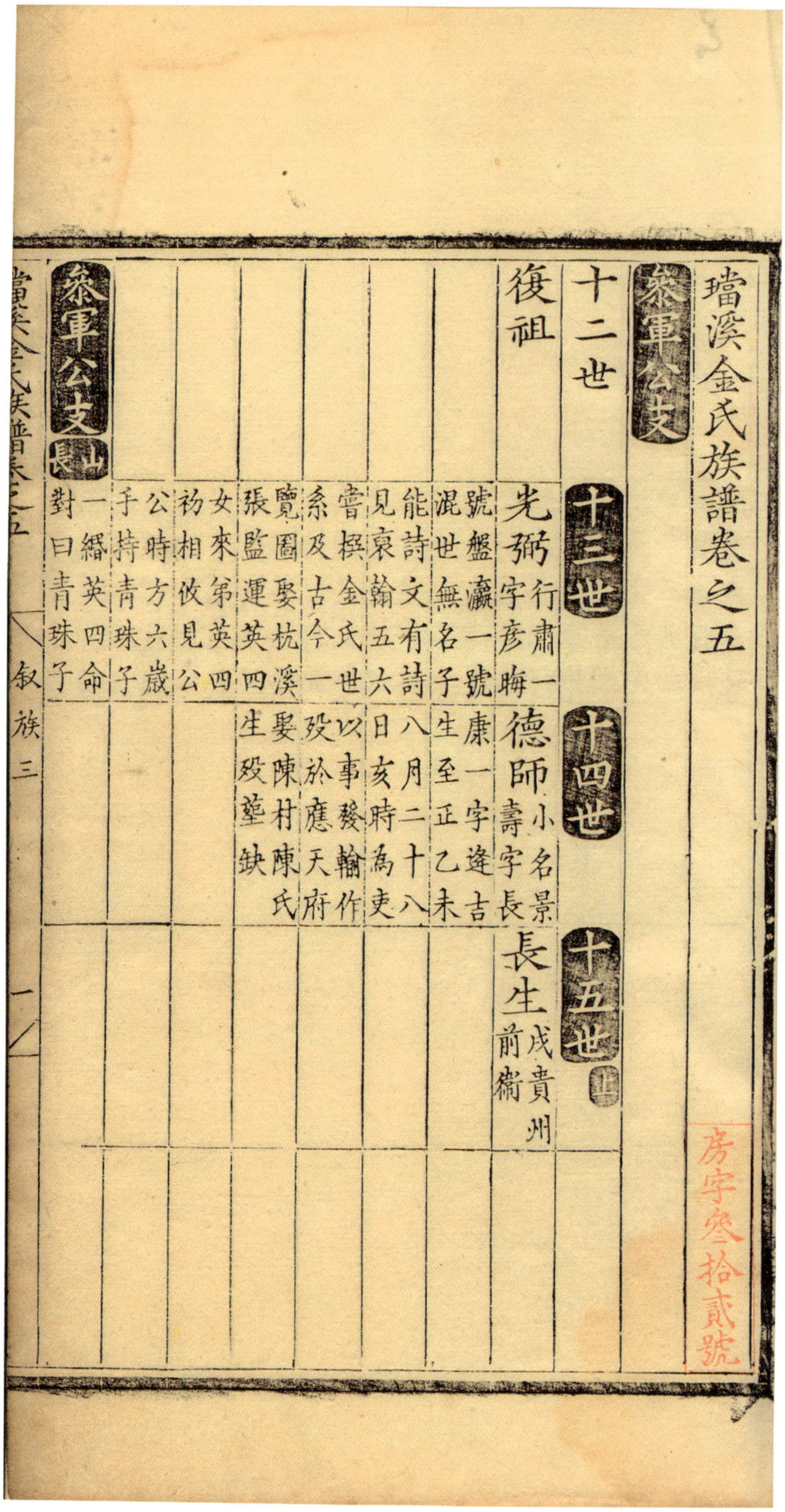
瑠溪金氏族譜卷之五
參軍公支
十二世
復祖
十三世
十四世
十五世
房字叁拾貳號

07897 瑠溪金氏族譜十八卷 （明）金瑤　金應宿纂修　明隆慶二年（1568）刻本

匡高 25 厘米，廣 16.8 厘米。半葉十一行，行二十五字，白口，四周雙邊。

中國科學院國家科學圖書館藏，存十五卷。

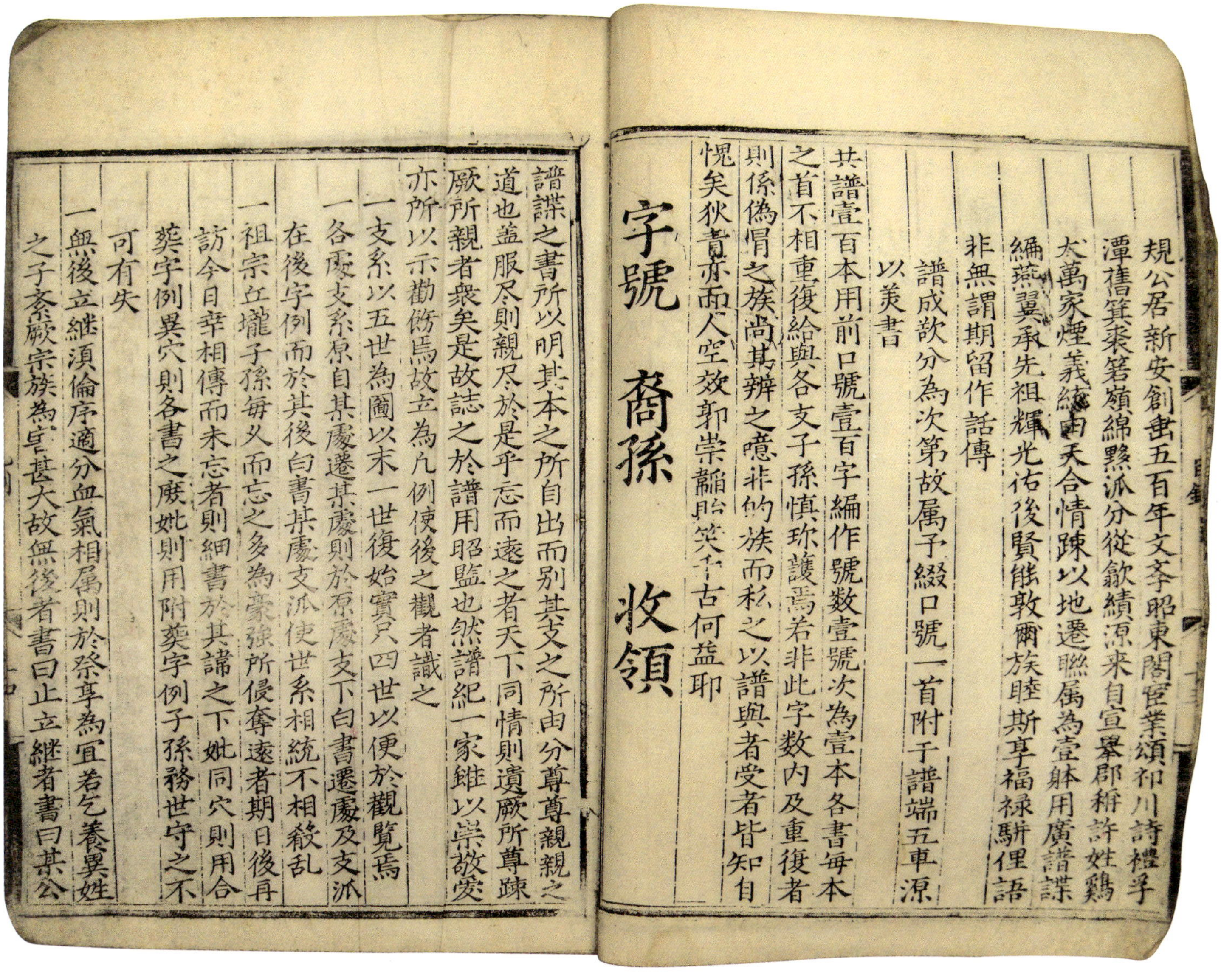
規公居新安創畫五百年文斈昭東閣宦業頌祁川詩禮爭
潭舊箕裘箸纘綿縣派分從歙績源來自宣暨郡稱許姓雞
犬萬家煙義統由天合情踈以地遷聯屬為壹躰用廣譜諜
綿燕翼承先祖輝光佑後賢能敦爾族睦斯享福禄駢俚語
非無謂期留作話傳
譜成歆分為次第故屬予綴口號一首附于譜端五車源
以美書
共譜壹百本用前口號壹百字編作號數壹號次為壹本各書每本
之首不相重復給與各支子孫慎珎護焉若非此字數内及重復者
則係偽冒之族尚其辨之噫非的族而私之以譜與者受者皆知自
愧矣狄青亦而人空效郭崇韜貽笑千古何益耶
字號　裔孫　收領

譜諜之書所以明其本之所自出而別其支之所由分尊尊親親之
道也蓋服盡則親盡於是乎忘而遠之者天下同情則遺厥所尊踈
厥所親者衆矣是故誌之於譜用昭監也然譜紀一家雖以崇敬愛
亦所以示勸儆焉故立為凡例使後之觀者識之
一支系以五世為圖以末一世復始實只四世以便於觀覽焉
一各處支系原自其處遷其處則於原處支下白書遷處及支派
在後字例而於其後白書其處支派使世系相統不相殽乱
一祖宗丘壠子孫每久而忘之多為豪強所侵奪遠者期日後再
訪今日幸相傳而未忘者則細書於其諱之下妣同穴則用合
葬字例異穴則各書之㕓妣則用附葬字例子孫務世守之不
可有失
一無後立繼須倫序適分血氣相屬則於祭享為宜若乞養異姓
之子紊厥宗族為害甚大故無後者書曰止立繼者書曰某公

07898 新安許氏統宗世譜不分卷 （明）許廷輝　許世昭等纂修　明嘉靖十八年（1539）刻本

匡高 28 厘米，廣 21.2 厘米。半葉十三行，行字不等，黑口，四周雙邊。安徽中國徽州文化博物館藏。

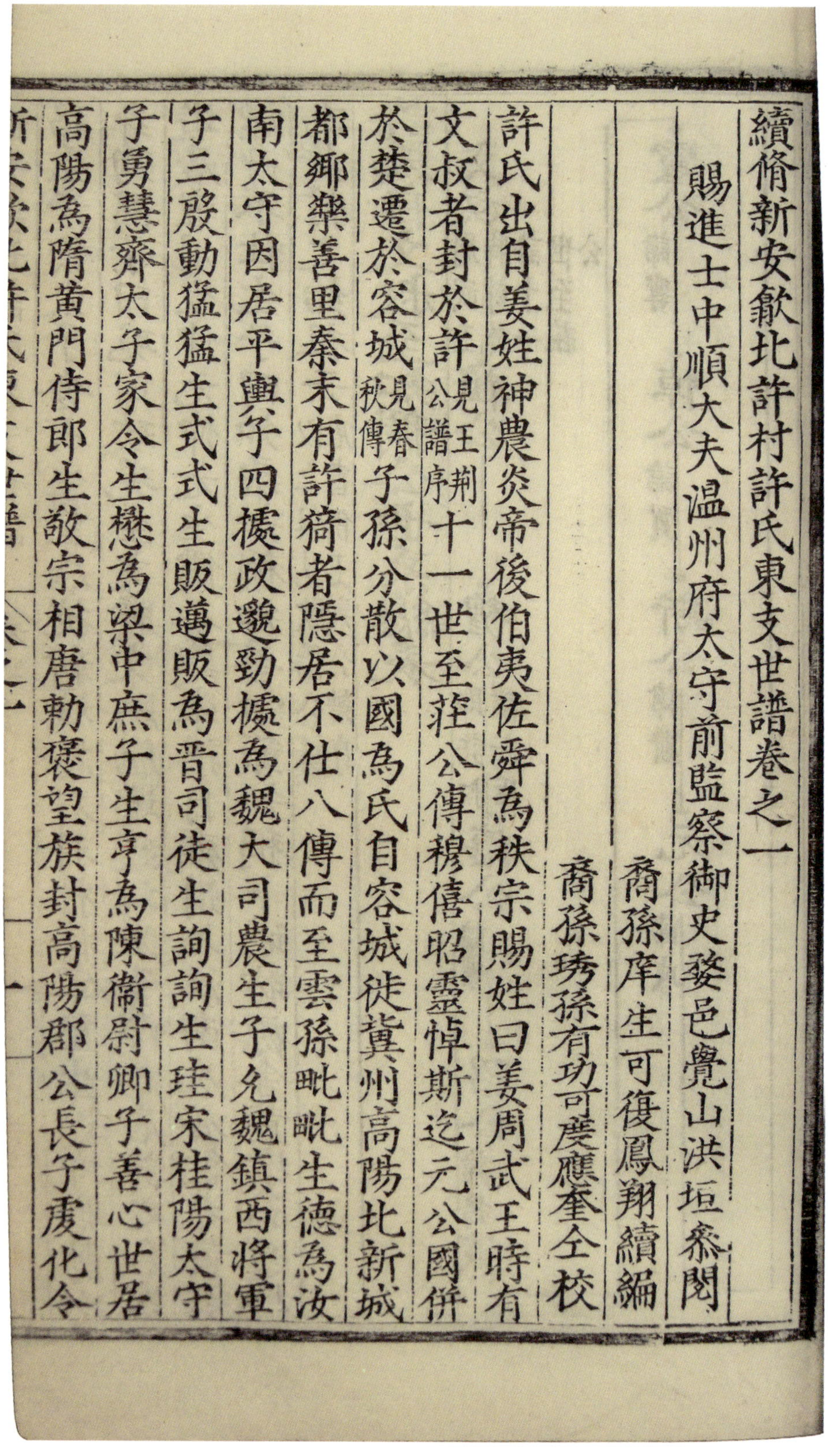
續脩新安歙北許村許氏東支世譜卷之一
賜進士中順大夫温州府太守前監察御史婺邑覺山洪垣叅閱
裔孫庠生可復鳳翔續編
裔孫琇孫有功可慶應奎仝校
許氏出自姜姓神農炎帝後伯夷佐舜爲秩宗賜姓曰姜周武王時有
文叔者封於許見王荆公譜序十一世至莊公傳穆僖昭靈悼斯迄元公國併
於楚遷於容城見春秋傳子孫分散以國爲氏自容城徙冀州高陽北新城
都鄉樂善里秦末有許猗者隱居不仕八傳而至雲孫毗毗生德爲汝
南太守因居平輿子四據政邈劲據爲魏大司農生子允魏鎮西将軍
子三殷動猛猛生式式生販邁販爲晉司徒生詢詢生珪宋桂陽太守
子勇慧齊太子家令生懋爲梁中庶子生亨爲陳衛尉卿子善心世居
高陽爲隋黄門侍郎生敬宗相唐勅褒望族封高陽郡公長子虔化令
新安歙北許氏東支世譜　卷之一　一

07899 續脩新安歙北許村許氏東支世譜九卷 （明）許可復纂修　明隆慶三年（1569）刻本

匡高 26.4 厘米，廣 16.8 厘米。半葉十二行，行二十七字，白口，四周雙邊。

安徽中國徽州文化博物館藏。

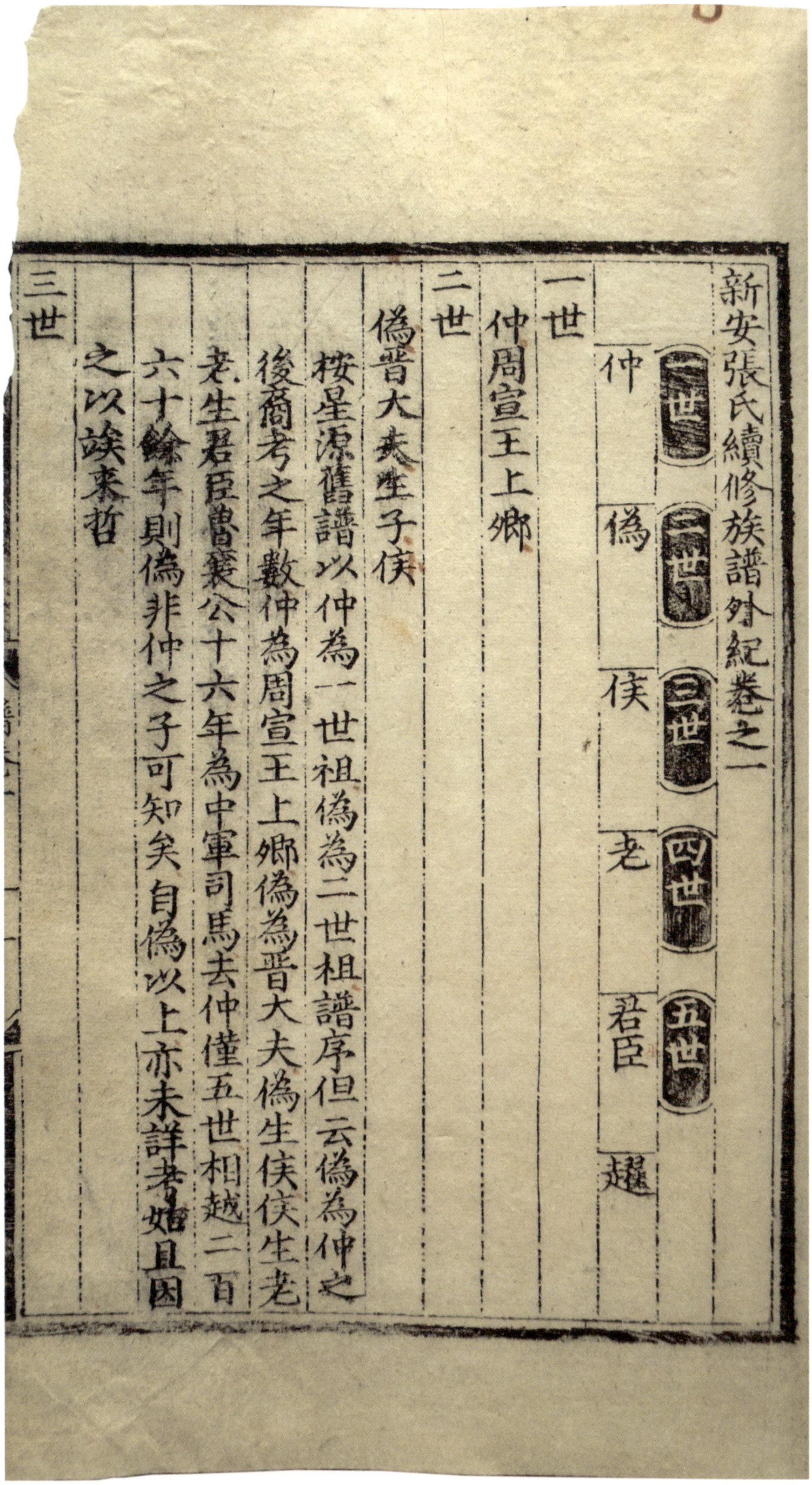
新安張氏續修族譜外紀卷之一
一世 仲　二世 偽　三世 侯　四世 老　五世 君臣　趯
一世
仲周宣王上卿
二世
偽晋大夫生子侯
按星源舊譜以仲為一世祖偽為二世祖譜序但云偽為仲之
後裔考之年數仲為周宣王上卿偽為晋大夫偽生侯侯生老
老生君臣曹襄公十六年為中軍司馬去仲僅五世相越二百
六十餘年則偽非仲之子可知矣自偽以上亦未詳考姑且因
之以俟來哲
三世

07900 新安張氏續修族譜十卷　（明）張璉纂修　明成化十二年（1476）

刻本

匡高 24.4 厘米，廣 17.6 厘米。半葉十三行，行二十六字，黑口，四周雙邊。

安徽省圖書館藏，存二卷。

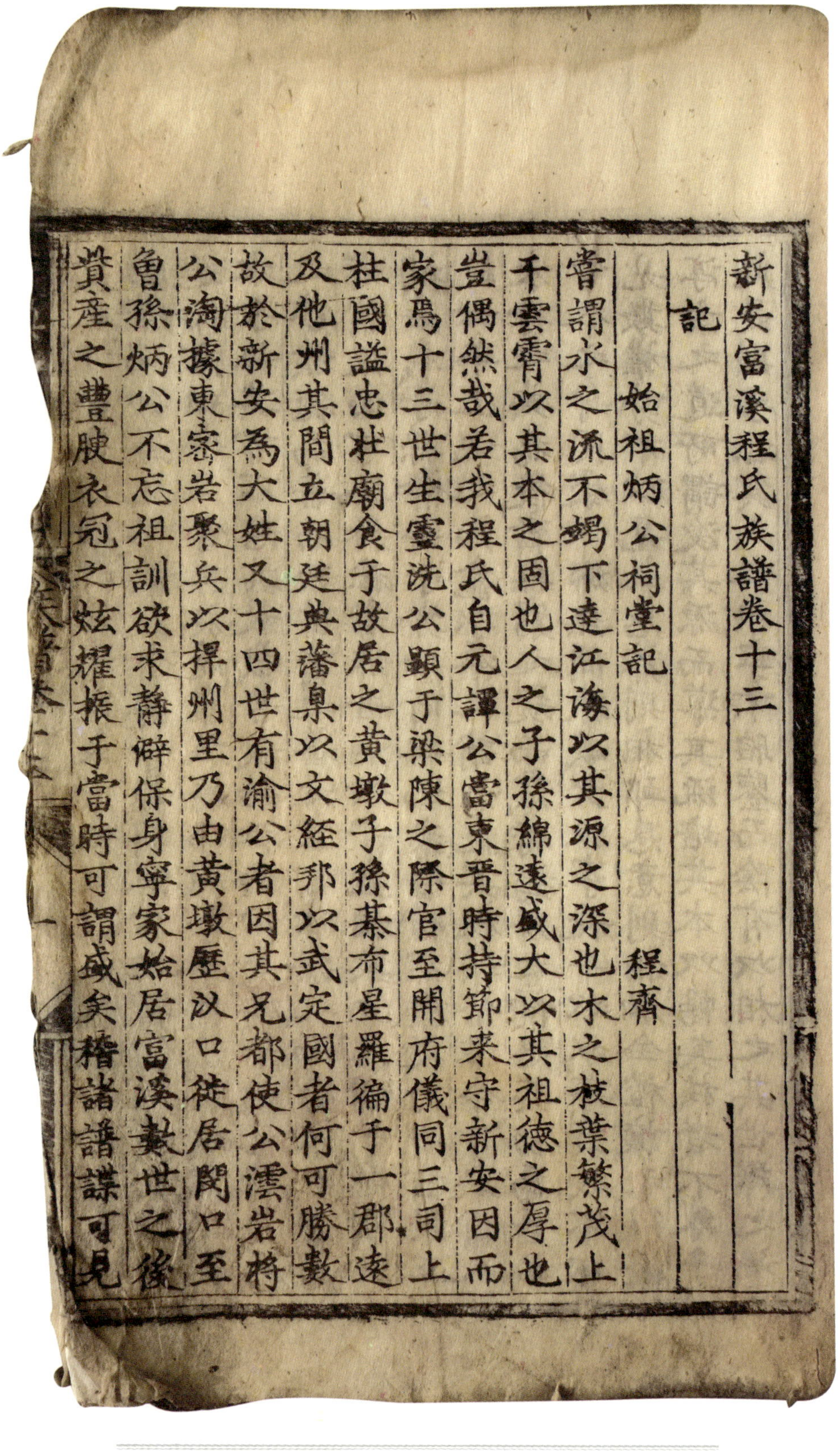

新安富溪程氏族譜卷十三

記

始祖炳公祠堂記　程齊

嘗謂水之流不竭下達江海以其源之深也木之枝葉繁茂上干雲霄以其本之固也人之子孫綿遠盛大以其祖德之厚也豈偶然哉若我程氏自元譚公當東晋時持節来守新安因而家焉十三世生靈洗公顯于梁陳之際官至開府儀同三司上柱國謚忠壯廟食于故居之黄墩子孫綦布星羅徧于一郡遠及他州其間立朝廷與藩臬以文經邦以武定國者何可勝數故於新安為大姓又十四世有瑜公者因其兄都使公澐岩將公淘據東密岩聚兵以捍州里乃由黄墩歷汊口徙居閔口至曾孫炳公不忘祖訓欲求静僻保身寧家始居富溪數世之後貲產之豐腴衣冠之炫耀振于當時可謂盛矣稽諸譜諜可見

07901 新安富溪程氏族譜十四卷　（明）程質纂修　明成化刻本

匡高 27.5 厘米，廣 19.2 厘米。半葉十三行，行二十四字，黑口，四周雙邊。

安徽省圖書館藏，存六卷。

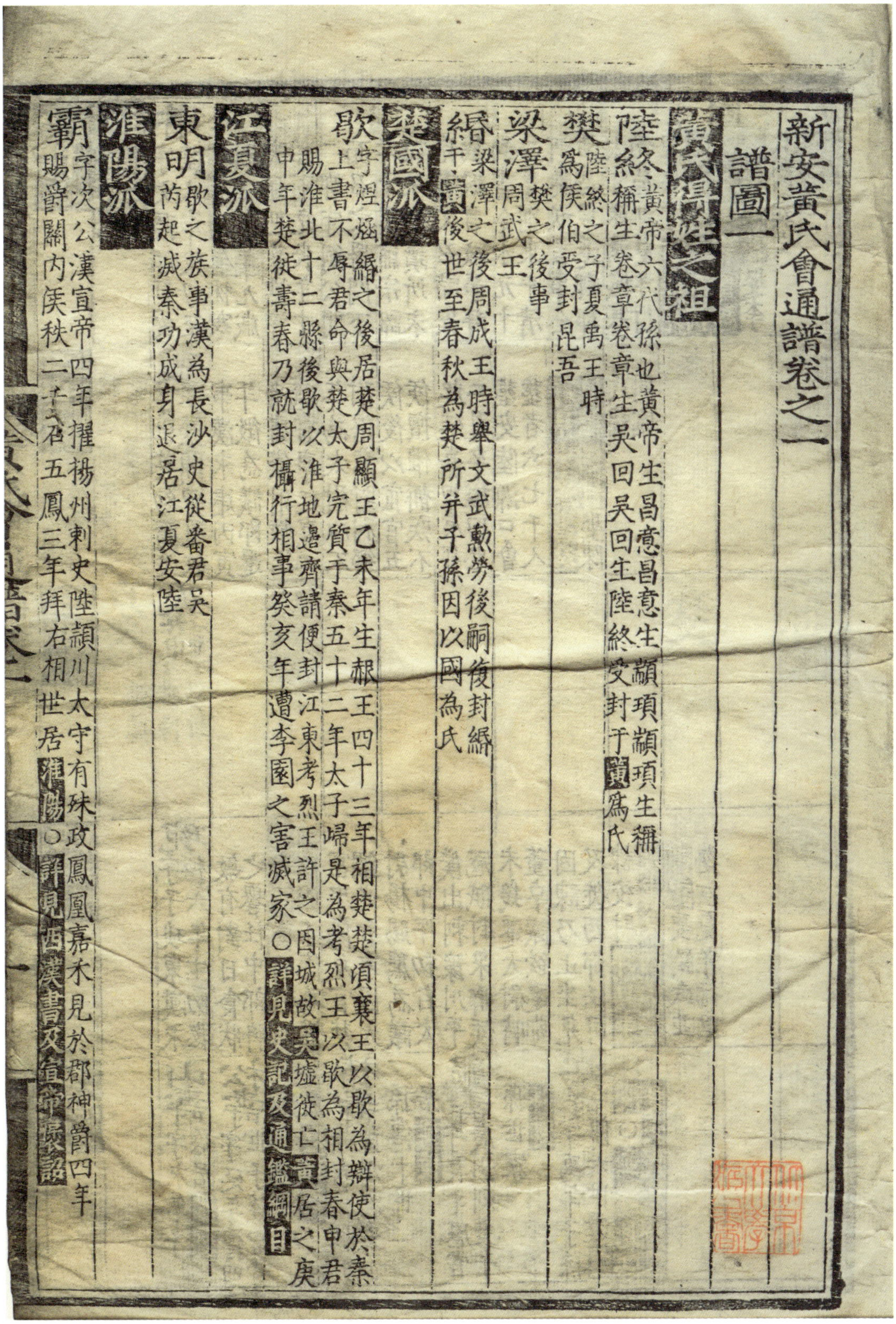

新安黃氏會通譜卷之一

譜圖一

黃氏得姓之祖

陸終 黃帝六代孫也黃帝生昌意昌意生顓頊顓頊生稱稱生卷章卷章生吳回吳回生陸終受封于黃爲氏

樊 陸終之子夏禹王時爲侯伯受封昆吾

梁澤 樊之後事周武王

緡 梁澤之後周成王時舉文武勳勞後嗣復封緡于黃後世至春秋為楚所并子孫因以國為氏

楚國派

歇 字煜熾緡之後居楚周顯王乙未年生赧王四十三年相楚楚頃襄王以歇為辯使於秦上書不辱君命與楚太子完質于秦五十二年太子歸是為考烈王以歇為相封春申君賜淮北十二縣後歇以淮地邊齊請便封江東考烈王許之因城故吳墟徙亡黃居之庚申年楚徙壽春乃就封攝行相事癸亥年遭李園之害滅家○詳見史記及通鑑綱目

江夏派

東明 歇之族事漢為長沙史從番君吳芮起滅秦功成身退居江夏安陸

淮陽派

霸 字次公漢宣帝四年擢揚州刺史陞潁川太守有殊政鳳凰嘉禾見於郡神爵四年賜爵關內侯秋二千石五鳳三年拜右相世居淮陽○詳見西漢書及宣帝褒詔

07902–07904 新安黃氏會通譜十六卷文獻録二卷外集三卷（明）

黃禄　程天相纂修　明弘治十四年（1501）刻本

匡高 27.8 厘米，廣 19.2 厘米。半葉十四行，行二十七字，小字雙行三十五字，黑口，四周雙邊。安徽省博物館、北京大學圖書館藏；首都圖書館藏，有抄配，有“子孫永寶”等印。

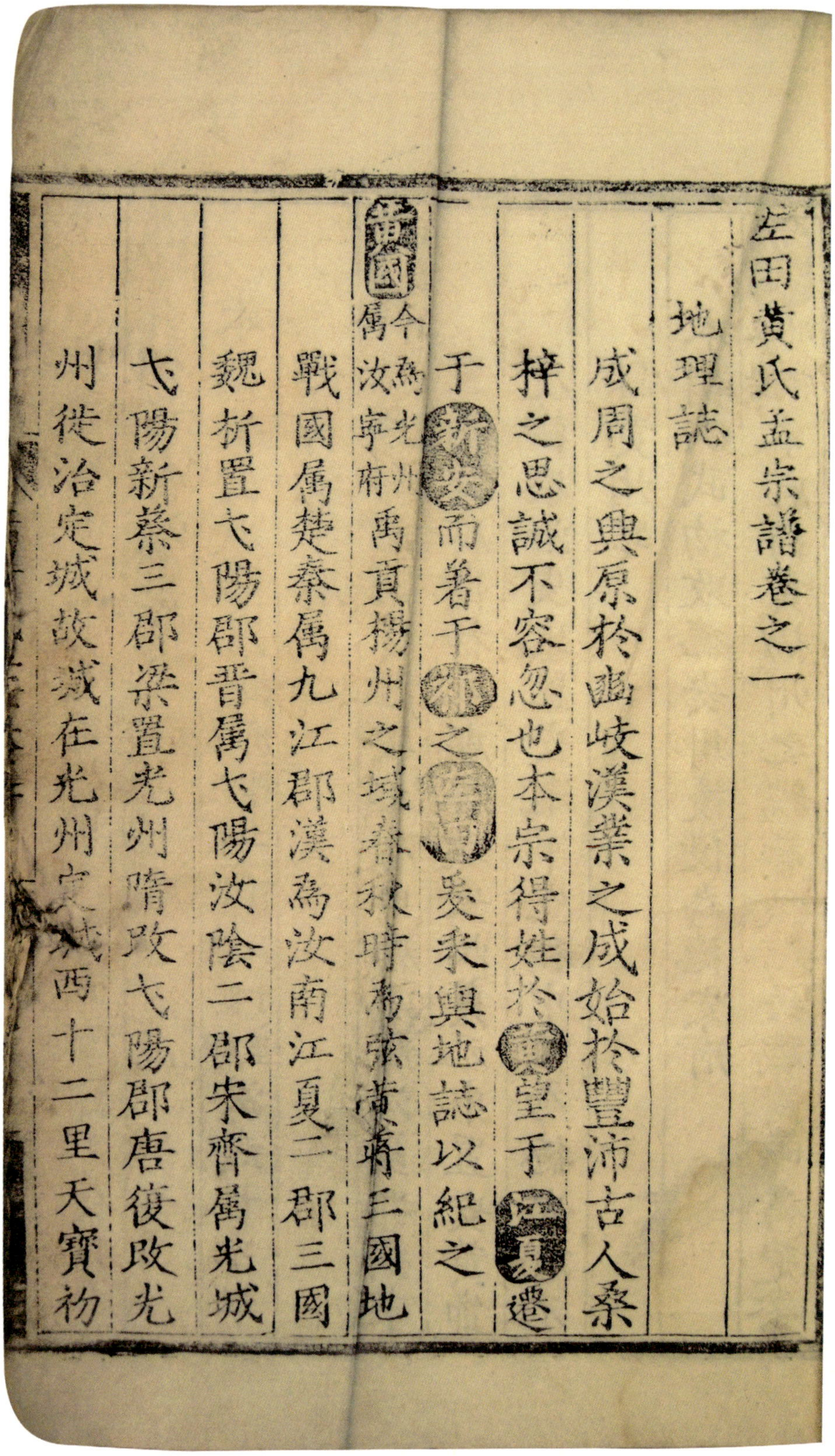

左田黄氏孟宗譜卷之一

地理誌

成周之興原於幽岐漢業之成始於豐沛古人桑梓之思誠不容忽也本宗得姓於黄望于江夏遷于新安而著于祁之左田爰采輿地誌以紀之

黄國今爲光州屬汝寧府禹貢揚州之域春秋時爲弦黄蔣三國地戰國屬楚秦屬九江郡漢爲汝南江夏二郡三國魏析置弋陽郡晉屬弋陽汝陰二郡宋齊屬光城弋陽新蔡三郡梁置光州隋改弋陽郡唐復改光州徙治定城故城在光州定城西十二里天寶初

07905 左田黄氏孟宗譜七卷 （明）黄應榜等纂修　明嘉靖三十七年（1558）刻本

匡高23.4厘米，廣16.3厘米，半葉十行，行二十二字，黑口，四周雙邊。

安徽中國徽州文化博物館藏。

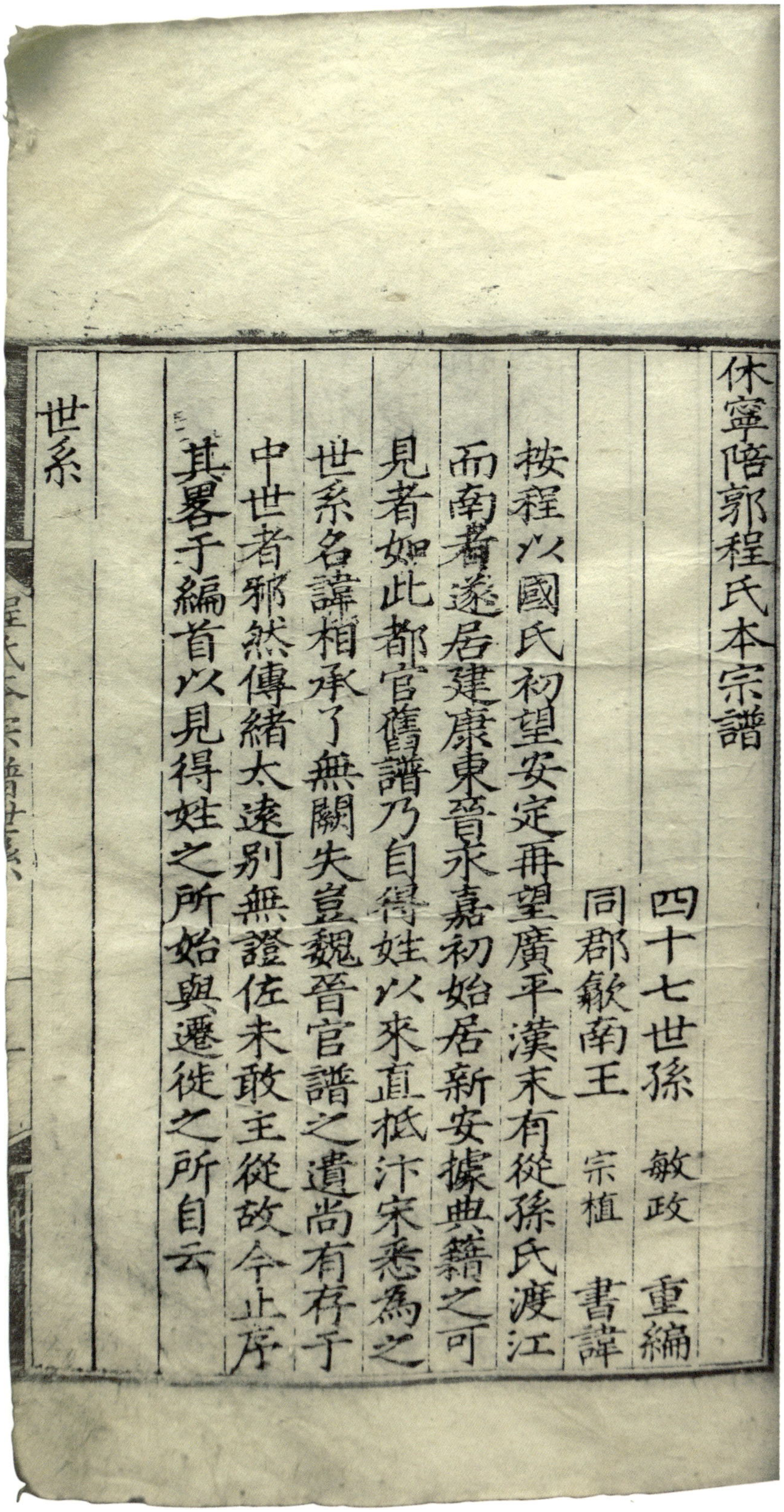
休寧陪郭程氏本宗譜
四十七世孫　敏政　重編
同郡歙南王　宗植　書諱
按程以國氏初望安定再望廣平漢末有從孫氏渡江而南者遂居建康東晉永嘉初始居新安據典籍之可見者如此都官舊譜乃自得姓以來直抵汴宋悉爲之世系名諱相承了無闕失豈魏晉官譜之遺尚有存于中世者邪然傳緒太遠别無證佐未敢主從故今止序其畧于編首以見得姓之所始與遷徙之所自云
世系

07906 休寧陪郭程氏本宗譜不分卷 （明）程敏政纂修　明弘治十年（1497）刻本

匡高20.5厘米，廣16厘米。半葉十一至十三行不等，行二十三字，小字雙行同，黑口，四周雙邊。安徽省圖書館藏。

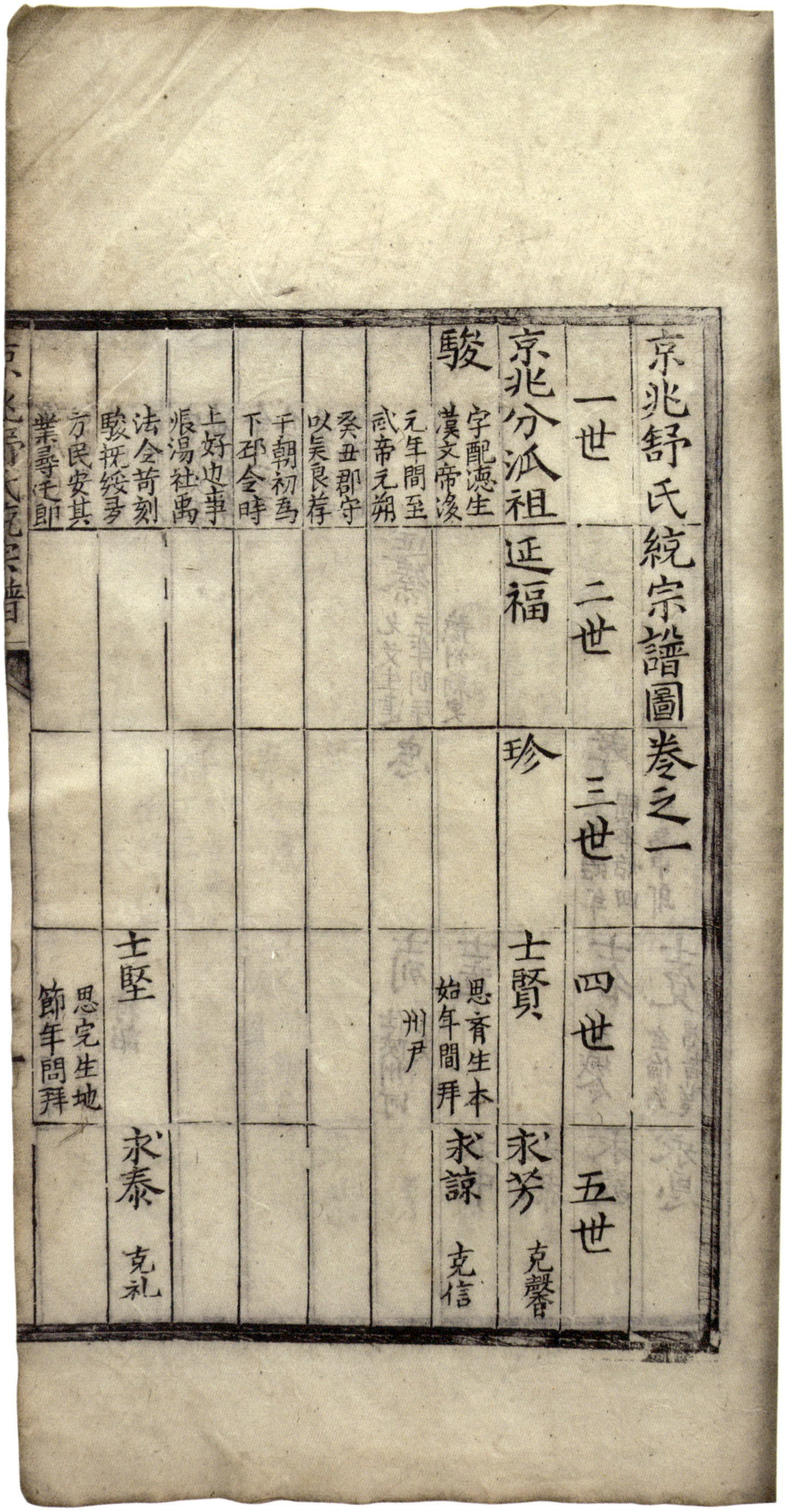
京兆舒氏統宗譜圖卷之一

一世 二世 三世 四世 五世

京兆分派祖 延福 珍 士賢 求芳 克馨

駿 字配德生漢文帝後元年間至武帝元朔癸丑郡守以吳良荐于朝初為下邳令時上好边事悵湯社禹法令苛刻駿撫綏多方民安其業尋遷郎

思育生本始年間拜州尹 求諒 克信

士堅 求泰 克礼

思完生地節年間拜

京兆舒氏統宗譜

07907 京兆舒氏統宗譜□□卷 （明）舒應鸞等纂修 明成化刻本

匡高 24.0 厘米，廣 17 厘米。半葉八行至十行不等，行十四至十八字不等，小字雙行同，白口，四周單邊。安徽省圖書館藏，存一卷。

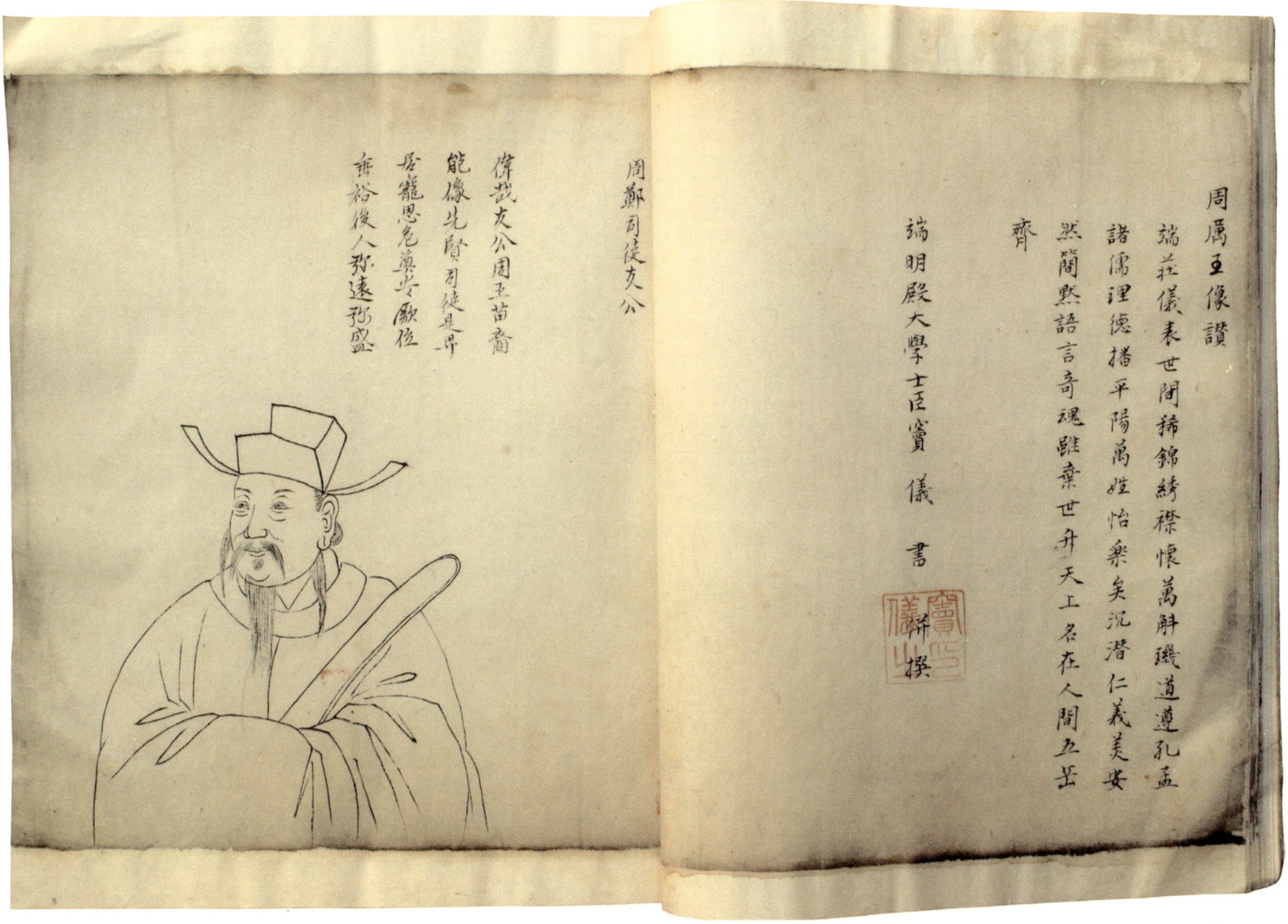
周厲王像讚
端莊儀表世間稀錦綉襟懷萬斛璣道遵孔孟
諸儒理德播平陽萬姓怡樂矣沉潛仁義羡安
然簡默語言奇魂雖棄世升天上名在人間五岳
齊
端明殿大學士臣竇儀書

周鄭司徒友公
偉哉友公周王苗裔
能像先賢司徒是畀
居寵思危萬安厥位
奕裕後人弥遠弥盛

07908 鄭氏宗譜不分卷 明崇禎鄭應鳴抄本

曲阜師範大學圖書館藏。

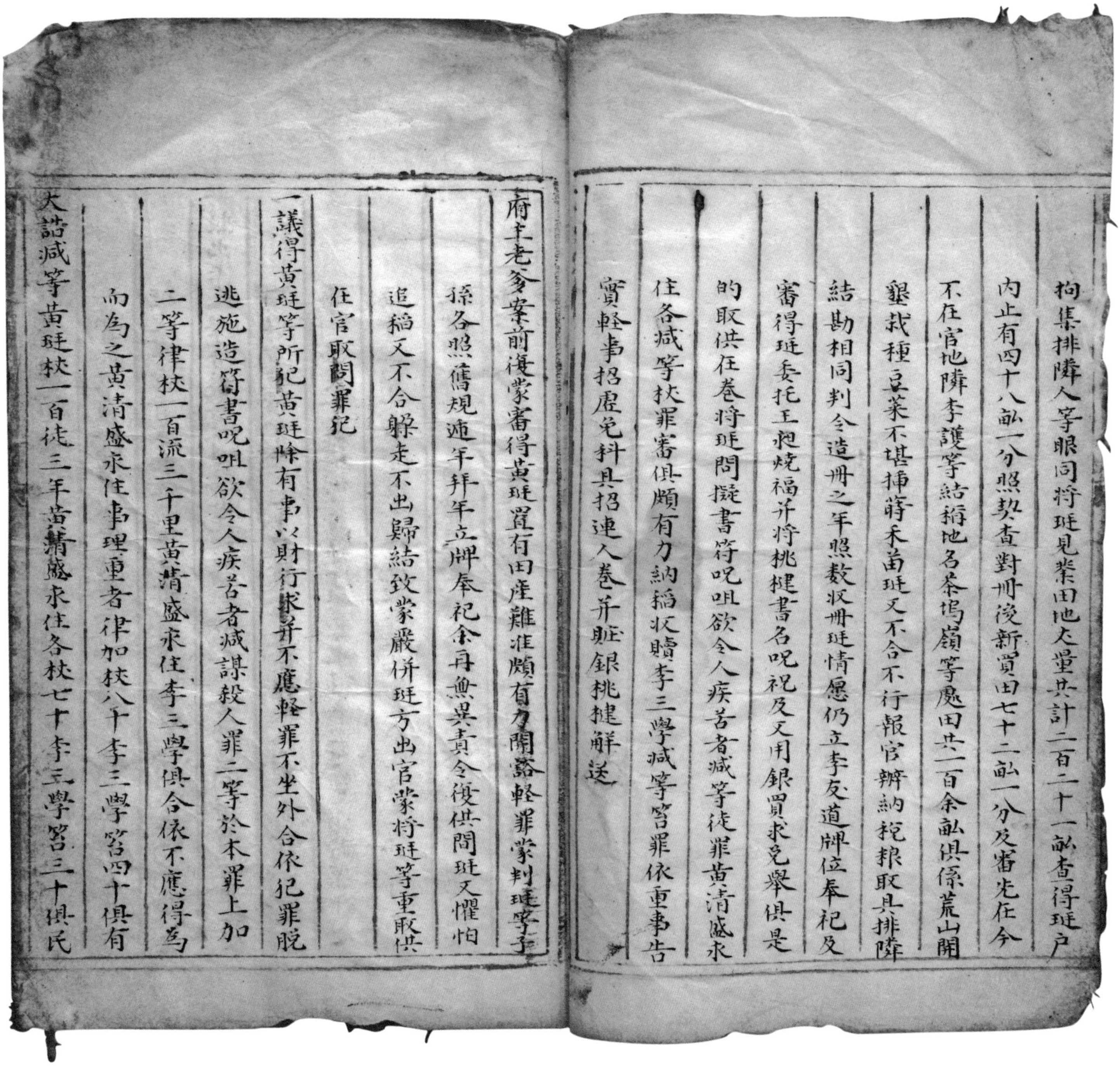
拘集排隣人等眼同將珽見業田地丈量共計二百二十一畝查得珽户
内止有四十八畝一分照契查對册後新買田七十二畝一分及審光任今
不在官地隣李護等結稱地名茶塢嶺等處田共一百余畝俱係荒山開
墾栽種豆菜不堪插蒔禾苗珽又不合不行報官辦納税粮取具排隣
結勘相同判令造册之年照數收册珽情愿仍立李友道牌位奉祀及
審得珽委托王廸燒福并將桃捷書名呪祝及又用銀買求免舉俱是
的取供在卷將珽問擬書符呪咀欲令人疾苦者減等徒罪黄清盛求
住各減等杖罪審俱頗有力納稻收贖李三學減等笞罪依重事告
實輕事招虛免科具招連人卷并贓銀桃捷解送
府主老爹案前復蒙審得黄珽置有田産難准頗有力關豁輕罪蒙判珽等子
孫各照舊規逓年拜年立牌奉祀余再無異責令復供問珽又懼怕
追稻又不合躱走不出歸結致蒙嚴拼珽方出官蒙將珽等重取供
在官取問罪犯
一議得黄珽等所犯黄珽除有事以財行求并不應輕罪不坐外合依犯罪脱
逃施造符書呪咀欲令人疾苦者減謀殺人罪二等於本罪上加
二等律杖一百流三千里黄清盛求住李三學俱合依不應得為
而為之事理重者律加杖八十李三學笞四十俱有
大誥減等黄珽杖一百徒三年黄清盛求住各杖七十李三學笞三十俱民

07909 田鄰報數結狀一卷 （明）程希等撰　明嘉靖八年（1529）祁門抄本

匡高 21.3 厘米，廣 14.1 厘米。半葉九行，行二十九至三十字不等，黑口，四周雙邊。安徽省圖書館藏。

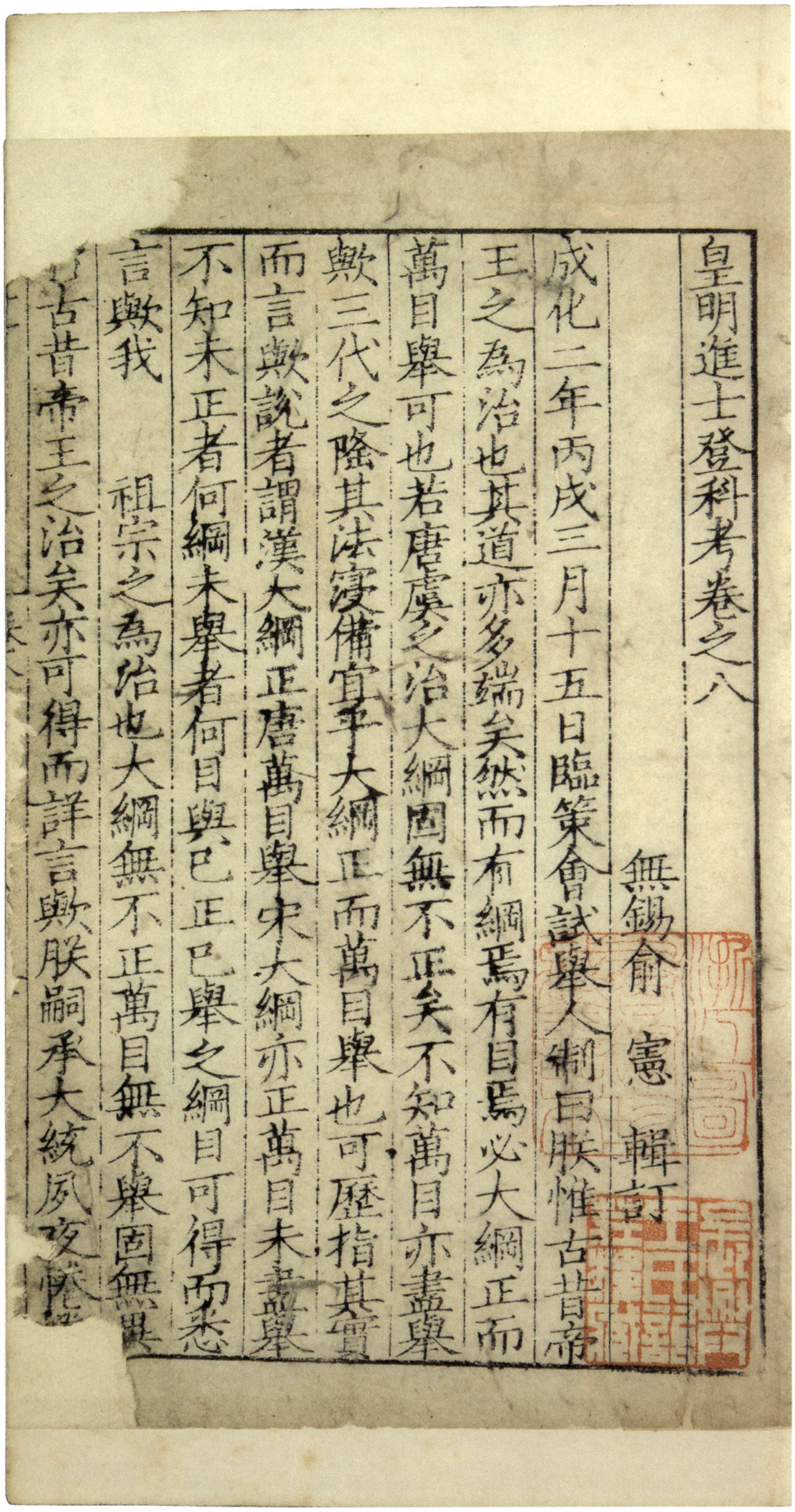
皇明進士登科考卷之八
無錫俞憲輯訂
成化二年丙戌三月十五日臨策會試舉人制曰朕惟古昔帝
王之為治也其道亦多端矣然而有綱焉有目焉必大綱正而
萬目舉可也若唐虞之治大綱固無不正矣不知萬目亦盡舉
歟三代之隆其法寖備宜乎大綱正而萬目舉也可歷指其實
而言歟說者謂漢大綱正唐萬目舉宋大綱亦正萬目未盡舉
不知未正者何綱未舉者何目與已正已舉之綱目可得而悉
言歟我 祖宗之為治也大綱無不正萬目無不舉固無異
古昔帝王之治矣亦可得而詳言歟朕嗣承大統夙夜惓

07910 皇明進士登科考十二卷 （明）俞憲輯　明嘉靖鵠鳴館刻本

匡高 21.4 厘米，廣 14.2 厘米。半葉十行，行二十四字，白口，四周單邊。浙江圖書館藏，存二卷。

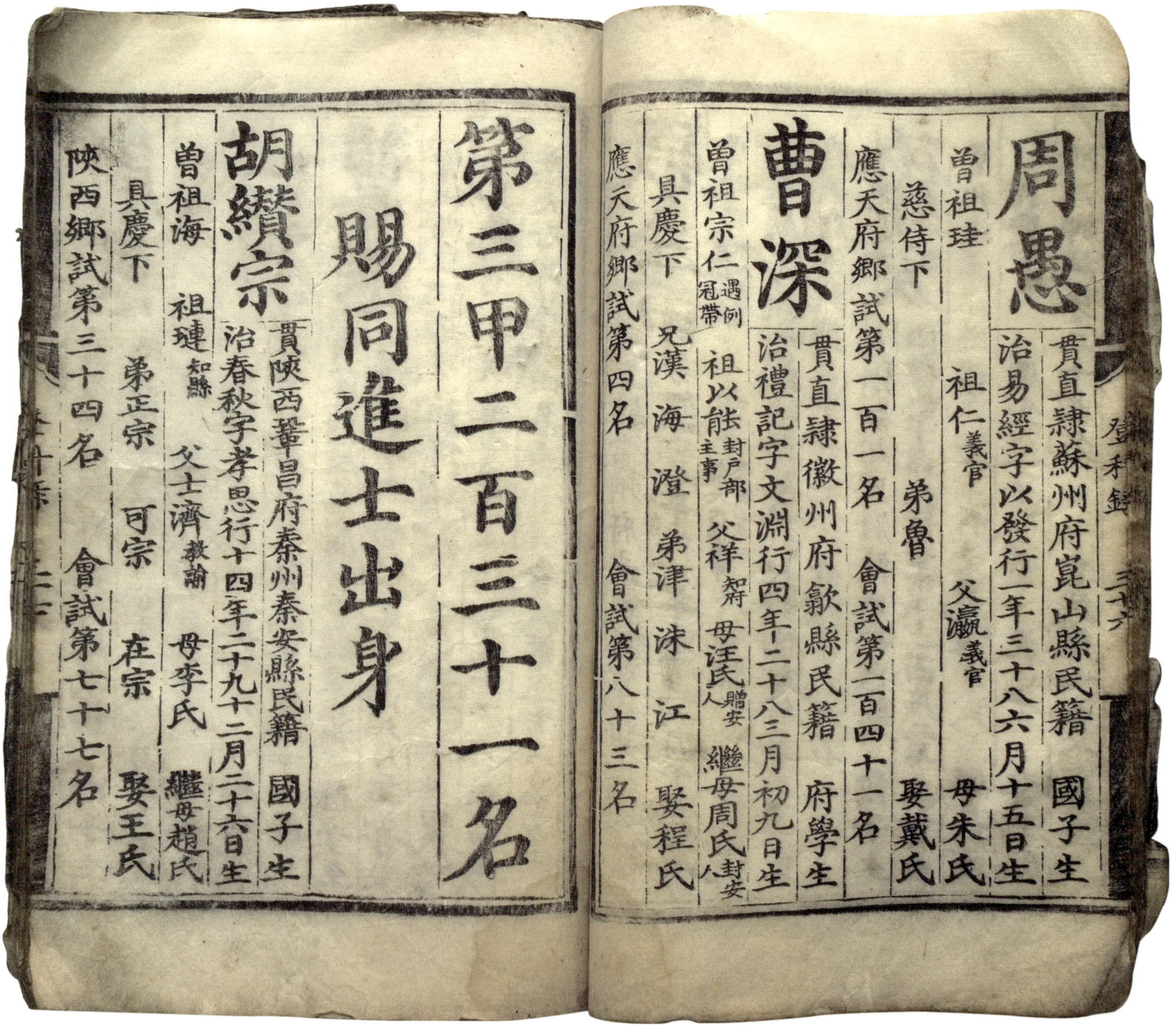
周愚 貫直隸蘇州府崑山縣民籍 國子生
治易經字以發行一年三十八六月十五日生
曾祖珪 祖仁義官 父瀛義官 母朱氏
慈侍下 弟魯 娶戴氏
應天府鄉試第一百一名 會試第二百四十一名
曹深 貫直隸徽州府歙縣民籍 府學生
治禮記字文淵行四年二十八三月初九日生
曾祖宗仁遇例冠帶 祖以能封戶部主事 父祥知府 母汪氏贈安人 繼母周氏封安人
具慶下 兄漢 海 澄 弟津 洙 江 娶程氏
應天府鄉試第四名 會試第八十三名

第三甲二百三十一名
賜同進士出身
胡纘宗 貫陝西鞏昌府秦州秦安縣民籍 國子生
治春秋字孝思行十四年二十九十二月二十六日生
曾祖海 祖璉知縣 父士濟教諭 母李氏 繼母趙氏
具慶下 弟正宗 可宗 在宗 娶王氏
陝西鄉試第三十四名 會試第七十七名

07911 正德三年進士登科録一卷 明正德刻本

匡高 22.8 厘米，廣 15.6 厘米。半葉十行，行二十一字，小字雙行同，黑口，四周雙邊。安徽省圖書館藏。

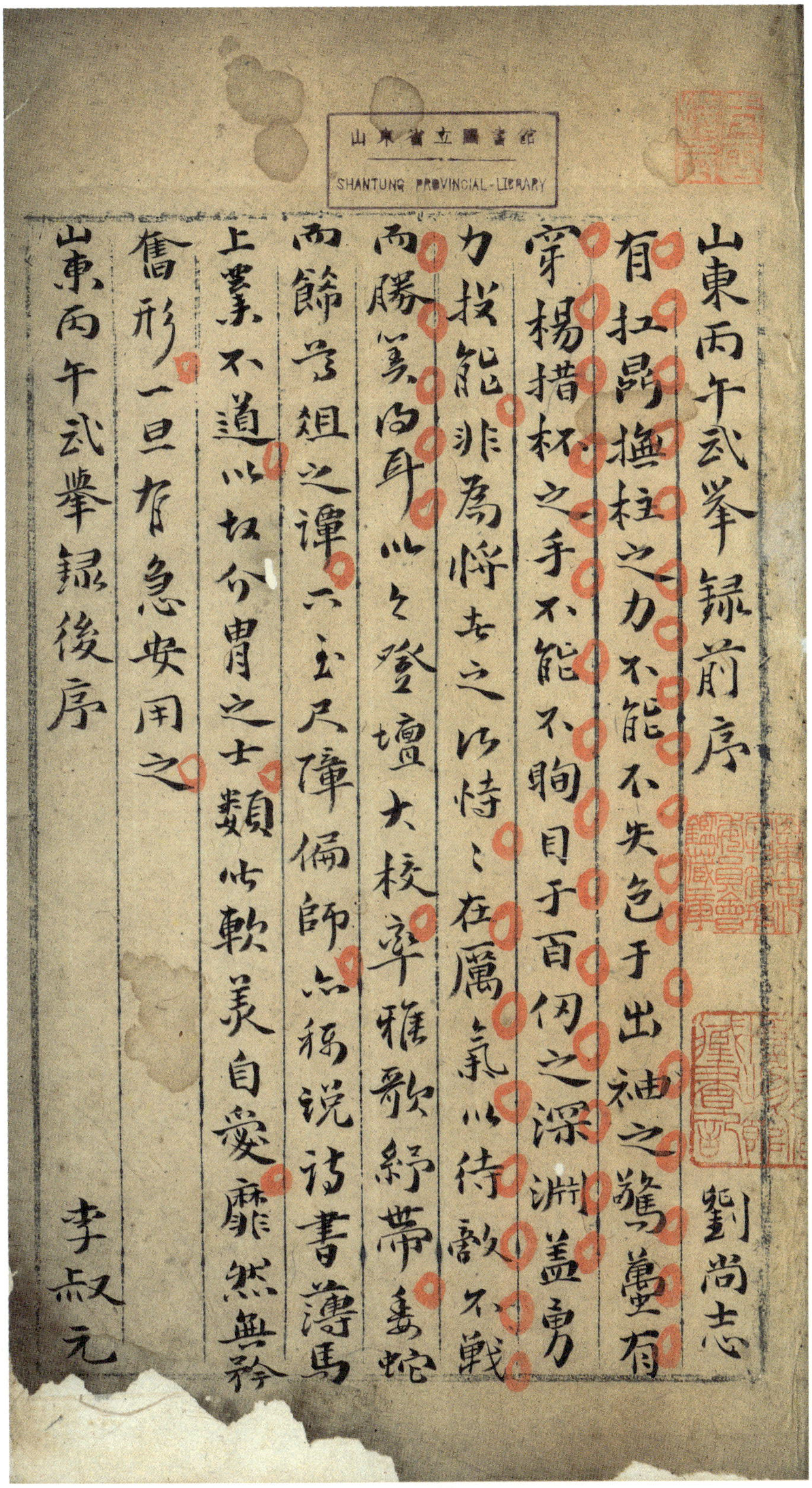
山東省立圖書館
SHANTUNG PROVINCIAL-LIBRARY
山東丙午武舉錄前序
劉尚志
有扛鼎撫柱之力不能不失色于出袖之鷙鳧有
穿楊措杯之手不能不眴目于百仞之深淵蓋勇
力技能非爲將者之所恃々在屬氣以待敵不戰
而勝筭而耳以々登壇大校卒雅歌緩帶委蛇
而歸管組之譚六韜尺籌偏師亦稱說詩書薄馬
上業不道以故介冑之士類以軟羨自愛靡然無矜
奮形一旦有急安用之
山東丙午武舉錄後序
李叔元

07912 山東萬曆丙午武舉録一卷 （明）李廷機等撰　明萬曆抄本

匡高 22.7 厘米，廣 14.9 厘米。半葉九行，行字不等，白口，四周單邊。山東省博物館藏。

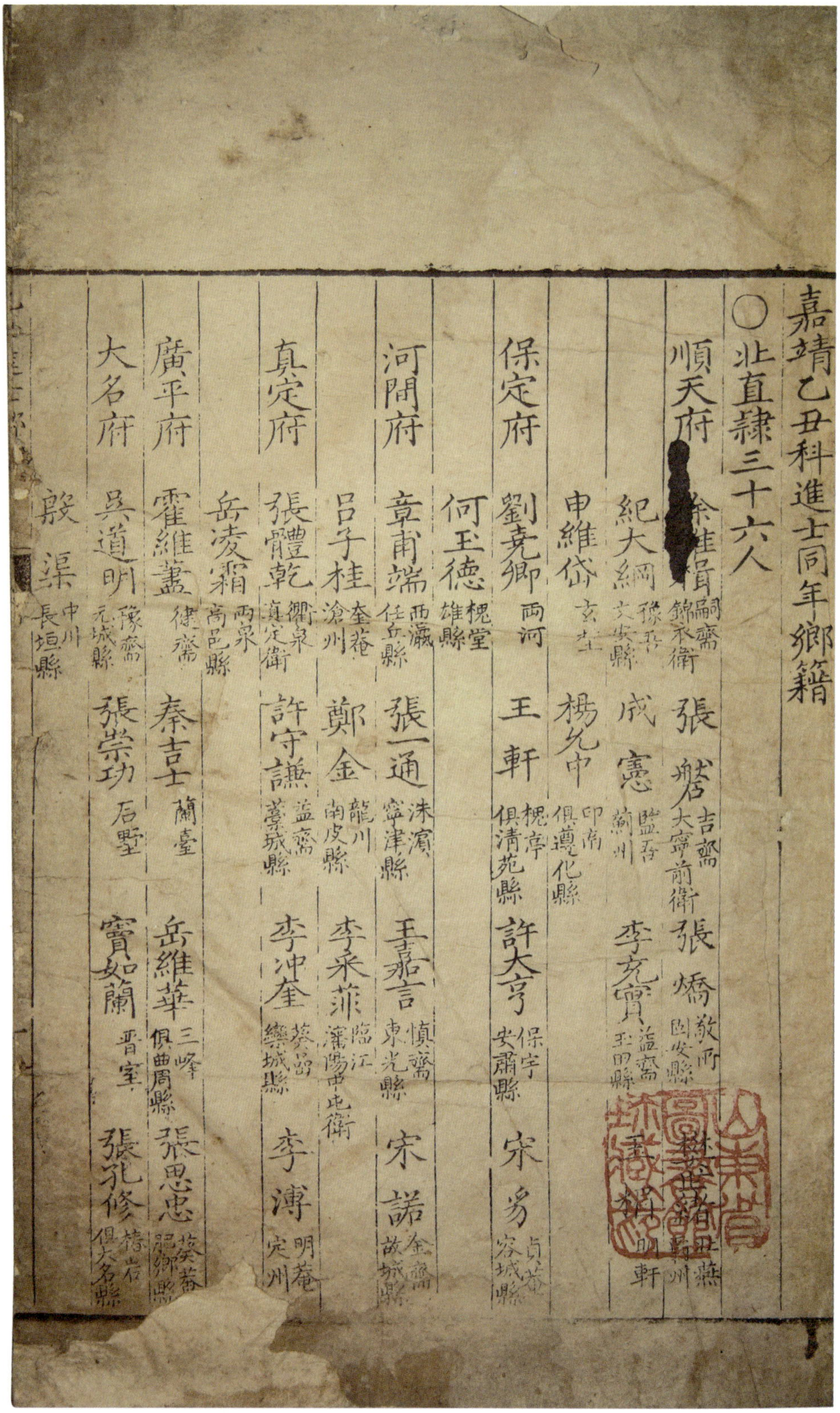

07913 嘉靖乙丑科進士同年鄉籍不分卷 明嘉靖刻本

匡高 21.8 厘米，廣 17.3 厘米。半葉十四行，行二十八字，白口，四周單邊。山東省圖書館藏。

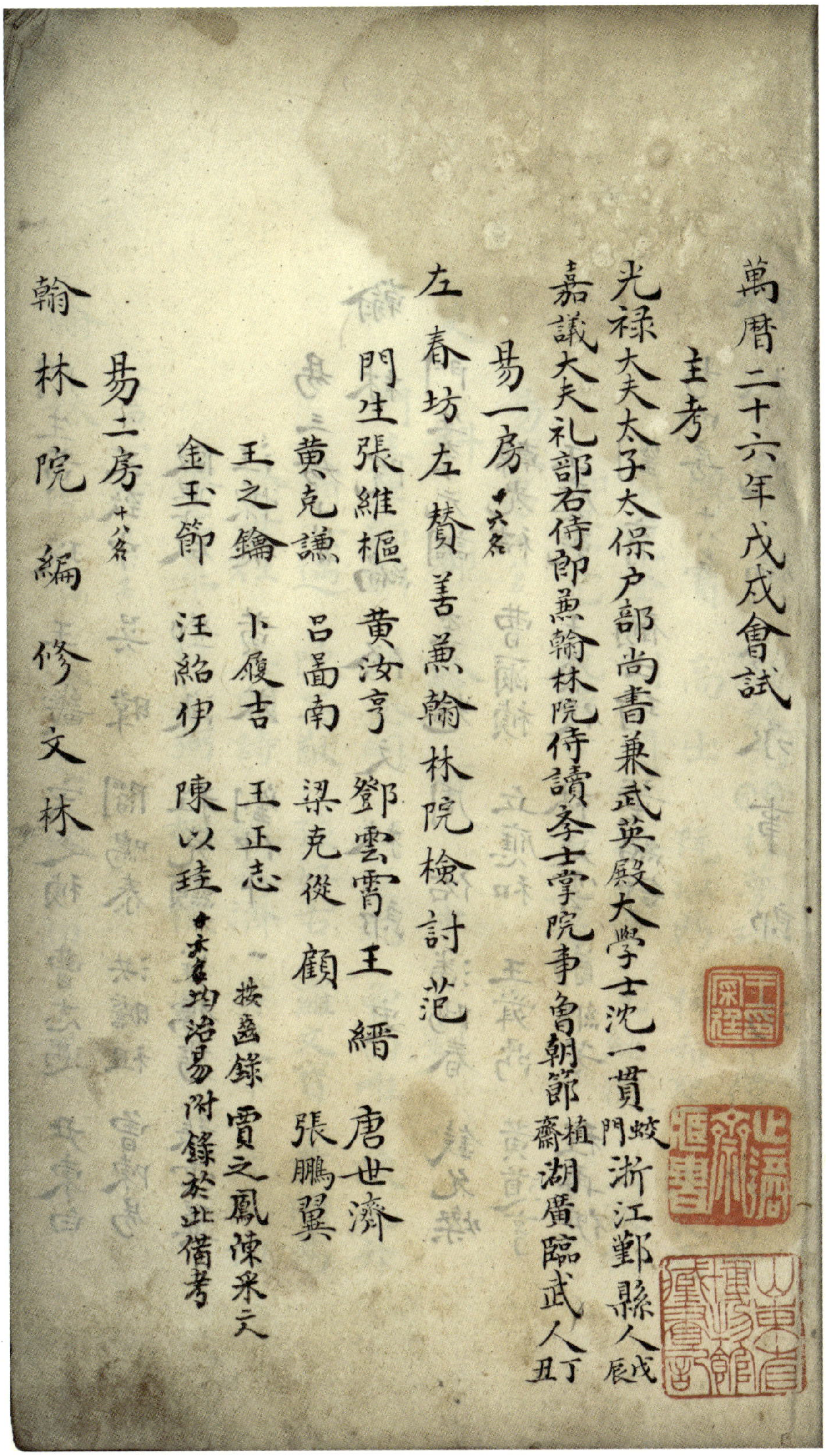
萬曆二十六年戊戌會試
主考
光禄大夫太子太保户部尚書兼武英殿大學士沈一貫 蛟門 浙江鄞縣人 戊辰
嘉議大夫礼部右侍郎兼翰林院侍讀學士掌院事曾朝節 植齋 湖廣臨武人 丁丑
易一房 十六名
左春坊左賛善兼翰林院檢討范
門生張維樞 黄汝亨 鄧雲霄 王 縉 唐世濟
黄克謙 呂啚南 梁克從 顧 張鵬翼
王之鑰 卜履吉 王正志 一按齒録 賈之鳳 陳釆之
金玉節 汪紹伊 陳以珪 甘士良均治易附録於此備考
易二房 十八名
翰林院編修文林

07914 萬曆戊戌科進士同年序齒録一卷 明抄本

王寀廷跋。山東省博物館藏。

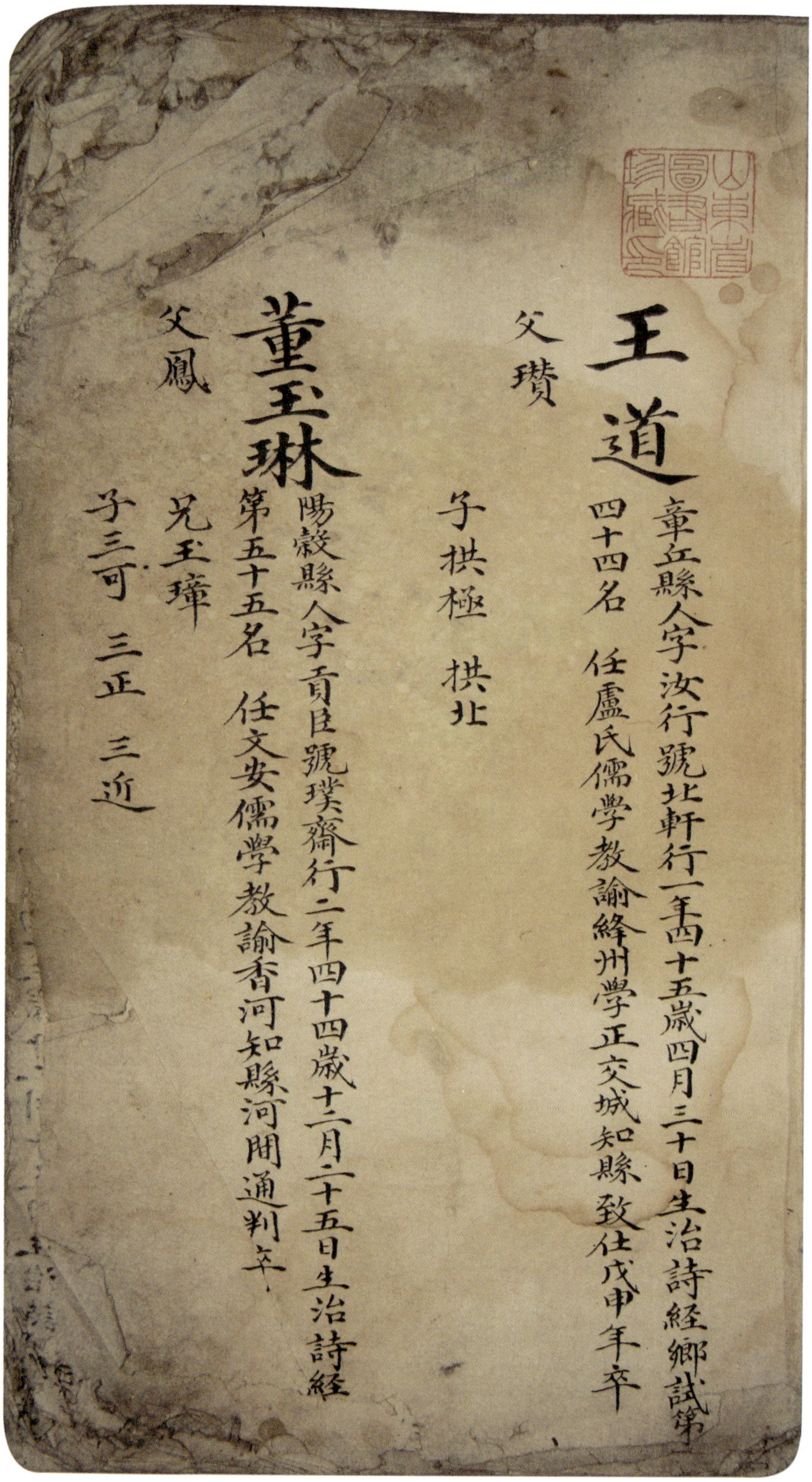
王道
章丘縣人字汝行號北軒行一年四十五歲四月三十日生治詩經鄉試第
四十四名 任盧氏儒學教諭絳州學正交城知縣致仕戊申年卒
父瓚
子拱極 拱北
董玉琳
陽穀縣人字貢臣號璞齋行二年四十四歲十二月二十五日生治詩經
第五十五名 任文安儒學教諭香河知縣河間通判卒
父鳳
兄玉璋
子三可 三正 三近

07915 嘉靖七年山東鄉試録一卷 明抄本

山東省圖書館藏。

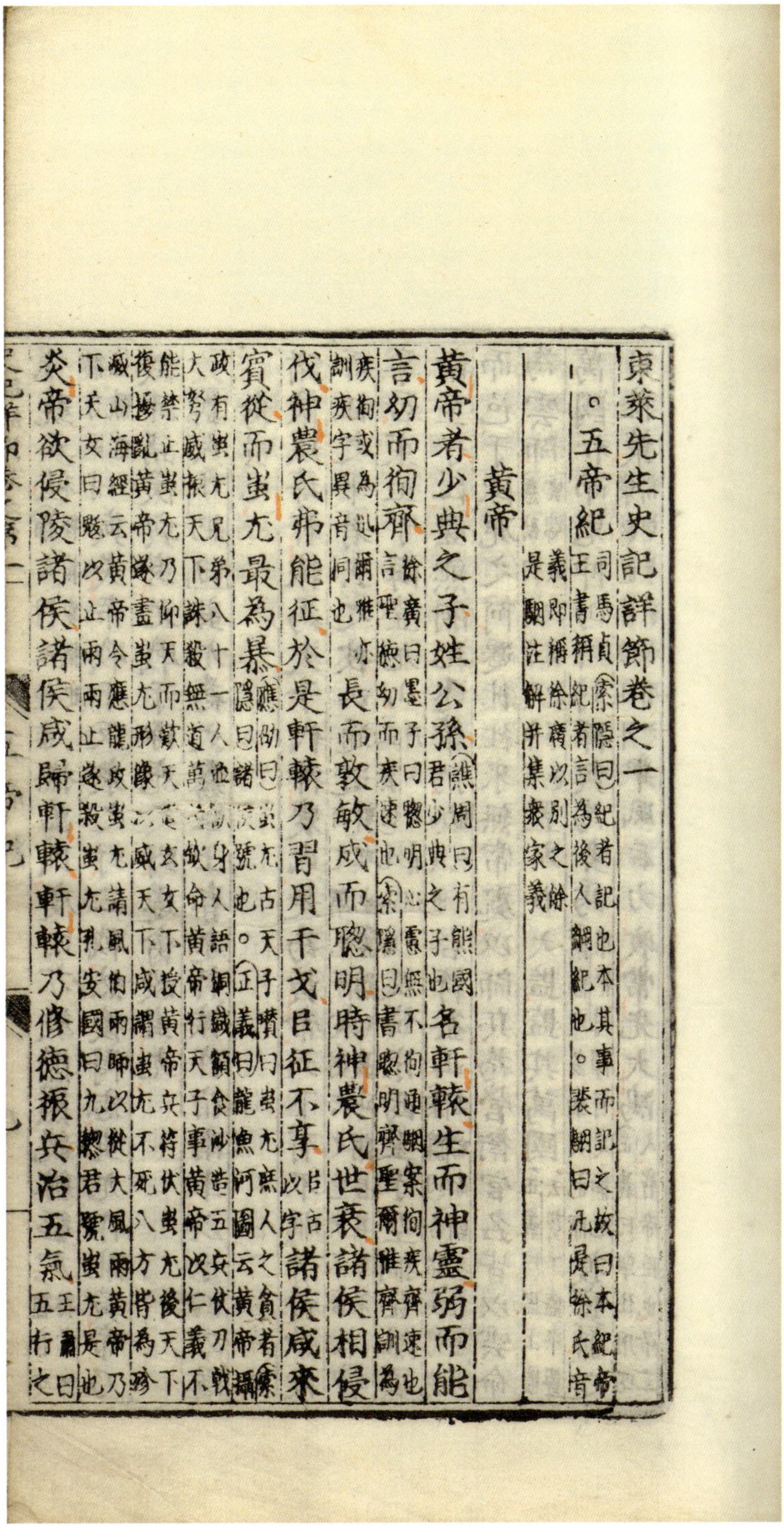

07916-07921 十七史詳節二百七十四卷 （宋）呂祖謙輯 明正德十三年（1518）劉弘毅慎獨齋刻本

匡高 18.4 厘米，廣 11.8 厘米。半葉十三行，行二十六字，小字雙行同，細黑口，四周雙邊。北京大學圖書館、復旦大學圖書館藏；吉林大學圖書館藏，有“明善堂覽書畫印記”、“怡府世寶”等印；山東省圖書館藏，有“來旃”、“某巢所藏”等印；中共中央黨校圖書館藏；復旦大學圖書館藏，序、卷十抄配，有“延古堂李氏珍藏”等印。

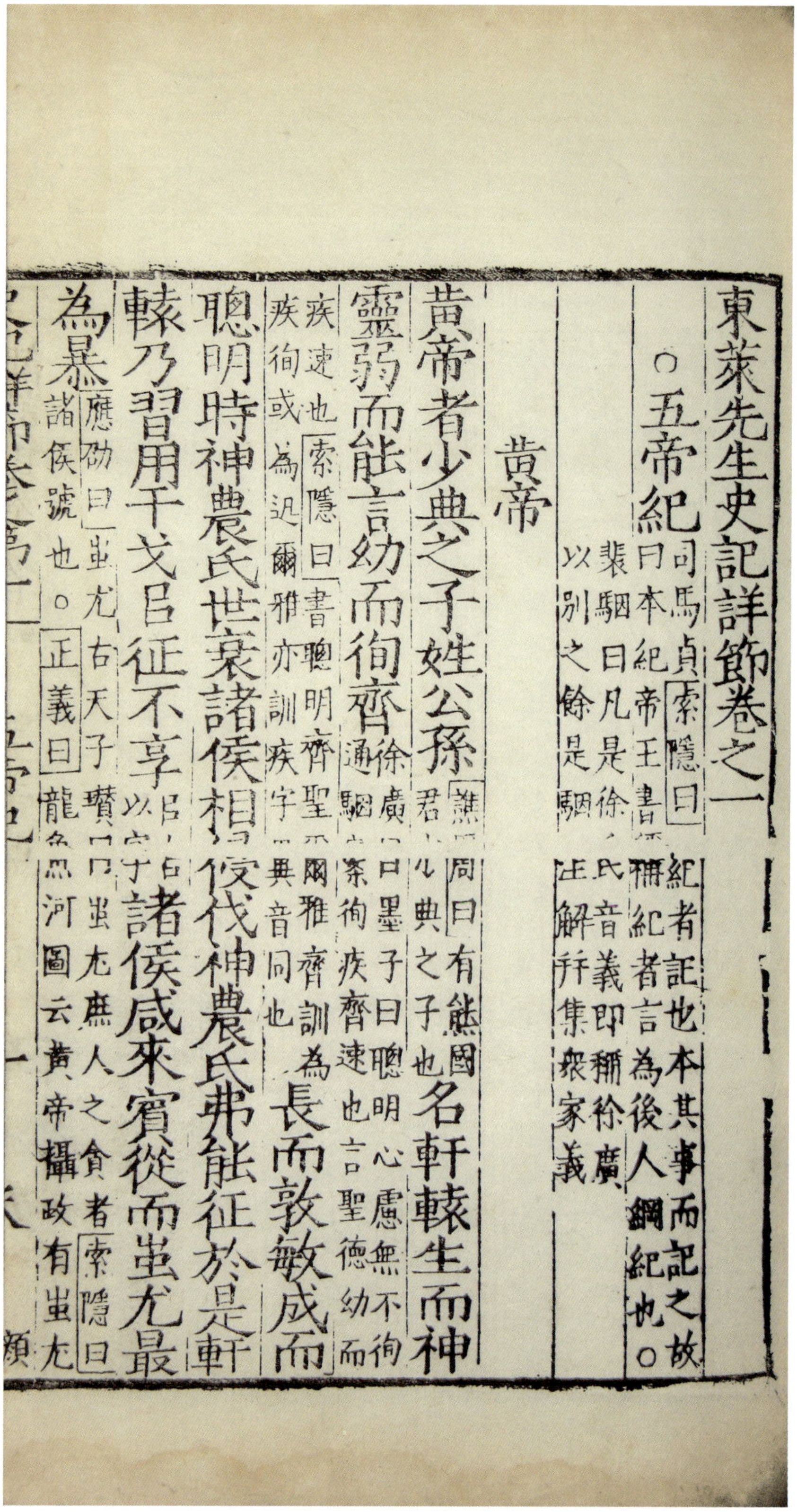
東萊先生史記詳節卷之一

○五帝紀司馬貞【索隱】曰紀者記也本其事而記之故曰本紀帝王書稱紀者言為後人綱紀也○裴駰曰凡是徐氏音義即稱徐廣以別之餘是駰注解幷集衆家義

黄帝

黄帝者少典之子姓公孫【譙周曰】有熊國君少典之子也名軒轅生而神靈弱而能言幼而徇齊徐廣曰墨子曰聰明心慮無不徇通駰案徇疾齊速也言聖德幼而疾速也【索隱】曰書聰明齊聖爾雅齊訓為疾徇或為迅爾雅亦訓疾[illegible]典音同也長而敦敏成而聰明時神農氏世衰諸侯相侵伐神農氏弗能征於是軒轅乃習用干戈以征不享[illegible]諸侯咸來賓從而蚩尤最為暴【應劭曰】蚩尤古天子瓚曰蚩尤庶人之貪者【索隱】曰諸侯號也○【正義】曰龍魚河圖云黄帝攝政有蚩尤

07922、07923 十七史詳節二百七十三卷（宋）呂祖謙輯　明嘉靖四十五年至隆慶四年（1566-1570）陝西布政司刻本

匡高 19.4 厘米，廣 13.6 厘米。半葉十行，行二十二字，小字雙行同，白口，四周單邊。山東省圖書館、浙江大學圖書館藏。

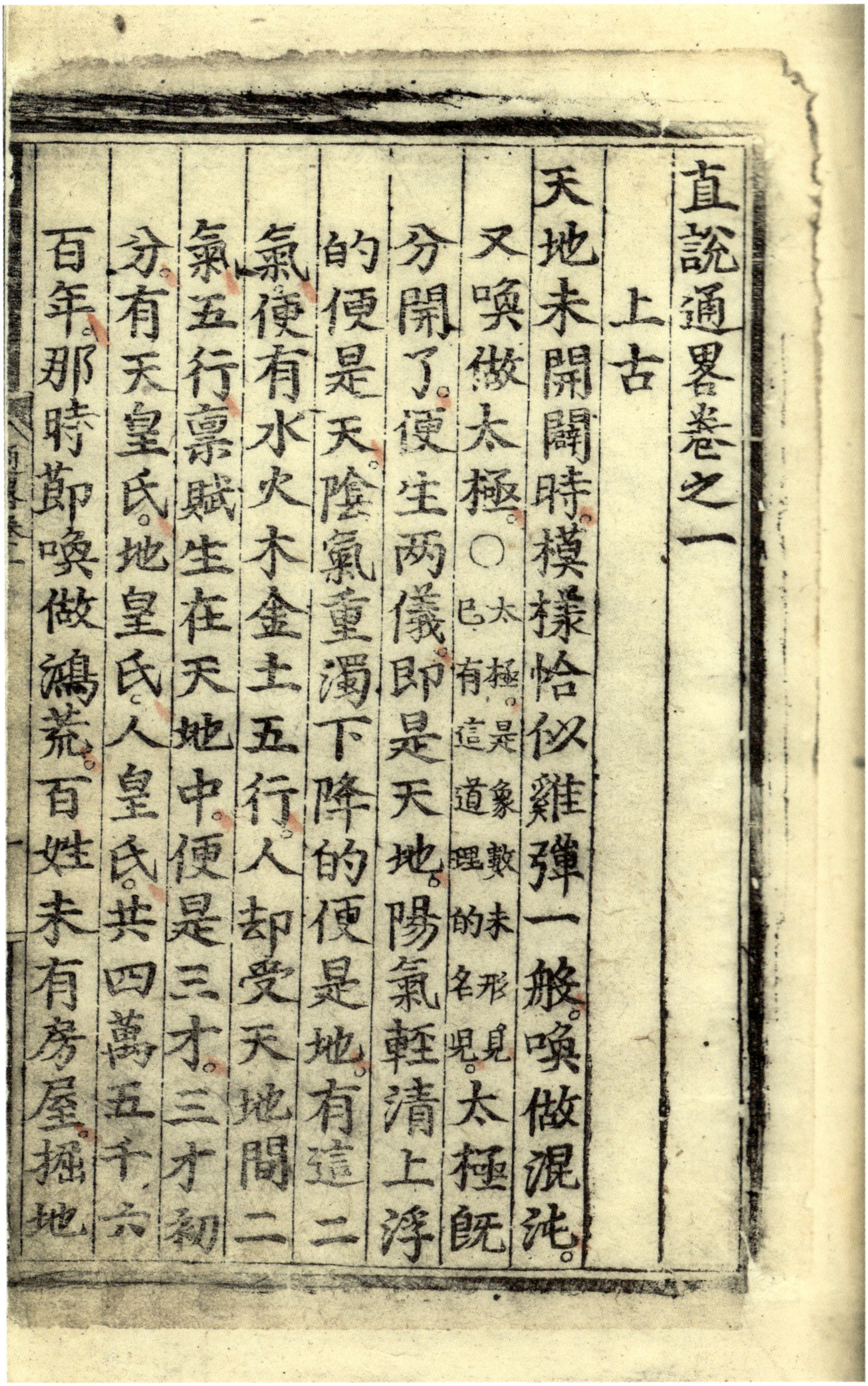
直說通畧卷之一
上古
天地未開闢時模樣恰似雞彈一般。喚做混沌。
又喚做太極。○太極是象數未形見已有這道理的名兒。太極既
分開了。便生兩儀。即是天地。陽氣輕清上浮
的便是天。陰氣重濁下降的便是地。有這二
氣。便有水火木金土五行。人却受天地間二
氣五行禀賦生在天地中。便是三才。三才初
分。有天皇氏。地皇氏。人皇氏。共四萬五千六
百年。那時節喚做鴻荒。百姓未有房屋。掘地

07924 直說通畧十三卷 （元）鄭鎮孫撰　明成化十六年（1480）唐藩刻本（卷二至三抄配）

匡高 24 厘米，廣 15.7 厘米。半葉十行，行十八字，黑口，四周雙邊。有"博雅堂印"、"五德"、"永昌長印"、"趙尼"、"益恭堂"等印。北京大學圖書館藏。

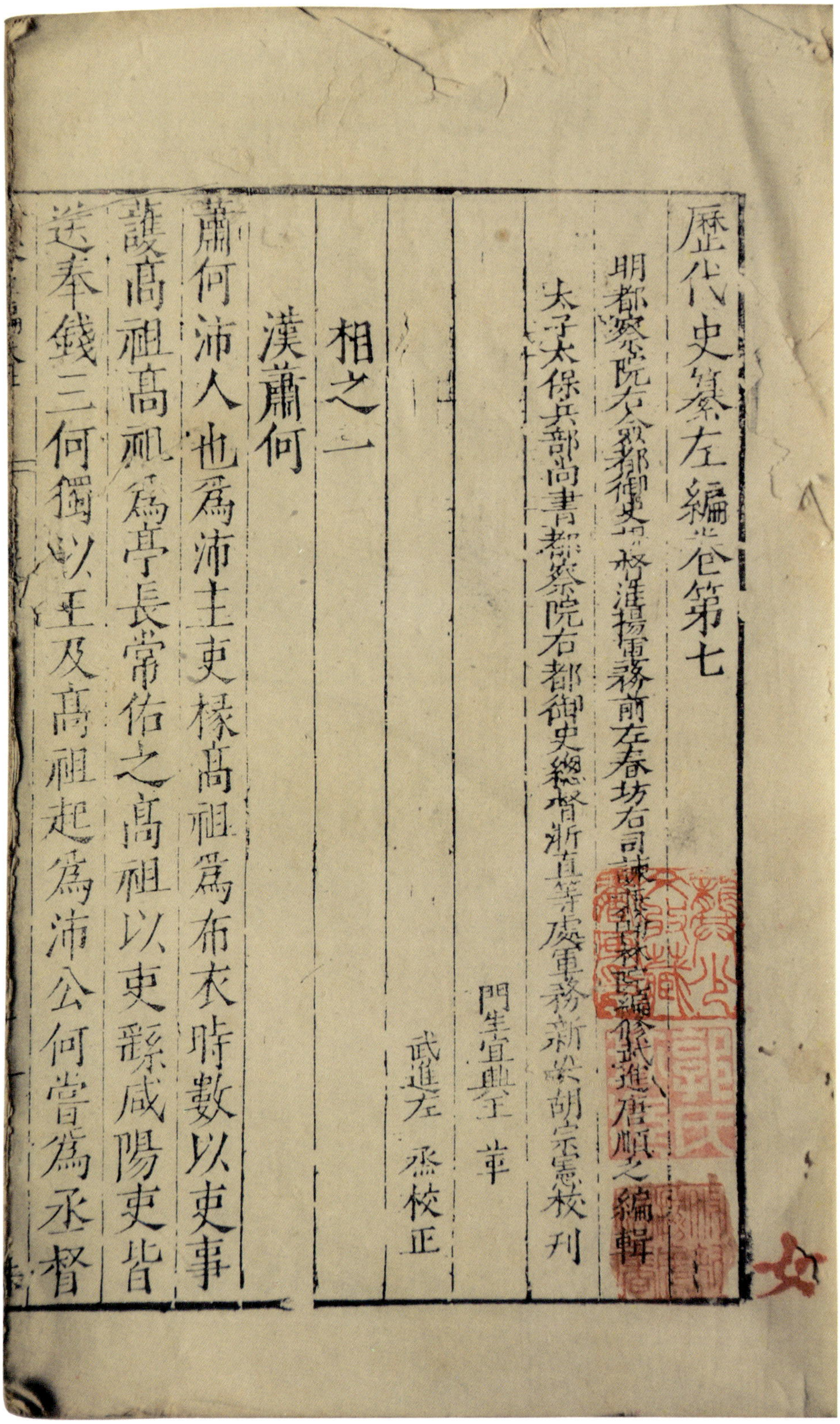
歷代史纂左編卷第七
明都察院右僉都御史兼督淮揚軍務前右春坊右司諫兼翰林院編修武進唐順之編輯
太子太保兵部尚書都察院右都御史總督浙直等處軍務新安胡宗憲校刊
門生宜興全 華
武進左 丞校正
相之一
漢蕭何
蕭何沛人也爲沛主吏掾高祖爲布衣時數以吏事
護高祖高祖爲亭長常佑之高祖以吏繇咸陽吏皆
送奉錢三何獨以五及高祖起爲沛公何嘗爲丞督

07925、07926 歷代史纂左編一百四十二卷 （明）唐順之輯　明嘉靖四十年（1561）胡宗憲刻本

匡高 20.7 厘米，廣 14.5 厘米。半葉十行，行二十字，白口，四周單邊。福建省圖書館藏，卷七至八、十九至二十、二十七至三十二、三十八至四十、四十三至四十四、四十六至四十七、四十九至五十三、九十三、九十七、一百二十六至一百二十七、一百三十至一百三十七、一百三十九至一百四十二抄配；福建省圖書館藏，存一百三十六卷。

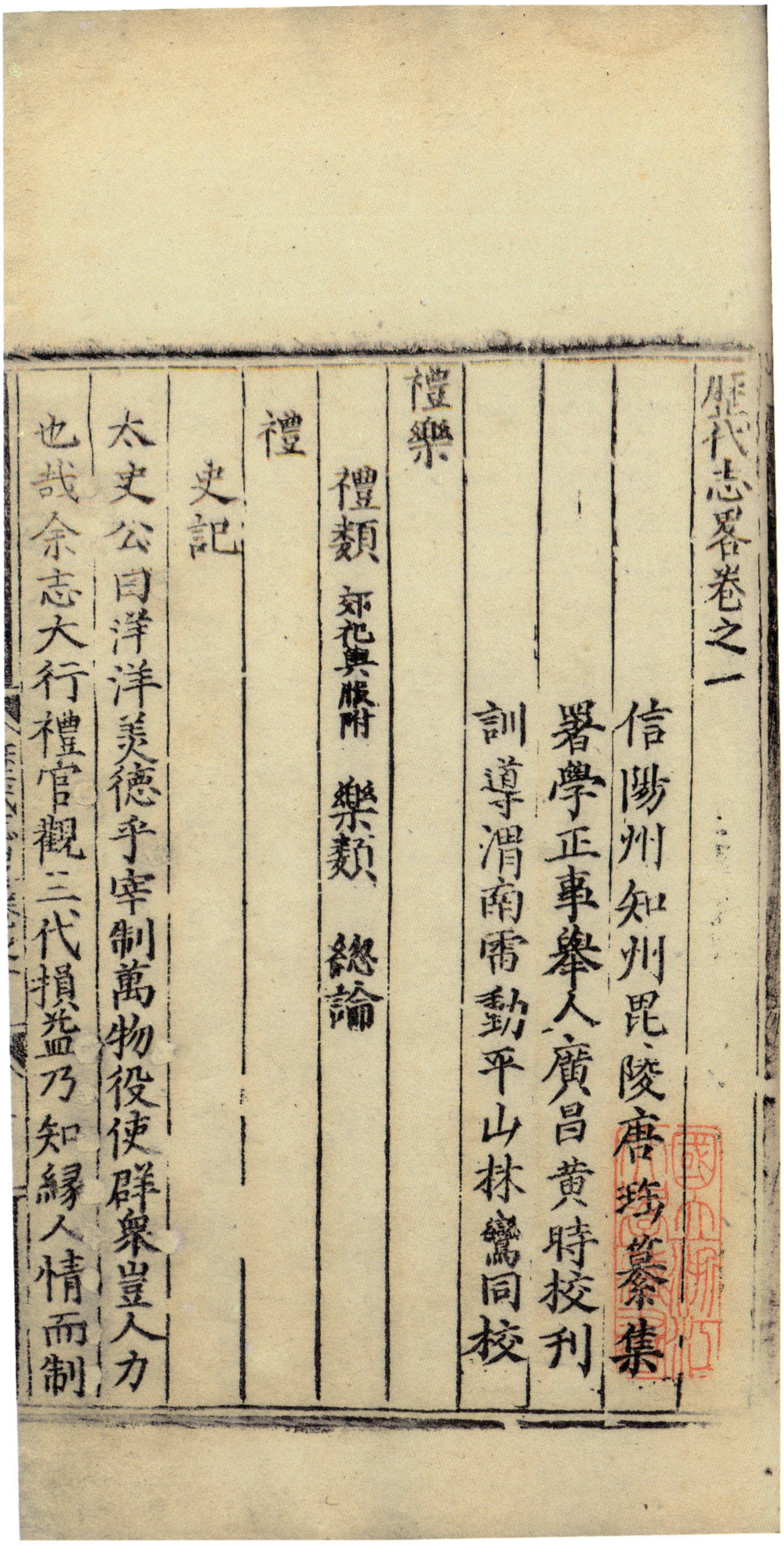

07927 歷代志畧四卷 （明）唐珤輯　明嘉靖黄時刻本

匡高 18.6 厘米，廣 13.6 厘米。半葉十行，行二十一字，黑口，四周雙邊。

浙江大學圖書館藏。

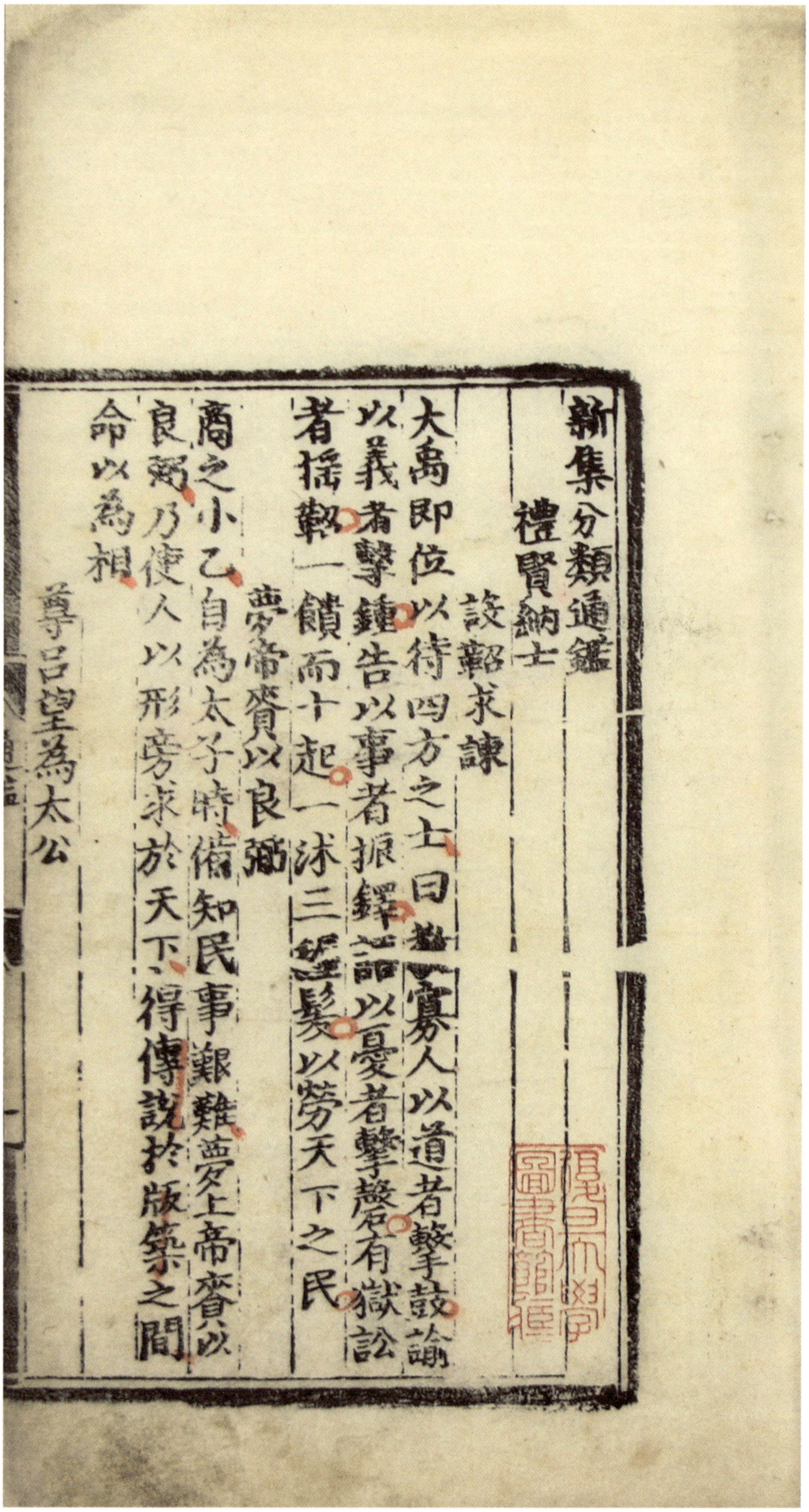
新集分類通鑑
禮賢納士
設鞀求諫
大禹即位以待四方之士曰教寡人以道者擊鼓諭
以義者擊鍾告以事者振鐸語以憂者擊磬有獄訟
者揺鞀一饋而十起一沐三握髮以勞天下之民
夢帝賚以良弼
商之小乙自為太子時備知民事艱難夢上帝賚以
良弼乃使人以形旁求於天下得傳說於版築之間
命以為相
尊呂望為太公
復旦大學圖書館藏

07928 新集分類通鑑不分卷 明弘治十二年（1499）施槃刻本

匡高 18.2 厘米，廣 10.2 厘米。半葉十一行，行二十字，黑口，四周雙邊。

復旦大學圖書館藏。

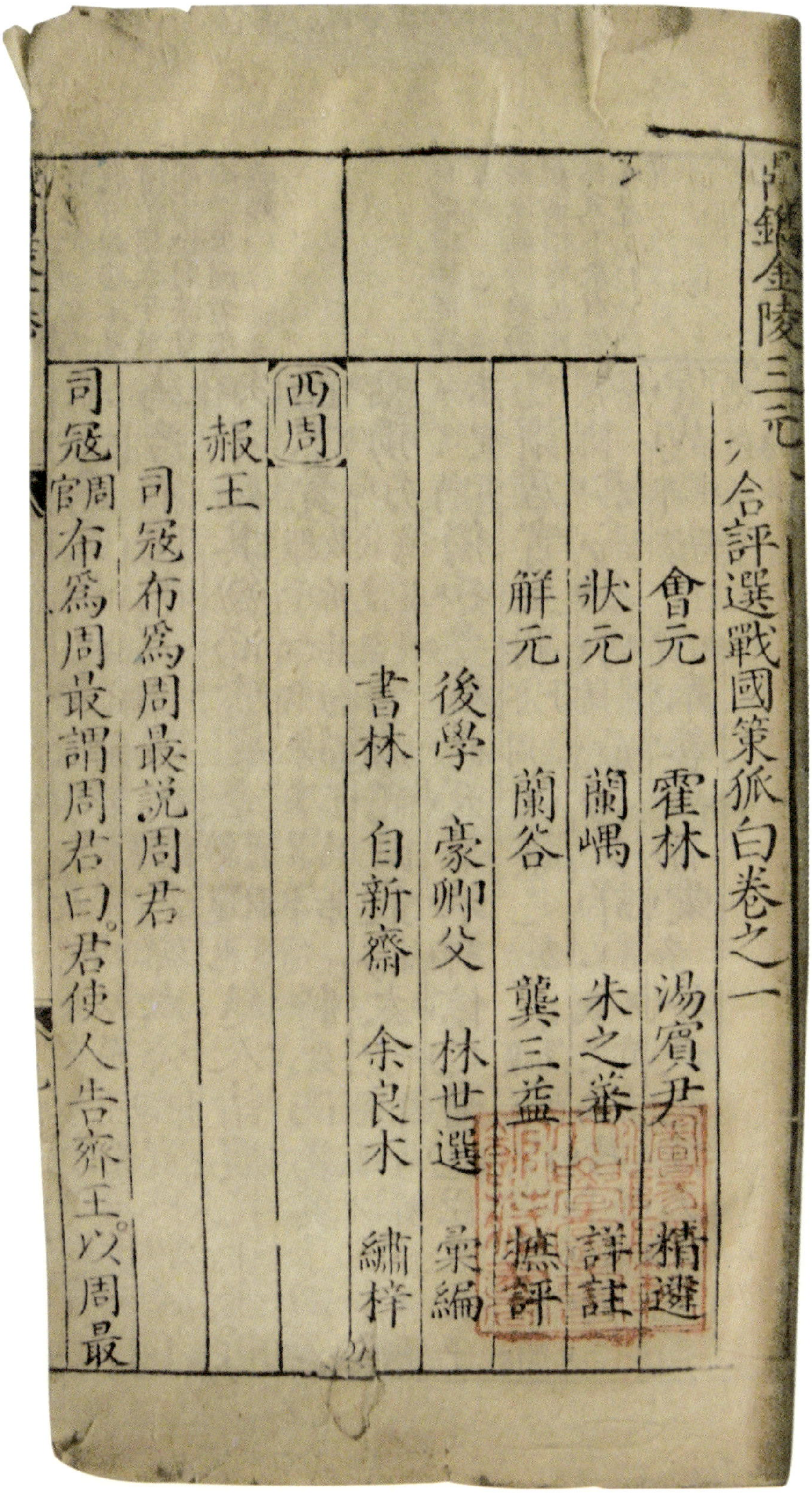
鐫金陵三元合評選戰國策狐白卷之一
會元　霍林　湯賓尹　精選
狀元　蘭嵎　朱之蕃　詳註
解元　蘭谷　龔三益　撫評
後學　豪卿父　林世選　彙編
書林　自新齋　余良木　繡梓
西周
赧王
司寇布爲周最說周君
司寇周官布爲周最謂周君曰。君使人告齊王。以周最

07929 鼎鐫金陵三元合評選戰國策狐白四卷　（明）湯賓尹輯　（明）朱之蕃注　（明）龔三益評　明萬曆元年（1573）余氏自新齋刻本

匡高 21 厘米，廣 12.8 厘米。半葉十行，行二十字，小字雙行同，白口，四周單邊。有“萬曆新歲孟秋月自新齊余紹崖梓”牌記。瀋陽師範大學圖書館藏。

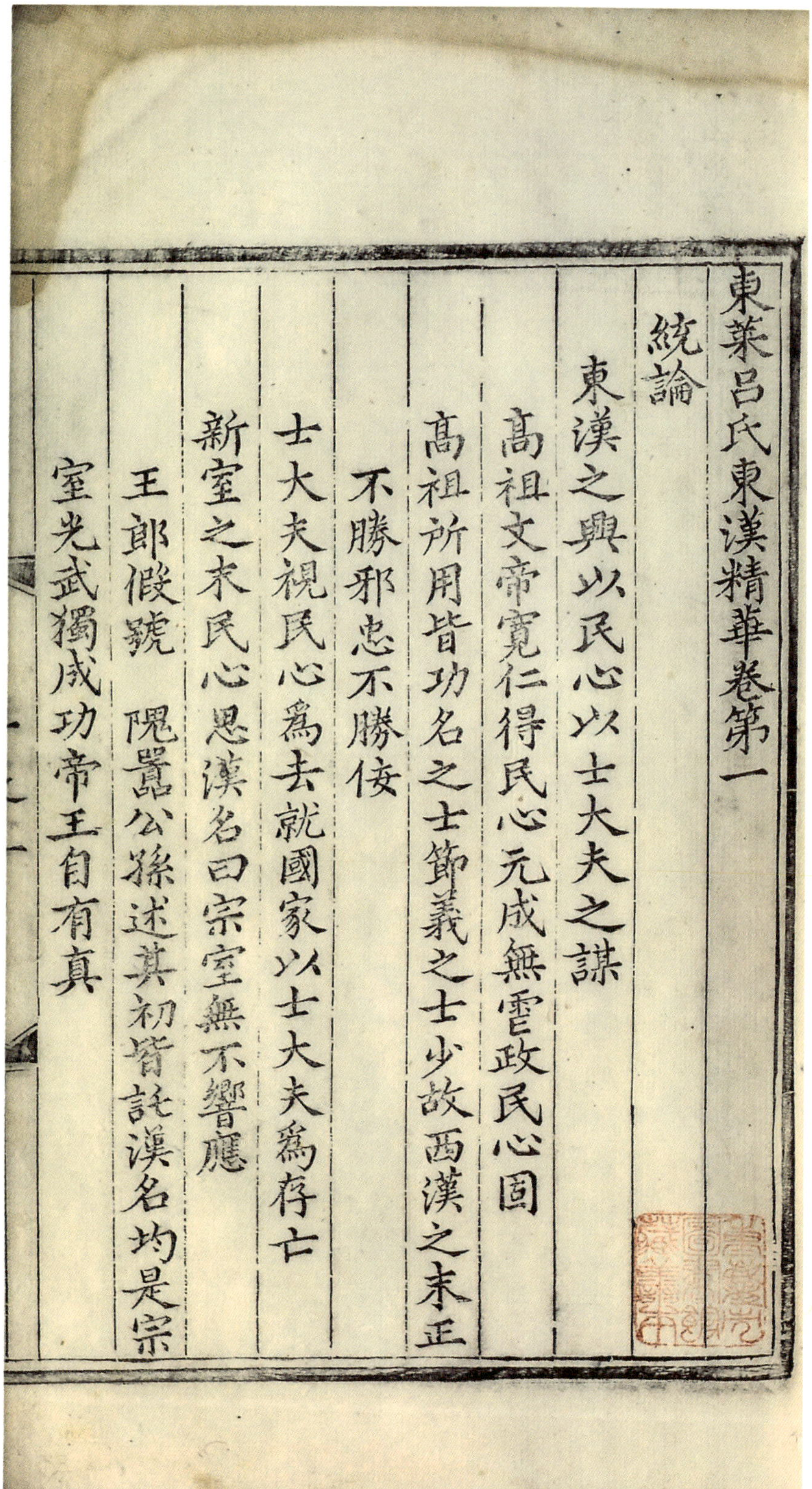

東萊呂氏東漢精華卷第一

統論

東漢之興以民心以士大夫之謀

高祖文帝寬仁得民心元成無虐政民心固

高祖所用皆功名之士節義之士少故西漢之末正

不勝邪忠不勝佞

士大夫視民心為去就國家以士大夫為存亡

新室之末民心思漢名曰宗室無不響應

王郎假號　隗囂公孫述其初皆託漢名均是宗

室光武獨成功帝王自有真

07930　東萊呂氏西漢精華十四卷東漢精華十四卷（宋）呂祖謙輯　明正德元年（1506）刻本

匡高 21.3 厘米，廣 15 厘米。半葉十行，行二十三字，小字雙行同，細黑口，四周雙邊。重慶圖書館藏。

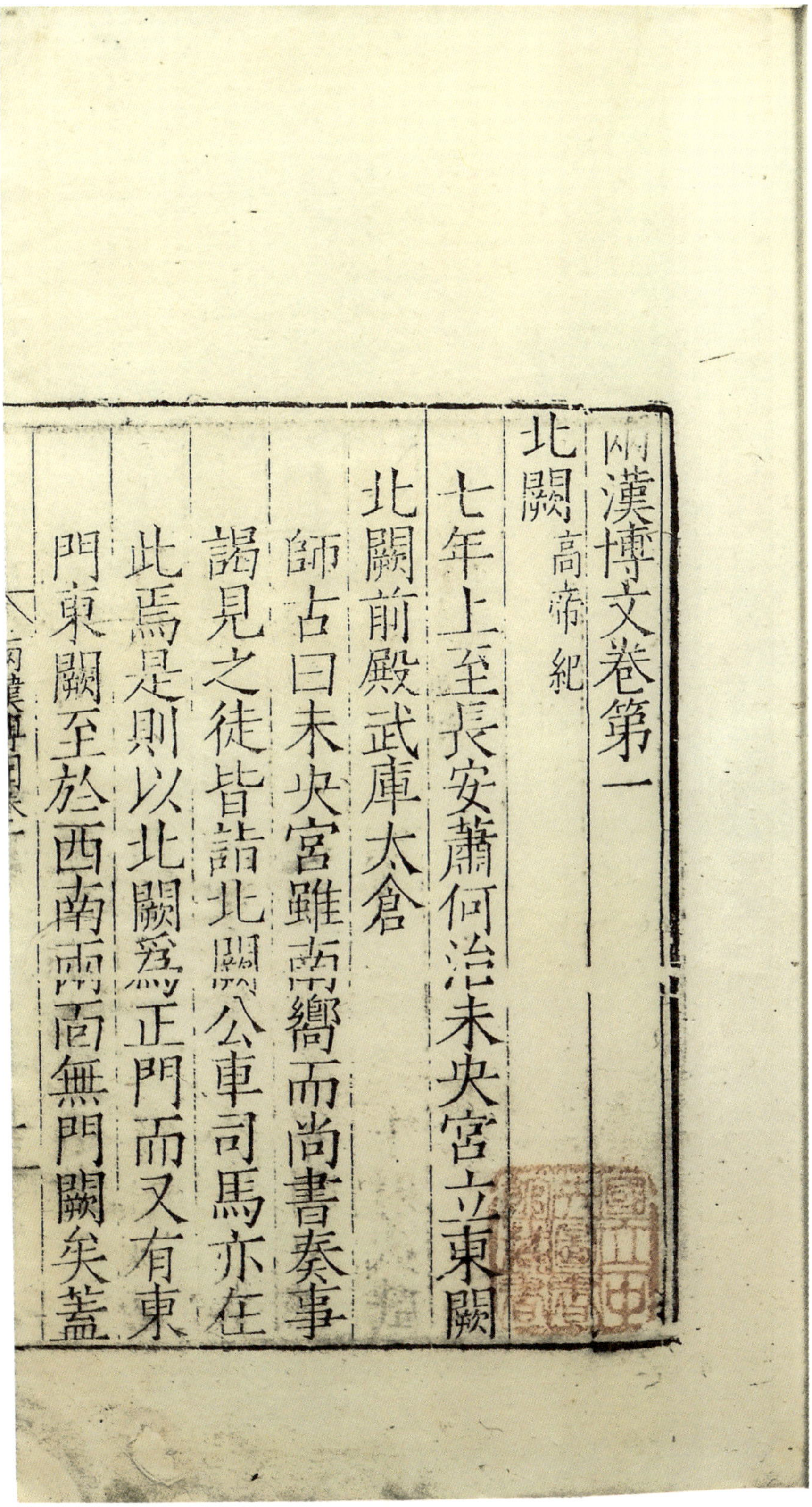
兩漢博文卷第一
北闕 高帝紀
七年上至長安蕭何治未央宮立東闕北闕前殿武庫太倉
師古曰未央宮雖南嚮而尚書奏事謁見之徒皆詣北闕公車司馬亦在此焉是則以北闕爲正門而又有東門東闕至於西南兩面無門闕矣蓋

07931–07933 兩漢博聞十二卷 （宋）楊侃輯　明嘉靖三十七年（1558）黄魯曾刻本

匡高 17.6 厘米，廣 12.6 厘米。半葉八行，行十六字，小字雙行同，白口，左右雙邊。華東師範大學圖書館、重慶圖書館、南京圖書館藏。

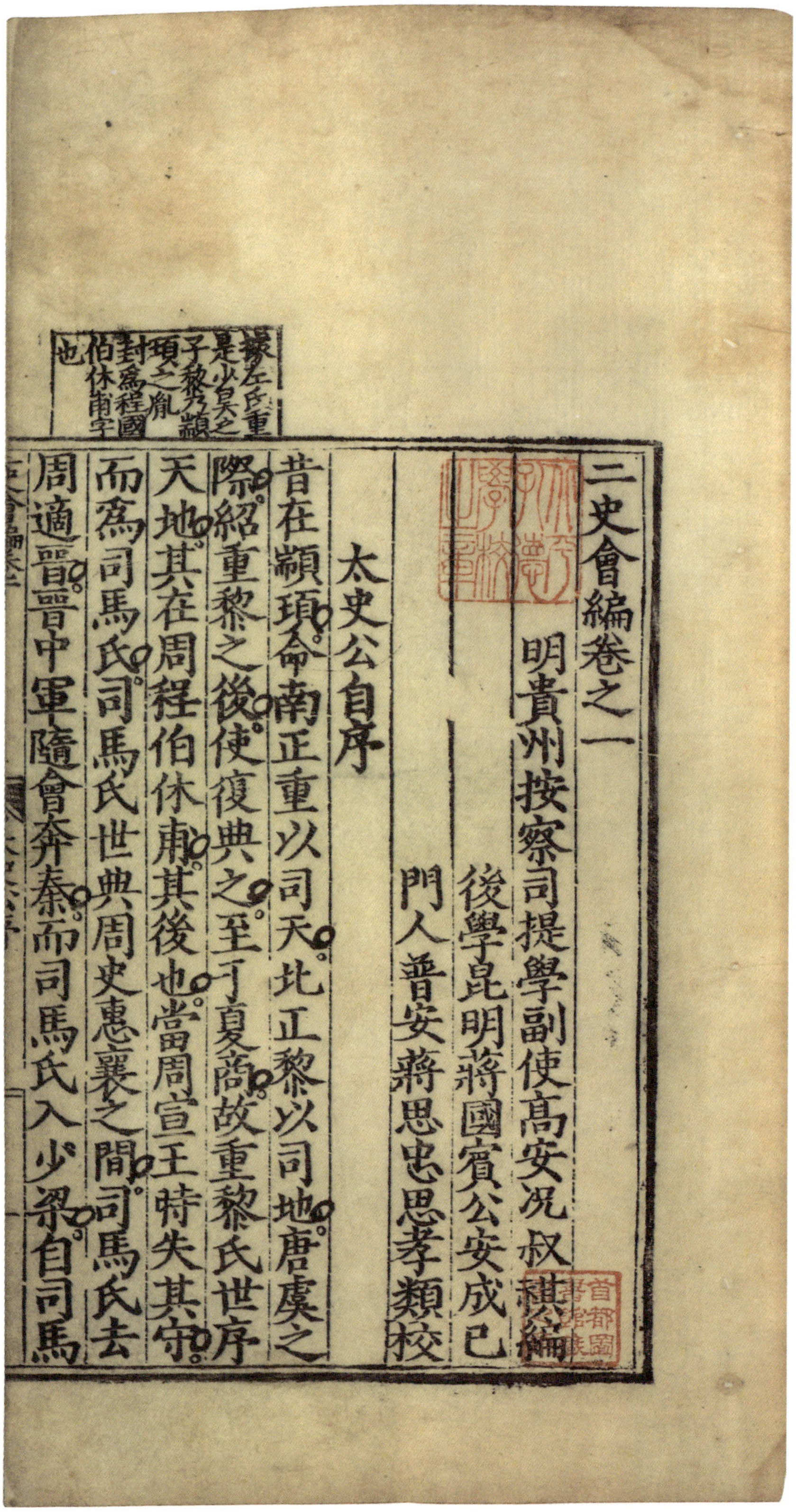

二史會編卷之一
明貴州按察司提學副使高安况叔祺編
後學昆明蔣國賓公安成巳
門人普安蔣思忠思孝類校
太史公自序
據左氏重是少昊之子黎乃顓項之胤封爲程國伯休甫字也
昔在顓頊命南正重以司天北正黎以司地唐虞之
際紹重黎之後使復典之至于夏商故重黎氏世序
天地其在周程伯休甫其後也當周宣王時失其守
而爲司馬氏司馬氏世典周史惠襄之閒司馬氏去
周適晉晉中軍隨會奔秦而司馬氏入少梁自司馬

07934　二史會編十六卷（明）况叔祺輯　明嘉靖四十年（1561）刻本（卷十抄配）

匡高18.9厘米，廣13厘米。半葉十行，行二十字，小字雙行同，白口，四周雙邊。有"北平孔德學校之章"等印。首都圖書館藏。

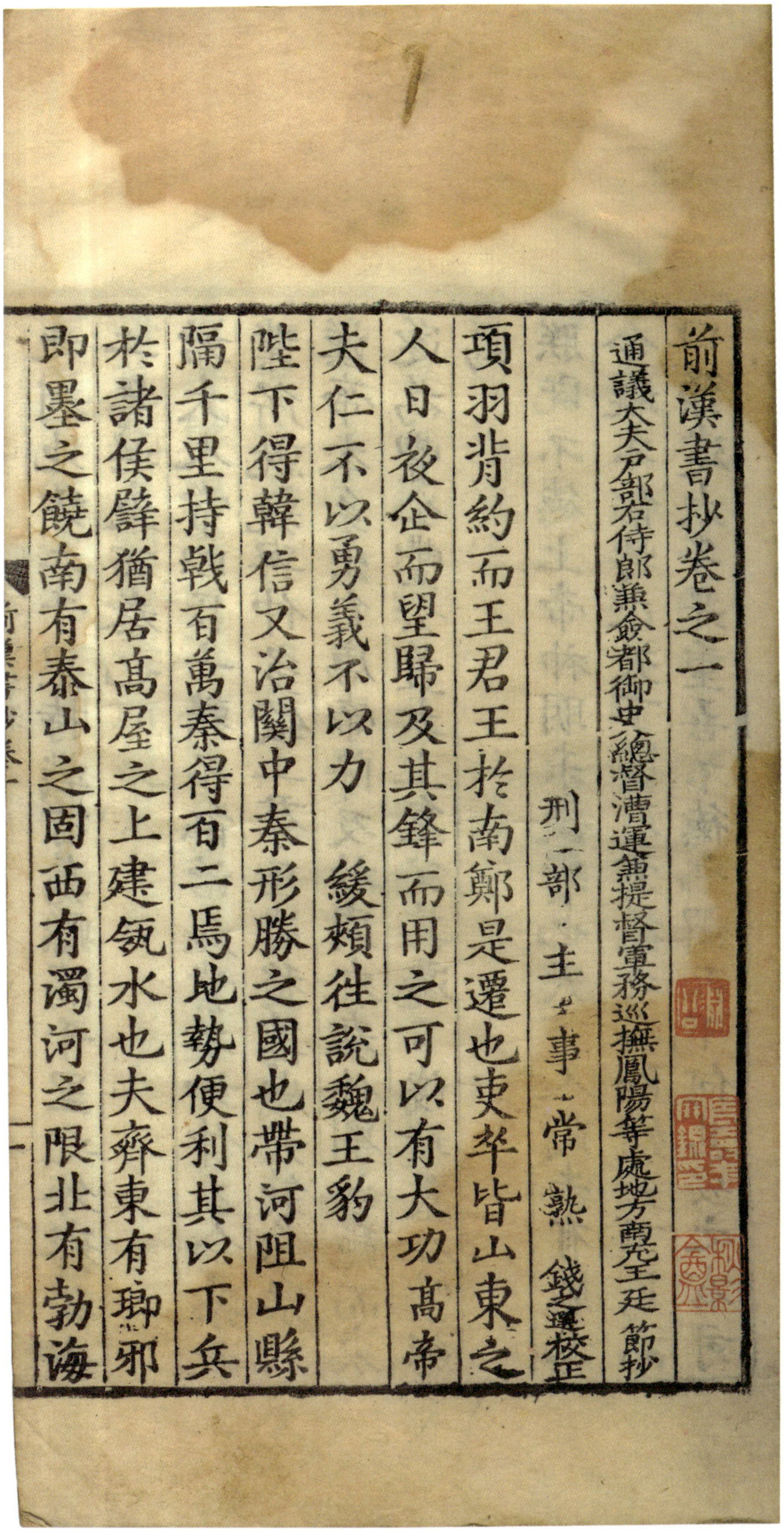
前漢書抄卷之一
通議大夫戶部右侍郎兼僉都御史總督漕運兼提督軍務巡撫鳳陽等處地方南充王廷節抄
刑部主事常熟錢之選校
項羽背約而王君王於南鄭是遷也吏卒皆山東之
人日夜企而望歸及其鋒而用之可以有大功高帝
夫仁不以勇義不以力　緩頰往說魏王豹
陛下得韓信又治關中秦形勝之國也帶河阻山縣
隔千里持戟百萬秦得百二焉地勢便利其以下兵
於諸侯譬猶居高屋之上建瓴水也夫齊東有琅邪
即墨之饒南有泰山之固西有濁河之限北有勃海
前漢書抄卷一　一

07935 兩漢書抄十六卷 （明）王廷輯　明嘉靖四十三年（1564）錢之選刻本

匡高 21 厘米，廣 13.9 厘米。半葉十行，行二十字，白口，四周單邊。有“盱眙吴氏藏書”、“茶半香初之館珍藏書畫圖章”等印。南京大學圖書館藏。

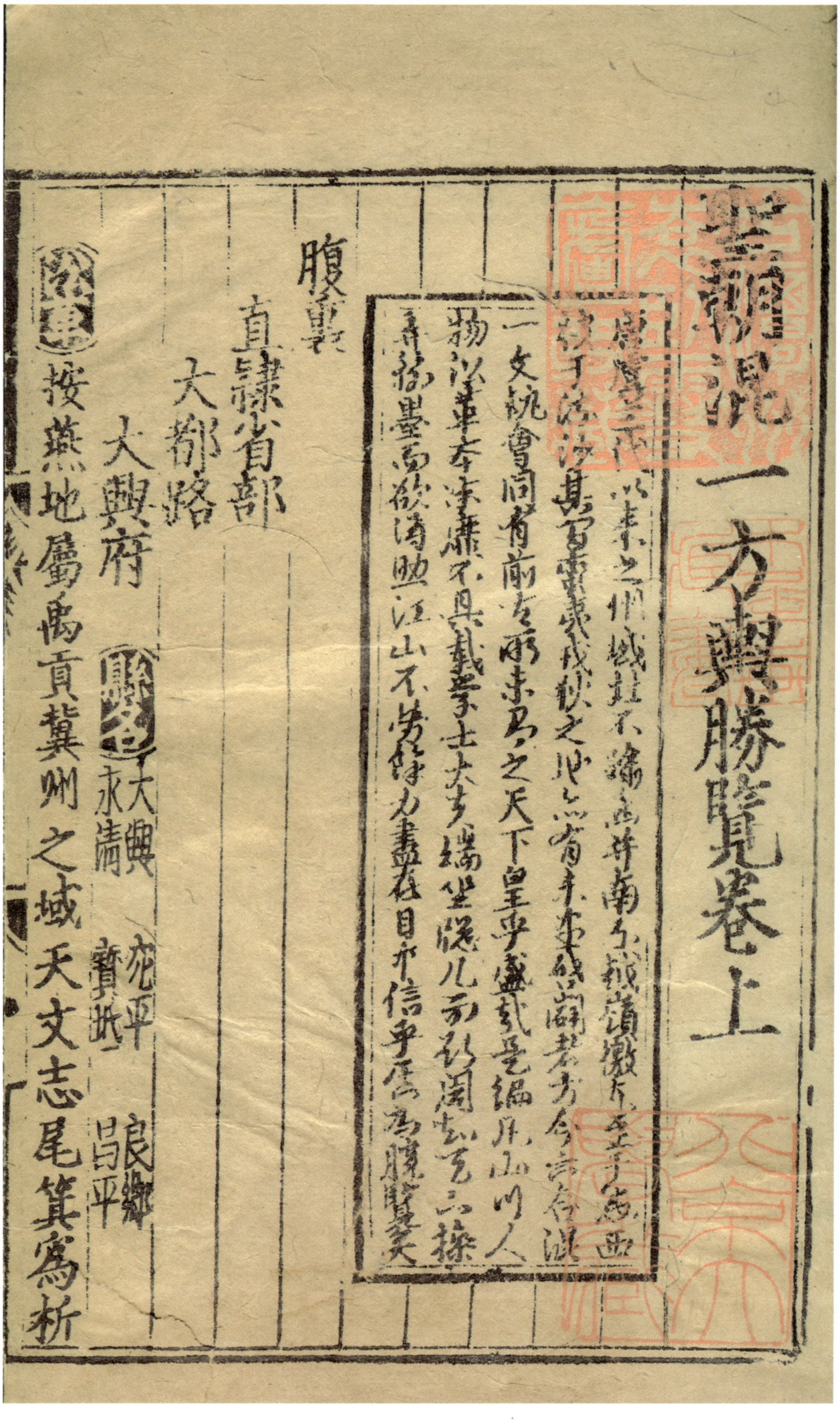

07936 聖朝混一方輿勝覽三卷 明初刻事文類聚翰墨全書本

匡高 15.4 厘米，廣 10.6 厘米。半葉十二行，行二十字，小字雙行同，黑口，四周雙邊。北京大學圖書館藏。

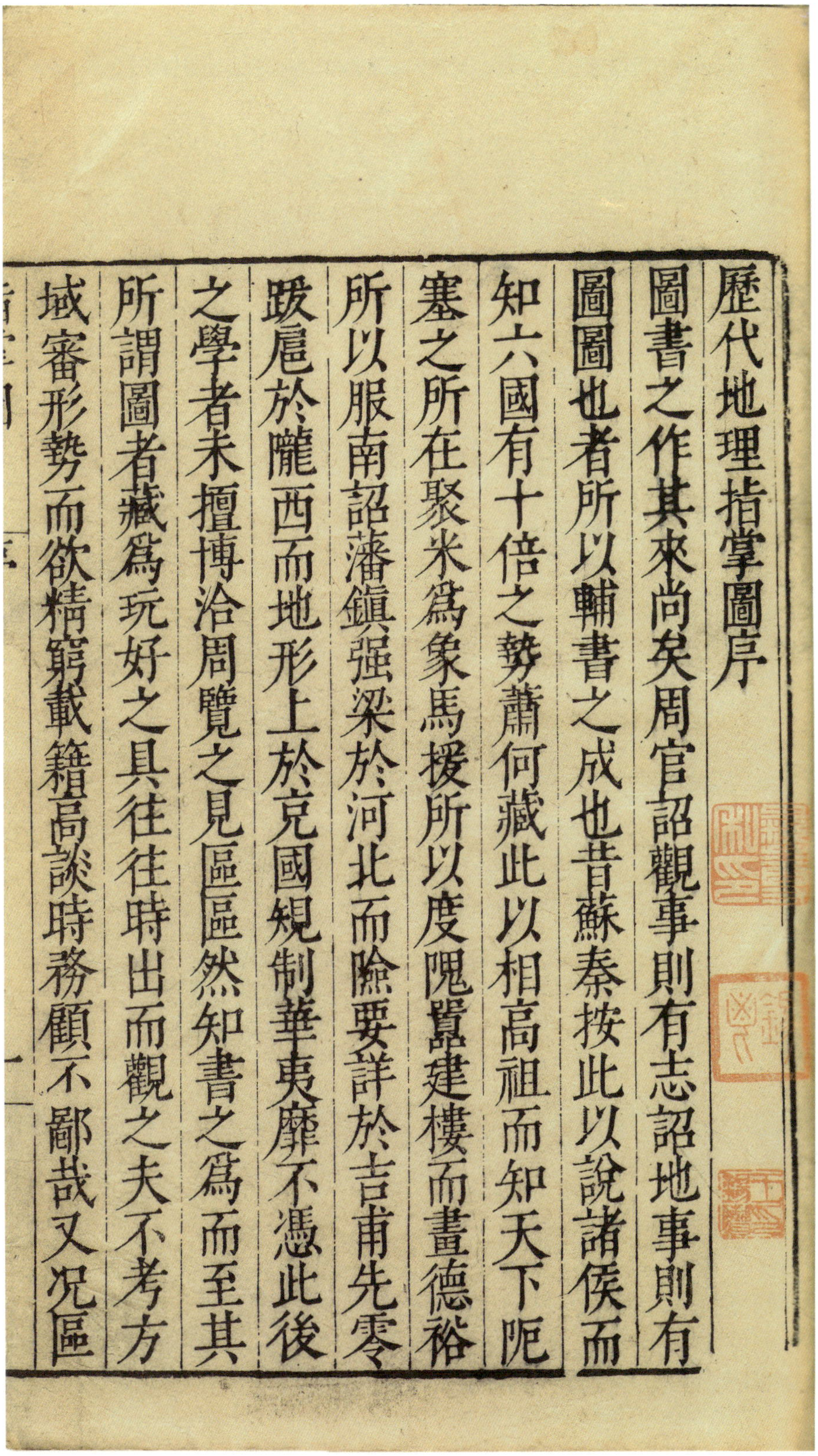
歷代地理指掌圖序
圖書之作其來尚矣周官詔觀事則有志詔地事則有
圖圖也者所以輔書之成也昔蘇秦按此以說諸侯而
知六國有十倍之勢蕭何藏此以相高祖而知天下阨
塞之所在聚米爲象馬援所以度隗囂建樓而畫德裕
所以服南詔藩鎮强梁於河北而險要詳於吉甫先零
跋扈於隴西而地形上於充國規制華夷靡不憑此後
之學者未擅博洽周覽之見區區然知書之爲而至其
所謂圖者藏爲玩好之具往往時出而觀之夫不考方
域審形勢而欲精窮載籍高談時務顧不鄙哉又况區

07937 歷代地理指掌圖一卷　題（宋）蘇軾撰　明刻本

匡高 20.7 厘米，廣 15.1 厘米。半葉十行，行二十一字，小字雙行同，白口，左右雙邊。有“彝尊私印”、“竹坨居士”、“錫鬯”、“錫鬯玉印”等印。大連圖書館藏。

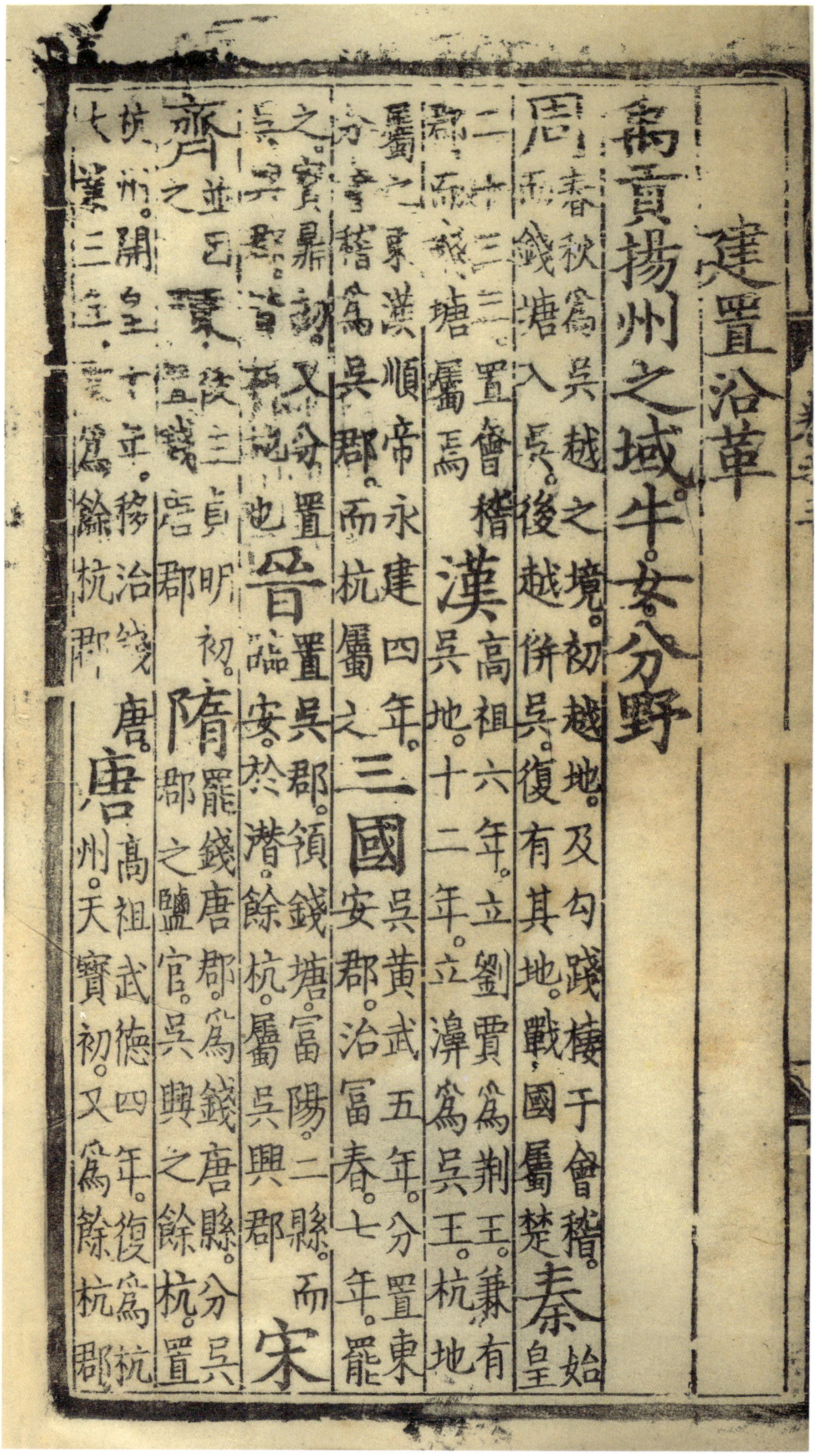

建置沿革
禹貢揚州之域。牛。女。分野
周春秋爲吳越之境。初越地。及勾踐棲于會稽。屬錢塘入吳。後越併吳。復有其地。戰國屬楚。秦始皇
二十三年。置會稽郡。[illegible]越。塘屬焉漢高祖六年。立劉賈爲荊王。兼有吳地。十二年。立濞爲吳王。杭地
屬之東漢順帝永建四年。分會稽爲吳郡。而杭屬之三國吳黃武五年。分置東安郡。治富春。七年。罷
之。寶鼎[illegible]。又分置吳。吳郡。[illegible][illegible]也晉置吳郡。領錢塘富陽二縣。而臨安。於潛。餘杭。屬吳興郡宋
齊之並因[illegible]。陳[illegible]三貞明初。[illegible]錢唐郡隋罷錢唐郡。爲錢唐縣。分吳郡之鹽官。吳興之餘杭。置
杭州。開皇十年。移治錢[illegible]。[illegible]業三年。[illegible]爲餘杭郡唐。唐高祖武德四年。復爲杭州。天寶初。又爲餘杭郡

07938 大明清類天文分野之書二十四卷 題（明）劉基等撰 明初刻本（卷一、二、二十四及目録均系補抄）

匡高 28 厘米，廣 15.8 厘米。半葉八行，行二十字，小字雙行同，黑口，四周雙邊。北京大學圖書館藏。

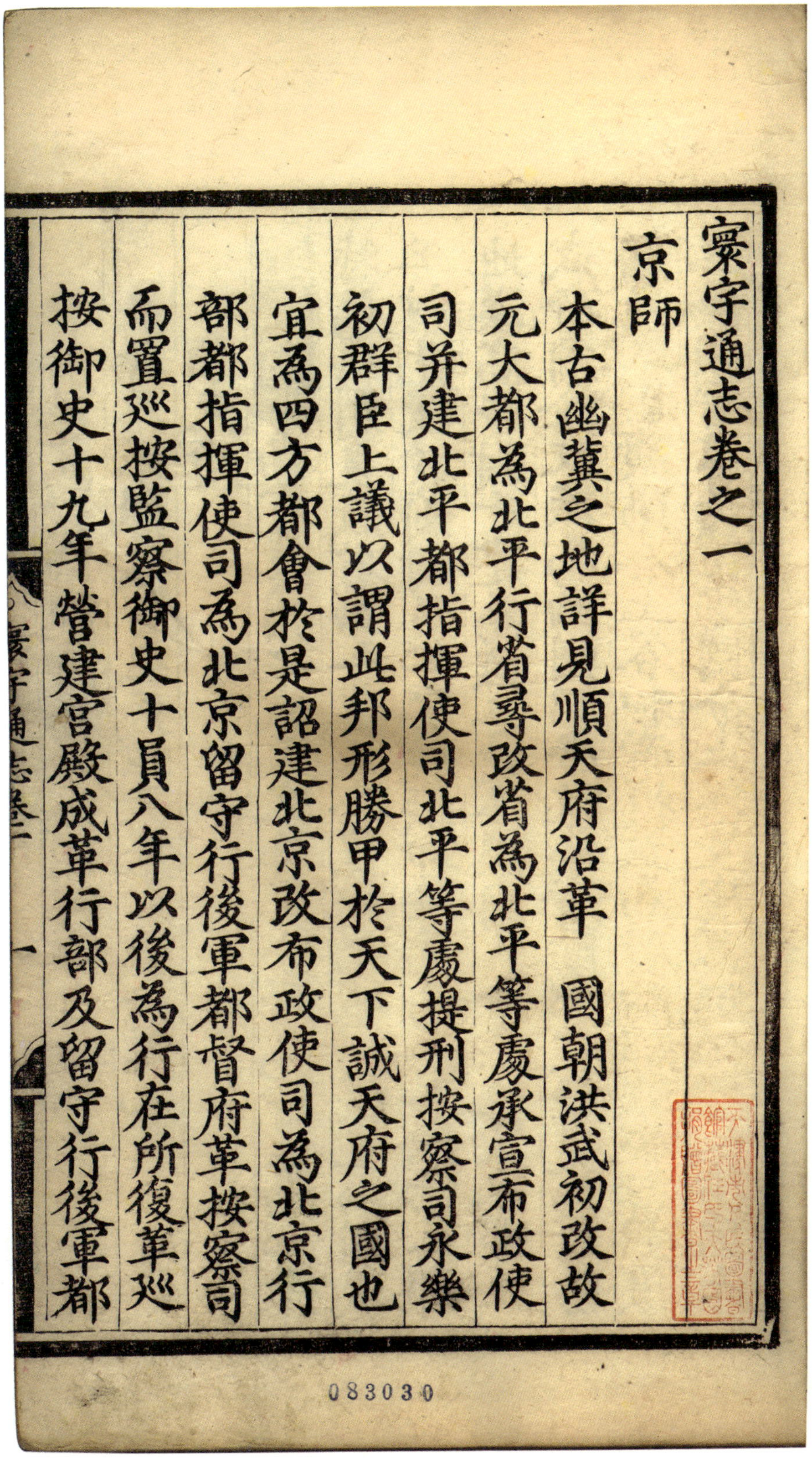
寰宇通志卷之一
京師
本古幽冀之地詳見順天府沿革　國朝洪武初改故
元大都為北平行省尋改省為北平等處承宣布政使
司并建北平都指揮使司北平等處提刑按察司永樂
初群臣上議以謂此邦形勝甲於天下誠天府之國也
宜為四方都會於是詔建北京改布政使司為北京行
部都指揮使司為北京留守行後軍都督府革按察司
而置巡按監察御史十員八年以後為行在所復革巡
按御史十九年營建宮殿成革行部及留守行後軍都

寰宇通志卷一　一

07939 寰宇通志一百十九卷　（明）陳循　彭時等纂修　明景泰刻本

匡高 27.5 厘米，廣 17.4 厘米。半葉十行，行二十二字，黑口，四周雙邊。天津圖書館藏。

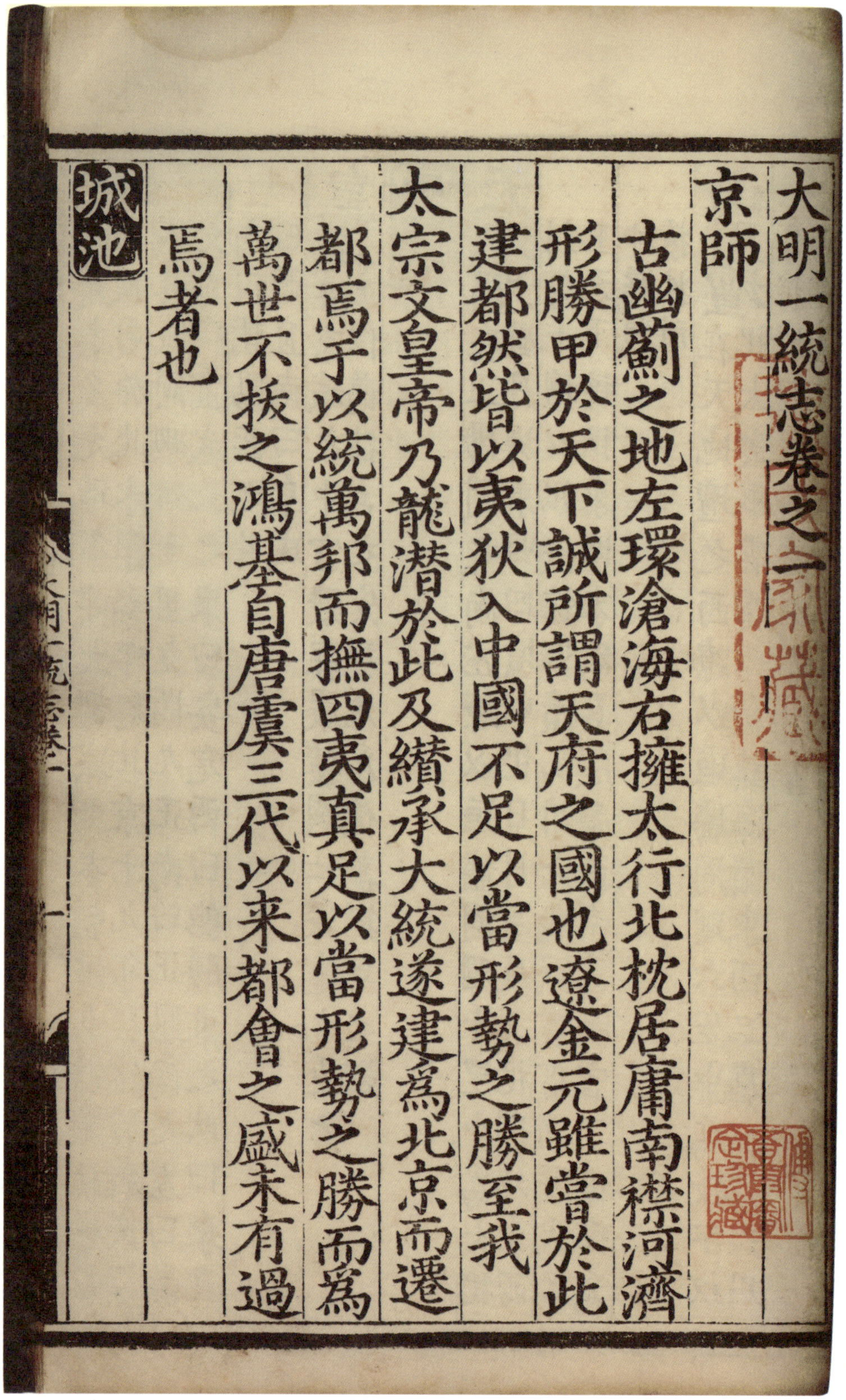
大明一統志卷之一
京師
古幽薊之地左環滄海右擁太行北枕居庸南襟河濟形勝甲於天下誠所謂天府之國也遼金元雖嘗於此建都然皆以夷狄入中國不足以當形勢之勝至我
太宗文皇帝乃龍潛於此及纘承大統遂建爲北京而遷都焉于以統萬邦而撫四夷真足以當形勢之勝而爲萬世不拔之鴻基自唐虞三代以来都會之盛未有過焉者也
城池

07940–07945　大明一統志九十卷　（明）李賢　萬安等纂修　明天順五年（1461）内府刻本

匡高 26.8 厘米，廣 17.9 厘米。半葉十行，行二十二字，小字雙行同，黑口，四周雙邊。南京圖書館藏；遼寧省圖書館藏，包背裝；天津圖書館、廣東省立中山圖書館藏；廣東省立中山圖書館藏，卷四至五抄配；廣東省立中山圖書館藏，卷十九至二十、二十六至二十七、二十九、三十一、三十四至三十五、七十四至七十六抄配，存七十五卷。

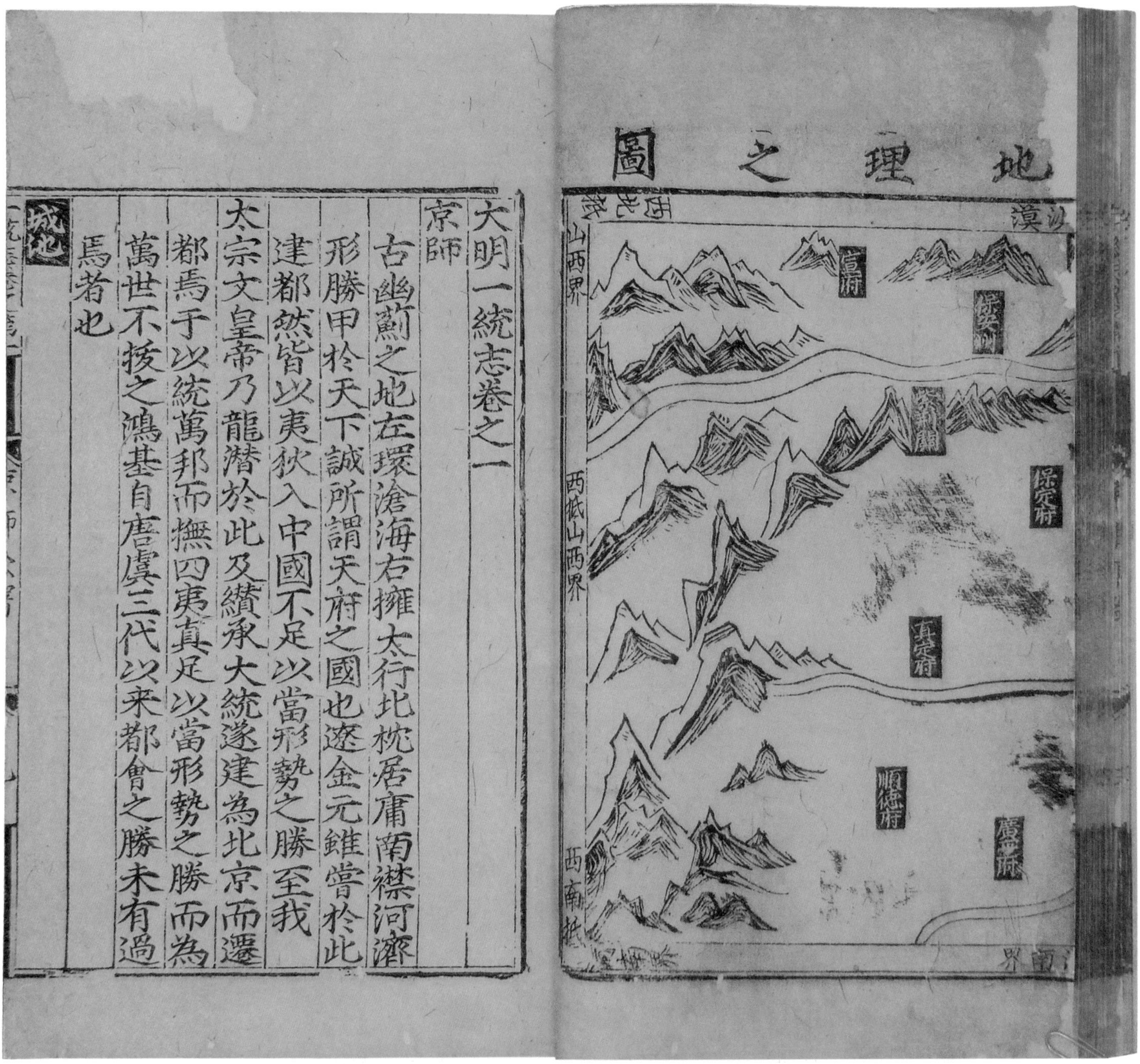
大明一統志卷之一
京師
古幽薊之地左環滄海右擁太行北枕居庸南襟河濟
形勝甲於天下誠所謂天府之國也遼金元雖嘗於此
建都然皆以夷狄入中國不足以當形勢之勝至我
太宗文皇帝乃龍潛於此及纘承大統遂建為北京而遷
都焉于以統萬邦而撫四夷真足以當形勢之勝而為
萬世不拔之鴻基自唐虞三代以来都會之勝未有過
焉者也
城池
地理之圖
宣府
保定府
真定府
順德府
西低山西界
山西界

07946、07947 大明一統志九十卷 （明）李賢　萬安等纂修　明弘治十八年（1505）慎獨書齋刻本

匡高 19.9 厘米，廣 13.1 厘米。半葉十行，行二十二字，小字雙行同，黑口，四周雙邊。福建師範大學圖書館、軍事科學院軍事圖書資料館藏。

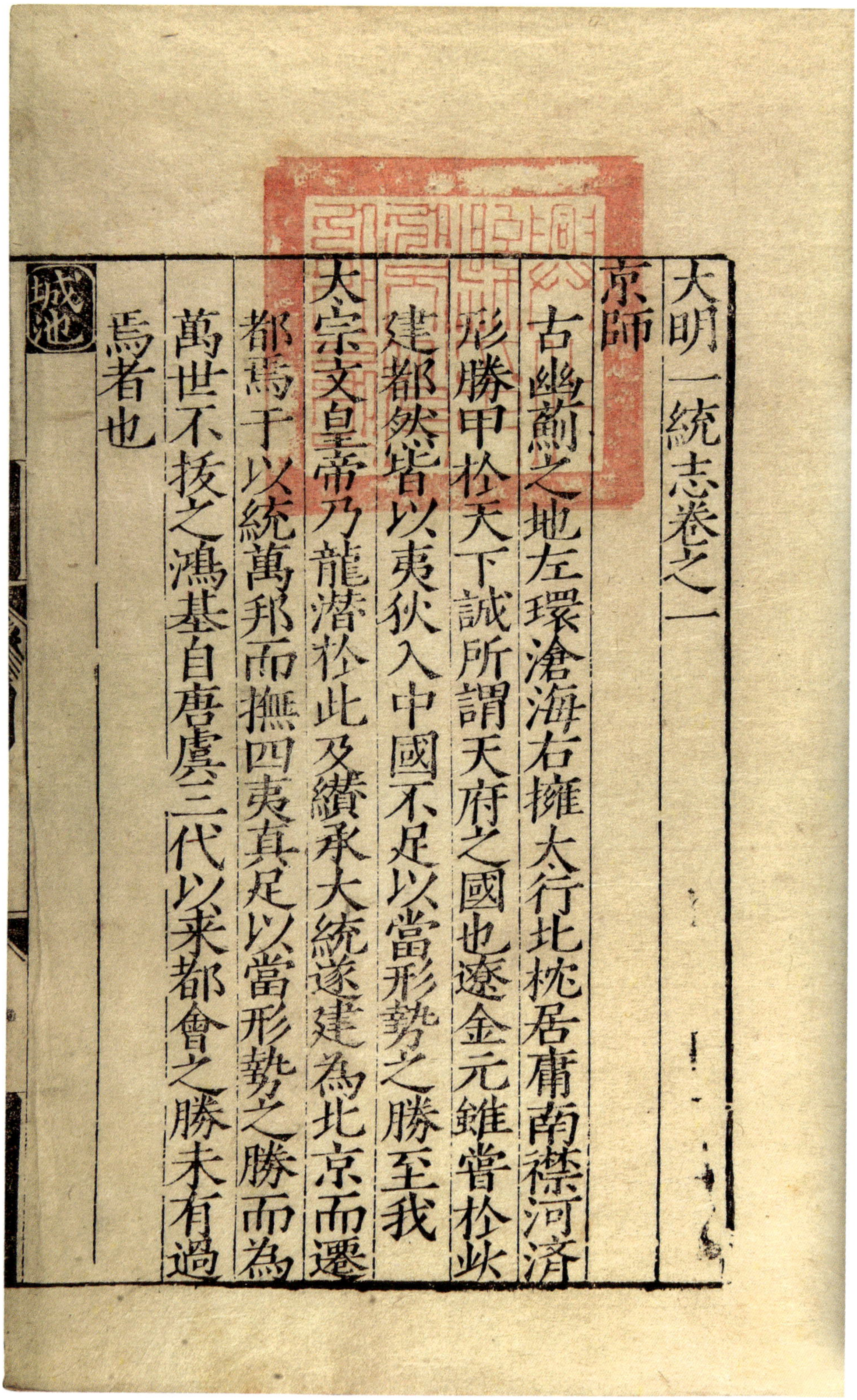

大明一統志卷之一

京師

古幽薊之地左環滄海右擁太行北枕居庸南襟河濟形勝甲於天下誠所謂天府之國也遼金元雖嘗於此建都然皆以夷狄入中國不足以當形勢之勝至我

太宗文皇帝乃龍潛於此及纘承大統遂建為北京而遷都焉于以統萬邦而撫四夷真足以當形勢之勝而為萬世不拔之鴻基自唐虞三代以來都會之勝未有過焉者也

城池

07948 大明一統志九十卷 （明）李賢　萬安等纂修　明嘉靖三十八年（1559）書林楊氏歸仁齋刻本

匡高 19.5 厘米，廣 12.9 厘米。半葉十行，行二十二字，小字雙行同，黑口，四周單邊。有“皇明嘉靖己未歸仁齋重刊行”牌記。國家圖書館藏。

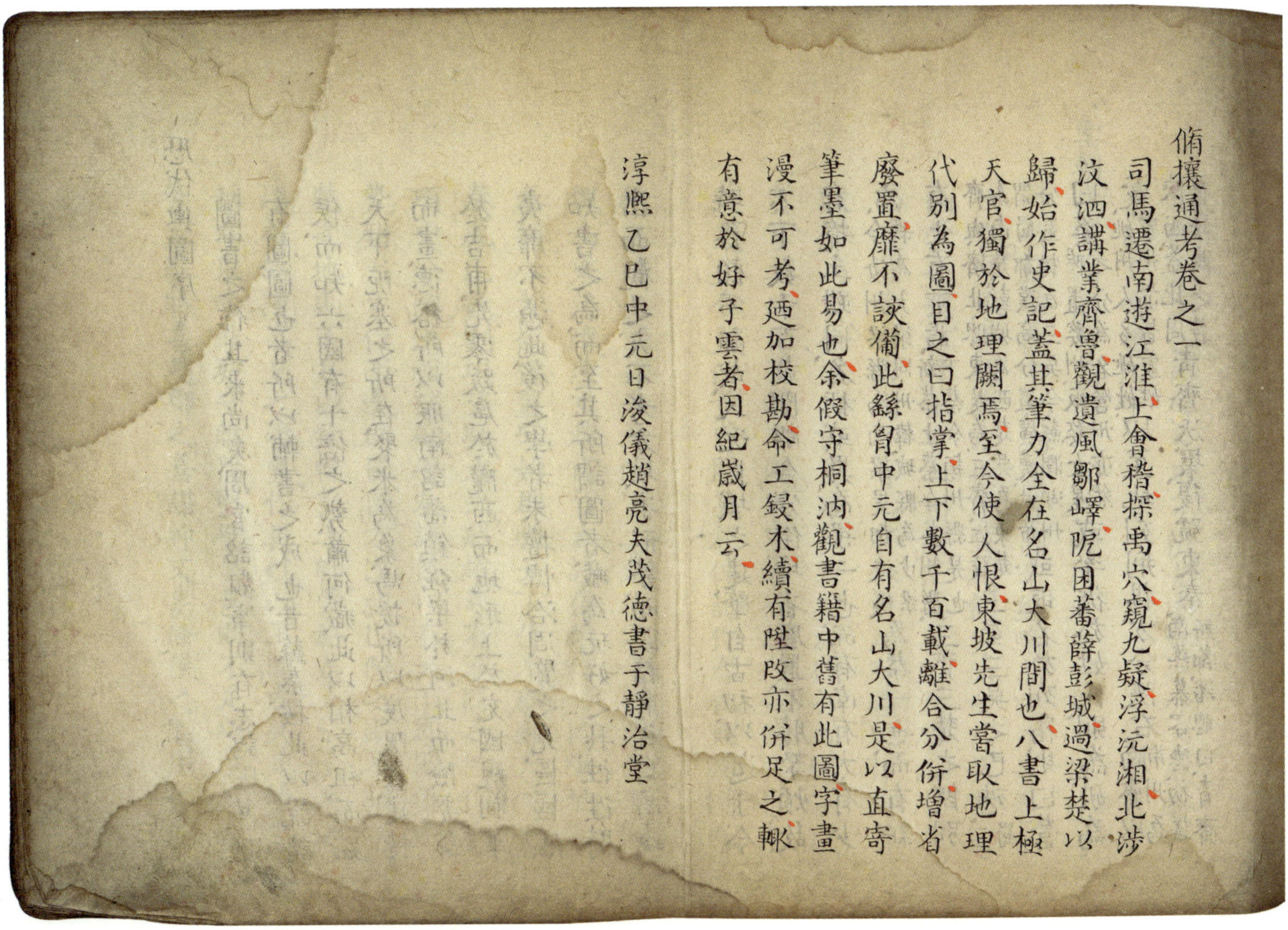

脩攘通考卷之一
司馬遷南遊江淮上會稽探禹穴窺九疑浮沅湘北涉
汶泗講業齊魯觀遺風鄒嶧阨困蕃薛彭城過梁楚以
歸始作史記蓋其筆力全在名山大川間也八書上極
天官獨於地理闕焉至今使人恨東坡先生嘗取地理
代別為圖目之曰指掌上下數千百載離合分併增省
廢置靡不該備此緜冒中元自有名山大川是以直寄
筆墨如此易也余假守桐汭觀書籍中舊有此圖字畫
漫不可考迺加校勘命工鋟木續有陞改亦併足之輒
有意於好子雲者因紀歲月云
淳熙乙巳中元日浚儀趙亮夫茂德書于靜治堂

07949 脩攘通考六卷 （明）何鏜編　明抄本

山東省博物館藏。

宣府說

宣府漢上谷郡國初常忠武王破虜於沙北設開平衛守之置八驛東
則凉亭沇河賽峰黃崖四驛直接大寧古北口西則桓州威虜明安隰
寧四驛直接獨石
大宗文皇三犂虜庭皆自開平興和萬全出入常曰滅此殘虜惟守開平
興和大寧遼東甘肅寧夏則邊境可永無事矣後大寧既以與虜興和
亦廢而開平失援難守宣德中乃徙衛於獨石棄地蓋三百餘里土木
之變獨石八城皆没雖旋收復而氣勢日微宣府特重矣宣府山川糾
紛地險而狹分屯建將倍於他鎮是以氣完勢固號稱易守然去京師
不四百里鎖鑰所寄此路獨石馬營一帶地雖懸遠然長阻長安嶺虜
難徑下中路之葛峪大白陽青邊諸堡西路之柴講洗馬林萬全諸城
南路之東西順聖皆稱虜衝警屢至馬東路永寧四海冶及龍門所則
三衛窺伺之地而四海冶上通開平大路下連橫嶺兒又要地矣然自
東路之四海冶迤邐而西歷北中二路抵西路之西陽河爲大同界大
同東路之東陽河迤邐而西歷中北二路抵西路之了角山爲山西界
自山西之老營堡迤邐而西歷水泉偏頭保德州爲黃河界計一千九
百二十里有奇皆逼臨虜巢所謂外險也又老營堡轉南迤邐而東歷
寧武鴈門北樓抵平刑關又迤邐而南而東爲保定界歷龍泉紫荊倒
馬之吳王口插箭嶺浮圖峪沿河口又東北爲順天界歷高崖白羊抵
居庸計二千五百里有奇峻山層崗所謂內險兩險截然天限華夷柰
何邇者夷虜結陣驅掠汾心邊議日興豈險不足恃由法紀弛防禦懈有
險與無險同故曰補長峪城鎮邊城之幕府重浮圖峪插箭嶺之防守
番茂山衛京操之士以益紫荊築李信屯交界之堡以固兩鎮因地利
紀人力內倚諸關外增崇垣百萬綿堞比之金湯戰克而守固矣
百二十二

07950 廣輿考二卷 （明）汪縫預撰　明萬曆三十九年（1611）汪作舟刻本

國家圖書館藏，存一卷。

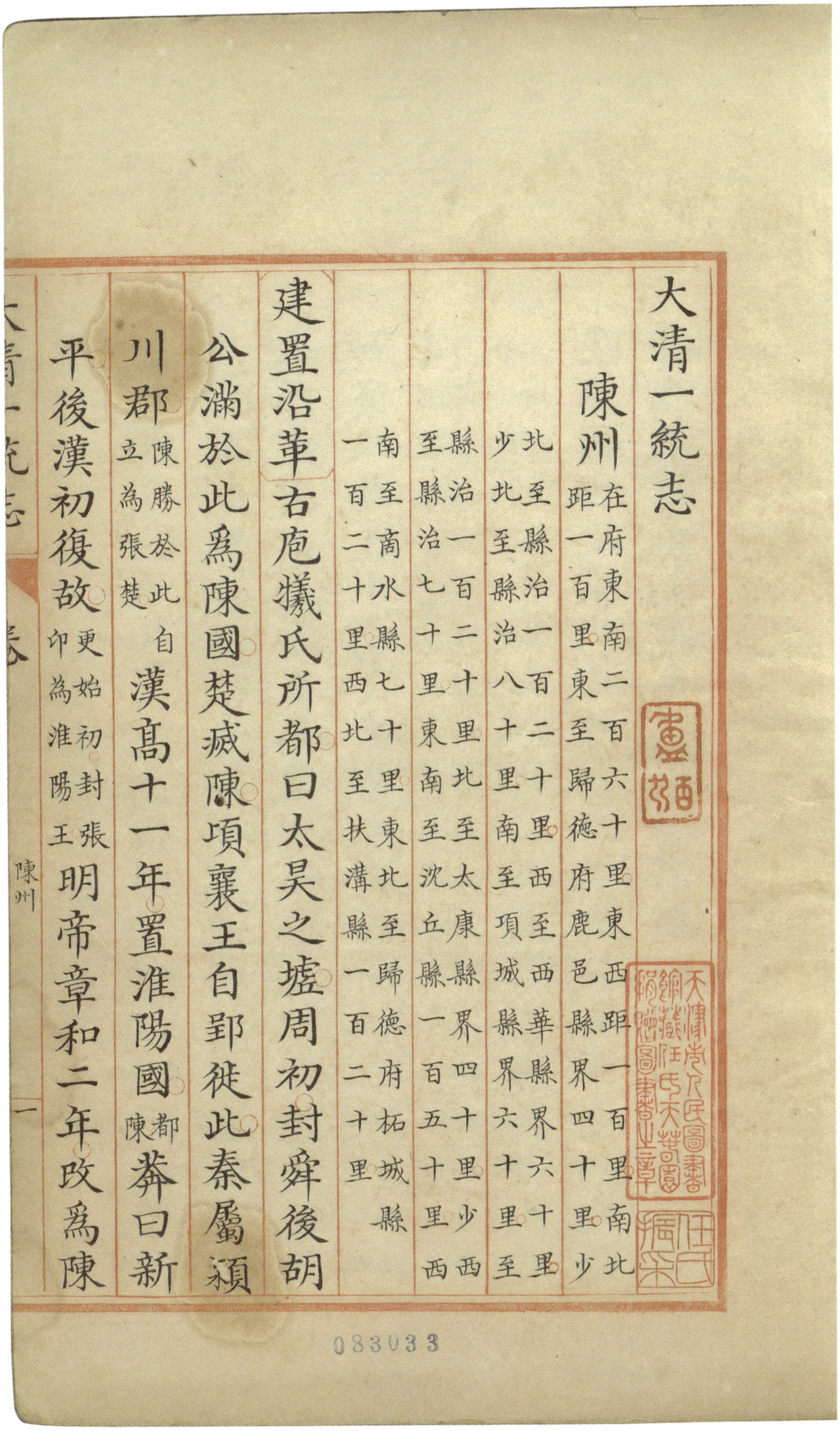

大清一統志

陳州（在府東南二百六十里東西距一百里南北距一百里東至歸德府鹿邑縣界四十里南少北至縣治一百二十里西至西華縣界六十里少北至縣治八十里南至項城縣界六十里至縣治一百二十里北至太康縣界四十里少西至縣治七十里東南至沈丘縣一百五十里西南至商水縣七十里東北至歸德府柘城縣一百二十里西北至扶溝縣一百二十里）

建置沿革 古庖犧氏所都曰太昊之墟周初封舜後胡公滿於此爲陳國楚滅陳項襄王自郢徙此秦屬潁川郡（陳勝於此自立為張楚）漢高十一年置淮陽國（都陳）莽曰新平後漢初復故（更始初封張卬為淮陽王）明帝章和二年改爲陳

大清一統志 卷 陳州 一

083033

07951 大清一統志不分卷 （清）蔣廷錫　王安國等纂修　清康熙内府抄本

匡高 23.4 厘米，廣 16 厘米。半葉九行，行二十一字，白口，紅格，四周雙邊。天津圖書館藏，存河南開封府屬五冊、彰德府屬二冊，湖北荊州府屬三冊、襄陽府屬二冊、鄖陽府屬一冊。

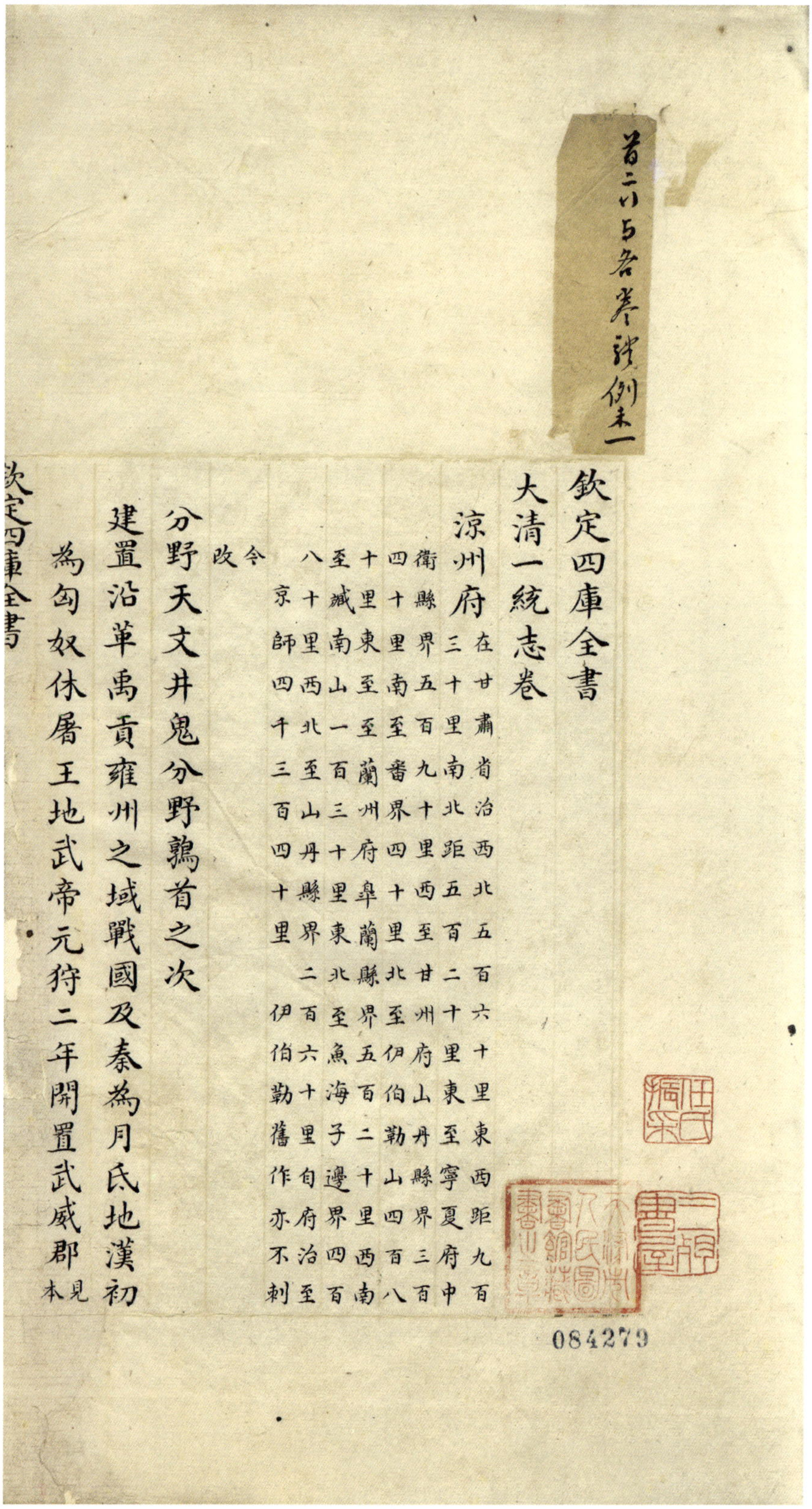
首二八五各卷諸例未一
欽定四庫全書
大清一統志卷
涼州府
在甘肅省治西北五百六十里東西距九百
三十里南北距五百二十里東至寧夏府中
衛縣界五百九十里西至甘州府山丹縣界三百
四十里南至番界四十里北至伊伯勒山四百八
十里東南至蘭州府皋蘭縣界五百二十里西南
至臧南山一百三十里東北至魚海子邊界四百
八十里西北至山丹縣界二百六十里自府治至
京師四千三百四十里 伊伯勒舊作亦不剌
今改
分野天文井鬼分野鶉首之次
建置沿革禹貢雍州之域戰國及秦為月氏地漢初
為匈奴休屠王地武帝元狩二年開置武威郡本見
欽定四庫全書
084279

07952 大清一統志不分卷 （清）蔣廷錫 王安國等纂修 清乾隆内府抄本

匡高 21.6 厘米，廣 15.5 厘米。半葉十行，行二十一字，小字雙行同，白口，左右雙邊。天津圖書館藏，存甘肅涼州府一冊。

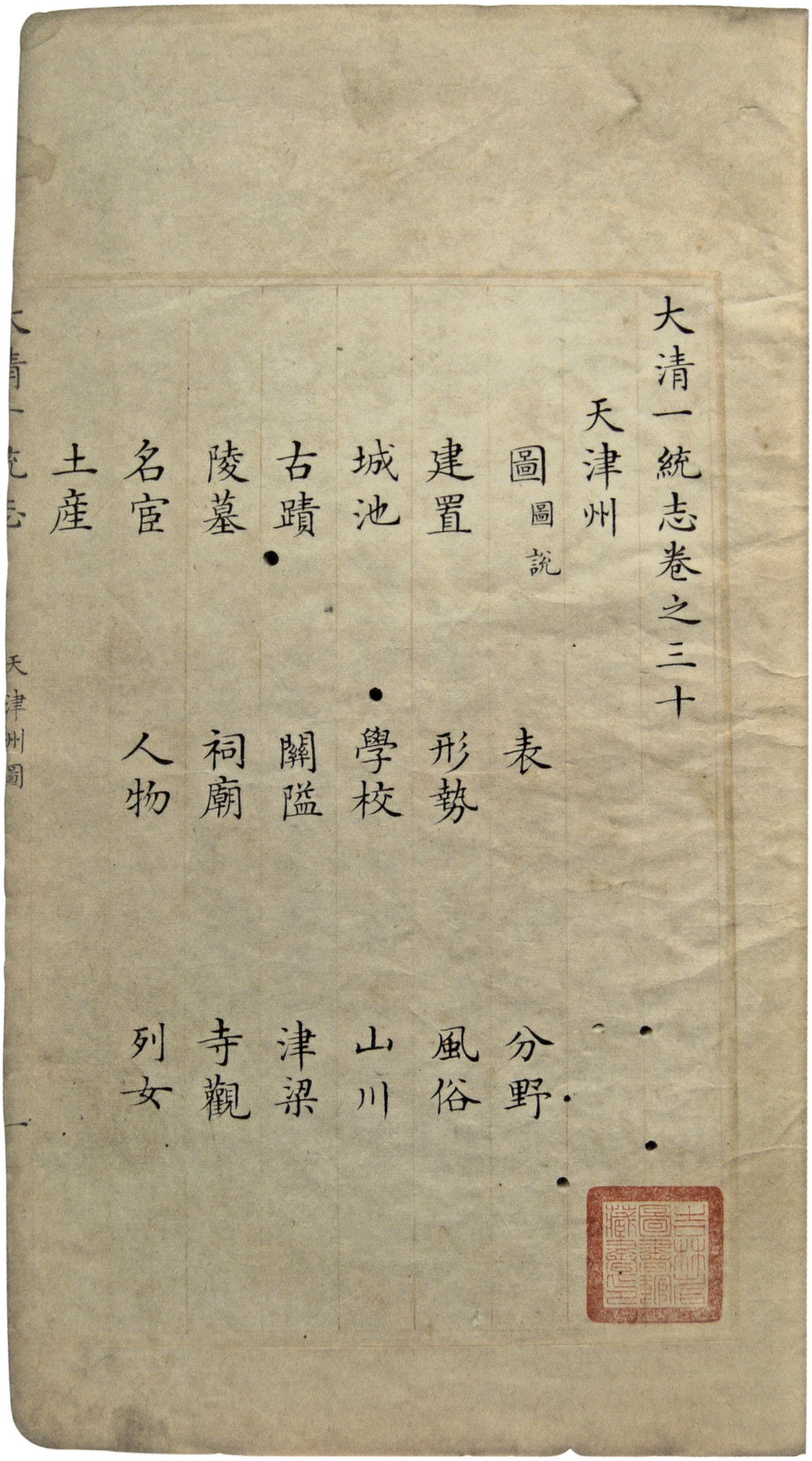
大清一統志卷之三十
天津州
圖 圖說　表　分野
建置　形勢　風俗
城池　學校　山川
古蹟　關隘　津梁
陵墓　祠廟　寺觀
名宦　人物　列女
土産

大清一統志　天津州圖　一

07953 大清一統志四百二十四卷目録二卷 （清）和珅等纂修　清乾隆内府抄本

匡高 23.5 厘米，廣 15.5 厘米。半葉九行，行二十一字，小字雙行同，白口，四周雙邊。吉林省圖書館藏，存二卷。

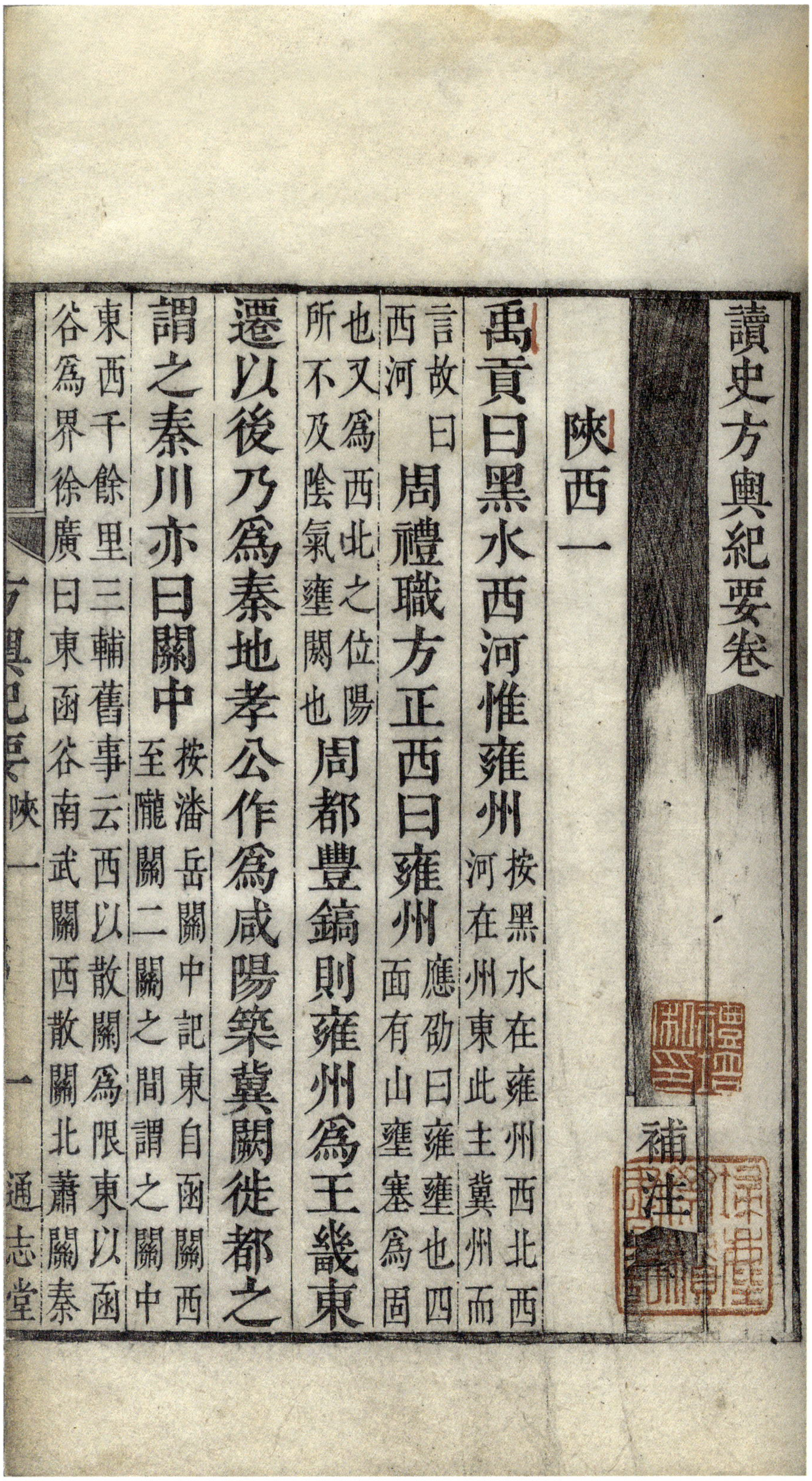
讀史方輿紀要卷
陝西一　補注
禹貢曰黑水西河惟雍州按黑水在雍州西北西河在州東此主冀州而言故曰西河周禮職方正西曰雍州應劭曰雍壅也四面有山壅塞爲固也又爲西北之位陽所不及陰氣壅閼也周都豐鎬則雍州爲王畿東遷以後乃爲秦地孝公作爲咸陽築冀闕徙都之謂之秦川亦曰關中按潘岳關中記東自函關西至隴關二關之間謂之關中東西千餘里三輔舊事云西以散關爲限東以函谷爲界徐廣曰東函谷南武關西散關北蕭關秦
方輿紀要　陝一　一　通志堂

07954　讀史方輿紀要□□卷　（清）顧祖禹撰　清康熙通志堂刻本

匡高 19.6 厘米，廣 14.7 厘米。半葉九行，行十九字，小字雙行同，黑口，左右雙邊。有“禮培私印”、“掃塵齋積書記”、“春怡堂郁氏臧書印”等印。武漢大學圖書館藏，存十四卷。

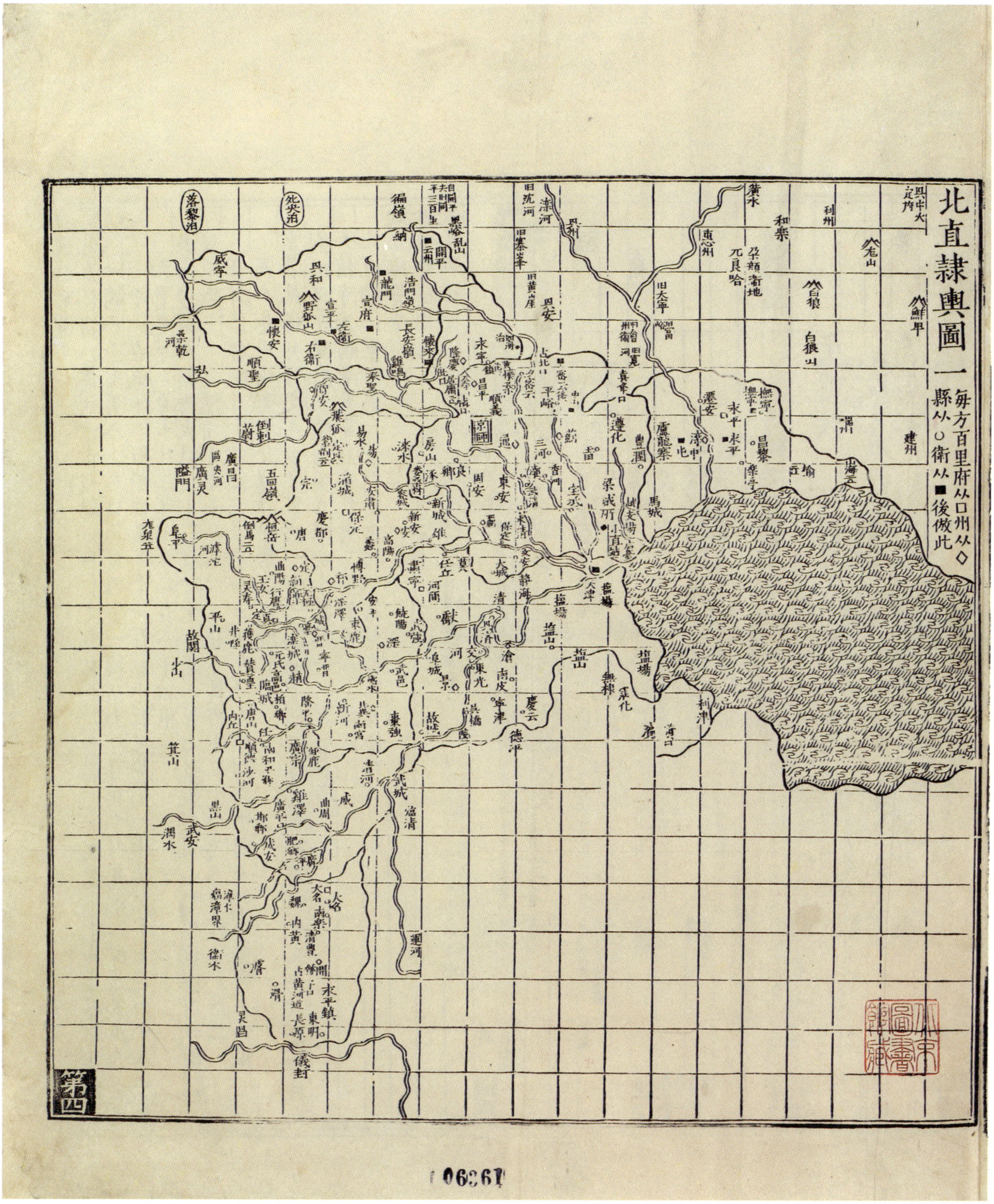
北直隸輿圖一
每方百里府从口州从◇縣从○衛从■後倣此
第四

07955 廣輿圖二卷 （明）羅洪先撰　明嘉靖刻本

國家圖書館藏。

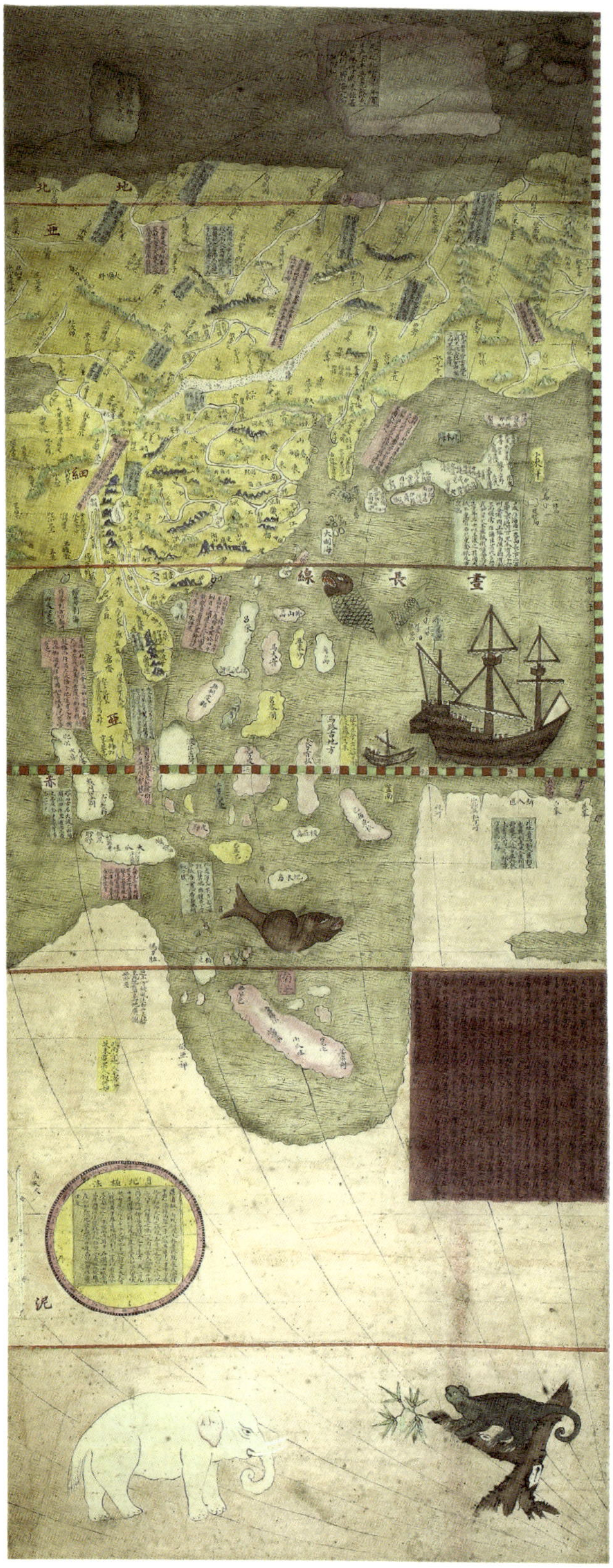

07956 坤輿萬國全圖 （意大利）利瑪竇原繪 （明）佚名摹 明末彩色摹繪本

長 166 厘米，高 62 厘米。國家圖書館藏，存亞洲部分。

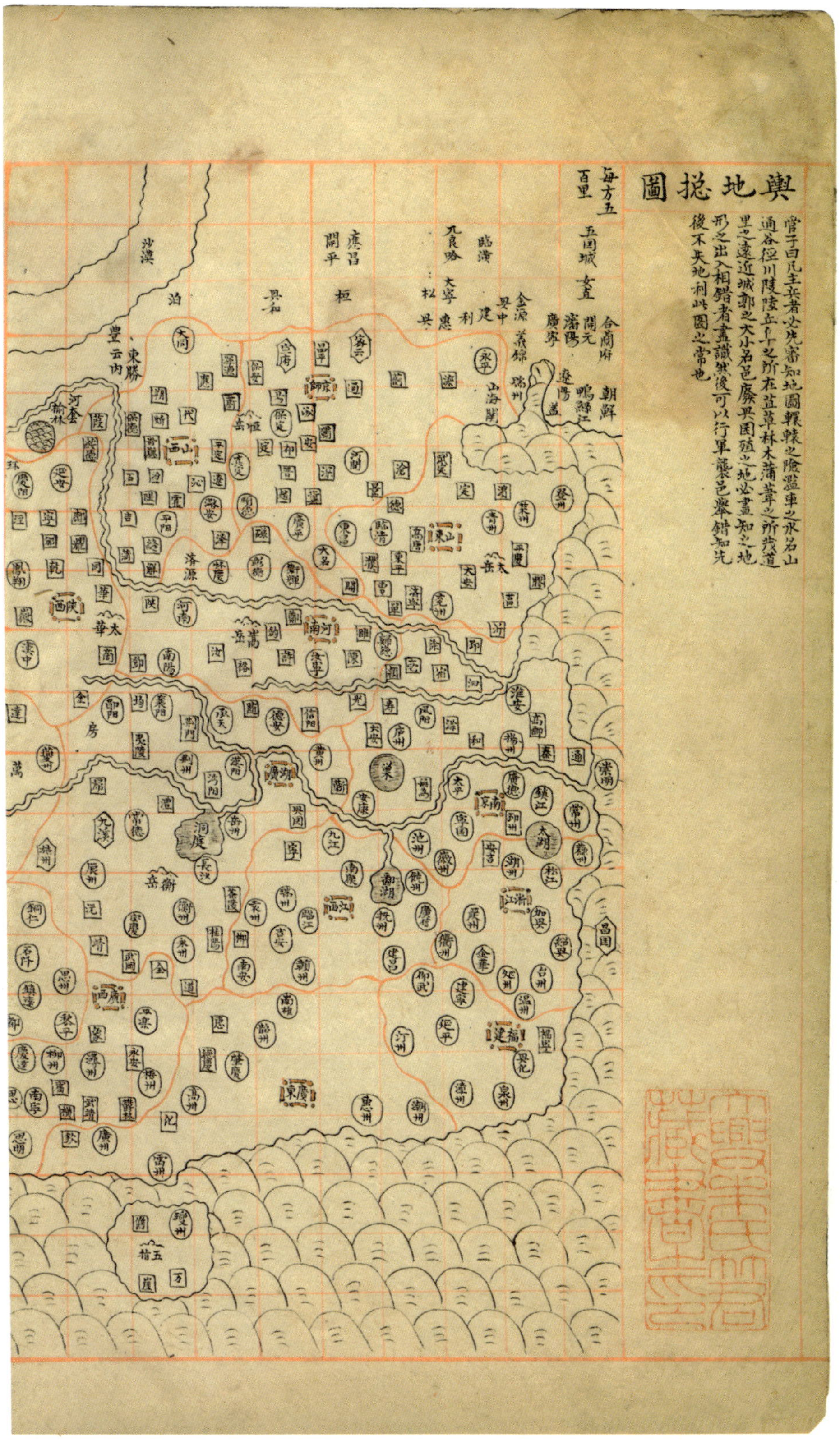
輿地揔圖
每方五百里
管子曰凡主兵者必先審知地圖轘轅之險濫車之水名山通谷經川陵陸丘阜之所在苴草林木蒲葦之所茂道里之遠近城郭之大小名邑廢興困殖之地必盡知之地形之出入相錯者盡識然後可以行軍襲邑舉錯知先後不失地利此圖之常也

07957 明輿圖不分卷 明繪本

匡高 23 厘米，廣 15.5 厘米。半葉十六行，行四十字，白口，紅格，四周單邊。山東大學圖書館藏。

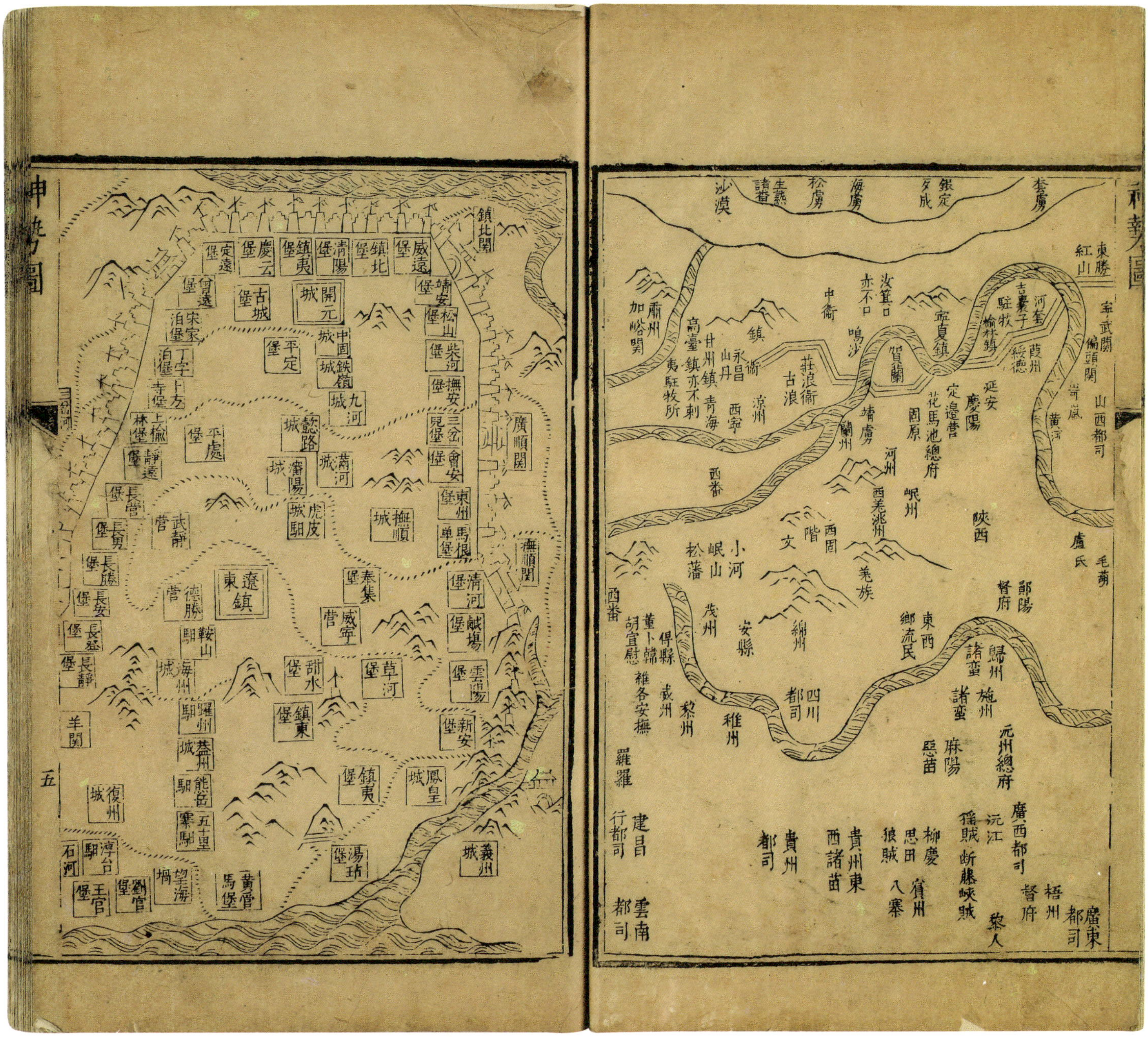
神勢圖
五

07958 大明神勢圖 （明）方孔炤輯繪　明崇禎元年（1628）刻本

國家圖書館藏。

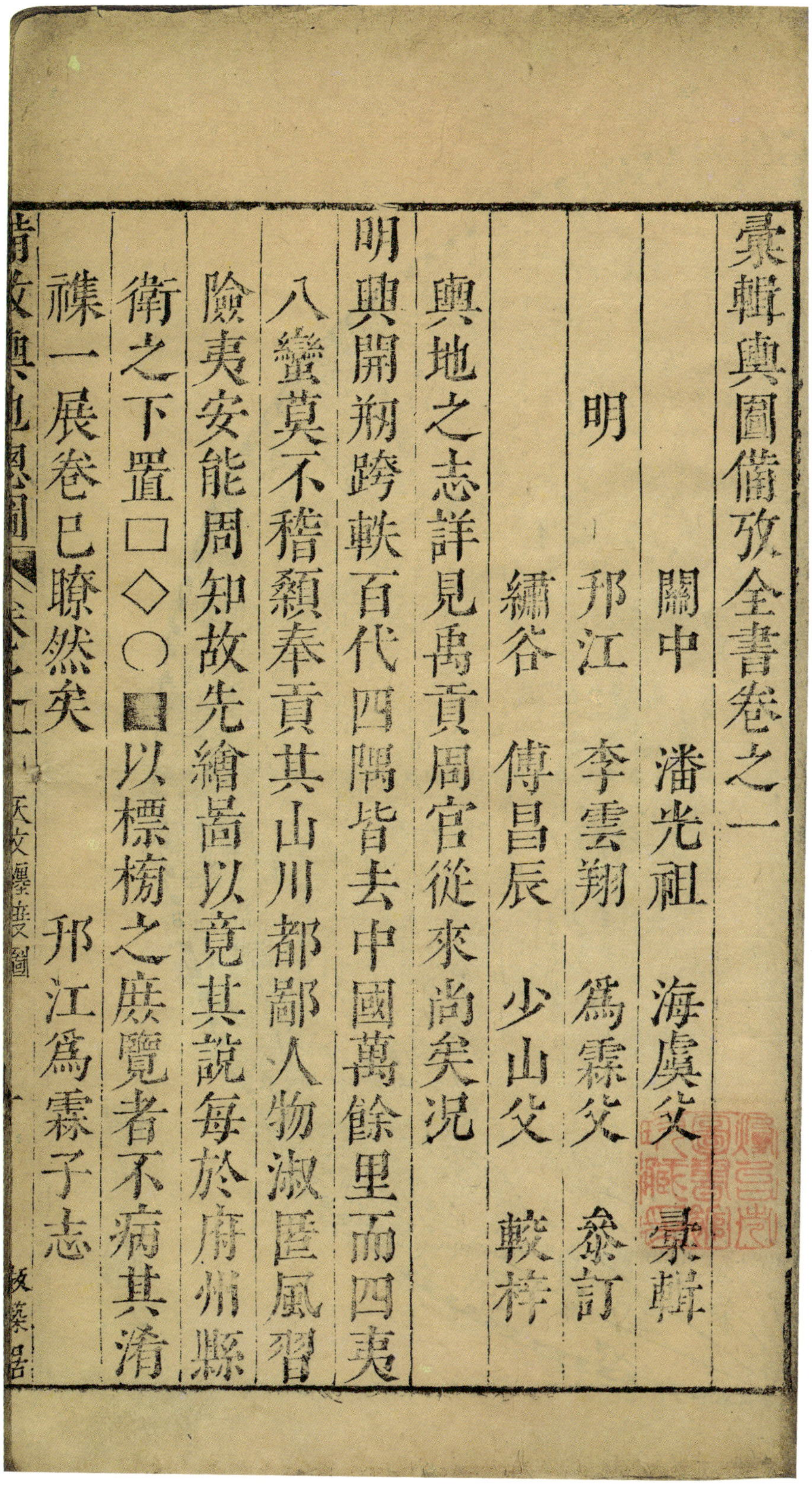
彙輯輿圖備攷全書卷之一
關中 潘光祖 海虞父 彙輯
明 邗江 李雲翔 爲霖父 參訂
繡谷 傅昌辰 少山父 較梓
輿地之志詳見禹貢周官從來尚矣況
明興開朔跨軼百代四隅皆去中國萬餘里而四夷
八蠻莫不稽顙奉貢其山川都鄙人物淑慝風習
險夷安能周知故先繪圖以竟其說每於府州縣
衛之下置□◇○■以標榜之庶覽者不病其淆
襍一展卷已瞭然矣 邗江爲霖子志

07959 匯輯輿圖備攷全書十八卷 （明）潘光祖撰　明崇禎六年（1633）傅昌辰版築居刻本

匡高 21.7 厘米，廣 14.1 厘米。半葉十行，行二十字，白口，四周單邊。煙臺圖書館藏。

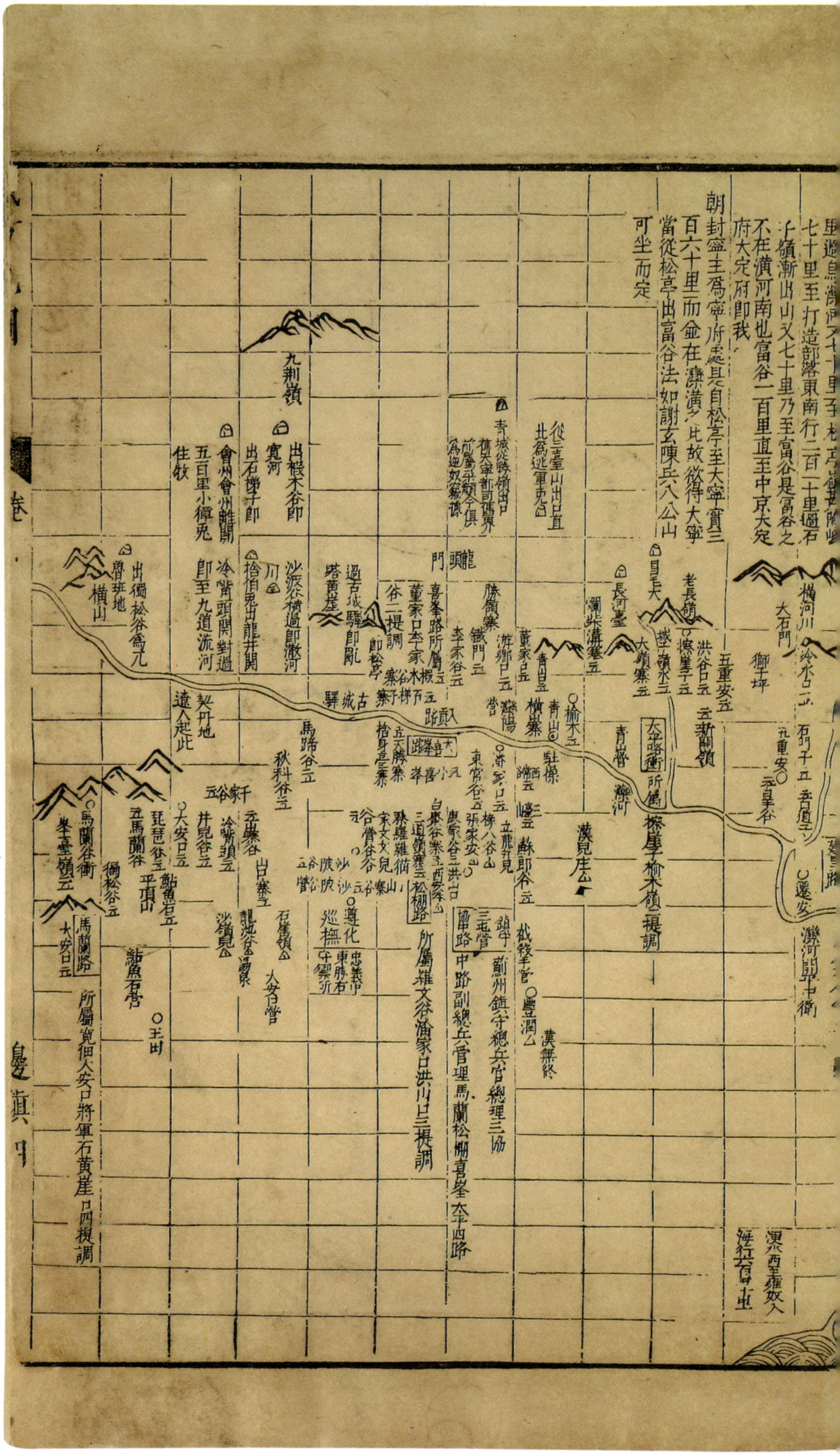

07960 皇明職方兩京十三省地圖表三卷 （明）陳組綬撰　明崇禎九年（1636）刻本

國家圖書館藏。

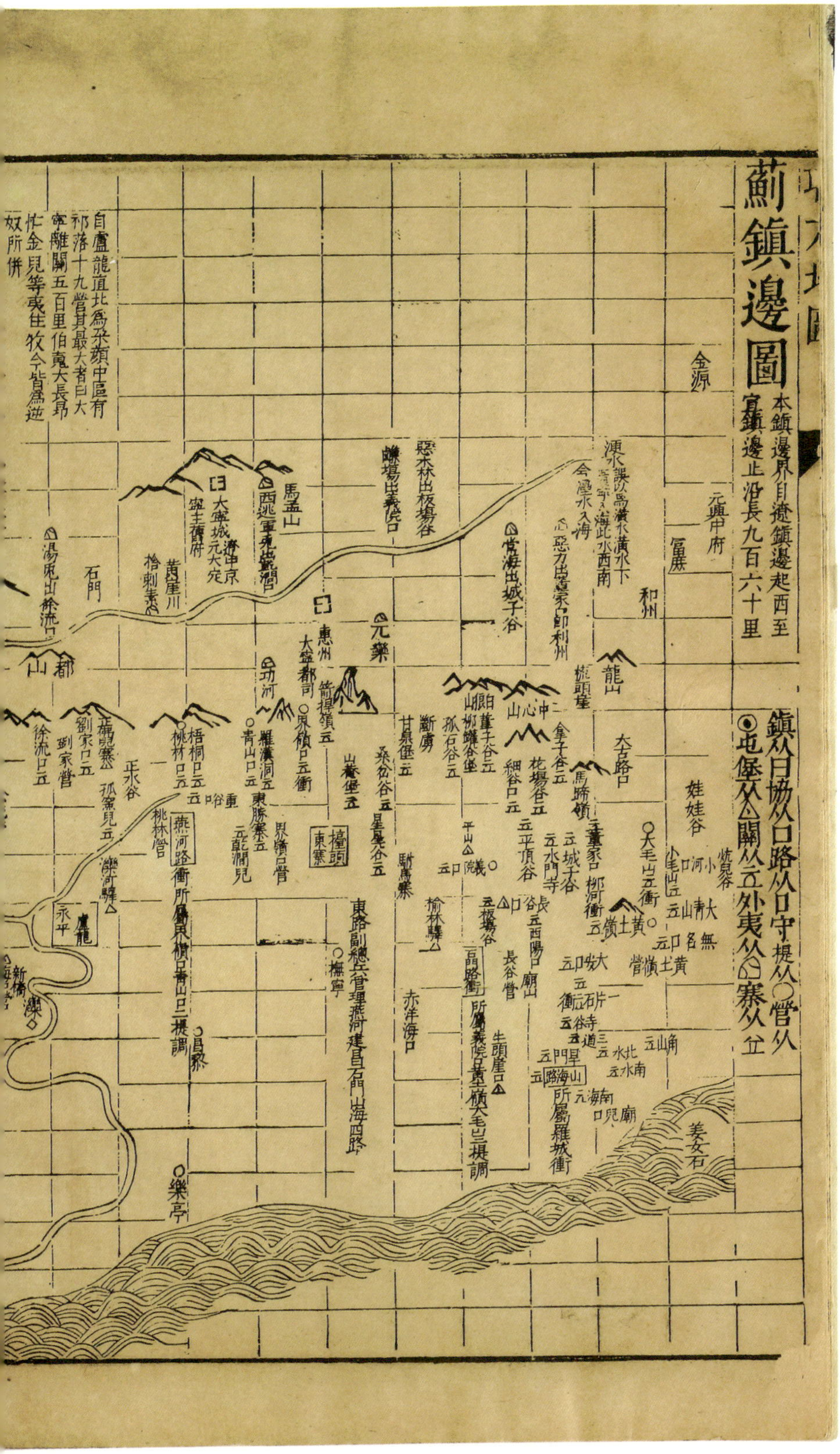
薊鎮邊圖
本鎮邊界自遼鎮邊起西至宣鎮邊止沿長九百六十里

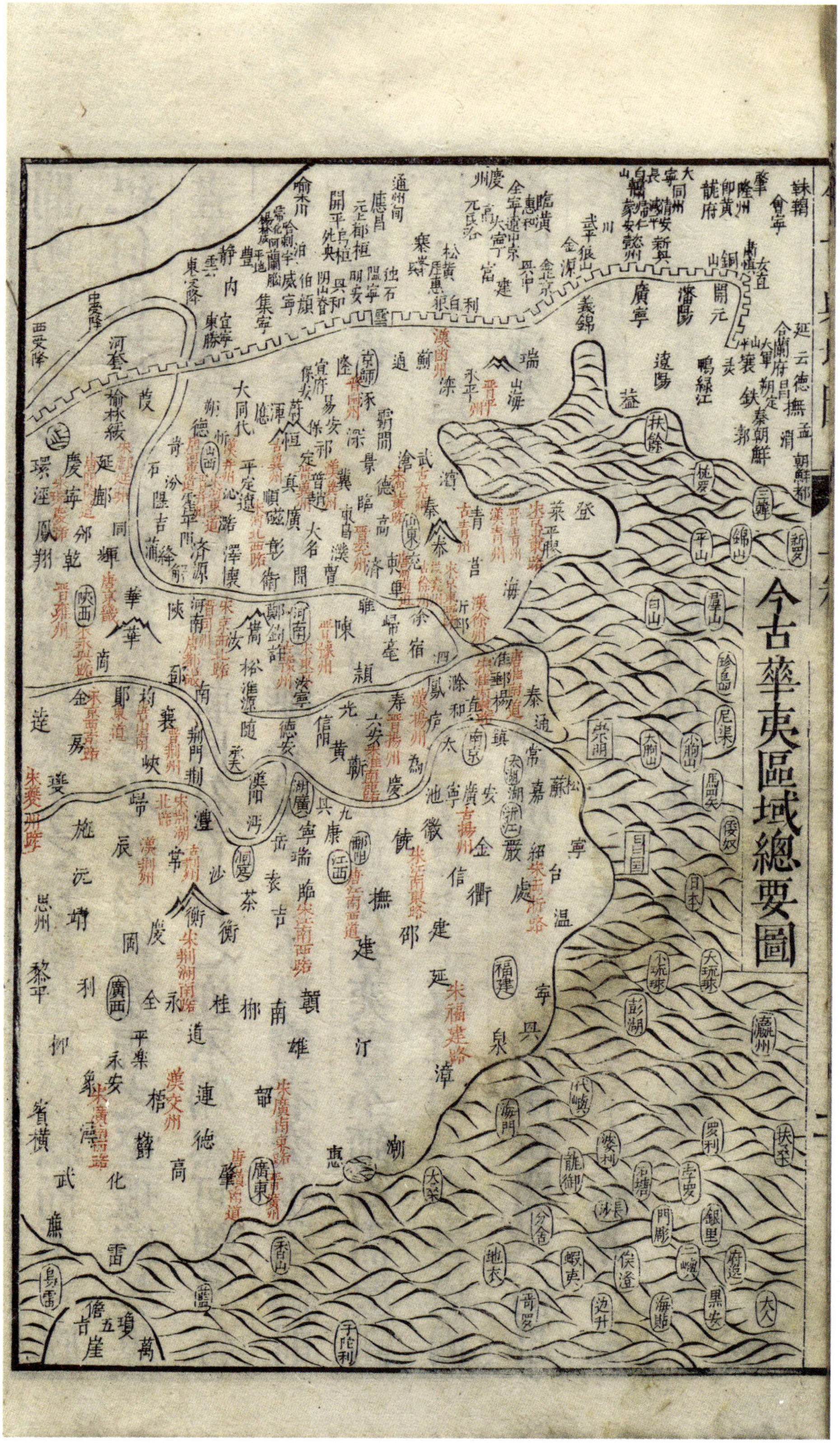
今古華夷區域總要圖

07961、07962 今古輿地圖三卷 （明）吴國輔　沈定之撰　明崇禎十六年（1643）刻朱墨套印本

匡高 25.1 厘米，廣 16.1 厘米。半葉十行，行二十四字，小字雙行同，白口，四周單邊。北京師範大學圖書館藏；華東師範大學圖書館藏，張壽鏞、金北蕃、葛昌枎跋。

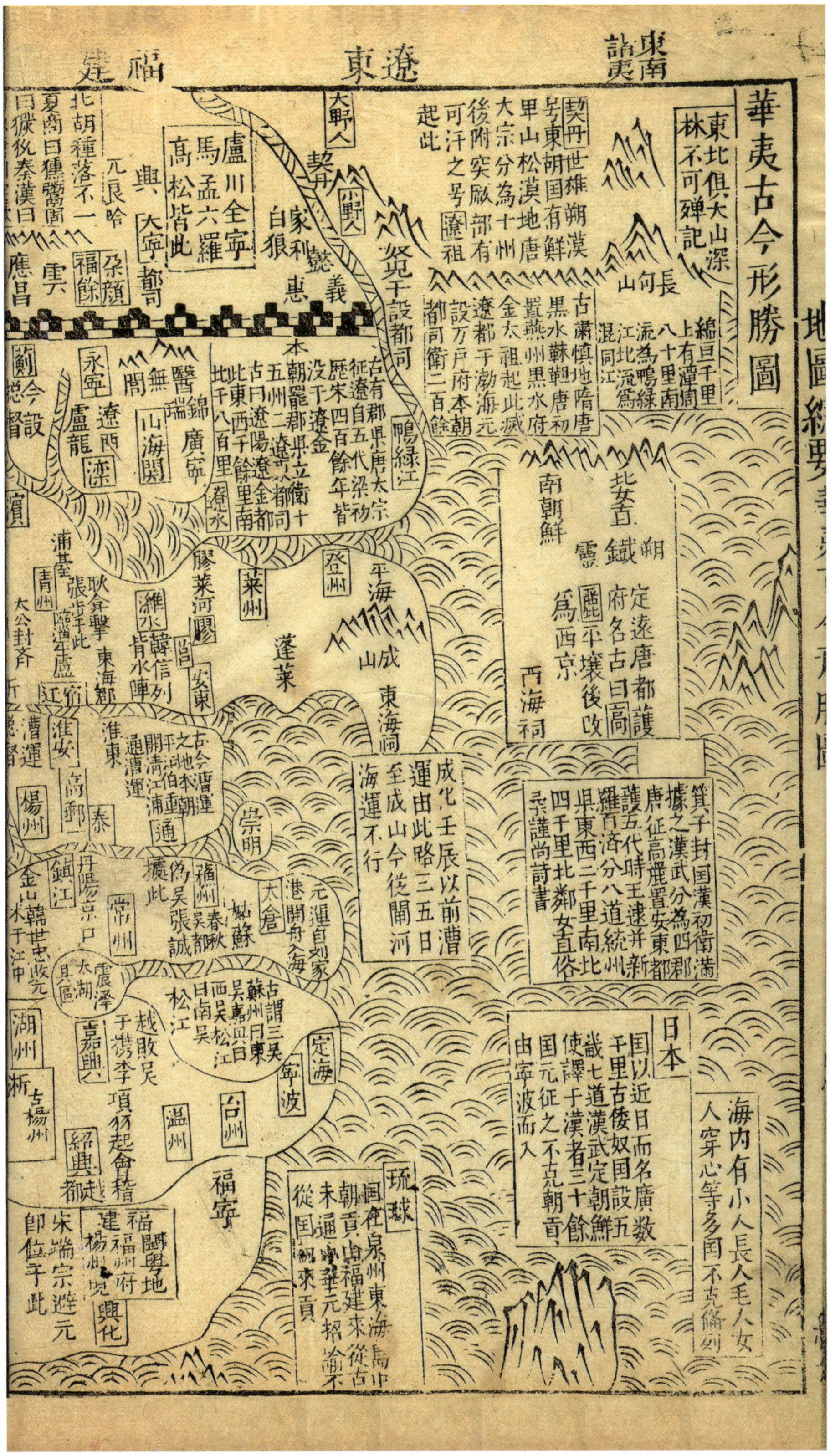
華夷古今形勝圖
地圖綜要

07963-07965 地圖綜要三卷 （明）吴學儼等撰　明末刻本

匡高 20.8 厘米，廣 13.8 厘米。半葉十行，行二十七字，白口，四周單邊。故宫博物院、國家圖書館藏；遼寧省圖書館藏，有“語石薑”、“含清館印”等印。

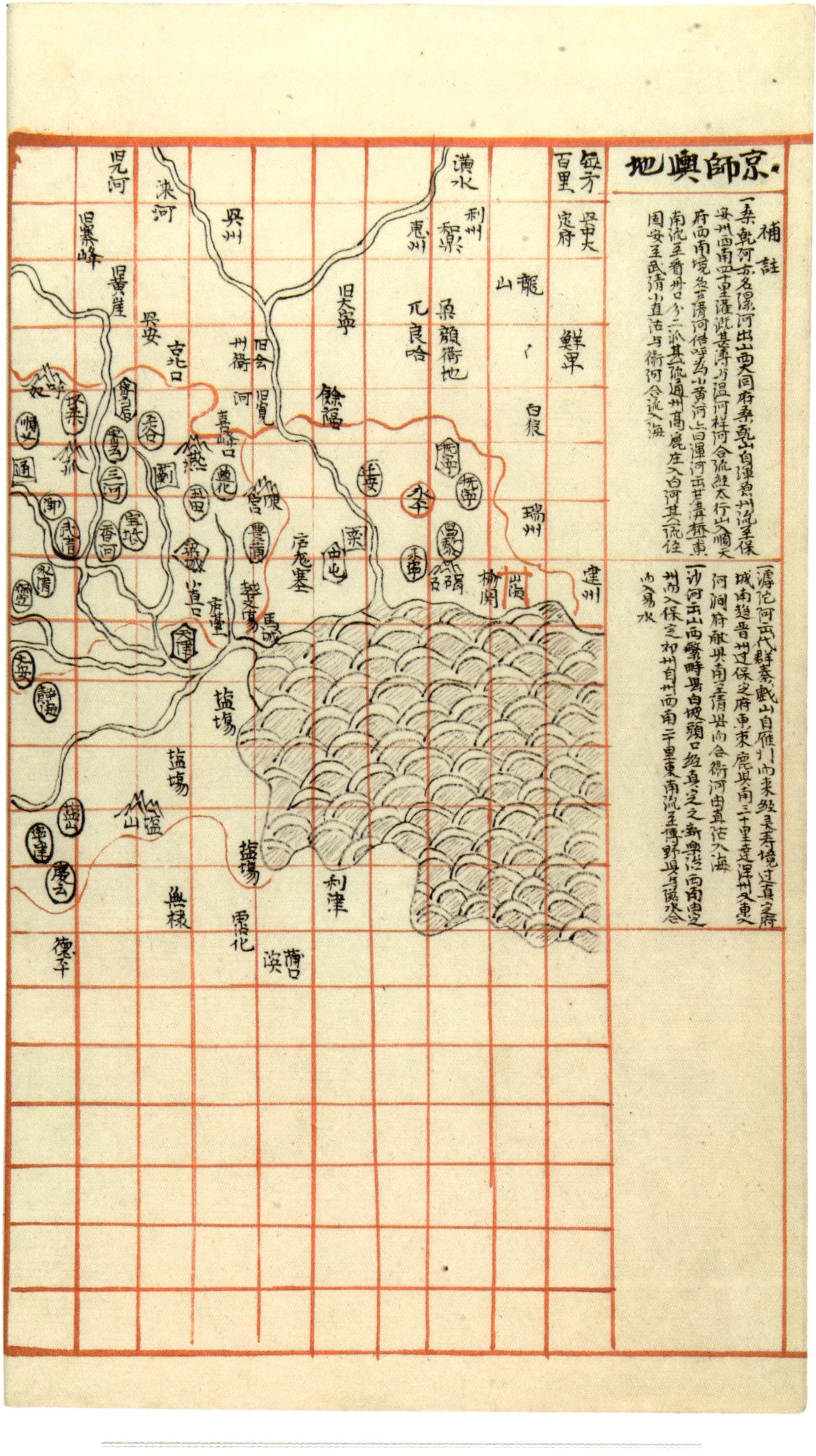
京師輿地
每方百里
補註

07966 輿地總圖 （清）顧祖禹編制　清順治繪本

國家圖書館藏。

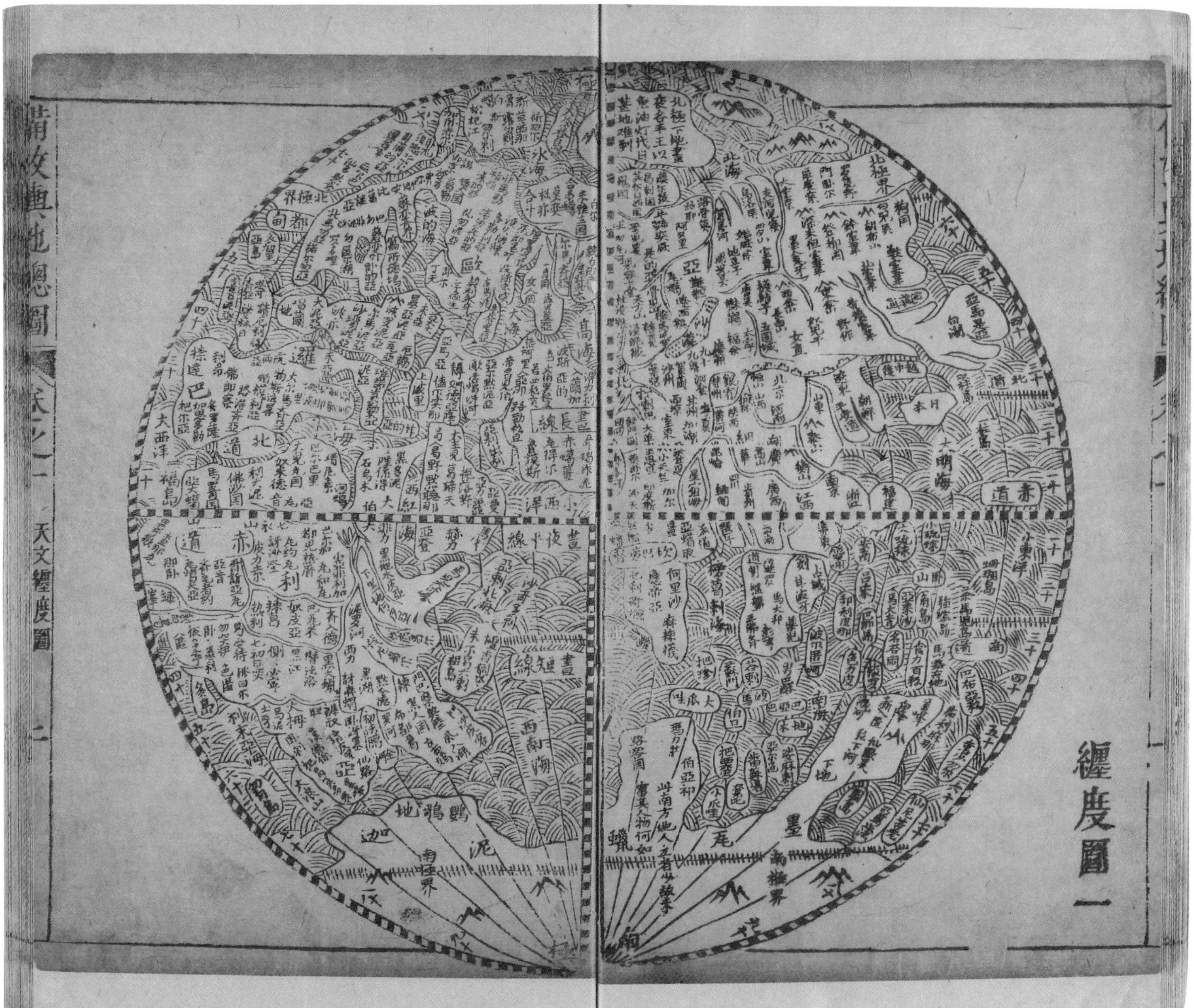
纏度圖一
大明海
赤道
北極界
南極界
大西洋
日本
朝鮮

07967 輿圖備攷十八卷 （明）潘光祖匯輯 （明）李雲翔參訂 清順治七年（1650）刻本

國家圖書館藏。

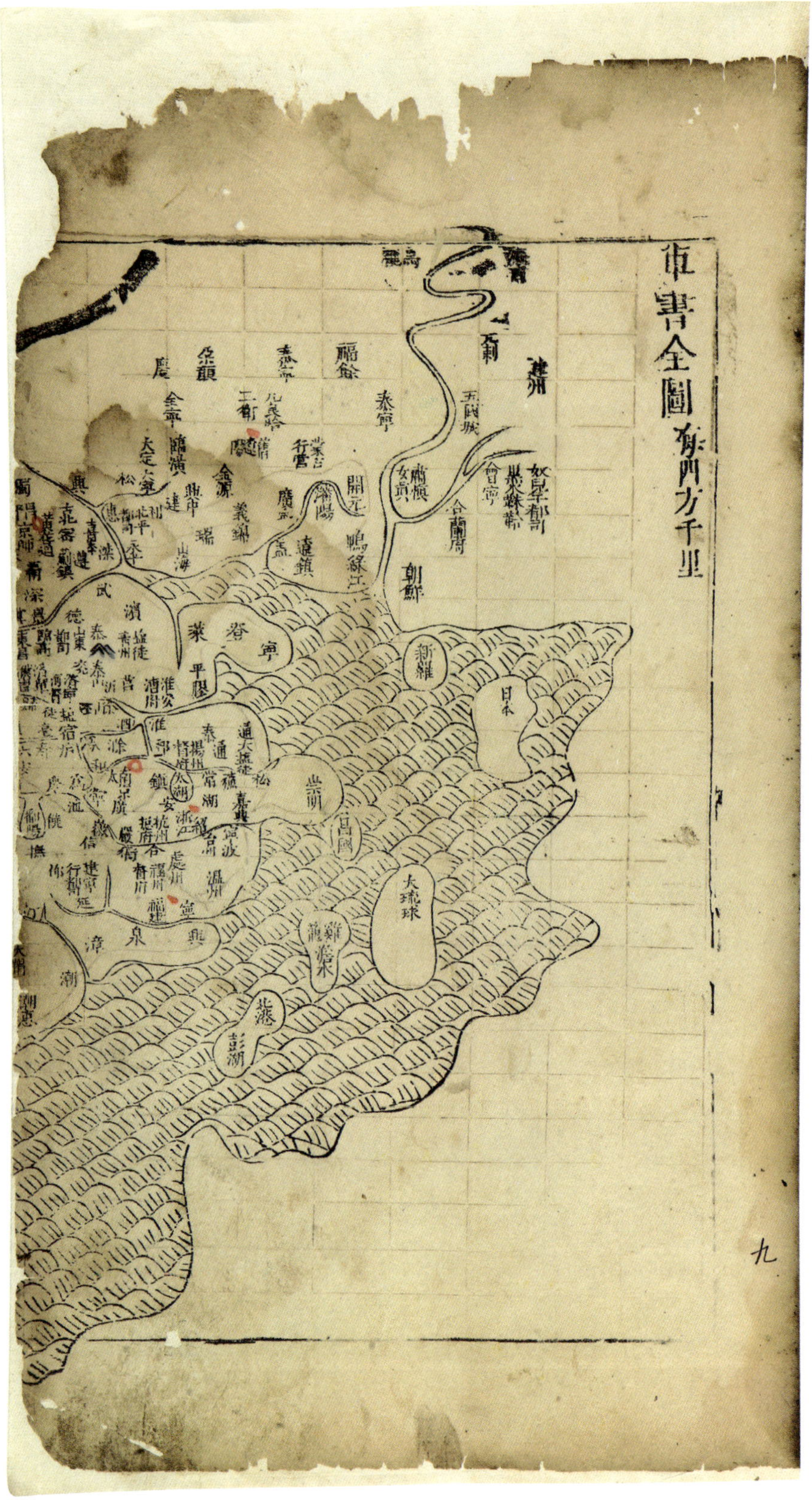
車書全圖
每方千里
朝鮮
新羅
日本
大琉球
澎湖
九

07968 車書圖考一卷 （清）薛鳳祚撰　清順治十四年（1657）刻套印本
國家圖書館藏。

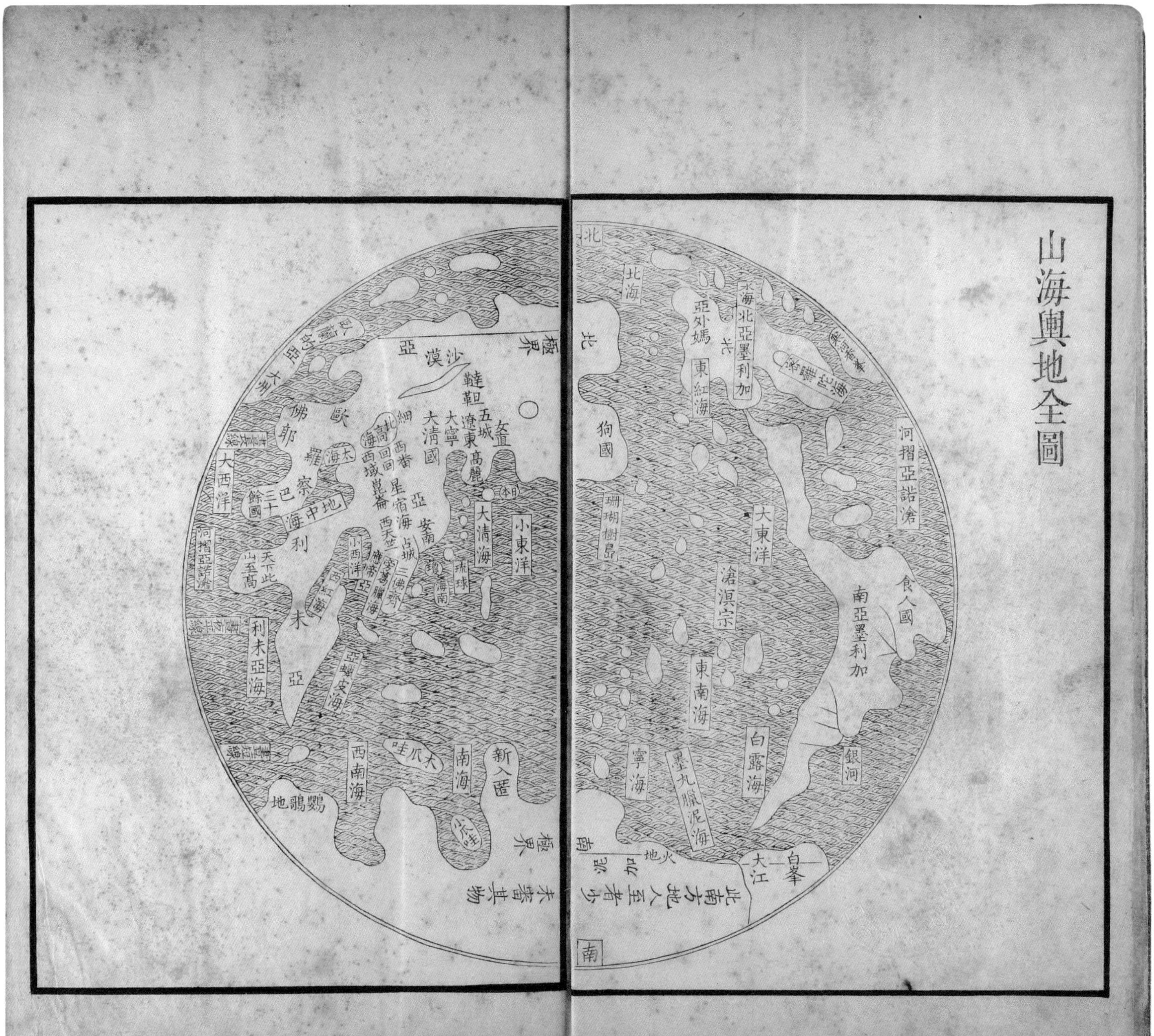
山海輿地全圖
北
北海
狗國
北亞墨利加
東紅海
珊瑚樹島
大東洋
滄溟宗
東南海
白露海
寧海
墨瓦臘泥海
南亞墨利加
食人國
銀河
河摺亞諾滄
小東洋
大清海
大清國
大寧
遼東
高麗
五城
女直
韃靼
沙漠
極界
地中海
大西洋
利未亞海
西南海
南海
新入匿
大爪哇
鸚鵡地
白峯
大江
此南方地人至者少
未審其物
南
15640

07969 内府輿地全圖八卷　清康熙刻本

國家圖書館藏。

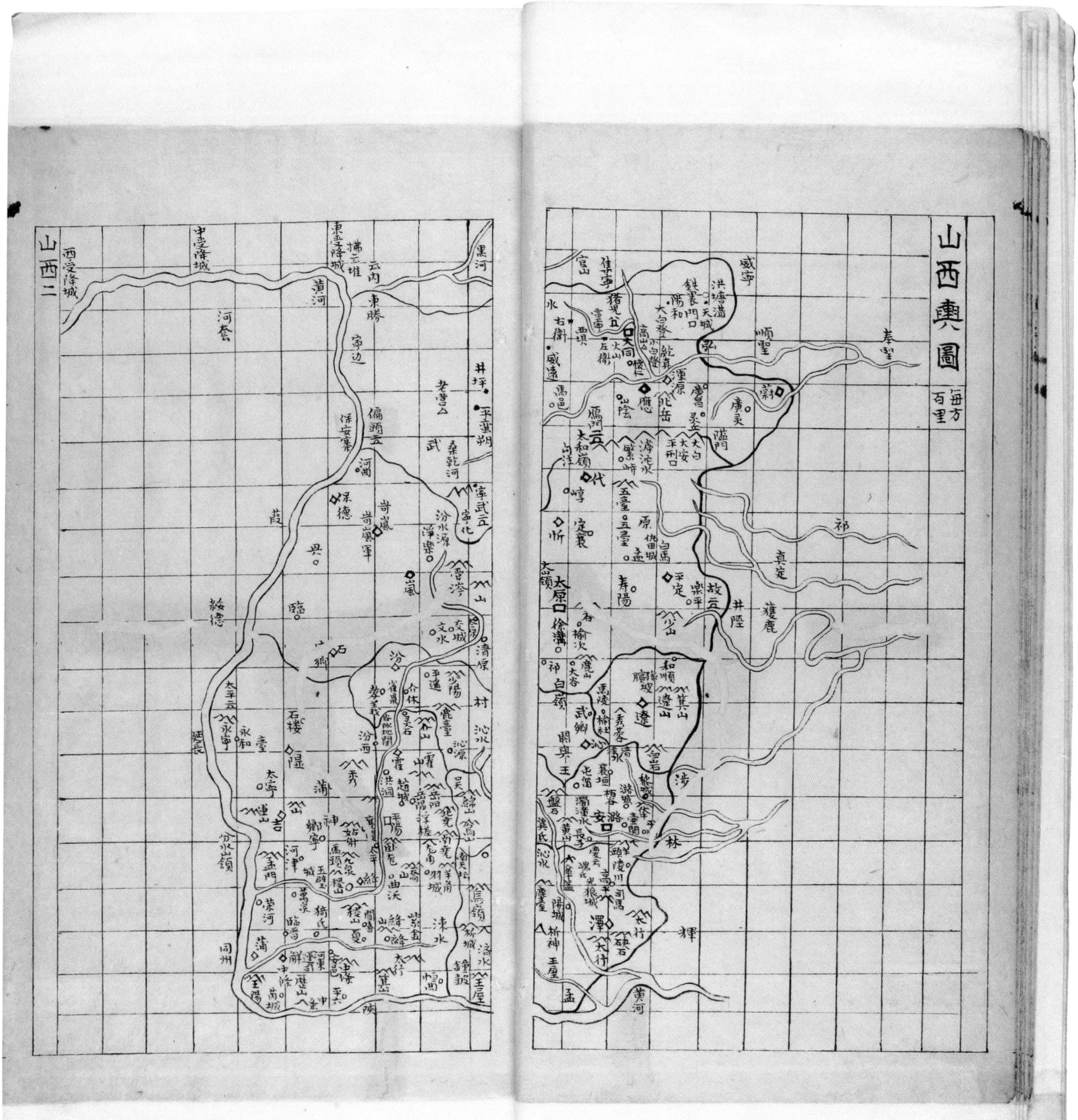
山西輿圖
每方百里
山西二
黄河
太原
大同
平陽
汾州
潞安
遼
澤
黄河

07970 輿圖畫方 （清）畢士望繪　清康熙四十一年（1702）繪本

國家圖書館藏。

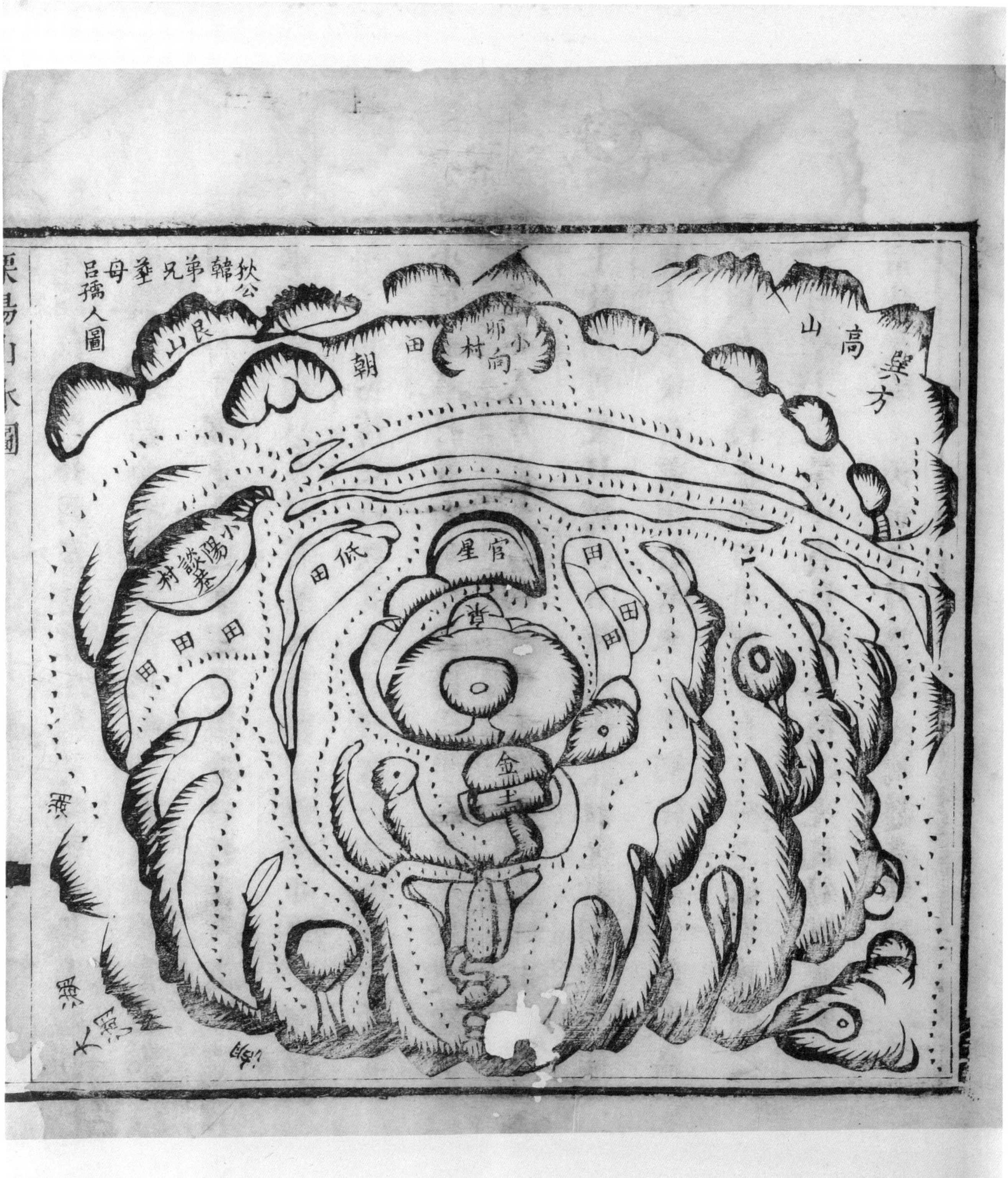

07971 江南山水圖 （清）呂山嵋編　清康熙二十五年（1686）刻本

國家圖書館藏。

大清萬年一統天下全圖

07972 大清萬年一統天下全圖 （清）黄千人繪　清乾隆三十二年（1767）

刻本

國家圖書館藏。